1,20 €

BASTEI
LÜBBE

Band II der
GESCHICHTE DES ZWEITEN WELTKRIEGS
trägt die Bestellnummer 65 022

Liddell Hart

GESCHICHTE DES ZWEITEN WELTKRIEGS

BAND 1

Aus dem Englischen übertragen
von Wilhelm Duden
und Rolf Hellmut Foerster

BASTEI LÜBBE

BASTEI-LÜBBE-TASCHENBUCH
Band 65 021

Titel der bei Cassell & Co. Ltd., London,
erschienenen Originalausgabe:
HISTORY OF THE SECOND WORLD WAR

Lizenzausgabe: Gustav Lübbe Verlag GmbH, Bergisch Gladbach
Printed in Western Germany 1980
Die Karten gestaltete Manfred Steuerer
Einbandgestaltung: Manfred Peters
Photo: Ullstein
Gesamtherstellung: Zettler, Schwabmünchen
ISBN: 3-404-01349-2

Der Preis dieses Bandes versteht sich einschließlich
der gesetzlichen Mehrwertsteuer

INHALT

VORWORT

Sir Basil Henry Liddell Hart, einer der bedeutendsten Militärschriftsteller des 20. Jahrhunderts, schloß kurz vor seinem Tode (1970) eine umfassende Geschichte des Zweiten Weltkrieges ab, an der er seit den fünfziger Jahren gearbeitet hatte. Dieses Werk und seine früheren emotionslosen Analysen und Arbeiten, von denen mehrere in deutscher Sprache veröffentlich wurden (darunter vor allem seine »Strategie« und die »Lebenserinnerungen«), weisen ihn als scharfsinnigen, anregenden, aber auch zum Widerspruch reizenden Militärtheoretiker aus, von dem so mancher entscheidende Impuls auf dem Gebiet der modernen Strategie und Taktik ausgegangen ist.

Liddell Hart zählte schon frühzeitig zu jenen ausländischen Autoren, die nach dem totalen Zusammenbruch des Dritten Reiches versucht haben, dem ehemaligen Gegner in seinem Handeln, Unterlassen und Versagen gerecht zu werden. Sein unmittelbar nach Kriegsende erschienenes Buch »Jetzt dürfen sie reden« war deshalb so bemerkenswert, weil der Verfasser darin aufgrund seiner zahlreichen Interviews mit ehemaligen deutschen Heerführern ein anderes Bild von der deutschen Führung skizzierte, als es die ausländische Kriegspropaganda gezeichnet hatte. Schärfer als mancher seiner Kollegen kritisierte Liddell Hart auch die Fehler der britisch-französischen Politik in jenen dramatischen Jahren, die den Gang der Weltpolitik so entscheidend beeinflußten. Freilich drängt sich dabei dem kritischen Leser häufig der Eindruck auf, daß sich die Proportionen bei Liddell Hart, mißt man diese seine Kritik mit der Kritik an der deutschen Führung, häufig verschoben haben. Überhaupt zeichnen seine Bücher mehr die unkonventionelle Betrachtungsweise aus, seine Distanz gegenüber den Problemen, die er beschreibt, sein Respekt vor der militärischen Leistung schlechthin. Daß er dadurch viele Freunde gewann, vor allem unter der ehemaligen deutschen Generalität, versteht sich von selbst. Als ich ihn 1955 auf einer seiner Rundreisen durch Deutschland begleitete, spürte ich immer von neuem, welche Hochachtung ihm seine deutschen Gesprächspartner entgegenbrachten.

Sehen wir einmal von der Tatsache ab, daß die Flut der Veröffentlichungen zur Geschichte des Zweiten Weltkrieges von einem einzelnen überhaupt nicht mehr zu bewältigen ist, so fällt bei der Darstellung von Liddell Hart vor allem auf, daß sie vielfach nicht auf der Höhe der Forschung ist, was sich an den unterschiedlichsten Beispielen beweisen läßt. Das mag auch damit zusammenhängen, daß sich der Verfasser fast ausschließlich auf das englischsprachige Schrifttum stützte, da ihm die ausländische, insbesondere die deutsche und russische Literatur zu diesem Thema aus Sprachgründen weithin verschlossen blieb. Dennoch erscheinen die Art seiner Darstellung, das Herangehen an die Probleme und seine Einblicke in die große Strategie der Jahre von 1939 bis 1945 immer noch originell und lesenswert. Liddell Hart begreift und wertet den Krieg allerdings fast ausschließlich als ein militärisches Phänomen – eine Betrachtungsweise, die Tradition besitzt. Zahlreiche bekannte, vor allem aus dem Offiziersstand hervorgegangene Militärschriftsteller haben den Krieg allein als militärische Konfrontation interpretiert, ohne dabei zu bedenken, daß sie damit eine Grundeinsicht außer acht ließen, die gerade einer der Ihren vermittelt hatte: nämlich Carl v. Clausewitz. Dieser deutsche General hatte schon im 19. Jahrhundert unmißverständlich darauf hingewiesen, daß der Krieg nur als Fortsetzung der Politik unter Einmischung anderer Mittel zu verstehen sei. Werde der Krieg von seinem »Erzeuger«, d. h. von der Politik, losgelöst, bleibe er eine zweck- und sinnlose Angelegenheit. Diese unlösbare Wechselwirkung von Politik und Kriegsführung sollte nie aus den Augen verloren werden, damit der Stellenwert der im vorliegenden Werk beschriebenen militärischen Kampfhandlungen an allen Fronten und ihrer Ergebnisse besser eingeschätzt werden kann.

Wer Verlauf und Ausgang des Zweiten Weltkrieges begreifen und diesen unbarmherzigen Prozeß der Weltgeschichte richtig schildern und erklären will, der muß die kämpfenden Heere und Partisanen, die eingesetzten Flugzeuge und Kriegsschiffe, die verschiedenen Waffen, die fortschreitende Technik, die Mobilisierung der gesamten Wirtschaft und die entfesselten Leidenschaften, kurz das umfassende Wehrpotential der Kriegführenden als Mittel der Politik zur Verwirklichung ganz spezifischer machtpolitischer Ziele werten und gleichzeitig den totalen Krieg bei aller Vielfalt seiner Elemente als einheitliches Ganzes erfassen. Es gilt, als erstes den Kriegszielen der Großmächte – ja auch diejenigen der überstaatlich zusammenarbeitenden Gruppen (der europäischen Widerstandsbewegungen und der Unabhängigkeits- und Befreiungsbewegungen in Asien) – und damit der anabdingbaren Wechselwirkung von Politik und Kriegsführung in ihren mannigfachen Dimensionen und Unwägbarkeiten nachzuspüren. Sodann wird es darauf ankommen, die militärischen Anstrengungen (aller Waffengattungen), die Maßnahmen auf dem Gebiet der Technik, der Wirtschaft und der Rüstung sowie die psychologischen Gegebenheiten zutreffend in den historischen Gesamtablauf einzuordnen. Und endlich gehört dazu die keineswegs leichte Aufgabe, das Völkerringen unter regional-weltgeschichtlichen Perspektiven und Ordnungsprinzipien zu erfassen.

Japan, Italien und Deutschland forderten in einem atemberaubenden Anlauf zur imperialen Eroberung Asien und Europa heraus. Ihre Aktionen blieben allerdings nachweislich voneinander getrennt, ja zum Teil ohne gegenseitige Fühlungnahme. Sie waren Verbündete, deren Herrschaftssysteme sich in ihren Strukturelementen bei allen nachweisbaren Parallelen grundlegend unterschieden. Zudem standen hinter der von ihnen verfolgten expansionistischen Politik jeweils verschiedene Kreise: In Europa waren es die rast- und ruhelosen Diktatoren mit ihren engsten Anhängern, die gegen den Willen der Generale zum Kriege trieben; in Japan hatte sich die Heeresgeneralität gegenüber Marine und Außenministerium durchgesetzt.

Was die Kriegsschuldfrage von 1939/41 betrifft, so ist festzuhalten: Gewiß ist der Zweite Weltkrieg nicht ganz ausschließlich durch den Ehrgeiz und Machthunger eines einzelnen entstanden. Ganz frei von jeder Mitverantwortung für diese erneute Katastrophe war kaum eine Macht. Der faschistischen und nationalsozialistischen Politik ist — indirekt und unfreiwillig — auch von ihren Gegnern Vorschub geleistet worden, wobei die wesentlich passive »Mitschuld« mit der Kriegspolitik des Dritten Reiches natürlich nicht zu vergleichen ist. Dahin gehört die »Beschwichtigungspolitik« der Engländer und Franzosen mit dem Ziel, den Frieden um jeden Preis zu erhalten, die Fahrlässigkeit Italiens beim Abschluß des »Stahlpaktes« mit Deutschland 1939, der Egoismus der südosteuropäischen Länder, die Überheblichkeit der polnischen Staatsmänner, die unter anderem in der Überschätzung ihrer eigenen Kräfte zum Ausdruck kam, vor allem aber das Verhalten der Sowjetunion im Sommer 1939. Auch die Vereinigten Staaten mögen ihren Teil zum Kriegsausbruch im Pazifik beigetragen haben, zum Beispiel durch ihren harten Wirtschaftskurs, ohne daß deswegen Japan von der Verantwortung für den 7. Dezember 1941 freigesprochen werden kann.

Mag sich das Urteil über Theorie und Praxis des Nationalsozialismus — als eines vereinzelten Rückfalls in die Barbarei und in die Mißachtung der die Völker verpflichtenden Normen für ein geregeltes Zusammenleben — wandeln angesichts der Erfahrungen des »kalten Krieges«, der Kampfmethoden auf dem afrikanisch-asiatischen Erdteil und der Wirkungen moderner Massenvernichtungswaffen: Nichts wird sich darum an der Erkenntnis ändern, daß Hitler und sein Regime durch ihre hemmungslose Gewaltpolitik den größeren Teil der Verantwortung für das Jahr 1939 und seine Folgen vor der Geschichte tragen.

Zweifellos streben Japan, Italien und Deutschland — von »historischem Sendungsbewußtsein« durchdrungen — eine regional begrenzte Neuverteilung des Rohstoff- und Siedlungsraumes in der Welt an, um in diesem ihre autoritären und totalitären Ordnungssysteme gewaltsam durchzusetzen; sie wollten den Status quo zu ihren Gunsten ändern. Ihre Ziele waren letztlich Ausdrucksform spätimperialistischer Machtpolitik. Der wahnwitzige Versuch, den politischen und sozialen Pluralismus zu zerstören und durch eine totalitäre Herrschaftsordnung zu ersetzen, scheiterte nicht nur an dem Willen der unterworfenen oder bedrohten Völker, sondern vor allem an dem dadurch zwangsläufig heraufbeschworenen Widerstand der großen See- und Weltmächte. Vor allem haben Hitler und die deutsche Wehrmachtführung neben der Fehlbeurteilung Großbritanniens die militärische und wirtschaftliche Leistungsfähigkeit der UdSSR weit unterschätzt und den Machtfaktor USA viel zuwenig in Rechnung gestellt. Dann haben mannigfache militärische, wirtschaftliche und technische Gründe das Schicksal der Herausforderer 1943 bis 1945 endgültig besiegelt.

Ohne Übertreibung darf man folgern, daß der Krieg für die Angreifer politisch verloren war, bevor der erste Schuß fiel, und sich daher alle Spekulationen über die sogenannten »verpaßten Chancen« erübrigen. Seit 1942/43 hatten Großbritannien, die UdSSR, die USA und ihre Verbündeten (einschließlich der europäischen Widerstandsbewegungen sowie der Unabhängigkeits- und Befreiungsbewegungen in Asien) die militärische Initiative auf allen Kriegsschauplätzen an sich gerissen und nunmehr das Gesetz des Handelns zu diktieren begonnen.

Die Verbündeten, die durch die Überfälle Hitlers und Japans über die sie trennenden Gegensätze hinweg zusammengeführt wurden, hatten ein unverrückbares Primärziel mehr destruktiver Natur: Deutschland, Italien und Japan, aber »Germany first«, militärisch schnell und vollständig bis zur bedingungslosen Kapitulation niederzuwerfen und hierzu die Allianz, so heterogen ihre Kräfte in allen Ländern und innerhalb der Widerstandsgruppen auch sein mochten, möglichst wirksam zu halten. Dabei darf jedoch nicht vergessen werden, daß der Zweite Weltkrieg eben nur als ein Zusammenwirken gleichzeitiger und oft miteinander verwobener Auseinandersetzungen zu Lande, zur See und in der Luft bei globaler Interdependenz der großen Kriegsschauplätze zutreffend bewertet werden kann, was auch in der Darstellung Liddell Harts zum Ausdruck kommt.

Darüber hinaus wollten die Alliierten freilich nicht nur die besiegten Staaten – vor allem Deutschland – politisch in der Weise umgestalten bzw. festlegen, daß sie die Völker nie wieder mit der »Geisel des Krieges« überziehen konnten und den Status quo von 1937 wiederherstellten (in Europa wie in Asien), sondern auch ein neues kollektives Sicherheitssystem ins Leben rufen, das, ausgehend von den Prinzipien der Atlantik-Charta (1941), den internationalen Frieden und die Stabilität in der Welt gewährleisten würde. Damit war das mehr konstruktive Kriegsziel formuliert.

Freilich haben nicht alle Kriegführenden der alliierten-sowjetischen Koalition in erster Linie dafür gekämpft, und wenn sie dies taten, hatten sie jeweils verschiedene Beweggründe. Zudem bestanden zwischen den beiden Hauptverbündeten, Großbritannien und USA, in manchen Fragen divergierende Auffassungen. Ähnlich wie in Polen, Dänemark, Norwegen, Belgien, Holland, Griechenland und in der Tschechoslowakei war es zum Beispiel das erklärte Ziel in Frankreich, die demokratische Republik wiederherzustellen. In Indien, Süd- und Ostasien strebten die Staaten als erstes die nationale Unabhängigkeit von den alten Kolonialmächten an und damit die Veränderung des Status quo zu ihren Gunsten; in China ging es vor allem um die Entscheidung über die innerstaatliche Ordnung zwischen Kuomintang und Kommunisten. In Nord- und Westafrika wirkte die Atlantik-Charta als neuer zündender Funke: Zum Beispiel berief sich die intellektuelle Führungsschicht der marokkanischen Nationalistenpartei (Istiqlal) in ihrer Petition vom Dezember 1943 auf sie; im gleichen Jahr hatte Azikiwe (Nigeria) sein historisches Memorandum »Atlantik-Charta und Britisch-Westafrika« veröffentlicht, in dem er die Anwendung des Punktes 3 der Charta auf Westafrika forderte. Wie in Asien, so sahen auch in Afrika die nationalistischen Bewegungen in den Vereinten Nationen und ihrer Charta einen der besten Befürworter und zugleich Garanten ihrer staatlichen Unabhängigkeit.

Mochte der Antikolonialismus und die Befreiung der Kolonialvölker von fremder Herrschaft zu den wichtigen Postulaten amerikanischer Außenpolitik zählen, Großbritannien sträubte sich nachhaltig gegen eine Liquidierung seines Empire, bis es sich schließlich unter der Labour-Regierung nach Kriegsende doch den Realitäten beugen mußte. Und die Sowjetunion hat der Schaffung eines neuen kollektiven Sicherheitssystems vor allem deshalb zugestimmt, weil sie dieses als einen weiteren Schutz vor neuen Aggressionen betrachtete und wohl weniger als ein Instrument zur Wahrung nationalstaatlicher Souveränitätsrechte, des wiederhergestellten Status quo und weltweiter friedlicher Zusammenarbeit. Denn seit 1944 hatte sie unter dem Schutz ihrer Bajonette eine kommunistisch-revolutionäre Annexionspolitik betrieben.

In Asien aber war der abschließende Prozeß der Entkolonialisierung nicht mehr aufzuhalten, nachdem die überwiegend kommunistisch gelenkten Untergrundarmeen Japan mitbesiegt und zusammen mit den nationalistischen Führern 1945 die politische Macht an sich gerissen hatten.

Auf der alliierten-sowjetischen Seite waren in den Jahren 1942 bis 1945 alle Voraussetzungen gegeben bzw. geschaffen worden, den Krieg militärisch zu gewinnen. Aber erst das Zusammenwirken zahlreicher Faktoren hat der sogenannten »Anti-Hitler-Koalition« den militärischen Triumph unter schweren Opfern gesichert. Entscheidend fiel ins Gewicht, daß sie bald über 75 Prozent aller personellen und materiellen Reserven der Welt verfügte, daß sie von einer weitaus günstigeren strategischen Position aus operieren konnte und daß ihr zudem die nationalsozialistische Besatzungspolitik in Europa und in gewisser Weise auch diejenige Japans in Asien geradezu in die Hände arbeiteten, obwohl in Asien vor allem auch die nationalsozialistischen Bewegungen davon profitierten.

Überblicken wir Verlauf und Ausgang des Zweiten Weltkrieges, so erkennen wir die ungeheuere geschichtliche Umwälzung, die sich durch ihn vollzogen hat oder durch ihn ausgelöst wurde. Deutschland erlitt, begleitet von einer zweiten Völkerwanderung, die schwerste politisch-militärische Niederlage in seiner Geschichte; Italien und Japan, obwohl ebenfalls besiegt, blieb wenigstens die staatliche Einheit erhalten. Deutschland und Japan schieden als Weltmächte aus und wurden zu Mächten zweiter Ordnung. Als der Nationalsozialismus, der Faschismus und die Kräfte Nippons gleichzeitig die großen Demokratien und den Sowjetkommunismus in die Schranken forderten, hatten sie damit nicht nur ihr eigenes Schicksal besiegelt, sondern zugleich auch die letzten Dämme gegen den Bolschewismus in Europa und Asien niedergerissen. Denn die Demokratien waren in diesem weltweiten, erbarmungslosen

Krieg gezwungen – wollten sie selbst überleben –, den Kommunismus an allen Fronten und in ihren Untergrundarmeen zu unterstützen. Dieses Zweckbündnis, von dem sich viele in den Jahren 1941 bis 1944 eine dauerhafte Allianz versprachen, hielt allen Belastungen stand, bis die gemeinsamen Gegner niedergerungen waren. Es zerbrach in dem Augenblick, in dem der militärische Sieg errungen war und das Trennende zwischen den Bündnisparteien sichtbar wurde: Großbritannien und die USA hatten für das universalistische Prinzip der Demokratie gefochten, ein Prinzip, das jedem Staat ermöglichen sollte, die Regierungsform zu wählen, unter der seine Angehörigen leben wollten; die Sowjetunion aber, begünstigt durch ihren endgültigen Aufstieg zur zweiten führenden Weltmacht, den sie ihren eigenen, aber auch den alliierten Anstrengungen von 1941 bis 1945 zu verdanken hatte, nützte die historischen Stunden 1944/45, um ihr Ordnungssystem mittels revolutionärer Kriegführung weiter auszubreiten. Diese Entwicklung wurde noch dadurch verschärft, daß sich seit dem Treffen an der Elbe (1945) amerikanisch-britisch-französische und sowjetische Truppen in Mitteldeutschland unmittelbar gegenüberstehen.

Der Zweite Weltkrieg hat das Kräfteverhältnis im europäischen und Weltstaatensystem grundlegend verschoben und seine Schwerpunkte – unabhängig von der Gründung der Vereinten Nationen – nach Washington und Moskau verlagert. An Stelle des europäischen Gleichgewichts, das bereits durch den Ausgang des Ersten Weltkrieges erschüttert worden war, trat, ebenso als Folge der waffentechnischen Revolution, das bipolare Gleichgewicht der Supermächte, das sich erst heute wieder zu einem multilateralen System von Mächtegruppen und Staaten auflockert.

Alles zusammen verdeutlicht, daß dieser Krieg nicht allein mit der Kategorie der Hegemonialkriege verglichen werden kann, die den Gang der letzten Jahrhunderte bestimmt haben. Vielmehr hat es sich von 1939 bis 1945 um einen totalen, weltweiten Konflikt gehandelt, in dem verschiedene Staaten – zum Teil regional begrenzte – neue Ordnungsprinzipien durchsetzen wollten, alte Ordnungsmächte um die Behauptung des Status quo ihrer Lebensordnung und Wertvorstellungen kämpften, jüngere farbige Völker in Asien und Afrika diesen Konflikt der weißen Rasse ausnutzten, ihre alten Bande und Fesseln abzustreifen, und der Sowjetkommunismus die für ihn einzigartige historische Chance wahrnahm, sein System und Menschenbild den von ihm beherrschten Teilen der Welt aufzuoktroyieren. Siebenundzwanzig Jahre nach dem Ende des Zweiten Weltkrieges gilt noch immer, was der Amerikaner Wendell Wilkie bereits 1943 ausgesprochen hat: »Wir leben mit den Völkern der anderen Weltteile auf einer eng gewordenen, von drei Milliarden Menschen bevölkerten einzigen Welt zusammen. Die Entwicklung der Technik, die rasche Vermehrung der Erdbewohner, die Notwendigkeit, für alle Verdienst und Brot zu beschaffen, werden zur Folge haben, daß entweder Organisationsformen für die Zusammenarbeit auch zwischen verschiedenen und rivalisierenden Mächten und Systemen gefunden werden müssen, oder daß die Menschheit unbeschreiblichen Katastrophen preisgegeben wird.«

Hans-Adolf Jacobsen

[illegible] und Vormachtstellung [illegible] Völker in Asien und Afrika diesen Konflikt der weißen Rasse ausnutzten, ihre alten Bande und Fesseln abzustreifen, und der Sowjetkommunismus die für ihn einzigartige historische Chance wahrnahm, sein System und Menschenbild den von ihm beherrschten Teilen der Welt aufzuoktroyieren. Siebenundzwanzig Jahre nach dem Ende des Zweiten Weltkrieges gilt noch immer, was der Amerikaner Wendell Willkie bereits 1943 ausgesprochen hat: »Wir leben mit den Völkern der anderen Weltteile auf einer klein gewordenen, von drei Milliarden Menschen bevölkerten, winzigen Welt zusammen. Die Entwicklung der Technik, die rasche Vermehrung der Erdbevölkerung, die Notwendigkeit, für alle Nahrung und Brot zu beschaffen, werden zur Folge haben, daß entweder Organisationsformen für die Zusammenarbeit auch zwischen verschiedenen und rivalisierenden Mächten und Systemen gefunden werden müssen, oder daß die Menschheit entsetzlichen Katastrophen preisgegeben wird.«

Hans-Adolf Jacobsen

TEIL I

DAS VORSPIEL

KAPITEL I

WIE DER KRIEG HERAUFBESCHWOREN WURDE

Am 1. April 1939 berichtete die Weltpresse, das Kabinett Chamberlain habe seine Politik der Beschwichtigung und der Nichteinmischung aufgegeben und, um den Frieden in Europa zu sichern, Polen den Beistand Großbritanniens gegen jeden eventuellen deutschen Angriff zugesagt.

Am 1. September jedoch überschritten deutsche Truppen die polnische Grenze. Zwei Tage später erklärten Großbritannien und Frankreich nach einem vergeblichen Ultimatum Deutschland den Krieg. Ein neuer europäischer Konflikt hatte begonnen, und aus ihm wurde ein zweiter Weltkrieg.

Die Westmächte traten aus zwei Gründen in diesen Krieg ein. Zunächst ging es ihnen darum, ihren Verpflichtungen gegenüber Polen nachzukommen und dessen Existenz zu sichern. Letzten Endes aber wollten sie gleichzeitig eine mögliche Bedrohung von sich selbst abwenden und so ihrer eigenen Sicherheit dienen. Beide Ziele haben sie nicht erreicht. Sie konnten nicht verhindern, daß Polen überrannt und zwischen Deutschland und Rußland aufgeteilt wurde, und nach sechs Jahren Krieg, der mit einem augenscheinlichen Sieg endete, stand Polen unter russischer Vorherrschaft. Die westlichen Garantien gegenüber den Polen, die auf ihrer Seite gekämpft hatten, waren hinfällig.

Darüber hinaus hatte der Kampf gegen Hitler-Deutschland Europa so geschwächt, daß es nun einer neuen größeren Bedrohung ausgesetzt war, und Großbritannien war ebenso wie seine europäischen Nachbarn ein Vasall der Vereinigten Staaten geworden.

So sah der Sieg aus, nachdem Rußland und Amerika ihr kolossales Gewicht gegen Deutschland in die Waagschale geworfen hatten. Dies zerstörte die alte landläufige Illusion, »Sieg« bedeute Frieden, und bestätigte die Erfahrung, daß der Sieg wie eine Fata Morgana in der Wüste ist, die ein langer, mit modernen Waffen geführter Krieg hinterläßt.

Man muß sich die Folgen des Krieges vor Augen halten, ehe man nach seinen Ursachen fragt. Wenn man sich das Ergebnis des Krieges vergegenwärtigt, wird der Weg frei für eine nüchternere Prüfung dessen, was ihm vorausging. Für das Nürnberger Tribunal genügte die Annahme, Ausbruch und Ausweitung des Krieges seien einzig und allein Hitlers Aggression zuzuschreiben. Aber diese Erklärung ist zu einfach.

Ein neuer großer Krieg war das letzte, was Hitler wollte. Sein Volk, und zumal seine Generale, schreckten von jedem derartigen Risiko zurück; ihnen saß noch der Erste Weltkrieg in den Gliedern. Wenn man dies ausspricht, sollen nicht die Aggressivität Hitlers und vieler Deutscher, die seiner Führung willig folgten, entschuldigt werden. Hitler kannte gewiß keine Skrupel, aber lange Zeit ließ er in der Verfolgung seiner Ziele große Vorsicht walten. Die führenden Militärs waren noch zurückhaltender und vermieden alles, was einen allgemeinen Konflikt auslösen konnte.

Die deutschen Archive, die nach dem Krieg beschlagnahmt und der Forschung zugänglich gemacht wurden, lassen sogar eine ausgesprochene Nervosität in der Wehrmachtsführung und erhebliche Zweifel an Deutschlands Fähigkeiten erkennen, einen großen Krieg zu führen.

Als sich Hitler 1936 anschickte, die entmilitarisierte Zone des Rheinlandes zu besetzen, warnten seine Generale vor den Reaktionen, die dieser Entschluß bei den Franzosen auslösen konnte. Auf diesen Protest hin überschritten zunächst nur einige wenige Einheiten symbolisch den Rhein, um die Windrichtung zu prüfen. Als Hitler Truppen zur Unterstützung Francos in den Spanischen Bürgerkrieg entsenden wollte, warnten die Generale wieder vor den damit verbundenen Risiken, und die Militärhilfe blieb daraufhin begrenzt. Erst bei der Besetzung Österreichs im März 1938 setzte er sich über ihre Befürchtungen hinweg.

Als Hitler kurz darauf die Absicht kundgab, die Tschechoslowakei zur Abtretung des Sudetenlandes zu zwingen, verfaßte der Generalstabschef des Heeres, Ludwig Beck, eine Denkschrift, in der er darauf hinwies, daß Hitlers aggressive Expansionspolitik eine weltweite Katastrophe und den Zusammenbruch Deutschlands herbeiführen müsse. Beck verlas dieses Dokument vor den Befehlshabern aller Heeresgruppen. Doch die kollektive Rücktrittsdrohung der Generalität, die Beck anstrebte, kam nicht zustande. Als Hitler keine Anstalten machte, seine Politik zu ändern, reichte der Generalstabschef seinen Rücktritt ein. Hitler aber versicherte den Generalen, Frankreich und Großbritannien würden nicht für die Tschechoslowakei in den Krieg ziehen. Sie waren davon so wenig überzeugt, daß sie erwogen, Hitler und andere führende Nationalsozialisten zu verhaften und so die Kriegsgefahr abzuwenden.

Diesem Militärputsch wurde der Boden entzogen, als Chamberlain Hitlers Forderung nach einer Amputation der Tschechoslowakei guthieß und, ebenso wie Frankreich, duldete, daß dieses Land seine Grenzgebiete und wichtigsten Verteidigungsanlagen einbüßte.

Für Chamberlain bedeutete das Münchner Abkommen »Frieden in unserer Zeit«. Für Hitler war es ein neuer und noch größerer Triumph nicht nur über seine äußeren Gegner, sondern auch über seine Generale. Nachdem ihre Warnungen nun mehrmals durch die unangefochtenen und unblutigen Erfolge Hitlers widerlegt worden waren, verloren sie Selbstvertrauen und Einfluß. Selbstverständlich wuchs gleichzeitig Hitlers Zuversicht, daß sich die Serie müheloser Erfolge fortsetzen ließe. Selbst als ihm klarwurde, daß weitere Abenteuer zum Krieg führen konnten, dachte er nur an einen kurzen und begrenzten Konflikt. Wenn er je Zweifel hatte, dann wurden sie jedenfalls von der kumulativen Wirkung berauschender Erfolge erstickt.

Wenn Hitler tatsächlich mit einem allgemeinen Krieg unter Beteiligung Großbritanniens gerechnet hätte, dann hätte er alle nur erdenklichen Anstrengungen unternommen, um eine Kriegsmarine aufzubauen, die derjenigen Großbritanniens gewachsen gewesen wäre. Doch er brachte seine Marine nicht einmal auf den Stand, der im deutsch-britischen Flottenabkommen von 1935 vorgesehen war. Er versicherte seinen Admiralen immer wieder, sie hätten nicht mit einem Krieg gegen Großbritannien zu rechnen. Nach der Münchner Konferenz erklärte er ihnen, sie hätten mindestens für die nächsten sechs Jahre keinen Konflikt mit Großbritannien zu erwarten. Noch im Sommer 1939, zuletzt am 22. August, wiederholte er solche Versicherungen, wenn auch mit schwindender Überzeugung.

Wie kam es, daß er trotzdem in den großen Krieg verwickelt wurde, den er so sorgfältig vermieden hatte? Die Antwort ist nicht oder nicht hauptsächlich in Hitlers Eroberungstrieb zu finden, sondern in der Ermutigung, die er lange Zeit durch die nachgiebige Haltung der Westmächte erhielt, und durch ihre plötzliche Kehrtwendung im Frühjahr 1939. Dieser Umschwung kam so abrupt und unerwartet, daß er den Krieg unvermeidbar machte.

Wenn man es zuläßt, daß jemand einen Dampfkessel so lange aufheizt, bis der Druck den kritischen Punkt überschreitet, dann ist man für die sich ergebende Explosion selbst verantwortlich. Diese Wahrheit aus dem Bereich der Physik gilt auch in der Politik und insbesondere auf dem Feld der Außenpolitik.

Seit Hitlers Machtübernahme 1933 hatten die Regierungen Großbritanniens und Frankreichs diesem gefährlichen Autokraten ungleich mehr zugestanden als vorher den demokratischen Regierungen Deutschlands. Bei jedem Schlag waren sie bemüht, Unannehmlichkeiten zu vermeiden, heikle Probleme zu vertagen und sich so, auf Kosten der Zukunft, für die unmittelbare Gegenwart Ruhe zu sichern.

Hitler dagegen durchdachte seine Schritte nur allzu logisch. Die Ideen, die seine Politik leiteten, legte er im November 1937 vor den Oberbefehlshabern der Wehrmachtsteile in einer »testamentarischen Hinterlassenschaft für den Fall meines Ablebens« dar, deren Inhalt in dem sogenannten Hoßbach-Protokoll niedergelegt ist. Hitler sprach von Deutschlands vitalem Bedürfnis nach größerem Lebensraum, der für die Erhaltung und Vermehrung der »Volksmasse« erforderlich sei. Deutschland könne sich vor allem auf dem Gebiet der Ernährung nicht autark machen. Auch durch Lebensmittelimporte könne es seine Bedürfnisse nicht decken; denn das würde Devisenausgaben bedeuten, die es nicht aufbringen könne. Ebensowenig ließen sich die wirtschaftlichen

Schwierigkeiten durch Beteiligung am Welthandel überwinden, und zwar wegen der Zollschranken, die andere Staaten errichtet hatten, und wegen Deutschlands eigener Geldknappheit. Überdies machte die Versorgung auf dem Weltmarkt Deutschland von anderen Nationen abhängig und gebe es im Kriegsfall dem Hunger preis.

Daraus folgerte Hitler, daß Deutschland mehr »landwirtschaftlich nutzbaren Raum« in den dünn besiedelten Gebieten Osteuropas gewinnen müsse, und für diese Lösung der deutschen Frage könne es nur den Weg der Gewalt geben. »Daß jede Raumerweiterung nur durch Brechen von Widerstand und unter Risiko vor sich gehen könne, habe die Geschichte aller Zeiten – Römisches Weltreich, Englisches Empire – bewiesen ...«, heißt es in der Hoßbach-Niederschrift. »Weder früher noch heute habe es herrenlosen Raum gegeben, der Angreifer stoße stets auf den Besitzer.« Die Raumfrage würde bis spätestens 1945 gelöst werden müssen. »Nach dieser Zeit sei nur noch eine Veränderung zu unseren Ungunsten zu erwarten. ... Wegen des Fehlens von Reserven könne (dann) jedes Jahr die Ernährungskrise bringen.«

Diese Vorstellungen gingen weit über Hitlers ursprüngliche Absicht hinaus, die nach dem Ersten Weltkrieg verlorenen Gebiete zurückzugewinnen, und die Staatsmänner des Westens waren in dieser Hinsicht nicht so ahnungslos, wie sie später behaupteten. Viele äußerten sich 1937 und 1938 sehr offen, wenn auch nur vertraulich. In britischen Regierungskreisen hörte man damals das Argument, man müsse Deutschlands Drang nach Osten stattgeben, weil dadurch Gefahren für den Westen abgewendet würden. Sie hatten großes Verständnis für Hitlers Wunsch nach Lebensraum – und ließen es ihn wissen. Wie allerdings die Besitzer dieses Raumes anders als durch Gewalt zum Nachgeben gebracht werden sollten, daran verschwendeten sie keinen Gedanken.

Die deutschen Dokumente zeigen, daß sich Hitler besonders nach dem Besuch von Lord Halifax im November 1937 ermutigt fühlte. Halifax war damals als Vorsitzender des Staatsrats zweiter Mann im Kabinett nach dem Premierminister. Wie aus den Gesprächsprotokollen hervorgeht, gab er Hitler zu verstehen, daß

Großbritannien ihm in Osteuropa freie Hand lassen würde. Vielleicht ging Halifax nicht ganz so weit, aber er erweckte jedenfalls diesen Eindruck, und das erwies sich als ausschlaggebend.

Im Februar 1938 wurde Außenminister Anthony Eden nach wiederholten Meinungsverschiedenheiten mit Chamberlain zum Rücktritt bewogen – der Premierminister hatte ihm auf einen seiner Proteste hin geraten, »nach Hause zu gehen und Aspirin zu nehmen«. Halifax übernahm Edens Posten im Auswärtigen Amt. Wenige Tage später suchte der britische Botschafter in Berlin, Sir Nevile Henderson, Hitler auf und gab ihm in einem vertraulichen Gespräch zu verstehen, die britische Regierung habe volles Verständnis für seinen Wunsch nach einer »Neuordnung Europas« im Sinne Deutschlands, und die »gegenwärtige britische Regierung beurteile diese Dinge sehr realistisch«.

Nun glaubte Hitler, er habe im Osten grünes Licht. Das war eine sehr plausible Schlußfolgerung.

Hitler wurde in seinen Plänen weiter bestärkt durch das Entgegenkommen, mit dem die Regierungen Großbritanniens und Frankreichs seinen Einmarsch in Österreich und dessen Anschluß an das Deutsche Reich hinnahmen. (Die einzige Panne bei diesem Coup war der Ausfall zahlreicher Panzer auf dem Weg nach Wien.) Noch ermutigender war es für ihn, als er hörte, Chamberlain und Halifax hätten russische Vorschläge abgelehnt, nun über einen gemeinsamen Sicherheitsplan gegen die deutsche Expansion zu verhandeln.

In diesem Zusammenhang muß man hinzufügen, daß die russische Regierung im September 1938, als Hitlers Drohungen gegenüber der Tschechoslowakei ihren Höhepunkt erreichten, noch einmal öffentlich und vertraulich ihre Bereitschaft zu erkennen gab, gemeinsam mit Frankreich und Großbritannien Maßnahmen zum Schutz dieses Landes zu treffen. Die Westmächte ignorierten dieses Angebot. Darüber hinaus hielt man Rußland ostentativ von der Münchner Konferenz fern, auf der das Schicksal der Tschechoslowakei besiegelt wurde. Daß man Rußland in diesem Augenblick die kalte Schulter zeigte, hatte im folgenden Jahr fatale Folgen.

Nachdem die britische Regierung bis dahin keine Einwände gegen Hitlers Vorgehen im Osten erhoben hatte, war ihre scharfe Reaktion und die Teilmobilmachung, mit der sie im September seine Kriegsdrohungen gegen die Tschechoslowakei quittierte, für ihn eine unangenehme Überraschung. Als Chamberlain jedoch kurz darauf seine Forderung bezüglich des Sudetenlandes akzeptierte und in München sogar noch die Aufgabe übernahm, den Tschechen Hitlers Wünsche plausibel zu machen, gewann dieser den Eindruck, der momentane britische Widerstand sei nur ein Schaugefecht gewesen, dazu gedacht, die überwiegende öffentliche Meinung Großbritanniens zu beschwichtigen, deren Wortführer Winston Churchill war und die die Politik des Ausgleichs und der Zugeständnisse ablehnte.

Nicht weniger angespornt wurde Hitler durch die Untätigkeit der Franzosen. Da sie so leichten Herzens ihren tschechoslowakischen Verbündeten im Stich gelassen hatten, der übrigens von allen kleineren Staaten die schlagkräftigste Armee besaß, glaubte er nicht daran, daß sie zu den Waffen greifen würden, um eines der übrigen Glieder in der Kette ihrer einstigen Bundesgenossen in Ost- und Mitteleuropa zu verteidigen.

So durfte Hitler annehmen, er könne alsbald gefahrlos die Rest-Tschechei eliminieren und dann seine Expansion nach Osten fortsetzen.

Gegen Polen vorzugehen, hatte er anfangs nicht vor, obwohl es das größte der Territorien besaß, die nach dem Ersten Weltkrieg von Deutschland abgetrennt worden waren. Polen hatte ihm wie Ungarn bei der Unterwerfung der Tschechei geholfen – Polen hatte die Lage genutzt und einen Streifen tschechisches Territorium an sich genommen. Hitler war bereit, Polen vorerst als Junior-Partner zu akzeptieren, sofern es Deutschland Danzig zurückgab und eine freie Zufahrt nach Ostpreußen durch den polnischen Korridor garantierte. Das war unter diesen Umständen eine bemerkenswert bescheidene Forderung. Im darauffolgenden Winter zeigte sich jedoch, daß die Polen zu keinerlei derartigen Zugeständnissen bereit waren und darüber hinaus übertriebene Vorstellungen von ihrer eigenen Stärke hatten. Trotzdem hoffte

Hitler immer noch, sie würden im Verlauf weiterer Verhandlungen nachgeben. Noch am 25. März 1939 teilte er seinem Armeechef mit, er beabsichtige nicht, die Danzig-Frage mit Waffengewalt zu lösen. Ein unerwarteter britischer Schritt, der auf eine neue Aktion Hitlers in einer anderen Richtung folgte, führte die Sinnesänderung herbei.

In den ersten Monaten des Jahres 1939 waren die Spitzen der britischen Regierung so sorglos wie schon lange nicht mehr. Sie wiegten sich in dem Glauben, ihre beschleunigten Aufrüstungsmaßnahmen, Amerikas Wiederbewaffnungsprogramm und die wirtschaftlichen Schwierigkeiten Deutschlands entschärften die Situation. Am 10. März äußerte Chamberlain privat die Überzeugung, daß die Aussichten auf Frieden besser seien denn je, und drückte die Hoffnung aus, daß noch vor Jahresende eine neue Abrüstungskonferenz stattfinden könne. Am Tag darauf meinte Sir Samuel Hoare – Edens Vorgänger im Auswärtigen Amt und neuer Innenminister –, die Welt trete nun in ein goldenes Zeitalter ein. Minister versicherten Anhängern und Kritikern, Deutschlands wirtschaftliche Misere mache es ihm unmöglich, Krieg zu führen, und es müsse sich auf einen modus vivendi einlassen als Gegenleistung für die Hilfe, die die britische Regierung ihm in Form eines Handelsvertrags anbot. Zwei Minister, Oliver Stanley und Robert Hudson, reisten nach Berlin, um darüber zu verhandeln.

In der gleichen Woche brachte »Punch« eine Karikatur, auf der John Bull gerade erleichtert aus einem Alptraum erwacht, während das Gespenst »Kriegsfurcht« zum Fenster hinausfliegt. Nie gab es einen solchen Zauberbann absurd optimistischer Illusionen wie in jenen Wochen, die den »Ideen des März« 1939 vorausgingen.

Inzwischen hatten die Nationalsozialisten separatistische Bewegungen in der Tschechoslowakei unterstützt, um deren inneren Zusammenbruch herbeizuführen. Am 12. März erklärten die Slowaken ihre Unabhängigkeit, nachdem ihr Führer, Pater Tiso, Hitler in Berlin aufgesucht hatte. Der polnische Außenminister Oberst Beck war noch kurzsichtiger und sprach den Slowaken eine Sympathie aus. Am 15. März marschierten deutsche Truppen in Prag ein, nachdem sich der tschechoslowakische Präsident Hitlers Forderung nach einem Protektorat und der Besetzung des Landes gebeugt hatte.

Noch im August des Vorjahres hatte sich die britische Regierung in München verpflichtet, der Tschechoslowakei Beistand gegen Aggressionen zu leisten. Nun aber erklärte Chamberlain vor dem Unterhaus, der Abfall der Slowakei habe diese Garantie hinfällig gemacht, und er fühle sich an die Verpflichtung nicht mehr gebunden. Zwar äußerte er sein Bedauern über das, was geschehen war, erklärte aber, er sähe keinen Grund, die britische Politik zu ändern.

Nach wenigen Tagen aber verblüffte er die Welt mit einer totalen Kehrtwendung. Er beschloß, jedes weitere Vorgehen Hitlers zu verhindern, und übermittelte Polen am 29. März ein Angebot, es »gegen jede Handlung zu unterstützen, durch die Polens Unabhängigkeit gefährdet würde und der mit Waffengewalt entgegenzutreten die polnische Regierung für notwendig erachten sollte«.

Es ist unmöglich zu sagen, unter welchem Einfluß er diesen Entschluß faßte — ob es der Druck der öffentlichen Meinung war, seine eigene Empörung, sein Ärger darüber, von Hitler hintergangen worden zu sein, oder die Demütigung, in den Augen seiner Landsleute als der Übertölpelte dazustehen.

Die meisten derjenigen Briten, die seine bisherige Beschwichtigungspolitik unterstützt hatten, machten eine ähnlich heftige Reaktion durch — verschärft durch die Vorwürfe der »anderen Hälfte« der Nation, die dieser Politik mißtraut hatte. Der Bruch wurde überbrückt und die Nation wiedervereinigt durch eine allgemeine Welle der Empörung.

Die uneingeschränkte Garantieerklärung legte Großbritanniens Schicksal in die Hände der Beherrscher Polens, Männer von zweifelhaftem und unsicherem Urteilsvermögen. Außerdem war die Garantie ohne die Hilfe Rußlands unmöglich zu erfüllen; aber man hatte keinerlei Fühler ausgestreckt, um zu erfahren, ob Rußland eine solche Hilfe leisten und ob Polen sie annehmen würde.

Als das Kabinett gebeten wurde, der Garantieerklärung zuzustimmen, legte man ihm nicht einmal den Bericht der Stabschefs vor, der deutlich gemacht hätte, wie unmöglich es in der Praxis war, Polen wirksam zu unterstützen[1]. Angesichts der vorherrschenden Stimmung ist jedoch kaum anzunehmen, daß dies an der Entscheidung etwas geändert hätte.

Im Parlament wurde die Garantieerklärung von allen Seiten begrüßt. Lloyd George war ein Rufer in der Wüste, als er vor dem Unterhaus erklärte, es sei ein selbstmörderischer Fehler, eine so weitreichende Verpflichtung einzugehen, ohne sich zugleich die Rückendeckung Rußlands zu sichern. Die Garantie an Polen sei der sicherste Weg, eine baldige Explosion und einen Weltkrieg auszulösen. Sie war gleichzeitig die größtmögliche Versuchung und eine eindeutige Provokation. Sie stachelte Hitler dazu an, die Nutzlosigkeit einer solchen Garantie zu demonstrieren, die einem Land außerhalb der Reichweite des Westens gegeben worden war; und andererseits machte sie die halsstarrigen Polen noch weniger zu Konzessionen gegenüber Hitler bereit, und Hitler selbst konnte sich nun nicht mehr aus der Angelegenheit zurückziehen, ohne daß er sein Gesicht verlor.

Weshalb nahmen die Polen ein so fatales Angebot überhaupt an? Einmal hatten sie eine absurd übertriebene Vorstellung von der Schlagkraft ihrer veralteten Armee — sie sprachen großspurig von einem »Kavallerieangriff auf Berlin«. Außerdem spielten auch persönliche Emotionen mit: Oberst Beck erklärte kurz danach, er habe zwischen zwei Griffen zum Aschenbecher, um die Asche von der Zigarette abzustreifen, die er gerade rauchte, beschlossen, das britische Angebot anzunehmen — er fügte hinzu, er habe bei seiner Zusammenkunft mit Hitler im Januar nur schwer dessen Bemerkung schlucken können, Danzig »müsse« zurückgegeben werden, und er halte das britische Angebot für eine Möglichkeit, Hitler eine Ohrfeige zu geben. Dieser Impuls war typisch für die Art und Weise, in der oft über das Schicksal von Völkern entschieden wird.

1 Ich erfuhr davon kurz darauf durch Hore-Belisha, dem damaligen Kriegsminister, und auch durch Lord Beaverbrook, der von anderen Regierungsmitgliedern davon gehört hatte.

Der Krieg hätte sich nur durch die Unterstützung Rußlands vermeiden lassen, der einzigen Macht, die Polen unmittelbar Beistand leisten und so ein Abschreckungsfaktor für Hitler sein konnte. Aber trotz der gefährlichen Situation unternahm die britische Regierung nur zögernde und halbherzige Schritte in dieser Richtung. Chamberlain hatte eine starke persönliche Abneigung gegen Sowjetrußland und Halifax eine heftige religiöse Antipathie; beide unterschätzten die Stärke Rußlands ebenso, wie sie diejenige Polens überbewerteten. Wenn sie nun den Vorteil eines Bündnisses mit Rußland erkannten, so wollten sie doch, daß dieses ihren eigenen Vorstellungen entsprach, und begriffen nicht, daß sie sich durch ihre vorweggenommene Garantieerklärung an Polen in eine Position begeben hatten, in der sie um diesen Pakt hätten flehen müssen, und zwar zu den Bedingungen, die Rußland stellen würde. Stalin war das klar, ihnen selbst jedoch nicht.

Aber nicht nur sie selbst zögerten. Auch die Regierungen Polens und der anderen kleinen osteuropäischen Staaten nahmen nur ungern militärische Hilfe von Rußland an, da sie fürchteten, die Militärhilfe werde einer Invasion gleichkommen. So glich der Verlauf der britisch-russischen Verhandlungen eher einer Beerdigungsprozession.

Ganz anders reagierte Hitler auf die neue Lage. Die heftige Reaktion Großbritanniens und dessen verdoppelte Rüstungsanstrengungen erschreckten ihn zwar, aber die Wirkung war anders als gedacht. Er hatte den Eindruck, daß die Briten der deutschen Expansion nach Osten nun doch Widerstand entgegensetzen würden, und fürchtete, seine Pläne würden vereitelt, wenn er zögerte. Daher zog er den Schluß, daß er sein Verlangen nach Lebensraum rascher befriedigen mußte.

Aber wie konnte er dies tun, ohne einen allgemeinen Krieg auszulösen? Sein Plan war gefärbt von seinem historisch geprägten Bild der Briten. Er hielt sie für nüchterne und rational denkende Menschen, die ihre Emotionen mit dem Verstand kontrollierten, und glaubte daher, sie würden nicht im Ernst daran denken, wegen Polen einen Krieg zu führen, wenn sie dabei nicht die russische Unterstützung hatten. Daher unterdrückte er seinen

Haß auf den »Bolschewismus« und bemühte sich, mit Rußland zu einem Einvernehmen zu gelangen und dessen Neutralität zu sichern. Diese Wendung war noch sensationeller als Chamberlains Schritt, und ihre Folgen waren ebenso fatal.

Hitlers Annäherung an Rußland wurde dadurch erleichtert, daß Stalin bereits im Westen nach einem neuen Partner suchte. Die begreifliche Verstimmung der Russen über die Art und Weise, wie Chamberlain und Halifax ihnen 1938 die kalte Schulter gezeigt hatten, wurde noch größer, als nach Hitlers Einmarsch in Prag ein neuer sowjetischer Vorschlag eines gemeinsamen Verteidigungsabkommens eine laue Aufnahme fand, während die britische Regierung bereitwilligst ein unverlangtes Arrangement mit Polen traf. Nichts war mehr dazu angetan, den Zweifel zu vertiefen und das Mißtrauen zu vergrößern.

Außer für Blinde mußte es eine unmißverständliche Warnung sein, als der russische Außenminister Litwinow abgelöst wurde. Er war lange Zeit ein Hauptbefürworter der Zusammenarbeit mit den Westmächten gewesen, um Nazi-Deutschland Widerstand zu leisten. Von seinem Nachfolger Molotow hieß es, er verhandle lieber mit Diktatoren als mit Demokraten.

Erste Fühlungnahmen wegen einer sowjetisch-deutschen Entente begannen im April, wurden aber von beiden Seiten mit äußerster Vorsicht geführt. Das gegenseitige Mißtrauen war groß; denn jeder argwöhnte, dem anderen käme es nur darauf an, ihn an einer Übereinkunft mit den Westmächten zu hindern. Aber der langsame Fortgang der englisch-russischen Verhandlungen ermutigte die Deutschen, ihrerseits das Tempo zu beschleunigen und ihr Werben zu verstärken. Molotow blieb bis Mitte August unentschieden. Dann kam der Umschwung. Er kann dadurch ausgelöst worden sein, daß Deutschland im Gegensatz zu Großbritannien Stalin hohe Forderungen zugestand, vor allem freie Hand in den baltischen Staaten. Es mochte auch mit der Tatsache zusammenhängen, daß Hitler den Beginn der Aktion nicht später als September ansetzen konnte, wenn ihm nicht das Wetter einen Strich durch die Rechnung machen sollte, und daß ein Aufschub der sowjetisch-deutschen Übereinkunft bis Ende August sicherstellte, daß Hitler und die Westmächte keine Zeit für ein neues »Münchner Abkommen« hätten, das für Rußland gefährlich gewesen wäre.

Am 23. August flog Ribbentrop zur Unterzeichnung des Paktes nach Moskau. In einem geheimen Zusatzprotokoll wurde die Aufteilung Polens zwischen Deutschland und Rußland vereinbart.

Dieser Pakt machte den Krieg gewiß, und dies um so mehr, weil er so spät abgeschlossen wurde. Hitler konnte sich nun nicht mehr aus der polnischen Angelegenheit zurückziehen, ohne in Moskau das Gesicht zu verlieren. Und sein Glaube daran, daß die britische Regierung sich nicht auf einen von vornherein vergeblichen Kampf einlassen würde, um Polen zu schützen, und daß sie nicht ernstlich wünschte, Rußland hineinzuziehen, wurde dadurch bestärkt, daß Chamberlain Ende Juli inoffizielle Verhandlungen mit ihm durch seinen Vertrauten, Sir Horace Wilson, aufgenommen hatte, wegen eines anglo-deutschen Paktes, der »es Großbritannien ermöglichte, sich von seinen Verpflichtungen gegenüber Polen zu lösen«.

Aber der sowjetisch-deutsche Pakt, der so spät kam, übte auf die Briten nicht die erwartete Wirkung aus. Im Gegenteil, er weckte den »Bulldoggengeist«, die blinde Entschlossenheit ohne Rücksicht auf die Folgen. In diesem Gefühlszustand konnte Chamberlain nicht abseitsstehen, ohne sowohl das Gesicht zu verlieren als auch ein Versprechen zu brechen.

Stalin wußte nur zu gut, daß die Westmächte seit langem geneigt gewesen waren, Hitlers Expansion nach Osten, das heißt in Richtung Rußland zu dulden. Wahrscheinlich sah er in dem sowjetisch-deutschen Pakt ein geeignetes Mittel, um Hitlers Aggressionswillen nach Westen abzulenken. Mit anderen Worten: durch diesen geschickten Zug konnte er seine unmittelbaren und möglichen Gegner aufeinanderprallen lassen. Mindestens konnte dies die Bedrohung Rußlands verringern und zu einer allgemeinen Erschöpfung seiner Gegner führen, so daß Rußlands Aufstieg nach dem Krieg gesichert war.

Durch den Pakt wurde Polen als Puffer zwischen Deutschland und Rußland beseitigt. Aber die Russen hatten immer in Polen eher die Lanzenspitzen einer deutschen Invasion gegen Rußland als einen Riegel dagegen gesehen. Wenn sie nun Hitlers Eroberungspläne gegen Polen unterstützten und das Land mit ihm aufteilten, konnten sie nicht nur bequem ihren Besitzstand von 1914 wiedererlangen, sondern auch Ostpolen in eine Barriere verwandeln, die, wenn auch schmaler, von ihren eigenen Streitkräften gehalten wurde. Das schien ein zuverlässigerer Puffer als ein unabhängiges Polen zu sein. Außerdem ebnete der Pakt den Weg für eine russische Besetzung der baltischen Staaten und Bessarabiens als eine Erweiterung des Puffers.

KAPITEL 2

DIE STREITKRÄFTE BEIM KRIEGSAUSBRUCH

Am Freitag, dem 1. September 1939, marschierten die deutschen Armeen in Polen ein. Am Sonntag, dem 3. September, erklärte die britische Regierung Deutschland den Krieg in Erfüllung ihrer vorher an Polen gegebenen Garantie. Sechs Stunden später folgte die französische Regierung, wenn auch zögernd, dem britischen Beispiel.

Am Ende seiner schicksalhaften Erklärung vor dem britischen Unterhaus sagte der siebzigjährige Premierminister Chamberlain: »Ich bin sicher, daß ich den Tag erleben werde, an dem der Hitlerismus vernichtet und ein befreites Europa wiederhergestellt ist.« Nach weniger als einem Monat war Polen überrannt. Nach neun Monaten waren die meisten Länder Westeuropas von der sich ausbreitenden Flut des Krieges erfaßt. Und wenn Hitler auch am Ende geschlagen wurde – ein befreites Europa wurde nicht wiederhergestellt.

Arthur Greenwood begrüßte namens der Labour Party die Kriegserklärung und drückte seine Erleichterung darüber aus, daß »die unerträgliche Spannung vorüber ist, unter der wir alle standen. Nun wissen wir das Schlimmste«. Aus dem Beifall ging hervor, daß er das allgemeine Empfinden des Unterhauses ausdrückte. Er schloß: »Möge der Krieg rasch und kurz sein und möge der Friede, der ihm folgt, für immer stolz auf den Trümmern eines bösen Namens stehen.«

Kein nüchterner Vergleich der beiderseitigen Streitkräfte berechtigte zu dem Glauben, der Krieg könne »rasch und kurz« sein, oder auch nur zu der Hoffnung, Frankreich und Großbritannien könnten allein Deutschland besiegen, wie lange der Krieg auch dauern mochte. Noch törichter war die Annahme, wir wüßten nun »das Schlimmste«.

Da gab es zunächst Illusionen über die Stärke Polens. Lord Halifax – der als Außenminister hätte gut informiert sein sollen –

glaubte, Polen sei militärisch von größerem Wert als Rußland, und zog es als Verbündeten vor. Das teilte er am 24. März, also wenige Tage vor der plötzlichen britischen Garantieerklärung, dem amerikanischen Botschafter mit. Im Juli besuchte General Ironside, Generalinspekteur der Streitkräfte, die polnische Armee und gab Churchill »äußerst günstige« Berichte.

Noch größer waren die Illusionen hinsichtlich der französischen Armee. Churchill selbst bezeichnete sie als die »am besten ausgebildete und sicher die beweglichste in Europa«. Als er wenige Tage vor Kriegsausbruch General Georges, den Oberkommandierenden der französischen Feldarmee, besuchte und die Zahlenvergleiche zwischen den französischen und den deutschen Streitkräften sah, war er so beeindruckt, daß er erklärte: »Aber Sie sind ja weit überlegen.«

Das mag die Bereitwilligkeit vergrößert haben, mit der auch er die Franzosen drängte, zur Unterstützung Polens ebenfalls rasch den Krieg zu erklären. In der Depesche des französischen Botschafters hieß es: »Einer der erregtesten war Mr. Churchill. Seine Stimme ließ das Telefon vibrieren.« Im März hatte Churchill selbst erklärt, er stimme hinsichtlich des Garantieangebots an Polen »mit dem Premierminister völlig überein«. Wie fast alle politischen Führer Großbritanniens hatte er es für eine Maßnahme zur Erhaltung des Friedens gehalten. Lloyd George hatte als einziger auf die Untauglichkeit dieses Schrittes und auf die damit verbundenen Gefahren hingewiesen. Die »Times« nannte seine Warnung »einen Ausbruch des trostlosen Pessimismus von Mr. Lloyd George, der nun eine seltsame und abgelegene Welt für sich zu bewohnen scheint«.

Es muß allerdings erwähnt werden, daß man in ernster zu nehmenden Militärkreisen diese Illusionen nicht teilte[1]. Aber im allgemeinen war die vorherrschende Stimmung von Emotionen

1 Meine eigene strategische Beurteilung der Lage, bei Kriegsausbruch geschrieben, sagte die baldige Niederlage Polens und die Wahrscheinlichkeit voraus, daß Frankreich den Kampf nicht lange würde durchhalten können, und kam zu folgendem Schluß: »Kurz, dadurch, daß wir uns auf strategisch unsicheren Boden gestellt haben, sind wir in eine ganz mißliche Lage geraten – vielleicht das Schlimmste unserer Geschichte.«

geladen, die den Sinn für die unmittelbaren Realitäten erstickten und den Blick verstellten.

Hätte Polen länger gehalten werden können? Hätten Frankreich und Großbritannien mehr tun können, um den deutschen Druck auf Polen zu verringern? Die Antwort auf beide Fragen scheint im ersten Augenblick positiv zu sein. Die polnischen Streitkräfte waren zahlenmäßig stark genug, um die deutschen Invasionstruppen an den Grenzen zu binden oder ihren Vormarsch mindestens zu verzögern. Der Zahlenvergleich zeigt ebenso deutlich, daß die Franzosen hätten in der Lage sein müssen, die deutschen Truppen zu schlagen, die ihnen im Westen gegenüberstanden.

Die polnische Armee bestand aus dreißig aktiven Divisionen und zehn Reservedivisionen. Außerdem umfaßte sie nicht weniger als zwölf große Kavalleriebrigaden, allerdings war nur eine davon motorisiert. Polen war sogar noch stärker, als es sich in der Gesamtzahl der Divisionen ausdrückt; denn es konnte fast zweieinhalb Millionen Soldaten mobilisieren.

Frankreich mobilisierte das Äquivalent von 110 Divisionen, von denen nicht weniger als 65 aktive Divisonen waren. Darunter befanden sich fünf Kavalleriedivisionen, zwei motorisierte Divisionen und eine Panzerdivision, die noch im Aufbau begriffen war. Der Rest bestand aus Infanteriedivisionen. Alles in allem konnte das französische Oberkommando, nachdem für die Verteidigung Südfrankreichs und Nordafrikas gegen eine mögliche Bedrohung durch Italien Vorsorge getroffen war, 85 Divisionen an der Nordfront zusammenziehen. Darüber hinaus konnte es fünf Millionen Mann mobilisieren.

Großbritannien hatte zugesagt, beim Kriegsausbruch vier reguläre Divisionen nach Frankreich zu entsenden, abgesehen davon, daß es für die Verteidigung des Nahen und Fernen Ostens sorgte, und schickte tatsächlich das Äquivalent von fünf Divisionen. Wegen der Schwierigkeiten des Seetransports und des Umweges, den man für nötig hielt, um Luftangriffen auszuweichen, traf dieses erste Kontingent erst Ende September ein.

Großbritannien besaß eine kleine, aber hochqualifizierte reguläre Armee und war gerade im Begriff, eine 26 Divisionen starke territoriale Feldarmee aufzustellen. Bei Kriegsausbruch war geplant, diese auf 55 Divisionen zu vergrößern. Aber das erste Kontingent dieser neugebildeten Truppe würde erst 1940 einsatzfähig sein. Inzwischen konnte Großbritanniens Hauptbeitrag zum Krieg nur in der traditionellen Form bestehen, daß es als Seemacht eine Blockade aufbaute – eine Maßnahme, die zwangsläufig nur langsam Wirkungen zeitigt.

Großbritannien besaß eine Bomberflotte von etwas mehr als 600 Maschinen – Frankreich hatte nur die Hälfte, Deutschland aber erheblich mehr als doppelt so viele; aber angesichts der geringen Größe und Reichweite der Maschinen konnten sie keine ernsthafte Wirkung durch unmittelbare Angriffe auf Deutschland ausüben.

Deutschland mobilisierte 98 Divisionen, darunter 52 aktive Divisionen (sechs österreichische inbegriffen). Von den übrigen 46 Divisionen waren jedoch nur zehn bei der Mobilisierung einsatzfähig, und sogar diese bestanden größtenteils aus Rekruten, die erst ungefähr einen Monat gedient hatten. Die anderen 36 Divisionen bestanden hauptsächlich aus Veteranen des Ersten Weltkriegs – Vierzigjährigen, die mit den modernen Waffen und Taktiken kaum vertraut waren. Ihnen fehlte es an Artillerie und anderen Waffen. Es dauerte lange Zeit, diese Divisionen zu organisieren und für einen gemeinsamen Einsatz auszubilden – länger als das deutsche Oberkommando geschätzt hatte, das über die Langwierigkeit des Prozesses alarmiert war.

Die deutsche Armee war im Jahr 1939 nicht bereit für den Krieg – einen Krieg, den die Generale nicht erwarteten, weil sie auf Hitlers Zusicherungen vertrauten. Sie hatten sich nur unwillig Hitlers Wunsch gefügt, die Armee rasch zu vergrößern, da sie einen schrittweisen Aufbau gründlich ausgebildeter Kerntruppen vorzogen. Hitler hatte ihnen wiederholt versichert, sie hätten zu einer solchen Ausbildung genügend Zeit, da er nicht vor 1944 einen Krieg riskieren werde. Auch die Ausrüstung war unzureichend, gemessen an der Größe der Armee.

Trotzdem nahm man später allgemein an, Deutschlands rasche

Siege im Anfangsstadium des Krieges seien einer überwältigenden Überlegenheit an Waffen und Mannschaftsstärke zuzuschreiben gewesen.

Die zweite Illusion verblaßte nur langsam. Selbst Churchill schrieb in seinen Kriegsmemoiren, die Deutschen hätten 1940 mindestens tausend »schwere Panzer« gehabt. In Wirklichkeit besaßen sie überhaupt keine schweren Panzer. Bei Kriegsbeginn hatten sie nur eine Handvoll mittelschwerer Panzer, die knapp 20 Tonnen wogen. Die meisten in Polen eingesetzten Panzer waren sehr leicht und nur schwach armiert.

Die Vergleichszahlen zeigen, daß die Polen und Franzosen zusammen 130 Divisionen hatten, gegenüber 98 deutschen Divisionen, von denen 36 praktisch unausgebildet und unorganisiert waren. Das Zahlenverhältnis der ausgebildeten Soldaten war für Deutschland noch ungünstiger. Es wurde jedoch dadurch ausgeglichen, daß die stärkeren Streitkräfte durch Deutschlands zentrale Lage in zwei Teile getrennt waren. Die Deutschen konnten den schwächeren der beiden Partner angreifen, während die Franzosen Deutschlands vorbereiteter Verteidigungslinie gegenüberstanden, wenn sie ihrem Verbündeten zu Hilfe kommen wollten.

Trotzdem waren die Polen zahlenmäßig stark genug, um die gegen sie antretende Angriffstruppe aufzuhalten, die aus 48 aktiven Divisionen bestand. Ihnen folgten ungefähr ein halbes Dutzend Reservedivisionen; aber der Feldzug war beendet, ehe sie eingesetzt werden konnten.

Oberflächlich gesehen scheint es, als seien die Franzosen hinreichend überlegen gewesen, um die deutschen Streitkräfte im Westen zu zerschlagen und über den Rhein vorzudringen. Die deutschen Generale waren erstaunt und erleichtert darüber, daß dies nicht geschah. Denn die meisten neigten dazu, noch in den Begriffen von 1918 zu denken, und sie überschätzten die französische Armee ebenso, wie es die Briten taten.

Aber die Frage, ob Polen aushalten und Frankreich ihm wirksamer hätte helfen können, sieht bei näherer Prüfung ganz anders aus, wenn man die der Lage innewohnenden Handicaps und die neue Technik der Kriegführung berücksichtigt, die 1939 zum erstenmal praktiziert wurde. Von diesem heutigen Standpunkt aus schien es schon damals unmöglich, daß der Gang der Ereignisse geändert werden konnte.

Churchill beschrieb den Zusammenbruch Polens so:

»Weder in Frankreich noch in Großbritannien hat man hinreichend die Folgen der neuen Tatsache begriffen, daß man Panzerfahrzeuge selbst gegen Artilleriebeschuß armieren und für ein Vorgehen von hundert Meilen am Tag konstruieren konnte.«

Diese Feststellung ist nur allzu wahr, zumindest in bezug auf die meisten älteren Staatsmänner und Militärs auf beiden Seiten. Aber gerade in Großbritannien hatte eine kleine Gruppe fortschrittlicher Militärtheoretiker diese neuen Möglichkeiten zum erstenmal gesehen und unablässig in der Öffentlichkeit darauf hingewiesen.

Im zweiten Band seines Buches über den Zweiten Weltkrieg, der sich mit dem Zusammenbruch Frankreichs 1940 beschäftigt, machte Churchill das bemerkenswerte, wenn auch eingeschränkte Eingeständnis:

»Da ich seit so vielen Jahren keinen Zugang zu amtlichen Informationen hatte, war mir das Ausmaß der Revolution nicht bewußt, die sich seit dem letzten Kriege durch das Auftreten einer Masse schneller schwerer Panzerfahrzeuge vollzogen hatte. Ich wußte davon; aber es hat meine Überzeugungen nicht in dem Maß beeinflußt, wie es hätte der Fall sein sollen.«

Das ist eine erstaunliche Bemerkung aus der Feder eines Mannes, der im Ersten Weltkrieg als Befürworter der Tanks eine so große Rolle gespielt hatte. Das Eingeständnis war in seiner Offenheit ehrenwert. Aber Churchill war bis 1929 Schatzkanzler gewesen, während im Jahr 1927 auf der Ebene von Salisbury der erste motorisierte Versuchsverband der Welt aufgestellt wurde, um die neuen Theorien auszuprobieren, die die Verfechter einer Kriegsführung mit schnellen Panzern seit mehreren Jahren gepredigt hatten. Churchill war völlig vertraut mit ihren Ideen; er hatte die neue Panzertruppe bei Übungen gesehen und in den folgenden Jahren mehrmals besucht.

In Frankreich war das Unverständnis für die neue Art der Kriegführung und der offizielle Widerstand gegen sie noch größer als in England, und in Polen größer als in Frankreich. Diese Verständnislosigkeit war die Ursache des Versagens beider Armeen im Jahr 1939 und, noch verheerender, der französischen im Jahr 1940.

Die Polen hielten an ihren hergebrachten militärischen Vorstellungen und weitgehend auch an der Struktur ihrer Streitkräfte fest. Sie besaßen keine Panzerdivisionen, keine motorisierten Divisionen, und ihren veralteten Formationen fehlte es an Panzer- und Flugzeugabwehrgeschützen. Außerdem glaubte die polnische Führung noch immer an den Wert einer starken Kavallerie und gab sich dem rührenden Glauben an die Möglichkeit hin, Kavallerieattacken auszuführen. Man kann wohl sagen, daß ihre Vorstellungen in dieser Hinsicht um achtzig Jahre hinter der Zeit herhinkten; denn schon im amerikanischen Bürgerkrieg hatte sich die Vergeblichkeit von Kavallerieangriffen gezeigt, auch wenn die Pferdeliebhaber unter den Militärs vor dieser Lehre die Augen verschlossen. Die Beibehaltung großer Kavallerieformationen in allen Armeen des Ersten Weltkriegs, in der Hoffnung auf einen Durchbruch, der nie erzielt wurde, war die größte Farce dieses unbeweglichen Krieges.

Die Franzosen besaßen zwar viele Bestandteile einer modernen Armee; aber sie hatten sie nicht zu einer solchen organisiert, weil die Vorstellungen ihrer militärischen Spitze um zwanzig Jahre hinterherhinkten. Im Gegensatz zu der Legende, die nach ihrer Niederlage entstand, besaßen sie mehr Panzer als die Deutschen, und viele davon waren größer und schwerer armiert als irgendein deutscher Panzer, wenn sie auch kaum schneller waren. Aber das französische Oberkommando betrachtete die Tanks immer noch mit den Augen von 1918 – als Hilfskräfte der Infanterie oder als Erkundungstrupps an Stelle der Kavallerie. Unter dem Bann dieser altmodischen Denkweise hatten sie es versäumt, ihre Panzer in Divisionen zusammenzufassen, wie es die Deutschen getan hatten, und neigten immer noch dazu, sie nur vereinzelt einzusetzen.

Die Schwäche der Franzosen und noch mehr der Polen an modernen Bodentruppen wurde noch verschlimmert durch ihren Mangel an Luftstreitkräften, die ihre Armeen hätten sichern und unterstützen müssen. Den Polen fehlten die nötigen Produktionsstätten, aber die Franzosen hatten keine solche Entschuldigung. In beiden Fällen war die Flugzeugbeschaffung dem Aufbau großer Armeen untergeordnet worden, da bei der Verteilung der Militärhaushaltsmittel die Stimmen der Generale den Ausschlag gaben, und die Generale neigten natürlicherweise dazu, die Waffengattungen zu bevorzugen, mit denen sie vertraut waren. Sie waren weit davon entfernt zu erkennen, in welchem Ausmaß die Effizienz der Bodentruppen jetzt von ausreichender Luftunterstützung abhing.

Der Zusammenbruch beider Armeen kann auf ein fatales Maß von Selbstzufriedenheit an der Spitze zurückgeführt werden. Bei den Franzosen war sie gestärkt worden durch den Sieg im Ersten Weltkrieg und die gewohnte Ehrfurcht ihrer Verbündeten vor ihrer vermeintlich überlegenen Kriegskunst. Bei den Polen war sie genährt durch ihren Sieg über die Russen im Jahr 1920. In beiden Fällen hatten die führenden Militärs lange Zeit hindurch eine selbstgefällige Arroganz hinsichtlich ihrer Armeen und ihrer Technik an den Tag gelegt. Der Gerechtigkeit halber muß erwähnt werden, daß einige jüngere französische Soldaten wie Oberst de Gaulle lebhaftes Interesse an den neuen Ideen über die Panzerkriegführung zeigten, die in England gepredigt wurde.

Aber die höheren französischen Generale schenkten diesen britischen »Theorien« wenig Beachtung – ganz im Gegensatz zur neuen Schule deutscher Generale[1].

Trotzdem war die deutsche Armee noch alles andere als eine moderne und kriegstüchtige Waffe. Sie war als Ganzes nicht kriegsbereit, die meisten aktiven Divisionen hatten eine veraltete

1 Es liegt eine bittere Ironie darin, wenn ich daran erinnere, daß ich in meinem kurz vor dem Krieg veröffentlichten Buch »The Defence of Britain« meine Bedenken darüber äußerte, daß die polnischen Militärs immer noch an Kavallerieangriffe gegen moderne Waffen glaubten, und sich das polnische Außenministerium daraufhin veranlaßt sah, offiziell gegen eine solche abfällige Äußerung über ihr Urteilsvermögen zu protestieren.

Struktur, und die Konzeptionen der höheren Kommandostellen bewegten sich immer noch in alten Gleisen. Aber Deutschland hatte eine kleine Zahl neuartiger Formationen aufgestellt, als der Krieg ausbrach, nämlich sechs Panzerdivisionen und vier »leichte« (motorisierte) Divisionen sowie vier motorisierte Divisionen als Rückendeckung. Das war nur ein kleiner Prozentsatz, aber er zählte mehr als die gesamte übrige deutsche Armee.

Gleichzeitig hatte das deutsche Oberkommando, wenn auch zögernd, die neue Theorie der schnellen Kriegführung übernommen. Das war vor allem der begeisterten Fürsprache von General Heinz Guderian und einiger anderer zu verdanken sowie dem Umstand, daß ihre Argumente Hitler überzeugten. Ihm gefiel diese Idee, die eine rasche Lösung versprach. Kurz: die deutsche Armee errang ihre erstaunliche Serie von Siegen nicht etwa durch überwältigende Stärke oder weil sie völlig modern gewesen wäre, sondern weil sie um einige Grade fortschrittlicher war als ihre Gegner.

Die europäische Situation im Jahr 1939 gab jener vielzitierten Bemerkung Clemenceaus aus dem letzten großen Konflikt der Nationen einen neuen Sinn: »Der Krieg ist eine zu ernste Sache, als daß man ihn den Soldaten überlassen darf.« Denn er konnte nun nicht den Soldaten überlassen werden, selbst wenn man ihrem Können das größte Vertrauen entgegengebracht hätte. Die Fähigkeit, einen Krieg durchzuhalten, wenn nicht sogar, ihn auszulösen, war von der militärischen Sphäre auf die Wirtschaft übergegangen. Wie die Maschine auf dem Schlachtfeld eine immer größere Bedeutung bekam, so drängten nun Industrie und Wirtschaftskraft die Frontarmeen in den Hintergrund der großen Strategie. Wenn sie nicht ununterbrochen von den Fabriken und Ölfeldern beliefert werden konnten, waren sie nichts als träge Massen. So eindrucksvoll marschierende Kolonnen auf den ehrfürchtigen zivilen Zuschauer auch wirken mögen — in den Augen eines modernen Kriegswissenschaftlers sind sie nur Marionetten auf einem Förderband.

Wenn einsatzfähige Armeen und die Ausrüstung allein gezählt

hätten, wäre das Bild noch düsterer gewesen. Das Münchner Abkommen hatte das strategische Gleichgewicht Europas verändert, und zwar mindestens für einige Zeit sehr zuungunsten Frankreichs und Großbritanniens. Keine noch so starke Beschleunigung ihrer Rüstungsprogramme konnte die Tatsache wettmachen, daß auf lange Zeit hinaus die 35 gut bewaffneten tschechoslowakischen Divisionen auf den Waagschalen des Gleichgewichts fehlten und gleichzeitig die entsprechende Anzahl deutscher Divisionen freisetzten, die sie hätten in Schach halten können.

Der Rüstungsstand, den Frankreich und Großbritannien bis März 1939 erreicht hatten, wurde mehr als ausgeglichen durch das, was die Deutschen bei ihrem Einmarsch in die hilflose Tschechoslowakei gewannen, deren Munitionsfabriken und militärische Ausrüstungen sie übernahmen. Allein an schwerer Artillerie verdoppelte Deutschland seine Bestände mit einem Schlag. Und die Aussichten wurden noch schlechter, nachdem deutsche und italienische Hilfe Franco ermöglicht hatten, das republikanische Spanien zu stürzen, und somit das Gespenst einer zusätzlichen Bedrohung der französischen Grenze und der Seeverbindungen Frankreichs und Großbritanniens auftauchte.

Strategisch hätte nur die Unterstützung Rußlands das Gleichgewicht in absehbarer Zeit wiederherstellen können. Strategisch gesehen, war auch keine Zeit so günstig für ein Zusammengehen Rußlands mit den Westmächten. Aber das strategische Gleichgewicht ruhte auf wirtschaftlicher Basis, und es war zweifelhaft, ob die Waagschale unter dem Druck des Krieges das Gewicht der deutschen Streitkräfte lange würde tragen können.

Etwa zwanzig Rohstoffe waren für den Krieg wichtig: Kohle für die allgemeine Produktion; Erdöl für Motoren; Baumwolle für Sprengstoffe; Wolle, Eisen; Gummi für Bereifung; Kupfer für die allgemeine Rüstung und alle elektrischen Geräte; Nickel für die Stahlerzeugung und für Munition; Blei für Munition; Glyzerin für Dynamit; Zellulose für rauchloses Pulver; Quecksilber für Zünder; Aluminium für Flugzeuge; Platin für chemische Apparate; Antimon, Mangan usw. für die Stahlproduktion und Metallurgie im allgemeinen; Asbest für Munition und Maschinen; Glimmer als Isoliermittel; Salpetersäure und Schwefel für Explosivstoffe.

Großbritannien fehlten außer Kohle die meisten Rohstoffe, die in größeren Mengen benötigt wurden. Aber solange die Seewege gesichert waren, standen die meisten im britischen Empire zur Verfügung. Etwa 90 Prozent der Weltnickelproduktion kam aus Kanada und der größte Teil des Restes aus der französischen Kolonie Neukaledonien. Mangel herrschte vor allem an Antimon, Quecksilber und Schwefel. Auch die Ölvorräte reichten für den Kriegsbedarf nicht aus.

Frankreich konnte diese Mangelwaren nicht liefern, und ihm selbst fehlte es an Baumwolle, Kupfer, Blei, Mangan, Gummi und einigen anderen, weniger wichtigen Rohstoffen.

Rußland besaß reichliche Vorräte von den meisten dieser Produkte. Ihm fehlten Antimon, Nickel und Gummi, und seine Vorräte an Kupfer und Schwefel waren begrenzt.

In der günstigsten Lage von allen Mächten waren die Vereinigten Staaten. Sie besaßen zwei Drittel der gesamten Ölvorräte der Welt, erzeugten ungefähr die Hälfte der Weltproduktion an Baumwolle und fast die Hälfte an Kupfer, während sie lediglich von Lieferungen von Antimon, Nickel, Gummi, Zinn und in einem gewissen Maß von Mangan abhängig waren.

Völlig anders war die Lage der Achse Berlin-Rom-Tokio. Italien mußte den größten Teil seines Bedarfs an fast allen Rohstoffen einführen, sogar an Kohle. Japan war fast ebenso von ausländischen Lieferungen abhängig. Deutschland besaß keine eigene Produktion von Baumwolle, Gummi, Zinn, Platin, Bauxit, Quecksilber und Glimmer, und seine Vorräte an Eisenerz, Kupfer, Antimon, Mangan, Nickel, Schwefel, Wolle und Erdöl waren unzureichend. Durch die Annexion der Tschechoslowakei hatte es seinen Mangel an Eisenerz etwas reduzieren können, und durch seine Intervention in Spanien hatte es sich eine weitere Quelle erschlossen, auch für die Lieferung von Quecksilber. Allerdings hing die Lieferung von einem ungestörten Transport über See ab. Den Bedarf an Wolle wiederum konnte Deutschland durch einen neuen Wolleersatz decken. Ebenso deckte es etwa ein

Fünftel seines Gummibedarfs mit »Buna« und ein Drittel seines Ölbedarfs mit im Inland hergestelltem Brennstoff, wenn auch zu wesentlich höheren Kosten.

Die Brennstoffversorgung war das Hauptproblem der Achsenmächte, gerade in einer Zeit, als die Armeen zunehmend motorisiert wurden und die Luftstreitkräfte ein entscheidender militärischer Faktor geworden waren. Außer Kohlederivaten erhielt Deutschland ungefähr eine halbe Million Tonnen Öl aus eigenen Quellen und eine kleine Menge aus Österreich und der Tschechoslowakei. Um den Friedensbedarf zu decken, mußte es fast 5 Millionen Tonnen einführen. Die wichtigsten Lieferanten waren Venezuela, Mexiko, Niederländisch-Indien, die Vereinigten Staaten, Rußland und Rumänien. Der Zugang zu den vier erstgenannten war im Krieg unmöglich, und zu den beiden letzteren nur durch Eroberung. Darüber hinaus schätzte man Deutschlands Ölbedarf im Krieg auf über 12 Millionen Tonnen im Jahr. Unter diesen Umständen war kaum zu erwarten, daß eine Steigerung der Produktion von künstlichem Treibstoff ausreichen würde. Nur die Eroberung der rumänischen Ölquellen, die 7 Millionen Tonnen erzeugten, in unbeschädigtem Zustand konnte den Bedarf sicherstellen. Wenn Italien in den Krieg eintrat, mußte es die Versorgungslücke noch vergrößern, da es von den etwa 4 Millionen Tonnen im Jahr, die es benötigte, nur etwa 2 Prozent selbst erzeugte, und zwar in Albanien, und selbst dies setzte voraus, daß seine Schiffe ungehindert die Adria überqueren konnten.

Zu diesen unsicheren Grundlagen kam noch die angespannte psychische Situation der deutschen und italienischen Bevölkerung. Die Annehmlichkeiten und sogar die Notwendigkeiten des Lebens waren im Interesse der Rüstung beschnitten worden. Das alte Sprichwort, daß »eine Armee auf ihrem Magen marschiert«, war auf moderne Nationen in einem noch weiteren Sinn anwendbar.

Wenn man sich die Schuhe des eventuellen Gegners anzieht, merkt man am besten, wie einem die eigenen passen. So düster der militärische Aspekt geworden war, so gaben die unzureichenden Rohstoffquellen Deutschlands und Italiens doch Grund zur Zuversicht; denn die Achsenmächte konnten keinen langen Krieg führen, wenn die Mächte, die ihnen gegenüberstanden, dem ersten Schock und den ersten Belastungen widerstehen konnten. In jedem Konflikt, der nun abzusehen war, hing das Glück der Achse davon ab, daß der Krieg rasch beendet werden konnte.

TEIL II

DER KRIEGSAUSBRUCH 1939—1940

KAPITEL 3

DER POLENFELDZUG

Der Feldzug in Polen war die erste Demonstration und die erste praktische Anwendung der Theorie der motorisierten Kriegsführung mit kombinierten Panzer- und Luftstreitkräften. Als diese Theorie in Großbritannien entwickelt wurde, bezeichnete man ihre praktische Ausführung mit dem Wort »lightning«. Paradoxerweise, aber mit Recht, wurde sie nun unter der deutschen Bezeichnung »Blitzkrieg« bekannt.

Polen war für eine Demonstration des Blitzkrieges nur zu gut geeignet. Seine Grenzen waren sehr lang – insgesamt etwa 5 600 Kilometer. Die unsprüngliche 2 000 Kilometer lange deutsch-polnische Grenze war kurz zuvor durch die Besetzung der Tschechoslowakei auf 3 000 Kilometer verlängert worden. Diese hatte außerdem dazu geführt, daß die polnische Südflanke ebenso einer Invasion preisgegeben war wie die an Ostpreußen grenzende Nordflanke. Das westliche Polen war wie ein riesiger Bissen, der zwischen Deutschlands Kiefern lag.

Die polnische Ebene ermöglichte einem mobilen Angreifer leichtes Vordringen. Das Gelände war nicht ganz so ideal wie in Frankreich; denn es gab nur wenige gute Straßen, dafür in manchen Gebieten viele Seen und Wälder, und neben den Straßen traf man oft tiefen Sand an. Aber der für den Angriff gewählte Zeitpunkt glich diese Hindernisse aus.

Es wäre klüger gewesen, wenn sich die polnische Armee weit hinten gesammelt hätte, jenseits der Weichsel und des San. Allerdings hätte dies die Preisgabe einiger der wertvollsten Landesteile bedeutet. Das schlesische Kohlenrevier befand sich nahe der Grenze – es hatte bis 1918 zu Deutschland gehört –, und die meisten wichtigen Industriegebiete lagen westlich der Flußbarriere, wenn auch etwas weiter im Hinterland. Auch unter den günstigsten Bedingungen hätte Polen die vorgeschobenen Gebiete schwerlich halten können. Aber die wirtschaftlichen Erwägungen,

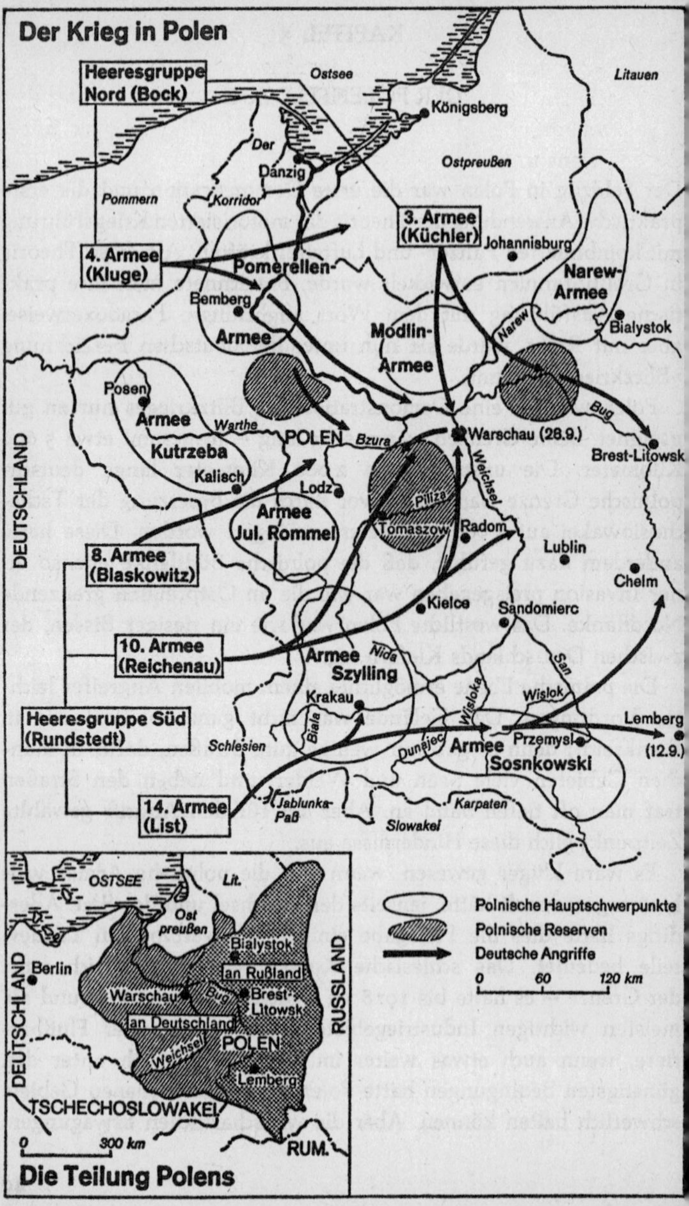
Der Krieg in Polen
Heeresgruppe Nord (Bock)
Ostsee
Litauen
Königsberg
Ostpreußen
Der
Danzig
Korridor
Pommern
3. Armee (Küchler)
Johannisburg
4. Armee (Kluge)
Pomerellen-
Armee
Narew-Armee
Bemberg
Narew
Bialystok
Modlin-Armee
Posen
Armee
Kutrzeba
Warthe
POLEN
Bzura
Warschau (28.9.)
Bug
Brest-Litowsk
Kalisch
Lodz
Pilica
Weichsel
DEUTSCHLAND
Armee Jul. Rommel
Tomaszow
Radom
Lublin
8. Armee (Blaskowitz)
Chelm
Kielce
Sandomierc
10. Armee (Reichenau)
Armee Szylling
Nida
San
Wislok
Krakau
Wisloka
Heeresgruppe Süd (Rundstedt)
Biala
Lemberg (12.9.)
Schlesien
Dunajec
Armee Sosnkowski
Przemysl
14. Armee (List)
Jablunka-Paß
Karpaten
Slowakei
OSTSEE
Lit.
Ost preußen
Bialystok
Berlin
an Rußland
Warschau
Bug
Brest-Litowsk
an Deutschland
RUSSLAND
POLEN
Weichsel
Lemberg
DEUTSCHLAND
TSCHECHOSLOWAKEI
0 300 km
RUM.
Die Teilung Polens
Polnische Hauptschwerpunkte
Polnische Reserven
Deutsche Angriffe
0 60 120 km

die Polen bewogen, den Vormarsch des Feindes auf die Hauptindustriegebiete zu verzögern, wurden noch unterstützt durch Nationalstolz und militärische Selbstüberschätzung sowie durch Illusionen darüber, was die westlichen Verbündeten zur Entlastung Polens unternehmen konnten.

Die Irrealität dieser Haltung spiegelt sich in den polnischen Operationsplänen. Ungefähr ein Drittel der Streitkräfte wurde in oder nahe dem Korridor zusammengezogen, wo sie einer gefährlichen Umfassungsbewegung von zwei Seiten ausgesetzt waren – von Ostpreußen und vom Westen her. Diese Befriedigung des Nationalstolzes, den Deutschen gerade in jenem Gebiet entgegenzutreten, das sie vor 1918 besessen und für dessen Wiedergewinnung sie agitiert hatten, ging zwangsläufig auf Kosten der Streitkräfte, die für den Schutz von Gebieten, die für Polens Verteidigung wichtiger gewesen wären, zur Verfügung standen. Denn im Süden, auf den Hauptvormarschwegen der Deutschen, waren die Streitkräfte nur spärlich verteilt. Ein weiteres Drittel der polnischen Streitkräfte war nördlich der Zentrallinie zwischen Lodz und Warschau unter dem Oberbefehlshaber, Marschall Rydz-Smigly, massiert. Diese Gruppierung bewies Polens offensiven Geist; aber der Plan eines Gegenangriffs entsprach nicht der begrenzten Manövrierfähigkeit der polnischen Armee, selbst wenn dieser Plan nicht durch deutsche Luftangriffe auf Bahnlinien und Straßen vereitelt worden wäre.

Durch die Konzentration in vorgeschobenen Gebieten verwirkten die Polen ihre Chance, eine Reihe von Hinhaltemanövern auszuführen, da ihre Fußtruppen nicht in der Lage waren, sich in rückwärtige Stellungen zurückzuziehen und neu zu formieren, ehe sie von den motorisierten Kolonnen des Angreifers überrannt waren. In den weiten Räumen Polens war die Nichtmotorisierung der Streitkräfte ein noch schwererer Nachteil als die Tatsache, daß sie überrascht worden waren, noch ehe die Reserven mobilisiert werden konnten. Der Mangel an Beweglichkeit war noch verhängnisvoller als die unvollkommene Mobilisierung.

Die etwa vierzig konventionellen Infanteriedivisionen, mit denen die Deutschen angriffen, zählten wesentlich weniger als die vierzehn motorisierten oder teilmotorisierten Divisionen, die sich aus sechs Panzerdivisionen, vier leichten Divisionen (motorisierte Infanterie mit zwei Panzereinheiten) und vier motorisierten Divisionen zusammensetzten. Ihre tiefen und raschen Vorstöße entschieden den Feldzug gemeinsam mit der Luftwaffe, die das polnische Eisenbahnnetz zerstörte und den größten Teil der polnischen Luftstreitkräfte schon zu Beginn der Invasion vernichtete. Die Luftwaffe operierte nicht in großen Formationen, sondern in Einzeleinsätzen; aber dadurch erreichte sie eine schleichende Lähmung des Feindes in einem größtmöglichen Gebiet. Ein weiterer wichtiger Faktor war Deutschlands Rundfunkpropaganda, als polnische Sendungen getarnt, welche die Konfusion und Demoralisierung der Polen noch wesentlich steigerte. Alle diese Faktoren wurden noch dadurch verstärkt, daß das polnische Vertrauen in die Überlegenheit des Menschen über die Maschinen rasch zu einer verheerenden Ernüchterung führte.

Die deutschen Truppen überschritten am 1. September kurz vor 6 Uhr die polnische Grenze. Luftangriffe hatten eine Stunde vorher begonnen. Den Angriff im Norden führte die Heeresgruppe Bock, bestehend aus der 3. Armee unter Küchler und der 4. Armee unter Kluge. Küchler stieß von seiner ostpreußischen Flankenstellung aus südwärts vor, während Kluge durch den polnischen Korridor ostwärts vorrückte, um die rechte Flanke der Polen zu umfassen.

Die bedeutsamere Rolle fiel der Heeresgruppe Rundstedt im Süden zu. Sie war an Infanterie fast doppelt und an Panzern mehr als doppelt so stark wie die Heeresgruppe Bock. Ihr gehörten die 8. Armee unter Blaskowitz, die 10. Armee unter Reichenau und die 14. Armee unter List an. Blaskowitz sollte mit dem linken Flügel auf das große Industriezentrum Lodz vorstoßen, die polnischen Streitkräfte im Raum Posen isolieren und gleichzeitig Reichenaus Flanke abdecken. Am rechten Flügel sollte List nach Krakau vorstoßen, während gleichzeitig Kleists Panzerkorps die Gebirgspässe überschritt und die polnische Karpatenfront umging.

Zum Erfolg des Angriffs trug der Umstand bei, daß die Polen keine Verteidigungslinien aufgebaut hatten und sich statt dessen auf Gegenangriffe verließen, die sie trotz der mangelhaften Motorisierung ihrer Armee für möglich hielten. So fiel es den motorisierten Angreifern nicht schwer, offene Vormarschwege zu finden, während die meisten polnischen Gegenangriffe sowohl in ihrer Vorwärtsbewegung aufgehalten wurden als auch einem zunehmenden deutschen Druck in ihrem Rücken ausgesetzt waren und zusammenbrachen.

Am 3. September, als Großbritannien und Frankreich in den Krieg eintraten, hatte Kluge bereits den Korridor abgeschnitten und die untere Weichsel erreicht, während sich Küchlers Druck von Ostpreußen her in Richtung Narew verstärkte. Noch bedeutsamer war, daß Reichenaus Panzereinheiten zur Warthe vorgedrungen waren und sie überschritten hatten. Unterdessen rückte Lists Armee von beiden Flanken auf Krakau vor und zwang Szyllings Armee, die Stadt aufzugeben und sich auf die Linie Nida-Dunajec zurückzuziehen.

Am 4. September hatte Reichenaus Vorhut die Piliza erreicht und überquert, 80 Kilometer hinter der Grenze. Zwei Tage später war sein linker Flügel weit hinter Lodz, nachdem er Tomaszòw eingenommen hatte, und sein rechter Flügel war bis Kielce vorgestoßen. Die Armee des polnischen Generals Juliusz Rommel, die Lodz abdeckte, war umgangen worden, während Kutrzebas Armee noch weit vorn im Raum Posen stand und in Gefahr war, abgeschnitten zu werden. Die anderen deutschen Armeen hatten einige kleine Fortschritte bei der großen Umfassungsbewegung gemacht, die Halder, der Chef des Generalstabs, geplant hatte und die der Oberbefehlshaber des Heeres, Brauchitsch, leitete. Die polnischen Armeen lösten sich in unzusammenhängende Splitter auf, von denen sich einige zurückzogen, während andere vereinzelte Angriffe auf die nächstbesten Kolonnen des Feindes führten.

Der deutsche Vormarsch hätte noch rascher vonstatten gehen können, wenn nicht in konventioneller Weise die motorisierten Verbände davon abgehalten worden wären, dem sie deckenden Gros der Infanterie weit vorauszueilen.

Aber als die Erfahrung zeigte, daß ein solches Risiko durch die Verwirrung des Gegners wettgemacht wurde, schlug man einen kühneren Weg ein. Eines von Reichenaus Panzerkorps stieß schon am 8. September durch eine Lücke zwischen Lodz und der Piliza bis zu den Außenbezirken von Warschau vor — es hatte in der ersten Kriegswoche 220 Kilometer zurückgelegt! Am nächsten Tag erreichten die leichten Divisionen an Reichenaus rechtem Flügel weiter südlich zwischen Warschau und Sandomierc die Weichsel. Dann schwenkten sie nach Norden ein.

Inzwischen hatten Lists motorisierte Verbände nahe den Karpaten nacheinander die Flüsse Dunajec, Biala, Wisloca und Wislok erreicht und waren bis zum San an beiden Flanken der bekannten Festung Przemyl durchgestoßen. Im Norden hatte Guderians Panzerkorps, die Spitze der Armee Küchler, die Narew überschritten und griff eine Linie am Bug hinter Warschau an. So entfaltete sich eine weitere Zangenbewegung außerhalb der inneren Zange und schloß sich um die polnischen Streitkräfte am Weichselbogen westlich von Warschau.

In diesem Stadium der Invasion trat auf deutscher Seite eine bedeutsame Änderung des Operationsplanes ein. Man ließ sich im Moment über die Lage täuschen durch die außerordentliche Konfusion auf polnischer Seite, wo sich Truppen in vielen verschiedenen Richtungen bewegten und Staubwolken aufwirbelten, die die Luftaufklärung behinderten. Das deutsche Oberkommando neigte nun zu dem Glauben, das Gros der polnischen Streitkräfte sei im Norden bereits über die Weichsel entkommen. Daher sollte nun Reichenaus Armee die Weichsel zwischen Warschau und Sandomierc überschreiten und den erwarteten polnischen Rückzug nach Südostpolen abschneiden. Aber Rundstedt erhob Einwände dagegen, weil er überzeugt war, daß die Masse der polnischen Streitkräfte noch westlich der Weichsel stand. Nach einigen Diskussionen setzte sich seine Ansicht durch, und Reichenaus Armee rückte rasch nach Norden, um an der Bzura westlich von Warschau einen Riegel zu bilden.

Der größte Teil der polnischen Streitkräfte war eingeschlossen, ehe er sich über die Weichsel zurückziehen konnte. Zu dem Vorteil, den die Deutschen dadurch erlangt hatten, daß sie entlang der Linie des geringsten Widerstandes durchgestoßen waren, kam nun noch der Vorteil der taktischen Verteidigung. Um ihren Sieg zu vollenden, brauchten sie nur das gewonnene Gelände zu halten – gegen die improvisierten Angriffe einer Armee, die nach rückwärts kämpfte, abgeschnitten von ihren Versorgungsstützpunkten, mit schwindenden Vorräten und zunehmend bedrängt von den Flanken und im Rücken durch den Vormarsch der Armeen Blaskowitz und Kluge im Osten. Obwohl die Polen erbittert und mit einer Tapferkeit kämpften, die auch ihre Gegner beeindruckte, konnten nur kleine Gruppen bei Nacht ausbrechen und die Garnison Warschau erreichen.

Am 10. September hatte Marschall Rydz-Smigly den allgemeinen Rückzug ins südöstliche Polen angeordnet, wo General Sosnkowski bereitstand und auf einer verhältnismäßig schmalen Front eine Verteidigungsposition aufbauen sollte. Aber diese Hoffnung war nun illusorisch. Während sich die große Zange westlich der Weichsel schloß, drangen die Deutschen nun tief in das Gebiet östlich der Weichsel ein. An Küchlers Front rückte Guderians Panzerkorps südwärts in einem weiten Bogen gegen Brest-Litowsk vor. An Lists Front erreichte Kleists Panzerkorps am 12. September Lemberg. Hier kam der Vormarsch zum Stehen; aber die Deutschen schwenkten nach Norden ein, um sich mit Küchlers Armee zu vereinigen.

Obwohl die Angreifer die Strapazen ihres weiten Vormarschs spürten und der Treibstoff knapp wurde, war das polnische Kommandosystem so angeschlagen, daß es weder von der zeitweiligen Ermüdung des Feindes noch von der Hartnäckigkeit profitieren konnte, mit der viele eingeschlossene polnische Truppenteile immer noch kämpften. Diese vergeudeten ihre Energie in ziellosen Anstrengungen, während die Deutschen die Umzingelung vollendeten.

Am 17. September überschritten dann die sowjetischen Armeen die polnische Ostgrenze. Dieser Schlag im Rücken besiegelte Polens Schicksal; denn es waren nun kaum mehr Truppen vorhanden, die sich dieser zweiten Invasion hätten entgegenstellen können. Am Tag darauf flohen die polnische Regierung und das Oberkommando über die rumänische Grenze – der Oberbefehlshaber ließ eine Botschaft zurück, in der er seine Truppe aufforderte, weiterzukämpfen. Vielleicht war es gut, daß dieser Befehl die meisten nicht mehr erreichte. Aber viele handelten in den nächsten Tagen tapfer danach, obwohl ihr Widerstand zusehends zusammenbrach. Die Garnison Warschau konnte bis zum 28. September gehalten werden, trotz schwerer Luftangriffe und Artilleriefeuers. Die letzte nennenswerte polnische Einheit ergab sich erst am 5. Oktober, und der Widerstand von Partisanen hielt bis in den Winter hinein an. Etwa 80 000 Mann entkamen über neutrale Grenzen.

Die Deutschen und Russen trafen und begrüßten sich als Partner an einer Linie, die von Ostpreußen über Bialystok, Brest-Litowsk und Lemberg zu den Karpaten führte. Diese Partnerschaft wurde durch die Aufteilung Polens besiegelt, aber nicht gesichert.

Inzwischen hatten die Franzosen nur einen kleinen Einbruch an der deutschen Westfront erzielt. Dies sah wie ein kraftloser Versuch aus, ihren Verbündeten zu entlasten, und das war es auch. Bei der Schwäche der deutschen Verteidigungskräfte mußte man das Gefühl haben, daß sie hätten mehr tun können. Aber auch hier kann eine eingehendere Analyse den naheliegenden Schluß korrigieren, den ein bloßer Zahlenvergleich der beiderseitigen Kräfte nahelegt.

Obwohl die Nordgrenze Frankreichs 800 Kilometer lang war, konnten die Franzosen eine Offensive nur auf dem schmalen, 145 Kilometer breiten Abschnitt zwischen Rhein und Mosel versuchen, wenn sie nicht die Neutralität Belgiens und Luxemburgs verletzen wollten. Die Deutschen konnten den größten Teil ihrer verfügbaren Truppen in diesem Abschnitt zusammenziehen, und sie schützten ihren Westwall mit einem breiten Gürtel von Minenfeldern, um Angreifer aufzuhalten.

Und was noch verhängnisvoller war: Die Franzosen konnten erst am 17. September in Aktion treten, von einigen kleineren Vorgefechten abgesehen. Zu diesem Zeitpunkt war Polen bereits sichtbar im Zusammenbruch, so daß die Franzosen eine gute Entschuldigung hatten, als sie die Aktion absagten. Die Unfähigkeit, früher zuzuschlagen, rührte von ihrem völlig veralteten Mobilmachungssystem her. Das war die fatale Folge davon, daß sie sich auf eine Wehrpflichtarmee verließen, die erst dann in Aktion treten konnte, wenn Massen von ausgebildeten Reservisten aus ihren Zivilberuf geholt und die Verbände für den Einsatz bereitgemacht worden waren. Eine weitere Verzögerung ergab sich dadurch, daß das französische Oberkommando auf überholten taktischen Vorstellungen beharrte, zum Beispiel auf der Ansicht, jede Offensive müsse durch massiven Artilleriebeschuß wie im Ersten Weltkrieg eingeleitet werden. Sie hielten noch immer die schwere Artillerie für den eigentlichen »Dosenöffner« einer Verteidigungslinie. Aber die Masse ihrer schweren Geschütze mußte aus den Magazinen geholt werden und stand erst im letzten Stadium der Mobilmachung, am sechzehnten Tag, zur Verfügung. Dies alles verzögerte die Angriffsvorbereitungen.

Schon seit mehreren Jahren hatte einer der politischen Führer Frankreichs, Paul Reynaud, immer wieder darauf hingewiesen, daß diese Konzeptionen veraltet waren, und für die Aufstellung einer motorisierten Berufsarmee plädiert, die sofort reagieren könnte, ohne daß man sich auf das alte und langsame Mobilmachungssystem verlassen mußte. Aber das war ein Ruf in der Wüste. Die französischen Staatsmänner vertrauten ebenso wie die meisten Militärs auf die Reservistenarmee und auf Zahlen.

Das militärische Fazit von 1939 kann man also in zwei Sätzen zusammenfassen. Im Osten wurde eine hoffnungslos veraltete Armee von einer kleinen Panzertruppe, die in Verbindung mit einer überlegenen Luftwaffe eine neue Kriegstechnik verwirklichte, rasch zerschlagen. Im Westen konnte eine schwerfällige Armee keinen wirksamen Gegendruck ausüben, solange es noch Zeit war.

KAPITEL 4

DER »SITZKRIEG«

Die amerikanische Presse prägte für die Periode des Krieges zwischen dem Zusammenbruch Polens im September 1939 und dem Beginn von Hitlers Westoffensive im darauffolgenden Frühjahr den Ausdruck »phoney War« (»Scheinkrieg«). Wie so viele Amerikanismen, bürgerte er sich rasch auf beiden Seiten des Atlantik ein[1].

Die Urheber dieses Ausdrucks wollten damit andeuten, daß es sich nicht um einen wirklichen Krieg handelte, weil keine großen Gefechte zwischen französisch-britischen und deutschen Streitkräften stattfanden. In Wirklichkeit war dies aber eine Periode unheilschwangerer Aktivitäten hinter den Kulissen. Als sie in vollem Gang waren, stieß einem deutschen Stabsoffizier ein merkwürdiger Unfall zu. Das Ereignis erschreckte Hitler, und in den darauffolgenden Wochen wurden die deutschen Operationspläne vollständig umgemodelt – der ursprüngliche Kriegsplan hätte nicht entfernt die Erfolgsaussichten des neuen gehabt.

Aber von alledem wußte die Welt nichts. Man sah nur, daß es an den Fronten ruhig blieb, und schloß daraus, Mars sei eingeschlafen.

Es gab verschiedene Erklärungen für diesen äußerlich passiven Zustand. Die eine lautete, Großbritannien und Frankreich wollten trotz ihrer Kriegserklärung wegen Polen gar nicht ernsthaft kämpfen und warteten auf Friedensverhandlungen. Laut einer anderen populären Erklärung blufften sie. Die amerikanische Presse brachte viele »Berichte«, nach denen das alliierte Oberkommando eine ausgeklügelte Verteidigungsstrategie entwickelt habe und den Deutschen eine Falle stelle.

Keine dieser Erklärungen traf zu. Im Herbst und Winter dis-

1 Im Deutschen sprach man von »Sitzkrieg«. (Anm. d. Übers.)

kutierten die alliierten Regierungen und Oberkommandos lange verschiedene Angriffspläne gegen Deutschland oder Deutschlands Flanken, die sie mit ihren Mitteln ohnehin nicht ausführen konnten, statt sich auf die Vorbereitung einer wirksamen Verteidigung gegen den bevorstehenden Angriff Hitlers vorzubereiten.

Nach dem Zusammenbruch Frankreichs fielen den Deutschen die Papiere des französischen Oberkommandos in die Hand, und sie veröffentlichten daraus eine Reihe sensationeller Dokumente. Diese zeigten, daß die alliierten Stäbe den Winter über Angriffspläne rings um Deutschland ausgearbeitet hatten. Sie wollten über Norwegen, Schweden und Finnland Deutschland im Rücken angreifen; sie wollten durch Belgien ins Ruhrgebiet vorstoßen; sie wollten an der fernen Ostflanke durch Griechenland und den Balkan vorrücken und Deutschlands Ölversorgung abschneiden, indem sie gegen die großen russischen Ölfelder im Kaukasus vorgingen. Das war eine großartige Sammlung von Phantastereien, die Wunschbilder der alliierten Führer, die in einer Traumwelt lebten, bis Hitlers eigene Offensive sie wie eine kalte Dusche aufweckte.

Hitler, dessen Denken den Ereignissen immer voraus war, dachte an eine Offensive im Westen schon, als der Polenfeldzug sich dem Ende näherte und noch ehe er öffentlich eine allgemeine Friedenskonferenz vorschlug. Ihm war bereits völlig klar, daß die Westmächte einen derartigen Vorschlag zurückweisen würden. Für den Augenblick jedoch gab er nur seiner unmittelbaren Umgebung zu erkennen, in welche Richtung seine Absichten gingen. Er ließ den Generalstab so lange im dunklen, bis er am 6. Oktober öffentlich sein Friedensangebot unterbreitet hatte und öffentlich zurückgewiesen worden war.

Drei Tage darauf setzte er den deutschen Oberbefehlshabern seine Absichten in einer ausführlichen Direktive auseinander. Er begründete darin seine Überzeugung, daß Deutschland nichts anderes als eine Offensive im Westen übrigblieb. In diesem aufschlußreichen Dokument legte Hitler dar, daß ein langer Krieg mit Frankreich und Großbritannien die deutschen Hilfsquellen aufzehren und das Land einem vernichtenden Schlag im Rücken von seiten Rußlands preisgeben würde. Er fürchtete, sein Pakt mit Rußland werde dessen Neutralität keinen Augenblick länger gewährleisten, als es in dessen Konzept passe. Diese Besorgnis bewog ihn, Frankreich durch eine baldige Offensive zum Frieden zu zwingen. Er glaubte, auch Großbritannien werde klein beigeben, wenn Frankreich gefallen wäre.

Hitler war überzeugt, im Moment die nötige Stärke und Ausrüstung zu besitzen, um Frankreich schlagen zu können, weil Deutschland in den modernen Waffen, auf die es vor allem ankam, überlegen war:

»Die Panzertruppen und die Luftwaffe haben gegenwärtig einen technischen Höhepunkt nicht nur als Angriffs-, sondern auch als Verteidigungswaffen erreicht, wie ihn keine andere Macht zu verzeichnen hat. Ihr strategisches Potential wird durch ihre Organisation und ihre erfahrenen Offiziere sichergestellt, wobei beides besser ist als in irgendeinem anderen Land.«

Er wußte, daß Frankreich in den konventionellen Waffen überlegen war, besonders an schwerer Artillerie. Aber er wies darauf hin, daß diese Waffen bei einer motorisierten Kriegführung keinerlei Bedeutung hätten. Bei der technischen Überlegenheit in den modernen Waffen konnte er auch die französische Überlegenheit hinsichtlich der Zahl ausgebildeter Soldaten außer acht lassen:

»Vor allem muß verhindert werden, daß der Feind den Rückstand seiner Rüstung aufholt, besonders im Hinblick auf Panzerabwehr- und Flugzeugabwehrwaffen, und dadurch ein Gleichgewicht der Kräfte herstellt. In dieser Hinsicht bedeutet jeder Monat, der verstreicht, einen Zeitverlust, der sich auf die deutsche Schlagkraft ungünstig auswirkt.«

Er äußerte Befürchtungen hinsichtlich des »Kampfgeistes« des deutschen Soldaten, sobald die erhebende Wirkung des leichten Sieges über Polen abgeklungen wäre:

»Seine Selbstachtung ist gegenwärtig so groß wie die Achtung, die andere vor ihm haben. Aber eine um sechs Monate verzögerte Kriegführung und eine wirksame Feindpropaganda

können diese wichtige Voraussetzung beeinträchtigen[1].«
Hitler glaubte daher, er müsse bald zuschlagen, ehe es zu spät war. »In der gegenwärtigen Situation arbeitet die Zeit eher für die Westmächte als für uns.« Sein Memorandum endete mit dem Satz: »Der Angriff muß in diesem Herbst beginnen, wenn es irgend möglich ist.«

Er beharrte darauf, daß Belgien in das Operationsgebiet einbezogen werden müsse, nicht nur, um Bewegungsfreiheit zu gewinnen und die französische Maginot-Linie zu umgehen, sondern auch um der Gefahr vorzubeugen, daß britische und französische Truppen in Belgien eindrangen, an der Front nahe dem Ruhrgebiet aufmarschierten »und dadurch den Krieg dicht an das Herz unserer Rüstungsindustrie tragen«. (Wie die französischen Archive zeigten, hatte der französische Oberbefehlshaber Gamelin genau dies empfohlen.)

Die Enthüllung der Absichten Hitlers war für Brauchitsch, den Oberbefehlshaber, und Halder, den Generalstabschef, ein Schock. Wie die meisten älteren deutschen Generale teilten sie nicht Hitlers Glauben, daß die neuen Waffen die gegnerische Überlegenheit an ausgebildeten Mannschaften ausgleichen könnten. Da sie gewohnheitsmäßig noch in Divisionszahlen dachten, wandten sie ein, die deutsche Armee sei nicht annähernd stark genug, um die westlichen Armeen zu schlagen. Sie wiesen darauf hin, daß die 98 Divisionen, die Deutschland hatte mobilisieren können, beträchtlich weniger waren als die Gesamtzahl auf der anderen Seite, und daß 36 von diesen Divisionen schlecht bewaffnet und kaum ausgebildet waren. Außerdem fürchteten sie, daß sich der Krieg zu einem neuen Weltkrieg entwickeln und für Deutschland fatal enden würde.

Sie waren so beunruhigt, daß sie Verzweiflungsmaßnahmen er-

1 Wie sich zeigen sollte, war diese Besorgnis Hitlers unbegründet. Die Kampfmoral der Franzosen nahm in der siebenmonatigen Verzögerung, die tatsächlich eintrat, stärker ab als bei den Deutschen. Die alliierte Propaganda war nicht wirksam, es war viel zuviel die Rede davon, man werde Deutschland niederwerfen, und man versuchte zu wenig, zwischen gewöhnlichen Deutschen und den Naziführern zu unterscheiden. Noch schlimmer war es, daß die britische Regierung die verschiedenen Widerstandsgruppen in Deutschland, die Hitler stürzen und Frieden schließen wollten, sofern sie von den Alliierten erträgliche Bedingungen erhielten, nicht ermutigte.

wogen. Schon während der Münchner Krise ein Jahr zuvor hatten sie den Sturz Hitlers geplant. Nun dachten sie daran, eine ausgewählte Truppe von der Front nach Berlin zu entsenden. Aber Generaloberst Friedrich Fromm, der Oberbefehlshaber des Ersatzheeres, lehnte seine Mitwirkung ab, und seine Hilfe war notwendig. Fromm erklärte, wenn man der Truppe befahl, gegen Hitler vorzugehen, werde sie nicht gehorchen, weil die meisten einfachen Soldaten Hitler vertrauten. Wahrscheinlich schätzte Fromm die Reaktion der Truppe richtig ein. Die meisten Offiziere, die Fühlung mit der Truppe hatten und nicht wußten, was in den höheren Stäben vor sich ging, bestätigten dies.

Die Masse der Soldaten und das Volk waren, wenn nicht berauscht über den Sieg, so doch betäubt von Goebbels' Propaganda über die Friedenssehnsucht Hitlers, die nur an der Entschlossenheit der Alliierten scheiterte, Deutschland zu vernichten. Unglückseligerweise lieferten alliierte Staatsmänner und die westliche Presse Goebbels nur zu viele zitierbare Leckerbissen dieser Art, mit denen er das Bild vom alliierten Wolf belegen konnte, der das deutsche Lamm verschlingen wollte.

Während der erste im Krieg geplante Anschlag gegen Hitler scheiterte, gelang es diesem nicht, seine Offensive im Westen, wie gehofft, noch im Herbst zu beginnen. Paradoxerweise erwies sich das als ein Glück für ihn und als unheilvoll für die übrige Welt — das deutsche Volk eingeschlossen.

Die Offensive war für den 12. November geplant. Am 5. November versuchte Brauchitsch noch einmal, Hitler die Invasion Frankreichs auszureden, und setzte ihm ausführlich die Gründe auseinander, die dagegen sprachen. Aber Hitler wies seine Argumente zurück und beharrte auf dem 12. November als Angriffstag. Am 7. November aber wurde der Befehl zurückgezogen, weil die Meteorologen schlechtes Wetter voraussagten. Der Angriff wurde zunächst um drei Tage verschoben und dann immer wieder hinausgezögert.

Das schlechte Wetter, das tatsächlich einsetzte, war zwar ein plausibler Grund für die Verschiebung. Aber Hitler war wütend darüber, stillhalten zu müssen, und keineswegs davon überzeugt, daß dies der einzige Grund sei. Am 23. November rief er alle Oberbefehlshaber zu sich. Er setzte sich zum Ziel, ihre Zweifel über die Notwendigkeit einer Offensive zu zerstreuen, äußerte Befürchtungen über eine mögliche Bedrohung durch Rußland und betonte, daß die Westmächte seine Friedensangebote nicht in Erwägung zogen, sondern ihre Rüstungsanstrengungen vervielfachten. Die Zeit arbeite gegen Deutschland: »Wir haben eine Achillesferse: das Ruhrgebiet ... Wenn England und Frankreich durch Belgien und Holland in das Ruhrgebiet vorstoßen, sind wir in höchster Gefahr.«

Er warf den Oberbefehlshabern Schwäche vor und ließ sie wissen, daß er sie verdächtige, seine Pläne zu torpedieren. Er wies darauf hin, daß sie gegen jeden einzelnen seiner Schritte von der Remilitarisierung des Rheinlandes an opponiert hatten und daß er nun bedingungslosen Gehorsam von ihnen erwartete. Brauchitschs Versuch, das viel größere Risiko des neuen Unternehmens aufzuzeigen, zog ihm nur noch einen schwereren Rüffel zu. Am gleichen Abend sprach Hitler unter vier Augen mit Brauchitsch und kanzelte ihn noch einmal ab. Daraufhin bot Brauchitsch seinen Rücktritt an; aber Hitler lehnte ab und forderte ihn auf, seinen Befehlen zu gehorchen.

Das Wetter erwies sich als ein besserer Saboteur als die Generalität und bewirkte eine Reihe weiterer Verschiebungen in der ersten Dezemberhälfte. Dann beschloß Hitler, das neue Jahr abzuwarten, und gewährte Weihnachtsurlaub. Nach Weihnachten war das Wetter wieder schlecht, aber am 10. Januar legte Hitler den Beginn der Offensive für den 17. fest.

Gerade an dem Tag, an dem er diesen Entschluß faßte, kam ein höchst dramatisches Ereignis dazwischen. Die Geschichte ist in zahllosen Berichten erwähnt worden; aber am bündigsten hat sie General Student, der Oberbefehlshaber der deutschen Luftlandetruppen, geschildert:

»Am 10. Januar flog ein Major, den ich als Verbindungsoffizier zur 2. Luftflotte abgeordnet hatte, von Münster nach Bonn, um einige unbedeutende Einzelheiten des Angriffsplans mit der Luftwaffe zu besprechen. Er hatte jedoch *den vollstän-*

digen Operationsplan für den Angriff im Westen bei sich. Im eisigen Wetter und bei starkem Wind verirrte er sich über dem zugefrorenen und schneebedeckten Rhein und flog nach Belgien, wo er notlanden mußte. Er konnte das wichtige Dokument nicht vollständig verbrennen. Wesentliche Teile davon, und damit der Umriß des deutschen Plans für die Westoffensive, fielen den Belgiern in die Hände. Der deutsche Luftwaffenattaché im Haag berichtete am gleichen Abend, der König der Belgier habe ein langes Telefongespräch mit der Königin der Niederlande geführt.«

Natürlich wußten die Deutschen damals nicht genau, was mit den Papieren geschehen war, aber sie mußten mit dem Schlimmsten rechnen. In dieser Situation behielt Hitler im Gegensatz zu anderen einen kühlen Kopf:

»Es war interessant, die Wirkung dieses Vorfalls auf Deutschlands führende Männer zu beobachten. Während Göring tobte, blieb Hitler ganz ruhig und gelassen... Zuerst wollte er sofort zuschlagen; aber glücklicherweise nahm er Abstand davon und beschloß, den ursprünglichen Operationsplan gänzlich fallenzulassen. Er wurde durch den Manstein-Plan ersetzt.«

General Warlimont, der als stellvertretender Chef des Wehrmachtführungsstabes unter Jodl eine Schlüsselposition im Oberkommando der Wehrmacht innehatte, berichtet, daß sich Hitler am 16. Januar entschloß, seinen Plan zu ändern, und daß dies »hauptsächlich auf den Flugzeugzwischenfall zurückzuführen war«.

Das erwies sich als sehr ungünstig für die Alliierten, obwohl sie dadurch noch vier Monate Galgenfrist für ihre Vorbereitungen bekamen, da die deutsche Offensive nun auf unbestimmte Zeit verschoben war und erst am 10. Mai begann. Inzwischen war ein vollständig neuer Plan ausgearbeitet worden. Dieser brachte die Alliierten völlig aus dem Gleichgewicht und führte zum rapiden Zusammenbruch der französischen Armeen, während die Briten bei Dünkirchen knapp über das Meer entkamen.

Die Frage liegt nahe, ob die Notlandung des Majors tatsächlich ein Unfall war. Man könnte annehmen, daß einer der deutschen Generale, die damit zu tun hatten, sich nach dem Krieg nur zu gern in ein günstiges Licht gesetzt hätte, indem er erklärte, er habe den Alliierten diese Warnung zukommen lassen. Doch keiner tat es; alle schienen überzeugt, daß der Unfall echt war. Wir wissen aber, daß Admiral Canaris, der später hingerichtete Chef des deutschen Geheimdienstes, viele verborgene Schritte unternahm, um Hitlers Absichten zu vereiteln, und daß im Frühjahr kurz vor den Angriffen auf Norwegen, die Niederlande und Belgien den bedrohten Ländern Warnungen zugingen, wenn sie auch sehr versteckt waren. Wir wissen auch, daß Canaris verborgene Wege ging und großes Geschick darin besaß, seine Spuren zu verwischen. So bleibt der geheimnisvolle Zwischenfall vom 10. Januar eine offene Frage.

Weniger rätselhaft ist der Ursprung des neuen Plans. Aber auch er stellt eine merkwürdige Episode dar, wenn sie auch in einer völlig anderen Weise merkwürdig war.

Nach dem alten Plan, den der Generalstab unter Halder ausgearbeitet hatte, sollte der Hauptangriff durch Belgien führen, genau wie 1914. Er sollte von der Heeresgruppe B unter Bock ausgeführt werden, während die Heeresgruppe A unter Rundstedt einen zweiten Angriff am linken Flügel durch die hügeligen und bewaldeten Ardennen führen sollte. Dort erwartete man keine großen Resultate, und alle Panzerdivisionen waren Bock zugeteilt, weil der Generalstab die Ardennen als ein für Panzer zu schwieriges Gelände betrachtete[1].

Erich von Manstein, den seine Kollegen für den fähigsten Strategen unter den jüngeren Generalen hielten, war der Generalstabschef von Rundstedts Heeresgruppe. Er hielt den ersten Plan für zu durchsichtig und zu sehr eine Wiederholung des Schlieffen-Plans von 1914, also für genau den Angriff, auf den das alliierte Ober-

1 Der französische Generalstab war genau der gleichen Ansicht, ebenso der britische. Als ich im November 1933 gefragt wurde, wie unsere schnellen Panzereinheiten, die das Kriegsministerium gerade aufstellte, in einem künftigen Krieg am besten eingesetzt werden könnten, schlug ich vor, daß wir im Fall einer deutschen Invasion Frankreichs einen Gegenangriff mit Panzerwagen durch die Ardennen führen sollten. Man erwiderte mir, die Ardennen seien für »Panzer unpassierbar«, worauf ich erklärte, vom persönlichen Augenschein des Geländes her hielte ich diese Ansicht für einen Irrtum – was ich in mehreren Büchern zwischen den Kriegen hervorgehoben hatte.

kommando vorbereitet sein würde. Ein anderer Nachteil, meinte Manstein, war es, daß man mit den Briten zusammenstoßen würde, die wahrscheinlich härtere Gegner seien als die Franzosen. Außerdem führte der Plan zu keinem definitiven Ergebnis. Er selbst sagte:

»Wir konnten vielleicht die alliierten Streitkräfte in Belgien schlagen. Wir konnten die Kanalküste erobern. Aber es war anzunehmen, daß unsere Offensive an der Somme endgültig zum Stehen kommen würde. Dann hatten wir eine Situation wie 1914 ... Es hätte keine Möglichkeit gegeben, zum Frieden zu gelangen.«

Manstein hatte bereits den kühnen Gedanken gefaßt, den Hauptschlag über die Ardennen zu führen, da er vermutete, daß der Gegner dies am wenigsten erwartete. Aber er hatte dabei eine schwierige Frage, über die er im November 1939 mit Guderian sprach.

Hier ist Guderians Bericht:

»Manstein fragte mich, ob man mit Panzern durch die Ardennen in Richtung Sedan vorstoßen könne. Er erläuterte seinen Plan, durch die Erweiterung der Maginotlinie bei Sedan vorzustoßen, um den veralteten Schlieffen-Plan zu vermeiden, der dem Feind bekannt war und den dieser wahrscheinlich auch wieder erwarten würde. Ich kannte das Gelände vom Ersten Weltkrieg her und bestätigte seine Ansicht, nachdem ich die Landkarte studiert hatte. Manstein überzeugte dann General Rundstedt von seiner Idee, und ein Memorandum wurde an das OKH geschickt (das Oberkommando des Heeres, an dessen Spitze Brauchitsch und Halder standen). Das OKH lehnte Mansteins Plan ab. Aber später gelang es ihm, seine Idee Hitler zur Kenntnis zu bringen.«

Warlimont brachte nach seinem Gespräch mit Manstein dessen Idee Mitte Dezember im Führerhauptquartier zur Sprache. Er erwähnte sie gegenüber General Alfred Jodl, dem Chef des Wehrmachtführungsstabes im OKW, der sie an Hitler weitergab. Aber erst nach dem Flugzeugzwischenfall vom 10. Januar, als Hitler einen neuen Plan brauchte, fiel ihm Mansteins Vorschlag wieder ein.

Und selbst da dauerte es noch einen Monat, bis er sich endgültig für ihn entschied.

Den Ausschlag gab ein merkwürdiger Umstand. Brauchitsch und Halder hatte es nicht gefallen, wie Manstein seinen »Geistesblitz«, der ihrem Plan widersprach, publik gemacht hatte. Deshalb beschlossen sie, ihn von seinem Posten zu entfernen und an die Spitze eines Infanteriekorps zu stellen, wo er fern des Entscheidungszentrums und nicht mehr in einer so günstigen Position wäre, seine Ideen vorzubringen. Aber aus Anlaß dieser Versetzung wurde er zu Hitler befohlen und bekam dadurch Gelegenheit, seine Vorstellungen ausführlich zu erläutern. Dieses Gespräch kam auf die Initiative von Hitlers Chefadjutant General Schmundt zustande, der ein glühender Bewunderer Mansteins war und den Eindruck hatte, daß diesem übel mitgespielt worden war.

Danach verfocht Hitler gegenüber Brauchitsch und Halder die Idee so nachdrücklich, daß sie nachgaben und den Plan Mansteins Vorstellungen anpaßten. Halder ließ sich zwar nur schwer überzeugen; aber er war immerhin ein außerordentlich fähiger Stabsoffizier, und der detaillierte Angriffsplan war ein bemerkenswertes Stück logistischer Planung.

Bezeichnenderweise nahm Hitler, nachdem er sich einmal für die neue Grundidee entschieden hatte, sehr bald an, sie stamme von ihm selbst. Er ließ Manstein lediglich die Ehre dafür zukommen, daß er mit ihm einer Meinung gewesen war: »Von allen Generalen, mit denen ich über den neuen Angriffsplan im Westen sprach, war Manstein der einzige, der mich begriff.«

Wenn wir den Verlauf der Ereignisse nach Beginn der Offensive im Mai analysieren, wird deutlich, daß der ursprüngliche Plan fast sicher nicht zum Zusammenbruch Frankreichs geführt hätte. Wahrscheinlich hätte er bestenfalls die alliierten Truppen zur französischen Grenze zurückgeworfen. Denn der Hauptstoß des deutschen Angriffs wäre genau auf die stärksten und am besten ausgerüsteten französisch-britischen Truppenteile gerichtet gewesen und hätte durch ein Gebiet voller Hindernisse geführt — mit Flüssen, Kanälen und großen Städten. Die Ardennen mochten als das schwierigere Gelände erscheinen; aber wenn die Deutschen durch die bewaldete Hügelkette im südlichen Belgien vorstoßen konnten, ehe das französische Oberkommando die Gefahr erkannte, lagen die weiten Ebenen Frankreichs offen vor ihnen — das ideale Gelände für einen großen Panzerangriff.

Wenn der ursprüngliche Plan beibehalten worden wäre und zu einem Stillstand geführt hätte, was wahrscheinlich ist, dann wäre der Krieg von da an anders verlaufen. Es ist zwar unwahrscheinlich, daß Frankreich und Großbritannien allein Deutschland hätten besiegen können; aber ein Stillstand der deutschen Offensive hätte ihnen Zeit gegeben, ihre Rüstung zu verstärken, besonders was Panzer und Flugzeuge anbetraf, und so ein Kräftegleichgewicht der modernen Waffen herzustellen. Der offenkundige Fehlschlag von Hitlers Siegesprophezeiungen hätte im Laufe der Zeit auch das Vertrauen seiner Truppe und seines Volkes untergraben. So hätte ein Patt an der Westfront den Gegnern Hitlers in Deutschland die Möglichkeit gegeben, mehr Unterstützung zu bekommen und ihre Umsturzpläne als Vorbedingung des Friedens weiterzuentwickeln. Wie sich die Dinge auch immer entwickelt hätten, wahrscheinlich wären Europa die meisten Zerstörungen und die Not erspart geblieben, die seine Völker infolge der Kettenreaktion traf, die der Zusammenbruch Frankreichs auslöste.

Der Flugzeugzwischenfall, aus dem Hitler so großen Nutzen zog, weil er ihn veranlaßte, seinen Plan zu ändern, schlug also den Allierten zum Verhängnis aus. Eines der erstaunlichsten Dinge an der ganzen Geschichte ist es, daß sie so wenig Vorteil aus der Warnung zogen, die ihnen in den Schoß gefallen war. Denn die Belgier schickten sofort Kopien der Dokumente, die der deutsche Stabsoffizier bei sich gehabt hatte, an die französische und die britische Regierung. Aber deren militärische Ratgeber glaubten, die Dokumente seien ihnen in die Hände gespielt worden, um sie zu täuschen. Diese Ansicht war falsch, denn es wäre ein törichtes Täuschungsmanöver gewesen, das die Belgier wachsam machen und zu einer engeren Zusammenarbeit mit Franzosen und Briten veranlassen konnte. Sie hätten daraufhin leicht beschließen können, ihre Grenzen für die französisch-britischen

Armeen zu öffnen, um ihre Verteidigung zu verstärken, ehe der deutsche Angriff kam.

Noch merkwürdiger war es, daß das alliierte Oberkommando seine eigenen Pläne nicht änderte und keinerlei Vorsichtsmaßnahmen für den Fall traf, daß die Dokumente doch echt waren und das deutsche Oberkommando das Hauptgewicht des Angriffs deshalb fast mit Sicherheit an eine andere Stelle verlagern würde.

Mitte November hatte der Oberste Kriegsrat der Alliierten Gamelins »Plan D« gutgeheißen, gegen den die Briten sich anfangs sträubten. Es handelte sich um eine gefährliche Weiterentwicklung eines früheren Plans. Plan D sah vor, daß der verstärkte linke Flügel der alliierten Armeen nach Belgien hineinstoßen sollte, sobald Hitler eine Bewegung machte, und so weit wie möglich nach Osten vorrücken sollte. Das spielte Hitler geradezu in die Hände und paßte genau in dessen neues Konzept. Je weiter der linke Flügel der Alliierten nach Mittelbelgien vorstieß, um so leichter war es für seine Panzer, die Ardennen zu überwinden und den alliierten linken Flügel abzuschneiden.

Dieses Ergebnis trat um so sicherer ein, als das alliierte Oberkommando das Gros seiner motorisierten Kräfte für den Einmarsch in Belgien einsetzte und nur einen dünnen Schleier zweitklassiger Divisionen den Drehpunkt der Bewegung decken ließ – bei den Ausgängen der »unpassierbaren Ardennen«. Um das Debakel komplett zu machen, waren die Verteidigungslinien, die sie halten sollten, besonders schwach – es war die Lücke zwischen dem Ende der Maginot-Linie und dem Anfang der befestigten Frontlinie der Briten.

Churchill erwähnt in seinen Memoiren die Befürchtungen, die man in britischen Stäben im Herbst hinsichtlich dieser Lücke hegte:

> »Mr. Hore-Belisha, der Kriegsminister, brachte das Thema im Kriegskabinett mehrmals zur Sprache.... Das Kabinett und unsere führenden Militärs scheuten sich jedoch, diejenigen zu kritisieren, deren Armeen zehnmal so stark waren wie die unseren.«

Nach Horse-Belishas Rücktritt Anfang Januar und dem Sturm,

den seine Kritik ausgelöst hatte, war man noch weniger geneigt, auf diesem Punkt zu beharren. Außerdem wuchs in gefährlicher Weise sowohl in Großbritannien als auch in Frankreich ein trügerisches Selbstvertrauen. Churchill erklärte am 27. Januar in einer Rede, Hitler habe seine beste Chance bereits verspielt. Diese tröstliche Versicherung machte am nächsten Tag Schlagzeilen. Aber gerade zur gleichen Zeit reifte Hitlers neuer Plan heran ...

KAPITEL 5

DER FINNISCHE WINTERKRIEG

Nach der Teilung Polens war Stalin entschlossen, Rußlands baltische Flanke gegen eine künftige Bedrohung durch seinen einstweiligen Verbündeten, Hitler, abzusichern. Daher verschaffte sich die Sowjetunion rasch die strategische Kontrolle über Rußlands alte Puffergebiete im Baltikum. Bis zum 10. Oktober hatten sie Verträge mit Estland, Lettland und Litauen abgeschlossen, die es ihr erlaubten, in Schlüsselpositionen dieser Länder Truppen zu stationieren. Am 9. Oktober begannen Verhandlungen mit Finnland. Am 14. Oktober legte die Sowjetregierung ihre Forderungen auf den Tisch. Sie betrafen drei Hauptziele:

Erstens sollte der Seeweg nach Leningrad gesichert werden, indem die Sowjetunion in die Lage versetzt wurde, a) den Finnischen Meerbusen von beiden Küsten aus mit Alliierten zu blockieren, um feindlichen Kriegs- und Transportschiffen ein Eindringen in den Golf zu verwehren, b) jeden Gegner am Betreten der Inseln im Finnischen Meerbusen zu hindern, die westlich und nordwestlich der Einfahrt nach Leningrad liegen. Zu diesem Zweck forderte man die Finnen auf, die Inseln Hogland, Seiskari, Lavanskari, Tytaskari und Loivisto im Tausch gegen andere Gebiete abzutreten und die Hafenstadt Hangö für die Dauer von dreißig Jahren zu verpachten. Hier wollten die Russen einen Marinestützpunkt mit Küstenartillerie errichten, um in Verbindung mit dem Marinestützpunkt Paldaski am gegenüberliegenden Ufer den Zugang zum Finnischen Meerbusen sperren zu können.

Zweitens sollte der Landweg nach Leningrad besser geschützt werden, indem die finnische Grenze auf der Karelischen Landenge so weit zurückverlegt wurde, daß Leningrad außerhalb der Reichweite von schwerer Artillerie lag. Diese Neuordnung der Grenze hätte jedoch die wichtigsten Verteidigungsstellen der Mannerheim-Linie nicht berührt.

Drittens sollte die Grenze im hohen Norden neu gezogen wer-

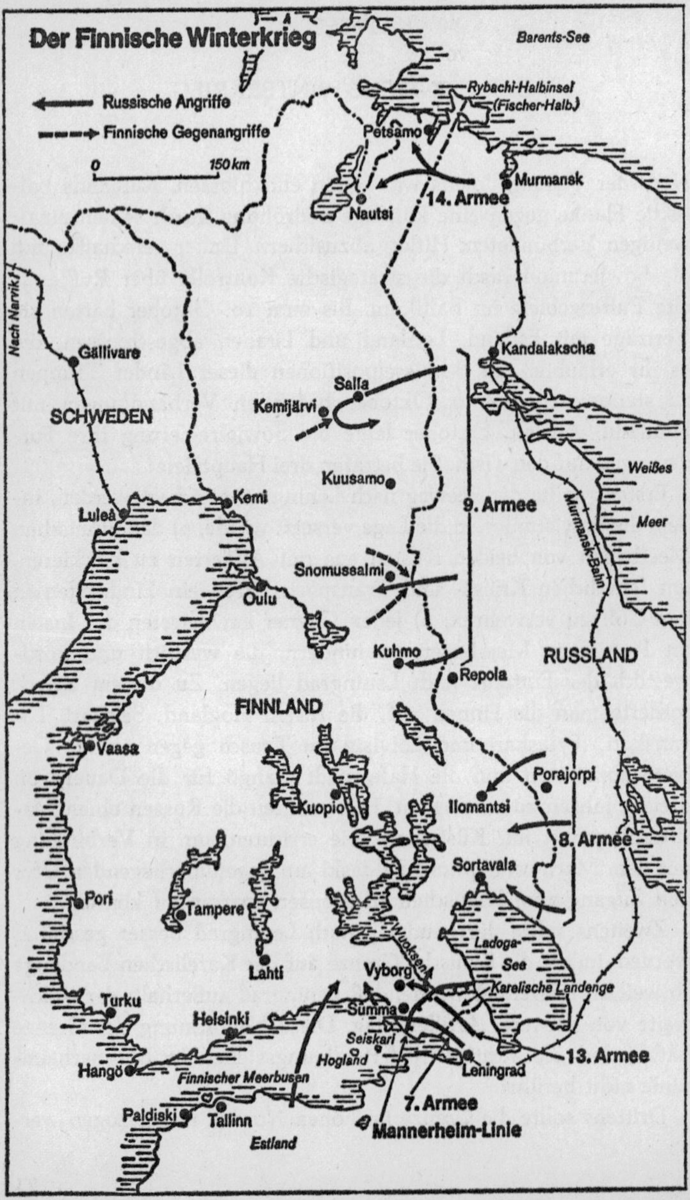

Der Finnische Winterkrieg
Russische Angriffe
Finnische Gegenangriffe
0
150 km
Barents-See
Rybachi-Halbinsel
(Fischer-Halb.)
Petsamo
Murmansk
14. Armee
Nautsi
Nach Narvik
Gällivare
Kandalakscha
Salla
Kemijärvi
SCHWEDEN
Weißes
Meer
Kuusamo
Kemi
Luleå
9. Armee
Murmansk-Bahn
Snomussalmi
Oulu
Kuhmo
Repola
RUSSLAND
FINNLAND
Vaasa
Porajorpi
Ilomantsi
Kuopio
8. Armee
Sortavala
Pori
Tampere
Ladoga-
See
Wuoksen
Lahti
Vyborg
Karelische Landenge
Turku
Summa
Helsinki
Seiskari
Hogland
13. Armee
Leningrad
Hangö
Finnischer Meerbusen
7. Armee
Paldiski
Tallinn
Mannerheim-Linie
Estland

den, und zwar im Gebiet von Petsamo, »wo die Grenze ungünstig und unnatürlich verlief«. Sie führte in gerader Linie durch die schmale Landenge der Rybachi-(Fischer-)Halbinsel und schnitt deren westlichen Teil ab. Die Neuordnung sollte offenbar verhindern, daß sich ein Gegner auf dieser Halbinsel festsetzte, und dadurch den Seeweg nach Murmansk sichern.

Im Austausch gegen diese Gebiete bot die Sowjetunion Finnland Gebiete um Repola und Porajorpi an — ein Tausch, durch den Finnland 5505 Quadratkilometer als Ausgleich für Gebietsabtretungen von nur 2 750 Quadratkilometer bekommen hätte.

Bei einer objektiven Prüfung dieser Bedingungen könnte man sagen, daß sie auf einer vernünftigen Basis beruhten. Sie boten Rußland mehr Sicherheit, ohne diejenige Finnlands ernsthaft zu beeinträchtigen. Der Tausch hätte verhindert, daß Finnland bei einem deutschen Angriff auf Rußland zum Sprungbrett werden konnte. Aber er hätte Rußland keinen nennenswerten Vorteil für einen Angriff auf Finnland verschafft. Tatsächlich hätte das Gebiet, das Rußland abzutreten bereit war, Finnlands ungünstig schmale Taille erweitert.

Aber das Nationalgefühl machte es den Finnen schwer, einer solchen Regelung zuzustimmen. Während sie bereit waren, alle Inseln außer Hogland abzutreten, lehnten sie es ab, die Hafenstadt Hangö auf dem Festland den Russen zu überlassen, mit der Begründung, daß sich dies nicht mit ihrer strikten Neutralitätspolitik vertrüge. Daraufhin boten die Russen an, dieses Gebiet zu kaufen, da ein Besitzerwechsel in dieser Form mit Finnlands Neutralität vereinbar sei. Doch die Finnen wiesen auch dieses Angebot zurück. Die Gespräche versteiften sich, der Ton der russischen Presse wurde drohend, und am 28. November kündigte die russische Regierung den Nichtangriffspakt vom Jahr 1932. Am 30. November begann die russische Invasion.

Der erste Vorstoß endete mit einem Patt, das die Welt in Erstaunen versetzte. Ein direkter Vormarsch von Leningrad durch die Karelische Landenge kam in den vorderen Sellungen der Mannerheim-Linie zum Stehen. Ein Vorstoß beim Ladoga-See blieb stecken. Am anderen Ende der Front schnitten die Russen den kleinen Hafen Petsamo am Nördlichen Eismeer ab, um dadurch eventuelle Hilfsaktionen für Finnland auf diesem Weg zu blokkieren.

Zwei bedrohliche Vorstöße fanden an der schmalen Gürtellinie Finnlands statt. Der nördliche führte über Salla nach Kemijarvi und war schon auf halbem Weg zum Bottnischen Meerbusen, ehe er von einer finnischen Division, die mit der Eisenbahn aus dem Süden herangeholt worden war, zurückgeschlagen werden konnte. Der südlichere Vorstoß bei Suomussalmi wurde Anfang Januar 1940 durch einen Gegenstoß aufgefangen. Die Finnen umfaßten beide Flanken der Eindringlinge, blockierten deren Nachschub- und Rückzugslinie und warteten, bis die Truppen durch Hunger und Kälte erschöpft waren. Dann griffen sie an und zerschlugen sie.

Bei diesem offenkundigen Erfolg des Schwachen gegenüber dem Starken verwandelte sich im Westen die Sympathie für Finnland als neuem Opfer einer Aggression rasch in Begeisterung. Der Eindruck eines finnischen Erfolges hatte weitreichende Auswirkungen: Die Regierungen Frankreichs und Englands erwogen die Entsendung eines Expeditionskorps. Damit wollte man nicht nur Finnland helfen, sondern auch die schwedischen Erzbergwerke von Gällivare schützen, von denen Deutschland beliefert wurde. Gleichzeitig konnte man von Finnland aus Deutschlands baltische Flanke bedrohen. Doch wurde, teilweise wegen der Einwände Norwegens und Schwedens, dieser Plan nicht verwirklicht, ehe Finnland zusammenbrach. Dadurch blieb Frankreich und England ein Krieg mit der UdSSR erspart zu einer Zeit, als ihre eigenen Verteidigungskräfte bedrohlich schwach waren. Aber die offensichtliche Gefahr eines alliierten Eingreifens in Skandinavien veranlaßte Hitler, dem zuvorzukommen und Norwegen zu besetzen.

Eine andere Folge des finnischen Anfangserfolges war es, daß sich die allgemeine Neigung verstärkte, die sowjetische Militärmacht zu unterschätzen. Diese Ansicht kam in Winston Churchills Rundfunkansprache vom 20. Januar 1940 zum Ausdruck, in der er meinte, Finnland habe »der Welt die militärische Unfähigkeit der Roten Armee bewiesen«. Hitler teilte diesen Irrtum bis zu einem gewissen Grad — das sollte im nächsten Jahr folgenschwere Auswirkungen haben.

Eine nüchterne Untersuchung des Feldzuges ergibt jedoch einleuchtendere Gründe für den Mißerfolg des ersten Ansturms. Rußland hatte sich nicht auf eine große Offensive vorbereitet und noch kaum auf die riesigen Mengen an Munition und Kriegsmaterial aus seinen enormen Beständen zurückgegriffen. Es war klar zu sehen, daß die sowjetischen Behörden über die Situation in Finnland falsch unterrichtet waren. Sie rechneten nicht mit ernsthaftem Widerstand, sondern glaubten, sie brauchten lediglich einen Aufstand des finnischen Volkes gegen eine unbeliebte Regierung zu unterstützen. Wenn man die Landkarte betrachtet, scheint außerdem die Grenze zwischen dem Ladoga-See und dem Nördlichen Eismeer offen zu sein. In Wirklichkeit aber befindet sich hier ein Gewirr von Seen und Wäldern, ein ideales Gelände, um dem Gegner Fallen zu stellen und hartnäckigen Widerstand zu leisten. Außerdem gab es auf der sowjetischen Seite nur eine einzige Bahnlinie von Leningrad nach Murmansk, die auf ihrer 1200 Kilometer langen Strecke nur eine einzige Abzweigung zur finnischen Grenze hatte. Dies spiegelte sich in der Tatsache wider, daß die Vorstöße an der Taille, die in den stark gefärbten Kriegsberichten aus Finnland so massiv wirkten, mit nur drei Divisionen ausgeführt wurden, während in dem Umfassungsmanöver nördlich des Ladoga-Sees vier Divisionen eingesetzt waren.

Der weitaus beste Zugang nach Finnland bot sich durch die Karelische Landenge zwischen dem Ladoga-See und dem Finnischen Meerbusen. Sie war jedoch durch die Mannerheim-Linie und die sechs aktiven finnischen Divisionen abgeriegelt, die dort sofort zusammengezogen worden waren. Die russischen Angriffe weiter im Norden dienten dem Zweck, einen Teil der finnischen Reserven dort zu binden, während für einen massiven Angriff auf die Mannerheim-Linie gründliche Vorbereitungen getroffen und vierzehn Divisionen herangeschafft wurden. Diese begann am 1. Februar unter der Führung von General Meretskow. Er konzentrierte sich auf einen 15 Kilometer breiten Abschnitt bei Summa, der mit starkem Artilleriefeuer belegt wurde. Nachdem die Befestigungen zerstört waren, gingen Panzer und Infanterie auf Schlitten vor, um das Gebiet zu besetzen, während die sowjetische Luftwaffe die finnischen Gegenbewegungen zerschlug. Auf diese Weise war nach wenig mehr als vierzehn Tagen eine Bresche durch die ganze Tiefe der Mannerheim-Linie geschlagen. Daraufhin schlossen die Angreifer die finnischen Streitkräfte von den Flanken ein, ehe sie weiter in Richtung Wiborg vorstießen. Eine größere Flankenoperation wurde über den zugefrorenen Finnischen Meerbusen durchgeführt von Truppen, die von der Insel Hogland aus bis weit hinter Wiborg vordrangen. Die abgekämpften finnischen Truppen leisteten zwar noch einige Wochen vor Wiborg hartnäckigen Widerstand; aber die Katastrophe war unausweichlich, sobald einmal ein Durchbruch erzwungen und ihre Nachschublinien gefährdet waren. Die Kapitulation war der einzige Ausweg, zumal das angekündigte französisch-britische Expeditionskorps noch nicht eingetroffen war, dessen Abfahrt allerdings kurz bevorstand.

Am 6. März 1940 entsandte die finnische Regierung eine Delegation zu Friedensverhandlungen nach Moskau. Außer der Erfüllung ihrer früheren Forderungen verlangte die Sowjetunion nun von Finnland Gebietsabtretungen bei Salla und Kunsamo, die ganze Karelische Landenge einschließlich Wiborg und den finnischen Teil der Fischerhalbinsel. Außerdem mußte sich Finnland verpflichten, eine Bahnlinie von Kemijarvi bis zur Grenze zu bauen, die an die russische Bahnlinie anschließen sollte. Am 13. März verlautete, die sowjetischen Bedingungen seien angenommen worden.

Angesichts der so rasch veränderten Verhältnisse, vor allem nach dem katastrophalen Zusammenbruch im Summa-Abschnitt der Mannerheim-Linie am 12. Februar, waren die neuen sowjetischen Bedingungen bemerkenswert gemäßigt. Feldmarschall Mannerheim, der realistischer dachte als die meisten Staatsmänner und berechtigte Zweifel hinsichtlich der französisch-britischen Hilfsangeboten hatte, drängte auf eine Annahme. Aber auch Stalin bewies staatsmännisches Geschick, indem er seine Forderungen nur so geringfügig steigerte. Augenscheinlich wurde er gern ein Engagement los, das mehr als eine Million russischer Soldaten und einen großen Teil der sowjetischen Panzer und Flugzeuge band, und dies zu einer Zeit, als sich der kritische Frühling 1940 abzeichnete.

Während sich Polen besser als irgendein anderes europäisches Land für einen Blitzkrieg eignete, war Finnland das untauglichste Land dafür, zumal in der Jahreszeit, in der die Invasion stattfand. Die geographische Einkreisung Polens wurde durch die Vielzahl an deutschen und den Mangel an polnischen Verbindungswegen vervollständigt. Das offene Land hatte den motorisierten Streitkräften ungehindert Bewegungsfreiheit geboten, besonders beim trockenen Septemberwetter. Die polnische Armee hatte sich noch stärker der Tradition des Angriffs verschrieben als die meisten Armeen und war daher noch weniger in der Lage gewesen, ihre spärlichen Mittel für die Verteidigung einzusetzen.

Im Gegensatz dazu profitierte der Verteidiger in Finnland davon, daß er bessere innere Bahn- und Straßenverbindungen besaß als der Angreifer. In Finnland gab es mehrere Bahnlinien, die parallel zur Grenze verliefen und auf denen die Finnen ihre Reserven verschieben konnten, während es auf russischer Seite nur die eine Linie von Leningrad nach Murmansk mit einer einzigen Abzweigung zur finnischen Grenze gab. Überall mußten die Russen von Stellungen aus vorstoßen, die zwischen 80 und 300 Kilometer von der Eisenbahn entfernt waren, ehe sie einen strategisch wichtigen Punkt bedrohen konnten. Hinzu kam noch, daß der Vormarsch durch ein Gebiet voller Seen und Wälder und über schlechte Straßen führte, die dazu noch unter tiefem Schnee lagen.

Diese Schwierigkeiten setzten den Streitkräften, die die Sowjetunion aufbieten konnte, ihre Grenzen, abgesehen von dem direkten Vorstoß durch die Karelische Landenge auf die stark befestigte Mannerheim-Linie. Dieser Landstreifen, auf der Karte 110 Kilometer breit, ist in der strategischen Wirklichkeit wesentlich schmaler: Die Hälfte davon wird durch den breiten Fluß Vuoksi versperrt, während der größte Teil des Restes von Seen und Wäldern bedeckt ist. Nur im rechten Abschnitt bei Summa ist genügend Raum für größere Truppenbewegungen.

Abgesehen von den strategischen Schwierigkeiten, größere

Streitkräfte an den scheinbar so exponierten Teilen der finnischen Grenze zusammenzuziehen und sie tief ins Landesinnere des Feindes vorzuschieben, war es auch taktisch schwierig, den Widerstand der Verteidiger zu brechen, die das Gelände kannten und seine Vorteile wahrzunehmen wußten. Seen und Wälder lenken einen Angreifer in enge Vormarschkanäle, wo er von Maschinengewehrfeuer eingedeckt werden kann; sie bieten unzählige Möglichkeiten für versteckte Flankenmanöver wie auch für Partisanenkämpfe. Angesichts eines geschickten Feindes in ein solches Land einzudringen, ist selbst im Sommer ein Risiko, und es ist noch viel schwieriger, dies im arktischen Winter zu versuchen, wenn schwere Kolonnen ebenso unbeholfen sind wie ein Mann in Holzschuhen, der versucht, mit einem Gegner in Turnschuhen zu ringen.

Wenn Feldmarschall Mannerheim ganz offensichtlich Risiken auf sich nahm, indem er alle seine Reserven im äußersten Süden hielt, bis die Russen ihre Karten aufdeckten, so war seine Strategie im großen und ganzen gerechtfertigt durch die Möglichkeit, den Anfangsvorstößen des Gegners mit Gegenschlägen zu antworten – besonders in einem solchen Land und im Winter.

Was nun die Russen anbetrifft, so konnte man erwarten, daß Pläne, die auf falschen Voraussetzungen beruhten, an der Wirklichkeit scheiterten. Aber das allein ist noch kein Beweis für die militärische Untüchtigkeit einer Armee. Wenn auch autoritäre Regime besonders für alle Lagebeurteilungen empfänglich sind, die ihren Wünschen entsprechen, so ist doch keine Regierungsform gegen eine solche Gefahr immun: Es ist nützlich, daran zu erinnern, daß vielleicht die falschesten Vermutungen in der Geschichte der Neuzeit jene waren, auf denen die französischen Pläne von 1914 und 1940 beruhten.

TEIL III

DIE WOGE

KAPITEL 6

DIE BESETZUNG VON NORWEGEN

Die trügerische Stille von sechs Monaten nach der Eroberung Polens endete mit einem plötzlichen Donnerschlag. Er erfolgte nicht dort, wo sich die Sturmwolken zusammenballten, sondern an der skandinavischen Flanke: Die friedlichen Länder Norwegen und Dänemark wurden von einem Hitlerschen Blitz getroffen.

Am 9. April 1940 berichteten die Zeitungen, daß am Tag zuvor britische und französische Marineeinheiten in norwegische Gewässer eingedrungen waren und dort Minen gelegt hatten, um jeden Handelsverkehr mit Deutschland zu unterbinden. Die beglückwünschenden Kommentare zu dieser Initiative waren mit Argumenten gemischt, welche die Verletzung der norwegischen Neutralität rechtfertigten. An diesem gleichen Morgen aber überbot der Rundfunk die Presse; denn er brachte die viel verblüffendere Nachricht, daß deutsche Streitkräfte an mehreren Punkten entlang der norwegischen Küste landeten und außerdem in Dänemark einmarschierten.

Die Kühnheit dieses Unternehmens in Mißachtung der britischen Überlegenheit zur See erschütterte die alliierten Führer. Als der britische Premierminister Chamberlain an jenem Nachmittag vor dem Unterhaus eine Erklärung abgab, sagte er, deutsche Truppen seien an der Westküste Norwegens gelandet, in Bergen und Drontheim sowie an der Südküste, und er fügte hinzu: »Es liegen auch Berichte über eine Landung in Narvik vor, aber ich bezweifle stark, daß sie zutreffen.« Den britischen Behörden kam es unglaubhaft vor, daß Hitler es gewagt haben sollte, so weit im Norden eine Landung zu unternehmen, zumal ihre eigenen Seestreitkräfte dort in voller Stärke zur Stelle waren, um die Minenlegearbeit und andere geplante Aktionen zu schützen. Sie hielten »Narvik« für einen Hörfehler und meinten, es sei »Larvik« gemeint, ein Ort an der Südküste. Aber noch ehe der Tag zu Ende ging, wurde klar, daß die Deutschen die Hauptstadt Oslo und

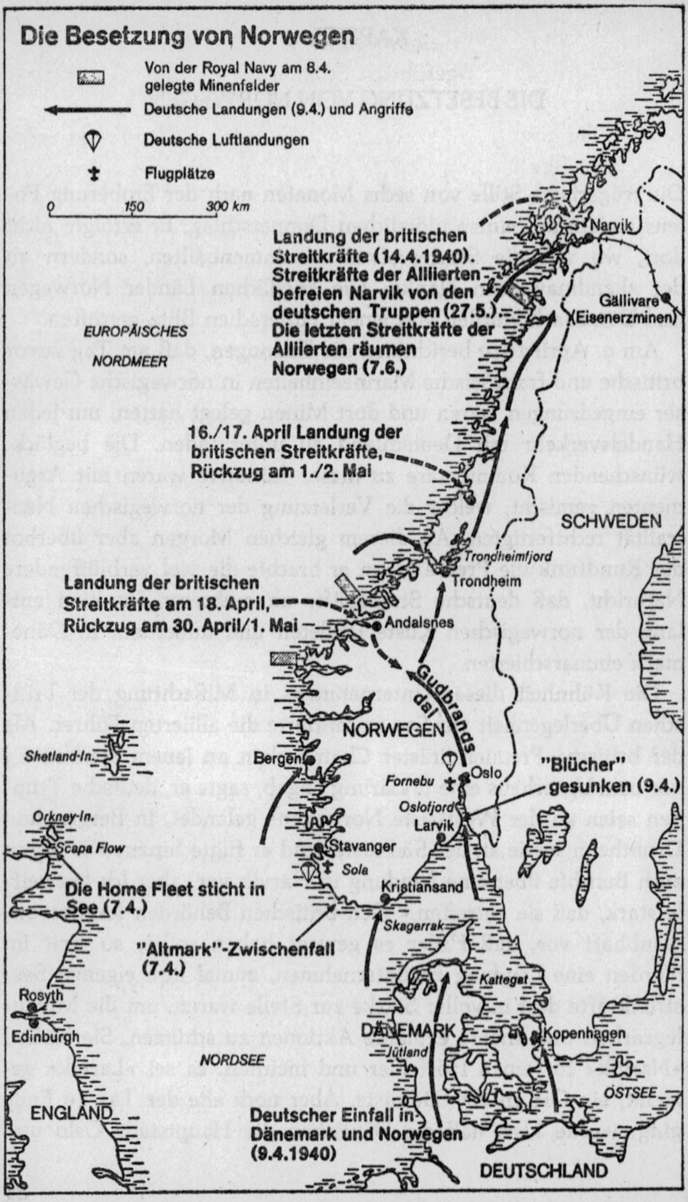
Die Besetzung von Norwegen
Von der Royal Navy am 8.4. gelegte Minenfelder
Deutsche Landungen (9.4.) und Angriffe
Deutsche Luftlandungen
Flugplätze
0 150 300 km
Landung der britischen Streitkräfte (14.4.1940). Streitkräfte der Alliierten befreien Narvik von den deutschen Truppen (27.5.). Die letzten Streitkräfte der Alliierten räumen Norwegen (7.6.)
Narvik
Gällivare (Eisenerzminen)
EUROPÄISCHES NORDMEER
16./17. April Landung der britischen Streitkräfte, Rückzug am 1./2. Mai
SCHWEDEN
Trondheimfjord
Trondheim
Landung der britischen Streitkräfte am 18. April, Rückzug am 30. April/1. Mai
Andalsnes
Gudbrandsdal
NORWEGEN
Shetland-In.
Bergen
Oslo
Fornebu
"Blücher" gesunken (9.4.)
Oslofjord
Orkney-In.
Larvik
Scapa Flow
Stavanger
Sola
Kristiansand
Die Home Fleet sticht in See (7.4.)
Skagerrak
"Altmark"-Zwischenfall (7.4.)
Kattegat
Rosyth
Edinburgh
DÄNEMARK
Jütland
Kopenhagen
NORDSEE
OSTSEE
ENGLAND
Deutscher Einfall in Dänemark und Norwegen (9.4.1940)
DEUTSCHLAND

alle wichtigen Häfen einschließlich Narvik besetzt hatten. Alle ihre zu gleicher Zeit geführten Schläge zur See waren erfolgreich gewesen.

Auf die rasche Ernüchterung der britischen Regierung folgte eine neue Illusion. Churchill, damals Erster Lord der Admiralität, erklärte zwei Tage später von dem Unterhaus:

> »Nach meiner Überzeugung, die von meinen erfahrenen Ratgebern geteilt wird, hat Herr Hitler einen schweren strategischen Fehler begangen. ... Wir haben durch das, was in Skandinavien geschehen ist, viel gewonnen. ... Er hat sich an vielen Stellen der norwegischen Küste gebunden, um die er nun wird kämpfen müssen, notfalls den ganzen Sommer, und zwar gegen Länder, die weit überlegene Seestreitkräfte besitzen und diese leichter als er zum Schauplatz transportieren können. Ich sehe keinerlei Vorteil, den er errungen hätte ... Ich glaube, daß der strategische Schnitzer, zu dem unser Todfeind provoziert worden ist, ... große Vorteile für uns bringt.«

Diesen ermutigenden Worten folgten keine entsprechenden Taten. Die britischen Gegenzüge erfolgten langsam, zögernd und waren stümperhaft. Als es darauf ankam zu handeln, wurde die Admiralität außerordentlich vorsichtig. Obwohl sie vor dem Krieg wenig von Luftstreitkräften gehalten hatte, schreckte sie nun davor zurück, Schiffe an Orten zu riskieren, wo ihr Eingreifen hätte entscheidend sein können. Noch zaghafter waren die Truppenbewegungen. Obwohl an mehreren Stellen Truppen gelandet waren mit dem Auftrag, den deutschen Eindringling hinauszuwerfen, wurden sie alle in kaum vierzehn Tagen wieder eingeschifft – mit Ausnahme eines Stützpunktes bei Narvik, der jedoch einen Monat später ebenfalls aufgegeben wurde, als die deutsche Großoffensive im Westen begonnen hatte.

Die Luftschlösser, die Churchill errichtet hatte, waren in sich zusammengefallen. Sie waren erbaut worden auf der Grundlage einer falschen Beurteilung der Lage und einer Fehleinschätzung der Wandlungen in der modernen Kriegführung – hauptsächlich im Hinblick auf den möglichen Einsatz von Luftstreitkräften gegen die Marine.

Realistischer waren seine Schlußworte gewesen, in denen er die deutsche Invasion als einen Schritt bezeichnete, zu dem Hitler »provoziert« worden war. Denn die erstaunlichste aller Nachkriegsenthüllungen in bezug auf diesen Feldzug war wohl die Tatsache, daß Hitler bei all seiner Skrupellosigkeit es vorgezogen hätte, Norwegen neutral zu halten, und daß er nicht vorgehabt hatte, dort einzufallen, bis er durch die offenkundigen Anzeichen dafür, daß die Alliierten hier einen Schlag gegen ihn planten, dazu herausgefordert wurde.

Es ist faszinierend, den Ereignissen hinter den Kulissen auf beiden Seiten nachzugeben, obwohl es tragisch und erschreckend ist zu sehen, wie rücksichtslose angriffslustige Politiker einander beeinflussen und Ausbrüche zerstörerischer Gewalt hervorrufen.

Der erste eindeutige Schritt auf einer der beiden Seiten erfolgte am 19. September 1939. An diesem Tag legte Churchill, wie aus seinen Erinnerungen hervorgeht, dem britischen Kabinett den Plan vor, ein Minenfeld in norwegische Hoheitsgewässer zu legen und dadurch den Transport schwedischen Erzes von Narvik nach Deutschland zu unterbinden. Er führte an, dieser Schritt sei von größter Bedeutung, um die Kriegsindustrie des Feindes zu schädigen. Wie er danach dem Ersten Seelord mitteilte, standen »das Kabinett, der Außenminister eingeschlossen (Lord Halifax), dieser Aktion sehr wohlwollend gegenüber«.

Das zu hören ist recht überraschend, und es drängt sich der Gedanke auf, daß das Kabinett geneigt war, das Ziel zu billigen, ohne die Mittel zu bedenken oder zu fragen, wohin diese führen könnten. Über einen ähnlichen Plan war 1918 diskutiert worden; doch darüber heißt es in der amtlichen Seekriegsgeschichte:

> »... der Oberbefehlshaber (Lord Beatty) erklärte, es sei für die Offiziere und Mannschaften der Flotte ein höchst abstoßender Gedanke, mit überwältigender Stärke in die Gewässer eines kleinen, aber tapferen Volkes einzudringen und es zu überwältigen. Wenn die Norweger Widerstand leisteten, was zu erwarten wäre, so würde Blut vergossen werden; dies, sagte der Oberbefehlshaber, ›wäre ein ebenso großes Verbrechen wie irgendeines, das die Deutschen an anderer Stelle begangen haben‹.«

Offenkundig besaßen die Seeleute mehr Skrupel als die Politiker, oder die britische Regierung war zu Beginn des Krieges im Jahr 1939 rücksichtsloser als am Ende des Ersten Weltkriegs.

Der Stab des Außenministeriums übte jedoch einen mäßigenden Einfluß aus und hielt dem Kabinett seine Bedenken gegen die vorgeschlagene Verletzung von Norwegens Neutralität vor Augen. Bedauernd stellte Churchill fest:

»Die Einwände des Außenministeriums in bezug auf die Neutralität Norwegens wogen schwer, und ich konnte mich nicht durchsetzen. Ich fuhr fort, ... meinen Standpunkt mit allen Mitteln und bei jeder Gelegenheit nachdrücklich zu betonen.«

Immer weitere Kreise diskutierten über diesen Plan, und sogar in der Presse wurden Argumente zu Churchills Gunsten erörtert. Das war genau der Weg, um in Deutschland Befürchtungen und Gegenmaßnahmen auszulösen.

Auf deutscher Seite findet sich der erste Anhaltspunkt von irgendwelcher Bedeutung in den später eroberten Akten Anfang Oktober, als der Oberbefehlshaber der Marine, Admiral Raeder, seinen Befürchtungen Ausdruck gibt, daß die Norweger den Briten ihre Häfen öffnen könnten; er berichtete Hitler über die strategischen Nachteile, die eine britische Besetzung mit sich bringen könnte. Er schlug vor, daß es für die deutsche Unterseeboot-Kriegführung vorteilhaft wäre, »Stützpunkte an der norwegischen Küste – zum Beispiel in Drontheim – mit Hilfe des russischen Druckes zu schaffen«.

Doch Hitler lehnte diesen Vorschlag ab. Sein Denken konzentrierte sich auf Angriffspläne im Westen. Er wollte Frankreich zum Friedensschluß zwingen und nicht in unwesentliche Operationen verstrickt werden oder Hilfsmittel anderweitig binden.

Ein neuer und wesentlich stärkerer Antrieb für beide Seiten ergab sich Ende November aus der russischen Invasion Finnlands. Churchill sah darin eine neue Möglichkeit, unter dem Deckmantel der Hilfeleistung für Finnland Deutschlands Flanke zu bedrohen:

»Ich begrüßte diesen neuen und vorteilhaften Sturm als eine Möglichkeit, den bedeutenden strategischen Vorteil zu gewinnen, Deutschland von den lebenswichtigen Eisenerzvorkommen abzuschneiden.«

In einer Aufzeichnung vom 16. Dezember stellte er seine Argumente für diesen Schritt zusammen, den er als »eine größere Angriffsoperation« bezeichnete. Es war ihm klar, daß ein solches Unternehmen die Deutschen wahrscheinlich dazu veranlassen würde, in Skandinavien einzufallen: »Wenn man auf den Feind schießt, wird er zurückschießen.« Aber er fügte hinzu: »Wir haben durch einen deutschen Angriff auf Norwegen und Schweden mehr zu gewinnen als zu verlieren.« (Er ließ außer acht, was die skandinavischen Völker zu leiden haben würden, wenn ihre Länder in ein Schlachtfeld verwandelt wurden.)

Die meisten Kabinettsmitglieder hatten jedoch noch immer Bedenken, die norwegische Neutralität zu verletzen. Trotz Churchills machtvollen Plädoyers weigerten sie sich, die sofortige Durchführung eines Planes zu billigen. Immerhin ermächtigten sie die Stabschefs, »einen Plan für die Landung von Truppen in Narvik« aufzustellen, da Narvik die Endstation der Bahnlinie war, die zu den Erzvorkommen in Gällivare in Schweden und von dort weiter nach Finnland führte. Während die Hilfe für Finnland der angebliche Zweck einer solchen Expedition war, ging es tatsächlich um den Besitz des schwedischen Erzes.

Im gleichen Monat kam ein wichtiger norwegischer Besucher nach Berlin. Es war Vidkun Quisling, ein ehemaliger Kriegsminister, der Vorsitzende einer kleinen faschistischen Partei, die mit Deutschland sympathisierte. Er suchte Admiral Raeder auf und warnte diesen vor der Gefahr, daß England bald Norwegen besetzen könnte. Er bat um Geld und Unterstützung für seinen eigenen Plan, durch einen Staatsstreich die norwegische Regierung zu stürzen. Er erklärte, eine Anzahl führender norwegischer Offiziere sei bereit, ihn zu unterstützen — darunter, so behauptete er, Oberst Sundlo, der Kommandeur von Narvik. Sobald er die Macht in Händen hätte, würde er die Deutschen bitten, Norwegen zu schützen und somit dem britischen Einmarsch zuvorkommen.

Raeder bewog Hitler, Quisling persönlich zu empfangen, und sie kamen am 16. und 18. Dezember zusammen. Aus der Aufzeichnung ihres Gesprächs geht hervor, daß Hitler erklärte, »er würde es vorziehen, wenn Norwegen wie auch das übrige Skandinavien neutral blieben«, da er »den Kriegsschauplatz nicht ausweiten« wolle: »Sollte der Feind jedoch Vorbereitungen treffen, um den Krieg auszudehnen, würde er Schritte unternehmen, dieser Bedrohung entgegenzutreten.« Vorerst bekam Quisling Hilfsgelder versprochen und erhielt die Zusage, daß die Frage, ob er militärische Unterstützung erhalten könne, geprüft würde.

Dennoch zeigt das Kriegstagebuch der deutschen Admiralität, daß man es noch einen Monat später, am 13. Januar, für die günstigste Lösung hielt, wenn Norwegen neutral bliebe, obwohl sich die Sorge darüber verstärkte, »England könne beabsichtigen, Norwegen mit dem stillschweigenden Einverständnis der norwegischen Regierung zu besetzen«.

Was geschah unterdessen auf der anderen Seite? Am 15. Januar richtete der französische Oberbefehlshaber, General Gamelin, ein Schreiben an Ministerpräsident Daladier, in dem er die Wichtigkeit eines neuen Kriegsschauplatzes in Skandinavien betonte. Er legte einen Plan für die Landung alliierter Truppen in Petsamo im Norden Finnlands vor. Gleichzeitig sollten Häfen und Flugplätze an der Westküste Norwegens vorsorglich in Besitz genommen werden. Der Plan faßte weiterhin die Möglichkeit ins Auge, »diese Operation bis nach Schweden hinein auszudehnen und die Eisenerzminen von Gällivare zu besetzen«.

Eine Rundfunkrede Churchills, der sich an die Neutralen mit der Aufforderung wandte, es sei ihre Pflicht, am Kampf gegen Hitler teilzunehmen, vermehrte natürlich die deutschen Befürchtungen[1].

1 Am 26. Januar sprach Churchill in einer Rundfunkrede über den Erfolg der alliierten Schiffe zur See und stellte die Verluste neutraler Schiffe durch U-Boot-Angriffe der Sicherheit alliierter Schiffe in Geleitzügen gegenüber. Dann fragte er nach einer kurzen tour d'horizon: »Aber was würde geschehen, wenn all die neutralen Nationen, die ich erwähnt habe – und einige andere, die ich nicht erwähnt habe –, auf einen spontanen Impuls hin in Übereinstimmung mit der Satzung des Völkerbundes ihre Pflicht täten und gemeinsam mit Großbritannien und Frankreich gegen Aggression und Unrecht aufstünden?« (Churchill: War Speeches, Bd. I, S. 137). Dieser Vorschlag löste Unwillen aus, und die belgische, holländische, dänische, norwegische und Schweizer Presse beeilte sich, ihn zurückzuweisen, während aus London verlautete – man müßte an die Tage der Beschwichtigungspolitik denken –, die Rundfunkrede gäbe nur Churchills persönliche Ansichten wieder.

Es gab allzu viele Andeutungen alliierter Aktionen.

Am 27. Januar befahl Hitler die Ausarbeitung von Plänen für eine Invasion Norwegens im Notfall. Der Sonderstab, der zu diesem Zweck gebildet wurde, trat am 5. Februar das erste Mal zusammen.

Am gleichen Tag trat auch der Alliierte Oberste Kriegsrat in Paris zusammen, und Chamberlain brachte Churchill mit. Bei dieser Besprechung wurden Pläne für die Aufstellung eines Expeditionskorps als »Finnland-Hilfe« genehmigt, bestehend aus zwei britischen Divisionen und einem etwas kleineren französischen Kontingent. Sie sollten als »Freiwillige« deklariert werden, um die Möglichkeit eines offenen Konfliktes mit Rußland zu vermindern. Es entwickelte sich jedoch eine Auseinandersetzung über die Marschroute. Der britische Premierminister betonte die Schwierigkeit einer Landung in Petsamo und die Vorteile einer Landung in Narvik, durch die man »die Kontrolle über die Erzvorkommen von Gällivare bekam«. Dies sollte das Hauptziel sein und nur ein Teil der Expeditionstruppe nach Finnland geschickt werden. Die britischen Argumente setzten sich durch, und man vereinbarte, daß die Expeditionstruppe Anfang März auslaufen sollte.

Am 16. Februar ereignete sich ein schicksalsschwerer Zwischenfall. Das deutsche Versorgungsschiff »Altmark«, das britische Kriegsgefangene aus dem Südatlantik zurückbrachte, wurde von britischen Zerstörern verfolgt und suchte Zuflucht in einem norwegischen Fjord. Churchill übermittelte an Kapitän Vian von H. M. S. »Cossack« den direkten Befehl, in norwegische Gewässer einzudringen, die »Altmark« zu entern und die Gefangenen zu befreien. Zwei norwegische Kanonenboote waren zur Stelle, griffen aber nicht ein, und der nachfolgende Protest der norwegischen Regierung wegen der Verletzung ihres Hoheitsgebiets wurde zurückgewiesen.

Hitler hielt diesen Protest für eine bloße Geste und war überzeugt, daß die norwegische Regierung mit England unter einer Decke steckte. Dieser Glaube wurde durch die Passivität der beiden Kanonenboote genährt, ebenso durch die Berichte Quislings, die Aktion der »Cossack« sei eine »abgekartete Sache« gewesen.

Deutsche Admirale glaubten, daß der »Altmark«-Zwischenfall Hitler bewog, eine Intervention in Norwegen ins Auge zu fassen. Er war der Funke am Pulverfaß.

Hitler fand, daß er nicht mehr auf die Verwirklichung von Quislings Plänen warten konnte, zumal deutsche Beobachter in Norwegen berichteten, Quislings Partei mache nur ganz geringe Fortschritte, während die aus England gemeldete Zusammenziehung von Truppen und Transportschiffen auf eine Aktion in Norwegen hindeutete.

Am 20. Februar beauftragte Hitler General von Falkenhorst, eine Expeditionsgruppe für Norwegen aufzustellen unter seinem Kommando. Er erklärte: »Ich bin darüber unterrichtet, daß die Engländer dort landen wollen, und ich möchte vor ihnen dort sein. Die Besetzung Norwegens durch die Briten wäre eine strategische Umfassungsbewegung, die sie in die Ostsee führt, wo wir weder Truppen noch Küstenbefestigungen haben. ... Der Feind wäre in der Lage, nach Berlin zu marschieren und das Rückgrat unserer beiden Fronten zu brechen.«

Am 1. März erließ Hitler seine Weisung für die vollständige Vorbereitung der Invasion. Auch Dänemark sollte besetzt werden, als notwendiges strategisches Sprungbrett und zum Schutz der Nachschublinien.

Doch auch dies war noch nicht die endgültige Entscheidung. Wie die Niederschriften von Raeders Gesprächen mit Hitler zeigten, schwankte dieser noch immer zwischen der Überzeugung, daß »die Erhaltung der norwegischen Neutralität das beste wäre«, und seiner Furcht vor einer drohenden britischen Landung. Als am 9. März die Pläne der Marine vorgelegt wurden, betonte er noch immer, die Risiken einer Operation, die »allen Prinzipien der Seekriegsführung widersprach«, obwohl diese »dringend« sei.

In der darauffolgenden Woche wuchsen die Besorgnisse auf deutscher Seite. Am 13. wurde gemeldet, daß britische Unterseeboote vor der norwegischen Südküste patrouillierten. Am 14. fingen die Deutschen einen Funkspruch auf, der den alliierten Transportern befahl, sich zur Abfahrt bereitzuhalten. Am 15. traf eine Anzahl französischer Offiziere in Bergen ein. Die Deutschen hatten den Eindruck, daß man ihnen zuvorkommen wollte, solange ihre eigene Expeditionstruppe noch nicht bereitstand.

Was ging nun auf alliierter Seite tatsächlich vor? Am 21. Februar drängte Daladier darauf, daß man den »Altmark«-Zwischenfall als Vorwand für die »sofortige Inbesitznahme« der norwegischen Häfen benützen sollte. Er führte aus: »Die Rechtfertigung eines solchen Schlages vor der Weltöffentlichkeit wird um so leichter sein, je rascher die Operation durchgeführt wird und je besser unsere Propaganda die Erinnerung an die Mitschuld Norwegens am ›Altmark‹-Zwischenfall auszunutzen vermag.« Eine solche Sprache ähnelte bemerkenswert derjenigen Hitlers. Der Vorschlag der französischen Regierung wurde in London mit einiger Skepsis aufgenommen, da die Expeditionstruppe noch nicht bereitstand und Chamberlain noch immer hoffte, daß die Regierungen Norwegens und Schwedens einen Einmarsch alliierter Truppen zustimmen würden.

Auf einer Konferenz des Kriegskabinetts am 8. März schlug Churchill jedoch vor, sofort Truppen in Narvik landen zu lassen nach dem Grundsatz, »Stärke zu zeigen, um sie nicht einsetzen zu müssen«. In einer weiteren Besprechung am 12. beschloß das Kabinett, die Pläne für eine Landung in Drontheim, Stavanger, Bergen und auch in Narvik wieder aufzugreifen.

Die bei Narvik gelandeten Truppen sollten rasch ins Binnenland und über die schwedische Grenze bis Gällivare vorstoßen. Alles war bereit, diesen Plan am 20. März in die Tat umzusetzen.

Doch am 13. März wurde durch Finnlands Kapitulation der ursprüngliche Vorwand für einen Einmarsch in Norwegen hinfällig. Die erste Reaktion auf diese kalte Dusche war es, daß zwei der für das norwegische Unternehmen vorgesehenen Divisionen nach Frankreich geschickt wurden. Eine andere Folge war der Sturz Daladiers und seine Ablösung als Ministerpräsident durch Paul Reynaud, den der allgemeine Wunsch nach einer tatkräftigeren Politik und schnelleren Aktionen zur Macht emportrug. Reynaud fuhr am 28. März zu einer Sitzung des Alliierten Obersten Kriegsrats nach London, entschlossen, auf die sofortige Verwirklichung des norwegischen Projektes zu dringen, das Churchill schon so lange befürwortet hatte.

Doch nun war es überflüssig, Druck auszuüben; denn, wie Churchill berichtete, »Chamberlain war in diesem Stadium sehr zu irgendeiner Angriffshandlung geneigt«. Als er sich im Frühjahr 1940 dazu durchgerungen hatte, sprang er mit beiden Füßen hinein. Bei der Eröffnung der Ratssitzung setzte er sich nicht nur stark für eine Aktion in Norwegen ein, sondern drängte auch auf die Annahme von Churchills anderem Lieblingsprojekt, fortlaufend Minen in den Rhein und andere deutsche Flüsse abzuwerfen. Reynaud äußerte sich zu dieser letztgenannten Operation zurückhaltend und erklärte, er müsse dazu die Zustimmung des französischen Kriegskomitees einholen. Aber auch er befürwortete lebhaft die norwegische Operation.

Man beschloß, die Verminung der norwegischen Gewässer am 5. April auszuführen und gleichzeitig bei Narvik, Drontheim, Bergen und Stavanger Truppen an Land zu setzen. Das erste Truppenkontingent für Narvik sollte am 8. April auslaufen. Doch dann trat eine neuerliche Verzögerung ein. Das französische Kriegskomitee stimmte dem Abwurf von Minen in den Rhein nicht zu, aus Furcht vor deutschen Gegenmaßnahmen, »die Frankreich treffen würden«. Er äußerte keine derartigen Bedenken hinsichtlich der Vergeltungsmaßnahmen, die auf Grund der anderen Aktion Norweger treffen könnten, und Gamelin unterstrich sogar, daß es eines dieser Ziele war, »den Feind in eine Falle zu locken, indem man ihn dazu brachte, in Norwegen zu landen«. Chamberlain aber bestand darauf, daß beide Operationen durchgeführt werden sollten, und vereinbarte mit Churchill, daß dieser am 4. April nach Paris reisen und noch einmal versuchen sollte, Frankreich zu einer Zustimmung zum Rheinplan zu bewegen.

Das bedeutete einen kurzen Aufschub der Operation »Wilfried«, des norwegischen Plans. Merkwürdigerweise stimmte Churchill dem zu. In der Besprechung des Kriegskabinetts am Tag zuvor waren Berichte des Kriegsministeriums und des Außenministeriums vorgelegt worden, denen zufolge eine große Anzahl deutscher Schiffe mit Truppen an Bord in den Norwegen am nächsten gelegenen Häfen zusammengezogen worden waren. Unsinnigerweise vermutete man, diese Truppen stünden lediglich in Bereitschaft, um einen britischen Überfall auf Norwegen mit einem Gegenschlag zu beantworten.

Der Beginn des norwegischen Unternehmens wurde um drei Tage auf den 8. April verschoben. Diese weitere Verzögerung erwies sich als verhängnisvoll. Sie ermöglichte es den Deutschen, eine Nasenlänge vor den Alliierten in Norwegen einzumarschieren.

Am 1. April hatte sich Hitler endlich entschlossen und die Invasion Norwegens und Dänemarks für den Morgen des 9. April, 5.15 Uhr, befohlen. Nach dieser Entscheidung traf ein beunruhigender Bericht ein, wonach die norwegischen Flak- und Küstenbatterien Erlaubnis erhalten hatten, das Feuer zu eröffnen, ohne auf höhere Befehle zu warten. Dies legte den Gedanken nahe, daß die norwegischen Streitkräfte einsatzbereit waren und daß die Aussichten eines Überraschungserfolges schwinden würden, je länger Hitler wartete.

In den frühen Morgenstunden des 9. April trafen deutsche Vorausabteilungen, meist auf Kriegsschiffen, in den wichtigsten Häfen Norwegens ein, von Oslo bis hinauf nach Narvik, und besetzten sie ohne nennenswerte Schwierigkeiten. Ihre Kommandeure teilten den örtlichen Behörden mit, sie seien gekommen, Norwegen unter deutschen Schutz zu stellen gegen eine bevorstehende alliierte Invasion — eine Feststellung, die der Sprecher der Alliierten sofort dementierte.

Lord Hankey, damals Mitglied des Kriegskabinetts, stellte fest:

> »Vom Beginn der Planungen für die deutsche Invasion an zogen Großbritannien und Deutschland in ihren Plänen und Vorbereitungen ungefähr gleich. Großbritannien begann sogar ein wenig früher ..., aber beide Pläne wurden fast gleichzeitig ausgeführt, wobei Großbritannien in dem sogenannten Aggressionsakt vierundzwanzig Stunden voraus war, wenn dieser Ausdruck tatsächlich anwendbar ist.«

Deutschlands Endspurt jedoch war schneller und wirksamer. Es gewann das Rennen um eine Nasenlänge — es war beinahe ein »Foto-Finish«.

Einer der fragwürdigsten Punkte des Nürnberger Prozesses war es, daß man die Vorbereitung und Durchführung des Überfalls auf Norwegen unter die Hauptanklagepunkte gegen die Deutschen aufnahm. Es ist schwer zu verstehen, wie die britische und die französische Regierung die Stirn haben konnten, diese Anklage zuzulassen, und wie der öffentliche Ankläger für eine Verurteilung in dieser Hinsicht plädieren konnte. Das war einer der augenfälligsten Fälle von Heuchelei in der Geschichte.

Wenn wir uns nun dem Verlauf des Feldzuges selbst zuwenden, so ist es vor allem überraschend, wie eine kleine Streitmacht die Hauptstadt und die wichtigsten Häfen Norwegens im Handstreich nahm. Sie bestand aus zwei Schlachtschiffen, einem Panzerschiff, sechs Kreuzern, vierzehn Zerstörern, dreißig U-Booten, einer Anzahl von Versorgungsschiffen und ungefähr 10 000 Mann – der Vorhut von drei Divisionen, die für die Invasion eingesetzt wurden. An keiner Stelle wurde die erste Landung von mehr als 2 000 Mann durchgeführt. Ein Fallschirmjägerbataillon nahm die Flugplätze bei Oslo und Stavanger in Besitz – es war das erste Mal, daß Fallschirmtruppen im Krieg eingesetzt wurden, und dies erwies sich als sehr wirkungsvoll. Der ausschlaggebende Faktor des deutschen Erfolges war jedoch die Luftwaffe. Bei diesem Unternehmen wurden etwa 800 Kampfflugzeuge und 250 Transportmaschinen eingesetzt. In der ersten Phase schüchterte die Luftwaffe die Norweger ein, und später lähmte sie die alliierten Gegenzüge.

Wie kam es, daß es der britischen Marine nicht gelang, die viel schwächeren deutschen Seestreitkräfte abzufangen und zu versenken, welche die Expeditionstruppe beförderten? Die Ausdehnung des Meeresraumes, die Beschaffenheit der norwegischen Küste und das dunstige Wetter waren von erheblichem Nachteil. Hinzu kamen jedoch noch andere Faktoren und vermeidbare Fehler. Wie Gamelin berichtet, erklärte der Chef des britischen Generalstabs, Ironside, als er diesen drängte, die Einschiffung der Expeditionstruppe zu beschleunigen: »Uns gegenüber ist die Admiralität allmächtig. Sie organisiert gern methodisch. Sie ist überzeugt, jede deutsche Landung an der Westküste Norwegens zu verhindern.«

Am 7. April um 13.25 Uhr sichteten britische Flugzeuge »starke deutsche Marinestreitkräfte, die durch das Skagerrak rasch nach Norden fuhren«, auf die norwegische Küste zu. Churchill schreibt: »Uns in der Admiralität fiel es schwer zu glauben, daß sie nach Narvik fuhren« — trotz eines Berichtes aus Kopenhagen, der besagte, daß Hitler diesen Hafen besetzen wollte. Um 19.30 Uhr stach die britische Home Fleet von Scapa Flow aus in See. Doch offenbar waren sowohl die Admiralität als auch die Admirale auf hoher See von dem Gedanken erfüllt, die deutschen Schlachtkreuzer abzufangen. In dem Wunsch, diese im Kampf zu stellen, verloren sie die Möglichkeit aus dem Auge, daß das Ziel des Gegners auf dem Lande liegen könnte, und ließen sich so die Chance entgehen, die kleineren Kriegsschiffe, die Truppen an Bord hatten, abzufangen.

Da eine Expeditionstruppe bereits eingeschifft und bereit war, in See zu stechen, weshalb landete sie dann nicht und warf die deutschen Abteilungen zurück, ehe diese Zeit hatten, sich in den norwegischen Häfen festzusetzen? Als die Admiralität erfuhr, daß die deutschen Schlachtkreuzer gesichtet worden waren, befahl sie dem Kreuzergeschwader bei Rosyth, »die an Bord befindlichen Truppen an Land zu setzen, notfalls ohne ihre Ausrüstung, und sich sofort zur Flotte auf See zu begeben«. Ähnliche Befehle ergingen an die Schiffe an der Clydeside, die mit Truppen beladen waren.

Weshalb leisteten die Norweger keinen wirksameren Widerstand gegen eine so kleine Angriffsmacht? Zunächst einmal deshalb, weil ihre Truppen nicht mobilisiert worden waren. Trotz der Warnungen ihres Gesandten in Berlin und des Drängens ihres Generalstabschefs erfolgte die Mobilmachung erst in der Nacht vom 8. auf den 9. April, nur wenige Stunden vor der Invasion. Das war zu spät; die schnellen Angreifer störten die Durchführung.

Außerdem war die norwegische Regierung zu diesem Zeitpunkt, wie Churchill bemerkte, »hauptsächlich mit den britischen Unternehmungen beschäftigt«. Es war eine Ironie, daß die britische Minenleger-Operation die Aufmerksamkeit der Norweger während der kritischen vierundzwanzig Stunden vor der deutschen Invasion voll in Anspruch genommen und abgelenkt hatte.

Die Fähigkeit der Norweger, sich vom Eröffnungsschlag wieder zu erholen, wurde durch die mangelnde Kampferfahrung und eine überholte militärische Organisation beeinträchtigt. Sie waren nicht entfernt in der Lage, es mit einem modernen Blitzkrieg aufzunehmen, nicht einmal in einem so kleinen Maßstab wie in ihrem Fall. Die Geschwindigkeit, mit der die Angreifer die tiefen Täler entlangrasten und das Land überrannten, zeigte klar die Schwäche ihres Widerstandes. Dabei wäre der tauende Schnee auf den Talseiten, der alle Umfassungsmanöver behinderte, ein ernsthaftes Hindernis für die deutschen Erfolgsaussichten gewesen.

Der erstaunlichste aller dieser ersten Handstreiche war jener bei Narvik; denn dieser hoch im Norden gelegene Hafen war ungefähr 2 000 Kilometer von den deutschen Flottenstützpunkten entfernt. Zwei norwegische Küstenwachboote stellten sich mutig den angreifenden deutschen Zerstörern, wurden aber rasch versenkt. Die Küstenverteidigung versuchte keinen Widerstand – der Grund dafür war eher Unfähigkeit als Verrat. Am nächsten Tag fuhr eine britische Zerstörerflottille in den Fjord ein und hatte ein Gefecht mit den Deutschen, bei dem beide Seiten Verluste erlitten und das am 13. April durch den Angriff einer stärkeren Flottille, unterstützt von dem Schlachtschiff »Warspite«, abgeschlossen wurde. Doch um diese Zeit hatten sich die deutschen Truppen schon in und um Narvik festgesetzt.

Weiter im Süden war Drontheim mühelos erobert worden, nachdem die deutschen Schiffe vor den Batterien, die den Fjord beherrschten, Spießruten gelaufen waren – ein Risiko, vor dem die alliierten Experten, die dieses Problem durchdacht hatten, zurückgeschreckt waren. Mit Drontheim besaßen die Deutschen die strategische Schlüsselposition für die Besetzung Mittelnorwegens, obwohl die Frage noch offen war, ob ihre Handvoll Soldaten vom Süden her verstärkt werden konnten.

Bei Bergen erlitten die Deutschen einige Verluste durch die norwegischen Schlachtschiffe und Küstenbatterien, hatten jedoch wenig Mühe, nachdem sie einmal gelandet waren.

Bei der Annäherung an Oslo erlitt die Hauptangriffsmacht jedoch einen schweren Schlag; denn der Kreuzer »Blücher«, der viele Stabsoffiziere an Bord hatte, wurde vor der Festung Oscarborg versenkt. Der Versuch, sich die Durchfahrt zu erzwingen, wurde aufgegeben, bis die Festung sich am Nachmittag nach einem heftigen Luftangriff ergab. Somit fiel die Einnahme Oslos den Fallschirmjägern zu, die auf dem Flugplatz Fornebu gelandet waren. Am Nachmittag unternahm diese mehr symbolische Truppe einen großen Parademarsch in die Stadt, und dieser Bluff hatte Erfolg. Immerhin versetzte dieser Aufschub den König und die Regierung in die Lage, nach Norden zu entkommen, in der Hoffnung, von dort aus den Widerstand zu organisieren.

Die Einnahme Kopenhagens sollte ursprünglich zeitlich mit der Ankunft in Oslo zusammenfallen. Die dänische Hauptstadt war von See her leicht zu erreichen, und kurz vor 5 Uhr morgens fuhren drei kleine Transportschiffe unter dem Schutz von Flugzeugen in den Hafen ein. Die Deutschen stießen bei ihrer Landung auf keinen Widerstand, und ein Bataillon besetzte die Kasernen in einem Überraschungsangriff. Gleichzeitig überschritten deutsche Truppen die dänische Grenze in Jütland. Nach einem kurzen Feuerwechsel gab es auch hier keinen Widerstand. Die Besetzung Dänemarks sicherte den Deutschen die Kontrolle über einen geschützten Seeweg von ihren eigenen Häfen nach Südnorwegen sowie vorgeschobene Flugplätze, von denen aus sie ihre Truppen dort unterstützen konnten. Die Dänen hätten vielleicht länger gekämpft, aber ihr Land war so ungeschützt, daß es kaum gegen einen Angriff mit modernen Waffen verteidigt werden konnte.

Wäre schneller und tatkräftiger gehandelt worden, so hätten zwei der norwegischen Schlüsselpositionen, welche die Deutschen an jenem Morgen eroberten, wieder zurückgewonnen werden können. Denn als sie landeten, befand sich die Masse der britischen Flotte unter Admiral Forbes auf der Höhe von Bergen, und er hatte erwogen, eine Flotteneinheit dorthin zu entsenden, um die deutschen Schiffe anzugreifen. Die Admiralität genehmigte das und schlug vor, einen ähnlichen Angriff bei Drontheim zu unternehmen. Kurz darauf jedoch entschied man, den Angriff bei Drontheim so lange zu verschieben, bis die deutschen Schlachtschiffe zur Strecke gebracht wären. Inzwischen nahmen vier Kreuzer und sieben Zerstörer Kurs auf Bergen; doch als Luftaufklärer berichteten, daß dort zwei deutsche Kreuzer waren statt des einen, von dem früher berichtet worden war, gewann die Vorsicht bei der Admiralität die Oberhand, und der Angriff unterblieb.

Nachdem sich die Deutschen in Norwegen festgesetzt hatten, hätte man ihren Griff am ehesten dadurch lockern können, daß man sie von ihrem Nachschub abschnitt. Das konnte nur dadurch erreicht werden, daß man das Skagerrack zwischen Dänemark und Norwegen sperrte. Doch bald zeigte sich, daß die Admiralität aus Furcht vor deutschen Luftangriffen lediglich bereit war, Unterseeboote in das Skagerrak zu entsenden. Diese Vorsicht zeigte, daß die Amiralität nun doch erkannt hatte, daß Luftstreitkräfte der Marine gefährlich werden konnten, was sie vor dem Krieg nicht zur Kenntnis nehmen wollte. Gleichzeitig warf dies auch ein ungünstiges Licht auf Churchills Urteilsvermögen und seinen Wunsch, den Krieg auf Skandinavien auszudehnen; denn wenn die deutschen Nachschublinien nicht wirksam blockiert werden konnten, würde sie nichts daran hindern, ihre Macht im südlichen Norwegen auszubauen.

Doch es gab immer noch eine Möglichkeit, Mittelnorwegen zu schützen, wenn die beiden langen Gebirgspässe, die von Oslo nach Norden führten, gehalten und die kleine deutsche Truppe bei Drontheim rasch überwältigt werden konnte. Auf dieses Ziel richteten sich nun die britischen Anstrengungen. Eine Woche nach dem deutschen Handstreich unternahmen die Briten Landungen nördlich und südlich von Drontheim, bei Namsos und Andalsnes, als Vorbereitung für einen direkten Angriff auf Drontheim.

Doch auf diese Entscheidung folgte eine seltsame Kette von Unglücksfällen. General Hotblack, ein fähiger Soldat mit modernen Vorstellungen, wurde zum Leiter des Unternehmens ernannt. Nachdem er in seine Aufgabe eingeweiht worden war, verließ er um Mitternacht die Admiralität, um in seinen Klub zu gehen, und wurde einige Stunden später bewußtlos auf den Stufen des Klubhauses gefunden, wo er anscheinend einen Herzanfall erlitten hatte. Am nächsten Tag wurde ein Nachfolger ernannt und mit dem Flugzeug nach Scapa Flow geschickt; doch die Maschine stürzte ab, während sie den dortigen Flugplatz umkreiste.

Inzwischen änderten sich plötzlich die Ansichten der Stabschefs und der Admiralität. Am 17. April war der Angriffsplan genehmigt worden, doch schon am Tag darauf verwarf man ihn wieder. Die Risiken dieser Operation erschienen ihnen nun zu groß. Obwohl Churchill eine Landung in Narvik vorgezogen hätte, war er über diesen Sinneswandel sehr bestürzt.

Statt dessen empfahlen die Stabschefs nun, die Landungen bei Namsos und Andalsnes zu verstärken und zu einer Zangenbewegung gegen Drontheim zu entwickeln. Auf dem Papier nahm sich dieser Plan gut aus; denn in diesem Gebiet befanden sich weniger als 2 000 deutsche Soldaten, während die Alliierten mit 13 000 Mann landeten. Aber die Entfernung, die es zurückzulegen galt, war groß, der Schnee hemmte die Truppenbewegung, und die alliierten Soldaten waren den Schwierigkeiten weniger gewachsen als die deutschen. Der Vorstoß südlich von Namsos wurde durch die Bedrohung seiner Nachhut vereitelt; denn einige kleine deutsche Einheiten, die von einem deutschen Zerstörer gedeckt wurden, landeten am Ausgang des Drontheim-Fjords. Die bei Andalsnes gelandeten Truppen konnten nicht nach Drontheim marschieren, sondern mußten sich bald gegen deutsche Truppen verteidigen, die von Oslo aus durch das Gudbrandtal vorstießen. Da den alliierten Truppen durch Luftangriffe schwer zugesetzt wurde, während sie selbst keine Unterstützung aus der Luft bekamen, empfahlen die dort eingesetzten Kommandeure die Evakuierung. Die Wiedereinschiffung der beiden Verbände war am 1. und 2. Mai beendet. Sowohl Süd- als auch Mittelnorwegen war nun fest in den Händen der Deutschen.

Nun konzentrierten sich die Alliierten darauf, Narvik zu gewinnen, aber wohl eher in dem Wunsch, das Gesicht zu wahren, als in der Hoffnung, doch noch die schwedischen Erzbergwerke zu erreichen. Die erste britische Landung in diesem Gebiet hatte am 14. April stattgefunden; aber die außerordentliche Vorsicht

General Mackesys verhinderte jeden raschen Angriff auf Narvik trotz des Drängens von Admiral Lord Cork and Orrery, dem der kombinierte Verband in diesem Gebiet unterstellt worden war. Auch als die Landstreitkräfte auf 20 000 Mann verstärkt worden waren, machten sie nur langsam Fortschritte. Auf der Gegenseite standen 2 000 österreichische Gebirgsjäger sowie viele Seeleute von den deutschen Zerstörern unter dem Kommando von General Dietl, der die Vorteile des schwierigen Geländes für die Verteidigung zu nutzen verstand. Erst am 27. Mai wurden sie aus der Stadt Narvik gedrängt. Aber zu diesem Zeitpunkt war die deutsche Westoffensive bereits tief nach Frankreich vorgestoßen, das sich am Rande des Zusammenbruchs befand. Deshalb wurden am 7. Juni die alliierten Streitkräfte aus Narvik evakuiert. Gleichzeitig verließen der König und die Regierung das Land.

Während der ganzen Zeit, in der die skandinavische Angelegenheit schwelte, hatten die alliierten Regierungen einen übertriebenen Angriffsgeist bewiesen, verbunden mit mangelndem Zeitgefühl. Das Ergebnis waren schwere Leiden für das norwegische Volk. Hitler dagegen hatte lange gezögert, zuzuschlagen. Als er sich jedoch entschlossen hatte, den Westmächten zuvorzukommen, verlor er keine Zeit, und seine Truppen operierten mit einer Schnelligkeit und Kühnheit, die ihre geringe Zahl während des kritischen Stadiums reichlich wettmachten.

KAPITEL 7

DER KRIEG IM WESTEN

Der Lauf der Geschichte unserer Zeit wurde geändert und die Zukunft aller Völker in eine andere Richtung gewiesen, als Hitlers Armeen am 10. Mai 1940 die Verteidigung des Westens durchbrachen. Der entscheidende Akt dieses Dramas begann, als am 13. Mai Guderians Panzerkorps bei Sedan die Maas überschritt.

Am gleichen 10. Mai löste der ruhelose und dynamische Churchill Chamberlain als britischen Premierminister ab.

Die schmale Bresche bei Sedan wurde bald zu einer weiten Öffnung. Die deutschen Panzer, die durch sie hereinbrachen, erreichten binnen einer Woche die Kanalküste, wodurch die alliierten Armeen in Belgien abgeschnitten wurden. Diese Katastrophe führte zum Zusammenbruch Frankreichs und zur Isolierung Englands. Obwohl England hinter seinem Meeresgraben ausharren konnte, kam die Rettung erst, nachdem ein verlängerter Krieg zu einem weltweiten Kampf geworden war. Am Ende wurde Hitler durch das Gewicht Amerikas und Rußlands überwältigt, aber Europa war erschöpft und stand der Bedrohung einer kommunistischen Vorherrschaft gegenüber.

Nach der Katastrophe wurde der Zusammenbruch der französischen Front allgemein als unvermeidlich angesehen und Hitlers Angriff als unwiderstehlich. Aber der Augenschein war von der Wirklichkeit sehr verschieden, wie wir heute wissen.

Die Führer der deutschen Armee versprachen sich wenig von einer Offensive im Westen, die sie nur widerwillig auf Hitlers Drängen in Gang setzten. Hitler selbst verlor in einem kritischen Augenblick das Vertrauen und unterbrach den Vormarsch für zwei Tage in dem Moment, als seine Angriffsspitze die französische Verteidigung durchbrochen hatte und den Weg vor sich offen fand. Dies hätte Hitlers Sieg vereiteln können, wenn die Franzosen aus dieser Atempause Nutzen hätten ziehen können.

Am merkwürdigsten war es jedoch, daß dem Mann, der die

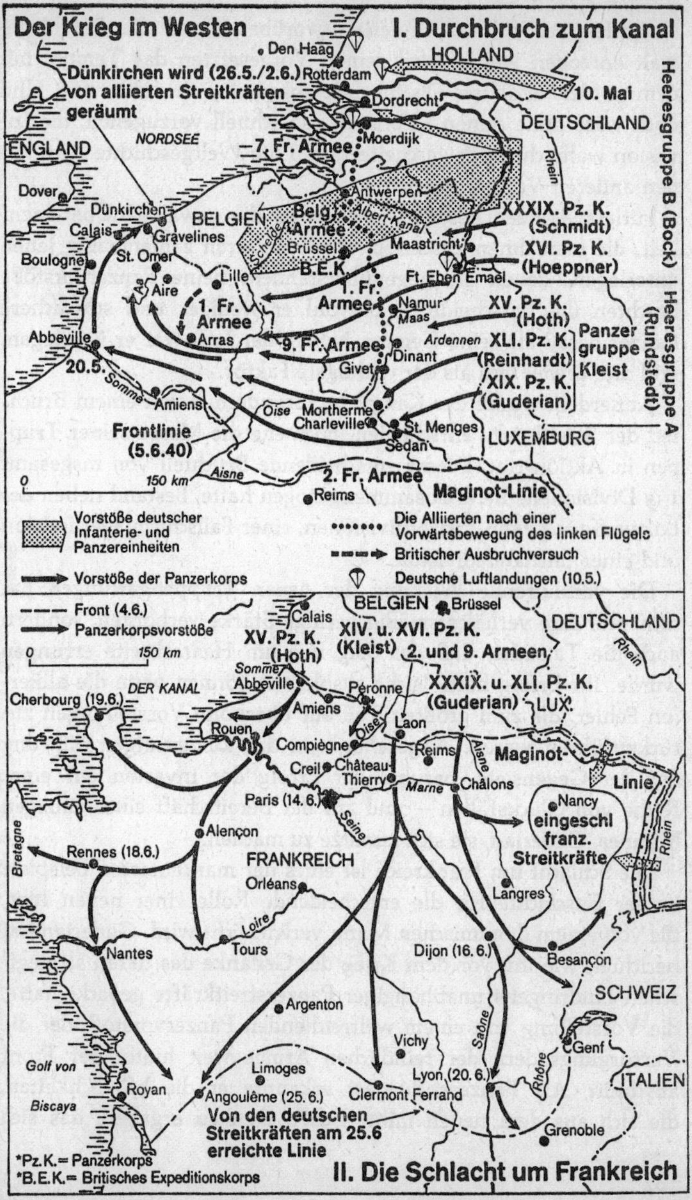

Der Krieg im Westen
I. Durchbruch zum Kanal
Den Haag
Rotterdam
HOLLAND
Dünkirchen wird (26.5./2.6.) von alliierten Streitkräften geräumt
Dordrecht
10. Mai
DEUTSCHLAND
Heeresgruppe B (Bock)
NORDSEE
ENGLAND
Moerdijk
7. Fr. Armee
Rhein
Dover
Antwerpen
Dünkirchen
BELGIEN
Belg. Armee
Albert-Kanal
XXXIX. Pz. K. (Schmidt)
Calais
Gravelines
Schelde
Brüssel
Maastricht
XVI. Pz. K. (Hoeppner)
Boulogne
St. Omer
B.E.K.
Lille
Aa
Aire
Ft. Eben Emael
1. Fr. Armee
Heeresgruppe A (Rundstedt)
1. Fr. Armee
Namur
Maas
XV. Pz. K. (Hoth)
Arras
Abbeville
9. Fr. Armee
Ardennen
XLI. Pz. K. (Reinhardt)
Panzer gruppe Kleist
Dinant
20.5.
Givet
XIX. Pz. K. (Guderian)
Somme
Amiens
Oise
Mortherme
Charleville
St. Menges
Frontlinie (5.6.40)
Sedan
LUXEMBURG
0
150 km
Aisne
2. Fr. Armee
Maginot-Linie
Reims
Vorstöße deutscher Infanterie- und Panzereinheiten
Die Alliierten nach einer Vorwärtsbewegung des linken Flügels
Britischer Ausbruchversuch
Vorstöße der Panzerkorps
Deutsche Luftlandungen (10.5.)
Front (4.6.)
Panzerkorpsvorstöße
Calais
BELGIEN
Brüssel
DEUTSCHLAND
XV. Pz. K. (Hoth)
XIV. u. XVI. Pz. K. (Kleist)
2. und 9. Armeen
Rhein
0
150 km
Somme
Abbeville
DER KANAL
Péronne
XXXIX. u. XLI. Pz. K. (Guderian)
LUX.
Cherbourg (19.6.)
Amiens
Laon
Rouen
Oise
Compiègne
Reims
Aisne
Maginot-
Creil
Château-Thierry
Marne
Châlons
Linie
Paris (14.6.)
Nancy
Seine
eingeschl franz. Streitkräfte
Alençon
Rhein
Bretagne
Rennes (18.6.)
FRANKREICH
Orléans
Langres
Loire
Nantes
Tours
Dijon (16.6.)
Besançon
SCHWEIZ
Argenton
Saône
Vichy
Genf
Golf von Biscaya
Limoges
Rhône
Lyon (20.6.)
ITALIEN
Royan
Angoulême (25.6.)
Clermont Ferrand
Von den deutschen Streitkräften am 25.6 erreichte Linie
Grenoble
*Pz.K.= Panzerkorps
*B.E.K.= Britisches Expeditionskorps
II. Die Schlacht um Frankreich

Angriffsspitze führte, Guderian, vorübergehend die Befehlsgewalt entzogen wurde, weil seinen Vorgesetzten das Tempo, mit dem er den erzielten Durchbruch ausnützte, zu rasch war. Und doch wäre ohne seinen »Vorstoß«, so schnell vorzugehen, die Invasion wahrscheinlich gescheitert, und die Weltgeschichte hätte einen anderen Verlauf genommen.

Hitlers Armeen besaßen keineswegs die gewaltige Überlegenheit, die man ihnen zuschrieb, sondern waren zahlenmäßig jenen unterlegen, denen sie gegenüberstanden. Seine Panzervorstöße brachten die Entscheidung, obwohl er weniger und schwächere Panzer besaß als seine Gegner. Nur in der Luft war er überlegen, und dies erwies sich als der wichtigste Faktor.

Außerdem wurde der Kampf im Grunde nur von einem Bruchteil der Streitkräfte entschieden, noch ehe die Masse seiner Truppen in Aktion trat. Dieser entscheidende Bruchteil von insgesamt 135 Divisionen, die er zusammengezogen hatte, bestand neben der Luftwaffe aus zehn Panzerdivisionen, einer Fallschirmjägerdivision und einer Luftlandedivision.

Die verblüffende Wirkung der neuen Truppengattungen hat nicht nur ihre verhältnismäßig geringe Stärke verborgen, sondern auch die Tatsache, daß der Sieg nur um Haaresbreite errungen wurde. Ihr Erfolg hätte leicht ausbleiben können ohne die alliierten Fehler, die zum größten Teil auf überholte Vorstellungen zurückzuführen waren. Abgesehen von der kurzsichtigen Führung auf der Gegenseite, beruhte der Erfolg der Invasion auf einer Reihe von Glücksfällen – und auf der Bereitschaft eines einzigen Mannes, Guderian, sie sich zunutze zu machen.

Die Schlacht um Frankreich ist eines der markantesten Beispiele in der Geschichte für die entscheidende Rolle einer neuen Idee, die von einem dynamischen Mann verwirklicht wird. Guderian hat berichtet, wie ihn vor dem Krieg der Gedanke des tiefen strategischen Eindringens unabhängiger Panzerstreitkräfte gepackt hatte, die Vorstellung von einem weitreichenden Panzervorstoß, der die Versorgungsadern der feindlichen Armee weit hinter der Front abschnitt. Als Panzerenthusiast erkannte er die Möglichkeiten, die sich aus dem neuen militärischen Denken ergaben, das sich nach dem Ersten Weltkrieg in England entwickelt hatte und vom Königlichen Panzerkorps zuerst demonstriert worden war. Die meisten der höheren deutschen Generale zweifelten an diesem Gedanken, ebenso wie es die britischen und französischen Militärdienststellen getan hatten. Doch als der Krieg kam, ergriff Guderian die Chance, diese Idee trotz der Bedenken seiner Vorgesetzten zu verwirklichen. Die Wirkung war ebenso entscheidend wie die anderer neuer Ideen in der Kriegsgeschichte — etwa der Einsatz des Pferdes, der lange Speer, die Phalanx, die elastische Legion, die schräge Gefechtsaufstellung, die berittenen Bogenschützen, der Langbogen, die Muskete, die Kanone, die Organisation von Armeen in getrennten und manövrierfähigen Divisionen. Ja, diese neue Idee erwies sich als noch unmittelbarer entscheidend.

Die deutsche Invasion im Westen begann mit dramatischen Erfolgen an der rechten Flanke gegen Schlüsselstellungen in der Verteidigung der neutralen Niederlande und des neutralen Belgien. Diese Schläge, bei denen Fallschirmjäger die Vorhut bildeten, lenkten die Aufmerksamkeit der Alliierten einige Tage lang vom Hauptstoß ab, der im Mittelabschnitt durch das Hügel- und Waldland der Ardennen auf das Herz Frankreichs gerichtet war.

Die Hauptstadt Hollands, Den Haag, sowie seine Verkehrsknotenpunkte bei Rotterdam wurden in den frühen Morgenstunden des 10. Mai von Fallschirmjägern angegriffen. Gleichzeitig begann der Sturm auf die holländischen Grenzverteidigungen 150 Kilometer weiter östlich. Die Verwirrung und Bestürzung, die dieser doppelte Schlag an und hinter der Grenze auslöste, wurde noch durch den intensiven Einsatz der Luftwaffe vergrößert. Die deutschen Panzerkräfte stießen, die Konfusion nutzend, durch eine Lücke in der südlichen Flanke vor und vereinigten sich am dritten Tag mit den Fallschirmjägern bei Rotterdam. Unter den Augen der französischen 7. Armee, die gerade zur Unterstützung der Holländer eingetroffen war, kämpften sie sich zu ihrem Ziel durch. Am fünften Tag kapitulierten die Holländer, obwohl ihre Hauptfront noch ungebrochen war. Ihre Kapitulation wurde durch die Drohung mit weiteren Luftangriffen auf ihre überfüllten Städte beschleunigt.

Hier waren die deutschen Streitkräfte wesentlich schwächer als jene, die ihnen gegenüberstanden. Außerdem wurde der entscheidende Vorstoß von nur einer Panzerdivision ausgeführt, der 9., der einzigen, die für den Angriff auf Holland entbehrt werden konnte. Ihr Vormarschweg war von Kanälen und breiten Flüssen durchschnitten, die leicht zu verteidigen gewesen wären. Der Erfolg hing vom Gelingen des Luftlandeunternehmens ab.

Aber die neue Waffe war überraschend klein, gemessen an dem, was sie erreichte. Im Mai 1940 hatte Deutschland nur 4 500 ausgebildete Fallschirmjäger. Von diesem mageren Ganzen wurden 4 000 Mann beim Angriff auf Holland eingesetzt. Sie bildeten fünf Bataillone und wurden durch eine leichte Infanteriedivision mit 12 000 Mann unterstützt, die in Flugzeugen herangeschafft wurden.

Über die Hauptpunkte des Angriffsplans sagte der Oberbefehlshaber der Luftlandetruppen, General Student:

»Wegen unserer begrenzten Stärke mußten wir uns auf zwei Ziele beschränken – die Punkte, die am wichtigsten für den Erfolg der Invasion zu sein schienen. Der Hauptschlag unter meinem eigenen Befehl richtete sich gegen die Brücken von Rotterdam, Dortrecht und Moerdijk, über die der Hauptverbindungsweg von Süden über die Rheinmündungen führte. Unsere Aufgabe war es, die Brücken einzunehmen, ehe die Holländer sie sprengen konnten, und sie offen zu halten bis zur Ankunft unserer motorisierten Bodentruppen. Meine Truppe umfaßte vier Fallschirmjäger-Bataillone und ein Luftlande-Regiment (bestehend aus drei Bataillonen). Wir hatten vollen Erfolg, bei nur 180 Mann Verlusten. Wir durften nicht versagen, sonst wäre die ganze Invasion mißlungen.«

Student selbst war unter den Verwundeten. Er trug eine Kopfverletzung davon, so daß er acht Monate lang ausfiel.

Ein Nebenangriff richtete sich gegen die holländische Hauptstadt Den Haag. Sein Ziel war es, die Spitzen der Regierung und der Verwaltung gefangenzunehmen und so den ganzen Befehlsapparat zu zerschlagen. Die bei Den Haag eingesetzte Truppe bestand aus einem Fallschirmjäger-Bataillon und zwei mit Flugzeugen herangeschafften Regimentern unter General Graf Sponeck. Dieser Angriff wurde vereitelt, stiftete jedoch große Verwirrung.

Auch die Invasion Belgiens begann mit einer Überraschung. Hier wurde der Bodenangriff von der starken 6. Armee unter Reichenau ausgeführt, der auch Hoepners 16. Panzerkorps angehörte. Sie hatte eine mächtige Sperre zu überwinden, ehe sich ihr Angriff entfalten konnte. Nur 500 Fallschirmjäger standen zur Unterstützung dieses Angriffs zur Verfügung. Ihre Aufgabe war es, die beiden Brücken über den Albert-Kanal sowie das Fort Eben Emael, Belgiens modernste Festung, zu erobern, die diese Wassergrenze schützte.

Diese winzige Einheit war ausschlaggebend. Denn die belgische Grenze lag hier jenseits des südlichen Vorsprungs holländischen Territoriums, das als »Maastrichter Blinddarm« bekannt ist. Sobald die deutsche Armee die holländische Grenze überschritt, hätten die belgischen Grenzwachen am Albert-Kanal reichlich Zeit gehabt, die Brücken in die Luft zu jagen, ehe die Invasionstruppen den 25 Kilometer breiten Streifen überquert hätten. Luftlandetruppen, die lautlos aus dem Nachthimmel kamen, boten aber eine neue und die einzige Möglichkeit, die wichtigen Brücken unbeschädigt sicherzustellen.

Die kleine Zahl der Fallschirmjäger, die in Belgien eingesetzt wurden, stand in einem außerordentlichen Gegensatz zu den damaligen Berichten, nach denen deutsche Fallschirmjäger an zahlreichen Orten zu Tausenden abgesprungen seien. Student lieferte die Erklärung dafür. Um nämlich so viel Verwirrung wie möglich zu stiften, wurden über dem ganzen Land Fallschirmattrappen abgeworfen. Dieser Trick erwies sich als äußerst wirkungsvoll, und ihm kam noch die natürliche Neigung erhitzter Gemüter zu Hilfe, alle Zahlen zu multiplizieren. Student sagte dazu:

»Auch das Unternehmen am Albert-Kanal war Hitlers eigene Idee. Es war vielleicht die originellste Idee dieses einfallsreichen Mannes. Er ließ mich kommen und fragte mich nach meiner Meinung. Nach eintägigem Überlegen bestätigte ich die Möglichkeit eines solchen Unternehmens und erhielt den Befehl, die Vorbereitungen zu treffen. Ich benützte 500 Mann unter Hauptmann Koch. Der Oberbefehlshaber der 6. Armee, General von Reichenau, und sein Generalstabschef, General Paulus, beide fähige Generale, hielten das Unternehmen für ein Abenteuer und glaubten nicht an seinen Erfolg.

Der Überraschungsangriff auf Fort Eben Emael wurde von einer winzigen Abteilung von 78 Fallschirmjägern unter Leutnant Witzig ausgeführt. Von ihnen fielen nur sechs Mann. Diese kleine Abteilung unternahm eine völlig unerwartete Landung oben auf dem Fort, überwältigte hier das Flugabwehrpersonal, sprengte die Panzertürme und die Kasematten aller Geschütze mit einem neuen, hochexplosiven Sprengstoff, der vorher geheimgehalten worden war.... Der Überraschungsangriff auf Eben Emael beruhte auf der Anwendung dieser neuen Waffe, die lautlos ans Ziel transportiert wurde mit einer anderen neuen Waffe – dem Lastensegler.«

Das Fort war gut angelegt und jeder Bedrohung gewachsen, es sei denn, daß feindliche Truppen auf seinem Dach landeten. Von hier aus hielten Witzigs Handvoll Männer die 1 200 Mann starke Besatzung in Schach, bis vierundzwanzig Stunden später die deutschen Bodentruppen erschienen.

Auch die belgischen Wachen auf den beiden wichtigen Brücken wurden auf ähnliche Weise überrumpelt. An einer der Brücken hatten sie bereits die Zündschnur angesteckt, um die Brücke in die Luft zu jagen, aber die Besatzung eines Segelflugzeugs drang in das Blockhaus ein und löschte sie noch im rechten Augenblick.

Bemerkenswert ist, daß die Verteidiger an der ganzen Invasionsfront planmäßig die Brücken sprengten außer an den Stellen, wo Luftlandetruppen eingesetzt wurden. Dies zeigt, wie knapp der deutsche Erfolg errungen wurde, da der Zeitfaktor die ausschlaggebende Rolle spielte.

Beim Anbruch des zweiten Tages waren genügend deutsche Streitkräfte über den Kanal gekommen, um die rückwärtigen belgischen Verteidigungslinien zu durchbrechen. Dann rollten Hoepners beide Panzerdivisionen (die 3. und 4.) über die unbeschädigten Brücken. Ihr unaufhaltsames Vordringen veranlaßte die belgischen Truppen zum Rückzug als gerade die Franzosen und Briten eingetroffen waren, um sie zu unterstützen.

Dieser Durchbruch in Belgien war nicht der entscheidende Schlag der Invasion im Westen, hatte aber wesentlichen Einfluß auf ihren Ausgang. Er lenkte nicht nur die Aufmerksamkeit der Alliierten in die falsche Richtung, sondern band auch den größten beweglichen Teil der alliierten Streitkräfte in der Schlacht, die sich dort entwickelte, so daß die motorisierten Divisionen nicht abgezogen und nach Süden dirigiert werden konnten, um der größeren Bedrohung zu begegnen, die sich am 13. Mai plötzlich an der französischen Grenze abzeichnete, an ihrem schwächsten Teil im Westen der noch unfertigen Maginot-Linie.

Die motorisierten Angriffsspitzen der Heeresgruppe Rundstedt waren inzwischen durch Luxemburg und Belgisch-Luxemburg in Richtung Frankreich gestoßen. Nachdem sie die 120 Kilometer tiefen Ardennen durchquert und schwachen Widerstand beiseitegefegt hatten, überschritten sie die französische Grenze und standen am Morgen des vierten Tages an der Maas.

Es war ein kühnes Unternehmen gewesen, Panzer und Motorfahrzeuge durch ein derart schwieriges Gelände zu schicken, das traditionsgebundene Strategen lange als unpassierbar angesehen hatten. Aber das vergrößerte den Überraschungseffekt, während die dichten Wälder halfen, die Stärke des Schlages zu verschleiern.

Es war jedoch das französische Oberkommando, das am meisten für Hitlers Erfolg tat. Die verheerende Wirkung der Ardennen-Offensive beruhte weitgehend auf dem französischen Plan, der vom deutschen Standpunkt aus vorzüglich zu dem umgestalteten Angriffsplan paßte. Was sich für die Franzosen als verhängnisvoll erwies, war nicht, wie allgemein angenommen wird, ihre defensive Haltung oder der »Maginot-Linien-Komplex«, sondern gerade der offensive Teil ihres Planes. Dadurch, daß sie mit ihrem linken Flügel nach Belgien hineinstießen, spielten sie ihrem Gegner in die Hände und zwängten sich in eine Falle hinein — eine Wiederholung ihres beinahe tödlich verlaufenen Plans XVII von 1914. Diesmal war die Gefahr noch größer, weil der Feind beweglicher war und im Fahrtempo statt im Schrittempo manövrierte. Auch war der Nachteil größer, weil bei diesem Vorstoß – von der französischen und der britischen Armee durchgeführt – die modernsten und schnellsten Teile der alliierten Streitkräfte eingesetzt wurden.

Mit jedem Schritt, den diese Armeen nach Belgien hinein vordrangen, setzten sie ihre Nachhut immer mehr Rundstedts Flankenangriff aus. Noch schlimmer war es, daß der Drehpunkt des alliierten Vormarschs durch einige zweitrangige französische Divisionen gedeckt wurde, die aus älteren Männern bestanden und nur schwach mit Panzer- und Fliegerabwehrgeschützen, zwei lebenswichtigen Notwendigkeiten, ausgerüstet waren. Daß der Drehpunkt so schlecht gedeckt war, war ein alles überbietender Schnitzer des französischen Oberkommandos unter Gamelin und Georges.

Der deutsche Vormarsch durch die Ardennen war eine listenreiche Operation und ein Meisterstück von Stabsarbeit. Am 10. Mai sammelte sich vor Tagesanbruch die größte Panzermassierung, die bisher im Krieg aufgetreten war, an der luxemburgischen Grenze sie bestand aus drei Panzerkorps, die in drei Blocks aufgestellt waren, von denen die beiden vorderen aus Panzerdivisionen und die dritte aus motorisierten Infanteriedivisionen bestanden. Die Vorhut wurde von General Guderian geführt, und das Ganze stand unter dem Oberkommando von General von Kleist.

Rechts von Kleists Gruppe stand ein weiteres Panzerkorps, das XV., unter Hoth, das durch die nördlichen Ardennen zur Maas zwischen Givet und Dinant durchstoßen sollte.

Die sieben Panzerdivisionen bildeten jedoch nur einen Bruchteil der Streitkräfte, die entlang der deutschen Grenze aufmarschiert und bereit waren, durch die Ardennen zu stoßen. Ungefähr 50 Divisionen waren auf einer schmalen, aber sehr tiefen Front zusammengezogen.

Der Erfolg des Angriffs hing wesentlich von der Schnelligkeit ab, mit der die deutschen Panzer durch die Ardennen vordringen und die Maas überqueren konnten. Erst wenn sie diesen Fluß überschritten hatten, bekamen die Panzer Raum zum Manövrieren. Sie mußten die Maas überqueren, ehe das französische Oberkommando merkte, was geschah, und die Reserven sammelte, um den Vorstoß abzufangen.

Die Deutschen gewannen das Rennen, wenn auch nur mit einem kleinen Vorsprung. Das Ergebnis hätte anders ausfallen können, wenn die Verteidiger fähig gewesen wären, von den Sprengungen, die nach dem früheren Plan ausgeführt worden waren, zu profitieren. Für die Sicherheit Frankreichs war es verhängnisvoll, daß die Flußübergänge nicht durch geeignete Verteidigungskräfte gedeckt wurden. Die Franzosen waren so töricht gewesen, sich auf Kavalleriedivisionen zu verlassen, um die Angreifer aufzuhalten.

Im Gegensatz dazu hätte ein Panzergegenschlag an der Flanke den deutschen Vorstoß in diesem Stadium wahrscheinlich aufhalten können, und zwar durch seine Wirkung auf die höheren Kommandostellen; diese fürchteten ohnehin einen Schlag gegen die deutsche linke Flanke.

Als Kleist jedoch sah, wie gut der Vormarsch verlief, stimmte er schon am 12. Mai Guderians Ansicht zu, daß die Maas überschritten werden sollte, ohne auf die Infanteriekorps zu warten. Inzwischen war aber schon ein starker Einsatz der Luftwaffe angeordnet worden. Zwölf Stuka-Staffeln sollten dazu beitragen, den Übergang zu erzwingen. Diese tauchten am frühen Nachmittag des 13. auf und ließen einen solchen Bombenhagel los, daß die meisten französischen Artilleristen bis zum Einbruch der Nacht in ihren Unterständen festsaßen.

Guderians Angriff konzentrierte sich auf einen zwei Kilometer breiten Abschnitt des Flusses westlich von Sedan. Dieser Abschnitt eignete sich hervorragend dafür, den Übergang zu erzwingen. Der Fluß biegt an dieser Stelle scharf nach Norden ab, auf St-Menges zu, und dann wieder nach Süden, so daß er eine taschenähnliche Frontausbuchtung bildet. Die bewaldeten Höhen am Nordufer bieten Deckung für Angriffsvorbereitungen und Geschützstellungen sowie für Artilleriebeobachter. Von St-Menges aus hatte man einen weiten Blick über die Flußbiegung hinüber zu den bewaldeten Höhen des Bois de Marfee auf der gegenüberliegenden Seite.

Der Übergang begann um 16.00 Uhr nachmittags. Ein Panzerschützenregiment setzte mit Schlauchbooten und Flößen über die

Maas. Bald waren Fähren in Betrieb, die leichte Fahrzeuge übersetzten. Die vordere Verteidigungslinie am Fluß war bald überrannt, und die Angreifer stießen weiter vor, um den Bois de Marfee und die südlichen Höhenzüge zu nehmen. Um Mitternacht war der Keil fast acht Kilometer tief, während eine Brücke bei Glair (zwischen Sedan und St-Menges) fertiggestellt wurde, über die nun die Panzer rollten.

Dessenungeachtet war die deutsche Situation am 14. Mai noch immer bedenklich, da nur eine Division über den Fluß gesetzt war und es nur eine Brücke gab, über die Verstärkung und Nachschub herangeführt werden konnte. Die Brücke wurde von alliierten Flugzeugen angegriffen, die vorübergehend zum Zuge kamen, weil sich das Schwergewicht der Luftwaffeneinsätze nun an andere Frontabschnitte verlagert hatte. Aber das Flakregiment Guderians schützte die lebenswichtige Brücke mit starkem Abwehrfeuer, und die alliierten Luftangriffe wurden verlustreich abgeschlagen.

Am Nachmittag waren Guderians drei Panzerdivisionen über dem Fluß. Nachdem ein verspäteter französischer Gegenangriff abgeschlagen worden war, schwenkte Guderian plötzlich nach Westen ab. Am nächsten Abend war er durch die letzte Verteidigungslinie durchgebrochen, und die Straßen nach Westen – die zur Kanalküste führten – lagen offen vor ihm.

Doch nun kam für Guderian eine kritische Situation, wenn auch nicht wegen des Feindes:

> »Vom Hauptquartier der Panzergruppe kam der Befehl, den Vormarsch zu stoppen und die Truppe in dem gewonnenen Brückenkopf zurückzuhalten. Ich wollte und konnte diesen Befehl nicht befolgen; denn er bedeutete, den Überraschungseffekt und unseren ganzen Anfangserfolg zu verspielen.« Nach einem lebhaften telefonischen Wortgefecht mit Kleist stimmte dieser zu, »den Vormarsch noch vierundzwanzig Stunden fortzusetzen, um den Brückenkopf zu erweitern«.

Diese vorsichtige Erlaubnis wurde bis zum äußersten ausgenutzt, und die Panzerdivisionen bekamen freie Fahrt. Gleichzeitig mit dem Vorstoß von Guderians drei Panzerdivisionen rückten Reinhardts beide Divisionen von dem Übergang bei Monthermé aus vor und Hoths beide Divisionen von dem Übergang bei Dissant aus. Das bewirkte den allgemeinen Zusammenbruch des französischen Widerstandes, so daß es durch leeren Raum weiterging.

Am Abend des 16. war der Vorstoß nach Westen mehr als 80 Kilometer weitergegangen, auf den Kanal zu, und hatte die Oise erreicht. Doch wieder wurde gebremst, nicht durch den Feind, sondern von oben. Die höheren Befehlshaber auf deutscher Seite waren über die Leichtigkeit des Maasübergangs erstaunt und wollten ihrem Glück nicht trauen. Sie erwarteten nun einen schweren französischen Gegenschlag an der Flanke. Auch Hitler teilte diese Befürchtungen. Deshalb zügelte er den Vormarsch und hielt ihn zwei Tage auf, damit die Infanteriekorps nachkommen und eine Flankensicherung entlang der Aisne aufbauen konnten.

Nachdem die Angelegenheit an höchster Stelle noch einmal erörtert worden war, erhielt Guderian die Erlaubnis, eingehende Erkundungen durchzuführen. »Eingehende Erkundungen« war ein dehnbarer Begriff und ermächtigte Guderian, beträchtlichen offensiven Druck aufrechtzuerhalten während der zweitägigen Pause, bis die Infanteriekorps der 12. Armee an der Aisne eine starke Flankendeckung aufgebaut hatten und er die Erlaubnis erhielt, weiter bis zur Kanalküste vorzugehen.

Bis jetzt war so viel Zeit gewonnen und auf der Gegenseite eine derartige Verwirrung gestiftet worden, daß der Aufenthalt an der Oise die deutschen Erfolgsaussichten nicht ernsthaft gefährdete. Trotzdem zeigte sich hier, daß die Kluft zwischen der neuen und der alten Schule auf deutscher Seite größer war als jene zwischen Deutschen und Franzosen in den höheren Kommandostellen.

Gamelin schrieb am Ende des Krieges über die strategische Bedeutung der Maas-Überquerung:

»Sie war ein bemerkenswertes Manöver. Aber hatte man es vorhersehen können? Ich glaube nicht – jedenfalls so wenig, wie Napoleon das Manöver bei Jena oder Moltke dasjenige bei Sedan (im Jahr 1870) vorausgesehen hatte. Es war eine perfekte Ausnutzung der Verhältnisse. Die Truppen und ihre Führung wußten, wie zu manövrieren war, und ihre Organisation erlaubte ihnen, schnell zu operieren – so schnell wie Panzer, Flugzeuge und Funk es möglich machen. Es ist vielleicht das erste Mal, daß eine entscheidende Schlacht gewonnen wurde, ohne daß die Masse der Streitkräfte eingesetzt zu werden brauchte.«

Wie General Georges, der Oberbefehlshaber an der Kampffront, berichtet, rechnete man damit, daß die geplanten Hindernisse in Belgisch-Luxemburg aller Wahrscheinlichkeit nach die Ankunft der Deutschen an der Maas »für mindestens vier Tage verzögern würden«. Stabschef General Doumenc sagte:

»Indem wir dem Gegner unser eigenes Vorgehen zutrauten, hatten wir geglaubt, daß er den Übergang über die Maas erst dann versuchen würde, wenn er genügend Artillerie herangeschafft hatte. Die fünf oder sechs Tage, die dazu nötig waren, hätten uns genügt, unsere eigenen Aufstellungen zu verstärken.«

Es ist bemerkenswert, wie sehr diese französischen Überlegungen mit jenen übereinstimmten, die an höheren Stellen »auf der anderen Seite des Hügels« angestellt wurden. Man kann daraus ersehen, daß die führenden französischen Militärs ihre Grundüberlegungen bezüglich der deutschen Offensive rechtfertigen konnten, und zwar mit größerer Berechtigung, als es unmittelbar nach dem Ereignis den Anschein hatte. In ihren Kalkulationen fehlte jedoch ein individueller Faktor – nämlich Guderian. Die von ihm übernommene Theorie des tiefen strategischen Eindringens unabhängig operierender Panzerkräfte, seine leidenschaftliche Überzeugung von der Durchführbarkeit sowie sein sich daraus ergebender Impuls, die Gehorsamspflicht zu strapazieren, warf die Überlegungen des französischen Oberkommandos in einem Ausmaß um, wie es das deutsche Oberkommando niemals aus eigenem Entschluß getan hätte.

Es steht fest, daß Guderian und seine Panzertruppen die deutsche Armee mit sich zogen und dadurch den überwältigendsten Sieg der modernen Geschichte hervorbrachten.

In jedem Stadium spielte der Zeitfaktor wieder die entscheidende Rolle. Die französischen Gegenangriffe wurden wiederholt aus dem Konzept gebracht, da sie zu schwerfällig waren, um mit den wechselnden Situationen fertig zu werden — was wiederum darauf zurückzuführen war, daß die deutsche Vorhut schneller vorrückte, als das deutsche Oberkommando beabsichtigt hatte.

Die Franzosen hatten ihre Pläne auf die Vermutung gegründet, daß ein Sturm auf die Maas frühestens in neun Tagen erfolgen würde. Das war das gleiche Zeitmaß, das die deutschen Militärs anfangs im Sinn hatten, ehe Guderian sich einschaltete. Als dies einmal umgestoßen war, mußte Schlimmeres folgen. Die französischen Befehlshaber, an die Zeitlupenmethoden von 1918 gewöhnt, waren dem Tempo der Panzer geistig nicht gewachsen, was eine allgemeine Lähmung unter ihnen auslöste.

Einer der wenigen Männer auf alliierter Seite, der die Gefahr rechtzeitig erkannte, war der neue französische Ministerpräsident Paul Reynaud. Als kritischer Außenseiter hatte er vor dem Krieg seine Landsleute beschworen, Panzertruppen aufzustellen. Da ihm deren Wirkungskraft nur zu klar war, rief er am 15. Mai morgens Churchill an und sagte: »Wir haben die Schlacht verloren.«

Churchill erwiderte:

»Alle Erfahrungen zeigen, daß die Offensive nach einiger Zeit zum Stehen kommen wird. Ich erinnere an den 21. März 1918. Nach fünf oder sechs Tagen müssen sie warten, bis Nachschub kommt, dann ist die Gelegenheit für einen Gegenangriff. Ich habe das aus dem Mund von Marschall Foch selbst erfahren.«

Am nächsten Tag flog er nach Paris und sprach sich dort gegen einen Rückzug der alliierten Armeen aus Belgien aus. Doch auch so zögerte Gamelin zu lange, sie zurückzuziehen. Jetzt plante er eine wohlüberlegte Gegenoffensive in der 1918er-Manier — mit massierten Infanteriedivisionen. Auch Churchill setzte weiterhin sein Vertrauen darauf. Es war ein Unglück, daß Gamelins Überlegungen hergebrachten Gleisen folgten, denn er war zum Handeln fähiger als irgend jemand in Frankreich.

An jenem Tag unternahm Reynaud auch Schritte, um Gamelin zu ersetzen, indem er General Weygand, Marschall Fochs alten Mitarbeiter, aus Syrien herbeirief. Weygand kam erst am 19. an, so daß sich das Oberkommando drei Tage lang in einem Zustand der Ungewißheit befand. Am 20. erreichte Guderian den Kanal und schnitt somit die Nachschublinien der alliierten Armeen in Belgien ab. Außerdem war Weygand sogar noch stärker in altmodischen Vorstellungen befangen als Gamelin und plante weiter in der 1918er-Manier. Damit zerrann die Aussicht auf Rettung. Mit einem Wort, die alliierten Führer taten alles zu spät, oder sie taten das Falsche und konnten am Ende die Katastrophe nicht abwenden.

Daß die britische Expeditionstruppe entkam, war zu einem großen Teil Hitlers persönlichem Eingreifen zu verdanken. Nachdem seine Panzer den Norden Frankreichs überrollt und die britische Armee von ihrem Stützpunkt abgeschnitten hatten, gebot Hitler ihnen in dem Augenblick Halt, als sie Dünkirchen nehmen wollten, den letzten Fluchthafen, der den Briten noch offenstand. Zu diesem Zeitpunkt war die Masse der britischen Expeditionstruppe noch viele Kilometer vom Hafen entfernt. Doch Hitler hielt seine Panzer drei Tage lang an.

Seine Handlungsweise rettete die britischen Streitkräfte, als nichts anderes mehr sie hätte retten können. Dadurch konnten sie entkommen und sich in England sammeln, die Krieg fortsetzen und sich der Drohung einer Invasion entgegenstellen. Dadurch bewirkte Hitler seinen und Deutschlands Sturz fünf Jahre später.

Den Briten war völlig klar, daß sie nur knapp entkommen waren, aber sie wußten nichts über die Gründe ihrer Rettung und sprachen von dem »Wunder von Dünkirchen«.

Weshalb gab Hitler diesen verhängnisvollen Haltebefehl? Das blieb in vieler Hinsicht auch den deutschen Generälen ein Rätsel, und man wird nie mehr mit Gewißheit erfahren, was ihn zu dieser Entscheidung bewog. Hätte Hitler selbst eine Erklärung abgegeben, so wäre sie kaum glaubwürdig gewesen: Männer in hohen Stellungen, die einen gravierenden Fehler begehen, sagen später kaum die Wahrheit, und Hitler gehörte nicht gerade zu den wahrheitsliebenden großen Männern. Es ist wahrscheinlicher, daß seine Aussage die Spuren verwischen würde. Es ist auch ziemlich wahrscheinlich, daß er gar keine zutreffende Erklärung hätte abgeben können, weil seine Gründe zu kompliziert und seine Neigungen zu launenhaft waren. Außerdem wird die Erinnerung eines jeden Menschen leicht durch die späteren Ereignisse verfärbt.

Nach eingehenden Untersuchungen dieses kritischen Vorfalls haben sich für den Historiker genügend Beweise ergeben, so daß er nicht nur die Kette der Ereignisse, sondern auch das, was eine logische Kette der Ursachen zu sein scheint, die zu dieser verhängnisvollen Entscheidung führten, zusammensetzen kann.

Nachdem die Nachschublinien des alliierten linken Flügels in Belgien abgeschnitten waren, erreichte Guderians Panzerkorps am 20. Mai bei Abbeville das Meer. Dann rollte er nach Norden in Richtung auf die Kanalhäfen und die Nachhut der britischen Armee zu, die noch immer in Belgien war und dem Frontalaufmarsch von Bocks Infanterietruppen gegenüberstand. Zu Guderians Rechten bei dieser Fahrt nach Norden befand sich Reinhardts Panzerkorps, das ebenfalls zur Heeresgruppe Kleist gehörte.

Am 22. war durch seinen Vorstoß Boulogne eingeschlossen und am nächsten Tag Calais. Dies brachte ihn nach Gravelines, kaum fünfzehn Kilometer von Dünkirchen entfernt. Reinhardts Panzerkorps erreichte den Kanal Aire-St.Omer-Graveline. Aber dort wurde die Weiterfahrt durch Befehle von oben gestoppt. Den Panzerführern wurde befohlen, ihre Truppen hinter dem Kanal zurückzuhalten. Sie bombardierten ihre Vorgesetzten mit dringenden Anfragen und Protesten; aber man sagte ihnen, dies sei der »persönliche Befehl des Führers«.

Ehe wir tiefer zu den Wurzeln dieser rettenden Einmischung vordringen, wollen wir sehen, was auf britischer Seite geschah und wie sich die Massenflucht selbst abspielte.

Am 16. Mai nahm der Oberbefehlshaber, General Lord Gort, die britische Expeditionstruppe einen Schritt von ihrer vorgeschobenen Linie bei Brüssel zurück. Ehe sie jedoch in ihrer neuen Stellung an der Schelde ankam, hatte Guderian ihre Verbindungslinien weit im Süden abgeschnitten. Am 19. erfuhr das Kabinett, daß Gort einen »eventuellen Rückzug nach Dünkirchen erwog, wenn er dazu genötigt würde«. Das Kabinett wies ihn jedoch an, in südlicher Richtung nach Frankreich zu marschieren und sich einen Weg durch das deutsche Netz, das über seine Nachhut geworfen worden war, zu erzwingen — obgleich es davon unterrichtet worden war, daß er nur für vier Tage Vorräte und nur für eine Schlacht ausreichende Muntion hatte.

Diese Anweisungen stimmten mit dem neuen Plan überein, den der französische Oberbefehlshaber Gamelin verspätet aufgestellt und an jenem Morgen verkündet hatte. Am Abend wurde Gamelin entlassen und durch Weygand ersetzt. Dessen erste Handlung war es, den Befehl Gamelins zu annulieren. Nach einer weiteren dreitägigen Verzögerung gab er einen Plan heraus, der dem seines Vorgängers ähnelte. Doch das war nichts weiter als ein Plan auf dem Papier.

Inzwischen hatte Gort mit zwei seiner zwölf Divisionen und der einzigen Panzerbrigade, die man nach Frankreich geschickt hatte, von Arras aus einen Angriff nach Süden versucht, obgleich er erklärte, daß die Anweisungen des Kabinetts unausführbar seien. Als dieser Gegenschlag am 21. Mai begann, war er zu einem Vorstoß von zwei schwachen Panzerbataillonen, denen zwei Infanteriebataillone folgten, zusammengeschrumpft. Die Panzer erzielten einige Fortschritte, bekamen jedoch keine Unterstützung, da die Infanterie fortgesetzten Stuka-Angriffen ausgesetzt war. Die benachbarte französische Erste Armee sollte mit zwei ihrer dreizehn Divisionen eingreifen, doch ihr Beitrag war gering. In diesen Tagen wurden die Franzosen wiederholt durch die moralische Wirkung der deutschen Stukas und der schnell manövrierenden Panzer gelähmt. Es ist jedoch erstaunlich, welche Wirkung dieser kleine Panzerangriff auf einige der deutschen höheren Befehlshaber hatte. Er ließ sie einen Augenblick erwägen, den Vormarsch ihrer eigenen Panzerangriffsspitzen zu stoppen. Rundstedt selbst nannte dies einen »kritischen Moment« und sagte: »Kurze Zeit befürchteten wir, daß unsere Panzerdivisionen abgeschnitten werden könnten, ehe die Infanteriedivisionen ihnen zu Hilfe kommen konnten.« Dies zeigt, daß die Sache ganz anders hätte ausgehen können, wenn dieser britische Gegenschlag mit zwei Panzerdivisionen statt mit nur zwei Bataillonen ausgeführt worden wäre[1].

Nach diesem Fehlschlag bei Arras unternahmen die alliierten Armeen im Norden keine weiteren Ausbruchsversuche mehr, während die verspätete Entlastungsoffensive im Süden, die Weygand plante, so schwach war, daß sie fast lächerlich wirkte. Sie wurde mühelos vereitelt durch die Sperre, welche die deutschen motorisierten Divisionen rasch entlang der Somme errichtet hatten, während die Panzerdivisionen nach Norden rollten, um die Falle zu schließen. Mit so langsamen Streitkräften, wie Weygand sie befehligte, hatten seine großsprecherischen Befehle keine größere praktische Wirkung als Churchills Beschwörungen an die Armee, »die Idee aufzugeben, man müsse den Angriff hinter Betonlinien oder natürlichen Hindernissen aufhalten«, und statt dessen die Überlegenheit »durch ungestümes, rücksichtsloses Vorgehen« wiederzuerlangen.

Während die höchsten Kreise weiter undurchführbare Pläne debattierten, wurden die abgeschnittenen Armeen im Norden auf eine Linie näher bei der Küste zurückgedrängt. Sie standen unter dem zunehmenden Frontaldruck durch Bocks Infanterie – obgleich sie von einem tödlichen Schlag in den Rücken durch die Panzerstreitkräfte verschont blieben.

Am 24. hatte sich Weygand bitter darüber beklagt, daß sich die »britische Armee auf eigene Faust 40 Kilometer in Richtung Hafen zurückgezogen hatte, und das in einem Augenblick, als unsere Truppen, die vom Süden im Anmarsch waren, nach Norden zu an Boden gewannen, wo sie mit ihren Verbündeten zusam-

1 Da man genau diese Situation, die im Jahr 1940 eintrat, vorausgesehen hatte, war schon seit 1935 in der »Times« und anderswo verlangt worden, daß Englands militärische Anstrengungen sich darauf richten sollten, eine stärkere Luftwaffe und zwei oder drei Panzerdivisionen aufzustellen im Hinblick auf einen möglichen deutschen Durchbruch in Frankreich, statt Infanteriedivisionen als Expeditionstruppe zu entsenden, von denen die Franzosen selbst mehr als genug hatten. Dieses Prinzip wurde Ende 1937 vom Kabinett gebilligt, Anfang 1939 aber zugunsten einer herkömmlichen Expeditionstruppe wieder aufgegeben. Bis Mai 1940 waren insgesamt dreizehn Infanteriedivisionen nach Frankreich entsandt worden, ohne eine einzige Panzerdivision, und sie erwiesen sich als unfähig, irgend etwas zur Rettung der Situation zu tun.

mentreffen sollten«. Tatsache ist, daß die französischen Truppen vom Süden her keinen wahrnehmbaren Fortschritt gemacht hatten. Weygands Worte zeigten nur den Grad der Unwirklichkeit, in der er lebte. Am Abend des 25. fällte Gort endgültig die Entscheidung, sich zum Meer bei Dünkirchen zurückzuziehen. Achtundvierzig Stunden vorher waren die deutschen Panzer an der Kanallinie angekommen, nur 16 Kilometer vom Hafen entfernt. Am 26. gestattete das britische Kabinett dem Heeresministerium, Gort telegrafisch seinen Schritt zu genehmigen und ihn zu einem solchen Rückzug zu »ermächtigen«. Am nächsten Tag kam ein weiteres Telegramm, das ihn anwies, seine Streitkräfte auf dem Seeweg zu evakuieren.

Am gleichen Tag brach die Front der belgischen Armee in der Mitte unter Bocks Angriff zusammen, und es waren keine Reserven zur Stelle, um die Lücke zu füllen. König Leopold hatte durch Admiral Keyes schon wiederholt Warnungen an Churchill geschickt, daß die Lage hoffnungslos werde. Nun war sie mit einem Schlag hoffnungslos geworden. Der größte Teil Belgiens war schon überrollt, und die Armee stand mit dem Rücken zur See, eingepfercht auf einem schmalen Landstreifen, der von flüchtenden Zivilisten überfüllt war. Daher beschloß der König am späten Nachmittag, um Waffenstillstand nachzusuchen, und der Feuereinstellungsbefehl wurde in den Morgenstunden des nächsten Tages verkündet.

Die Kapitulation der Belgier vergrößerte die Gefahr, daß die britische Expeditionstruppe vom Meer abgeschnitten wurde, ehe sie Dünkirchen erreichte. Churchill hatte an König Leopold eben die dringende Bitte geschickt, auszuhalten. Gegenüber Gort erklärte er privatim, das sei so gewesen, als »ob er sie gebeten hätte, sich für uns zu opfern«. Es ist verständlich, daß die eingekreisten Belgier, die schon wußten, daß die britischen Truppen die Evakuierung vorbereiteten, diese Mahnung nicht im gleichen Licht sahen wie Churchill. Ebensowenig war König Leopold gewillt, Churchills Rat zu befolgen, sich selbst »mit dem Flugzeug in Sicherheit zu bringen, ehe es zu spät ist«. Der König meinte, bei seiner Armee und seinem Volk bleiben zu müssen. Auf lange

Sicht mag dieser Entschluß unklug gewesen sein, aber unter den gegebenen Umständen war es eine ehrenhafte Entscheidung. Churchills Kritik an seiner Haltung war wenig fair, während die heftige öffentliche Verurteilung durch den französischen Ministerpräsidenten und die französische Presse besonders ungerecht war, wenn man bedenkt, daß der Untergang Belgiens eine Folge des Zusammenbruchs der französischen Verteidigung an der Maas war.

Der britische Rückzug zur Küste wurde jetzt zu einem Wettlauf auf die Schiffe, ungeachtet der bitteren französischen Proteste und Vorwürfe. Es war ein Glück, daß man in England schon eine Woche zuvor mit den Vorbereitungen begonnen hatte, wenn auch unter anderen Voraussetzungen. Am 20. Mai hatte Churchill Schritte genehmigt, »eine große Zahl kleiner Fahrzeuge zusammenzuziehen und bereitzuhalten, um zu Häfen und Buchten an der französischen Küste zu fahren«. Ursprünglich sollten diese Schiffe Teile der britischen Expeditionstruppe retten, die bei dem Versuch, nach dem bestehenden Plan südwärts nach Frankreich hineinzustoßen, abgeschnitten werden könnten. Die Admiralität verlor keine Zeit, die Vorbereitungen zu treffen. Admiral Ramsay, der Kommandant des Seebereichs Dover, war am Tag zuvor, am 19., mit der Leitung der Operation betraut worden. Eine Anzahl Fährboote, Marineboote und kleiner Küstenschiffe wurden sofort für das Unternehmen, das »Operation Dynamo« hieß, zusammengezogen. Von Harwich bis nach Weymouth wurden die Offiziere der Seetransportstellen angewiesen, alle Schiffe bis zu tausend Tonnen listenmäßig zu erfassen.

In den darauffolgenden Tagen verschlechterte sich die Lage rasch, und bald wurde der Admiralität klar, daß Dünkirchen der einzig mögliche Evakuierungsweg war. »Dynamo« begann am Nachmittag des 26. – vierundzwanzig Stunden vor dem belgischen Waffenstillstandsangebot und noch ehe das Kabinett die Evakuierung genehmigt hatte.

Zunächst hatte man nicht erwartet, daß mehr als ein kleiner Bruchteil der britischen Expeditionstruppe gerettet werden könne. Die Admiraliät hatte Ramsey angewiesen, zu versuchen, innerhalb von zwei Tagen 45 000 Mann zurückzubringen, da der Feind bis dahin wahrscheinlich jede weitere Evakuierung unmöglich gemacht haben würde. Tatsächlich landeten in der Nacht zum 28. nur 25 000 Mann in England. Es war ein Glück, daß die Gnadenfrist dann wesentlich länger war.

Denn in den ersten fünf Tagen war die Evakuierung durch die zu kleine Anzahl von Booten behindert, die die Truppen vom Strand zu den vor der Küste wartenden Schiffen brachten. Dieser Bedarf war, obwohl Ramsey zu Anfang darauf hingewiesen hatte, nicht genügend gedeckt worden. Doch jetzt machte die Admiralität größere Anstrengungen, diese zur Verfügung zu stellen und zu bemannen, wobei das Marinepersonal von vielen freiwilligen Zivilisten verstärkt wurde – durch Fischer, Besatzungen von Rettungsbooten, Jachtfahrer und andere, die einige Erfahrung im Umgang mit Booten hatten. Ramsey bemerkte, daß die Besatzung des Löschbootes »Massey Shaw« der Londoner Feuerwehr eine der besten Leistungen vollbrachte.

Am Strand gab es zuerst große Verwirrung, die auf den Zustand der Auflösung der auf ihre Einschiffung wartenden Truppen zurückzuführen war. Zu dieser Zeit handelte es sich zum größten Teil um rückwärtige Dienste. Ramsey meinte, die Konfusion sei noch gesteigert worden »durch die Tatsache, daß die Uniform der Armeeoffiziere nicht von der anderer Ränge zu unterscheiden ist«, und er fand, daß »das Auftauchen der Marineoffiziere mit ihren unzweideutigen Uniformen half, die Ordnung wiederherzustellen.... Später, als Truppen der Kampfverbände am Strand erschienen, hörten diese Schwierigkeiten auf«.

Der erste schwere Luftangriff erfolgte am Abend des 29., und »es war ein Glück, daß der lebenswichtige Hafen von Dünkirchen nicht schon jetzt durch versenkte Schiffe blockiert wurde«. Seine Erhaltung war um so wichtiger, als der überwiegende Teil der Truppen im Hafen eingeschifft wurde und weniger als ein Drittel am Strand.

Während der nächsten drei Tage verstärkten sich die Luftangriffe, und am 2. Juni mußte die Evakuierung tagsüber ausgesetzt werden. Die Jäger der R.A.F. taten ihr Bestes, die Luftwaffe in

Schach zu halten, konnten jedoch nicht einmal ausreichende Dekkung aus der Luft geben, da sie in der Minderzahl waren und wegen der Entfernung von ihren Flugplätzen in Südengland nicht lange über dem Gebiet bleiben konnten. Die dauernden Bombenangriffe waren eine schwere Belastung für die Truppen, die am Strand warteten, obwohl in dem weichen Sand die Wirkung der Bomben verpuffte. Weit mehr Schaden wurde auf dem Meer angerichtet, wo sechs Zerstörer, acht Transportschiffe und über 200 kleinere Schiffe verlorengingen – von insgesamt 860 britischen und alliierten Fahrzeugen aller Art, die bei der Evakuierung eingesetzt wurden. Zum Glück griff die deutsche Marine nur wenig mit U-Booten und Schnellbooten in den Kampf ein. Außerdem herrschte während der Evakuierung außergewöhnlich günstiges Wetter.

Bis zum 30. Mai waren 126 000 Mann evakuiert worden, und auch der Rest der Expeditionstruppe war im Brückenkopf Dünkirchen eingetroffen – mit Ausnahme einiger kleinerer Einheiten, die während des Rückzugs abgeschnitten worden waren. Die Verteidigung des Brückenkopfes gegen die Einschließung zu Lande wurde dadurch hartnäckiger. Die Deutschen hatten ihre Chance verpaßt.

Leider hatten die französischen höheren Befehlshaber in Belgien, die immer noch nach Weygands untauglichem Plan operierten, gezögert, sich zusammen mit den Engländern so schnell wie möglich zum Meer zurückzuziehen. Infolgedessen wurde die Hälfte dessen, was von der französischen Ersten Armee noch übriggeblieben war, bei Lille am 28. Mai abgeschnitten und mußte sich am 31. ergeben. Ihr tapferer dreitägiger Widerstand ermöglichte jedoch dem Rest und den Engländern zu entkommen.

Am 2. Juni um Mitternacht schiffte sich die englische Nachhut ein, und die Evakuierung der britischen Expeditionstruppe war beendet – 224 000 Mann waren in Sicherheit gebracht worden, und nur ungefähr 2 000 gingen mit ihren Schiffen auf dem Weg nach England unter. Außerdem waren ungefähr 95 000 verbündete Soldaten, hauptsächlich Franzosen, evakuiert worden. In der darauffolgenden Nacht wurden trotz wachsender Schwierigkeiten alle Anstrengungen unternommen, die restlichen Franzosen wegzuschaffen, und weitere 26 000 Mann wurden gerettet. Leider wurden einige tausend Mann der Nachhut zurückgelassen, was in Frankreich Bitterkeit hinterließ.

In den Morgenstunden des 4. Juni waren 338 000 britische und verbündete Soldaten in England an Land gegangen. Das war ein erstaunliches Ergebnis, gemessen an den Erwartungen, und eine großartige Leistung der Marine.

Fest steht aber auch, daß die Rettung des britischen Expeditionskorps unmöglich gewesen wäre ohne Hitlers Befehl, der Kleists Panzer zwölf Tage vorher, am 24. Mai, bei Dünkirchen zum Halten brachte.

Damals befand sich in dem 35 Kilometer breiten Streifen entlang der Aa zwischen Gravelines und St. Omer nur ein britisches Bataillon. Weitere 95 Kilometer Binnenland an der Kanallinie waren nur wenig besser verteidigt. Viele der Brücken waren noch nicht gesprengt oder für die Sprengung vorbereitet. Daher fiel es den deutschen Panzertruppen nicht schwer, am 23. Mai an mehreren Stellen des Kanals Brückenköpfe zu bilden – und dieses war, wie Gort in seiner Meldung sagte, »das einzige Panzerhindernis an seiner Flanke«. Nun konnte sie nichts mehr davon abhalten, sich an den Rückzugslinien der britischen Expeditionsarmee festzusetzen – es sei denn der Befehl Hitlers.

Es steht fest, daß sich Hitler nach dem Durchbruch Frankreichs in einem Zustand äußerster Anspannung und Nervosität befunden hatte. Die verblüffende Leichtigkeit des Vorstoßes, die Widerstandslosigkeit, der seine Armeen gegenüberstanden, bereiteten ihm Unbehagen. Das alles ging zu glatt, um wahr zu sein. Diesen Auswirkungen kann man im Kriegstagebuch Halders, des deutschen Generalstabschefs, nachgehen. Am 17., einen Tag nachdem die französische Verteidigung hinter der Maas dramatisch zusammengebrochen war, schrieb Halder: »Ziemlich unerfreulicher Tag. Der Führer ist sehr nervös. Erschrocken über seinen eigenen Erfolg fürchtet er, irgendein Risiko einzugehen und möchte uns Zügel anlegen.«

Das war der Tag, an dem Guderian plötzlich Einhalt geboten wurde, als er in vollem Vormarsch auf das Meer war. Am nächsten Tag, dem 18., schrieb Halder: »Jede Stunde ist kostbar. ... Führerhauptquartier sieht es völlig anders ... sorgt sich ständig um die Südflanke. Er ist wütend und brüllt, wir seien auf dem besten Weg, den ganzen Feldzug zu verderben.« Erst am späten Abend, als Halder ihm versichern konnte, daß die nachfolgende Infanterie als Flankenschutz auf die Linie entlang der Aisne vorrückte, ließ Hitler die Panzertruppe weiter vorwärts gehen.

Zwei Tage später erreichte diese die Küste und schnitt die Verbindungslinien der alliierten Armeen in Belgien ab. Dieser glänzende Erfolg schien Hitlers Zweifel vorübergehend zu beschwichtigen. Aber sie erwachten wieder, als seine Panzer nach Norden schwenkten, besonders nach dem vorübergehenden Schock, den der britische Gegenangriff von Arras ausgelöst hatte, so schwach dieser auch gewesen war. Seine Panzertruppe, die er als Kostbarkeit betrachtete, näherte sich nun dem von den Engländern besetzten Gebiet, die er als besonders harte Gegner ansah. Gleichzeitig machte er sich Gedanken, was wohl die Franzosen im Süden planen mochten.

Oberflächlich betrachtet schien es für Hitler ungünstig zu sein, daß er den Morgen des 24. Mai für einen Besuch im Hauptquartier Rundstedts auswählte, denn das war ein kritischer Augenblick. Rundstedt war ein vorsichtiger Stratege, sorgfältig darauf bedacht, alle ungünstigen Faktoren einzukalkulieren und gefährlichen Optimismus zu vermeiden. Aus diesem Grund war er oft ein gutes Gegengewicht zu Hitler, indem er nüchterne Schätzungen lieferte. Doch gerade in diesem Fall war das nicht von Vorteil für die deutsche Seite. In seiner Lagebeurteilung ließ sich Rundstedt darüber aus, daß die Stärke der Panzertruppen durch den langen und raschen Vormarsch vermindert sei, und er wies auf die Möglichkeit hin, daß sie Angriffen aus dem Norden und Süden, besonders aus dem Süden, werde begegnen müssen.

Da er am Abend zuvor von Brauchitsch, dem Oberbefehlshaber des Heeres, Befehle bekommen hatte, daß die Umfassungsbewegung im Norden durch Bock abgeschlossen werden sollte, war es um so natürlicher, daß er schon an die nächste Phase im Süden dachte.

Außerdem befand sich Rundstedts Hauptquartier noch immer in Charleville bei Sedan – dicht hinter der Aisne und im Zentrum der nach Süden gerichteten deutschen Front. Dieser Standort begünstigte die Tendenz, sich auf das, was unmittelbar vor einem lag, zu konzentrieren und dem weniger Aufmerksamkeit zu schenken, was an der äußersten rechten Flanke geschah, wo der Sieg bereits gesichert schien. Auf Dünkirchen warf er nur einen Seitenblick.

Hitler »stimmte voll und ganz« Rundstedts Vorbehalten zu und betonte die Notwendigkeit, die Panzer für künftige Operationen zu schonen.

Nach der Rückkehr in sein eigenes Hauptquartier ließ er den Oberbefehlshaber kommen. Es ergab sich eine »recht unerfreuliche Aussprache«, die damit endete, daß Hitler seinen endgültigen Haltebefehl erließ. Am Abend schrieb Halder in sein Tagebuch:

> »Der schnelle linke Flügel, der keinen Feind vor sich hat, wird dabei auf ausdrücklichen Wunsch des Führers angehalten! In dem genannten Raum soll die Luftwaffe das Schicksal der eingekesselten Armee vollenden!«

Hatte Rundstedt Hitlers Haltebefehl veranlaßt? Wenn Hitler das Gefühl gehabt hätte, daß sein Haltebefehl auf Rundstedts Einfluß zurückzuführen war, so hätte er dies fast mit Sicherheit erwähnt, nachdem die Engländer entkommen waren; denn er gab gern anderen die Schuld an allen seinen Fehlern. Doch in diesem Fall gibt es kein Anzeichen dafür, daß er jemals Rundstedts Meinung als ausschlaggebenden Faktor erwähnte. Ein solcher negativer Beweis ist ebenso schlüssig wie jeder andere.

Es ist wahrscheinlicher, daß Hitler Rundstedts Hauptquartier in der Hoffnung aufsuchte, seine eigenen Zweifel bestätigt zu finden und die Änderung des Angriffsplans, zu der er Brauchitsch und Halder veranlassen wollte, gerechtfertigt zu sehen. Wenn man überhaupt von einem Einfluß sprechen kann, dann kam er wahrscheinlich von Keitel und Jodl, den beiden führenden Militärs in seinem eigenen Stab. Besondere Bedeutung besitzt die Aussage General Warlimonts, der damals in besonders engem Kontakt mit Jodl stand. Erstaunt, von einem Haltebefehl Hitlers zu hören, befragte er Jodl darüber.

»Jodl bestätigte, daß der Befehl gegeben worden war und zeigte sich ziemlich ungehalten über meine Frage. Er selbst nahm den gleichen Standpunkt ein wie Hitler und betonte, daß die Erfahrungen, die sowohl Hitler als auch Keitel und er selbst in Flandern während des Ersten Weltkrieges gewonnen hätten, über jeden Zweifel bewiesen, daß Panzer im Marschland von Flandern nicht operieren könnten oder zumindest nicht ohne große Verluste, und solche Verluste seien angesichts der schon verminderten Stärke der Panzerkorps und ihrer Aufgaben, die ihnen im nahe bevorstehenden zweiten Stadium der Offensive in Frankreich zufielen, nicht tragbar.«

Warlimont fügte hinzu, daß er und die anderen Offiziere im OKW davon gewußt hätten, wenn der Haltebefehl tatsächlich auf Rundstedt zurückgegangen wäre, und daß Jodl, der wegen dieser Entscheidung in der Defensive stand, »es gewiß nicht versäumt hätte, Feldmarschall von Rundstedt als denjenigen zu nennen, der diesen Befehl angeregt oder zumindest unterstützt hatte«, da dies wegen Rundstedts »unbestrittener Autorität in allen operativen Fragen bei den höheren Generalstabsoffizieren« die Kritiker zum Schweigen gebracht hätte:

»Ein weiterer Grund für den Haltebefehl wurde mir jedoch damals klar. Göring war erschienen und hatte dem Führer versichert, seine Luftwaffe würde den Rest der Einkreisung besorgen, indem sie die Seeseite von der Luft aus schloß. Er überschätzte offensichtlich die Schlagkraft seiner eigenen Truppengattung.«

Diese Bemerkung Warlimonts gewinnt an Bedeutung, wenn man sie mit dem letzten Satz von Halders bereits erwähnter Tagebuchnotiz vom 24. Mai in Beziehung bringt. Darüber hinaus sagte Guderian, daß er den Befehl Kleists mit den Worten erhielt: »Dünkirchen ist der Luftwaffe zu überlassen. Sollte die Eroberung von Calais auf Schwierigkeiten stoßen, so ist diese Festung ebenfalls der Luftwaffe zu überlassen.« Guderian bemerkte dazu: »Ich glaube, es war Görings Eitelkeit, die den verhängnisvollen Entschluß Hitlers verursachte.«

Es gibt aber Beweise dafür, daß auch die Luftwaffe nicht so

nachdrücklich eingesetzt wurde, wie es möglich gewesen wäre, und einige Luftwaffenoffiziere sagen, es sei auch hier Hitler gewesen, der bremste.

Deshalb vermutete man in höheren Kreisen hinter Hitlers militärischen Gründen ein politisches Motiv. Blumentritt, Rundstedts Operationsplaner, brachte das mit den merkwürdigen Äußerungen Hitlers in ihrem Hauptquartier in Verbindung:

»Hitler war bester Stimmung. Er gab zu, daß der Verlauf des Feldzugs ›ein wahres Wunder‹ war und meinte, der Krieg werde in sechs Wochen zu Ende sein. Danach wollte er einen vernünftigen Frieden mit Frankreich schließen, und dann wäre der Weg frei für eine Verständigung mit England.

Dann sprach er zu unserer Verblüffung bewundernd vom britischen Weltreich, von der Notwendigkeit seiner Existenz und von der Zivilisation, die England der Welt gebracht hatte. Er bemerkte mit einem Achselzucken, das Empire sei mit Mitteln errichtet worden, die oft hart waren, aber ›wo gehobelt wird, fallen Späne‹. Er verglich das britische Empire mit der katholischen Kirche – beide seien wesentliche Elemente der Stabilität der Welt. Er sagte, er wolle von England nichts anderes, als daß es Deutschlands Stellung auf dem Kontinent anerkenne. Die Rückgabe von Deutschlands verlorenen Kolonien sei wünschenswert, aber nicht lebenswichtig, und er würde England sogar mit Truppen unterstützen, wenn es irgendwo in Schwierigkeiten verwickelt würde. Er bemerkte, die Kolonien seien in erster Linie eine Prestigefrage, da sie im Krieg nicht gehalten werden könnten und nur wenige Deutsche könnten sich in den Tropen ansiedeln.

Er schloß, sein Ziel sei es, Frieden mit Großbritannien zu schließen auf einer Grundlage, die es als ehrenhaft betrachten würde.«

Nachträglich dachte Blumentritt oft an dieses Gespräch. Er meinte, der Haltebefehl sei aus anderen als militärischen Gründen gegeben worden, und es habe sich um den Teil eines politischen Planes gehandelt, um den Frieden leichter möglich zu machen. Wäre die britische Expeditionstruppe bei Dünkirchen gefangengenommen worden, so hätte bei den Engländern das Gefühl aufkommen können, daß ihre Ehre befleckt sei und wiederhergestellt werden müsse. Indem er sie entkommen ließ, hoffte Hitler, sie zu versöhnen.

Da diese Darstellung von Generalen stammt, die Hitler sehr kritisch gegenüberstanden und die zugeben, daß sie selbst die britische Armee vernichten wollten, ist sie von um so größerer Bedeutung. Ihr Bericht über Hitlers Aussprüche in den Tagen von Dünkirchen paßt zu vielem, was er selbst in »Mein Kampf« geschrieben hatte, und es ist bemerkenswert, wie sehr er sich in anderer Hinsicht an sein eigenes Testament hielt. In seinem Wesen gab es Züge, die darauf schließen lassen, daß er zu England eine Haßliebe empfand. Auch in den Tagebuchaufzeichnungen Cianos und Halders aus der damaligen Zeit sind ähnliche Bemerkungen über England festgehalten.

Hitlers Charakter war so kompliziert, daß eine einfache Erklärung der Wahrheit schwerlich nahekommt. Es ist wahrscheinlicher, daß sich seine Entscheidung aus mehreren Mosaiksteinchen zusammensetzte. Drei davon sind deutlich zu sehen: Sein Wunsch, die Panzer für den nächsten Schlag zu schonen, seine alte Angst vor dem Marschland Flanderns und Görings Forderungen im Namen der Luftwaffe. Aber es ist sehr wahrscheinlich, daß neben den militärischen auch politische Gründe mitspielen bei einem Mann, der eine Neigung zur politischen Strategie hatte und dessen Gedankengänge sehr verschlungen waren.

Die neue französische Front entlang der Somme und Aisne war länger als die ursprüngliche, und die zu ihrem Schutz zu Verfügung stehenden Streitkräfte waren stark reduziert. In der ersten Phase des Kampfes hatten die Franzosen 30 Divisionen und die Hilfe ihrer Verbündeten verloren – nur zwei britische Divisionen blieben in Frankreich, und zwei weitere, die noch nicht völlig ausgebildet waren, wurden nach Frankreich geschickt. Insgesamt hatte Weygand 49 Divisionen zusammengezogen, um die neue Front zu decken, 17 hatte er in der Maginot-Linie gelassen. In der kurzen, noch zur Verfügung stehenden Zeit konnte nicht viel getan werden, um die Front zu befestigen, und der Mangel an Truppen behinderte den verspäteten Versuch, eine tiefe Verteidigungsstellung aufzubauen. Da die meisten der motorisierten Divisionen verlorenging oder stark dezimiert waren, herrschte auch noch Mangel an beweglichen Reserven.

Im Gegensatz dazu hatten die Deutschen ihre zehn Panzerdivisionen wieder auf die alte Stärke gebracht, und ihre 130 Infanteriedivisionen waren noch fast völlig intakt. Für die neue Offensive wurden die Streitkräfte umgruppiert. Zwei neue Armeen (die 2. und 9.) wurden hinzugezogen, um das Gewicht am Aisne-Abschnitt (zwischen Oise und Maas) zu verstärken, und Guderian erhielt das Kommando über eine Panzergruppe, bestehend aus zwei Korps, die dorthin in Bereitschaft verlegt wurden. Kleist bekam zwei Panzerkorps, die von den Brückenköpfen an der Somme bei Amiens und Péronne in einer Umfassungsbewegung losschlagen und sich an der unteren Flußstrecke der Oise bei Creil wieder treffen sollten. Das restliche Panzerkorps unter Hoth sollte zwischen Amiens und dem Meer vorstoßen.

Die Offensive wurde am 5. Juni eröffnet, zuerst am Westabschnitt zwischen Laon und dem Meer. Der Widerstand war an den beiden ersten Tagen stark, aber am 7. brach das am weitesten westlich stehende Panzerkorps nach Rouen durch. Dann brach die Verteidigung zusammen, und als die Deutschen am 9. Juni die Seine überschritten, trafen sie auf keinen ernsthaften Widerstand mehr. Doch hier hatten sie die Entscheidung nicht beabsichtigt. Sie legten daher eine Pause ein; das war ein Glück für die kleine britische Streitmacht unter General Alan Brooke, die dadurch in einer zweiten Evakuierung entkommen konnte, als die Franzosen kapitulierten.

Kleists Zangenbewegung verlief jedoch nicht nach Plan. Der rechte Flügel brach schließlich am 8. durch; aber der linke, der von Péronne aus vorstieß, blieb durch zähen Widerstand nördlich von Compiègne stecken. Da beschloß das deutsche Oberkommando, Kleists Gruppe zurückzunehmen und sie nach Osten zu verlegen, um den bei Champagne erzielten Durchbruch zu unterstützen.

Dort begann die Offensive erst am 9.; doch dann folgte rasch der Zusammenbruch. Sobald die Infanteriemassen die Überquerung erzwungen hatten, stießen Guderians Panzer durch die Bresche auf Châlons-sur-Marne und dann nach Osten vor. Bis zum 11. erweiterte Kleist den Keil und überquerte bei Château-Thierry die Marne. Der Vormarsch ging im Eiltempo weiter, über das Plateau de Langres auf Besançon und die Schweizer Grenze zu, wodurch alle französischen Streitkräfte in der Maginot-Linie abgeschnitten wurden.

Schon am 7. Juni hatte Weygand der Regierung geraten, unverzüglich um Waffenstillstand nachzusuchen, und am nächsten Tag gab er bekannt, daß die Schlacht an der Somme verloren war. Die Regierung zögerte noch, obwohl sie der gleichen Ansicht war, beschloß jedoch am 9. Juni, Paris zu verlassen. Sie schwankte zwischen der Bretagne und Bordeaux als neuem Standort und wählte dann als Kompromiß Tours. Gleichzeitig richtete Reynaud eine Bitte um Unterstützung an Präsident Roosevelt, in der er erklärte: »Wir werden vor Paris kämpfen, wir werden hinter Paris kämpfen, wir werden uns in der Provinz verschanzen und, wenn man uns von dort verjagt, nach Nordafrika zurückweichen . . .«

Am 10. erklärte dann Italien an Frankreich den Krieg. Man hatte Mussolini verspätet verschiedene Zugeständnisse in bezug auf die Kolonien angeboten, die er aber in der Hoffnung, mit Hitler besser zu fahren, verschmäht hatte. Aber die Italiener eröffneten ihre Offensive erst zehn Tage später, und sie konnte von den schwachen französischen Streitkräften leicht aufgehalten werden.

Am 11. flog Churchill nach Tours und versuchte vergeblich, die französischen Führer zu ermutigen. Am nächsten Tag erklärte Weygand vor dem Kabinett, der Kampf sei verloren. Er gab den Engländern die Schuld an beiden Niederlagen und sagte dann: »Ich fühle mich verpflichtet, deutlich zu sagen, daß die Einstellung der Feindseligkeiten eine Notwendigkeit ist.« Zweifellos hatte er mit dieser Einschätzung der Lage recht; denn die französischen Armeen zerfielen nun in Fragmente, und die meisten taten wenig, um standzuhalten, sondern lösten sich in einem Strom nach Süden auf. Das Kabinett schwankte jetzt zwischen Kapitulation und der Fortsetzung des Krieges von Nordafrika aus, beschloß dann jedoch nur, sich nach Bordeaux abzusetzen, während es Weygand anwies, möglichst an der Loire standzuhalten.

Am 14. Juni rückten die Deutschen in Paris ein und stießen auf den Flanken weiter vor. Am 16. erreichten sie das Rhônetal. Inzwischen forderte Weygand weiterhin den Abschluß eines Waffenstillstands und wurde dabei von allen wichtigen Befehlshabern unterstützt. In einem letzten Versuch, diese Entscheidung abzuwenden und weiteren Widerstand in Afrika zu sichern, schlug Churchill eine französisch-britische Union vor. Das machte wenig Eindruck und rief nur Ärger hervor. Man stimmte darüber ab. Die Mehrheit des Kabinetts sprach sich dagegen aus und stimmte für die Kapitulation. Reynaud trat daraufhin zurück, und ein neues Kabinett unter Marschall Pétain wurde gebildet. Am Abend des 16. Juni übermittelte man Hitler das Waffenstillstandsgesuch.

Hitlers Bedingungen wurden den französischen Unterhändlern am 20. überreicht – im gleichen Eisenbahnwagen im Wald von Compiègne, in dem die deutschen Unterhändler den Waffenstillstand von 1918 unterzeichnet hatten. Der deutsche Vormarsch ging jenseits der Loire weiter, während noch die Verhandlungen liefen, aber am 22. wurden die deutschen Bedingungen angenommen. Der Waffenstillstand trat am 25. Juni um 1.35 Uhr morgens in Kraft, nachdem gleichzeitig ein Waffenstillstand mit Italien vereinbart worden war.

KAPITEL 8

DIE LUFTSCHLACHT UM ENGLAND

Obwohl der Krieg mit dem deutschen Einmarsch in Polen am 1. September 1939 begann, worauf zwei Tage später die britische und französische Kriegserklärung an Deutschland folgte, ist es eine der Merkwürdigkeiten der Geschichte, daß Hitler und das deutsche Oberkommando keinerlei Vorbereitungen für den Kampf mit England getroffen hatten. Noch seltsamer war, daß in der fast neun Monate langen Pause, ehe im Mai 1940 die deutsche Offensive im Westen begann, nichts dergleichen geschah. Sogar als Frankreichs Zusammenbruch feststand, wurden keine Pläne dafür aufgestellt.

Daraus geht eindeutig hervor, daß Hitler auf eine Verständigung mit der englischen Regierung hoffte. Er rechnete mit einem Kompromißfrieden zu den günstigen Bedingungen, die er England gewähren wollte, und hatte trotz seiner ehrgeizigen Ziele nicht den Wunsch, einen Entscheidungskampf mit England auszutragen. Tatsächlich gab Hitler den deutschen Generalen zu verstehen, daß der Krieg beendet sei. Es wurde Urlaub gewährt und ein Teil der Luftwaffe an andere eventuelle Fronten verlegt. Außerdem befahl Hitler am 22. Juni die Demobilisierung von 35 Divisionen.

Sogar als Churchill jeden Kompromiß zurückgewiesen hatte und seine Entschlossenheit, den Krieg fortzusetzen, offenbar wurde, klammerte sich Hitler noch immer an den Glauben, daß dies nur Bluff sei, denn er meinte, England müsse zwangsläufig »seine militärisch hoffnungslose Lage« erkennen. Diese Hoffnung schwand nur langsam. Erst am 2. Juli befahl er, das Problem einer Invasion Englands zu studieren, und als er endlich zwei Wochen später, am 16. Juli, das »Unternehmen Seelöwe« vorzubereiten befahl, hatte er noch immer leise Zweifel, daß eine Invasion nötig sein würde. Er sagte jedoch, die Vorbereitungen für die Operation müßten bis Mitte August abgeschlossen sein.

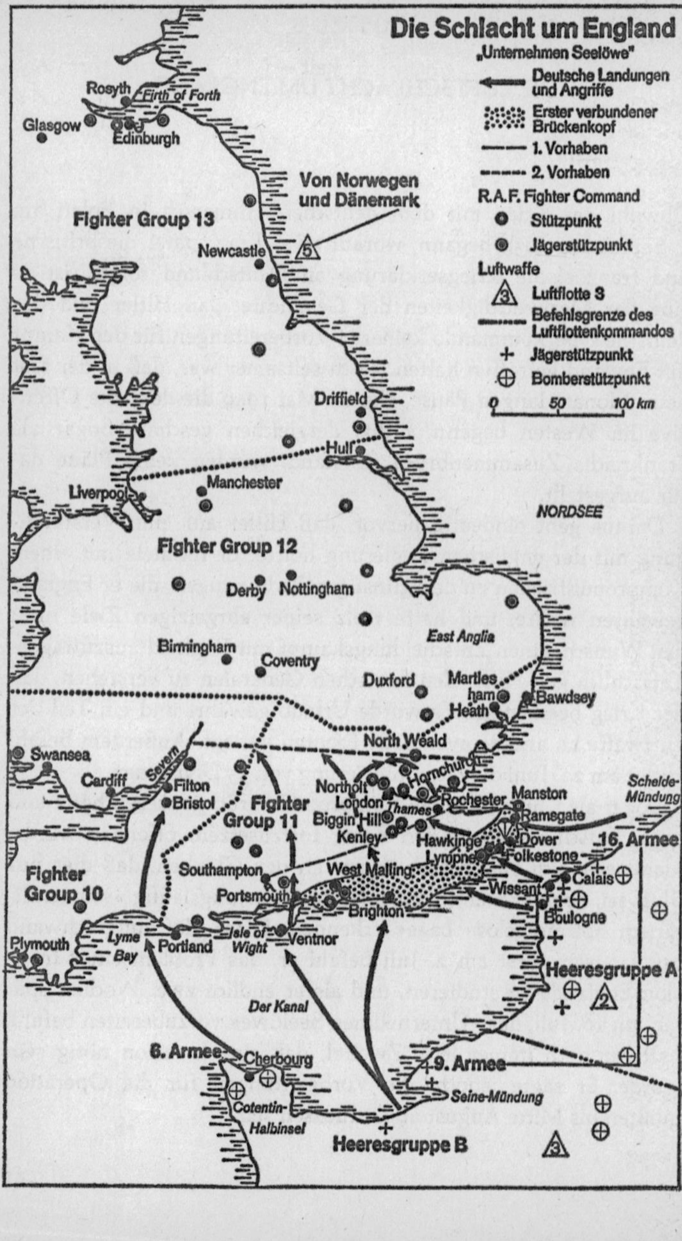

Die Schlacht um England
„Unternehmen Seelöwe"
Deutsche Landungen und Angriffe
Erster verbundener Brückenkopf
1. Vorhaben
2. Vorhaben
R.A.F. Fighter Command
Stützpunkt
Jägerstützpunkt
Luftwaffe
Luftflotte 3
Befehlsgrenze des Luftflottenkommandos
Jägerstützpunkt
Bomberstützpunkt
0 50 100 km
Rosyth
Firth of Forth
Glasgow
Edinburgh
Von Norwegen und Dänemark
Fighter Group 13
Newcastle
5
Driffield
Hull
Liverpool
Manchester
NORDSEE
Fighter Group 12
Derby
Nottingham
East Anglia
Birmingham
Coventry
Duxford
Martlesham Heath
Bawdsey
North Weald
Swansea
Cardiff
Severn
Filton
Bristol
Fighter Group 11
Northolt
London
Thames
Hornchurch
Rochester
Manston
Schelde-Mündung
Ramsgate
Biggin Hill
Kenley
Hawkinge
Dover
16. Armee
Lympne
Folkestone
Southampton
West Malling
Calais
Fighter Group 10
Portsmouth
Wissant
Brighton
Boulogne
Lyme Bay
Portland
Isle of Wight
Ventnor
Plymouth
Heeresgruppe A
2
Der Kanal
6. Armee
Cherbourg
9. Armee
Cotentin-Halbinsel
Seine-Mündung
Heeresgruppe B
3

Selbst dann noch kamen Hitlers unterschwellige Vorbehalte – oder zumindest seine Zwiespältigkeit – in der Tatsache zum Ausdruck, daß er am 21. Juli Halder sagte, er beabsichtige, sich dem Problem Rußland zuzuwenden und wenn möglich noch im Herbst den Angriff zu eröffnen. Im OKW sagte Jodl am 29. zu Warlimont, Hitler sei entschlossen, den Krieg mit Rußland zu beginnen. Einige Tage zuvor war der Operationsstab von Guderians Panzergruppe nach Berlin beordert worden, um Pläne für den Einsatz der Panzertruppe in einem solchen Feldzug auszuarbeiten.

Als Frankreich zusammenbrach, war die deutsche Armee in keiner Weise für ein Unternehmen wie die Invasion Englands vorbereitet. Der Generalstab hatte nichts dergleichen erwogen, geschweige denn sich damit beschäftigt. Die Truppen waren in Landungsunternehmen von See her nicht ausgebildet, und es standen keine für diesen Zweck geeigneten Landefahrzeuge bereit. So konnte man nur versuchen, rasch Lastkähne aus Deutschland und den Niederlanden zu den Kanalhäfen zu schaffen und den Truppen etwas Übung im Ein- und Ausschiffen zu geben. Nur die vorübergehende »Entblößung« der britischen Streitkräfte, nachdem sie die meisten Waffen und Ausrüstungsgegenstände in Frankreich verloren hatten, konnte bei einem solch übereilten, unvorbereiteten Unternehmen Erfolg versprechen.

Die Hauptaufgabe fiel bei diesem Unternehmen Feldmarschall von Rundstedt und seiner Heeresgruppe A zu, die die 16. Armee (General Busch) auf der rechten Flanke und die 9. Armee (General Strauß) auf der linken Seite einsetzen sollte. Nach ihrer Einschiffung in den verschiedenen Häfen zwischen den Mündungen von Schelde und Seine sollten sich Seestreitkräfte an der Südostküste Englands zwischen Folkestone und Brighton vereinigen, während eine Luftlandedivision das von Klippen geschützte Gebiet Dover-Folkestone einnehmen sollte. Nach diesem Plan »Seelöwe« sollten zehn Divisionen in einer ersten Welle, die sich über vier Tage erstrecken würde, landen und einen breiten Brückenkopf bilden. Nach ungefähr einer Woche sollte der Hauptstoß ins Landesinnere beginnen, dessen erstes Ziel es sein würde, das hochgelegene Land in einem Bogen von der Themse-Mündung bis

Portsmouth zu gewinnen. Danach sollte London vom Westen her abgeschnitten werden.

Eine Nebenoperation sollte gleichzeitig mit der ersten Welle von der 6. Armee (Feldmarschall von Reichenau), der Heeresgruppe B, durchgeführt werden, wobei drei Divisionen von Cherbourg aus in der Lyme Bay westlich von Portland Bill landen und dann nach Norden zur Mündung des Severn vorstoßen sollten.

Die zweite Welle der Invasion sollte aus einer motorisierten Streitmacht bestehen, die sich aus sechs Panzer- und drei motorisierten Divisionen in drei Korps zusammensetzte, denen wiederum eine dritte Welle von neun Infanteriedivisionen und eine vierte Welle von acht Infanteriedivisionen folgen sollte. Obwohl in der ersten Welle keine Panzerdivisionen vorgesehen waren, sollten mit der ersten ihrer zwei Angriffsgruppen ungefähr 650 Panzer übergesetzt werden (die erste Angriffsgruppe bestand aus etwas mehr als einem Drittel der vorgesehenen Invasionsstreitmacht von 250 000 Mann). Die Kanalüberquerung dieser aus zwei Teilen bestehenden ersten Welle erforderte 155 Truppentransporter mit insgesamt ungefähr 700 000 Tonnen, außerdem über 3000 kleinere Fahrzeuge – 1720 Lastkähne, 470 Schlepper und 1160 Motorboote.

Die Vorbereitungen liefen erst Ende Juli an, und die deutsche Seekriegsleitung erklärte, daß eine so große Menge von Schiffen frühestens Mitte September zusammengezogen werden könnte, um die Operation »Seelöwe« zu starten, während Hitler befohlen hatte, die Vorbereitungen bis Mitte August zu beenden. (Tatsächlich empfahl die Seekriegsleitung Ende Juli, die Operation bis zum Frühjahr 1941 zu verschieben.)

Doch das war nicht das einzige Hindernis. Die deutschen Generale waren sich der Risiken voll bewußt, die ihre Truppen eingehen würden, wenn sie das Meer überquerten. Sie zweifelten daran, daß Marine und Luftwaffe die Durchfahrt freihalten könnten, und drängten darauf, daß die Invasion auf einer genügend breiten Front durchgeführt werden sollte (von Ramsgate bis Lyme Bay), um die englischen Verteidigungsstreitkräfte zu verzetteln und abzulenken. Die deutschen Admirale hatten noch größere Befürchtungen darüber, was geschehen würde, wenn die britische Flotte am Schauplatz auftauchte. Sie hatten wenig oder kein Vertrauen in ihre eigene Fähigkeit, ein solches Eingreifen zu verhindern. Daher betonten sie, daß dem Plan des Heeres, der nach einer breiten Invasionsfront verlangte, unmöglich Deckung gegeben werden könne, und daß die Überquerung auf einen relativ schmalen, minengeschützten Korridor mit kleineren Heeresstreitkräften beschränkt bleiben müßte — Einschränkungen, die wiederum die Zweifel der Generale vertieften. Vor allem betonte Admiral Raeder, daß die Luftüberlegenheit in der Überfahrtszone unentbehrlich sei.

Nach einer Besprechung mit Raeder am 31. Juli akzeptierte Hitler die Ansicht der Marine, daß »Seelöwe« nicht vor Mitte September gestartet werden konnte. Aber die Operation war noch nicht endgültig bis 1941 aufgeschoben, da Göring versicherte, die Luftwaffe könne sowohl das Eingreifen der britischen Marine verhindern als auch die britische Luftwaffe vom Himmel verjagen. Die Marine- und Heeresbefehlshaber waren bereit, ihn eine vorbereitende Luftoffensive versuchen zu lassen, da sie diese zu nichts verpflichtete, ehe sie sich nicht als erfolgreich erwies. Sie hatte keinen Erfolg, und somit wurde der Kampf in der Luft zum Hauptfaktor, ja zum einzigen Faktor der entscheidenden Schlacht von England.

Die Überlegenheit der Luftwaffe über die Royal Air Force war nicht so groß, wie damals allgemein angenommen wurde. Sie konnte keinen dauernden Angriff mit Wellen von Bombermassen durchhalten, wie das die britische Öffentlichkeit befürchtet hatte, und die Zahl der deutschen Jäger war nicht viel größer als die der britischen.

Die Offensive wurde hauptsächlich von der 2. und 3. Luftflotte unter Feldmarschall Albert Kesselring und Feldmarschall Hugo Sperrle durchgeführt. Die erstere operierte von Stützpunkten im Nordosten Frankreichs, in Belgien und in den Niederlanden, die letztere vom Norden und Nordwesten Frankreichs. Jede Luftflotte operierte als in sich geschlossene Einheit, die alle notwendigen Bestandteile enthielt. Diese Integration war in Polen und im Westen sehr vorteilhaft gewesen, als die Luftwaffe mit den Heeresverbänden Hand in Hand arbeitete, war jedoch weniger vorteilhaft bei einem nur von der Luftwaffe geführten Feldzug. Jede Luftflotte entwarf ihre eigenen Einsatzpläne und reichte sie getrennt ein. Es gab keinen Gesamtplan.

Am 10. August, als die Offensive ernstlich beginnen sollte, hatten die Luftflotten 2 und 3 insgesamt 875 Standardbomber (hoch fliegende Bomber) und 316 Sturzkampfbomber. (Die Sturzkampfbomber erwiesen sich als so wehrlos gegenüber den britischen Jägern, daß sie nach dem 18. August aus der Schlacht gezogen und für die Invasion reserviert wurden.)

Zusätzlich hatte die 5. Luftflotte in Norwegen und Dänemark unter General Stumpff 123 Standardbomber. Sie nahm jedoch nur an einem Tag an der Schlacht teil, am 15. August, und ihre Verluste erwiesen sich dann als zu schwer, um einen so weiten Flug zu wiederholen. Aber durch ihr Dasein abseits vom Schauplatz band sie Teile des britischen Fighter Command im Nordosten Englands. Außerdem stellte sie Ende August der 2. und 3. Luftflotte über hundert Bomber zur Verfügung, um deren Verluste auszugleichen.

Diese hatten die Schlacht am 10. August mit 929 Jagdflugzeugen begonnen. Es handelte sich größtenteils um einmotorige Messerschmitt 109, aber auch 227 zweimotorige Me 110, die eine relativ große Reichweite hatten. Die Me 109, deren Prototyp 1936 erschienen war, hatte eine Höchstgeschwindigkeit von mehr als 560 Stundenkilometern, und ihr großes Steigvermögen gab ihr einen weiteren Vorteil gegenüber den britischen Jägern. Doch beim Wenden und Manövrieren war sie im Luftkampf ihnen gegenüber im Nachteil. Im Gegensatz zu den britischen Jägern hatte sie außerdem anfangs noch keinen Panzerschutz für den Piloten, obgleich sie kugelsichere Treibstofftanks hatte, die wiederum den Engländern fehlten.

Ein entscheidender Faktor für die deutschen einmotorigen Jäger war ihre begrenzte Reichweite. Die offizielle Reichweite der Me 109 von 660 Kilometern war irreführend. Ihr tatsächlicher Aktionsradius für Hin- und Rückflug betrug etwas mehr als 160 Kilometer, und vom Pas de Calais oder der Halbinsel Cotentin aus schaffte sie es gerade bis London, wobei ihr dort nur wenig Zeit zum Kämpfen blieb. Sie hatte nur eine Gesamtflugdauer von knapp 95 Minuten, was ihr nur 75 bis 80 Minuten taktische Flugzeit ermöglichte. Machte es der schwere Verlust an Bombern und deren sehr augenfällige Verwundbarkeit notwendig, daß ihnen Jagdschutz gegeben werden mußte, so konnten an einem beliebigen Tage nicht mehr als 300 bis 400 Bomber gegen Ziele im Süden Englands eingesetzt werden, wobei jeweils zwei Jäger einen Bomber begleiteten. Außerdem war die Me 109 bei Start und Landung schwer zu handhaben, da ihr Fahrgestell schwach war und dieser Mangel auf den hastig errichteten behelfsmäßigen Flugplätzen an der französischen Küste besonders ins Gewicht fiel.

Trotz ihrer Sollhöchstgeschwindigkeit von 550 Stundenkilometern erwies sich die zweimotorige Me 110 als wesentlich langsamer. Sie erreichte oft nicht einmal 480 Stundenkilometer, so daß die Spitfire sie weit hinter sich ließ, da sie nur langsam Geschwindigkeit aufnahm und schwer zu manövrieren war. Sie hätte »die Krone der Luftwaffenjäger in dieser Operation« werden sollen, erwies sich jedoch als die schwerste technische Enttäuschung von allen und mußte tatsächlich zu ihrem eigenen Schutz von Me 109 begleitet werden.

Der schwerste Mangel der deutschen Jäger war jedoch ihre primitive Funkausrüstung. Obgleich sie sich während des Fluges per Funk verständigen konnten, waren ihre Geräte kümmerlich im Vergleich mit denen der Briten. Außerdem konnten sie nicht vom Boden aus dirigiert werden.

Nachdem die R. A. F. in Frankreich über 400 Jäger verloren hatte, war der Bestand des Fighter Command wieder ergänzt worden und betrug Mitte Juli 650 Maschinen, so viele wie vor der deutschen Mai-Offensive. Die britische Jägerflotte bestand größtenteils aus Hurricanes und Spitfires, umfaßte aber auch fast 100 Maschinen anderer und älterer Typen.

Diese bemerkenswerte Wiedererstarkung war hauptsächlich Lord Beaverbrook zu verdanken, der im Mai, als die Churchill-Regierung gebildet worden war, das neue Amt eines Ministers für Flugzeugproduktion erhielt. Seine Kritiker beklagten sich daüber, daß sein energisches Eingreifen langfristige Planungen über den Haufen warf. Doch Air Chief Marshal Sir Hugh Dowding, der Oberbefehlshaber des Jägerkommandos, erklärte, daß »die Folgen der Ernennung nur als Wunder bezeichnet werden können«.

Bis zum Hochsommer wurde die Produktion von Jagdflugzeugen sogar auf das Zweieinhalbfache gesteigert, und während des ganzen Jahres produzierte England 4284 Jäger, Deutschland dagegen nur 1693 — ein Verhältnis von 5 zu 2.

Das Verhältnis der beiderseitigen Bewaffnung ist schwieriger zu erklären. Die Hurricanes und Spitfires waren nur mit acht Maschinengewehren bestückt, die vorn an den Flügeln befestigt waren. Es waren amerikanische Browning-Maschinengewehre — eine Waffe, die ausgewählt worden war, weil sie ausreichend zuverlässig ferngesteuert werden konnte und eine hohe Leistung von 1260 Schuß pro Minute besaß. Im allgemeinen waren die Jäger vom Typ Me 109 mit zwei feststehenden Maschinengewehren in der Motorhaube und zwei 20-mm-Geschützen in den Flügeln ausgerüstet. Diese Bewaffnung war als Ergebnis der im Spanischen Bürgerkrieg gewonnenen Erfahrungen entwickelt worden. Die Me 109 war dort erprobt worden, ebenso wie ältere Jägertypen, die inzwischen ersetzt worden waren.

Adolf Galland, das deutsche Flieger-As, hatte rückblickend keinen Zweifel, daß die Bestückung der Me 109 besser war. Die britische Meinung darüber war geteilt, da angenommen wurde, daß der Vorteil der höheren Schußleistung der Brownings in den kurzen Feuerstößen lag. Jedoch sah man auch, daß ein halbes Dutzend Geschosse aus einer Bordkanone mehr Schaden anrichten konnten als die entsprechenden Browning-Feuerstöße — und einige der britischen Jägerpiloten beklagten sich bitter darüber, daß, obwohl sie sicher waren, den Gegner getroffen zu haben, »nichts passierte«. Im Verlauf der Schlacht wurden dreißig Spitfires mit zwei 20-mm-Geschützen des Types Hispano (Oerlikon) ausgerüstet, und vom Oktober an wurden die Hurricanes mit vier Geschützen ausgestattet.

Schon zu Anfang fiel auf, daß die deutschen Bomber mit einigen frei schwenkenden Maschinengewehren zu dürftig bewaffnet waren, um die britischen Jäger abwehren zu können, wenn sie keinen Jagdschutz hatten.

Was die Jägerpiloten anbetraf, so war die Lage komplizierter und in der Anfangsphase der Schlacht für die Briten keineswegs günstig. Ihre Ausbildung hatte zwar ein hohes Niveau, aber der Mangel an Piloten war schwerwiegend. Die Fliegerschulen der R.A.F. wurden nur langsam ausgebaut, und dies beeinflußte die Kampfführung. Die Verluste mußten auf ein Minimum beschränkt werden, selbst wenn dies bedeutete, daß einige Luftangriffe nicht abgewehrt werden konnten. Die Flieger, nicht die Flugzeuge, waren Dowdings Hauptsorge!

Dadurch, daß Dowding mit seinen Mitteln im Juli sparsam umging, gelang es ihm, die Pilotenzahl bis Anfang August auf 1434 Mann zu bringen. Dazu verhalfen ihm 68 »ausgeliehene« Marineflieger. Einen Monat später waren es nur noch 840, und die Verluste betrugen im Durchschnitt wöchentlich 120. Dagegen kamen nur 260 Jagdflieger im Monat aus den Operational Training Units der R.A.F. Im September wurde der Mangel noch schlimmer, da die Zahl der qualifizierten Piloten schrumpfte, während die eilig ausgebildeten Neuankömmlinge wegen ihrer Unerfahrenheit gefährdeter waren. Frische Staffeln, die herangebracht wurden, um die abgekämpften abzulösen, verloren oft mehr Männer als diese. Die Erschöpfung wurde in zahlreichen Fällen von sinkendem Kampfgeist und wachsender Nervosität begleitet.

Die Deutschen hatten anfangs keine derartigen Sorgen. Trotz ihrer schweren Verluste auf dem Festland im Mai und Juni kamen aus den Fliegerschulen mehr Piloten, als die im Einsatz stehenden Staffeln aufnehmen konnten. Doch ihr Kampfgeist litt darunter, daß Göring und andere führende Männer der Luftwaffe die Jäger nur als »defensiv« und als zweitrangige Waffe betrachteten. Außerdem wurden viele der besten Piloten von den Jägern abgezogen, um die Verluste bei den Bombern und Sturzkampfbombern auszugleichen, während Göring ihnen weiterhin mangelnden Angriffsgeist vorwarf und ihnen die Schuld an allen Fehlschlägen der Luftwaffe gab – die größtenteils auf seinen eigenen Mangel an Voraussicht und Fehler in der Planung zurückzuführen waren.

Im Gegensatz dazu wurde der Kampfgeist der britischen Jagdflieger gestärkt, die wußten, daß sie in den kritischen Monaten als Churchills »Auslese«, als Krone der Royal Air Force und Helden der Nation galten.

Die Beanspruchung der deutschen Jäger, sowohl der Piloten als auch der Flugzeuge, vergrößerte sich dadurch, daß sie in erhöhtem Maße als Geleitschutz eingesetzt wurden und zwei oder drei und manchmal sogar fünf Feindflüge am Tag unternehmen mußten. Göring gestattete keine Ruhetage und keine Rotation der Einheiten im Einsatz. So kam zu der Belastung wegen ihrer schweren Verluste noch Erschöpfung hinzu. Der Kampfgeist nahm zusehends ab, noch ehe der September kam. Hinzu kamen Zweifel, ob angesichts der Geringfügigkeit und Stümperhaftigkeit der Vorbereitungen, welche die Piloten erkannten, tatsächlich eine Invasion beabsichtigt war — so daß sie sich immer öfter fragten, ob sie nur geopfert wurden, um die Fassade einer Operation aufrechtzuerhalten, die in Wahrheit schon aufgegeben war.

Die Bomberbesatzungen wiederum litten unter schweren Verlusten und dem Gefühl ihrer Ohnmacht gegenüber Angriffen der R.A.F.-Jäger. So wurde das Absinken ihres Kampfgeistes immer augenfälliger, so tapfer sie auch ihre Befehle weiter ausführten.

Während sich beide Seiten in der Anfangsphase der Schlacht in bezug auf Geschicklichkeit und Mut gleichstanden, gewannen die Engländer im Laufe der Zeit die Oberhand durch die Tatsache und noch mehr durch das Bewußtsein, daß der Feind schwere Verluste erlitt und seine Belastung größer war als die ihre — sosehr auch sie selbst in beiderlei Hinsicht zu leiden hatten.

Ein Handicap für die Deutschen war auch ihr mangelhafter Nachrichtendienst. Als Grundlage für die Durchführung der Offensive benutzte die Luftwaffe ein Vorkriegshandbuch, die sogenannte »Blaue Studie«, die Angaben über den Zustand und die Lage von Industrieanlagen in England enthielt sowie die Ergebnisse umfassender fotografischer Aufklärung im Rahmen sogenannter »Probeflüge auf zivilen Routen«. Das alles wurde unzulänglich vom Luftwaffennachrichtendienst ergänzt, an dessen Spitze nur ein Major stand. In einem Bericht über die R.A.F., den dieser Major Schmid im Juli 1940 vorlegte, unterschätzte er stark die britische Jägerproduktion, die er mit nur 180 bis 300 Maschinen im Monat bezifferte, während sie schon im August und September auf 460–500 Hurricanes und Spitfires anstieg – in jener Phase der Schlacht, die auf Beaverbrooks Bemühungen, das Programm zu beschleunigen, folgte. (Die Fehleinschätzung, die auf diesen großen Irrtum zurückzuführen war, wurde noch verschlimmert durch Berichte aus General Udets Produktionsabteilung, die besonders nachdrücklich die Nachteile der Hurricane und Spitfire anführten, ohne auf deren Vorteile hinzuweisen.)

In Major Schmids Bericht stand nichts über das dichte Verteidigungssystem der R.A.F., zu dem Radarstationen, Funkleitstellen und ein Netz von Hochfrequenzsendern gehörten. Und doch waren die britische Radarstation bei Bawdsey an der Küste von Suffolk und die hohen Gittermasten überall an der Küste schon lange vor dem Krieg für einen fremden Nachrichtendienst erkennbar gewesen, und im Jahr 1939 schien es kaum vorstellbar, daß die Deutschen von den Schlüsselstellungen des britischen Warnsystems nicht genügend wußten. Obgleich die Deutschen schon 1938 wußten, daß die Engländer mit Radar experimentierten, und im Mai 1940 am Strand von Boulogne sogar eine fahrbare Radarstation eroberten, hielten ihre Wissenschaftler die Erfindung für unfertig. Weit genauere Informationen über das britische Radar waren leicht in Frankreich zu haben, was auf die nachlässigen Sicherheitsvorkehrungen der Franzosen zurückzuführen war, als die Deutschen den größten Teil des Landes überrannten. Doch auch davon scheinen die Deutschen nicht profitiert zu haben. Göring selbst maß dem Radar wenig Bedeutung bei.

Tatsächlich erkannten die Deutschen erst im Juli, als sie ihre Funkbeobachtungsstationen an der französischen Küste aufgestellt hatten, daß es sich bei den Signalen, die die Radarmaste entlang der englischen Küste ausstrahlten, um etwas völlig Neues handelte. Die Luftwaffenführung unterschätzte sogar die Reichweite und die Wirksamkeit des britischen Radars und unternahm wenig, es zu stören oder zu zerstören. Auch die Erkenntnis, daß die britischen Jäger unter ständiger Funkkontrolle operierten, beeindruckte sie nicht — sie zog daraus den Schluß, daß dieses System die Befehlsgewalt über die Jäger unelastisch machte, und erwartete, daß Massenangriffe das System wirkungslos machen würden.

Die Neigung, die Verluste des Gegners in Luftkämpfen zu übertreiben, war ein beiden Seiten gemeinsamer Fehler, wirkte sich aber für die Deutschen ungünstiger aus. Anfangs hatte der Nachrichtendienst der Luftwaffe Dowdings Kräfte richtig eingeschätzt, da er von ungefähr 50 Hurricane- und Spitfire-Squadrons sprach, die eine Einsatzstärke von etwa 600 Flugzeugen hatten, von denen höchstens 400 bis 500 im südlichen Teil Englands lagen. Doch nachdem die Schlacht begonnen hatte, ergaben sich aus der Neigung, die britischen Verluste zu überschätzen und die britische Flugzeugproduktion zu unterschätzen, schwere Kalkulationsfehler, so daß die Piloten der Luftwaffe zuerst verwirrt und dann deprimiert waren, als die Zahl der britischen Jäger gleichblieb. Es wurden viel mehr Abschüsse gemeldet, als tatsächlich Maschinen existiert hatten.

Eine andere Fehlrechnung ergab sich aus dem Brauch der Luftwaffenführer, mit Rotstift die jeweilige R.A.F.-Squadron abzustreichen, wenn der Stützpunkt eines Jägerkommandos bombardiert worden war. Das war zum Teil auf die ungenügende fotografische Aufklärung und zum anderen auf eine unangebracht optimistische Analyse der Ergebnisse zurückzuführen. Zum Beispiel schätzte die Luftwaffe, daß bis zum 17. August nicht weniger als elf Flugplätze »für immer zerstört« worden waren — während tatsächlich nur einer, nämlich Manston, für einige Zeit ausfiel. Außerdem wurden Angriffe auf Flugplätze im Südosten geflogen, die gar nicht zum Fighter Command gehörten. Andererseits erkannten die Luftwaffenführer nicht die entscheidende Bedeutung von Stützpunkten des Fighter Command wie Biggin Hill, Kenley oder Hornchurch und wußten nicht, daß deren Kommandoräume leicht zerstörbar über der Erde lagen. Daher wurden die Angriffe auf die Stützpunkte, die die Luftwaffe Ende August durchführte, nicht fortgesetzt.

Ein weiterer Hemmschuh für die Deutschen war das Wetter,

und zwar im doppelten Sinn: Das Wetter über dem englischen Kanal war für Angriffe oft ungünstig, und da es gewöhnlich vom Westen herkam, wußten es die Engländer natürlich zuerst. Die Deutschen waren hinter den Code der britischen Funkwetterberichte vom Atlantik gekommen; doch sie zogen wenig Nutzen daraus und wurden dabei oft überspielt. Vor allem klappte häufig das Zusammentreffen von Bombern und ihrem Jägerschutz wegen unerwarteter Wolkenbildung und schlechter Sicht nicht. Wolkenbänke über Nordfrankreich und Belgien verzögerten das Eintreffen der Bomber, deren Mannschaften wenig Erfahrung im Blindflug hatten. Und daraus ergab sich, daß sie zu ihrem Rendezvous zu spät kamen. Die Jäger, die keinen Treibstoff verschwenden konnten, schlossen sich dann anderen Bombern an, so daß die eine Bomberformation unter doppeltem Schutz flog, die andere ohne jeglichen Schutz und dadurch schwere Verluste erlitt. Als im Herbst das Wetter schlechter wurde, kamen solche Pannen öfter vor, und die Folgen waren katastrophal.

In anderer Hinsicht waren die Deutschen jedoch durch bessere Planung im Vorteil. Der britische Luft-See-Bergungsdienst war zu Beginn weitgehend auf den Zufall angewiesen, und Piloten, die auf das Wasser niedergingen, mußten sich größtenteils auf ihr Glück verlassen, irgendwann einmal aufgefischt zu werden. Das war um so schwerwiegender, als Mitte August fast zwei Drittel der Luftkämpfe, die zu Abschüssen führten, über der See stattfanden. Die Deutschen waren hier besser organisiert. Sie setzten etwa dreißig Heinkel-Wasserflugzeuge für Bergungsflüge ein, und ihre Jäger- und Bomberbesatzungen waren mit Schlauchbooten, einer Schwimmweste, einer Leuchtpistole und einer Chemikalie, die das Wasser grün färbte, ausgerüstet. Ein Jagdflieger, der notwassern mußte, konnte damit rechnen, noch 40 bis 60 Sekunden zum Aussteigen zu haben, ehe die Maschine sank. Ohne die Sicherheit, die durch diese Seerettungsmaßnahmen garantiert war, wäre der Kampfgeist der Luftwaffe noch rascher gesunken, als es tatsächlich der Fall war.

Die Offensive der Luftwaffe traf nicht nur auf den starken Widerstand der R.A.F.-Jäger, sondern auch auf den der Flakgeschütze, die für die Luftabwehr bereitgestellt waren. Diese wurden von der Armee geliefert, der sie auch gehörten (ähnlich denen, die die Expeditionstruppe begleitet hatten), obgleich sie dem Fighter Command der R.A.F. angegliedert und diesem auch unterstellt waren. Wenn sie auch während der Schlacht um England relativ wenig deutsche Bomber abschossen, so trugen sie doch viel zur nervlichen Belastung der Angreifer bei und beeinträchtigten die Genauigkeit der Bombeneinschläge.

Der Oberbefehlshaber des Anti-Aircraft Command war Generalleutnant Sir Frederick Pile. Eigentlich Artillerist, hatte er sich zum Royal Tank Corps versetzen lassen, als dieses 1923 aufgestellt wurde, und er war bald einer der energischsten Verfechter der motorisierten Kriegführung. Doch im Jahr 1937, nachdem er zum Generalmajor befördert worden war, übertrug ihm der Army Council das Kommando der 1. Flakdivision, die London und den Süden Englands verteidigte. Im nächsten Jahr wurden die beiden bestehenden Flakdivisionen zunächst auf fünf und dann auf sieben erweitert. Ende Juli 1939, kurz vor dem Krieg, erhielt »Tim« Pile das Kommando über die gesamte Luftabwehr, einschließlich der leichten Batterien, die aufgestellt wurden, um Flugplätze und andere wichtige Punkte gegen Tieffliegerangriffe zu verteidigen.

Ein weiteres wertvolles Abwehrinstrument war die Ballonsperre — eine Reihe von Ballons, die die Form von Würsten hatten und in Höhen von bis zu 1500 m mittels Stahlseilen verankert waren. Diese wurden von der R.A.F. selbst gestellt und getrennt befestigt, auch wenn sie dem Fighter Command unterstanden.

Während der Vorkriegsjahre war die Erweitung der Flak zum Zweck der Heimatverteidigung nur widerwillig genehmigt worden, weil das Army Council sie als überflüssige Schwächung der Armee ansah. Daher stießen Piles Bemühungen, eine wirksame Luftverteidigung aufzubauen, auf den Widerstand des Kriegsministeriums und brachten ihn dort in Mißkredit. Zum Glück für das Land war es ihm jedoch gelungen, gute Beziehungen mit Dowding anzuknüpfen, der ein schwieriger Mensch war. Beide arbeiteten bemerkenswert gut miteinander.

Bei Kriegsausbruch, Anfang September 1939, waren 2232 schwere Flakgeschütze genehmigt worden – beinahe doppelt so viele, wie in dem sogenannten »Ideal«-Plan enthalten gewesen waren, der zwei Jahre zuvor abgelehnt worden war, sowie 1860 leichte Flakgeschütze und 4128 Suchscheinwerfer. Infolge des langen Zauderns konnten jedoch nur 695 schwere und 253 leichte Geschütze aufgeboten werden, als der Krieg begann – etwa ein Drittel der schweren Geschütze und ein Achtel der leichten Geschütze, die damals genehmigt waren. (Immerhin bedeutete das gegenüber dem Zeitpunkt der Münchener Krise ein Jahr zuvor eine wesentliche Verbesserung, als nur 126 schwere Geschütze einsatzbereit waren.) Im Hinblick auf die Suchscheinwerfer war die Lage relativ gut, da 2700 Stück aus einer genehmigten Gesamtzahl von 4128 eingesetzt werden konnten, also mehr als zwei Drittel.

Nach Kriegsbeginn traten neue Schwierigkeiten auf, weil die Admiralität 255 schwere Geschütze anforderte, um die Ankerplätze der 6. Flotte zu verteidigen. Davon war vor dem Krieg nie die Rede gewesen, als die Admiralität großes Vertrauen in die Fähigkeit ihrer Schiffe setzte, jeden Luftangriff mit der eigenen Flak abzuwehren. Jetzt verlangte sie nicht weniger als 96 Geschütze, um den Ankerplatz bei Rosyth im Firth of Forth zu schützen – ebenso viele, wie damals für ganz London, und viermal so viele, wie für die Gegend bei Derby zur Verfügung standen, wo die überaus wichtigen Rolls-Royce-Werke lagen.

Die Expedition nach Norwegen im April 1940 brachte eine weitere große Forderung nach schweren und leichten Flakgeschützen mit sich.

Nach dem Zusammenbruch Frankreichs im Juni änderte sich die Situation radikal zum Schlechteren, da England von einem Ring feindlicher Flugzeugbasen von Norwegen bis zur Bretagne eingeschlossen war.

Damals standen dem Flak-Befehlsbereich 1204 schwere und 581 leichte Geschütze zur Verfügung – also fast doppelt so viele schwere und mehr als doppelt so viele leichte wie bei Ausbruch des Krieges. Während der nächsten fünf Wochen kamen 124 schwere und 182 leichte Geschütze dazu; aber fast die Hälfte der ersteren und ein Viertel der letzteren mußten für Ausbildungszwecke und für Orte in Übersee bereitgestellt werden, die jetzt durch den Kriegseintritt Italiens gefährdet waren. Ende Juli hatte die Luftverteidigung von Großbritannien noch immer wenig mehr als die Hälfte der vorgesehenen schweren Flakgeschütze und kaum ein Drittel der leichten Flakgeschütze, die bei Kriegsausbruch als unbedingt erforderlich erachtet wurden, als die strategischen Verhältnisse noch weit günstiger waren. Suchscheinwerfer gab es mehr: Fast 4000 Stück standen jetzt zur Verfügung, beinahe soviele, wie vorgesehen waren, obgleich die veränderten Verhältnisse jetzt nach einer noch größeren Anzahl verlangten.

In der Anfangsphase der Schlacht um England verstärkten sich allmählich die deutschen Luftoperationen gegen den britischen Schiffsbestand und die englischen Häfen am Kanal, und es gab vereinzelte Versuche, die britischen Jäger herauszulocken. Bis zum 6. August hatten die beiden Oberbefehlshaber der Luftwaffe, Kesselring und Sperrle, noch keine genauen Befehle für die Durchführung der Offensive erhalten – was dazu beitrug, daß das Bild der Operationen anfangs so verwirrend war[1].

Regelmäßige Angriffe auf den Schiffsbestand begannen am 3. Juli, während am nächsten Tag ein Verband von 78 Stukas, die von Me 109 begleitet wurden, den Marinehafen bei Portland angriffen, allerdings ohne große Wirkung. Am 10. griff ein kleiner Bomberverband mit starkem Jägerbegleitschutz einen Konvoi vor Dover an. Die Me 110 schnitten dabei gegenüber den Hurricans, die aufgestiegen waren, um den Geleitzug zu verteidigen, schlecht ab. Nach einem schwereren Angriff auf einen Geleitzug im gleichen Gebiet am 25. Juli beschloß die Admiralität, die Konvois nachts durch die Straße von Dover zu schicken, und einige erfolgreiche Luftattacken auf Zerstörer führten zu der Entscheidung, daß die in Dover stationierten sich nach Portsmouth zurückziehen soll-

1 General Pile übersandte mir täglich Tabellen der Luftangriffe in der Hoffnung, daß ich etwas herausfinden könnte. Ich konnte jedoch kein System oder einen bestimmten Zweck darin entdecken.

ten. Die Durchfahrt eines anderen Geleitzuges in der Nacht des 7. August wurde vom deutschen Radar auf den Klippen bei Wissant ausgemacht, und er wurde am nächsten Tag von Stukas angegriffen, die in Wellen von bis zu 80 Maschinen anflogen. Mehr als 70 000 Tonnen Schiffsraum wurden versenkt, um den Preis von 31 Flugzeugen.

Am 11. verlor die R.A.F. in Luftkämpfen 32 Jäger. Dessenungeachtet verloren die Deutschen vom 3. Juli bis zum 11. August 270 Flugzeuge, während die R.A.F. 145 Jäger verlor – ein Verlust, der größer war als die wöchentliche Produktion.

Nach Hitlers verspätetem Befehl vom 1. August an die deutsche Luftwaffe, die »englische Luftwaffe möglichst bald niederzukämpfen«, und Görings Besprechungen mit der Luftwaffenführung wurde der Beginn der Großoffensive für den 13. August festgesetzt. Diese Offensive erhielt den Decknamen »Adlertag«. Zu optimistische Berichte über bisherige Erfolge der Luftwaffe in dem vorangegangenen Zeitraum hatten Göring davon überzeugt, daß er in vier Schönwettertagen die Luftüberlegenheit erringen konnte. Am »Adlertag« war das Wetter jedoch weniger günstig als vorher.

Dennoch begann die Luftwaffe am »Adlertag« mit einleitenden Bombenangriffen auf britische Jägerbasen und Radarstationen im Südosten Englands. Die Flugplätze bei Manston, Hawkinge und Lympne wurden schwer beschädigt und einige der Radarstationen einige Stunden lang außer Betrieb gesetzt. Die bei Ventnor auf der Insel Wight wurde völlig zerstört; doch wurde diese Tatsache vor den Deutschen verheimlicht, indem ein anderer Sender die entsprechenden Signale ausstrahlte. Die Radartürme selbst hielten die Stukas oft von den Räumen in ihrer Nähe ab, zumal die Deutschen fälschlicherweise annahmen, daß sie sicher unter der Erde untergebracht seien. In diesem Zusammenhang muß den Radartechnikerinnen der W.A.A.F., der Women's Auxiliary Air Force, Achtung gezollt werden, die so lange Luftangriffe meldeten, bis ihre eigene Station bombardiert wurde.

Die dichte Wolkendecke über Südostengland veranlaßte Göring, den Hauptangriff auf den Nachmittag zu verschieben – doch mehrere Formationen erhielten den Aufschubbefehl nicht und vergeudeten ihre Mühe bei unzusammenhängenden Angriffen. Als der Großangriff am Nachmittag durchgeführt wurde, war er zu zersplittert und sein Ergebnis daher enttäuschend. An diesem Tag flog die Luftwaffe 1485 Einsätze, doppelt so viele wie die R.A.F. Unter Verlust von 45 deutschen Maschinen – Bombern und Jägern – wurden nur dreizehn R.A.F.-Jäger abgeschossen, obwohl 70 Abschüsse gemeldet worden waren.

Im Eröffnungsstadium verschwendete die Luftwaffe viele Angriffe auf Flugplätze, die nicht zum Fighter Command gehörten, obwohl die letzteren eigentlich ihr Hauptangriffsziel waren. Außerdem litt dieses Eröffnungsstadium auch unter schlechter Koordinierung zwischen den Bombenformationen und ihrem Jägerbegleitschutz.

Am nächsten Tag, dem 14. August, verminderte das Wetter den Angriff auf ungefähr ein Drittel der Stärke vom Eröffnungstag. Doch als es sich am Morgen des 15. aufklärte, startete die Luftwaffe ihren schwersten Angriff der ganzen Schlacht – 500 Bomber flogen dabei insgesamt 1786 Einsätze. Die ersten Angriffe richteten sich gegen die Flugplätze bei Hawkinge und Lympne, und obgleich der erstere der wichtigere war, erlitt dieser nur wenig Schaden, während der letztere zwei Tage lang außer Gefecht gesetzt wurde.

Am frühen Nachmittag flogen mehr als 100 Bomber der 5. Luftflotte in zwei Verbänden über die Nordsee, um Flugplätze bei Newcastle und in Yorkshire anzugreifen. Der größere Verband, ungefähr 65 in Stavanger stationierte Bomber, wurde von etwa 35 Me 110 begleitet, die sich jedoch von nur geringem Wert erwiesen. Dieser Verband traf auf so zähen Widerstand der R.A.F.-Jäger der 13. Fighter Group und der Flak, daß er nirgends ernsthaften Schaden anrichtete. 15 Flugzeuge wurden abgeschossen, während die R.A.F. neun verlor. Der andere Verband von 50 Bombern aus Aalborg in Dänemark flog ohne Geleitschutz, hatte jedoch das Glück, daß die 12. Fighter Group verhältnismäßig wenig Jäger aufsteigen ließ, so daß ein großer Teil der Angreifer bis zu dem R.A.F.-Bomberstützpunkt bei Driffield in Yorkshire vordrang, wo er großen Schaden anrichtete, obwohl er dabei sieben Bomber verlor und drei weitere auf dem Rückflug.

Im Süden hatte die britische Verteidigung bei verschiedenen schwereren Angriffsserien aus kürzester Entfernung weniger Erfolg. Am frühen Nachmittag griffen 30 Bomber mit starkem Begleitschutz Rochester an und bombardierten dort die Flugzeugfabrik Short, während zur gleichen Zeit 24 Jagdbomber auf dem Jägerflugplatz der R.A.F. bei Marlesham Heath in Suffolk ernsten Schaden anrichteten. Die Vielzahl der Angriffe verwirrte das Radarbild, und die britischen Jäger-Squadrons, die einzeln ausgeschickt wurden, jagten hin und her. Zum Glück für die Verteidigung koordinierten die deutsche 2. und 3. Luftflotte ihre Angriffe nicht wirkungsvoll genug und büßten so den Vorteil ein, die R.A.F. in Trab zu halten. Erst gegen 18 Uhr flogen 200 Maschinen der 3. Luftflotte über den Kanal, um Flugplätze im südlichen Mittelengland anzugreifen. Unterstützt durch gute Radarwarnungen, stellten die 10. und 11. Fighter Group – die beide den südlichen Teil des Landes deckten – nicht weniger als 14 Squadrons auf die Beine, insgesamt etwa 170 Jäger, um diesen massiven Angriff abzuschlagen, und der Angriff hatte wenig Erfolg. Kurz darauf griff die 2. Luftflotte erneut im Südosten mit etwa 100 Flugzeugen an, traf aber auch hier auf prompten Widerstand und hatte wenig Wirkung. Selbst wenn die Angriffe ihr Ziel erreichten, fanden sie die britischen Jäger weit auseinandergezogen und gut getarnt.

An diesem Tag, der vielleicht der entscheidendste der Schlacht war, betrugen die deutschen Verluste insgesamt 75 Flugzeuge, während 34 britische Jäger verlorengingen. Bezeichnenderweise hatte die Luftwaffe weniger als die Hälfte ihrer Bomber eingesetzt – womit sie indirekt zugab, daß sie von der Begleitung ihrer Jäger abhängig war, von denen fast alle eingesetzt worden waren. Außerdem hatte die Operation dieses Tages klar gezeigt, daß die bisher so furchterregenden Stukas für ihre jetzigen Aufgaben ungeeignet waren, genauso wie die Jäger vom Typ Me 110, auf die man so große Hoffnungen gesetzt hatte.

Es war dieser Tag, der Churchill zu dem Ausspruch veranlaßte:

»Noch nie schuldeten in einem Kampf zwischen Menschen so viele so wenigen so viel.«

Am nächsten Tag jedoch, dem 16., unternahm die Luftwaffe einen weiteren Großeinsatz unter der falschen Voraussetzung, daß die R.A.F. am 15. über 100 Flugzeuge verloren und nur noch 300 Jäger zur Verfügung hatte. Doch obwohl die Angriffe an mehreren Stellen Schaden anrichteten, verliefen sie im ganzen unbefriedigend. Trotz recht guten Wetters wurden am 17. keine Großangriffe mehr geflogen. Am 18. führte ein neuer und stärkerer Einsatz zum Verlust von 71 deutschen Flugzeugen (die Hälfte davon waren Bomber), dem ein R.A.F.-Verlust von 27 Jägern gegenüberstand. Von da an ließen die Angriffe nach. Tatsächlich hatten Tiefflieger, die den Radarschirm unterflogen hatten, in Kenley und Biggin Hill beträchtlichen Schaden angerichtet. Doch die Deutschen wußten davon nichts und meinten, ihre Verluste seien zu groß gewesen, um auf diese Art weiterzumachen. Schlechtes Wetter ließ die Schlacht dann etwas einschlafen.

Göring hatte für den 19. die Luftwaffenführer zu einer weiteren Besprechung zusammengerufen, und nach der Aussprache wurde beschlossen, die Luftoffensive fortzusetzen und weiterhin zu versuchen, die britische Jägerstreitmacht zu Boden zu zwingen.

In den beiden auf den 10. August folgenden Wochen verlor die Luftwaffe 167 Bomber (darunter 40 Stukas). Die Bomberpiloten verlangten daher einen immer stärkeren Geleitschutz. Spannungen und Reibereien zwischen den beiden Waffengattungen wuchsen noch durch Görings Neigung, sich auf die Seite der Bomber zu stellen und die Jäger herabzusetzen.

Doch auch auf britischer Seite gab es Reibereien, besonders zwischen Air Vice Marshal Keith Park, der im kritischen Südosten Englands die 11. Fighter Group befehligte, und Air Vice Marshal Trafford Leigh-Mallory, der die 12. Fighter Group in den Midlands unter sich hatte. Park war dafür, die Deutschen vor ihren Angriffszielen abzufangen und ihre Bomber abzuschießen, damit sie immer mehr Me 109 als Geleitschutz einsetzen mußten, an denen es ihnen mangelte. Leigh-Mallory dagegen meinte, dies würde für die R.A.F.-Jäger eine zu große Belastung mit sich bringen, die dann leicht am Boden getroffen werden konnten, zumal beim Auftanken oder ehe sie genügend Höhe erreicht hatten.

Außerdem gab es Meinungsverschiedenheiten über die Taktik zwischen der »Leigh-Mallory-Gruppe«, die die »big-wing«-Theorie massiver, konzentrierter Abfangkräfte vertrat, und Park, der an dem festhielt, was er für die elastischere Methode hielt, nämlich den gezielten Einsatz von Jägern, der den Briten durch ihr Radar möglich war.

Außerdem hieß es, Dowding und Park seien zu sehr darauf erpicht, die küstennahen Flugplätze im Südosten wegen der Stimmung der Zivilbevölkerung beizubehalten, obwohl es wesentlich klüger gewesen wäre, sich hinter London zurückzuziehen – außer Reichweite der deutschen Jäger und der von ihnen begleiteten Bomber.

In der Zeit vom 8. bis 18. August hatte das Fighter Command 94 Piloten verloren, weitere 60 waren verwundet worden. Doch waren die Flugzeuge noch nicht knapp geworden, trotz der in diesem Zeitraum abgeschossenen 175 Jäger, der 65 weiteren schwer beschädigten Flugzeuge und der 30, die am Boden zerstört worden waren.

Als sich am 24. das Wetter besserte, startete Göring seinen zweiten Versuch, die Luftherrschaft zu erringen. Diesmal war besser geplant worden. Die 2. Luftflotte unter Kesselring hatte gewöhnlich auf der französischen Seite des Kanals einige Maschinen in der Luft, um Park zu irritieren, da das Radar nicht zwischen Bombern und Jägern unterscheiden und erst spät ausmachen konnte, ob Maschinen plötzlich über den Kanal flogen. In dieser neuen Phase erlitten die küstennahen Flugplätze der 11. Fighter Group schwerere Schäden als zuvor, so daß Manston aufgegeben werden mußte.

Ein weiteres Kennzeichen des neuen Planes waren intensive Angriffe auf Flugplätze und Anlagen der R.A.F. im Raum London – und das führte zu den unbeabsichtigten Bombenabwürfen auf die britische Hauptstadt. In der Nacht des 24. warfen etwa zehn deutsche Bomber, die sich auf dem Flug nach Bombenzielen bei Rochester und Thameshaven verflogen hatten, ihre Lasten auf das Zentrum Londons ab. Dieses Versehen löste in der nächsten Nacht einen Vergeltungsangriff auf Berlin aus, der von 80 britischen Bombern durchgeführt wurde, und diesem Angriff folgten noch weitere, was Hitler nach einigen Warnungen, die ignoriert wurden, dazu veranlaßte, Vergeltungsangriffe auf London zu befehlen.

Vor der neuen Offensive waren die meisten Jäger der 3. Luftflotte vom Typ Me 109 zur 2. Luftflotte versetzt worden, um den Geleitschutz im Gebiet des Pas de Calais zu verbessern. Diese Maßnahme machte sich bezahlt. Die Jäger der Royal Air Force hatten mehr Schwierigkeiten und größere Verluste bei dem Versuch, die deutsche Jägerabschirmung zu durchbrechen, und die deutschen Bomber waren eher in der Lage, zu ihren Zielen vorzustoßen. Darüber hinaus hatten die Deutschen eine neue Taktik entwickelt, sich zu getrennten Angriffen zu spalten, wenn die Formationen erst einmal den Radarschirm durchstoßen hatten.

Am 24. August, dem Beginn der Offensive, wurden die Flugplätze bei North Weald und Hornchurch nur von ihrer Flak gerettet. Auch die Marinewerft von Portsmouth wurde dadurch vor einem schweren Angriff der 3. Luftflotte bewahrt, aber die Stadt selbst litt schwer unter den sich daraus ergebenden ziellosen Bombenabwürfen. Danach ging die 3. Luftflotte zu Nachtangriffen über und griff vom 28. August an in vier aufeinanderfolgenden Nächten Liverpool an; aber viele Piloten konnten wegen ihrer unzureichenden Ausbildung und der Störung der deutschen Ortungsgeräte das Gebiet von Merseyside nicht finden. Bei diesen Angriffen zeigte sich jedoch auch die Unzulänglichkeit der britischen Verteidigung gegen Nachtangriffe.

Die beiden letzten Augusttage erwiesen sich für das Fighter Command als besonders verlustreich. Bezeichnenderweise hatten kleine deutsche Verbände von 15 bis 20 Bombern einen Jagdschutz, der dreimal so stark war wie sie selbst. Am 31. erlitt die R.A.F. den bisher schwersten Verlust der ganzen Schlacht. 39 abgeschossenen englischen Jägern stand ein deutscher Verlust von 41 Flugzeugen gegenüber. Der Verlust war für die R.A.F. zu groß, ohne daß die Angreifer abgeschreckt worden wären. Die meisten

Flugplätze im Südwesten waren nun ernstlich beschädigt und einige so stark zerstört, daß sie unbrauchbar waren.

Sogar Dowding erwog jetzt eine Verlegung seiner Kampflinie im Südosten, um sie außer Reichweite der Me 109 zu bringen. Außerdem wurde er heftig kritisiert, weil er 20 Jäger-Squadrons zur Verteidigung des Nordens bereithielt, der nur ein einziges Mal am Tage angegriffen worden war. Darüber hinaus verlangten die Piloten der 12. Fighter Group, die in East Anglia und den Midlands standen, ebenfalls in der Schlacht eingesetzt zu werden, während sich Park darüber beklagte, daß sie nicht so zur Mitarbeit bereit seien, wie er es wünschte. Solche Spannungen zwischen Park und Leigh-Mallory und zwischen Dowding und Air Chief Marshal Newall trugen nicht zu einer reibungslosen Lösung der Probleme bei.

Im Lauf des Monats August verlor das Fighter Command 338 Hurricanes und Spitfires, und 103 Maschinen wurden schwer beschädigt. Demgegenüber wurden 177 Me 109 abgeschossen und 24 schwer beschädigt. Das Verhältnis der Verluste an Jägern betrug also 2 zu 1.

Somit hatte Göring Anfang September Grund zu der Annahme, er stünde dicht vor seinem Ziel — der Zerstörung der englischen Jägerwaffe und ihrer Anlagen im Südosten. Aber er versäumte es, den einmal gewonnenen Vorteil zu halten und auszubauen.

Am 4. September griff die Luftwaffe englische Flugzeugwerke an — die Short-Werke bei Rochester und die Vickers-Armstrong-Werke bei Brooklands. Diese Angriffe waren als solche recht wirksam, bedeuteten jedoch eine Lockerung des Druckes auf das Fighter Command. Das war um so besser, als die Nerven der Piloten bis zum Zerreißen gespannt waren und ihre Leistungen deutlich nachgelassen hatten.

Dowding, der ein Gefühl für das Wesentliche hatte, befahl nun rasch stärksten Jägerschutz für die Flugzeugfabriken im Süden, und ein neuer Angriff auf Brooklands zwei Tage später wurde abgewehrt, ebenso Angriffe auf fünf Flugplätze um London.

In den vierzehn Tagen vom 24. August bis zum 6. September wurden 295 britische Jäger zerstört und 171 schwer beschädigt.

269 Maschinen wurden im gleichen Zeitraum produziert und repariert. Der Verlust der Luftwaffe an Me 109 war kaum halb so groß, aber sie hatte außerdem über 100 Bomber verloren.

Die Verluste der Luftwaffe und der Ruf nach stärkerem Geleitschutz für die Bomber beeinträchtigten jetzt ernstlich ihre Schlagkraft. Während sie anfangs ungefähr 1500 Einsätze am Tag geflogen war und an den beiden letzten Augusttagen noch einmal 1300 bis 1400 Einsätze erreichte, blieb die Zahl in der ersten Septemberwoche immer unter 1000. In den ersten zwei Monaten der Schlacht, die zu einer Zermürbungsschlacht geworden war, hatte die Luftwaffe über 800 Flugzeuge verloren, Kesselrings 2. Luftflotte, die die Hauptlast der Offensive trug, besaß jetzt noch ungefähr 450 einsatzfähige Bomber und 530 Jäger vom Typ Me 109. Und am Ende dieser dritten Phase der Schlacht begann sich endlich das Blatt zugunsten Englands zu wenden. In der vierten Phase verstärkte sich diese Tendenz noch, wozu nicht zuletzt eine neue Aufgabenstellung der Luftwaffe beitrug.

Am 3. September hatte Göring in Den Haag wieder eine Konferenz mit der Luftwaffenführung abgehalten. In dieser Besprechung wurde die schicksalhafte Entscheidung gefällt, London am Tage zu bombardieren, wozu Kesselring schon von Beginn an gedrängt hatte. Nun war Hitler damit einverstanden. Der Beginn wurde auf den 7. September festgesetzt.

Gleichzeitig sollten die 300 Bomber der 3. Luftflotte zu einem Nachtangriff eingesetzt werden. Das gefiel Sperrle, der immer für die Bombardierung des Schiffsbestandes und der Häfen gewesen war und die Aussichten, die britische Jägerstreitmacht und ihre Flugplätze zu zerstören, immer skeptischer beurteilt hatte.

Am Nachmittag des 7. startete ein Armada von etwa 1000 Flugzeugen der 2. Luftflotte – mehr als 300 Bomber, begleitet von 648 Jägern – in Richtung London. Göring und Kesselring sahen von den Klippen bei Cap Blanc Nez zwischen Calais und Wissant aus zu. In dichten Staffelformationen flogen sie in 4000 und 6000 Meter Höhe in zwei Wellen. Die deutschen Jäger wandten eine neue Taktik an, wobei ein Teil des Geleitschutzes in einer Höhe von 8000 bis 10 000 Meter weit vorausflog, während der andere Teil der Bomber geschlossen von allen Seiten in einer Entfernung von etwa 300 Meter deckte.

Gegen diese neue Technik war schwer etwas auszurichten, aber bei diesem ersten Mal war sie kaum erforderlich. Denn im Hauptquartier der 11. Fighter Group hatte der Flugsicherungsoffizier einen weiteren Angriff auf die im Landesinnern liegenden Fliegerhorste erwartet, und die vier Jägergeschwader, die schon aufgestiegen waren, wurden größtenteils nördlich der Themse zusammengezogen. Somit war für die Deutschen der Weg nach London frei. Die erste Welle flog direkt zu den Londoner Docks. Die zweite flog über das Zentrum Londons und dann über den Osten und die Docks zurück. Das Bombardement war nicht so genau, wie die Deutschen es sich gedacht hatten: Viele der Bomber zielten zu kurz, was jedoch in dem dichtbesiedelten Londoner Osten zu weit größeren Verlusten unter der Bevölkerung führte. Bei diesem ersten Massentagesangriff auf London – der auch der letzte war – wurden 300 Zivilisten getötet und über 1300 schwer verletzt.

Dies war ein entmutigender Abend für das Fighter Command. Aber obwohl seine Maschinen größtenteils verspätet am Schauplatz erschienen und dann von der neuen deutschen Taktik verwirrt waren, gelang es ihnen, 41 Flugzeuge abzuschießen, während sie selbst 28 Maschinen verloren. Den größten Schrecken für die Deutschen bildete eine besonders heftige Attacke der in Northolt stationierten 303. Squadron (die aus polnischen Piloten bestand).

Die starken Brände im Osten Londons dienten als Leuchtfeuer für den darauffolgenden Nachtangriff, der von 20 Uhr abends bis fast 5 Uhr morgens dauerte. Göring rief seine Frau an und sagte triumphierend: »London steht in Flammen.« Der fehlende Widerstand ließ ihn und viele seiner Untergebenen glauben, die britische Jägerstreitmacht sei dem Zusammenbruch nahe. Daher befahl er am nächsten Tag, ein größeres Gebiet Londons zu bombardieren.

Inzwischen war die Ansammlung von Invasionsschiffen im Kanal von Tag zu Tag größer geworden, und am Morgen des 7. September hatte die britische Regierung eine vorsorgliche Invasionswarnung herausgegeben. Nach dem Luftangriff, der kurz darauf folgte, wurde die Warnung verstärkt, mit dem Erfolg, daß eine Anzahl von Hilfseinheiten aufgerufen und Kirchenglocken geläutet wurden, die die Invasion ankündigen sollten.

Wegen des Fehlens von geeigneten Nachtjägern hing die Verteidigung Londons, wie auch anderer Städte, in dieser kritischen Zeit hauptsächlich von Flakgeschützen und Scheinwerfern ab. Am Abend des 7. standen nur 264 Geschütze bereit, um London zu verteidigen, doch dank Piles schnellen Maßnahmen wurde die Zahl in den nächsten achtundvierzig Stunden verdoppelt. Darüber hinaus ließ er von der Nacht des 10. September an »Sperrfeuer« legen und befahl jedem Geschütz, möglichst ununterbrochen zu feuern, welche Informationen es auch immer hatte. Obgleich die Zahl der Treffer gering war, ermutigte das Sperrfeuer die Bevölkerung, und es hatte außerdem die Wirkung, daß die Bomber in größere Höhen getrieben wurden.

Kesselring setzte seinen zweiten Tagesangriff auf London für den Nachmittag des 9. September an. Die 11. Fighter Group war dieses Mal mit neun Squadrons bereit, während weitere Squadrons der 10. und 12. Fighter Group mit ihnen zusammenarbeiteten. Die Jäger waren so erfolgreich, daß die meisten deutschen Verbände zerstreut wurden, ehe sie London erreichten. Weniger als die Hälfte der Bomber kam durch, und kaum einer von ihnen traf sein Ziel.

Diese neue deutsche Offensive führte dazu, daß sich der Druck auf das Fighter Command verminderte, auf das sich die Deutschen bisher konzentriert hatten und das tatsächlich dem Zusammenbruch nahe war, als die Angriffe auf London begannen. Die Opfer, die die Hauptstadt und ihre Bevölkerung bringen mußten, bedeuteten für die Landesverteidigung die Rettung.

Außerdem veranlaßten die enttäuschenden Ergebnisse des 9. September Hitler wieder einmal dazu, seine zehntägige Anlauffrist für die Invasion zu verlängern, diesmal auf den 14. Die Invasion sollte also am 24. beginnen.

Schlechtes Wetter verschaffte der Londoner Verteidigung eine Verschnaufpause; doch am 11. und 14. stieß eine Anzahl Bomber durch, und die Jägerabwehr war so schwach, daß die Luftwaffe optimistisch berichtete, der Widerstand des Fighter Commands beginne nun zusammenzubrechen. Hitler verschob die Anlauffrist noch einmal, aber nur um drei Tage, also auf den 17. September.

Kesselring startete am Morgen des 15., einem Sonntag, einen neuen Großangriff. Dieses Mal war die Jägerabwehr besser vorbereitet. Obgleich die Luftflotte auf dem ganzen Weg von der Küste an durch eine Reihe einzelner oder paarweise fliegender Squadrons angegriffen wurde – im ganzen waren es 22 –, kamen 148 Bomber bis in den Raum London durch. Aber sie wurden daran gehindert, ihre Bomben genau ins Ziel zu werfen, und die meisten von ihnen wurden weit auseinandergetrieben. Als die Deutschen den Heimflug antraten, waren etwa 60 Jäger vom Duxford-Flügel der 12. Fighter Group aus East Anglia zur Stelle. Obgleich viel von ihrer Wirkung verpuffte, weil sie noch nicht genügend Höhe gewonnen hatten, versetzte ihre Attacke die deutschen Flieger in Schrecken. Am Nachmittag halfen Wolken den Angreifern, und eine große Anzahl konnte ungehindert bis London fliegen, wo ihre Bomben viel Schaden anrichteten, besonders in den dichtbesiedelten Wohnvierteln des Ostens. Doch an diesem Tag wurden ein Viertel der Bomber abgeschossen und noch wesentlich mehr beschädigt, wobei oft ein oder zwei Mann der Besatzung tot oder verwundet zu ihrem Stützpunkt zurückkehrten, worunter wiederum der Kampfgeist auf diesen Flugplätzen litt.

Wie spätere Nachprüfungen ergaben, verloren die Deutschen an diesem Tag insgesamt 60 Flugzeuge. Das war zwar weniger als ein Drittel der 185, von denen das britische Luftfahrtministerium damals triumphierend sprach – doch der Verlust der R.A.F. betrug nur 26 Jäger, wobei die Hälfte der Piloten sich retten konnten. Das war eine wesentlich günstigere Bilanz als in den letzten Wochen. Göring, der noch immer seinen Jägern die Schuld gab, blieb optimistisch und schätzte, daß die britische Jägerstreitmacht in vier oder fünf Tagen erledigt sein würde. Doch weder seine Untergebenen noch seine Vorgesetzten teilten diesen Optimismus.

Hitler, der mit seiner Seekriegsleitung einer Meinung war, daß die R.A.F. noch lange nicht geschlagen sei, und der mit einer

Periode stürmischen Wetters rechnete, verschob am 17. die Invasion »bis auf weiteres«. Am nächsten Tag befahl er, keine weiteren Schiffe in den Kanalhäfen zusammenzuziehen, und billigte den Beginn ihres Abzugs – 12 Prozent der Transporter (21 von 170) und 10 Prozent der Lastkähne (214 von 1918) waren durch britische Luftangriffe versenkt oder beschädigt worden. Am 12. Oktober wurde das Unternehmen »Seelöwe« endgültig bis zum Frühjahr 1941 verschoben – und im Januar ordnete Hitler an, daß alle Vorbereitungen mit Ausnahme einiger weniger langfristiger Maßnahmen abgebrochen werden sollten. Seine Gedanken hatten sich jetzt endgültig nach Osten gewandt.

Göring fuhr unbeirrt mit seinen Tagesangriffen fort; aber die Ergebnisse fielen immer enttäuschender aus, trotz gelegentlicher Erfolge in abgelegenen Häfen. Die Flugzeugwerke in Filton bei Bristol wurden am 25. September schwer getroffen, und am nächsten Tag wurde die Spitfire-Fabrik bei Southampton vorübergehend zerstört. Doch ein Großangriff auf London am 27. war ein schlimmer Fehlschlag, und beim letzten großen Tagesangriff am 30. September erreichte nur ein Bruchteil der Flugzeuge London, während 47 Flugzeuge abgeschossen wurden, bei einem Verlust von 20 R.A.F.-Jägern.

Nach den enttäuschenden Ergebnissen in der zweiten Septemberhälfte und den schweren Bomberverlusten ging Göring zum Einsatz von Jagdbombern über, die in großer Höhe operierten. Ungefähr Mitte September wurde den in der Schlacht eingesetzten deutschen Jagdverbänden befohlen, ein Drittel ihrer Piloten auf Jagdbomber umzuschulen, von denen dann insgesamt ungefähr 250 zur Verfügung standen. Für die Ausbildung der Piloten wurde jedoch nur ungenügend Zeit gewährt, und die Bombenlast, die sie tragen konnten, reichte nicht aus, um viel Schaden anzurichten. Überdies neigten die Piloten instinktiv dazu, ihre Bomben loszuwerden, sobald sie in ein Gefecht verwickelt wurden.

Ihr Einsatz bewirkte lediglich, daß die deutschen Verluste vorübergehend zurückgingen, während der Druck auf die R.A.F. nicht nachließ. Doch erreichten Ende Oktober die deutschen Verluste wieder die alte Höhe, während das schlechter werdende Wetter den Druck auf die Besatzungen der Jagdbomber, die von improvisierten und sumpfähnlichen Flugplätzen aus operierten, sich vervielfältigte. Im Oktober verloren die Deutschen 325 Flugzeuge. Das übertraf die britischen Verluste bei weitem.

Die einzige Belästigung Englands waren jetzt die Nachtangriffe »normaler« Bomber. Vom 9. September an gingen die 300 Bomber von Sperrles 3. Luftflotte zur Routinearbeit über und griffen in 57 Nächten London mit durchschnittlich 160 Bombern an.

Anfang November gab Göring neue Befehle, die einen deutlichen Wechsel der Taktik bedeuteten. Die Luftoffensive hatte sich völlig auf die nächtliche Bombardierung von Städten, Industriezentren und Häfen zu konzentrieren. Durch die Freigabe der Bomber der 2. Luftflotte standen 750 Bomber zur Verfügung, obgleich jeweils nur ungefähr ein Drittel der Gesamtzahl eingesetzt wurde. Da sie es sich nachts leisten konnten, langsamer und niedriger zu fliegen, konnten sie schwerere Bombenlasten als am Tag tragen, und in einer Nacht wurden bis zu 1000 Tonnen abgeworfen. Doch die Treffgenauigkeit ließ zu wünschen übrig.

Die neue Offensive begann in der Nacht des 14. November mit einem Angriff auf Coventry. Sie wurde unterstützt durch helles Mondlicht und eine »Pfadfinder«-Abteilung. Doch nachfolgende Angriffe auf andere Städte wie Birmingham, Southampton, Bristol, Plymouth und Liverpool hatten nicht die gleiche Wirkung. Am 29. Dezember wurden in London schwere Schäden angerichtet, vor allem im Zentrum der City; doch dann ließen die Angriffe nach, bis sich das Wetter im März besserte. Der Höhepunkt einer Reihe schwerer Angriffe war die Bombardierung Londons in der Nacht des 10. Mai, dem Jahrestag des Blitzkriegs 1940 im Westen. Doch am Himmel über England war der »Blitz«, wie er genannt wurde, am 16. Mai zu Ende, als der Großteil der Luftwaffe im Hinblick auf die kommende Invasion Rußlands nach Osten versetzt wurde.

Die deutsche Luftoffensive von Juli bis Ende Oktober 1940 hatte wesentlich mehr Schäden und Zerstörung angerichtet, als zugegeben wurde, und die Auswirkungen hätten noch schlimmer sein können, wenn sich die Angriffe auf die Hauptindustriegebiete konzentriert hätten. Doch ihr eigentliches Ziel, die Jägerstreitmacht der R.A.F. zu vernichten und den Kampfgeist des britischen Volkes zu untergraben, erreichte sie nicht.

Im Verlauf der Schlacht um England vom Juli bis Ende Oktober verloren die Deutschen 1733 Flugzeuge, jedoch nicht 2698, wie die Engländer behaupteten, während der Verlust der R.A.F. 915 Jäger betrug und nicht 3058, wie die Deutschen behaupteten.

KAPITEL 9

DER GEGENSCHLAG AUS ÄGYPTEN

Als Hitlers Angriff im Westen mit der Bresche in der improvisierten Front an der Somme-Aisne einen Punkt erreicht hatte, an dem die Niederlage Frankreichs zur Gewißheit wurde, trat Italien am 10. Juni 1940 in den Krieg ein, in der Hoffnung, an den Früchten des Sieges seinen Anteil zu haben. Von Mussolinis Standpunkt aus schien das eine fast völlig risikolose Entscheidung zu sein, während sie für Englands Lage im Mittelmeer und Afrika eine schwere Bedrohung darstellte.

Dies war die dunkelste Stunde in Englands Geschichte. Denn obwohl ein großer Teil der britischen Armee auf dem Seeweg aus Frankreich hatte entkommen können, hatte sie die meisten Waffen und Geräte zurücklassen müssen und sah nun unbewaffnet der Gefahr einer Invasion durch die siegreichen Deutschen ins Auge. Der kleine Teil der britischen Armee, der Ägypten und den Sudan gegen eine mögliche Invasion der italienischen Truppen in Libyen und Italienisch-Ostafrika bewachte, konnte keine Verstärkung erhalten.

Die Situation war um so schlimmer, als Italiens Kriegseintritt den Seeweg durch das Mittelmeer zu gefährlich machten und Verstärkungen über das Kap herangeführt werden mußten. Ein kleines Kontingent von 7 000 Mann, das im Mai 1940 auf den Weg geschickt wurde, kam erst Ende August in Ägypten an!

Zahlenmäßig waren die italienischen Truppen den schwachen britischen Streitkräften haushoch überlegen, die ihnen unter General Sir Archibald Wavell gegenüberstanden, der auf Vorschlag Hore-Belishas im Juli 1939 den neu geschaffenen Posten eines Oberbefehlshabers Nahost erhalten hatte, als die ersten Schritte zur Verstärkung der dortigen Truppen unternommen wurden. Doch auch jetzt standen kaum mehr als 50 000 Briten einer halben Million Italiener und italienischer Kolonialtruppen gegenüber.

In Eritrea und Abessinien hatten die Italiener mehr als 200 000

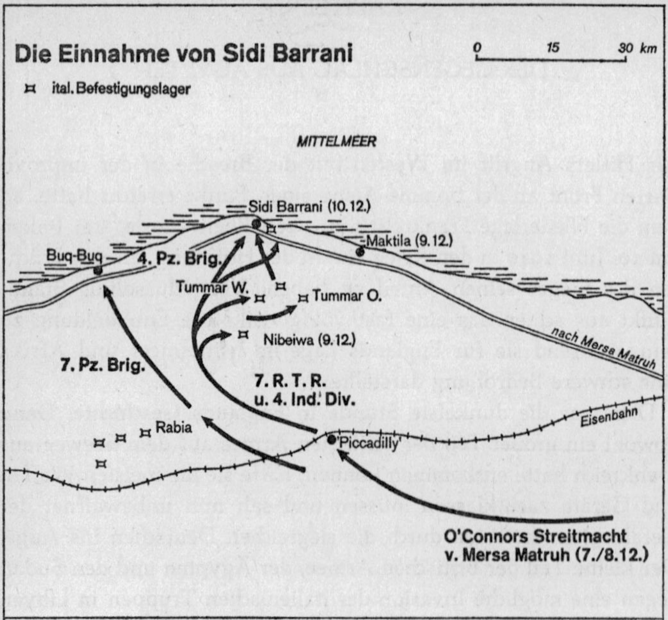
Die Einnahme von Sidi Barrani
0 15 30 km
ital. Befestigungslager
MITTELMEER
Sidi Barrani (10.12.)
Maktila (9.12.)
Buq-Buq
4. Pz. Brig.
Tummar W.
Tummar O.
Nibeiwa (9.12.)
nach Mersa Matruh
7. Pz. Brig.
7. R. T. R.
u. 4. Ind. Div.
Eisenbahn
Rabia
'Piccadilly'
O'Connors Streitmacht
v. Mersa Matruh (7./8.12.)

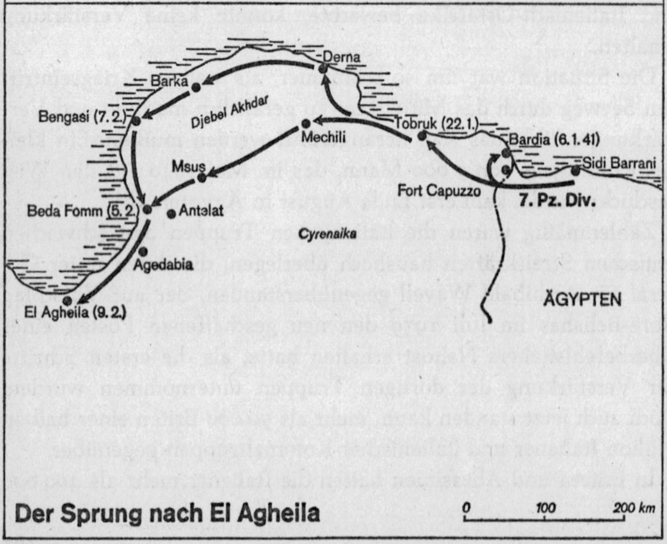
Derna
Barka
Djebel Akhdar
Bengasi (7.2.)
Tobruk (22.1.)
Mechili
Bardia (6.1.41)
Sidi Barrani
Msus
Fort Capuzzo
7. Pz. Div.
Beda Fomm (5.2.)
Antelat
Cyrenaika
Agedabia
ÄGYPTEN
El Agheila (9.2.)
Der Sprung nach El Agheila
0 100 200 km

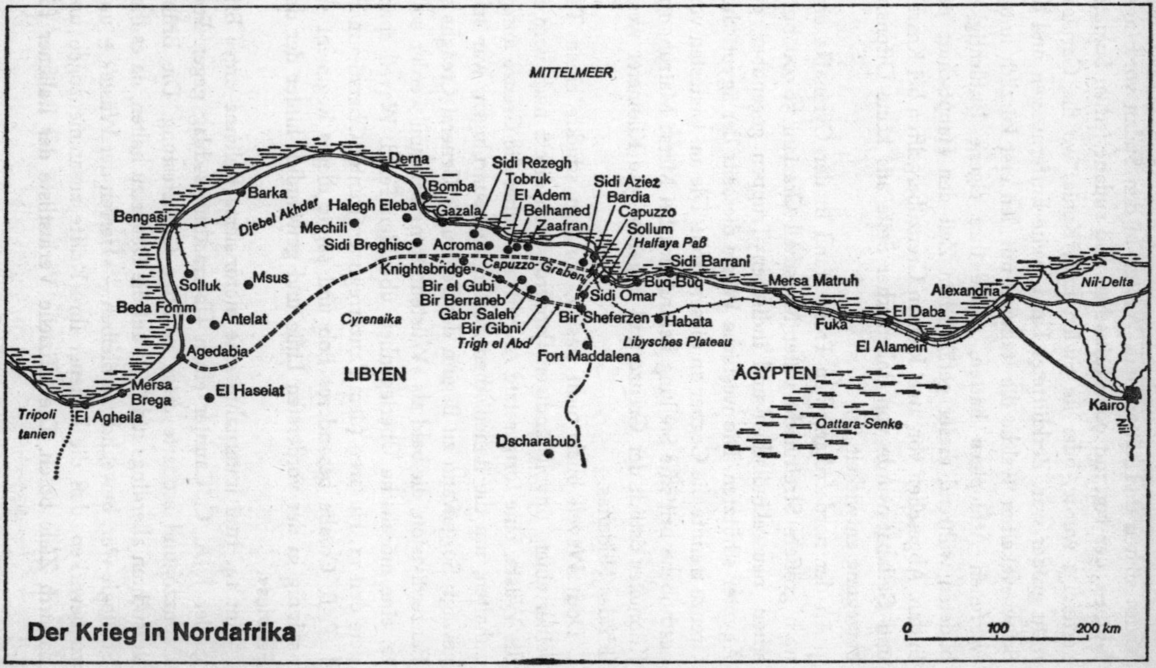

Der Krieg in Nordafrika

Mann stehen und hätten nach Westen in den Sudan vordringen können, der von nur 9000 britischen und sudanesischen Soldaten verteidigt wurde, oder im Süden nach Kenia, wo die Garnison nicht größer war. Zerklüftetes Land, weite Entfernungen und die Schwierigkeiten, welche die Italiener mit den erst kürzlich unterworfenen Äthiopiern hatten, sowie ihre eigene Untüchtigkeit bildeten während dieser gefährlichen Zeit den Hauptschutz des Sudan. Abgesehen von zwei kleinen Grenzübergriffen bei Kassala und Gallabat wurde von italienischer Seite aus keine Offensivbewegung entwickelt.

An der nordafrikanischen Front stand in der Cyrenaika eine noch größere Streitmacht unter Marschall Graziani 36 000 britischen, neuseeländischen und indischen Truppen gegenüber, die Ägypter schützten. Die westliche Wüste diesseits der ägyptischen Grenze trennte die Gegner an dieser Front. Die am weitesten vorgeschobene britische Stellung befand sich bei Mersa Matruh, 190 Kilometer östlich der Grenze und ungefähr 320 Kilometer westlich des Nildeltas.

Doch Wavell blieb nicht passiv, sondern schickte einen Teil seiner einen, unvollständigen Panzerdivision direkt nach vorn in die Wüste. Eine fortgesetzte Angriffsserie über die Grenze durchzuhalten, um die italienischen Posten zu beunruhigen, war sehr gewagt. So gewann zu Beginn des Feldzuges General Creaghs 7. Panzerdivision, die bald als »Wüstenratten« berühmt werden sollte, eine moralische Überlegenheit über den Feind. Wavell spendete den 11. Husaren (dem Panzerregiment) unter Oberstleutnant J. F. B. Combe besonderes Lob und sagte, dieses Regiment sei »ständig in der vordersten Linie und gewöhnlich hinter der des Feindes«.

Am 14. Juni unternahm eine motorisierte Kolonne unter Brigadier J. A. C. Caunter einen Überraschungsschlag gegen Fort Capuzzo und eroberte diese wichtige Grenzfestung. Die Briten versuchten allerdings nicht, sie auf die Dauer zu halten, da es ihre Strategie war, beweglich zu bleiben — »Herren der Wüste« — und zu bewirken, daß die Italiener ihre Kräfte zusammenzogen und dadurch Ziele boten. Die offizielle Verlustliste der Italiener für die drei Monate bis Mitte September nannte 3500 Gefallene, während die Briten nur etwas mehr als 150 Mann verloren, obwohl sie oft aus der Luft bombardiert und mit Maschinengewehren angegriffen worden waren, wobei die verhältnismäßig zahlreichen italienischen Flugzeuge zu dieser Zeit auf wenig Gegenwehr stießen.

Erst am 13. September begannen die Italiener, nachdem sie mehr als sechs Divisionen zusammengezogen hatten, einen vorsichtigen Vorstoß in die westliche Küste hinein. Nachdem sie 80 Kilometer vorgerückt waren und knapp die Hälfte des Weges bis zu der britischen Stellung bei Mersa Matruh zurückgelegt hatten, richteten sie bei Sidi Barrani eine Kette befestigter Lager ein — die viel zu weit voneinander getrennt waren, um sich gegenseitig unterstützen zu können. Dann verging Woche um Woche, ohne daß sie versuchten, weiter vorzurücken. Inzwischen trafen bei Wavell weitere Verstärkungen ein, darunter drei Panzerregimenter, die durch Churchills kühne Initiative auf drei schnellen Handelsschiffen in aller Eile aus England herbeigeholt worden waren.

Da die Italiener nichts unternahmen, beschloß Wavell, sie anzugreifen. Das führte erstaunlicherweise zur Vernichtung der ganzen italienischen Armee und zum fast völligen Zusammenbruch der italienischen Macht in Nordafrika.

Doch ein so dramatisches Ergebnis war nicht vorauszusehen. Der Schlag war nicht als eine Generaloffensive geplant, sondern eher als Einzelangriff größeren Stils. Wavell betrachtete ihn als einen harten Schlag, der die Eindringlinge vorübergehend binden sollte, während er einen Teil seiner Truppen zum Sudan schickte, um dort die andere italienische Armee zurückzuschlagen. Somit gab es leider keine angemessenen Vorbereitungen, um nach dem überwältigenden Sieg, der tatsächlich errungen wurde, weiter nachzustoßen.

Ein großer Teil des Erfolges war auf eine radikale Änderung des Angriffsplans zurückzuführen, die auf Grund einer »Generalprobe« erfolgte, bei der Zweifel über die Durchführbarkeit laut wurden. Man beschloß anstelle eines Frontalangriffes, der wahrscheinlich fehlgeschlagen wäre, zumal dabei ein Minenfeld zu durchqueren war, die Lager des Feindes von hinten zu nehmen. Diese Taktik wurde von einem Stabsoffizier, Brigadier Dorman-Smith, vorgeschlagen, den Wavell entsandt hatte, um der Übung beizuwohnen. Der Befehlshaber der Western Desert Force, General O'Connor, erkannte sofort ihre Vorteile, und der Siegeslauf, der folgte, war hauptsächlich seiner Führung zuzuschreiben; denn die höheren Befehlshaber, Wavell und Wilson, waren zu weit vom Schauplatz entfernt, um auf eine schnelle Schlacht positiven Einfluß ausüben zu können. Sie hatten einen bedeutenden, aber leider unheilvollen Einfluß – wie man später sehen wird.

O'Connors Truppe bestand aus nur 30 000 Mann, denen 80 000 gegenüberstanden; doch sie hatte 275 Panzer gegenüber 120. Die 50 schwerbewaffneten »Matilda«-Panzer des 7. Royal-Tank-Regiments, unempfindlich gegen die meisten Panzerabwehrwaffen des Feindes, spielten in dieser wie auch den späteren Schlachten eine besonders entscheidende Rolle.

In der Nacht des 7. Dezember rückte die Streitmacht aus der Matruh-Stellung aus und begann ihren 120 Kilometer langen Anmarsch durch die Wüste. In der nächsten Nacht passierten sie eine Lücke in der Verteidigung des Feindes, und am frühen Morgen des 9. stürmte die Infanterie der 4. Indischen Division (General Beresford-Peirse) das Nibeiwa-Lager im Rücken, wobei die 7. Royal Tanks als Angriffsspitze wirkten. Die Garnison wurde in einem Überraschungsangriff genommen, wobei 4000 Gefangene gemacht wurden, während die Verluste der Angreifer gering waren – unter den Panzerbesatzungen nur sieben Mann. Dann stießen die »Matildas« nach Norden zum Lager »Tummar West« vor, das am frühen Nachmittag erstürmt wurde, und auch »Tummar East« fiel, ehe dieser Tag des Triumphs zu Ende ging. Inzwischen war die 7. Panzerdivision, die in dieser Schlacht von Brigadier J. A. C. Caunter geführt wurde, da General Creagh vorübergehend erkrankt war, nach Westen gefahren und erreichte die Küstenstraße, wodurch sie auf beide Seiten der Rückzugslinie des Feindes gelangte.

Am nächsten Tag bewegte sich die 4. Indische Division nach

Norden auf die Gruppe italienischer Lager bei Sidi Barrani zu. Der Gegner war jetzt auf der Hut, und heftige Sandstürme behinderten den Vormarsch zusätzlich. Doch nach anfänglichem Stillstand begann am Nachmittag eine Umklammerungsbewegung von beiden Flanken — mit zwei zusätzlichen Panzerregimentern, die von der 7. Panzerdivision abgestellt wurden — und der größere Teil der Stellung von Sidi Barrani wurde überrannt, ehe der Tag zu Ende ging.

Am dritten Tage wurde die Reservebrigade der 7. Panzerdivision für einen weiteren Umfassungsangriff nach Westen herbeigeschafft. Sie erreichte jenseits Buq-Buq die Küste und schnitt eine große Kolonne sich zurückziehender Italiener ab. Weitere 14 000 Italiener und 88 Geschütze fielen in die Hände der Briten; die Gesamtbeute betrug nun fast 40 000 Gefangene und 400 Geschütze.

Die Reste der italienischen Armee suchten in der Küstenfestung Bardia Zuflucht, nachdem sie wieder über ihre eigene Grenze zurückgegangen waren. Dort wurden sie rasch durch die Einkesselungsbewegung der 7. Panzerdivision isoliert. Leider war keine unterstützende Infanteriedivision zur Hand, um aus ihrer Demoralisierung Vorteil zu ziehen; denn die höheren britischen Befehlshaber hatten beschlossen, die 4. Infanteriedivision abzuziehen, sobald Sidi Barrani gefallen war, und sie wieder nach Ägypten und von dort in den Sudan zurückzubringen. Da sie zu weit vom Schlachtfeld entfernt waren, erkannten sie nicht, welch entscheidenden Sieg O'Connor errungen hatte und was für eine großartige Gelegenheit dieser Sieg bot, so daß sie auf dem Befehl beharrten, die 4. Indische Division zurückzurufen.

So kam es, daß am 11. Dezember, dem dritten Tag der Schlacht, die geschlagenen Italiener in Panik nach Westen flüchteten, während die Hälfte der Siegerstreitmacht nach Osten marschierte! Es war ein seltsames Schauspiel, das eine schicksalhafte Verzögerung zur Folge hatte. Denn drei Wochen verstrichen, ehe die 6. Australische Division von Palästina eintraf, um die Wiederaufnahme des britischen Vormarsches zu verstärken.

Am 3. Januar 1941 wurde endlich der Sturmangriff auf Bardia angesetzt, bei dem 22 »Matildas« des 7. Royal-Tank-Regiments als »Dosenöffner« vorangingen. Die Verteidigung brach rasch zusammen, und am dritten Tag hatte sich die ganze Garnison ergeben — 45 000 Gefangene mit 462 Geschützen und 129 Panzern. Der australische Divisionskommandeur (Generalmajor I. G. Mackay) sagte, jeder »Matilda«-Tank sei ihm so viel wert gewesen wie ein ganzes Infanteriebataillon.

Unmittelbar nach der Einnahme von Bardia rollte die 7. Panzerdivision westwärts, um Tobruk abzuschneiden, bis die Australier eintrafen und einen Sturmangriff auf die Küstenfestung starteten. Tobruk wurde am 21. Januar angegriffen und fiel am nächsten Tag — was 30 000 Gefangene, 236 Geschütze und 87 Tanks einbrachte. Nur 16 »Matildas« standen für diesen Sturmangriff zur Verfügung, und wieder einmal erzielten diese den entscheidenden Durchbruch. An jenem Abend hörten sich einige der Männer des R. T. R. die Radionachrichten an. Als der Kommentator sagte: »Wir vermuten, daß der Sturmangriff von einem berühmten Kavallerieregiment geführt wurde«, wurde einer der Panzerpiloten so wütend, daß er dem Radio einen Tritt versetzte und rief: »Man muß entweder in der Kolonialtruppe oder schwarz sein oder der Kavallerie angehören, um in diesem ... Krieg anerkannt zu werden.« Das war eine verständliche Reaktion. Denn noch nie zuvor in der Kriegsgeschichte hatte eine einzige Kampfeinheit einen derart entscheidenden Anteil im Erfolg einer Reihe von Kämpfen zu verzeichnen, wie das bei dem 7. R. T. R. bei Sidi Barrani, Bardia und Tobruk der Fall gewesen war.

Der rasche Fortschritt des britischen Vormarsches in der Cyrenaika war um so bemerkenswerter, als er unter einer erneuten Erschwerung stand. Verstärkungen, Transportmittel und Flugzeuge, die O'Connor hätte bekommen sollen, wurden in Ägypten zurückgehalten, und einige Einheiten wurden ihm sogar weggenommen. Denn Churchills Phantasie jagte jetzt einem anderen Hasen nach. In der Erinnerung an sein altes Abenteuer im Ersten Weltkrieg und durch den Widerstand der Griechen gegen die Italiener angeregt, träumte er von der Möglichkeit, eine mächtige Verbindung der Balkanländer gegen Deutschland zu schaffen. Das war eine sehr verlockende, aber unrealistische Vorstellung, da die primitiven Armeen der Balkanländer nicht in der Lage waren, deutschen Luft- und Panzerstreitkräften zu widerstehen, zumal ihnen England sehr wenig helfen konnte.

Anfang Januar beschloß Churchill, die Griechen zu zwingen, ein Kontingent britischer Panzer- und Artillerieeinheiten anzunehmen, die bei Saloniki landen sollten, und er befahl Wavell, sofort Vorbereitungen für die Entsendung einer solchen Expeditionstruppe zu treffen, obwohl dies eine Schwächung der kleinen Streitmacht O'Connors bedeutete. Doch General Metaxas, damals Chef der griechischen Regierung, lehnte den Vorschlag ab und führte an, daß dadurch eine deutsche Invasion provoziert werden könne und man kaum stark genug wäre, ihr entgegenzutreten. Außerdem gab der Oberbefehlshaber General Papagos zu bedenken, daß die Briten besser daran täten, ihre Eroberung Afrikas zu vollenden, ehe etwas völlig Neues in Angriff genommen wurde, das die Kräfte zersplitterte.

Diese höfliche Ablehnung von seiten der griechischen Regierung fiel mit O'Connors Eroberung Tobruks zusammen, so daß die britische Regierung nun beschloß, ihm die Einnahme des Hafens von Bengasi zu gestatten. Das würde die Eroberung der Cyrenaika, der östlichen Hälfte Italienisch-Nordafrikas, vervollständigen. Aber der Premierminister hielt weiter an seinem Balkanprojekt fest, und Wavell wurde angewiesen, O'Connor keine Verstärkungen zu schicken, die den Aufbau einer Streitmacht für jenen Schauplatz beeinträchtigen könnten.

Nach Erhalt der Erlaubnis, weiter vorzustoßen, erreichte O'Connor wieder einmal wesentlich mehr, als man angesichts seiner bescheidenen Mittel erwarten konnte. (Sein motorisierter Truppenteil, die 7. Panzerdivision, war auf nur 50 schnelle Kampfwagen zusammengeschrumpft, zu denen noch 75 leichte Panzer kamen – die eine sehr dünne Panzerung und kein wirksames panzerbrechendes Geschütz hatten.) Da er den Feind bei Derna an der Küstenstraße in einer starken Position vorfand, wollte er ihn durch eine Flankenbewegung herauslocken, sobald weiterer Nachschub und schnelle Kampfwagen eingetroffen waren. Diese wurden so rechtzeitig erwartet, daß der Vorstoß am 12. Februar beginnen konnte.

Doch am 3. zeigten Luftaufklärungsberichte, daß der Feind sich darauf vorbereitete, die Gegend von Bengasi aufzugeben und sich in den Engpaß von Agheila zurückzuziehen, wo er den Weg von der Cyrenaika nach Tripolitanien hinein blockieren konnte. Große Kolonnen wurden gesichtet, die sich schon auf dem Marsch befanden.

Sofort plante O'Connor einen kühnen Schlag in den Rücken des Feindes, wobei er nur die erschöpfte 7. Panzerdivision unter General Creagh einsetzte und sie quer durch die Wüste schickte, mit dem Ziel, die Küstenstraße weit hinter Bengasi zu erreichen. Sie hatte von ihrer Stellung bei Mechili ungefähr 240 Kilometer zu fahren, wobei die erste lange Strecke durch äußerst zerklüftetes Gelände führte. Mit einer Ration für nur zwei Tage und kaum genügend Benzin fuhr sie los – zu einem der wagemutigsten Abenteuer und atemberaubendsten Wettrennen in der Militärgeschichte.

Caunters 4. Panzerbrigade brach am 4. morgens um 8.30 Uhr auf, die Panzer der 11. Hussars fuhren voraus. (Die andere Panzerbrigade, nämlich die 7., war auf ein einziges Regiment vermindert worden, die 1. Royal Tanks.) Mittags brachten Luftaufklärer die beunruhigende Nachricht, daß sich der zurückziehende Feind schon südlich von Bengasi befand. Um die Störaktion zu beschleunigen, gab Creagh Caunter den Befehl, eine voll motorisierte Streitmacht, bestehend aus motorisierter Infanterie und Artillerie, zusammenzustellen und sie mit den 11. Hussars unter Oberst Combe vorzuschicken. Caunters Einwände dagegen wurden bestätigt durch die Verwirrung und Verspätung, die dadurch entstand, daß man diese Einheiten vom Schluß der Kolonne abziehen und besondere Transportmöglichkeiten für sie organisieren mußte. Darüber hinaus wurden die motorisierten Streitkräfte in dem zerklüfteten Gelände, auf das man am Nachmittag traf, von den Panzern fast überholt. Caunter drängte bei Mondlicht weiter bis nach Mitternacht, ehe er seinen Panzerbesatzungen ein paar Stunden Ruhe erlaubte.

Am Morgen (dem 5.) kam die »Combe-Streitmacht« in leichterem Gelände rascher voran, und bis zum Nachmittag hatte sie sich in einer Riegelstellung südlich vom Beda Fomm quer über zwei Rückzugswege des Feindes festgesetzt. An diesem Abend ging eine völlig überraschte Kolonne italienischer Artillerie und Zivilevakuierter in die Falle.

Inzwischen waren Caunters Panzer, die dichtauf folgten, gegen 17.00 Uhr nachmittags an der Rückzugslinie des Feindes hinter Beda Fomm angekommen. Vor Einbruch der Dunkelheit zerschlugen sie zwei Artillerie- und Transportkolonnen. Diese Aktion bildete den angemessenen Abschluß eines Vormarsches, bei dem sie tatsächlich in dreiunddreißig Stunden 270 Kilometer zurückgelegt hatten – ein Rekord an Beweglichkeit, der mit Panzern noch nie erreicht worden war. Das straßenlose und zerklüftete Gelände ließ diese Leistung noch erstaunlicher erscheinen.

Am nächsten Morgen, dem 6., tauchten die Hauptkolonnen des Feindes am Schauplatz auf, von Panzern begleitet. Im ganzen waren es mehr als 100 neue italienische Panzer, während Caunter nur 29 hatte. Glücklicherweise fuhren die italienischen Panzer in Rudeln statt in geschlossener Formation und hielten sich nahe der Straße, während die britischen Panzer geschickt manövrierten, um Feuerstellungen zu gewinnen, wo sie durch Bodenfalten verborgen und geschützt wurden. Den ganzen Tag hindurch fanden Panzergefechte statt, wobei die Hauptlast von 19 Panzern des 2. R. T. R. getragen wurde, die am Nachmittag auf sieben zusammengeschmolzen waren – als das erste R. T. R. der anderen Brigade mit zehn weiteren Panzerwagen eintraf. Die 3. und 7. Hussars, die ihre leichten Panzer kühn manövrierten, trugen viel zur Verwirrung und Ablenkung des Feindes bei.

Als über dem Schlachtfeld die Nacht hereinbrach, waren 60 italienische Panzer unbrauchbar geworden. Weitere 40 wurden am Morgen verlassen gefunden, während nur drei britische tatsächlich außer Gefecht gesetzt worden waren. Die italienische Infanterie und andere Truppen ergaben sich in Massen, als ihre Panzer zerstört waren und sie sich ungeschützt fanden.

Combes Einheit griff von hinten kommend jene Reste auf, die

versuchten, sich der 4. Panzerbrigade zu entziehen. Der letzte Ausbruchsversuch der Italiener richtete sich bald nach Tagesanbruch gegen diese rückwärtige Stellung und wurde von 16 Panzern geführt, die aber von dem 2. Bataillon der Rifle-Brigade in Schach gehalten wurden.

Insgesamt wurden in dieser Schlacht von Beda Fomm 20 000 Gefangene gemacht und 216 Geschütze und 120 Panzer erobert. Die Gesamtstärke der Briten, sowohl Caunters wie auch Combes Streitkräfte betrug nur 3000 Mann. Als Bardia und seine Garnison am 4. Januar fiel, prägte Anthony Eden, der nach sieben Monaten im Kriegsministerium gerade als Außenminister ins Foreign Office zurückgekehrt war, eine neue Version von Churchills berühmtem Ausspruch, als er sagte, »daß nie zuvor so viel von so vielen so wenigen überlassen worden war.« Das galt sogar noch mehr für den alles krönenden Sieg von Beda Fomm[1].

Der Glanz des Sieges wurde jedoch bald getrübt. Der völlige Untergang von Grazianis Armee hatte den Briten ungehinderten Zugang nach Tripolis durch den Engpaß von Agheila verschafft. Aber gerade als O'Connor und seine Truppen hofften, dorthin stürmen zu können, um den Gegner aus seinem letzten Stützpunkt in Nordafrika zu verdrängen, wurden sie durch Befehl des britischen Kabinetts endgültig gestoppt.

Am 12. Februar schickte Churchill an Wavell ein langes Telegramm, in dem er zuerst seiner Freude darüber Ausdruck gab, daß Bengasi »drei Wochen früher als erwartet« eingenommen worden war, und ihn dann anwies, den Vormarsch abzubrechen, dort nur eine Mindeststreitmacht zu belassen, um die Cyrenaika zu halten und den größtmöglichen Teil der Streitkräfte nach Griechenland

1 Er war weitgehend einem Mann zu verdanken, der an dem Feldzug selbst nicht teilnahm, und zwar Generalmayor P. C. S. Hobart. Er war 1938 zum Befehlshaber der neugebildeten Panzerdivision in Ägypten ernannt worden und hatte sie auf ihren hohen Ausbildungsstand gebracht. Doch seine Vorstellungen darüber, wie eine Panzerstreitmacht geführt werden sollte und was sie alles erreichen könnte, wenn sie in strategischer Unabhängigkeit von den konventionellen Streitkräften operierte, standen im Gegensatz zu den Ansichten seiner konservativeren Vorgesetzten. Seine »Ketzerei«, die mit einer kompromißlosen Haltung verbunden war, hatten im Herbst 1939 zu seiner Entfernung geführt – sechs Monate, ehe die deutschen Panzer, welche die gleichen Ideen praktizierten, deren Durchführbarkeit bewiesen.

zu schicken. Fast die ganze Luftwaffe O'Connors wurde sofort abgezogen und ihm nur eine Jagdsquadron belassen.

Was hatte diesen Salto hervorgerufen? General Metaxas war am 29. Januar plötzlich gestorben, und der neue griechische Ministerpräsident war ein Mann von weniger starkem Charakter. Churchill sah eine Möglichkeit, sein Lieblingsprojekt auf dem Balkan wieder aufleben zu lassen. So drängte er der griechischen Regierung sein Angebot noch einmal auf, und dieses Mal wurde sie so lange bearbeitet, bis sie es annahm. Mit Zustimmung Wavells, der drei Stabschefs und der drei Oberbefehlshaber im Nahen Osten, landete am 7. März das erste griechische Kontingent einer britischen Streitmacht von 50 000 Mann in Griechenland.

Am 6. April fielen die Deutschen in Griechenland ein, und die Briten erlebten rasch ein zweites »Dünkirchen«. Nur knapp entkamen sie einer Katastrophe, als sie unter großen Schwierigkeiten auf dem Seeweg evakuiert wurden, wobei ihre sämtlichen Panzer, der größte Teil ihrer Ausrüstung und 12 000 Mann in deutsche Hände fielen.

O'Connor und sein Stab waren davon überzeugt, daß sie Tripolis hätten erobern können. Ein solcher Vorstoß verlangte die Verwendung Bengasis als Marinestützpunkt, und einige dort liegende Transportschiffe waren für das Hasardspiel in Griechenland reserviert worden. Wie General de Guingand, der später Montgomerys Stabschef wurde, enthüllt hat, war der gemeinsame Planungsstab in Nahost davon überzeugt, daß Tripolis erobert und die Italiener vor dem Frühjahr aus Afrika verjagt werden konnten.

General Warlimont, ein führender Mann in Hitlers Stab, erklärte nach dem Krieg, daß das deutsche Oberkommando der gleichen Ansicht war:

> »Wir konnten damals nicht verstehen, warum die Engländer nicht die Schwierigkeiten der Italiener in der Cyrenaika ausnutzten und auf Tripolis vorstießen. Es gab niemanden, der sie hätte daran hindern können. Die paar italienischen Truppen, die noch dort geblieben waren, waren von Panik ergriffen und erwarteten jeden Augenblick das Auftauchen der britischen Panzer.«

Am 6. Februar, dem Tag an dem Grazianis Armee in Beda Fomm endgültig vernichtet worden war, wurde ein jüngerer deutscher General, Erwin Rommel, der im Frankreich-Feldzug die 7. Panzerdivision glänzend geführt hatte, zu Hitler gerufen und erhielt den Befehl, das Kommando über eine kleine motorisierte Streitkraft zu übernehmen, die den Italienern zu Hilfe kommen sollte. Sie sollte aus zwei kleineren Divisionen, der 5. Leichten Division und der 15. Panzerdivision, bestehen. Der Transport der ersteren wäre jedoch erst Mitte April abgeschlossen und der der zweiten nicht vor Ende Mai. Es war ein langsames Programm – und die Briten hatten freie Fahrt.

Am 12. flog Rommel nach Tripolis. Zwei Tage später traf ein deutscher Transport ein, der als erstes Kontingent ein Aufklärungsbataillon und ein Panzerjägerbataillon brachte. Rommel beförderte sie rasch an die Front und unterstützte diese Handvoll Leute mit Panzerattrappen, die er in der Hoffnung bauen ließ, ein Minimum von Stärke vorzutäuschen! Diese Attrappen wurden auf Volkswagen montiert. Erst am 11. März traf das Panzerregiment der 5. Leichten Division in Tripolis ein.

Da er feststellte, daß die Briten nicht angriffen, erwog Rommel, mit dem, was er hatte, eine Offensive zu versuchen. Sein erstes Ziel war es nur, den Engpaß von Agheila zu besetzen. Der Erfolg fiel ihm am 31. März so leicht in den Schoß, daß er beschloß, weiter vorzustoßen. Es war ihm klar, daß die Briten seine Stärke sehr überschätzten – vielleicht wurden sie durch seine Panzerattrappen getäuscht. Darüber hinaus hielten die Deutschen das Kräftegleichgewicht in der Luft, was dazu beitrug, ihre Schwäche zu Lande vor dem britischen Oberkommando zu verbergen, und auch zu einigen der irreführenden Berichte führte, die während der darauffolgenden Kämpfe durch die R.A.F. geliefert wurden.

Auch mit dem von ihm gewählten Zeitpunkt hatte Rommel Glück. Die britische 7. Panzerdivision war Ende Februar nach Ägypten zurückgeschickt worden, um sich auszuruhen und neu ausgerüstet zu werden. Ihr Platz wurde von einem Teil der neu angekommenen und unerfahrenen 2. Panzerdivision eingenommen, der andere Teil war in Griechenland. Die 6. Australische Division war nach Griechenland geschickt worden, und der 9. Division, die ihre Stelle einnahm, mangelte es sowohl an Ausrüstung wie auch an Erfahrung. Auch O'Connor erhielt eine Ruhepause, und er war von Neame abgelöst worden, einem unerfahrenen Kommandeur. Außerdem schenkte Wavell, wie er später zugab, den Berichten über einen bevorstehenden deutschen Angriff keinen Glauben. Da die Zahlen seine Ansicht rechtfertigten, kann man ihm kaum einen Vorwurf daraus machen, daß er nicht mit einem Rommel rechnete.

Rommel ignorierte die höheren Befehle, bis Ende Mai zu warten, und nahm am 2. April seinen Vormarsch auf, und zwar mit 50 Panzern, denen langsamer zwei neue italienische Divisionen folgten. Durch Beweglichkeit und List suchte er seine geringe Stärke auszugleichen. Als Folge des Schocks, der durch Rommels Eröffnungsangriff ausgelöst worden war, wurde sein Schatten so groß, daß seine zwei schlanken Finger, 150 Kilometer voneinander entfernt, wie umklammernde Hörner erschienen.

Die Wirkung dieses verwegenen Vorstoßes grenzte an ein Wunder. Die britischen Streitkräfte räumten am 3. April Bengasi. In dieser Notlage wurde O'Connor gerufen, um Neame zu beraten; doch während des Rückzuges geriet ihr ungeschützter Wagen in den Rücken einer deutschen Vorausabteilung, und beide wurden am 6. abends gefangengenommen. Inzwischen hatte die eine britische Panzerbrigade während des langen und hastigen Rückzuges fast ihre gesamten Panzer verloren, während am nächsten Tag der Kommandeur der 2. Panzerdivision mit einer neu eingetroffenen motorisierten Brigade und anderen Einheiten bei Mechili umzingelt und zur Kapitulation gezwungen wurde – wobei Staubwolken, die Rommels Männer mit Lastwagen aufwirbelten, über die geringe Stärke der sie einkreisenden Panzerstreitkräfte hinwegtäuschten. Die Italiener hinkten noch immer hinterher.

Am 11. April waren die Briten aus der Cyrenaika über die ägyptische Grenze zurückgeworfen, mit Ausnahme einer kleinen Einheit, die in Tobruk eingeschlossen war. Das Ganze war auf seine Weise eine genauso erstaunliche Tat wie die vorhergegangene Eroberung der Cyrenaika, und sie war sogar noch schneller vonstatten gegangen.

Jetzt mußten die Briten mit ihrem Versuch, Nordafrika zu säubern, wieder ganz von vorn anfangen, und sie hatten dabei viel schwierigere Hindernisse zu überwinden als zuvor, von denen das größte die Anwesenheit Rommels war. Der Preis, den man dafür zahlen mußte, daß man die goldene Gelegenheit vom Februar 1941 vorbeigehen ließ, war hoch.

KAPITEL 10

DIE EROBERUNG VON ABESSINIEN

Als das faschistische Italien im Juni 1940 auf Moussolinis Betreiben in den Krieg eintrat, überwogen seine Streitkräfte in Italienisch-Ostafrika, zu dem seit 1936 das eroberte Äthiopien gehörte, bei weitem die britischen, ebenso wie in Nordafrika. Nach italienischen Angaben beliefen sich die Streitkräfte dort auf über 91 000 weiße und fast 200 000 eingeborene Soldaten – obgleich die letztere Zahl wohl nur auf dem Papier stand und vernünftigerweise um die Hälfte reduziert werden muß. In den ersten Monaten des Jahres 1940, die Italiens Kriegseintritt vorausgingen, hatte Großbritannien nur etwa 9000 britische und eingeborene Soldaten im Sudan und 8500 britisch-ostafrikanische Soldaten in Kenia stehen.

Auf diesem weitläufigen Kriegsschauplatz, der eigentlich ein doppelter war, ergriffen die Italiener ebenso langsam die Initiative wie in Nordafrika. Ein Hauptgrund dafür war das Bewußtsein, daß es ziemlich aussichtslos war, weiteren Nachschub an Benzin und Munition durch die britische Blockade zu bringen. Doch das war kaum ein guter Grund; denn er machte es für die Italiener nur um so dringender, ihre große Überlegenheit an Truppenstärke auszunutzen, ehe die britischen Streitkräfte in Afrika verstärkt werden konnten.

Anfang Juli gingen die Italiener von Eritrea im Nordwesten aus zögernd vor und besetzten die Stadt Kassala, 15 Kilometer hinter der sudanesischen Grenze, wobei sie zwei Brigaden, vier Kavallerieregimenter, zwei Dutzend Panzer – etwa 6500 Mann – gegen einen Vorposten einsetzten, der nur von einer Kompanie aus 300 Mann der sudanesischen Verteidigungskräfte gehalten wurde. Generalmajor William Platt, Befehlshaber im Sudan, hatte damals für das gesamte große Gebiet nur drei britische Infanteriebataillone, die in Khartum, Atbara und Port Sudan standen. Klugerweise warf er sie nicht in den Kampf, bis er sah, wie sich die

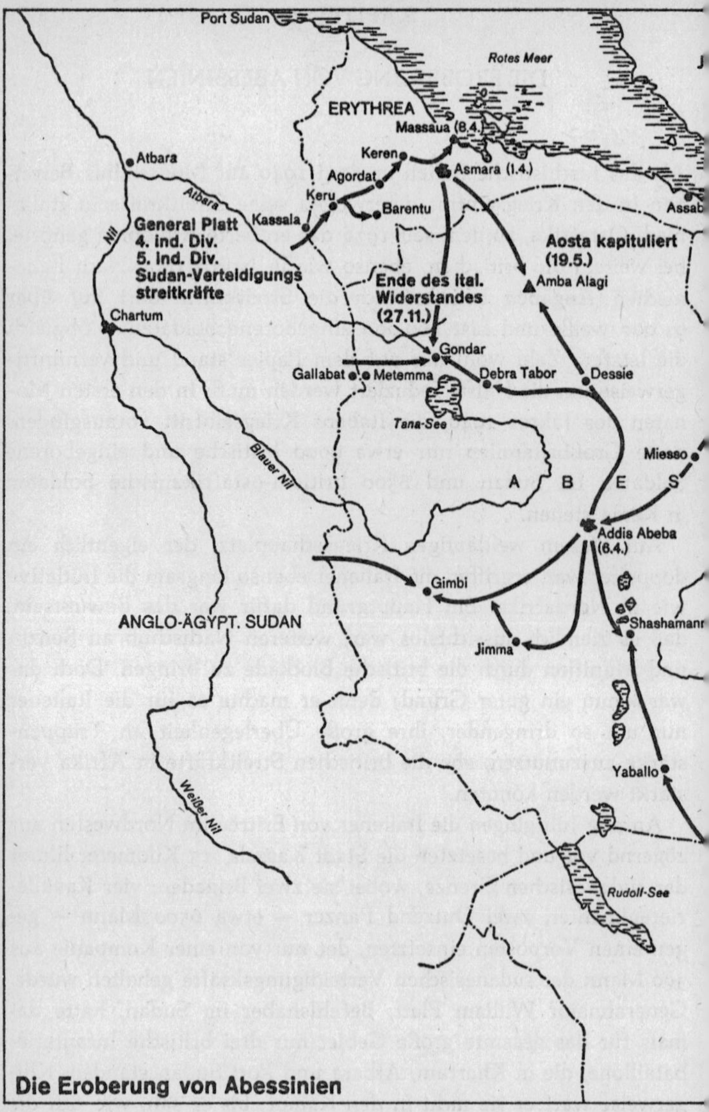

Die Eroberung von Abessinien

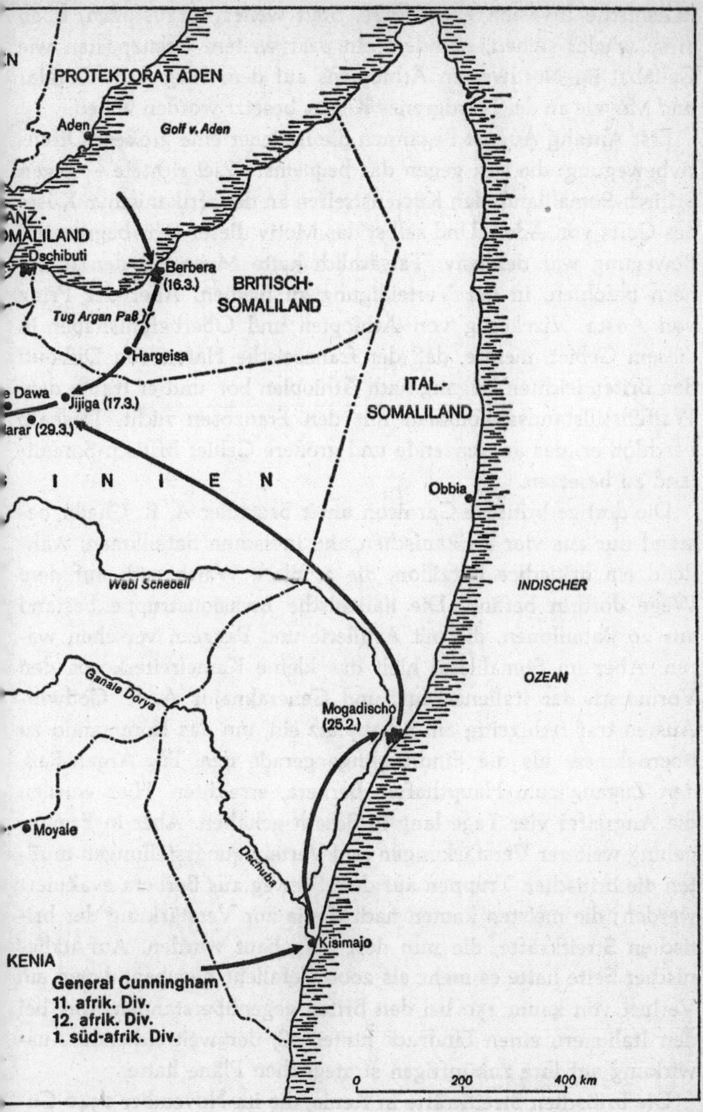

PROTEKTORAT ADEN
Aden
Golf v. Aden
ANZ.-
OMALILAND
Dschibuti
Berbera
(16.3.)
BRITISCH-
SOMALILAND
Tug Argan Paß
Hargeisa
e Dawa
Jijiga (17.3.)
larar (29.3.)
ITAL.-
SOMALILAND
I N I E N
Obbia
Webi Schebeli
INDISCHER
OZEAN
Ganale Dorya
Mogadischo
(25.2.)
Moyale
Dschuba
Kisimajo
KENIA
General Cunningham
11. afrik. Div.
12. afrik. Div.
1. süd-afrik. Div.
0
200
400 km

italienische Invasion entwickelte. Statt weiter vorzustoßen, blieb diese wieder stehen, nachdem ein paar weitere Grenzposten wie Gallabat im Nordwesten Äthiopiens auf dem Weg nach Gondar und Moyale an der Nordgrenze Kenias besetzt worden waren.

Erst Anfang August begannen die Italiener eine größere Offensivbewegung, die sich gegen das bequemste Ziel richtete — gegen Britisch-Somaliland, den Küstenstreifen an der afrikanischen Küste des Golfs von Aden. Und selbst das Motiv dieser sehr begrenzten Bewegung war defensiv. Tatsächlich hatte Mussolini den Italienern befohlen, in der Verteidigung zu bleiben. Aber der Prinz von Aosta, Vizekönig von Äthiopien und Oberbefehlshaber in diesem Gebiet, meinte, daß der französische Hafen von Djibouti den Briten leichten Zugang nach Äthiopien bot, und er traute dem Waffenstillstandsabkommen mit den Franzosen nicht. Deshalb beschloß er, das angrenzende und größere Gebiet Britisch-Somaliland zu besetzen.

Die dortige britische Garnison unter Brigadier A. R. Chater bestand nur aus vier afrikanischen und indischen Bataillonen, wähdend ein britisches Bataillon, die 2. Black Watch, sich auf dem Wege dorthin befand. Die italienische Invasionstruppe bestand aus 26 Bataillonen, die mit Artillerie und Panzern versehen waren. Aber im Somaliland hielt das kleine Kamelreiterkorps den Vormarsch der Italiener auf, und Generalmajor A. R. Godwin-Austen traf rechtzeitig am Schauplatz ein, um das Kommando zu übernehmen, als die Eindringlinge gerade den Tug-Argan-Paß, den Zugang zum Haupthafen, Berbera, erreichten. Hier wurden die Angreifer vier Tage lang in Schach gehalten. Aber in Ermangelung weiterer Verstärkungen und Verteidigungsstellungen mußten die britischen Truppen auf dem Seeweg aus Berbera evakuiert werden; die meisten kamen nach Kenia zur Verstärkung der britischen Streitkräfte, die nun dort aufgebaut wurden. Auf italienischer Seite hatte es mehr als 2000 Gefallene gegeben, denen ein Verlust von kaum 250 bei den Briten gegenüberstanden, was bei den Italienern einen Eindruck hinterließ, der weitreichende Auswirkung auf ihre zukünftigen strategischen Pläne hatte.

Die britischen Streitkräfte in Kenia, die im November 1940 Generalleutnant Sir Alan Cunningham übernahm, umfaßten die 12. afrikanische Division unter Godwin-Austen (1. südafrikanische, 22. ostafrikanische und 24. Goldküsten-Brigade), die vor kurzem durch die 11. afrikanische Division verstärkt worden war.

Im Herbst waren die Streitkräfte in Kenia auf 75 000 Mann verstärkt worden — darunter 27 000 Südafrikaner, 33 000 Ostafrikaner, 9000 Westafrikaner und etwa 6000 Briten. Drei Divisionen waren aufgestellt worden — die 1. südafrikanische und die 11. und 12. afrikanische. Im Sudan standen jetzt insgesamt 28 000 Mann, darunter die 5. indische Division, während die 4. indische Division dazustoßen sollte, nachdem sie am Auftakt des genialen Gegenschlages gegen die Italiener in Nordafrika teilgenommen hatte. Ein Panzerbataillon war von den 4. Royal Tanks dorthin beordert worden. Außerdem gab es noch die sudanesischen Verteidigungskräfte.

Churchill war der Ansicht, von einer derart großen britischen Streitmacht könne mehr Aktivität verlangt werden, als sie bisher gezeigt hatte, und er forderte wiederholt aggressivere Handlungen, als bisher unternommen oder beabsichtigt worden waren. Wavell, der Oberbefehlshaber in Nahost, schlug in Übereinstimmung mit Cunningham vor, im Mai oder Juni nach dem Frühlingsregen einen Vorstoß von Kenia aus nach Italienisch-Somaliland zu unternehmen. Wavells Zweifel wurden durch den zähen Widerstand vergrößert, auf den Platts erster Vorstoß an der Nordfront im November gestoßen war. Damals war die 10. indische Brigade unter Brigadier W. J. Slim, einem entschlossenen Führer, der später einer der bekanntesten Befehlshaber des Krieges wurde, gegen Gallabat vorgestoßen. Der Eröffnungsangriff auf Gallabat hatte Erfolg; doch der darauffolgende Angriff auf den Nachbarposten von Metemma wurde von einer italienischen Kolonialbrigade von beinahe ebenbürtiger Stärke abgewiesen. Das war größtenteils auf das unerwartete Versagen eines britischen Bataillons zurückzuführen, das gerade gegen Slims Rat dieser indischen Brigade zur Verstärkung beigegeben worden war. Wie die späteren Ereignisse bewiesen, waren die italienischen Streitkräfte in diesem nördlichen Abschnitt viel zäher als anderswo.

Die einzigen hoffnungsvollen Ereignisse während der Wintermonate waren die Unternehmungen des Brigadiers D. A. Sandford, eines pensionierten Offiziers, der bei Kriegsausbruch wieder in den Dienst zurückgeholt und dann nach Äthiopien geschickt worden war, um dort unter den Stammesfürsten der Hochländer um Gondar einen Aufstand zu organisieren, wobei er von dem noch viel unorthodoxeren Captain Orde Wingate mit einem sudanesischen Bataillon und seiner schwer faßbaren »Gideon Force« unterstützt worden war. Der im Exil lebende Kaiser Haile Selassie wurde am 20. Januar 1941 auf dem Luftwege nach Äthiopien zurückgebracht und betrat kaum drei Monate später, am 5. Mai, zusammen mit Wingate wieder seine Hauptstadt Addis Abeba – viel früher, als es sogar Churchill für möglich gehalten hatte.

Denn unter dem andauernden Druck Churchills und Smuts' in Südafrika hatten Wavell und Cunningham im Februar 1914 von Kenia aus die Invasion Italienisch-Somalilands eröffnet. Der Hafen von Kismayu wurde unerwartet leicht genommen, wodurch das Nachschubproblem vereinfacht wurde. Daraufhin überquerten Cunninghams Streitkräfte den Iuba-Fluß und stießen etwa 400 Kilometer auf die Hauptstadt Mogadiscio vor, die sie kaum eine Woche später, am 25. Februar, besetzten. Hier fiel ihnen eine enorme Menge an Motor- und Flugzeugtreibstoff in die Hände, weil sie durch ihren raschen Vormarsch den geplanten Sprengungen ebenso wie bei Kismayu zuvorgekommen waren. Gute Luftunterstützung war ein weiterer wichtiger Faktor bei dem schnellen Vorstoß.

Cuuninghams Streitkräfte wandten sich dann landeinwärts nach Südäthiopien, und am 17. März besetzte die 11. afrikanische Division, nach einem Vormarsch von 650 Kilometern, Jijiga nahe der Provinzhauptstadt Harar. Das brachte sie dicht an die Grenze des ehemaligen Britisch-Somalilandes, wo am 16. eine kleine Streitmacht von Aden aus gelandet war. Gegen zähen Widerstand wurde Harar am 29. März besetzt, und Cunninghams Streitkräfte schwenkten dann nach Westen in Richtung auf die äthiopische Hauptstadt Addis Abeba ein, 480 Kilometer entfernt im westlichen Zentrum Äthiopiens. Kaum eine Woche später, am 6. April, wurde sie von Cunninghams Streitkräften besetzt — einen Monat später kehrte Haile Selassie in seine Hauptstadt zurück. Die bemerkenswert bereitwillige Kapitulation der Italiener wurde beschleunigt durch Berichte über Greueltaten, die von äthiopischen Freischärlern an italienischen Frauen begangen worden waren.

Im Norden war der Widerstand jedoch viel stärker als am Anfang. Hier hatte General Frusci, der das Kommando führte, ungefähr 17 000 gut ausgerüstete Soldaten vorn im Gebiet von Eritrea stehen und noch mehr als drei Divisionen weiter rückwärts. General Platts Vorstoß, der in der dritten Januarwoche begann, wurde durch die 4. und 5. indische Division durchgeführt. Der Prinz von Aosta hatte den italienischen Streitkräften in Eritrea befohlen, zurückzuweichen, ehe sich der britische Vormarsch entfaltete, und daher kam der Vorstoß erst bei Keren, 100 Kilometer östlich jenseits der Grenze Eritreas, vorübergehend zum Stehen.

Auf härteren Widerstand trafen die beiden indischen Kolonnen bei den Gebirgsstellungen von Barentu und Agordat, die 70 bzw. 110 Kilometer östlich von Keren lagen. Glücklicherweise erreichte die 4. indische Division unter General Beresford-Peirse das entferntere Ziel zuerst, was den Vormarsch der 5. indischen Division auf Barentu erleichterte.

Wavell erkannte dann die Möglichkeit, sein Ziel auf die Eroberung Eritreas als Ganzes auszudehnen, und gab General Platt diesbezüglich neue Order. Doch Asmara, die Hauptstadt, war über 160 Kilometer jenseits von Agardat (der Hafen von Massaua sogar noch weiter entfernt), während fast in der Mitte die Gebirgsstellungen von Keren lagen, eine der stärksten Verteidigungsanlagen in Ostafrika und der einzige Zugang nach Asmara und dem italienischen Marinestützpunkt Massaua.

Die ersten Durchbruchsversuche begannen am 3. Februar morgens und endeten mit einem Mißerfolg, dem in den nächsten Tagen weitere folgten. General Carnimeo, der italienische Kommandeur dieses Gebietes, zeigte großartigen Kampfgeist und taktisches Geschick. Nach über einwöchigen Kämpfen gaben die Briten den Angriff auf, und eine lange Pause folgte. Erst Mitte März begann der Angriff von neuem, als die 5. indische Division herbeigeschafft war und in den Kampf geworfen werden konnte. Wieder wurde es ein langer Kampf. In einer Reihe italienischer Gegenangriffe wurden die Angreifer zurückgeschlagen, bis endlich am 27. März ein Bataillon schwer bewaffneter »Infanterie«-Panzer des 4. R. T. R durch die Sperre brach und die italienische Front durchstieß – nach der gleichen Taktik, die das 7. R. T. R. bei den verschiedenen Kämpfen in Nordafrika von Sidi Barrani bis Tobruk mit Erfolg anwandte.

Damit war die Schlacht von Keren nach dreiundfünfzig Tagen beendet. Die Streitkräfte General Fruscis zogen sich südlich nach Äthiopien zurück, und am 1. April besetzten die Engländer Asmara. Dann stießen sie 80 Kilometer weiter ostwärts auf Massaua zu; am 8. April kapitulierte die Stadt nach kurzem Kampf. Damit war der Feldzug von Eritrea beendet.

Inzwischen hatten sich die restlichen italienischen Streitkräfte unter dem Prinz von Aosta südwärts nach Äthiopien zurückgezogen und planten, in einer Höhenstellung bei Amba Alagi, ungefähr 130 Kilometer südlich von Asmara, endgültig Stellung zu beziehen. Ihm waren nur 7 000 Mann, 40 Geschütze und Vorräte, die kaum für drei Monate reichten, geblieben. Darüber hinaus belasteten Berichte über die äthiopische Behandlung der Kriegsgefangenen die Stimmung der Italiener. Daher war der Herzog, obgleich ein tapferer Soldat, mehr als bereit, einer Kapitulation zu »ehrenhaften Bedingungen« zuzustimmen, die am 19. Mai stattfand und die Gesamtzahl der italienischen Gefangenen auf 230 000 ansteigen ließ. Noch immer gab es isolierte italienische Streitkräfte unter General Gazzera im Südwesten Äthiopiens und unter General Nasi im Nordwesten bei Gondar, doch diese wurden im Sommer und Herbst eingekesselt. Das war das Ende von Mussolinis kurzlebigem Afrika-Imperium.

TEIL IV

DIE FLUT STEIGT

KAPITEL 11

DER KRIEG AUF DEM BALKAN

Es wird behauptet, die Entsendung der Expeditionstruppe General Wilsons nach Griechenland, die mit einer schnellen Evakuierung endete, sei trotzdem gerechtfertigt gewesen, weil durch sie ein Aufschub der Invasion Rußlands um sechs Wochen erreicht worden sei. Einige Militärs, die mit der Lage im Mittelmeer gut vertraut waren – vor allem General de Guingand, der spätere Generalstabschef Montgomerys, der dem gemeinsamen Planungsstab in Kairo angehörte –, haben diese Behauptung bestritten und das Abenteuer als ein politisches Hasardspiel verurteilt. Sie führen an, daß dadurch eine gute Gelegenheit verpaßt wurde, die Niederlage der Italiener in der Cyrenaika auszunützen und Tripolis zu nehmen, ehe deutsche Hilfe kam, nur um ungenügende Streitkräfte nach Griechenland zu werfen, die keine echte Chance hatten, das Land vor einem deutschen Einfall zu schützen.

Die Ereignisse bestätigten diese letztere Ansicht. Innerhalb von drei Wochen war Griechenland überrannt, und die Briten wurden aus den Balkanländern verjagt, während das deutsche Afrika-Korps, das in Tripolis hatte landen können, die reduzierte britische Streitmacht aus der Cyrenaika vertrieb. Diese Niederlagen bedeuteten für Großbritannien einen gefährlichen Rückschlag und einen Prestigeverlust, während sie den Griechen Elend brachten. Und selbst wenn der griechische Feldzug die Invasion Rußlands verzögerte, so rechtfertigt dies nicht die Entscheidung der britischen Regierung; denn damals hatte sie an ein solches Motiv nicht gedacht.

Doch es ist von historischem Interesse, ob der Feldzug tatsächlich diese Wirkung hatte. Der stärkste Beweis dafür liegt in der Tatsache, daß Hitler ursprünglich befohlen hatte, die Vorbereitungen für den Angriff auf Rußland bis zum 15. Mai abzuschließen, und daß Ende März dieses vorläufige Datum um ungefähr einen Monat hinausgeschoben und für den 22. Juni festgesetzt wurde. Ge-

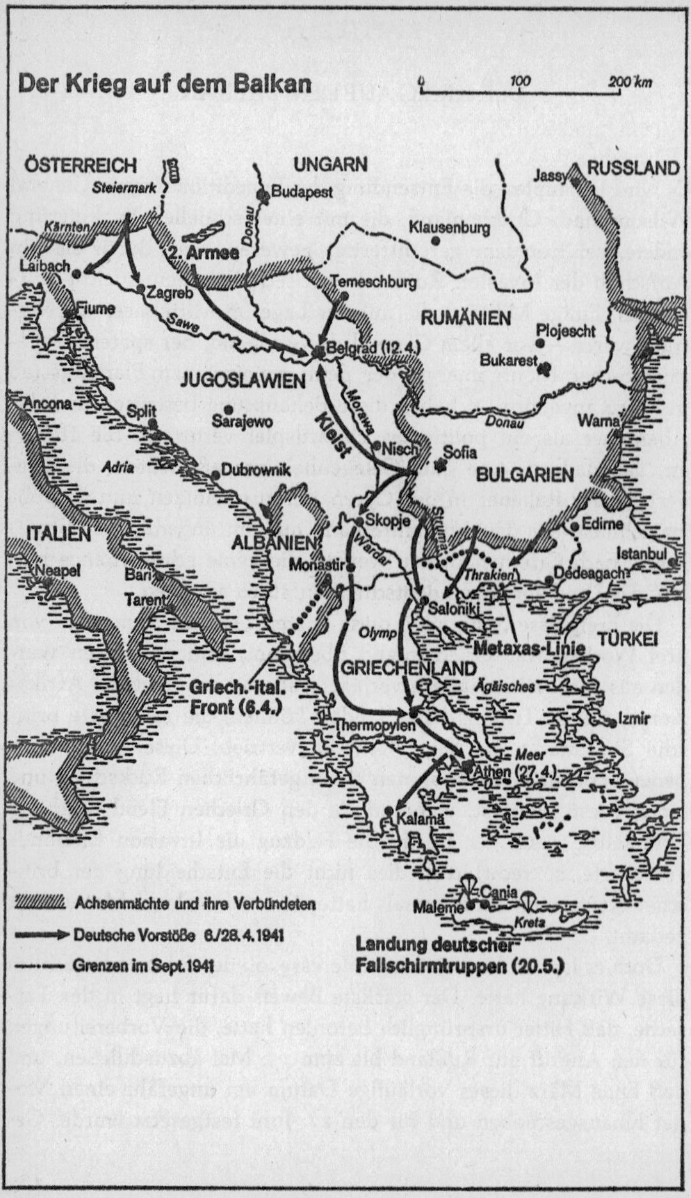
Der Krieg auf dem Balkan
0
100
200 km
ÖSTERREICH
Steiermark
UNGARN
Budapest
Donau
RUSSLAND
Jassy
Kärnten
Klausenburg
2. Armee
Laibach
Zagreb
Temeschburg
Fiume
Sawe
RUMÄNIEN
Plojescht
Belgrad (12.4.)
Bukarest
JUGOSLAWIEN
Morawa
Ancona
Split
Sarajewo
Kleist
Donau
Warna
Nisch
Sofia
Adria
Dubrownik
BULGARIEN
Skopje
Struma
Edirne
ITALIEN
ALBANIEN
Wardar
Istanbul
Monastir
Thrakien
Neapel
Bari
Dedeagach
Tarent
Saloniki
Olymp
Metaxas-Linie
TÜRKEI
GRIECHENLAND
Griech.-ital.
Front (6.4.)
Ägäisches
Meer
Izmir
Thermopylen
Athen (27.4.)
Kalamà
Cania
Maleme
Kreta
Achsenmächte und ihre Verbündeten
Deutsche Vorstöße 6./28.4.1941
Grenzen im Sept.1941
Landung deutscher
Fallschirmtruppen (20.5.)

neralfeldmarschall von Rundstedt sagte, die Vorbereitungen seiner Heeresgruppe seien durch die späte Ankunft der Panzerdivisionen, die im Balkan-Feldzug eingesetzt worden waren, behindert worden, und dies sei in Verbindung mit dem Wetter der ausschlaggebende Faktor für die Verzögerung gewesen.

Generalfeldmarschall von Kleist, der Befehlshaber der Panzertruppen unter Rundstedt, drückte sich noch deutlicher aus:

> »Es stimmt, daß die auf dem Balkan eingesetzten Kräfte nicht groß waren, gemessen an unserer Gesamtstärke; aber der dort eingesetzte Anteil an Panzern war hoch. Die Masse der Panzer, die im Hinblick auf die Offensive gegen die russische Grenze in Südpolen unter mein Kommando kamen, hatten am Balkan-Feldzug teilgenommen und mußten überholt werden, während ihre Besatzungen eine Erholungspause brauchten. Viele waren bis in den Peloponnes gefahren und mußten den ganzen Weg zurückgebracht werden.«

Die Ansichten der Generalfeldmarschälle von Rundstedt und von Kleist waren selbstverständlich davon beeinflußt, in welchem Ausmaß die Offensive an ihrer Front von der Rückkehr dieser Panzerdivisionen abhängig war. Andere Generale maßen der Auswirkung des Balkan-Feldzuges weniger Bedeutung bei. Sie betonten, daß die Hauptrolle bei der Offensive gegen Rußland Generalfeldmarschall von Bocks Heeresgruppe Mitte im nördlichen Polen zufiel, und daß die Siegeschancen von ihrem Erfolg abhingen. Da Rundstedts Heeresgruppe nur eine Nebenrolle spielte, hätte eine Verringerung seiner Streitkräfte den Ausgang nicht entscheidend beeinflussen können, da die russischen Streitkräfte nicht leicht verlegt werden konnten. Sie hätte vielleicht sogar Hitlers Neigung, in der zweiten Phase der Invasion sein Hauptaugenmerk auf den Süden zu richten, entgegengewirkt — eine Neigung, die, wie wir sehen werden, die Aussichten vereitelte, Moskau noch vor Einbruch des Winters zu erreichen. Im Notfall hätte mit der Invasion begonnen werden können, ohne daß man auf die Verstärkung von Rundstedts Heeresgruppe durch die Ankunft der Divisionen vom Balkan wartete. Schließlich war auch zweifelhaft, ob der Boden für einen früheren Beginn trocken genug war. General Halders Meinung ging dahin, daß die Wetterverhältnisse vor dem Zeitpunkt, an dem die Invasion tatsächlich begann, ungeeignet gewesen wären.

Die rückblickenden Ansichten von Generalen bieten jedoch keinen sicheren Anhaltspunkt im Hinblick darauf, was beschlossen worden wäre, wenn es im Balkan keine Komplikationen gegeben hätte. Nachdem einmal das vorläufige Datum deswegen verschoben worden war, waren die Weichen für den Aufschub gestellt, bis die zusätzlichen Divisionen aus diesem Raum zurückgekommen waren.

Doch es war nicht der Griechenland-Feldzug, der die Verzögerung verursachte. Hitler hatte schon mit dieser Verwicklung gerechnet, als die Invasion Griechenlands in sein Programm für das Jahr 1941 aufgenommen wurde als Vorspiel zur Invasion Rußlands. Entscheidend für die Verschiebung des Angriffsdatums war der unerwartete Staatsstreich in Jugoslawien, der am 27. März stattfand, als General Simowitsch und seine Verbündeten die Regierung stürzten, die soeben Jugoslawien an der Seite der Achse Berlin-Rom geführt hatte. Hitler war über diese Nachricht so erzürnt, daß er noch am gleichen Tag beschloß, gegen Jugoslawien eine Großoffensive zu unternehmen. Dafür waren mehr zusätzliche Land- und Luftstreitkräfte erforderlich als für den Griechenland-Feldzug allein, so daß Hitler gezwungen war, die schwerwiegendere und schicksalhaftere Entscheidung zu treffen — den beabsichtigten Beginn des Angriffs auf Rußland zu verschieben.

Nicht die britische Landung, sondern die Angst vor ihr hatte Hitler den Plan eingegeben, in Griechenland einzumarschieren. Die Landung hielt nicht einmal die damalige jugoslawische Regierung davon ab, sich mit Hitler zu einigen. Andererseits könnte die britische Aktion Simowitsch dazu ermutigt haben, die Regierung zu stürzen und Hitler entgegenzutreten — allerdings mit weniger Erfolg.

Noch aufschlußreicher war die Schilderung der Operationen auf dem Balkan, die General von Greiffenberg gab, Chef des Generalstabes von Generalfeldmarschall Lists 12. Armee, die diesen Feldzug durchführte.

In der Erinnerung daran, daß sich die Alliierten im Jahr 1915 in Saloniki festgesetzt hatten und im September 1918 von hier aus einen entscheidenden Vorstoß ausführten, fürchtete Hitler 1941, die Briten würden wieder in Saloniki oder an der Südküste von Thrazien landen. Dann standen sie im Rücken der Heeresgruppe Süd, wenn diese nach Osten in den Süden Rußlands vorstieß. Hitler vermutete, daß die Engländer, wie schon einmal, versuchen würden, in den Balkan vorzustoßen — und er erinnerte sich daran, daß am Ende des Ersten Weltkrieges die alliierte Balkan-Armee wesentlich zu dessen Ausgang beigetragen hatte.

Daher beschloß er, vor Beginn der Operationen gegen Rußland vorbeugend die Küste Südthraziens zwischen Saloniki und Dedeagatsch (Alexandropolis) zu besetzen. Die 12. Armee (List) war für diese Operation vorgesehen; zu ihr gehörte Kleists Panzergruppe. Die Armee versammelte sich in Rumänien, überquerte die Donau nach Bulgarien und sollte von dort aus die Metaxas-Linie durchstoßen, wobei sie mit ihrem rechten Flügel auf Saloniki und dem linken Flügel nach Dedeagatsch vorrücken sollte. War einmal die Küste erreicht, sollten dort nur wenige deutsche Truppen bleiben, während die Bulgaren den Schutz der Küste übernahmen. Der Großteil der 12. Armee, vor allem Kleists Panzergruppe, sollte dann über Rumänien nach Norden verlegt werden, um im Südabschnitt der Ostfront in den Kampf einzugreifen. Der ursprüngliche Plan sah nicht die Besetzung ganz Griechenlands vor.

Als dieser Plan König Boris von Bulgarien vorgelegt wurde, erklärte er, daß er Jugoslawien nicht traue, das die rechte Flanke der 12. Armee bedrohen könne. Die deutschen Vertreter versicherten dem König jedoch, man erwarte in Anbetracht des 1939 geschlossenen Paktes zwischen Jugoslawien und Deutschland von daher keine Gefahr. Man hatte den Eindruck, daß König Boris nicht ganz überzeugt war.

Er sollte recht behalten. Als die 12. Armee von Bulgarien aus gemäß dem Plan mit den Operationen beginnen sollte und die Truppenbewegungen anliefen, kam es plötzlich zu dem Staatsstreich in Belgrad, der zur Abdankung des Prinzregenten Paul führte. Blumentritt schilderte die Situation:

»Es hatte den Anschein, als mißbilligten gewisse Belgrader Kreise die pro-deutsche Politik des Prinzregenten Paul und wollten mit den Westmächten paktieren. Ob die Westmächte oder die UdSSR den Staatsstreich vorher unterstützten, können wir als Soldaten nicht beurteilen. Aber auf jeden Fall hat Hitler ihn nicht inszeniert! Er war im Gegenteil eine höchst unangenehme Überraschung und hätte fast den ganzen Operationsplan der 12. Armee in Bulgarien über den Haufen geworfen.«

Zum Beispiel mußten Kleists Panzerdivisionen von Bulgarien aus sofort in nordwestlicher Richtung gegen Belgrad vorgehen. Eine weitere Improvisation war eine Operation der 2. Armee (Weichs) mit schnell zusammengezogenen Einheiten, die in Kärnten und der Steiermark standen und nun südwärts nach Jugoslawien hinein vorstießen. Diese Komplikationen in den Balkanländern zwangen zu einer Verschiebung des Rußland-Feldzuges von Mai auf Juni. Daher beeinflußte der Staatsstreich von Belgrad ganz erheblich den Beginn des Angriffs auf Rußland.

Doch auch das Wetter spielte 1941 eine wichtige Rolle, was ein Zufall war. Östlich der Bug-San-Linie in Polen können Bodenoperationen bis Mai nur in sehr beschränktem Umfang durchgeführt werden, weil die meisten Straßen schlammig sind und das Land im allgemeinen morastig ist. Wegen der vielen nicht regulierten Flüsse gibt es ausgedehnte Überschwemmungen. Je weiter man nach Osten geht, um so deutlicher fallen diese Nachteile ins Auge, hauptsächlich in den sumpfigen Waldgebieten des Pripjet und der Beresina. Selbst in normalen Zeiten sind Truppenbewegungen vor Mitte Mai sehr behindert. Doch 1941 war ein Ausnahmejahr: Der Winter hatte länger gedauert als sonst. Noch Anfang Juni war der Bug kilometerweit über seine Ufer getreten.

Ähnliche Verhältnisse herrschten weiter nördlich. Generalfeldmarschall von Manstein, der damals Kommandeur einer Vorausabteilung eines Panzerkorps in Ostpreußen war, sagte, daß dort Ende März/Anfang Juni schwere Regenfälle niedergingen. Es ist offensichtlich, daß die Aussichten bei einem früheren Beginn der Invasion schlecht gewesen wären und es, ganz abgesehen von den Schwierigkeiten auf dem Balkan, sehr zu bezweifeln ist, ob ein früherer Zeitpunkt tunlich gewesen wäre. 1940 war das Wetter für die Invasion im Westen nur allzu günstig gewesen, doch das Wetter von 1941 hatte auf die Invasion im Osten genau den gegenteiligen Einfluß.

Als die Deutschen im April 1941 nach der Landung einer kleinen britischen Expeditionstruppe bei Saloniki in Griechenland einfielen, war die griechische Armee hauptsächlich darauf bedacht, die Bergpässe nach Bulgarien zu sichern, wo sich die deutschen Streitkräfte gesammelt hatten. Doch der erwartete Vorstoß das Strumatal herunter tarnte eine weniger direkte Truppenbewegung. Deutsche motorisierte Kolonnen bogen von der Struma seitwärts nach Westen ab das Strumitzatal parallel zur Grenze hinauf und stießen dann über die Bergpässe hinweg in das jugoslawische Ende des Tales von Vardar. Dabei trennten sie die Verbindung zwischen der griechischen und der jugoslawischen Armee und nutzten diesen Durchbruch zu einem schnellen Vorstoß durch das Tal von Vardar bis nach Saloniki. Dabei schnitten sie einen großen Teil der griechischen Armee ab, die in Thrazien stand.

Die Deutschen weiteten diesen Erfolg aus, doch nicht durch einen direkten Vormarsch nach Süden von Saloniki aus am Olymp vorbei, wo die britische Armee in Stellung gegangen war, sondern weiter westlich durch einen Vorstoß durch die Schlucht von Bitola. Dieser Vorstoß auf die Westküste Griechenlands zu schnitt die griechischen Divisionen in Albanien ab, umging die Flanke der Briten und bewirkte den schnellen Zusammenbruch jeglichen Widerstandes in Griechenland durch die drohende Schwenkung auf die Rückzugslinie der restlichen alliierten Streitkräfte zu. Die Mehrzahl der britischen und alliierten Streitkräfte wurde auf dem Seeweg nach Kreta evakuiert.

Die Eroberung Kretas durch eine Invasion, die ausschließlich aus der Luft erfolgte, war eine der erstaunlichsten und kühnsten Taten des Krieges. Sie war auch das bemerkenswerteste Luftlandeunternehmen des Krieges. Sie ging auf Kosten Englands und sollte eine Warnung bleiben, das Risiko ähnlicher Überraschungsschläge »aus heiterem Himmel« in Zukunft nicht unberücksichtigt zu lassen.

Am 20. Mai 1941, um 8.00 Uhr morgens, fielen etwa 3000 deutsche Fallschirmjäger aus dem Himmel auf Kreta. Auf der Insel befanden sich 28 600 britische, australische und neuseeländische Soldaten und zwei griechische Divisionen, die zahlenmäßig fast ebenso stark waren.

Man hatte erwartet, daß auf die deutsche Eroberung der Balkanländer ein Nachstoß gegen Kreta erfolgen würde, und über die Vorbereitungen hatten britische Agenten in Griechenland gute Informationen geliefert. Doch eine Luftlandeaktion war nicht so ernsthaft in Erwägung gezogen worden, wie es angebracht gewesen wäre. Churchill erwähnt, daß General Freyberg, der auf seinen Vorschlag hin zum Befehlshaber in Kreta ernannt worden war, am 5. Mai berichtete: »Kann Nervosität nicht verstehen; bin nicht im geringsten besorgt wegen Angriff aus der Luft.«

Er erwartete eher ein Landungsunternehmen von der See her, eine Gefahr, die schließlich durch die Royal Navy gebannt wurde.

Churchill dagegen war über eine Bedrohung »besonders aus der Luft« besorgt. Er verlangte, daß »mindestens ein weiteres Dutzend ›I‹-(»Infanterie«)Panzer dorthin geschickt würde, zur Verstärkung des bloßen halben Dutzends, das sich dort befand. Eine noch gravierendere Schwäche war das völlige Fehlen von Luftunterstützung, um die deutschen Sturzkampfbomber zu bekämpfen und die Luftlandetruppen abzufangen. Selbst die Lieferung von Flakgeschützen erfolgte nur spärlich.

Schon am ersten Abend war die Zahl der Deutschen auf der Insel mehr als verdoppelt worden und vergrößerte sich ständig durch das Absetzen von Fallschirmtruppen, durch Lastensegler und vom zweiten Abend an durch Transportflugzeuge. Sie landeten auf dem eroberten Flugplatz von Maleme, während dieser noch unter Artillerie- und Mörserbeschuß lag. Insgesamt wurden 22 000 deutsche Soldaten auf dem Luftweg herbeigeschafft. Viele kamen bei Abstürzen ums Leben oder wurden verwundet; aber die Überlebenden waren zähe Kämpfer, während ihr zahlenmäßig überlegener Gegner nicht so gut ausgebildet war und einige noch immer unter dem Schock litten, aus Griechenland hinausgeworfen worden zu sein. Wichtiger war der Mangel an Ausrüstung, ganz besonders das Fehlen von Nahbereichsfunkgeräten. Nichtsdestoweniger kämpften viele dieser Einheiten hart, und ihr zäher Widerstand hatte wichtige Auswirkungen, die erst später bekannt wurden.

Trotzdem beherrschte Optimismus eine Zeitlang die britischen höheren Stellen. Auf Grund der eingegangenen Berichte gab Churchill dem Unterhaus am zweiten Tag bekannt, der größere Teil der Luftlandeeinheiten sei vernichtet worden. Das Nahost-Hauptquartier sprach noch zwei Tage lang davon, mit den Deutschen sei »aufgeräumt« worden.

Doch am siebenten Tag, dem 26., berichtete der britische Befehlshaber in Kreta: »Meiner Meinung nach haben die unter meinem Kommando stehenden Truppen die Grenze des Durchhaltevermögens erreicht ... unsere Lage hier ist hoffnungslos.«

Da dieses Urteil von einem so tapferen Soldaten wie Freyberg kam, wurde es nicht angezweifelt. Die Evakuierung begann in der Nacht des 28. und endete in der Nacht des 31., wobei die deutsche Luftwaffe der Royal Navy bei ihrem Versuch, so viele Truppen wie möglich wegzubringen, schwere Verluste zufügte. Insgesamt wurden 16 500 Mann gerettet, darunter ungefähr 2000 Griechen; der Rest war gefallen oder geriet in deutsche Gefangenschaft. Bei der Kriegsmarine gab es mehr als 2000 Tote. Drei Kreuzer und sechs Zerstörer wurden versenkt. Dreizehn weitere Schiffe, darunter zwei Schlachtschiffe und der damals einzige Flugzeugträger der Mittelmeerflotte, wurden schwer beschädigt.

Auf deutscher Seite gab es ungefähr 4000 Gefallene und etwa halb soviele Verwundete. Das war weniger als ein Drittel der britischen Verluste, ganz abgesehen von denen der Griechen und des örtlichen kretischen Aufgebots. Doch da dieser Verlust hauptsächlich die Elite von Deutschlands einziger Fallschirmjägerdivision betraf, hatte er eine unvorhergesehene Wirkung auf Hitler, die zum Vorteil Großbritanniens ausschlug.

Im Augenblick aber sah der Zusammenbruch auf Kreta katastrophal aus. Er traf das britische Volk um so härter, als er zwei anderen Katastrophen auf dem Fuß folgte: Im April hatte Rommel die britischen Streitkräfte in zehn Tagen aus der Cyrenaika vertrieben, und nach Beginn des deutschen Einmarsches in Griechenland waren sie auch von dort innerhalb von drei Wochen verjagt worden. Wavells Wintererfolg in der Cyrenaika gegen die Italiener erwies sich als ein trügerischer Lichtblick. Bei dieser neuen Serie von Niederlagen und dem Wiederaufleben des »Blitzes« über England im Frühjahr waren die Aussichten sogar noch düsterer als im Jahr 1940.

Doch Hitler baute seinen dritten Sieg im Mittelmeer keineswegs so aus, wie man es auf britischer Seite erwartet hatte — mit einem Stoß auf Zypern, Syrien, Suez oder Malta. Einen Monat später griff er Rußland an und ließ dafür die Möglichkeiten aus, die sich ihm offen darboten, die Briten aus dem Mittelmeer und dem Nahen Osten zu vertreiben. Wenn dies auch hauptsächlich darauf zurückzuführen war, daß ihn das russische Unternehmen völlig in Anspruch nahm, so war doch auch seine Reaktion nach dem Sieg in Kreta mit die Ursache. Ihr Preis bedrückte ihn mehr, als ihn die Eroberung aufheiterte. Der Kontrast zu seinen früheren leichten Erfolgen und weit größeren Eroberungen war zu stark.

In Jugoslawien und Griechenland waren immerhin seine neuen Panzerstreitkräfte ebenso unbezwingbar wie in den Ebenen Polens und Frankreichs, trotz der Gebirgszüge, die sie dort überwinden mußten. Sie waren wie ein Orkan durch beide Länder gefegt und hatten die ihnen sich entgegenstellenden Armeen umgeworfen wie Kegel.

Generalfeldmarschall Lists Armee nahm 90 000 Jugoslawen, 270 000 Griechen und 13 000 Engländer gefangen, bei einem eigenen Verlust von kaum 5000 Toten und Verwundeten, wie spätere Aufzeichnungen zeigten. Damals schätzten britische Zeitungen die deutschen Verluste auf mehr als eine Viertelmillion, und sogar offizielle Verlautbarungen sprachen von »wahrscheinlich 75 000«.

Der Makel an Hitlers kretischem Sieg waren nicht nur die größeren Verluste, sondern die Tatsache, daß dadurch vorübergehend jene neuartige Kampftruppe geschwächt wurde, die Orte jenseits des Meeres erreichen und erobern konnte, ohne ein Eingreifen der britischen Marine riskieren zu müssen, die trotz ihrer schweren Verluste noch immer das Meer beherrschte. Tatsächlich hatte sich Hitler in Kreta übernommen.

Nach dem Krieg enthüllte General Student, Oberbefehlshaber der deutschen Luftlandetruppen, daß Hitler dem Angriffsplan gegen Kreta nur widerstrebend zugestimmt hatte:

»Er wollte den Balkan-Feldzug abbrechen, nachdem Südgriechenland erreicht war. Als ich das erfuhr, flog ich zu Göring und schlug vor, Kreta ausschließlich durch Luftlandetruppen einnehmen zu lassen. Göring – der immer leicht zu begeistern war – erkannte rasch die Möglichkeit dieser Idee und schickte mich zu Hitler. Ich war am 21. April bei ihm. Als ich den Plan erläuterte, sagte Hitler: ›Das klingt einleuchtend, aber ich glaube nicht, daß es durchführbar ist.‹ Aber schließlich konnte ich ihn überzeugen.

Für die Operation setzten wir unsere einzige Fallschirmjägerdivision, unser einziges Lastensegler-Regiment und die 5. Gebirgsjägerdivision ein, die noch keine Erfahrung bei Luftlandeunternehmen hatte.«

Stukas und Jäger des 8. Fliegerkorps Richthofen, das bei der Eroberung Belgiens und Frankreichs 1940 ein entscheidendes Instrument gewesen war, übernahmen die Unterstützung aus der Luft. Student berichtet weiter:

»Es wurden keine Truppen über das Meer transportiert. Eine solche Verstärkung war ursprünglich vorgesehen, aber für den Seetransport standen nur eine Anzahl griechischer Küstenmotorsegler zur Verfügung. Ein Konvoi dieser kleinen Fahrzeuge sollte die schwereren Waffen für die Expedition befördern – Flugzeug- und Panzerabwehrgeschütze, die Artillerie und einige Panzer – zusammen mit zwei Bataillonen der 5. Gebirgsjäger-Division. ... Man sagte ihnen, die britische Flotte sei noch in Alexandria, wärend sie sich in Wirklichkeit schon auf dem Weg nach Kreta befand. Der Konvoi fuhr nach Kreta, wurde von der Flotte gefaßt und aufgerieben. Die Luftwaffe rächte diesen Schlag, indem sie der britischen Kriegsmarine eine Menge Haare ausriß. Aber unsere Bodenoperationen in Kreta waren wegen des Ausbleibens der schweren Waffen, mit denen wir gerechnet hatten, sehr behindert.

Am 20. Mai gelang es uns an keiner Stelle, einen Flugplatz völlig in unsere Hand zu bekommen. Am meisten erreichten wir auf dem Flugplatz Maleme, wo das wertvolle Fallschirmjäger-Sturmregiment gegen ausgewählte neuseeländische Truppen kämpfte. Die Nacht vom 20. auf 21. Mai war für das deutsche Kommando kritisch. Ich mußte eine sofortige Entscheidung treffen und beschloß, die Masse der Fallschirmjäger-Reserven, die mir noch zur Verfügung standen, für die endgültige Eroberung des Flugplatzes von Maleme einzusetzen. Wenn der Feind in dieser Nacht oder am Morgen des 21. Mai einen organisierten Gegenangriff unternommen hätte, wäre es ihm wahrscheinlich gelungen, die sehr mitgenommenen und erschöpften Reste des Sturmregiments zu vernichten – besonders da sie unter einem starken Munitionsmangel litten.

Aber die Neuseeländer unternahmen nur vereinzelte Gegenangriffe. Wie ich später erfuhr, erwartete das britische Kommando außer dem Luftlandeunternehmen die Ankunft der deutschen Hauptstreitmacht über dem Meer an der Küste zwischen Maleme und Chania und beließ daher seine Truppen an der Küste. In dieser entscheidenden Phase ging das britische Kommando nicht das Risiko ein, diese Truppen nach Maleme zu senden. Am 21. gelang es den deutschen Reserven, Flugplatz und Stadt Maleme einzunehmen. Am Abend konnte das 1. Gebirgsjäger-Bataillon abgesetzt werden, ebenso die ersten Luftlandetruppen – und dadurch hatte Deutschland die Schlacht um Kreta gewonnen.«

Aber der Preis dieses Sieges war höher, als die Befürworter des Planes erwartet hatten, teilweise deshalb, weil die britischen Streitkräfte auf der Insel dreimal so groß waren als angenommen, aber auch aus anderen Gründen:

»Ein großer Teil der Verluste war auf Fehllandungen zurückzuführen. Es gab nur wenige geeignete Stellen auf Kreta, und der Wind wehte vom Landesinneren zur See hin. Aus Furcht, die Fallschirmjäger würden über das Meer abgetrieben, setzten die Piloten sie zu weit landeinwärts ab — manche direkt über den britischen Stellungen. Die Waffenbehälter gingen weitab von den Truppen nieder, was ebenfalls zu unseren hohen Verlusten beitrug. Die wenigen dort stationierten britischen Panzer setzten uns zu Beginn schwer zu — es war ein Glück, daß es nicht mehr als zwei Dutzend waren. Die Infanterie, hauptsächlich Neuseeländer, kämpften zäh, obwohl sie überrascht worden waren.

Der Führer war über die schweren Verluste der Fallschirmjägereinheiten außer sich und kam zu dem Schluß, daß ihr Überraschungseffekt vorüber war. Danach sagte er oft zu mir: ›Die Zeit der Fallschirmjäger ist vorbei‹ . . .

Als ich Hitler dazu brachte, dem Kreta-Plan zuzustimmen, schlug ich auch vor, daß wir danach Zypern aus der Luft erobern sollten und dann von Zypern aus den Suezkanal. Hitler schien nicht abgeneigt, wollte sich aber nicht auf den Plan festlegen — er war mit der bevorstehenden Invasion Rußlands beschäftigt. Nach dem Schock über die schweren Verluste in Kreta lehnte er es ab, ein weiteres großes Luftlandeunternehmen zu versuchen. Ich kam wiederholt auf die Idee zurück, aber ohne Erfolg.«

So waren die britischen, australischen und neuseeländischen Verluste auf Kreta nicht ganz umsonst gewesen. Students Plan, den Suezkanal zu erobern, mag vielleicht illusorisch gewesen sein, es sei denn, auch Rommels Panzerkräfte in Afrika wären erheblich verstärkt worden. Aber die Eroberung Maltas wäre eine leichtere Aufgabe gewesen. Hitler war überzeugt, dies ein Jahr später zu verwirklichen, änderte jedoch seine Meinung und ließ den Plan fallen. Student sagte: »Er glaubte, daß alle italienischen Schiffe, wenn erst einmal die britische Flotte am Schauplatz erschien, in ihre Heimathäfen ausreißen und die deutschen Luftlandetruppen dort allein lassen würden.«

KAPITEL 12

HITLER WENDET SICH GEGEN RUSSLAND

Der ganze Krieg bekam ein völlig anderes Aussehen, als Hitler am 22. Juni 1941 in Rußland einfiel, einen Tag vor dem Jahrestag von Napoleons Einmarsch im Jahr 1812. Dieser Schritt war für Hitler genauso tödlich wie für seinen Vorgänger, obwohl das Ende nicht so rasch kam.

Napoleon war gezwungen worden, sich noch vor Ende des Jahres aus Rußland zurückzuziehen, und die Russen betraten *seine* Hauptstadt im April des zweiten Jahres noch seiner Invasion. Hitler wurde erst nach drei Jahren aus Rußland getrieben, und die Russen betraten *seine* Hauptstadt erst im April des vierten Jahres. Er war zweimal so tief nach Rußland vorgestoßen wie Napoleon, obwohl er Napoleons illusorische Eroberung Moskaus nicht wiederholte. Sein tieferes Vordringen war auf die besseren Transportmöglichkeiten zurückzuführen. Aber er erreichte dadurch sein Ziel nicht. Der Raum bedeutete zuerst eine Enttäuschung und dann die Niederlage.

Die Geschichte wiederholte sich sogar in den Nebenwirkungen des für den Angreifer selbstmörderischen Schrittes. England bekam eine Atempause in einer Lage, die in den Augen der meisten außerhalb seiner Grenzen lebenden Menschen hoffnungslos erschien. Ihnen war klar, wie verzweifelt die Lage einer kleinen Insel am Rand eines feindlichen Kontinentes war, der sie enger umklammerte als zu Napoleons Zeit. Der Wert des Meeresgrabens hatte sich durch die Entwicklung der Luftstreitkräfte verringert. Die Industrialisierung der Insel hatte sie von Importen abhängig gemacht und somit die Bedrohung durch Unterseeboote vervielfacht. Durch die Weigerung, irgendein Friedensangebot in Erwägung zu ziehen, hatte die britische Regierung das Land auf einen Kurs festgelegt, der unter derartigen Bedingungen logischerweise über eine zunehmende Erschöpfung zum schließlichen Zusammenbruch führen mußte — selbst wenn Hitler von dem Ver-

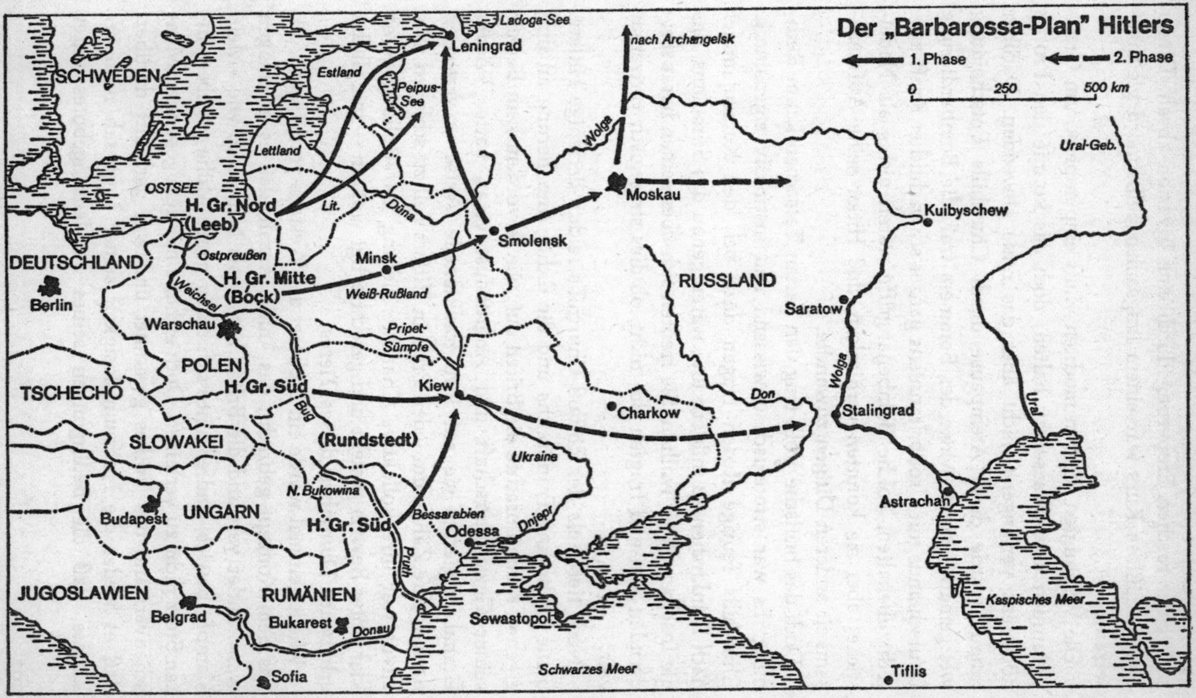

Der „Barbarossa-Plan" Hitlers
1. Phase
2. Phase
0
250
500 km
Ladoga-See
Leningrad
nach Archangelsk
SCHWEDEN
Estland
Peipus-See
Lettland
OSTSEE
H. Gr. Nord
(Leeb)
Lit.
Düna
Wolga
Moskau
Kuibyschew
Ural-Geb.
Smolensk
DEUTSCHLAND
Ostpreußen
Minsk
H. Gr. Mitte
(Bock)
Weichsel
Weiß-Rußland
Berlin
RUSSLAND
Saratow
Warschau
Pripet-
Sümpfe
POLEN
TSCHECHO
H. Gr. Süd
Kiew
Bug
Charkow
Don
Wolga
Stalingrad
Ural
SLOWAKEI
(Rundstedt)
Ukraine
N. Bukowina
Budapest
UNGARN
H. Gr. Süd
Bessarabien
Odessa
Dnjepr
Astrachan
Pruth
JUGOSLAWIEN
RUMÄNIEN
Belgrad
Bukarest
Donau
Sewastopol
Kaspisches Meer
Schwarzes Meer
Sofia
Tiflis

such einer raschen Eroberung durch eine Invasion absah. Dieser kompromißlose Kurs war einem langsamen Selbstmord gleichzusetzen.

Die Vereinigten Staaten mochten »Luft einpumpen«, um Großbritannien über Wasser zu halten; doch das konnte den Prozeß höchstens verlängern, nicht aber das Ende abwenden. Darüber hinaus wurde diese Atempause durch Churchills Entscheidung wettgemacht, die er Mitte des Sommers traf, die Bombardierung Deutschlands mit Großbritanniens ganzer schwächlicher Kraft aufrechtzubehalten. Solche Bombenangriffe waren nichts als Nadelstiche; aber sie konnten verhindern, daß Hitler seine Aufmerksamkeit anderen Dingen zuwandte.

Doch das britische Volk trug den harten Tatsachen kaum Rechnung. Es war strategisch unwissend und instinktiv eigensinnig. Churchills feurige Reden trugen dazu bei, den Katzenjammer nach Dünkirchen zu mildern und waren genau das Stimulans, das die Inselbewohner wollten. Sie freuten sich über seinen herausfordernden Ton und fragten sich nicht, ob dies strategisch vertretbar war.

Noch tiefer als der Einfluß Churchills reichte derjenige Hitlers. Seine Eroberung Frankreichs und die dichte Annäherung an ihre eigenen Küsten brachte die Briten auf, wie es vordem kein Beweis seiner Gewaltherrschaft und Angriffslust getan hatte. Wieder einmal reagierten sie auf ihre traditionelle Weise – versessen darauf, ihre Zähne um jeden Preis in Hitlers Fell zu schlagen. Nie zuvor war ihre kollektive Charakterisierung als »Bulldogge« so klar unter Beweis gestellt und gerechtfertigt worden – mit all der erhabenen Dummheit dieses Tieres.

Wieder einmal wurde ein Eroberer des Westens von einem Volk aus dem Konzept gebracht, das »nicht einsah, daß es geschlagen war«. Hitler verstand die Briten besser als Napoleon, wie »Mein Kampf« bewies, und er hatte sich daher große Mühe gegeben, ihren Stolz nicht zu verletzen. Doch er hatte mit dem gesunden Menschenverstand des Volkes gerechnet und war verblüfft darüber, daß es weder die Hoffnungslosigkeit seiner Lage sah noch erkannte, daß die Bedingungen seines Friedensangebotes unter den gegebenen Umständen außergewöhnlich günstig waren. In der Verwirrung darüber zögerte er, was er als nächstes tun sollte, und wandte sich dann in die gleiche Richtung wie Napoleon. Er wollte zunächst Rußland erobern, bis eine endgültige Regelung mit Großbritannien erreicht werden konnte.

Das war kein plötzlicher Entschluß, sondern ging in mehreren Etappen vor sich. Auch waren die auslösenden Faktoren komplizierter als bei Napoleon und können nicht durch irgendeinen einzigen Grund oder die Vernunft erklärt werden.

Die schweren Verluste der Luftwaffe über Südengland waren zwar taktisch von Bedeutung, strategisch aber weniger entscheidend als die unentschiedene Seeschlacht vor Kap Finisterre im Jahr 1805. Denn Görings Niederlage hatte keine so unmittelbare Wirkung auf Hitler wie Villeneuves Rückzug auf Napoleon. Vorläufig wollte Hitler immer noch den Willen der Briten beugen und änderte nur die Form des Druckes – von der versuchten Zerstörung der Luftverteidigung bis zu Nachtangriffen auf die Industriestädte. Das dazwischenliegende Nachlassen des Druckes war, vom Wetter abgesehen, auf seinen Wankelmut zurückzuführen. Es scheint, daß er sehr ungern hart gegen Großbritannien vorging, solange er es möglicherweise dazu bringen konnte, seinen Frieden zu akzeptieren. Und so klammerte er sich an die Hoffnung, während er dieses Ziel ungeschickt weiter verfolgte.

Inzwischen gingen seine Gedanken mit wachsender Intensität in eine andere Richtung, unter dem Einfluß seiner wirtschaftlichen Bedürfnisse und Befürchtungen, die noch durch seine Vorurteile vervielfacht wurden. Obwohl sein Vertrag mit Stalin den Weg für einen Sieg im Westen geebnet hatte, waren seine dortigen Eroberungen im Grunde Zufallserfolge gewesen, während er eine Unterwerfung Sowjetrußlands schon immer ins Auge gefaßt hatte. Dieser Gedanke war für ihn mehr als eine Sache der Zweckmäßigkeit: Der Antibolschewismus war seine am tiefsten gehende gefühlsmäßige Überzeugung.

Dieser Drang nach Osten hing eng mit dem britischen Widerstand zusammen; aber er war schon wiederaufgelebt, ehe Großbritannien sein Friedensangebot abgelehnt hatte.

Anfang Juni 1940, als Hitler noch mit dem Frankreich-Feldzug beschäftigt war, hatte Stalin die Gelegenheit genützt und Litauen, Estland und Lettland besetzt. Hitler war damit einverstanden, daß die baltischen Staaten in der russischen Einflußsphäre liegen sollten, aber nicht mit ihrer tatsächlichen Besetzung. So hatte er das Gefühl, von seinem Partner übers Ohr gehauen worden zu sein, obwohl die meisten seiner Ratgeber den russischen Einmarsch ins Baltikum realistisch als natürliche Vorsichtsmaßnahme ansahen, die auf der Sorge darüber beruhte, was Hitler nach seinem Sieg im Westen wohl unternehmen mochte. Hitlers tiefes Mißtrauen gegen Rußland hatte sich darin gezeigt, daß er sich während des Westfeldzuges ständig darüber Sorgen machte, nur zehn Divisionen im Osten gelassen zu haben, denen hundert russische Divisionen gegenüberstanden.

Am 26. Juni, wieder ohne vorher seinen Partner in Kenntnis zu setzen, richtete Rußland dann ein Ultimatum an Rumänien, in dem es die sofortige Rückgabe Bessarabiens verlangte und zusätzlich noch die Übergabe der nördlichen Bukowina als »kleinen Ausgleich« dafür, daß Rußland 1918 seiner ehemaligen Provinz »beraubt« worden war. Der rumänischen Regierung blieb für die Antwort nur eine Frist von 24 Stunden, und als sie dem Druck nachgab, rückten die russischen Truppen sofort ein, zu Lande und in der Luft.

Das war für Hitler mehr als »eine Ohrfeige«, weil dadurch die Russen den rumänischen Ölfeldern bedrohlich nahe gerückt waren, die er brauchte, da er nun von den Quellen in Übersee abgeschnitten war. In den folgenden Wochen wurde er in zunehmendem Maße nervös und besorgt wegen der Auswirkungen auf die Luftoffensive gegen England. Entsprechend mißtrauisch wurde er gegenüber Stalins Absichten. Am 29. Juli sprach er mit Jodl über die Eventualität, gegen Rußland kämpfen zu müssen, wenn es versuchen sollte, sich der rumänischen Ölfelder zu bemächtigen. Wenige Wochen später begann er zwei Panzer- und zehn Infanteriedivisionen nach Polen zu verlegen. In einer am 6. September an den Geheimdienst gerichteten Direktive hieß es, die Ostgebiete würden in den kommenden Wochen stärker besetzt werden. Diese Truppenbewegungen dürften in Rußland aber nicht den Eindruck erwecken, daß Deutschland sich auf einen Angriff im Osten vorbereite. Die Stärke der deutschen Truppen solle durch häufige Umgruppierungen getarnt werden. Andererseits werde Rußland merken, daß starke und gut ausgebildete deutsche Truppen im Generalgouvernement, in den Ostprovinzen und im Protektorat stehen. Es solle daraus den Schluß ziehen, daß Deutschland bereit sei, vor allem auf dem Balkan seine Interessen gegen eine russische Eroberung mit starken Truppen zu schützen.

Diese Direktive hatte einen vorwiegend defensiven Ton. Sie schien eher den Willen zu zeigen, der russischen Aggression einen Riegel vorzuschieben, als eine deutsche Aggression anzukündigen. Doch wegen der Entfernung zwischen der deutschen Grenze und den Ölfeldern konnte Hitler nicht darauf zählen, sie unmittelbar schützen zu können, und das veranlaßte ihn, eine Ablenkungsoperation an der polnischen Grenze zu planen. Aus den Gedanken über ein solches Ablenkungsmanöver entwickelte sich bald der Plan einer Großoffensive mit dem Ziel, die Gefahr insgesamt zu bannen und damit der örtlichen Gefährdung zuvorzukommen.

Mitte September kamen Berichte, daß der russische Propagandadienst in der Roten Armee eine antideutsche Tendenz zeigte. Das war die erste mißtrauische Reaktion der Russen auf die Verstärkung der deutschen Streitkräfte im Osten und zeigte ihre Bereitschaft, ihre Truppen auf einen russisch-deutschen Konflikt vorzubereiten. Doch Hitler sah darin einen Beweis für ihre aggressiven Absichten. Er begann zu glauben, er könne es sich nicht mehr leisten, auf den Sieg im Westen zu warten, ehe er sich mit Rußland befaßte. Seine Befürchtungen, Vorurteile und ehrgeizigen Absichten steigerten sich gegenseitig. In dieser Geistesverfassung war auch sein Mißtrauen leicht zu wecken. Verblüfft darüber, daß die Engländer ihre hoffnungslose Lage nicht wahrzunehmen schienen, suchte er nach einer Erklärung dafür in Rußland. Im Laufe der nächsten Monate sagte er zu Jodl und anderen, Großbritannien warte offenbar auf eine russische Intervention, da es sonst nachgegeben hätte. Es müsse schon irgendein geheimes Abkommen geben. Die Entsendung von Sir Stafford Cripps nach Moskau und seine Gespräche mit Stalin waren dafür eine Bestätigung. Deutschland müsse bald losschlagen, ehe es selbst erdrosselt würde. Hitler sah nicht, daß auch die Russen umgekehrt seine Angriffslust fürchteten.

Der Plan für eine Offensive gegen Rußland war schon entworfen, als General Paulus (der später als Befehlshaber der Stalingrad-Armee berühmt werden sollte) Anfang September stellvertretender Chef des Generalstabes wurde. Er wurde angewiesen, »die Möglichkeiten des Planes« zu prüfen. Die näher bezeichneten Ziele waren zunächst die Zerschlagung der russischen Armeen in Westrußland, des weiteren ein Vorstoß tief genug nach Rußland hinein, um Deutschland gegen Luftangriffe aus dem Osten abzusichern. Der Vorstoß sollte bis zur Linie Archangelsk-Wolga gehen.

Anfang November stand der Operationsentwurf bis ins einzelne fest und wurde dann in zwei verschiedenen Planspielen erprobt. Hitler war jetzt wegen einer russischen Offensive weniger besorgt und um so mehr geneigt, selbst einen Angriff gegen Rußland zu unternehmen. Riesige strategische Pläne vorzubereiten und zu durchdenken, berauschte ihn immer. Die Zweifel, die seine Generale äußerten, wenn er seine Gedankengänge enthüllte, machten ihn nur noch entschlossener. Hatte er nicht in jeder Frage recht gehabt, wo sie seine Fähigkeit zum Erfolg angezweifelt hatten? Er mußte ihnen wieder beweisen, daß sie unrecht hatten. Und was noch gravierender war — ihre Zweifel ließen trotz ihrer Fügsamkeit erkennen, daß sie im Innersten ihm als Amateur noch immer mißtrauten. Außerdem drängten seine Admirale und Generale auf einen Schlag gegen England — und er konnte nicht untätig bleiben. Er hatte schon Pläne fertig für einen Marsch durch Spanien gegen Gibraltar, um so das westliche Mittelmeer abzuriegeln; doch war das eine zu kleine Operation für seinen gigantischen Ehrgeiz.

Eine neue Entwicklung, die Ende Oktober eintrat, beeinflußte seine Entscheidung und noch mehr ihre Folgen, nämlich Mussolinis Angriff auf Griechenland, den dieser ohne Hitlers Wissen begann. Das warf Hitlers Programm um, und die Mißachtung seiner Führungsrolle durch den Juniorpartner ärgerte ihn ebenso sehr wie die Möglichkeit, daß sich die Italiener in seiner Interessensphäre festsetzen könnten.

Obgleich diese letzte Gefahr durch die italienischen Schlappen geringer wurde, veranlaßt Mussolinis eigenmächtige Initiative Hitler dazu, seine Aktivitäten auf dem Balkan zu beschleunigen. Dadurch war ein neuer Grund gegeben, die Vollendung seines Planes im Westen hinauszuschieben. Da er seine Bundesgenossen im Rennen um die Beherrschung des Balkans aus dem Feld schlagen mußte, war nun als nächstes die russische Angelegenheit zu regeln. Das war zwar bis jetzt noch keine klare Entscheidung, doch stand diese Idee in seinem Denken ganz obenan.

Am 10. November kam Molotow nach Berlin, um einen großen Fragenkomplex zu diskutieren, der auch den deutschen Vorschlag einschloß, Rußland solle endgültig der Achse beitreten. Nach Abschluß der Gespräche wurde ein gemeinsames Kommuniqué herausgegeben, in dem es hieß: »Der Gedankenaustausch fand in einer Atmosphäre gegenseitigen Vertrauens statt und führte zu einer Verständigung über alle wichtigen Fragen, die Deutschland und die Sowjetunion gemeinsam interessieren.« Auch in vertraulichen Äußerungen zeigten sich die deutschen Teilnehmer mit den Ergebnissen recht zufrieden, die am 16. folgendermaßen zusammengefaßt wurden:

> »Im Augenblick wird kein Vertrag abgeschlossen. Rußland scheint willens, dem Drei-Mächte-Pakt beizutreten, wenn einige weitere Fragen geklärt sind.... Molotow ist über beabsichtigte deutsche Aktion im Balkan zur Unterstützung Italiens unterrichtet und erhebt keine Einwände. Er schlägt die Schaffung geeigneter Bedingungen vor für einen russischen Einfluß in Bulgarien, entsprechend dem deutschen Einfluß in Rumänien, aber die Deutschen gehen auf diesen Vorschlag nicht ein. Deutschland erklärt jedoch sein Desinteresse an der türkischen Beherrschung der Dardanellen und sein Verständnis für den russischen Wunsch, dort Stützpunkte zu errichten...«

Doch das »gegenseitige Vertrauen« fehlte völlig, und diese diplomatische Floskel hatte niemals hohler geklungen. Am 12. hatte in Hitlers Weisung Nr. 18 gestanden:

> »Politische Besprechungen mit dem Ziel, die Haltung Rußlands für die nächste Zeit zu klären, sind eingeleitet. Gleichgültig, welches Ergebnis diese Besprechungen haben werden, sind alle schon mündlich befohlenen Vorbereitungen für den Osten fortzuführen.«

Während die Diplomaten verhandelten, machten die militärischen Pläne Fortschritte. Hitler hielt das Ergebnis dieser Gespräche nicht für so zufriedenstellend wie andere. Er betrachtete Rußlands weitere Fragen bezüglich des Drei-Mächte-Paktes als pure Ablenkung und wurde von seinem wachsenden Wunsch beherrscht, zum Angriff überzugehen. Raeder, der ihn am 14. aufsuchte, stellte fest, daß »der Führer noch immer willens ist, gegen Rußland Krieg zu führen«. Nach Molotows Besuch sprach Hitler mit einigen seiner Mitarbeiter und machte ihnen klar, daß er Rußland angreifen würde. Ihre Versuche, ihn von diesem Wagnis abzubringen, waren umsonst. Als sie anführten, daß dies den Zweifrontenkrieg bedeutete, der sich für Deutschland im Ersten Weltkrieg als verhängnisvoll erwiesen hatte, entgegnete er scharf, man könne sich unmöglich darauf verlassen, daß Rußland stillhalten würde, bis Englands Widerstand gebrochen sei. Um Großbritannien zu besiegen, war eine Vergrößerung der Luftwaffe und Marine erforderlich, was auf Kosten der Armee gehen mußte, und dies wiederum war unmöglich, solange Rußland eine Bedrohung blieb. Die Lage hatte sich durch »Rußlands Unzuverlässigkeit, die sich in den Balkanstaaten gezeigt hat«, geändert. Daher würde die »Operation Seelöwe« aufgeschoben werden müssen.

Am 5. Dezember erhielt Hitler Halders Entwurf für den Operationsplan im Osten und erließ am 18. Dezember die »Weisung Nr. 21: Fall Barbarossa«. Sie begann mit der entschlossenen Feststellung: »Die deutsche Wehrmacht muß darauf vorbereitet sein, auch vor Beendigung des Krieges gegen England Sowjetrußland in einem schnellen Feldzug niederzuwerfen.« Weiter hieß es:

> »Das Heer wird hierzu alle verfügbaren Verbände einzusetzen haben mit der Einschränkung, daß die besetzten Gebiete

gegen Überraschungen gesichert sein müssen. Der Schwerpunkt des Einsatzes der Kriegsmarine bleibt auch während eines Ostfeldzuges eindeutig gegen England gerichtet...

Den Aufmarsch gegen Sowjetrußland werde ich gegebenenfalls acht Wochen vor dem beabsichtigten Operationsbeginn befehlen.

Vorbereitungen, die eine längere Anlaufzeit benötigen, sind — soweit noch nicht geschehen — schon jetzt in Angriff zu nehmen und bis zum 15. 5. 1941 abzuschließen.

Entscheidender Wert ist jedoch darauf zu legen, daß die Absicht eines Angriffes nicht erkennbar wird.

Die im westlichen Rußland stehende Masse des russischen Heeres soll in kühnen Operationen unter weitem Vortreiben von Panzerkeilen vernichtet, der Abzug kampffähiger Teile in die Weite des russischen Raumes verhindert werden.«

In der Weisung hieß es weiter, daß die Luftwaffe anschließend erforderlichenfalls das letzte Rußland verbleibende Industriegebiet am Ural ausschalten müsse. Die russische Ostseeflotte würde rasch ihre baltischen Stützpunkte verlieren und damit nicht mehr kampffähig sein. Rumänien werde wahrscheinlich am südlichen Flügel russische Streitkräfte binden und im Hinterland Hilfsdienste leisten. Hitler hatte im November bei dem neuen rumänischen Diktator, General Antonescu, wegen seiner Teilnahme an einem Angriff auf Rußland sondiert.

Die Floskel »werde ich gegebenenfalls« klang unbestimmt; doch scheint wenig Zweifel darüber zu bestehen, daß Hitlers Absicht feststand, auch wenn es in einem späteren Absatz der Weisung hieß:

»Alle von den Herren Oberbefehlshabern auf Grund dieser Weisung zu treffenden Anordnungen müssen eindeutig dahin abgestimmt sein, daß es sich um Vorsichtsmaßnahmen handelt für den Fall, daß Rußland seine bisherige Haltung gegen uns ändern sollte.«

Der Plan mußte durch ein geschicktes Täuschungsmanöver verschleiert werden, und es war ganz selbstverständlich, daß Hitler in dieser Hinsicht die Führung übernahm.

Ferner mußte auch sein eigenes Volk genauso wie der Feind getäuscht werden. So viele von denen, bei denen er das Projekt zur Sprache brachte, zeigten sich über die Gefahren eines Einfalls in Rußland besorgt, besonders deshalb, weil es den Zweifrontenkrieg bedeutete, so daß er es für ratsam hielt, so zu tun, als behielte er sich eine endgültige Entscheidung noch vor. Dadurch würden sie sich mit der Zeit an die neue Windrichtung gewöhnen, während er Zeit hatte, ihnen überzeugendere Beweise feindseliger Absichten zu liefern. Vor allem seine Generale brachten so viele Einwände vor, daß er sich über die Folgen ihrer Abneigung Sorgen machte. Obwohl er auf Grund des Eides, den sie ihm geschworen hatten, Gehorsam verlangen konnte, würde das nicht genügen, um in ihnen jene Entschlossenheit zu wecken, die für Erfolg notwendig war. Da er sie als Fachleute brauchte, mußte er sie überzeugen.

Am 10. Januar wurde ein neuer Vertrag mit Rußland unterschrieben, der die Ergebnisse der Novembergespräche mit Molotow bezüglich der Grenz- und Wirtschaftsfragen behandelte. Somit sah die Oberfläche ruhiger aus. Doch Hitlers Privatansicht kam in seiner Bemerkung zum Ausdruck, daß Stalin ein »eiskalter Erpresser« sei. Zum gleichen Zeitpunkt kamen beunruhigende Berichte aus Rumänien und Bulgarien über dortige russische Aktivitäten.

Am 19. besuchte Mussolini Hitler. Dieser sprach bei diesem Zusammentreffen über die Schwierigkeiten, die er mit Rußland hatte. Über seine Angriffspläne machte er keine Enthüllungen, erwähnte aber bedeutungsvoll, daß Rußland wegen der Massierung deutscher Truppen in Rumänien scharf protestiert hatte. Einen interessanten Aufschluß über seine eigenen Gedanken lieferte seine Bemerkung: »Früher wäre Rußland überhaupt keine Gefahr gewesen, denn zu Lande sind sie uns ganz ungefährlich. Jetzt, im Zeitalter der Luftwaffe, aber kann von Rußland und vom Mittelmeer aus das rumänische Ölgebiet in ein rauchendes Trümmerfeld verwandelt werden, und dieses Ölgebiet ist für die Achse lebenswichtig.« Dies war auch das Argument, das er seinen Generalen entgegenhielt, die anführten, daß man der Gefahr eines eventuellen russischen Angriffs hinreichend entgegentreten könne, indem man die Verteidigungsstärke der deutschen Streitkräfte hinter der Front vergrößerte, statt eine Offensive nach Rußland hinein zu unternehmen.

Am 3. Februar billigte Hitler den endgültigen Text des »Barbarossa-Planes« nach einer Besprechung mit den Spitzen der Wehrmacht in Berchtesgaden, bei der die einzelnen Punkte des Planes durchgesprochen wurden. Keitel gab eine Schätzung über die Feindlage im westlichen Rußland ab, die er mit etwa 100 Infanteriedivisionen, 25 Kavalleriedivisionen und etwa 30 mechanisierten Divisionen angab. Das entsprach fast genau den Tatsachen; denn als die Invasion anlief, standen den Russen im Westen 88 Infanteriedivisionen, sieben Kavalleriedivisionen und 54 Panzer- und motorisierte Divisionen zur Verfügung. Keitel sagte damals, daß die deutschen Streitkräfte an Stärke etwa gleich, an Qualität jedoch weit überlegen seien. Tatsächlich bestanden die Invasionstruppen aus 116 Infanteriedivisionen (von denen vierzehn motorisiert waren), einer Kavalleriedivision und 19 Panzerdivisionen – außer neun Nachschubdivisionen. Die Aufzählung der feindlichen Streitkräfte war nicht dazu angetan, die Unruhe der Generale zu beschwichtigen; denn sie zeigte, daß man ohne deutliche Überlegenheit in eine große Offensive hineinging und an Panzerkräften – dem entscheidenden Faktor – unterlegen war. Die Planer spekulierten offensichtlich stark auf die Überlegenheit der Qualität.

Keitel fuhr fort: »Die Absichten der russischen Führung sind nicht erkennbar. An der Grenze stehen starke Kräfte, ein Zurückweichen ist nur beschränkt möglich, da Baltikum und Ukraine aus Versorgungsgründen für Russen lebensnotwendig sind.« Das schien zu diesem Zeitpunkt vernünftig, erwies sich aber als eine übertrieben optimistische Vermutung.

Die Invasionsstreitkräfte sollten in drei Heeresgruppen geteilt werden, und ihre taktischen Aufgaben wurden folgendermaßen umrissen: Die Heeresgruppe Nord (unter Leeb) sollte den Angriff von Ostpreußen aus durch die baltischen Staaten in Richtung Leningrad tragen. Die Heeresgruppe Mitte (unter Bock) sollte vom

Gebiet um Warschau entlang der Autostraße nach Moskau auf Minsk und Smolensk vorstoßen. Die Heeresgruppe Süd (unter Rundstedt) sollte südlich der Pripjet-Sümpfe angreifen auf einer bis nach Rumänien reichenden Frontbreite, wobei Dnjepr und Kiew ihre Ziele bildeten. Der Schwerpunkt sollte bei der Heeresgruppe Mitte liegen. Man rechnete damit, daß im Nordabschnitt knappes Kräftegleichgewicht herrschen würde und man im südlichen Abschnitt unterlegen wäre.

In seiner Lagebeurteilung bemerkte Keitel, die Haltung Ungarns sei noch immer zweifelhaft, und er betonte, daß man mit jenen Ländern, die eventuell mit Deutschland zusammengehen würden, aus Gründen der Geheimhaltung erst in letzter Stunde Vereinbarungen treffen könne. Rumänien mußte dabei eine Ausnahme bilden, weil seine Mitarbeit »lebensnotwendig« war. (Hitler hatte erst kurz zuvor noch einmal mit Antonescu gesprochen und ihn gebeten, deutsche Truppen durch Rumänien marschieren zu lassen, um die Italiener in Griechenland zu unterstützen; doch Antonescu hatte gezögert und angeführt, daß ein solcher Schritt eine russische Invasion Rumäniens heraufbeschwören könnte. Bei einer dritten Zusammenkunft versprach Hitler ihm nicht nur die Rückgabe Bessarabiens und der nördlichen Bukowina, sondern auch einen Streifen im südlichen Rußland »bis zum Dnjepr« als Belohnung für die rumänische Hilfe bei diesem Angriff.)

Keitel fügte hinzu, die Operation gegen Gibraltar sei jetzt nicht mehr möglich, da die Masse der deutschen Heeresartillerie nach Osten verladen worden war. Während die »Operation Seelöwe« ebenfalls vertagt worden war, »sollte alles getan werden, um unter unseren Truppen den Eindruck aufrechtzuerhalten, die Invasion Englands werde weiter vorbereitet«. Zu diesem Zweck sollten bestimmte Gebiete an der Kanalküste und in Norwegen plötzlich abgesperrt werden, während — ein doppelter Bluff — die Truppenkonzentration im Osten als Ablenkungsmanöver vor einer Landung in England dargestellt werden sollte.

Der militärische Operationsplan wurde mit dem »Plan Oldenburg«, einem Wirtschaftsplan großen Maßstabs für die Erschließung der eroberten sowjetischen Gebiete, verbunden. Ein Wirtschaftsstab wurde geschaffen, der vom Generalstab völlig getrennt war. Ein Bericht vom 2. Mai begann mit der Feststellung, der Krieg könne nur fortgesetzt werden, wenn im dritten Kriegsjahr alle Streitkräfte durch Rußland ernährt würden. Es bestehe kein Zweifel daran, daß viele Millionen Menschen in Rußland Hungers sterben würden, »wenn wir aus dem Land das herausholen, was für uns notwendig ist«. Es ist nicht klar, ob diese Sätze eine kaltblütige wissenschaftliche Analyse darstellen oder als Warnung vor übertriebenen Zielen und Wünschen gedacht waren. Weiter stand in dem Bericht: »Die Beschlagnahme und der Abtransport von Ölsamen und Ölkuchen ist von größter Wichtigkeit; Weizen kommt erst in zweiter Linie.« Ein früherer Bericht von General Thomas, Chef des Wehrwirtschafts- und Rüstungsamtes im OKW, hatte darauf hingewiesen, daß die Eroberung des europäischen Rußland die Ernährungslage Deutschlands erleichtern könnte, sofern die Transportfrage gelöst würde; doch sei damit anderen wichtigen Wirtschaftsproblemen nicht abgeholfen: »Ungelöst bleibt bis zur Gewinnung einer Verbindung mit dem Fernen Osten die Versorgung Deutschlands mit Kautschuk, Wolfram, Kupfer, Platin, Zinn, Asbest und Manilahanf.« Solche Warnungen konnten Hitler nicht zurückhalten. Doch eine andere Folgerung, daß es wichtig sei, »das Erdölgebiet des Kaukasus unzerstört in unsere Hand zu bekommen«, trieb ihn dazu, seinen Vorstoß bis zu dem Punkt auszudehnen, an dem er scheitern sollte.

Der »Barbarossa«-Plan litt freilich noch stärker unter einem störenden Vorspiel, das später weitreichende Folgen haben sollte: die psychologische Wirkung der doppelten diplomatischen Abfuhr auf Hitler, die er von Griechenland und Jugoslawien auf Grund britischer Unterstützung erfuhr.

Ehe er Rußland angriff, wollte Hitler seine rechte Flanke frei haben, frei von britischer Einmischung. Er hatte gehofft, sich die Herrschaft über den Balkan ohne schwere Kämpfe mit Hilfe bewaffneter Diplomatie zu sichern. Er meinte, nach seinen Siegen im Westen müsse ihm hier ein leichter Erfolg beschieden sein. Rußland hatte durch seinen Vorstoß nach Bessarabien Hitler den Weg nach Rumänien geebnet: Rumänien war ihm daraufhin in die Arme gefallen. Auch der nächste Schritt erwies sich als leicht: Am 1. März hatte die bulgarische Regierung den Köder geschluckt und einen Vertrag abgeschlossen, der es deutschen Truppen gestattete, durch bulgarisches Gebiet zu marschieren und Stellungen an der griechischen Grenze zu beziehen. Die Sowjetregierung gab ihre Mißbilligung dieser Neutralitätsverletzung über den Rundfunk bekannt; doch da sie sich anderer drastischer Maßnahmen enthielt, war Hitler sicher, daß Rußland für den Krieg noch nicht bereit war.

Die griechische Regierung war für Hitlers diplomatische Annäherungen weniger aufgeschlossen, nachdem Griechenland von seinem Achsenpartner angegriffen worden war. Sie ließ sich von ihm auch nicht einschüchtern. Der Widerstandsgeist des griechischen Volkes war dadurch, daß es Mussolinis Invasion aufhalten konnte, nur noch größer geworden. Im Februar hatte Großbritannien Militärhilfe zugesagt; die Landung britischer Truppen begann wenige Tage nach Deutschlands Einmarsch in Bulgarien.

Diese Herausforderung provozierte Hitler zu seinem Angriff auf Griechenland, der einen Monat später begann. Das war eine unnütze Abweichung von seiner großen Linie. Denn die kleine britische Streitmacht konnte höchstens Nadelstiche gegen seine rechte Flanke verursachen, und die Griechen waren vollauf mit den Italienern beschäftigt.

Die störenden Auswirkungen auf seinen russischen Plan wurden durch die Ereignisse in Jugoslawien verstärkt. Hier hatte Hitlers Annäherungsversuch zu Beginn die gewünschten Ergebnisse. Unter dem deutschen Druck war die jugoslawische Regierung bereit, sich der Achse anzuschließen auf der Kompromißbasis, von militärischen Verpflichtungen freigestellt zu sein, doch unter der geheimen Bedingung, daß die Eisenbahnlinie Belgrad–Nisch in Richtung griechische Grenze den deutschen Truppen zur Verfügung stehen sollte. Der jugoslawische Vertreter unterschrieb das Abkommen am 25. März. Zwei Tage später unternahmen General Simowitsch, Chef der jugoslawischen Luftwaffe, und eine Gruppe junger Offiziere in Belgrad einen Militärputsch. Sie besetzten die Funkstation und das Fernsprechamt, stürzten die Regierung, errichteten eine neue unter Simowitschs Führung und widersetzten sich den deutschen Forderungen. Britische Agenten hatten dieses Komplott gefördert, und als die Erfolgsnachricht London erreichte, gab Churchill sie in seiner Ansprache bekannt: »Ich habe großartige Neuigkeiten für Sie und das ganze Land. Heute am frühen Morgen fand Jugoslawien seine Seele.« Er erklärte weiter, die neue Regierung werde von Großbritannien »jede nur mögliche Hilfe und Unterstützung« erhalten.

Dieser Staatsstreich brachte auf dem Balkan eine völlig neue Lage. Hitler konnte einen solchen Affront nicht hinnehmen, und Churchills Frohlocken brachte ihn in Wut. Er beschloß sofort, in Jugoslawien wie auch in Griechenland einzumarschieren. Die erforderlichen Maßnahmen wurden so schnell getroffen, daß er schon zehn Tage später, am 6. April, zu seinem Schlag ansetzen konnte.

Die unmittelbaren Ergebnisse dieser Herausforderung auf dem Balkan waren höchst unerfreulich. Innerhalb einer Woche wurde Jugoslawien überrannt und die Hauptstadt durch den einleitenden Luftangriff schwer mitgenommen. Griechenland wurde in reichlich drei Wochen überrannt, und die britische Expeditionstruppe eilte nach einem langen Rückzug, bei dem es wenig Gegenwehr gab, zu ihren Schiffen. Sie war in jeder Phase unterlegen. Dieses Ergebnis warf auf Churchills Urteilsvermögen ein schlechtes Licht wie auch auf das derjenigen, die mit ihm an eine erfolgreiche militärische Intervention geglaubt hatten, und dies nicht nur im Hinblick auf Großbritanniens Prestigeverlust, sondern auch wegen des unermeßlichen Elends, das dadurch über das jugoslawische und griechische Volk hereinbrach. Das Gefühl, im Stich gelassen worden zu sein, hatte eine anhaltende Wirkung. Darüber hinaus war es eine Ironie der Geschichte, daß als Endergebnis von Churchills Initiative Jugoslawien in Form eines Staates wiedererstand, der allem was Churchill vertrat, feindlich gesinnt war.

Die indirekten Ergebnisse dieser Episode aber waren bedeutsam und warfen ein schlechtes Licht auf Hitlers Urteilsvermögen. Obwohl Hitler mit einer so kleinen Streitmacht operierte, konnte er es sich nicht leisten, einen Feldzug in Jugoslawien und Griechenland gleichzeitig mit einer Invasion Rußlands durchzuführen, selbst wenn er darauf zählte, daß sich Quantität und Qualität multiplizieren würden. Ein besonderer Hemmschuh war, daß er weniger Panzer als Rußland besaß. Eine schnelle Eroberung des Balkans hing vom Einsatz der Panzerdivisionen ab, von denen er aber auch die letzte brauchte, ehe er es wagen durfte, Rußland anzugreifen. Deshalb wurde »Barbarossa« am 1. April von Mitte Mai bis zur zweiten Junihälfte aufgeschoben.

Es bleibt eine erstaunliche militärische Großtat, daß Hitler zwei Länder so schnell erobern und das neugesetzte Datum seines Einmarsches in Rußland trotzdem einhalten konnte. Tatsächlich meinten seine Generale, daß »Barbarossa« undurchführbar gewesen wäre, wenn Großbritannien Griechenland hätte halten können. Am Ende betrug die Verzögerung nur fünf Wochen; aber tatsächlich hat sie – zusammen mit einer willkürlichen Verzögerung im August, die auf Entschlußlosigkeit zurückzuführen war, sowie dem frühen Wintereinbruch – Hitlers Aussichten auf einen Sieg über Rußland zunichte gemacht.

Bis zum 1. Mai hatten sich die Engländer an der Südküste Griechenlands wieder eingeschifft mit Ausnahme derjenigen, die abgeschnitten oder gefangengenommen worden waren. An diesem Tage bestimmte Hitler das Datum für »Barbarossa«. In seinem Erlaß faßte er das Stärkenverhältnis kurz zusammen und fuhr dann fort:

> »Beurteilung des Ablaufs Barbarossa: Voraussichtlich heftige Grenzschlachten, Dauer bis zu vier Wochen. Im weiteren Verlauf wird dann aber nur noch mit geringerem Widerstand zu rechnen sein. ... Der Russe wird sich dort, wo er hingestellt wird, bis zum letzten schlagen.«

Am 6. Juni gab Keitel den detaillierten Zeitplan für das Unternehmen heraus. Er enthielt eine Aufzählung der Streitkräfte, die gegen Rußland eingesetzt werden sollten, und zeigte, daß 46 Infanteriedivisionen im Westen gegen England belassen worden waren, darunter nur eine motorisierte Division und nur eine Panzerbrigade. Die Operationen »Attila« (Eroberung Französisch-Nordafrikas) und »Isabella« (Gegenschlag auf einen möglichen britischen Angriff in Portugal) könnten »noch innerhalb einer zehntägigen Ankündigungszeit, aber nicht gleichzeitig, durchgeführt werden«. »Die Luftflotte 2 ist aus dem Kampf gezogen und nach Osten verlegt worden, während die Luftflotte 3 jetzt allein die Durchführung des Luftkrieges gegen England übernommen hat.«

In dem Befehl hieß es weiter, daß am 25. Mai Verhandlungen mit dem finnischen Generalstab begonnen hatten, um ihn zur Mitwirkung beim Angriff zu bewegen. Die Rumänen, deren man sich schon vorher versichert hatte, sollten von den endgültigen Vorbereitungen am 15. Juni in Kenntnis gesetzt werden. Am 16. wurden die Ungarn aufgefordert, ihre Grenze strenger zu bewachen. Am folgenden Tag sollten in Ostdeutschland alle Schulen geschlossen werden. Deutsche Handelsschiffe sollten Rußland ohne viel Aufhebens verlassen, und keine Schiffe sollten mehr nach Rußland auslaufen. Ab 18. »braucht die Angriffsabsicht nicht mehr getarnt zu werden«. Bis dahin wäre es für Rußland zu spät, noch irgendwelche Vorkehrungen großen Stils zu treffen. Der letztmögliche Zeitpunkt für einen Widerruf des Angriffs wurde auf den 21., 13 Uhr, festgesetzt. Codewort für diese Möglichkeit war »Altona«, für den Start des Angriffs »Dortmund«. Zeitpunkt für das Überschreiten der Grenze war der 22. Juni, 3.30 Uhr.

Trotz deutscher Vorsichtsmaßnahmen erhielt der britische Geheimdienst schon lange zuvor gute Informationen über Hitlers Absichten und übermittelte diese den Russen. Tatsächlich hat er den genauen Zeitpunkt der Invasion schon eine Woche, ehe er festgesetzt wurde, vorausgesagt. Moskau nahm die wiederholten Warnungen jedoch ungläubig auf und betonte sein Vertrauen in den deutsch-russischen Pakt, was die Engländer wunderte und verbitterte. Sie hatten den Eindruck, daß die russischen Zweifel echt waren, was sich in Churchills Rundfunkansprache widerspiegelte, als die Nachricht von Hitlers Angriff kam. Und als die Rote Armee anfangs katastrophale Niederlagen erlitt, schrieb man dies teilweise der Überraschung zu.

Ein Studium der russischen Presse und Rundfunkmeldungen hätte diesen Eindruck kaum unterstützt. Seit Anfang April konnte man ihnen bedeutungsvolle Hinweise über Vorsichtsmaßnahmen entnehmen; sie zeigten, daß man von den deutschen Truppenbewegungen Kenntnis hatte. Gleichzeitig gab es viel auffallendere Bemerkungen darüber, daß Deutschland seinen Pakt strikt einhalten würde, verbunden mit der öffentlichen Verurteilung britischer und amerikanischer Versuche, Unfrieden zwischen Rußland und Deutschland zu stiften, besonders durch die Verbreitung von Gerüchten über deutsche Angriffsvorbereitungen gegen Rußland. In einer Rundfunksendung vom 13. Juni, in Stalins charakteristischem Stil abgefaßt, hieß es, man müsse annehmen, daß die Entsendung deutscher Truppen nach dem Osten und Nordosten Deutschlands auf Motive zurückzuführen sei, die mit Rußland in keiner Beziehung stünden – eine Feststellung, die Hitler sehr wohl zu der Annahme geführt haben konnte, daß sein Täuschungsmanöver den gewünschten Eindruck hinterlassen hatte. Einem doppelten Bluff kann man dadurch begegnen, daß man ihn wiederum verdoppelt. Dieselbe Rundfunksendung antwortete auf Auslandsberichte über die Einberufung russischer Reservisten mit der Erklärung, daß diese nur zu Ausbildungszwecken vor den üblichen Sommermanövern geschah. Am 20. schilderte der Moskauer Rundfunk in glühenden Farben die militärischen Übungen, die in der Nähe der Pripjet-Sümpfe im Gange waren, womit man vielleicht das Vertrauen im eigenen Land stärken wollte. Außerdem wurde bekanntgegeben, daß am Sonntag, dem 22., die zivilen Luftschutzmaßnahmen in Moskau »unter realistischen Bedingungen« ausprobiert werden sollten. Trotzdem wurden Auslandsberichte über eine bevorstehende deutsche Invasion wieder einmal als »Phantastereien rußlandfeindlicher Kräfte« hingestellt.

Die Deutschen waren über die britischen Warnungen an die Russen informiert. Tatsächlich berichtete der deutsche Marineattaché in Moskau am 24. April: »Der britische Botschafter sagt den 22. Juni als den Tag des Kriegsausbruchs voraus.« Doch das veranlaßte Hitler nicht, das Datum zu ändern. Vielleicht rechnete er damit, daß Rußland alle Berichte aus britischen Quellen ignorieren würde, oder er hielt den tatsächlichen Zeitpunkt für belanglos.

Es ist schwer zu sagen, inwieweit Hitler glaubte, daß die Russen auf seinen Schlag unvorbereitet waren. Denn oft verbarg er seine Gedanken auch vor seiner engsten Umgebung. In Berichten seiner Beobachter in Rußland hatte seit dem Frühjahr immer wieder gestanden, daß die Sowjetregierung bestrebt sei, ihn zu beschwichtigen, und daß, so lange Stalin lebe, keine Gefahr eines russischen Angriffs auf Deutschland bestünde. Noch am 7. Juni berichtete der deutsche Botschafter aus Moskau: »Alle Beobachtungen zeigen, daß Stalin und Molotow, die für die russische Außenpolitik allein verantwortlich sind, alles tun, um einen Konflikt mit Deutschland zu vermeiden.« Dies schienen nicht nur die Warenlieferungen auf Grund des Handelsabkommens zu bestätigen, welche die Russen einhielten, sondern auch ihr Zugeständnis an Hitler, die diplomatische Anerkennung der jugoslawischen, belgischen und norwegischen Exilregierung zurückzuziehen.

Andererseits hatte Hitler oft erklärt, die deutschen Diplomaten in Moskau seien die schlechtest unterricheten der Welt. Außerdem legte er seinen Generalen gegenteilige Berichte vor, denen zufolge die Russen eine Offensive vorbereiteten, der man unbedingt zuvorkommen müsse – in diesem Fall mag er sie mit voller Absicht getäuscht haben, denn er hatte mit seinen Generalen fortgesetzt Schwierigkeiten, die immer noch Argumente gegen die Invasion vorbrachten. Oder aber es könnte ihn die verspätete Erkenntnis, daß die Russen nicht so unvorbereitet waren, wie er gehofft hatte, zu der Annahme geführt haben, daß ihre Absichten seinen eigenen sehr ähnlich waren. Nach Überschreiten der Grenze fanden die Generale jedenfalls wenig Anzeichen von russischen Angriffsvorbereitungen in der Nähe der Front und erkannten so, daß Hitler sie getäuscht hatte.

KAPITEL 13

DER DEUTSCHE VORMARSCH AUF MOSKAU

In Rußland ging es weniger um Probleme der Strategie und Taktik, als vielmehr um die des Raumes, der Logistik und der Technik. Obwohl einige der strategischen Entscheidungen von großer Bedeutung waren, spielten sie doch keine so große Rolle wie die technischen Unzulänglichkeiten in Verbindung mit der Weite des Raumes, so daß ihre Auswirkungen von diesen beiden Grundfaktoren abhingen. Vom Faktor Raum bekommt man leicht eine Vorstellung, wenn man sich die Karte von Rußland ansieht; der technische Faktor jedoch bedarf näherer Erläuterungen. Dieser Punkt ist für das Verständnis der Ereignisse wesentlich.

Wie bei Hitlers früheren Invasionen hing alles von der Panzertruppe ab, obwohl sie nur einen kleinen Bruchteil der gesamten Streitkräfte ausmachte. Die zur Verfügung stehenden 19 Panzerdivisionen umfaßten kaum ein Zehntel der gesamten deutschen und der Satellitendivisionen. Der gewaltige Rest umfaßte nur 14 motorisierte Divisionen, die in der Lage waren, mit den Panzerspitzen Schritt zu halten.

Im ganzen besaß die deutsche Wehrmacht 1941 einundzwanzig Panzerdivisionen gegenüber zehn im Jahr 1940. Doch diese scheinbare Verdoppelung war eine Illusion, denn sie war hauptsächlich durch eine Verdünnung erreicht worden. Im Westfeldzug bildete den Kern einer jeden Division eine Panzerbrigade, bestehend aus zwei Regimentern, von denen jedes 160 Kampfpanzer besaß. Vor der Invasion Rußlands wurde ein Panzerregiment aus jeder Division abgezogen und aus jeder »Rippe« eine neue Division gebildet.

Einige der qualifiziertesten Panzerexperten erhoben gegen diese Entscheidung Einwände und wiesen darauf hin, daß dies im Grunde darauf hinauslief, die Anzahl der Stäbe und der Hilfstruppen innerhalb der Panzerwaffe zu vervielfachen, während die Größe der Panzertruppe selbst gleichblieb und somit die Schlagkraft je-

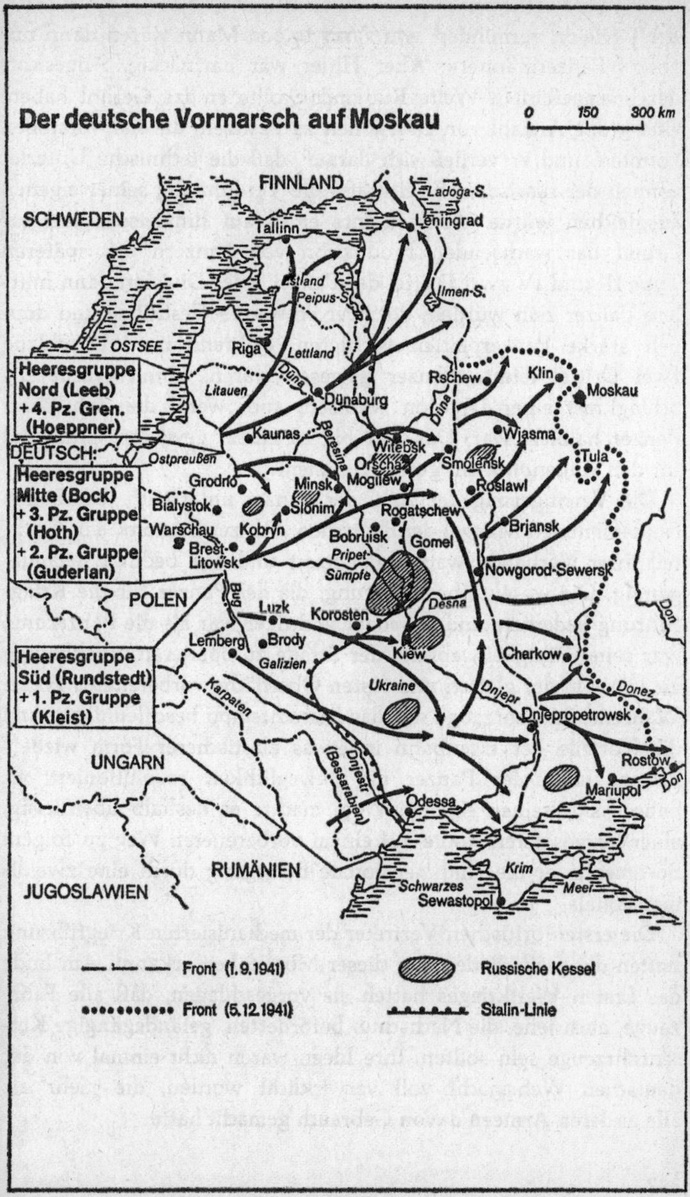
Der deutsche Vormarsch auf Moskau
0 150 300 km
FINNLAND
SCHWEDEN
Ladoga-S.
Leningrad
Tallinn
Estland
Peipus-S.
Ilmen-S.
OSTSEE
Riga
Lettland
Düna
Litauen
Dünaburg
Heeresgruppe Nord (Leeb) + 4. Pz. Gren. (Hoeppner)
DEUTSCH:
Ostpreußen
Kaunas
Beresina
Heeresgruppe Mitte (Bock) + 3. Pz. Gruppe (Hoth) + 2. Pz. Gruppe (Guderian)
Grodno
Bialystok
Warschau
Kobryn
Brest-Litowsk
Minsk
Slonim
Witebsk
Orscha
Mogilew
Smolensk
Rschew
Klin
Moskau
Wjasma
Tula
Roslawl
Rogatschew
Bobruisk
Gomel
Brjansk
Pripet-Sümpfe
Nowgorod-Sewersk
Desna
POLEN
Bug
Luzk
Korosten
Lemberg
Brody
Kiew
Galizien
Heeresgruppe Süd (Rundstedt) + 1. Pz. Gruppe (Kleist)
Karpaten
Ukraine
Charkow
Don
Donez
Dnjepr
Dnjepropetrowsk
UNGARN
Dnjestr (Bessarabien)
Rostow
Mariupol
Don
Odessa
RUMÄNIEN
Krim
JUGOSLAWIEN
Schwarzes Meer
Sewastopol
Front (1.9.1941)
Front (5.12.1941)
Russische Kessel
Stalin-Linie

der Division vermindert war. Von 17 000 Mann wären dann nur 2600 »Panzermänner«. Aber Hitler war hartnäckig. Angesichts der unermeßlichen Weite Rußlands wollte er das Gefühl haben, eine große Anzahl von Divisionen zu besitzen, die tief vorstoßen konnten, und er verließ sich darauf, daß die technische Unterlegenheit der russischen Streitkräfte die Verdünnung seiner eigenen ausgleichen würde. Auch konnte er darauf hinweisen, daß auf Grund der wachsenden Produktion von Panzern des späteren Typs III und IV zwei Drittel der Panzer jeder Division dann mittlere Panzer sein würden, die über schwerere Geschütze und doppelt starke Panzerplatten verfügten, während im Westfeldzug zwei Drittel leichte Panzer gewesen waren. Somit würde die Schlagkraft einer Division wachsen, auch wenn die Zahl ihrer Panzer halbiert war. Das war bis zu einem gewissen Grad und für den Augenblick ein gutes Argument.

Die Verringerung der Zahl der Panzer unterstrich jedoch den fundamentalen Mangel der deutschen »Panzerdivision«: ein Großteil ihrer Verbände war ungepanzert und nur bedingt geländegängig. Die wesentliche Neuerung, die der Panzer für die Kriegführung bedeutete und die sogar wichtiger war als die Panzerung, war seine Fähigkeit, abseits der Straße zu operieren, unabhängig zu sein von der glatten und festen Oberfläche vorbereiteter Wege. Während Radfahrzeuge nur das Marschtempo beschleunigten und die Vorteile der Eisenbahn in etwas elastischerer Form wiederholten, hatte der Panzer die Beweglichkeit revolutioniert. Er bahnte sich seinen eigenen Weg, machte es deshalb überflüssig, einer festgesetzten Route auf einem vorbereiteten Weg zu folgen. So ersetzte er die eindimensionale Bewegung durch eine zweidimensionale.

Die ersten britischen Vertreter der mechanisierten Kriegführung hatten die große Bedeutung dieser Möglichkeit erkannt. Am Ende des Ersten Weltkrieges hatten sie vorgeschlagen, daß alle Fahrzeuge, auch jene, die Nachschub beförderten, geländegängige Kettenfahrzeuge sein sollten. Ihre Ideen waren nicht einmal von der deutschen Wehrmacht voll verwirklicht worden, die mehr als alle anderen Armeen davon Gebrauch gemacht hatte.

In der reorganisierten Panzerdivision des Jahres 1941 gab es weniger als 300 Kettenfahrzeuge und ca. 3000 Radfahrzeuge, von denen die meisten an die Straße gebunden waren. Das Übergewicht derartiger Fahrzeuge hatte im Westfeldzug keine Rolle gespielt, als eine schlecht geplante Verteidigung im großen zusammenbrach und der Angreifer von einem Netz gut ausgebauter Straßen profitieren konnte. Doch im Osten, wo richtige Straßen selten waren, erwiesen sich die Räderfahrzeuge auf lange Sicht als eine entscheidende Bremse. Hier büßten die Deutschen dafür, daß sie in der Praxis zwanzig Jahre hinter jener Theorie herhinkten, die sie als den Schlüssel zum Erfolg gewählt hatten.

Wenn sie trotzdem Erfolge hatten, war das darauf zurückzuführen, daß ihr Gegner in der Ausrüstung noch rückständiger war. Denn obwohl die Russen an Panzern zahlenmäßig stark überlegen waren, war die Gesamtzahl ihrer Motorfahrzeuge so begrenzt, daß selbst ihre Panzertruppe nicht genügend Transportmöglichkeiten hatte. Das behinderte entscheidend die Manövrierfähigkeit, als es galt, den deutschen Panzervorstößen entgegenzutreten.

Die Deutschen besaßen bei dieser Offensive insgesamt 3550 Panzer, nur 800 mehr als bei der Invasion im Westen. (Im August jedoch behaupteten die Russen, 8000 zerstört zu haben.) Die Rote Armee besaß, wie Stalin am 30. Juli 1941 in seiner Depesche an Roosevelt anführte, insgesamt 24 000 Panzer, von denen mehr als die Hälfte in Westrußland standen.

Am frühen Sonntagmorgen, dem 22. Juni, wälzte sich die deutsche Flut in drei Gruppen parallel verlaufenden Wogen zwischen der Ostsee und den Karpaten über die Grenze.

Am linken Flügel überschritt die Heeresgruppe Nord unter Leeb die ostpreußische Grenze zum russisch besetzten Litauen. Östlich von Warschau begann die Heeresgruppe Mitte unter Bock einen massiven Vorstoß auf beide Flanken der Frontausbuchtung, welche die russische Grenze in Nordpolen bildete. Rechts davon war ein 100 Kilometer breiter ruhiger Streifen, wo die deutsche Flut durch das westliche Ende der Pripjet-Sümpfe geteilt wurde. Am rechten Flügel stieß die Heeresgruppe Süd unter Rundstedt nördlich der Lemberger Frontausbuchtung vorwärts, welche die russische Grenze in Galizien bei den Karpaten bildete.

Die Lücke zwischen Bocks rechter und Rundstedts linker Flanke war absichtlich freigelassen worden, um eine Massierung der Angriffskräfte zu ermöglichen. In der ersten Phase wurde dadurch die Geschwindigkeit des deutschen Vorstoßes vergrößert. Da aber der Pripjet-Abschnitt unberührt blieb, hatten die Russen ein Zufluchtsgebiet, in dessen Schutz sie ihre Reserven zusammenziehen konnten und von dem aus sie, in einer späteren Phase, eine Reihe von Flankenangriffen nach Süden führen konnten, die Rundstedts Vormarsch auf Kiew bremsten. Das wäre von geringerer Bedeutung gewesen, wenn Bocks Vorstoß nördlich der Sümpfe sein Ziel, die russischen Armeen um Minsk einzuschließen, erreicht hätte.

Der Schwerpunkt der deutschen Offensive lag im linken Teil des Mittelabschnitts. Hier wurde Bock mit der Führungsrolle betraut, für die er ursprünglich bei der Invasion im Westen vorgesehen gewesen war und die dann von seiner Heeresgruppe auf diejenige Rundstedts übertragen worden war. Für seine entscheidende Aufgabe hatte er den größeren Teil der Panzerkräfte bekommen, und zwar zwei Panzergruppen unter Guderian und Hoth, während die anderen Heeresgruppen nur je eine hatten. Bock hatte außerdem die 4. und 9. Armee, von denen jede aus drei Infanteriekorps bestand.

Jede Panzergruppe (später Panzerarmeen genannt) bestand aus vier bis fünf Panzerdivisionen und drei motorisierten Divisionen.

Während alle deutschen Führungskräfte darin einig waren, daß bei dem Unternehmen der Einsatz dieser Panzergruppen unerläßlich war, entstanden Meinungsverschiedenheiten darüber, wie sie am besten eingesetzt werden konnten. Diese »Schlacht der Theorien« war von weitreichender Bedeutung. Einige der höheren Truppenführer wollten nach Überschreiten der Grenze die russischen Armeen so bald wie möglich in einer entscheidenden Kesselschlacht vernichten. Dieser Plan entsprach der orthodoxen strategischen Theorie, die von Clausewitz dargelegt, von Moltke verwirklicht und von Schlieffen weiterentwickelt worden war. Sie traten vor allem deshalb für diese Lösung ein, weil sie das Risiko fürchteten, zu weit nach Rußland hinein vorzustoßen, ehe die russischen Hauptstreitkräfte geschlagen waren. Um den Erfolg des Planes zu sichern, bestanden sie darauf, daß die Panzergruppen mit der Infanterie gemeinsam vorgehen müßten, indem sie von jeder Flanke aus eine Zangenbewegung ausführten und den Ring im Rücken des Feindes schlossen.

Die Panzerexperten, allen voran Guderian, hatten eine andere Idee. Sie wollten, daß die Panzergruppen so tief und so schnell wie möglich vordringen sollten, nach der Methode, die sich in Frankreich als so entscheidend erwiesen hatte. Guderian war der Meinung, daß seine und Hoths Gruppe ihren Durchbruch in Richtung Moskau sofort nützen und zumindest den Dnjepr erreichen sollten, ehe sie einschwenkten. Je früher sie diese Linie erreichten, desto wahrscheinlicher würde es sein, daß sich der russische Widerstand auflöste, wie es in Frankreich der Fall gewesen war, und um so größer wäre die Chance, daß der Dnjepr als Amboß diente wie der Kanal im Jahr 1940. Nach Guderians Ansicht sollte die Einkreisung der russischen Streitkräfte im Raum zwischen den beiden Panzervorstößen den Infanteriekorps überlassen bleiben, unterstützt von verhältnismäßig kleinen Einheiten, welche die Panzergruppen hinten belassen könnten, wenn sie vorwärts eilten.

Hitler entschied diese »Schlacht der Theorien« zugunsten der Orthodoxen. Trotz seines Wagemuts war er nicht kühn genug, sein Glück auf die Karte zu setzen, der er seine früheren Erfolge verdankte. Dieser Kompromiß war nachteiliger als 1940. Obwohl den Panzerexperten selbst größere Aufgaben übertragen wurden als 1940, bekamen sie nicht die Chance, so zu handeln, wie sie es für richtig hielten. Hitlers Entscheidung wurde nicht nur durch seine Zweifel an ihrer Methode beeinflußt, sondern durch seine lebhafte Phantasie. Er war von dem Gedanken erfüllt, die Masse der Roten Armee in einem einzigen gigantischen Kessel zusammenzutreiben.

Diese Vision wurde zum Irrlicht, das ihn immer tiefer nach Rußland hineinlockte. Die beiden ersten Versuche waren erfolglos. Der dritte brachte ihm eine größere Menge Gefangener ein und führte ihn über den Dnjepr. Beim vierten Versuch wurden mehr als eine halbe Million Russen eingeschlossen; doch der Winter mischte sich ein und verhinderte, daß die Deutschen die in der Front klaffende Lücke ausnützen konnten. Bei jeder dieser Schlachten war während des Öffnens und Schließens der Zange Zeit verstrichen, mit dem Ergebnis, daß bei dem Versuch, den taktischen Plan zu vollenden, das strategische Ziel verfehlt wurde.

Ob Guderians Methode erfolgreicher gewesen wäre, bleibt eine offene Frage. Aber damals fand sie Fürsprecher unter den fähigsten Mitgliedern des deutschen Generalstabs, die keine Anhänger der Panzerkriegführung waren, und nachträglich neigten sie noch mehr zu diesem Urteil. Ihnen waren die Verstärkungs- und Nachschubschwierigkeiten bewußt, die mit einem so tiefen Vormarsch verbunden waren; aber trotzdem glaubten sie, daß diese hätten überwunden werden können, wenn man die zur Verfügung stehenden Lufttransportmöglichkeiten voll ausgenutzt und die Panzertruppen vom Troß freigehalten hätte. Sie hätten mit ihren Kampfeinheiten vorwärtsstoßen und sich darauf konzentrieren können, diese zu unterstützen, während es den dazu gehörenden motorisierten Kolonnen überlassen blieb, nachzufolgen. Doch dieser Gedanke, auf Sherman-Art mit leichtem Gepäck zu marschieren, stand in zu krassem Gegensatz zur Konvention europäischer Kriegführung, um in dieser Phase allgemeine Anerkennung zu finden.

Nachdem die »Schlacht der Theorien« zugunsten der orthodoxen Strategie entschieden war, entstand der Plan einer weiten Einkreisungsbewegung, durch die die russischen Hauptstreitkräfte vernichtet werden sollten, noch ehe der Dnjepr erreicht war. Um die Chancen zu vergrößern, sah der Plan für Bocks Frontabschnitt ein Nahbereichs-Einkreisungsmanöver der Infanteriekorps der 4. und 9. Armee vor und ein weiter reichendes Manöver an der Außenseite durch die Panzergruppen, die tiefer vordringen sollten als die ersteren, ehe sie einschwenkten. Dieses teleskopartige System entsprach bis zu einem gewissen Grade, jedoch nicht weit genug, den Ansichten Guderians, Bocks und Hoths.

Die Achse des Vormarsches bildete die große Autostraße nach Minsk und Moskau. Sie lief durch den Abschnitt der 4. Armee unter Kluge, der Guderians Panzergruppe zugeteilt war. Der Zugang war durch die Festung Brest-Litowsk versperrt, die durch den Bug gedeckt war. Somit war es die erste Aufgabe, einen Brükkenkopf über den Fluß zu sichern und die Festung zu nehmen, damit der nachfolgende Vormarsch durch Benutzung der Autostraße an Stoßkraft gewinnen konnte.

Dabei ergab sich nun die Frage, ob die Panzerdivisionen warten sollten, bis die Infanteriedivisionen eine Lücke geschlagen hatten, oder ob sie beim Durchbruch Seite an Seite mit den Infanteriedivisionen kämpfen sollten. Man entschied sich für die zweite Möglichkeit, um Zeit zu gewinnen. Während Infanteriedivisionen eingesetzt wurden, um die Festung zu erobern, fuhren an beiden Flanken zwei Panzerdivisionen auf. Nachdem sie den Durchbruch über den Bug erzwungen hatten, umgingen sie Brest-Litowsk und stießen dann von beiden Seiten auf die Autostraße jenseits der Festung. Um die Geschwindigkeit noch zu steigern, wurden alle Kräfte, die bei dem Durchbruch eingesetzt waren, vorübergehend Guderians Führung unterstellt. Und als der Durchbruch gelungen war, eilte die Panzergruppe allein vorwärts — wie ein Geschoß.

Wegen der Breite der Front und der Umgehungstaktik wie auch der Plötzlichkeit des Angriffs drangen Bocks Armeen an vielen Stellen tief ein. Am zweiten Tag erreichten die Panzer an seinem rechten Flügel Kobrin, 65 Kilometer hinter Brest-Litowsk, während sein linker Flügel Festung und Eisenbahnknotenpunkt Grodno eroberte. Die russische Frontausbuchtung in Nordpolen bei Bialystok änderte ihre Form sichtbar und wurde zu einer Wespentaille zusammengedrückt. Der Druck wurde in den folgenden Tagen noch härter, als sich die Flügel bei Baranowitschi einander näherten und die Gefahr entstand, daß alle russischen Streitkräfte in der vorderen Zone abgeschnitten werden würden. Die mangelnde Schlagkraft der zahlenmäßig starken russischen Panzerkräfte unterstützte das Manöver.

Doch wurde der deutsche Vormarsch durch den äußerst zähen

Widerstand der Russen verzögert. Gewöhnlich konnten die Deutschen ihre Gegner ausmanövrieren, jedoch nicht niederkämpfen. Eingekesselte Streitkräfte wurden manchmal gezwungen, sich zu ergeben; doch geschah das oft erst nach langem Widerstand und einer äußerst langsamen Reaktion auf eine strategisch hoffnungslose Lage, wodurch die Pläne des Angreifers verzögert wurden. Dies wog um so schwerer in einem Land, in dem Fernmeldeeinrichtungen knapp waren.

Die Wirkung zeigte sich erstmalig im Eröffnungsangriff auf Brest-Litowsk. Hier hielt die Garnison der alten Zitadelle trotz schwerer Bombardierung durch massierte Artillerie und aus der Luft eine Woche aus, ehe sie endlich überwältigt wurde. Die angreifenden Truppen kostete dies einen hohen Preis. Diese Erfahrung, die sich an anderen Punkten wiederholte, öffnete den Deutschen die Augen für das, was ihnen bevorstand, während der harte Widerstand, der ihnen an vielen Straßenknotenpunkten entgegentrat, ihre Umgehungsmanöver bremste, da er die Straßen blockierte, die ihre straßengebundenen Nachschubkolonnen brauchten.

Diese Ernüchterung wurde durch den Charakter des Landes noch verstärkt. Einer der höheren deutschen Generale schilderte treffend den Eindruck, den dieses Land machte.

> »Der Raum schien endlos, der Horizont verschwommen. Die Eintönigkeit der Landschaft und die Unermeßlichkeit der Wälder, Sümpfe und Steppen drückte uns nieder. Gute Straßen gab es selten, schlechte dafür um so mehr, während der Regen Sand oder Lehm rasch in Morast verwandelte. Die Dörfer sahen erbärmlich und melancholisch aus mit ihren strohgedeckten Holzhütten. Die Natur war hart, und mittendrin stand der Mensch ebenso hart und gefühllos, gleichgültig gegen Wetter, Hunger und Durst, und beinahe ebenso gleichgültig gegenüber Leben und Verlusten, Krankheit und Hungersnot. Der russische Zivilist war zäh, und der russische Soldat noch zäher. Er schien eine grenzenlose Fähigkeit zum Gehorsam und Aushalten zu haben.«

Der Einkesselungsversuch erreichte seinen Höhepunkt bei Slonim, 160 Kilometer hinter der Grenze, wo sich die inneren Zangen beinahe um die zwei russischen Armeen, die sich in der Frontausbuchtung von Bialystock zusammengezogen hatten, geschlossen hätten. Doch die Deutschen schlossen den Kessel nicht schnell genug, und ungefähr die Hälfte der umzingelten Truppen konnte entkommen, wenn auch in kleinen und unzusammenhängenden Gruppen. Das Übergewicht an nichtmotorisierten Truppen in der deutschen 4. und 9. Armee war ein Hemmschuh bei der Verwirklichung des Operationsplanes.

Die Masse der Panzer an den Flügeln stieß mehr als 150 Kilometer tiefer vor, überquerte die russische Grenze von 1939 und rollte dann weiter landeinwärts bis hinter Minsk, das am 30. Juni, am neunten Tag, erobert wurde. In jener Nacht erreichte eine von Guderians weit vorgestoßenen Angriffsspitzen die historische Beresina bei Bobruisk, 145 Kilometer südöstlich von Minsk und knapp 65 Kilometer vom Dnjepr. Doch der Versuch, den Ring zu schließen, schlug fehl, und mit dem Mißlingen dieser grandiosen Einkesselung schwand Hitlers Traum von einem raschen, entscheidenden Sieg. Plötzlich einsetzender Regen, um den die Franzosen im Sommer vorher umsonst gebetet hatten, kam den hart bedrängten Russen zu Hilfe. Er verwandelte die sandige Erde in Schlamm.

In Rußland war der Regen ein viel schlimmeres Hindernis, als er es in Frankreich gewesen wäre, da er nicht nur taktisches Manövrieren im Gelände behinderte, sondern auch strategische Straßenbewegungen aufhielt. Denn die einzige gute Asphaltstraße im ganzen Gebiet war die neue Autostraße, die an Minsk vorbei direkt nach Moskau führte, und sie spielte in Hitlers Plan nur eine untergeordnete Rolle, der kein Wettrennen nach Moskau vorsah, sondern nur ein weitangelegtes Einkesselungsmanöver, für das er die nichtbefestigten Straßen auf jeder Flanke benutzen mußte. Nach den Regenfällen Anfang Juli zehrten diese »Treibsand-Straßen« an der Beweglichkeit der Angreifer und vervielfachten die Wirkung des zähen Widerstandes vieler eingeschlossener russischer Truppen in dem Gebiet, das die Deutschen überrannt hatten. Obgleich in der doppelten Einkesselungsschlacht von Bialystock und Minsk mehr als 300 000 Gefangene gemacht wurden, konnte ungefähr die gleiche Zahl ausbrechen, ehe das Netz festgezogen wurde. Ihr Entkommen war bedeutsam, weil dadurch die nächste Verteidigungslinie verstärkt werden konnte, die vor und hinter dem Dnjepr verlief.

Auch die Natur des Landes wurde in diesem kritischen Stadium zur Bremse. Östlich von Minsk liegt ein weites Wald- und Sumpfgebiet, und auch die Beresina hat keine klare Flußlinie, sondern bildet ein Netz von kleineren Flüssen, die sich durch schwarzes Torfmoor winden. Die Deutschen mußten feststellen, daß es nur an zwei Stellen, den Hauptstraßen von Orscha und Mogilow, Brücken gab, die schwere Lasten tragen konnten. An den anderen Straßen gab es nur wackelige hölzerne Gebilde. Obwohl die Deutschen schnell vorangekommen waren, stellten sie fest, daß die Russen alle wichtigen Brücken gesprengt hatten. Ebenso stießen die Angreifer das erste Mal auf Minenfelder, wodurch ihr Vormarsch wieder verzögert wurde, da er dadurch auf die Straßen beschränkt war. Die Beresina hatte für Hitlers Vormarsch fast die gleiche Bremswirkung wie für Napoleons Rückzug.

Alle diese Faktoren behinderten das beabsichtigte Schließen der Falle in dem Gebiet westlich des Dnjepr.

Das Mißlingen der großen Einkesselung bewog das deutsche Oberkommando zu jenem Vorstoß über den Dnjepr hinaus, den es zu vermeiden gehofft hatte. Die deutschen Truppen standen schon fast 500 Kilometer tief in Rußland. Die Zangen öffneten sich wieder, um eine neue Einkesselung zu versuchen und sich hinter den Russen entlang der Dnjepr-Verteidigungslinie hinter Smolensk zu schließen. Doch die ersten zwei Tage im Juli waren damit vergangen, den Kessel bei Minsk zu schließen und die Infanteriekorps der 4. und 9. Armee nachzubringen, von denen einige seit zweieinhalb Wochen täglich über 30 Kilometer marschiert waren, um beim Durchbrechen der Stalin-Linie zu helfen.

Dieser Sturmangriff war leichter, als ihn sich das deutsche Oberkommando vorgestellt hatte, da die zurückweichenden Russen keine Zeit hatten, Stellung zu beziehen oder ihre Verteidigungsanlagen zu verbessern, die alles andere als fertig waren. Der Dnjepr war das größte Hindernis; doch durch schnelle Überraschungsangriffe an mehreren Punkten, die nicht an den Hauptübergängen lagen, konnten Guderians Panzerdivisionen ihn überwinden. Am 12. hatten die Deutschen zwischen Rogatschew und Witebsk auf breiter Front die Stalin-Linie durchbrochen und eilten nach Smolensk. Die Leichtigkeit des Durchbruchs ließ darauf schließen, daß mehr gewonnen als riskiert worden wäre, wenn man den Panzertruppen erlaubt hätte, gleich zu Anfang vorwärts zu stoßen, wie es Guderian gewollt hatte.

Die Schwierigkeiten des Landes, die durch Regenfälle vermehrt wurden, waren ein größeres Hindernis als der desorganisierte russische Widerstand. Unter diesen Umständen kostete die durch die Pause verlorene Zeit einen hohen Preis. Denn jeder schwere Regenfall setzte vorübergehend die Beweglichkeit des Angreifers bis zum Stillstand herab. Aus der Luft bot sich ein seltsames Bild – bewegungslose Panzer lagen aufgereiht in der Landschaft über eine Entfernung von 150 und mehr Kilometer.

Die Panzer hätten weiter vorstoßen können, doch sie und andere Kettenfahrzeuge bildeten nur einen kleinen Teil jeder sogenannten Panzerdivision. Ihr Nachschub und die Masse der Infanterie wurden in großen und schweren Räderfahrzeugen befördert, die weder die Straße verlassen konnten noch auf ihr vorwärts kamen, wenn sich ihre Oberfläche in Morast verwandelte. Sobald die Sonne wieder herauskam, trockneten die sandigen Straßen schnell, und die Prozession ging weiter. Doch die sich häufenden Verzögerungen behinderten die Operationen ernstlich.

Das trat wegen des verhältnismäßig schnellen Vormarschs von Guderians Panzergruppe an der Hauptstraße nach Smolensk, das am 16. erreicht wurde, nach außen hin nicht in Erscheinung. Das über 150 Kilometer tiefe Gebiet zwischen Dnjepr und der Desna wurde innerhalb einer Woche gesichert. Aber Hoths Panzergruppe am Nordflügel wurde in ihrem Vormarsch durch Sümpfe und Regengüsse aufgehalten. Das wirkte sich natürlich auf Hitlers Einkreisungsplan aus und gab den Russen mehr Zeit, ihre Kräfte um Smolensk zu sammeln. In der Endphase dieser Operation stieß man an beiden Flanken auf hartnäckigeren Widerstand. Tatsächlich war der Widerstand fast zu halsstarrig, denn es fehlten nur noch 15 Kilometer; bis sich die Zangen schlossen, und die Deutschen schätzten, daß eine halbe Million Russen in der Falle gefangen waren. Obwohl ein großer Teil entweichen konnte, gingen bis zum 5. August 300 000 Russen in die Gefangenschaft.

Dieser unvollständige Sieg stellte die Deutschen vor ein Problem. Er bedeutete, daß ihr Weg nach Moskau, noch weitere 320 Kilometer, von beträchtlichen Streitkräften blockiert war, die ständig durch frisch mobilisierte Kräfte verstärkt wurden. Gleichzeitig war die Fähigkeit der Deutschen, ihrerseits Verstärkungen herbeizuschaffen, durch die Schwierigkeiten auf den schlechten Straßen sehr eingeschränkt.

Das bedeutete unvermeidliche Verzögerungen; doch sie waren nichts im Vergleich zu dem Aufschub, der nun eintrat. Denn es wurde Oktober, ehe der Vorstoß nach Moskau wiederaufgenommen wurde. Die beiden besten Sommermonate gingen vorüber, während Bocks Armeen an der Desna verharrten. Die Ursachen dafür liegen in Hitlers Unentschlossenheit, verbunden mit dem Fortschritt von Rundstedts Armeen südlich der Pripjet-Sümpfe.

An diesem Abschnitt hatten sich die Deutschen zunächst keiner Überlegenheit erfreut. Tatsächlich waren sie gegen eine Übermacht angetreten, die auf dem Papier gewaltig aussah. Die russische Armeegruppe Südwest unter Marschall Budjonnij umfaßte 30 Panzer- und motorisierte Divisionen, fünf Kavalleriedivisionen und 45 Infanteriedivisionen in Südpolen und der Ukraine. Davon standen sechs Panzer- und motorisierte Divisionen, drei Kavalleriedivisionen und dreizehn Infanteriedivisionen in Bessarabien den Rumänen gegenüber. An Panzern hatte sie fast doppelt so viele wie Marschall Timoschenkos Armeegruppe West, die dem deutschen Hauptangriff gegenübergestanden hatte. Insgesamt hatte Budjonnij mehr als 5000 Panzer verschiedener Typen, während Kleists Panzergruppe, die Rundstedts Angriffsspitze bildete, aus nur 600 Panzern bestand. Darüber hinaus war ein großer Teil der letzteren im Griechenland-Feldzug eingesetzt gewesen, und man hatte sie nur flüchtig überholt, ehe sie in diesem größeren Unternehmen eingesetzt wurden.

Um im Vorteil zu sein, mußte sich Rundstedt auf die Überraschung, die Geschwindigkeit und den Raum verlassen — und auf die feindlichen Befehlshaber. Budjonnij, den berühmten alten Kavalleriehelden des Bürgerkrieges, hatte einer seiner eigenen Offiziere sehr treffend als »Mann mit riesigem Schnurrbart, aber winzigem Gehirn« bezeichnet. Einige der besten russischen Befehlshaber waren vor dem Krieg den Säuberungsaktionen zum Opfer gefallen, und jene, die als politisch zuverlässig überlebten, waren militärisch oft keine Leuchten. Erst als diese allzu gewichtigen Senioren unter der Kraftprobe des Krieges ausgemerzt worden waren, kam die Elite der jüngeren Generation an die Spitze.

Rundstedts Hauptanstrengung konzentrierte sich auf seinen linken Flügel am Bug. Dieser Plan machte das Beste aus seinen begrenzten Kräften und zog aus der Tatsache Nutzen, daß seine Ausgangslinie weit hinter der Flanke der Lemberger Frontausbuchtung lag. Der Angriff erfolgte aus einem natürlichen Keil heraus, der nur ein wenig weiter vorwärtsgetrieben werden mußte, ehe er die Verbindungswege der russischen Streitkräfte in den Karpaten bedrohte. Nachdem Reichenaus 6. Armee sich die Übergänge über den Bug erzwungen hatte, wurden Kleists Panzer zu einem Vorstoß durch die Bresche auf Luzk und Brody zu angesetzt.

Die Überraschung erleichterte ihm nicht nur seinen Anfangsdurchbruch, sondern vereitelte auch den gefährlichen Gegenangriff, den die Russen sonst eventuell unternommen haben könnten. Da er wußte, daß 25 russische Divisionen an der ungarischen Karpatengrenze standen, hatte Rundstedt erwartet, daß diese einschwenken und ihn während seines Vorstoßes auf Luzk an der rechten Flanke angreifen könnten. Statt dessen zogen sie sich zurück.

(Diese Reaktion, und der offensichtliche Mangel an Vorbereitungen in der russischen vorderen Front, ließ Rundstedt und andere deutsche Befehlshaber daran zweifeln, ob Hitlers Argument, daß die Russen zu einem Angriff auf Deutschland bereit seien, gerechtfertigt gewesen war.)

Trotz dieses fliegenden Starts machten Rundstedts Streitkräfte keine so raschen Fortschritte wie diejenigen Bocks in der linken

Mitte. Guderian beharrte darauf, daß es wichtig sei, die Russen weiterzujagen und ihnen keine Zeit zum Sammeln zu geben. Er war überzeugt, daß er Moskau erreichen konnte, wenn keine Zeit verlorenging, und daß ein solcher Hieb auf das Nervenzentrum von Stalins Macht den russischen Widerstand lähmen könnte. Hoth teilte seine Ansichten, und Bock billigte sie. Doch Hitler kehrte zu seiner ursprünglichen Idee zurück, die in einem Erlaß vom 19. Juli niedergelegt war. Die Panzertruppen wurden Bock aus der Mitte weggenommen und an die Flügel geschickt. Guderians Panzergruppe sollte nach Süden rollen, um die russischen Armeen zu besiegen, die in der Ukraine Rundstedt gegenüberstanden, während Hoths Panzergruppe sich nach Norden wenden und Leebs Angriff auf Leningrad unterstützen sollte.

Wieder einmal suchte Brauchitsch, der Oberbefehlshaber des Heeres, Zeit zu gewinnen, statt sofort auf einen anderen Plan zu drängen. Er führte an, daß die Panzertruppen eine Ruhepause brauchten, ehe weitere Operationen begannen, daß ihre Maschinen überholt werden und Ersatz beschafft werden mußte. Hitler stimmte der Notwendigkeit einer solchen Pause zu. Inzwischen gingen die Meinungsverschiedenheiten über den zu verfolgenden Kurs auf hoher Ebene weiter, und sie hielten selbst dann noch an, als die Panzertruppen ihren Vorstoß hätten fortsetzen können.

Nachdem etliche Wochen mit Diskussionen verstrichen waren, drängte Generalstabschef Halder Brauchitsch, Pläne für einen schnellen Vorstoß nach Moskau vorzulegen. Hitlers Antwort darauf war ein neuer Erlaß vom 21. August, der mit den Worten begann:

> »Der Vorschlag des Heeres für die Fortführung der Operation im Osten vom 18. 8. stimmt mit meinen Absichten nicht überein.
>
> Das wichtigste, noch vor Einbruch des Winters zu erreichende Ziel ist nicht die Einnahme von Moskau, sondern die Wegnahme der Krim, des Industrie- und Kohlengebietes am Donez und die Abschnürung der russischen Ölzufuhr aus dem Kaukasusraum.«

Er befahl, den Weg zu diesen Zielen im Süden frei zu machen.

Ein Teil von Bocks Heeresgruppe (einschließlich Guderians Panzertruppe) sollte sich nach Süden wenden, um die russischen Armeen bei Kiew, denen Rundstedt gegenüberstand, zu schlagen.

Als sie diese Befehle erhielten, versuchte Halder Brauchitsch dazu zu überreden, gemeinsam den Dienst zu quittieren. Doch Brauchitsch hielt das für eine nutzlose Geste, da Hitler ihre Abschiedsgesuche einfach ablehnen würde. Hitler schob ihre Einwände einfach mit der Bemerkung beiseite, die er oft wiederholte: »Meine Generale verstehen nichts von der wirtschaftlichen Seite des Krieges.« Äußerstenfalls wollte er Bock erlauben, seinen Vorstoß auf Moskau wieder aufzunehmen und ihm zu diesem Zweck Guderians Panzertruppen zur Verfügung zu stellen, nachdem die russischen Streitkräfte im Kiewer Kessel vernichtet waren.

Die Einkesselung Kiews war ein großer Erfolg und erweckte rosige Erwartungen. Guderian stieß nach Süden vor, hinter dem Rücken der Russen, während Kleists Panzergruppe nach Norden vorstieß. Die Zange schloß sich 240 Kilometer östlich von Kiew, und nach deutschen Angaben wurden über 600 000 Russen gefangengenommen. Doch es war Ende September, ehe die Schlacht zu Ende ging, da schlechte Straßen und Regenfälle das Einkesselungsmanöver verlangsamt hatten. Der Glanz des Sieges wurde durch den Schatten des Winters verdunkelt, der für den Angreifer in Rußland eine schon Geschichte gewordene Bedrohung darstellte. Die beiden im Sommer vergeudeten Monate vereitelten nun die Hoffnung, Moskau zu erreichen.

Der erneute Vormarsch begann am 30. September. Die Aussichten sahen zunächst vielversprechend aus, als Bocks Armeen eine große Umzingelung um Wjasma gelang, wobei wieder 600 000 Russen gefangengenommen wurden. Dadurch hatten die Deutschen augenblicklich fast freie Fahrt nach Moskau. Doch die Schlacht bei Wjasma war erst Ende Oktober zu Ende, die deutschen Truppen waren müde, das Land verwandelte sich in Morast, als das Wetter schlechter wurde, und frische russische Kräfte tauchten vor Moskau auf.

Die meisten deutschen Generale wollten die Offensive abbrechen und Winterstellungen beziehen. Sie dachten daran, wie es der Armee Napoleons ergangen war. Viele lasen auch Caulaincourts schonungslosen Bericht über das Jahr 1812. Doch auf höherer Ebene war man anderer Ansicht. Diesmal war es nicht allein Hitler zuzuschreiben, den die wachsenden Schwierigkeiten und der Winter niederdrückten. Am 9. November machte er folgende düstere Bemerkung: »Die Erkenntnis, daß keine der Armeen in der Lage ist, die andere zu vernichten, wird zu einem Kompromißfrieden führen.« Doch Bock drängte, die deutsche Offensive fortzusetzen. Brauchitsch und Halder stimmten mit ihm überein, und Halder sagte auf einer großen Führerbesprechung am 12. November, man habe guten Grund zu glauben, daß der russische Widerstand nahe am Zusammenbruch sei.

Brauchitsch und Halder wie auch Bock gaben natürlich nur ungern Haltebefehl, zumal sie vorher Hitler beschworen hatten, Moskau zu erobern, statt die Ziele im Süden zu verfolgen. So wurde der Vorstoß auf Moskau am 15. November wiederaufgenommen, als sich das Wetter vorübergehend besserte. Doch nach zweiwöchigem Kampf durch Schlamm und Schnee kam er 30 Kilometer vor Moskau zum Stehen.

Selbst Bock bezweifelte nun den Wert eines weiteren Vorstoßes, obwohl er noch kurz zuvor erklärt hatte: »Das letzte Bataillon wird über diesen Punkt entscheiden.« Doch Brauchitsch, der sich weit hinten befand, forderte eine Fortsetzung der Offensive um jeden Preis. Er war ein kranker Mann und über Hitlers Ärger wegen der unbefriedigenden Ergebnisse, die man erzielt hatte, aufs äußerste beunruhigt.

Am 2. Dezember wurde eine neue Anstrengung unternommen, und einige Abteilungen drangen in die Vororte Moskaus ein. Doch der Vormarsch selbst wurde in den Wäldern um die Hauptstadt aufgehalten.

Das war das Signal für eine große russische Gegenoffensive, die von Schukow vorbereitet und geleitet wurde. Sie warf die erschöpften Deutschen zurück, umfaßte ihre Flanken und schuf eine kritische Situation. Von den Generalen angefangen, waren die Angreifer von schlimmen Gedanken an Napoleons Rückzug aus Moskau erfüllt. In dieser Lage untersagte Hitler jeden Rückzug, der über die kleinstmöglichen örtlichen Ausweichmanöver hinausging, und in dieser Situation hatte er recht. Durch diese Entscheidung wurden seine Truppen furchtbaren Leiden in ihren vorgeschobenen Stellungen vor Moskau ausgesetzt, denn sie hatten weder die Kleidung noch die Ausrüstung für einen russischen Winterfeldzug. Aber hätte erst einmal ein allgemeiner Rückzug begonnen, so hätte dieser leicht zu einer panikartigen Flucht werden können.

Hitler hatte seine Chance, Moskau zu erobern, durch seine August-Entscheidung verspielt, mit der er dem Vormarsch in diese Richtung Halt gebot und sich nach Süden wandte. Dieser Mißerfolg wurde durch das, was seine Truppen im Süden erreichten, nicht wettgemacht. Nach dem großen Kesseltreiben von Kiew überrannte Rundstedt die Krim und das Donez-Becken, war aber ohne Guderians Panzer beim Vorstoß auf die Ölfelder des Kaukasus gehemmt. Seine Truppen konnten Rostow am Don erreichen, waren jedoch erschöpft und wurden bald von den Russen zurückgedrängt. Dann wollte er sich auf eine günstige Verteidigungslinie am Mius zurückziehen, doch Hitler untersagte dies. Rundstedt antwortete, er könne einem solchen Befehl nicht nachkommen, und bat, seines Kommandos enthoben zu werden. Prompt wurde er von Hitler ersetzt; aber sofort danach brach die Front zusammen, und Hitler mußte sich mit der Notwendigkeit eines Rückzugs abfinden. Das geschah in der ersten Dezemberwoche – gleichzeitig mit dem Rückschlag bei Moskau.

In der gleichen Woche bat Brauchitsch aus gesundheitlichen Gründen um seinen Abschied, in der folgenden Woche tat Bock das gleiche, und wenig später bat Leeb um seine Entlassung, als Hitler dessen Vorschlag für einen Rückzug an der Nordfront bei Leningrad ablehnte. So gingen alle vier Spitzenbefehlshaber weg.

Hitler ernannte für Brauchitsch keinen Nachfolger, sondern nahm die Gelegenheit wahr, sich selbst zum Oberbefehlshaber des Heeres zu machen. Zu Weihnachten schob er Guderian ab, die Hauptkraft seiner früheren Siege, weil er seine erschöpften Truppen ohne Hitlers Erlaubnis zurückgenommen hatte.

Ein grundlegender Faktor für das Scheitern der Invasion war die

Tatsache, daß sich der Angreifer hinsichtlich der Reserven, die Stalin aus den Tiefen Rußlands heranholen konnte, verrechnet hatte. In dieser Beziehung waren sowohl der Generalstab wie auch der Geheimdienst ebenso getäuscht worden wie Hitler. Dieser verhängnisvolle Irrtum kommt in einem prägnanten Satz aus Halders Tagebuch von Mitte August zum Ausdruck: »Wir haben bei Kriegsbeginn mit etwa 200 feindlichen Divisionen gerechnet. Jetzt zählen wir bereits 360.«

Das machte die großartigen Anfangserfolge wieder zunichte. Nun hatten die Deutschen den Weg nicht mehr frei, sondern es standen ihnen frische Streitkräfte gegenüber, die am Kriegsschauplatz eingetroffen waren. Das umfassende sowjetische Mobilisierungssystem konnte außerhalb der Reichweite der deutschen Truppen anlaufen, und vom Winter 1941 an waren die Deutschen an der russischen Front immer in der Minderheit. Dank ihrer überlegenen Technik und Ausbildung konnten sie diese Armeen in aufeinanderfolgenden großen Kesselschlachten vernichten, blieben dann aber im Schlamm stecken. Als der Winterfrost den Boden hart gemacht hatte, standen sie wieder frischen Truppen gegenüber, die den Weg blockierten, und sie selbst waren zu erschöpft, um sich zu ihrem Ziel durchzukämpfen.

Neben ihrem Rechenfehler hinsichtlich der russischen Reserven war der verhängnisvollste Faktor die Art und Weise gewesen, in der Hitler und seine höchsten Generale den August mit Erörterungen darüber verschwendet hatten, was als nächstes zu tun sei. Dabei herrschte in den höchsten Stellen des deutschen Oberkommandos eine überraschende Unentschlossenheit.

Eine Stufe tiefer hatte besonders Guderian eine klare Vorstellung von dem, was zu tun sei. Er wollte so schnell wie möglich nach Moskau vorstoßen, wobei er es der Infanterie überlassen wollte, mit den desorganisierten feindlichen Kräften, durch die er sich seinen Weg gebahnt hatte, aufzuräumen. 1940 hatte er auf diese Weise die Schlacht um Frankreich gewonnen. Das wäre ein großes Risiko gewesen; doch hätte wahrscheinlich Moskau erobert werden können, ehe die russischen Ersatztruppen die Stadt hätten sichern können. Weit größere und verhängnisvollere Risiken entstanden durch den Kurs, dem man tatsächlich folgte.

Aber Rußland verdankte sein Überleben eher seiner Primitivität als der technischen Entwicklung, die seit der sowjetischen Revolution erreicht worden war. Das gilt nicht nur im Hinblick auf die Zähigkeit des Volkes und der Soldaten und deren Fähigkeit, Härten zu ertragen und Bedingungen, die westliche Völker und westliche Truppen gelähmt hätten. Ein noch größerer Vorteil waren die primitiven russischen Straßen. Die meisten davon waren kaum mehr als Sandspuren. Daß sie sich bei Regen in bodenlosen Schlamm verwandelten, hemmte die deutsche Invasion mehr als alle heroischen Opfer der Roten Armee. Hätte das sowjetische Regime Rußland ein Straßennetz gegeben, das dem westlicher Länder zu vergleichen war, wäre Rußland fast genauso schnell überrannt worden wie Frankreich.

Aber man kann diese Überlegung auch umkehren. Hitler hatte keine Siegeschancen, weil die Beweglichkeit seiner Wehrmacht auf Rädern statt auf Ketten beruhte. Auf Rußlands Schlammstraßen mußten die Räderfahrzeuge einsinken, während die Panzer weiterfahren konnten. Wären die Panzertruppen mit Kettenfahrzeugen für den Nachschub ausgerüstet gewesen, hätten sie trotz des Morastes bis August Rußlands lebenswichtige Zentren erreichen können.

KAPITEL 14

ROMMELS EINGREIFEN IN AFRIKA

Im Jahr 1941 nahm das Kriegsgeschehen in Afrika eine Reihe überraschender Wendungen, die die Erwartungen auf beiden Seiten abwechselnd über den Haufen warfen, aber kein entscheidendes Ergebnis brachten. Es war ein Krieg schneller Truppenbewegungen mit einem ständigen Hin und Her. Das Jahr hatte damit begonnen, daß die Engländer die Italiener aus der Cyrenaika warfen. Dann erschien eine deutsche Streitmacht unter der Führung von General Erwin Rommel auf dem Schauplatz; kaum zwei Monate später wurden die Engländer aus der Cyrenaika verjagt und hielten nur noch einen Stützpunkt in der kleinen Hafenstadt Tobruk. Rommel seinerseits wurde bei zwei aufeinanderfolgenden Angriffen gegen Tobruk zurückgewiesen; doch dann scheiterten zwei britische Versuche, die belagerte Stadt zu entsetzen. Nach einer Pause von fünf Monaten, in der die Briten ihre Streitkräfte verstärkten, unternahmen sie im November eine größere Anstrengung, die zu einer »Schaukelschlacht« von einem Monat Dauer führte, in der sich das Glück wiederholt wendete, ehe die erschöpften Reste der feindlichen Armee gezwungen wurden, sich wieder einmal bis an die Westgrenze der Cyrenaika zurückzuziehen. Trotzdem lieferte Rommel in der letzten Woche des Jahres einen Gegenschlag, der sich als Vorahnung eines weiteren dramatischen Rückzugs der Briten erwies.

Rommels Eröffnungsschlag Ende März 1941 und seine weitreichenden Auswirkungen löste auf britischer Seite einen um so größeren Schock aus, als man nicht mit einem so frühen Vorstoß des Feindes gerechnet hatte. In einer Lagebeurteilung, die Wavell am 2. März an die Chefs des Generalstabs in London geschickt hatte, berichtete er über die Ankunft deutscher Truppen in Tripolis, betonte aber, daß diese auf zwei oder mehr Divisionen verstärkt werden müßten, ehe sie einen ernsthaften Angriff versuchen könnten, und er schloß seinen Bericht mit den Worten, die Schwierigkeiten des Feindes machten es unwahrscheinlich, daß ein solcher Angriff vor Ende des Sommers zu erwarten wäre. Im Gegensatz dazu klangen Churchills Botschaften besorgt darüber, daß die Deutschen vielleicht nicht warten würden, bis sie einen konventionellen Aufbau vollendet hätten. Er hielt eine Gegenoffensive für dringend geboten, obwohl er in bezug auf die Schlagkraft der vorhandenen britischen Truppen zu optimistisch war. Am 26. März telegrafierte er an Wavell:

»Wir befürchten natürlich einen raschen deutschen Vorstoß auf Agheila. Es ist ihre Methode, überall dort rasch vorzugehen, wo sie keinen Widerstand finden. Ich nehme an, Sie warten nur darauf, bis die Schildkröte den Kopf weit genug herausstreckt, um ihn abzuschneiden. Es ist besonders wichtig, ihnen frühzeitig einen Begriff von unserer Qualität zu geben.«

Doch es fehlte an Qualität, sowohl in technischer als auch in taktischer Hinsicht. Zwar war die erschöpfte 2. Panzerdivision, die im Kampfgebiet stand, den beiden Einheiten Rommels im Verhältnis von drei zu zwei überlegen und verfügte über mehr mit großkalibrigen Kanonen bestückte Panzer; aber ein großer Teil davon bestand aus eroberten italienischen »M 13 s«, die von den Briten eingesetzt wurden, um den Mangel an eigenen »cruiser tanks (leichte Kavalleriebegleitpanzer) auszugleichen, und fast alle waren in einem sehr schlechten Zustand. Die Chancen einer so angeschlagenen Streitmacht wurden durch Wavells Anweisung noch verringert, daß sie, sollte sie angegriffen werden, zurückweichen und hinhaltend kämpfen sollte. Da die Engpaßstellung ostwärts von Al Agheila bei Rommels Eröffnungsangriff am 31. März aufgegeben wurde, hatte er den Weg frei in ein weites Wüstengebiet mit einer großen Auswahl alternativer Marschrouten und Ziele, so daß er die Briten verwirren konnte, während sie selbst nicht in der Lage waren, solche strapaziösen Manöver zu unternehmen. In den darauffolgenden Tagen gab Rommel ihnen keine Atempause. Die meisten ihrer Panzer gingen verloren — nicht im Kampf, sondern durch technisches Versagen oder weil ihnen bei länger dauernden und unzusammenhängenden Rückzügen der Treibstoff ausging.

In weniger als einer Woche waren die Briten mehr als 300 Kilometer aus ihrer Stellung an der Westgrenze der Cyrenaika zurückgeworfen. Nach knapp vierzehn Tagen standen sie 650 Kilometer weiter rückwärts an der Ostgrenze der Cyrenaika und Westgrenze Ägyptens, mit Ausnahme der eingeschlossenen Besatzung von Tobruk. Die Entscheidung, den kleinen Hafen zu halten und diese Stellung als »Stachel im Fleische des Feindes« zu benutzen, hatte auf den Verlauf des Afrika-Krieges in den kommenden zwölf Monaten weitreichenden Einfluß.

Der schnell um sich greifende Zusammenbruch hatte natürlich dazu geführt, die Zuversicht der Kommandeure und Truppen auf britischer Seite zu erschüttern und die Stärke der Angreifer zu überschätzen. In der Ferne war es leichter, über die begrenzte Stärke und die strategischen Schwierigkeiten des Feindes Buch zu führen. Churchill wog sie ab und telegrafierte am 7. April an Wavell:

> »Sie sollten in der Lage sein, Tobruk mit seinen italienischen Verteidigungsanlagen zu halten, mindestens bis der Feind schwere Artillerie heranschafft. Es ist kaum anzunehmen, daß ihm dies in den nächsten Wochen gelingt. Er würde ein großes Risiko eingehen, wenn er Tobruk umginge und gegen Ägypten vorstieße, da er weiß, daß wir über See Verstärkung heranbringen und seine Nachschubwege bedrohen können. Tobruk scheint daher ein Ort zu sein, der bis zum letzten gehalten werden muß, ohne Gedanken an einen Rückzug. Bitte teilen Sie mir mit, was Sie beabsichtigen.«

Wavell hatte sich schon entschlossen, Tobruk wenn irgend möglich zu halten. Doch als er am 8., von Kairo kommend, dort gewesen war, berichtete er, die Lage habe sich wesentlich verschlechtert und die Aussichten, den Ort zu verteidigen, seien höchst unsicher. Churchill entwarf daraufhin in einer Sitzung mit den Stabschefs eine noch nachdrücklichere Botschaft, die besagte, es scheine undenkbar, daß die Festung Tobruk aufgegeben würde. Doch ehe diese Weisung abgeschickt wurde, teilte Wavell mit, er habe sich entschlossen, sie einige Zeit zu halten und an der Grenze eine bewegliche Streitmacht aufzustellen, um den Feind zu binden und den Druck zu mindern; gleichzeitig wolle er versuchen, den alten Plan einer Verteidigung im Gebiet von Mersa Matruh, 320 Kilometer weiter rückwärts, wiederaufzunehmen.

Tatsächlich fand kein weiterer Rückzug statt, dank der hartnäckigen Verteidigung von Tobruk, obgleich noch acht Monate vergehen sollten, ehe es entsetzt werden konnte.

Den Hauptteil der Besatzung stellte die 9. australische Division unter General Morshead, die aus dem Gebiet von Bengasi sicher zurückgekehrt war. Außerdem war die 18. Infanteriebrigade (der 7. australischen Division) auf dem Seeweg angelangt, denen Abteilungen des 1. und 7. Royal-Tank-Regiments folgten, aus denen eine kleine Panzerstreitmacht mit über 50 Panzern aufgebaut wurde.

Rommels Angriff begann am Karfreitag, dem 11. April, mit Erkundungsvorstößen. Der Hauptangriff erfolgte am frühen Ostermontag aus dem Süden gegen den Mittelteil der 55 Kilometer langen Frontlinie, ungefähr 15 Kilometer vom Hafen entfernt. Er durchbrach die schwache Verteidigungslinie, und die Spitzenpanzerabteilung rollte drei Kilometer nach Norden weiter, wurde dort aber von der Artillerie der Verteidiger aufgehalten und zwängte sich dann aus der engen Einbuchtung, die sie erreicht hatte, wieder heraus, wobei sie 16 von den 38 eingesetzten Panzern verlor – eine Zahl, die die Geringfügigkeit von Rommels Streitmacht enthüllte. Die Italiener versuchten am 16. einen Angriff, wurden aber sofort abgewiesen, und fast tausend Mann ergaben sich, als ein Gegenangriff eines australischen Bataillons erfolgte.

Das italienische Oberkommando in Rom, das Rommels tiefen Vorstoß schon mit Unbehagen beobachtete, bat jetzt das deutsche Oberkommando, ihn in seiner abenteuerlichen Initiative zurückzuhalten, und berichtete von seiner Absicht, nach Ägypten vorzustoßen. Halder, der Chef des deutschen Generalstabes, war gleichermaßen bemüht, jede Überseeaktion zu drosseln, die Verstärkung auf Kosten der deutschen Streitkräfte erfordern könnte, die sich jetzt auf den Angriff gegen Rußland vorbereiteten. Er hatte auch eine instinktive Abneigung gegen Hitlers Vorliebe für dynamische Führer wie Rommel, die nicht in das Muster des Generalstabes paßten. So wurde Halders Stellvertreter, General Paulus, nach Afrika entsandt, um diesen »übergeschnappten Soldaten« zu zügeln, wie Halder in seinem Tagebuch bissig bemerkte. Paulus kam, sah und gebot Einhalt – doch nachdem er seinen Verweis erteilt hatte, billigte er einen neuen Sturmangriff auf Tobruk.

Dieser begann am 30. April. Bis zu diesem Zeitpunkt waren einige Vorausabteilungen der 15. Panzerdivision, wenn auch nicht ihr Panzerregiment, aus Europa eingetroffen, um die 5. leichte Panzerdivision zu verstärken. Diesmal richtete sich der Schlag unter dem Schutz der Dunkelheit gegen die Südwestecke der Verteidigung. Am 1. Mai schlug die deutsche Infanterie bei Tageslicht eine Bresche von mehr als anderthalb Kilometer Breite. Dann setzte die erste Welle der Panzer zu einem Vorstoß auf das 16 Kilometer entfernte Tobruk an. Doch nachdem sie anderthalb Kilometer vorgestoßen waren, liefen sie unerwartet auf ein Minenfeld, das dort als Falle vor kurzem neu gelegt worden war, und 17 von 40 Panzern wurden außer Gefecht gesetzt. Trotzdem kehrten alle bis auf fünf sicher zurück, nachdem ihre Ketten unter Beschuß repariert worden waren. Um die Verteidigungsstellungen aufzurollen, stieß die zweite Panzer- und Infanteriewelle nach Südosten, in ihrem Rücken entlang. Doch nach einem seitlichen Vorstoß von fast fünf Kilometern wurden sie schließlich aufgehalten, und zwar durch den kombinierten Einsatz von Artillerie, die hinter dem Minenfeld in Stellung war, durch einen Gegenangriff 20 britischer Panzer und den anhaltenden Widerstand einiger australischer Vorposten, die sie versäumt hatten auszuschalten. Was die italienischen Hilfstruppen betraf, so waren sie im Angriff langsam, aber im Sichabsetzen schnell.

Am nächsten Tag waren nur noch 35 von über 70 Panzern gefechtsbereit, und der Angriff wurde eingestellt. Am Abend des 3. unternahm Morshead einen Gegenangriff mit seiner Reserve-Infanteriebrigade; doch dieser mißlang ebenfalls, und die Lage entwickelte sich zu einem Patt. Die Südwestecke der Verteidigungsstellung blieb in Rommels Griff; doch es war offensichtlich, daß seine Kräfte zur Eroberung Tobruks nicht ausreichten, und Paulus legte, ehe er wieder nach Hause zurückkehrte, sein Veto gegen jeden Versuch ein, den Angriff wiederaufzunehmen. So entwikkelte sich nach zwei vergeblichen Versuchen Wavells, Rommel zurückzuschlagen und die Garnison zu entsetzen, eine Belagerung, die bis spät ins Jahr hinein andauerte.

Der erste dieser Gegenangriffe Mitte Mai hatte mehr Versuchscharakter, was sich in seinem Decknamen Operation Brevity ausdrückte; doch größere Hoffnungen knüpften sich an das nachfolgende Unternehmen Mitte Juni, die »Operation Battleaxe«. Das Ergebnis war ein kläglicher Ausgleich für das hohe Risiko, das man auf Churchills Betreiben eingegangen war – das Risiko, eine große Verstärkung an Panzern nach Ägypten zu schicken zu einem Zeitpunkt, als die Streitkräfte, die England verteidigten, noch immer schlecht ausgerüstet waren, und als Hitler sich noch nicht gegen Rußland gewandt hatte. Ein weiteres Risiko war es, diese Verstärkung auf dem Mittelmeerweg zu entsenden, was ein »Spießrutenlaufen« vor der Luftwaffe des Feindes bedeutete.

Churchills Bereitschaft, dieses doppelte Risiko einzugehen, um in Afrika die Oberhand zu gewinnen und die britische Stellung in Ägypten zu halten, stand in auffallendem Gegensatz zur Haltung Hitlers und Halders, die darin einiggingen, das deutsche Engagement im Mittelmeer in Grenzen zu halten. Im Oktober 1940 war General von Thoma zu einer Erkundungsreise in die Cyrenaika entsandt worden und hatte gemeldet, daß vier Panzerdivisionen benötigt würden und genügen sollten, um bei der Invasion Ägyptens den Erfolg zu sichern. Doch Mussolini war so wenig willens gewesen, eine so große Hilfe von Deutschland anzunehmen, wie Hitler bereit gewesen war, sie zu gewähren. Rommels kleine Streitmacht von zwei Divisionen war erst nach der italienischen Niederlage nach dort entsandt worden, um Tripolis zu halten. Auch wenn er bewiesen hatte, was er mit einer kleinen Panzertruppe erreichen konnte, blieben Hitler und Halder abgeneigt, die verhältnismäßig kleine Verstärkung, die höchstwahrscheinlich den Ausgang entschieden hätte, zur Verfügung zu stellen. Dadurch verspielten sie die Chance, Ägypten zu erobern und die Briten zu einem Zeitpunkt aus dem Mittelmeer zu verjagen, als diese noch schwach waren. Die Folge war, daß sie ein viel größeres Engagement eingehen und letzten Endes viel größere Opfer bringen mußten.

Doch trotz der noch immer spärlichen Hilfsmittel war schon im April 1941 in Großbritannien ein Geleitzug mit einer großen Panzerverstärkung für Ägypten zusammengestellt worden. Er war schon fast zum Auslaufen bereit, als am 20. April ein Telegramm Wavells eintraf, das den Ernst der Lage und den dringenden Bedarf an weiteren Panzern unterstrich. Churchill schlug sofort vor – und bewog auch die Chefs des Generalstabs, zuzustimmen[1] –, daß die ersten schnellen Schiffe, die Panzer an Bord hatten, bei Gibraltar Kurs nach Osten nehmen und den kürzeren Weg durch das Mittelmeer einschlagen sollten, was einen Zeitgewinn von fast sechs Wochen bedeutete. Er bestand auch darauf, daß der Umfang der Verstärkung vergrößert und hundert der neuesten Panzer mitgeschickt werden sollten, obwohl der Chef des britischen Generalstabs, General Dill, sich einem solchen Abzug der ohnehin schwachen Kräfte widersetzte, die für die Heimatverteidigung zur Verfügung standen, um einer möglichen Frühlingsinvasion begegnen zu können.

Diese »Operation Tiger« war der erste Versuch, einen Konvoi durch das Mittelmeer zu bringen, seitdem die Luftwaffe dort im Januar aufgetaucht war. Von nebeligem Wetter unterstützt, konnte der Geleitzug durchgeschleust werden, ohne aus der Luft Schaden zu erleiden. Allerdings lief eines der Schiffe mit 57 Panzern an Bord in der Straße von Sizilien auf eine Mine und sank. Am 12. Mai trafen die anderen vier Schiffe mit 238 Panzern (135 »Matil-

1 In einer persönlichen Note an die Stabschefs schrieb er an diesem Tag scharf: »Der Ausgang des Krieges im Nahen Osten, der Verlust des Suezkanals, die Vergeudung und Zerstreuung der enormen Kräfte, die wir in Ägypten aufgebaut haben, das Ende jeglicher Aussichten auf amerikanische Unterstützung durch das Rote Meer – das alles kann von ein paar hundert Panzerfahrzeugen abhängen. Sie müssen, wenn irgend möglich, um jeden Preis dorthin geschafft werden.«

da«-Panzer, 82 Cruiser und 21 leichte Panzer) sicher in Alexandria ein. Das waren viermal so viele, wie Wavell bisher für die Verteidigung Ägyptens hatte zusammenbringen können.

Ohne jedoch auf diese große Verstärkung zu warten, hatte Wavell sich entschlossen, aus Rommels Schlappe von Tobruk und aus dem gemeldeten Nachschubmangel der Deutschen Nutzen zu ziehen und zu einem offensiven Schlag mit der zusammengewürfelten Streitmacht auszuholen, die sich unter Brigadier Gott an der Grenze zusammengezogen hatte. Das war die Operation »Brevity«. Wavells Ziel war es, die küstennahen Grenzstellungen zurückzuerobern, von denen er wußte, daß sie nur von wenigen Truppen gehalten wurden, und ihre Besatzungen unschädlich zu machen, ehe der Feind sie verstärken konnte. Wie er in einem Telegramm am 13. Mai Churchill mitteilte, hoffte er jedoch auf mehr: »Wenn wir Erfolg haben, werden wir eine sofortige kombinierte Aktion von Gotts Streitmacht und der Garnison von Tobruk in Erwägung ziehen, um den Feind nach Westen zu treiben.«

Zwei Panzereinheiten wurden herbeigeschafft, um Gotts Streitmacht Schlagkraft zu verleihen. Es handelte sich um das 2. R.T.R., das mit 29 älteren Panzerwagen, die überholt worden waren, ausgerüstet war, und um das 4. R.T.R. mit 26 Matilda-Panzern, als »Infanterie-Panzer« schwer bestückt und relativ langsam. Das 2. R.T.R. sollte mit einer Hilfsgruppe motorisierter Infanterie und Artillerie um die Wüstenflanke der befestigten Stellungen von Sidi Aziez marschieren und den Nachschub- und Rückzugsweg des Feindes blockieren. Das 4. R.T.R. sollte die Spitze der motorisierten 22. Guards Brigade beim Angriff bilden.

Nach einem nächtlichen Annäherungsmarsch von 50 Kilometern wurde die von Italienern gehaltene Stellung auf dem Halfaya-Paß am frühen Morgen des 15 Mai im Überraschungsangriff gestürmt, wobei etliche hundert Gefangene gemacht wurden, obgleich die Artillerie der Verteidiger einige »Matildas« außer Gefecht setzte. Zwei andere Stellungen, Bir Waid und Musaid, wurden schnell genommen; doch war die Überraschung verpufft, ehe Fort Capuzzo erreicht war, und als eine deutsche Kampfgruppe aus der Flanke angriff, geriet der Angriff in Unordnung.

Obgleich die Festung schließlich fiel, wurde sie später wieder geräumt. Inzwischen war die Flankenbewegung gegen Sidi Aziez unter der Drohung eines Gegenangriffs abgebrochen worden. Andererseits war der feindliche Kommandeur von der Wucht des Angriffs so beeindruckt, daß er den Rückzug befahl.

So begannen am Abend beide Seiten, sich zurückzuziehen. Doch während Rommel den deutsch-italienischen Rückzug schnell widerrief und rasch ein Panzerbataillon von Tobruk zum Kampfplatz führte, beschloß Gott, sich nach Halfaya zurückzuziehen. Seine Truppen waren schon im Abmarsch begriffen, als sie der Haltebefehl vom weit entfernten höheren Kommando erreichte.

Bei Tagesanbruch fanden die Deutschen das Schlachtfeld verlassen – sehr zu ihrer Erleichterung, da das verstärkende Panzerbataillon kein Benzin mehr hatte und unbeweglich war, bis später am gleichen Tag Nachschub kam.

Der britische Rückzug endete nicht bei Halfaya, doch man ließ dort eine kleine Besatzung zurück. Die Deutschen waren schnell dabei, deren exponierte Stellung auszunutzen, und eroberten den Paß am 27. durch einen plötzlichen Schlag aus verschiedenen Richtungen zurück. Das war für sie von großem Vorteil, da es die nächste und stärkere britische Offensive »Battleaxe« ernstlich behinderte. Darüber hinaus legte Rommel während der Kampfpause für die britischen Panzer bei Halfaya wie auch vor anderen vorgeschobenen Stellungen Fallen an, indem er 8,8-cm-Flakgeschütze eingraben ließ, die er höchst wirksam für die Panzerabwehr einsetzte.

Diese Notmaßnahme erwies sich als sehr wichtig für die Entscheidung in der kommenden Schlacht. Damals gehörten fast zwei Drittel der deutschen Panzerabwehrgeschütze noch zum alten 3,7-cm-Typ, der fünf Jahre vor dem Krieg entwickelt worden und den britischen 4-cm-Tank- und Panzerabwehrgeschützen weit unterlegen war. Gegen die britischen Panzerspähwagen konnten sie wenig ausrichten, und gegen die »Matildas« waren sie machtlos. Selbst das neue 5-cm-Panzerabwehrgeschütz, von dem Rommel jetzt über 50 Stück hatte, konnte die dicke Panzerung der »Matildas« nur aus kurzer Entfernung durchdringen. Doch das auf Rädern fahrende 8,8-cm-Geschütz durchschlug die Vorderpanzerung der »Matildas« (77 mm stark) auf eine Entfernung von etwa 2000 Meter. Rommel hatte von diesen Geschützen nur zwölf Stück; doch wurde eine Batterie von vier Geschützen bei Halfaya in Stellung gebracht und eine weitere am Hafid-Graben – zwei Punkten, welche die Briten zu Beginn ihres Angriffs nehmen wollten.

Das war Rommels Glück; denn in vieler Hinsicht war er anfangs schwer im Hintertreffen, hauptsächlich was die Zahl der Panzer, der Hauptwaffe in diesen Wüstenschlachten, betraf. Aus Deutschland waren keine weiteren Verstärkungen eingetroffen, und als die Schlacht begann, hatte er kaum hundert mit Kanonen bestückte Panzer zur Verfügung, und mehr als die Hälfte davon lag 130 Kilometer weiter rückwärts bei der Streitmacht, die Tobruk belagerte. Andererseits setzte die Ankunft des Geleitzuges »Tiger« die Briten in die Lage, etwa 200 mit Kanonen bestückte Panzer aufmarschieren zu lassen, wodurch sie im Anfangsstadium im Verhältnis von 4 zu 1 überlegen waren. Viel hing davon ab, ob sie diesen Vorsprung ausnutzen und die feindlichen Kräfte im Grenzgebiet zerschlagen konnten, ehe Rommel den Rest seiner Panzer (das 5. Panzerregiment) aus dem entfernten Tobruk herbeischaffen konnte.

Zum Unglück für die Briten wurden die Chancen verringert durch einen »infanteristisch gedachten« Offensivplan. Diese Denkgewohnheit wurde durch die wahllose Mischung verschiedenster Panzertypen verstärkt und führte schließlich zur Verzettelung der zahlenmäßigen Überlegenheit.

Die Ankunft des »Tiger«-Konvois hatte Wavell in die Lage versetzt, zwei Panzerbrigaden für die neue Offensive zusammenzustellen; aber nach der mißlungenen »Operation Brevity« Mitte Mai waren nur noch so wenige Panzer übrig, daß in jeder Brigade nur zwei oder drei Regimenter damit ausgerüstet werden konnten[1].

1 Churchill drängte darauf, daß weitere hundert Panzer, die erforderlich waren, um in jeder Brigade ein drittes Regiment auszurüsten, durch das Mittelmeer geschickt wurden; aber die Admiralität ging dieses Risiko ungern nochmals ein. Churchill schrieb in seinen Memoiren bitter: »Ich hätte mich nicht davon abhalten lassen,

Außerdem reichte die Zahl der neu eingetroffenen Panzerwagen nur dazu aus, ein Regiment auszurüsten, und von den schon vorhandenen blieben gerade so viele übrig, daß ein zweites Regiment ausgerüstet werden konnte. Die beiden Regimenter der anderen Brigade wurden mit »Matildas« – »Infanteriepanzern« – ausgerüstet. Das beeinflußte stark den Entschluß des Stabes, diese Brigade zu Beginn als Unterstützung der Infanterie bei ihrem direkten Sturmangriff auf die befestigten Stellungen des Feindes einzusetzen, statt alle verfügbaren Panzer darauf zu konzentrieren, diejenigen des Feindes im vorderen Frontabschnitt zu zerschmettern. Diese Entscheidung hatte für die Entwicklung der Offensive verhängnisvolle Folgen.

Die Ziele des Unternehmens »Battleaxe« waren, da von Churchill festgesetzt, sehr hoch gesteckt. Es sollte ein »entscheidender« Sieg in Nordafrika errungen und Rommels Truppe »vernichtet« werden. Wavell äußerte vorsichtige Zweifel an der Möglichkeit eines so vollständigen Erfolges, erklärte aber, er hoffe, der Angriff werde den Feind von Tobruk aus nach Westen zurückwerfen. Das stand im Einsatzbefehl für General Beresford-Peirse, der als Befehlshaber der Western Desert Force die Offensive leiten sollte.

Der Angriffsplan umfaßte drei Phasen. Er wurde durch einen Sturmangriff der 4. indischen Division auf das befestigte Gebiet Halfaya-Sollum-Capuzzo eröffnet, wobei die mit Matilda-Panzern ausgerüstete 4. Panzerbrigade Unterstützung leistete, während der Rest der 7. Panzerdivision die Wüstenflanke deckte. In der zweiten Phase sollte die 7. Panzerdivision auf Tobruk nachstoßen, und zwar mit ihren zwei Panzerbrigaden. In der dritten Phase sollte diese Division, zusammen mit der Besatzung von Tobruk, nach Westen vorstoßen. Das war ein Plan, der schon den Keim des Mißlingens in sich trug. Denn indem die Hälfte der Panzer in der ersten Phase der Infanterie zur Unterstützung zugeteilt wurde, halbierten sich die Chancen, das Panzerregiment des

einen Kabinettsbeschluß darüber zu erbitten und herbeizuführen; aber General Wavell selbst bestand nicht darauf, ja er stellte sich sogar auf die andere Seite. Das entzog mir den Boden unter den Füßen.« So fuhr der Konvoi um das Kap und kam erst Mitte Juli in Suez an.

Feindes im vorderen Frontabschnitt zu schlagen, ehe dieses durch ein anderes Panzerregiment von Tobruk aus verstärkt werden konnte, und die Möglichkeit, die zweite und dritte Phase des britischen Planes zu verwirklichen, wurde stark vermindert.

Um die Grenzstellungen des Feindes zu erreichen, mußten die angreifenden Streitkräfte einen Anmarsch von 50 Kilometern unternehmen, zu dem sie am Nachmittag des 14. Juni aufbrachen. Der Endspurt von 13 Kilometern wurde in den frühen Morgenstunden des 15. bei Mondlicht unternommen, und die Schlacht begann mit einem Angriff des rechten Flügels auf die Außenstellung des Feindes am Halfaya-Paß. Doch dieses Mal waren die Verteidiger besser vorbereitet als im Mai, und der Überraschungseffekt wurde durch die Entscheidung verspielt, daß die Panzer erst dann mit dem Angriff beginnen sollten, wenn die Artillerie genügend Licht zum Schießen hatte. Diese Entscheidung erwies sich als verhängnisvoll, weil die eine Batterie, die zur Unterstützung dem Sturmangriff auf Halfaya zugeteilt worden war, im Sand steckenblieb. Es war heller Tag, als das »Matilda«-Bataillon, das diesen Angriff führte, zum letzten Vorstoß ansetzte, und die erste Meldung, die über Funk kam, waren die Worte des Kommandeurs: »Sie schießen meine Panzer zusammen.« Das war seine letzte Meldung: Von den dreizehn »Matildas« überlebte nur ein einziger die »Panzerfalle« der vier 8,8-cm-Flakgeschütze, die Rommel an der Stelle gelegt hatte, die die britischen Truppen treffend »Höllenfeuer-Paß« nannten.

Inzwischen hatte sich die Kolonne in der Mitte über das Wüstenplateau auf Fort Capuzzo vorgeschoben, mit einem als Spitze vorangehenden ganzen Regiment von »Matildas«. Ihnen stand keine 8,8-cm-Flak im Weg, und der Widerstand der Besatzung brach angesichts dieser massiven Bedrohung zusammen. Das Fort fiel, und zwei Gegenangriffe im Laufe des Tages wurden wieder zurückgeschlagen.

Doch die Brigade an der Spitze der linken Kolonne, welche die Flanke des Feindes umgehen sollte, war in Rommels Panzerfalle am Hafid-Bergkamm gegangen und dort aufgehalten worden. Als der Angriff am späten Nachmittag wieder begann, geriet man nur noch tiefer in die Falle und hatte noch schwerere Verluste. Zu diesem Zeitpunkt war der Großteil des vorgeschobenen deutschen Panzerregiments am Kampfplatz erschienen, das einen Flankenangriff entwickelte. Die übriggebliebenen britischen Tanks gingen langsam zum Grenzzaun zurück.

Bei Anbruch der Nacht hatten die Briten am ersten Tag mehr als die Hälfte ihrer Panzer verloren, hauptsächlich in den beiden Panzerfallen, während Rommels Panzertruppe noch fast völlig intakt war. Und durch die Ankunft seines anderen Panzerregimentes von Tobruk verschob sich das Kräfteverhältnis zu seinen Gunsten.

Am zweiten Tag ergriff Rommel die Initiative, indem er seine gesamte 5. leichte Division von Tobruk einsetzte, um die britische linke Flanke in der Wüste in Verbindung mit einem starken Gegenangriff der 15. Panzerdivision bei Capuzzo zu umklammern. Dieser Gegenangriff bei Capuzzo wurde zurückgeschlagen. Hier hatten die Briten den Vorteil, gut gewählte und getarnte Stellungen zu verteidigen. Der gleichzeitige Vormarsch von vorn und von der Flanke brachte aber den britischen Plan durcheinander, die Offensive an dem gleichen Tage erneut aufzunehmen, und bei Anbruch der Nacht hatte die Umklammerungsbewegung der Deutschen unheilvolle Fortschritte gemacht.

Rommel nutzte diesen Vorteil und verschob in den frühen Stunden des dritten Tages seine gesamten motorisierten Truppen nach Westen auf die Wüstenflanke mit dem Ziel, einen sensenähnlichen Schnitt gegen den Halfaya-Paß zu machen und die britischen Rückzugslinien abzuschneiden. Als diese Bedrohung am Vormittag offenkundig wurde, befahlen die höheren britischen Kommandostellen nach einer hastigen Besprechung den Rückzug ihrer auseinandergefallenen Streitkräfte. Der vorgeschobene Teil bei Capuzzo hatte nur einen sehr schmalen Ausweg; doch der hartnäckige Widerstand der übriggebliebenen britischen Panzer verschaffte der auf Lastwagen fahrenden Infanterie Zeit, und am vierten Morgen waren die britischen Streitkräfte um 50 Kilometer auf ihre Ausgangslinie zurückgefallen.

Die Verluste an Menschenleben in den drei Tagen der »Battleaxe«-Schlacht waren geringfügig. Auf britischer Seite wurden weniger als tausend Mann getötet, verwundet oder vermißt, und ungefähr die gleichen Verluste gab es auf der anderen Seite. Doch die Briten verloren 91 Panzer, die Deutschen nur zwölf. Da ihnen das Schlachtfeld überlassen worden war, konnten sie sich erholen und die meisten ihrer beschädigten Panzer reparieren, während die Briten bei ihrem hastigen Rückzug viele zurücklassen mußten, die nur wegen Maschinenschadens ausgefallen waren und hätten repariert werden können, wenn es die Zeit erlaubt hätte. Die unverhältnismäßig hohen Panzerverluste unterstrichen nur noch, daß diese Offensive die großen Hoffnungen, die an ihrem Anfang standen, nicht erfüllen konnte.

Tobruk, »Brevity« und »Battleaxe« kennzeichneten eine neue Wendung in der taktischen Entwicklung des Krieges. Bis jetzt hatte er eine fast völlige Umkehr der beherrschenden Rolle gebracht, die während des Ersten Weltkrieges und im vergangenen halben Jahrhundert die Verteidigung gespielt hatte. Seit September 1939 war auf allen Kriegsschauplätzen der Angriff wiederholt und überraschend erfolgreich gewesen, sofern er durch schnelle Panzerkräfte durchgeführt wurde, so daß sowohl die öffentliche Meinung als auch die der militärischen Fachleute zu dem Glauben kam, die Verteidigung sei von Natur aus im Nachteil und jeder Angreifer müsse die Oberhand gewinnen. Doch »Battleaxe« zeigte, was Tobruk und »Brevity« hatten ahnen lassen, nämlich wie wirksam eine Verteidigung selbst in einem so offenen Land wie der nordafrikanischen Wüste sein konnte, wenn sie mit Geschick und Verständnis für die Eigenarten moderner Waffen durchgeführt wurde. Als der Krieg weiterging und die Erfahrung wuchs, wurde immer sichtbarer, daß die Verteidigung in beweglicher Form den Vorteil zurückgewann, den sie im Ersten Weltkrieg gehabt hatte, und daß nur große Überlegenheit der Kräfte oder ein sehr hoher Grad von Geschicklichkeit die Verteidigung des Gegners überwinden konnte.

Zum Schaden für die Aussichten des nächsten britischen Versuchs, Rommel zu schlagen und Nordafrika zu säubern, zog man aus »Battleaxe« entweder falsche oder gar keine Lehren. Den wichtigsten Punkt, den die höheren britischen Kommandostellen bei ihren Schlußfolgerungen übersahen, war die Rolle, die die 8,8-cm-Flak bei der Verteidigung gespielt hatte. Sie ignorierten Berichte darüber, daß dieses schwere Flakgeschütz als Panzerabwehrgeschütz eingesetzt worden war. Als sie diese Tatsache nach weiteren schweren Panzerverlusten im Herbst erkannten, beharrten sie hartnäckig auf der Ansicht, eine so massive Waffe könne nur in eingegrabenen Stellungen eingesetzt werden. Deshalb entwickelten sie auch keine Taktik, um dem nächsten Fortschritt in Rommels Verteidigungstaktik zu begegnen – dem nämlich, die 8,8-cm-Flak beweglich einzusetzen.

Eine weitere wichtige Entwicklung, die von den britischen Kampftruppen und ihren höheren Befehlshabern übersehen wurde, war des Feindes kühner werdender Einsatz seiner normalen Panzerabwehrgeschütze in enger Verbindung mit seinen Panzern, nicht nur bei der Verteidigung, sondern auch im Angriff. In den kommenden Schlachten wurde diese Kombination zu einem dominierenden Faktor und übte auf die Entscheidung sogar einen noch größeren Einfluß aus als die 8,8-cm-Flak.

Tatsächlich scheint es die Hauptursache für die unverhältnismäßig schweren Verluste an Panzern auf britischer Seite gewesen zu sein, daß die Deutschen ihre verhältnismäßig kleinen und handlichen 5-cm-Flakgeschütze ihren eigenen Panzern voraus auf getarnte eingegrabene Stellungen gebracht hatten. Das wurde von den britischen Panzermannschaften nicht bemerkt, die nicht wissen konnten, ob ein Geschoß, das ihre Panzerung durchdrang, von einem Panzer oder einem Panzerabwehrgeschütz abgefeuert worden war. Sie schrieben es natürlich dem Gegner zu, der am sichtbarsten war. Dieser Fehlschluß führte zu der falschen Überzeugung, ihre eigenen Panzer und Panzergeschütze seien denen des Feindes unterlegen, und daher auch zu einem um sich greifenden Verlust des Selbstvertrauens.

Es gab noch einen anderen Punkt, den man bei der Analyse der Sommerschlacht übersah und der ernste Wirkungen auf den britischen Plan für die nächste Offensive hatte. In seiner Meldung, die fast drei Monate nach »Battleaxe« abgefaßt worden war, kam Wavell zu dem Schluß, daß der »Hauptgrund für unseren Mißerfolg zweifellos die Schwierigkeit war, den Einsatz der Cruiser und der ›I‹ (Infanterie)-Panzer zu koordinieren...« Doch tatsächlich ist diese Koordinierung nicht einmal versucht worden. Die beiden »Matilda«-Regimenter waren zu Beginn von der Panzerdivision abgezogen und dem Kommandeur der Infanterie unterstellt worden. Dieser hatte sich während der ganzen Schlacht an ihnen festgeklammert, statt ihnen nach der ersten Phase, wie es in dem Plan vorgesehen war, freien Lauf zu lassen. Bei kluger Kombination hätten die »I«-Panzer in der Panzerschlacht eine wertvolle Rolle spielen können, wem sie als starker Drehpunkt für die Manöver der Cruiser eingesetzt worden wären. Zwischen den »Matildas« und den »A. 10«-Panzern, die im ersten libyschen Feldzug und auch bei »Battleaxe« wirkungsvoll Hand in Hand operiert hatten, bestand nur ein kleiner Geschwindigkeitsunterschied. Die Deutschen aber erwiesen sich sowohl dieses Mal wie auch später als fähig, Panzertypen Hand in Hand arbeiten zu lassen, zwischen denen ein so großer Geschwindigkeitsunterschied bestand wie zwischen britischen Cruiser und den »Matildas«.

Leider führte die ungeprüfte Vermutung, daß die Koordinierung zu schwierig sei, bei der nächsten britischen Offensive zu einer vollständigen Trennung zwischen den schnellen Panzern und »I«-Panzerbrigaden, so daß die Schlacht auf britischer Seite von zwei gesonderten Einheiten geführt wurde.

KAPITEL 15

OPERATION »KREUZFAHRER«

Daß es im Sommer 1941 nicht gelang, einen entscheidenden Sieg in Afrika zu erringen und den Feind von diesem Kontinent zu vertreiben, machte Churchill nur noch begieriger darauf, dieses Ziel zu erreichen. Er war entschlossen, den Versuch so bald wie möglich mit stärkeren Kräften wiederaufzunehmen. Zu diesem Zweck brachte er Verstärkungen nach Ägypten und schob die Einwände seiner militärischen Berater beiseite, daß die Verteidigung des fernen Ostens und hauptsächlich Singapurs nach der Verteidigung Großbritanniens schon lange auf der Prioritätenliste an zweiter Stelle stand und vor dem Nahen Osten rangierte. Der Chef des britischen Generalstabs, Sir John Dill, versuchte, Churchill an die sorgfältig erwogene Entscheidung bezüglich der beiden Regionen und Risiken zu erinnern; er war jedoch zu weich und aus Gewohnheit zu ehrerbietig, um sich gegen Churchills starke Persönlichkeit, Überzeugungskraft und hohe Stellung durchzusetzen.

Und doch war die Gefahr im Fernen Osten jetzt akut geworden, während die dortigen britischen Streitkräfte erbarmenswert schwach blieben. Obgleich sich Japan bisher noch nicht im Krieg befand, mußten die Schritte, die Roosevelt und Churchill im Juli unternahmen, um seine wirtschaftlichen Quellen abzuschneiden, unweigerlich dazu führen, daß es auf die einzig mögliche Art zurückschlug, nämlich mit den Waffen. Japans Zögern gab Amerika und Großbritannien eine Frist von über vier Monaten, ihre Verteidigung im Pazifik aufzubauen, doch versäumten sie es, diese Frist zu nutzen. Im Fall Großbritanniens war diese Nachlässigkeit hauptsächlich darauf zurückzuführen, daß Churchills Interessen und Bemühungen einseitig auf Nordafrika gerichtet waren. So verursachte Rommel indirekt den Fall Singapurs, sowohl durch den Eindruck, den er selbst auf einen persönlichkeitsbezogenen

Premierminister machte, als auch durch seine potentielle Bedrohung des Niltales und des Suezkanals.

Für die neue Offensive in Afrika mit dem Decknamen »Operation Crusader« (Kreuzfahrer) wurden die britischen Streitkräfte erheblich verstärkt und neu ausgerüstet. Die vier Panzereinheiten wurden auf 14 verstärkt, so daß vier komplette Panzerbrigaden (jede mit drei Einheiten) als Angriffsstreitmacht zur Verfügung standen, während die Tobruker Garnison eine neue Brigade erhielt (bestehend aus zwei Panzereinheiten und einem zusätzlichen Bataillon), die auf dem Seeweg herangebracht wurde, um beim Ausbruch eingesetzt zu werden und mit dem Angriffsverband zusammenzutreffen. (Größtenteils waren die Brigaden mit den neuen Crusader-Panzern oder den neuen amerikanischen Stuart-Panzern ausgerüstet, die in diesem Gebiet die schnellsten waren; doch gab es noch vier Einheiten mit »I«-Panzern, »Matildas« oder Valentines.) Drei weitere motorisierte Infanteriedivisionen wurden herangeschafft, so daß es insgesamt vier neue Divisionen waren – mit einer frischen Division Panzern Tobruk, der britischen 70., welche die 9. australische Division unterstützte, die bis dahin die Hauptlast der Belagerung getragen hatte.

Im Gegensatz dazu erhielt Rommel sehr wenig Verstärkung aus Deutschland und zu seinen ursprünglichen vier keine zusätzlichen Panzereinheiten. Die 5. leichte Division wurde in 21. Panzerdivision umbenannt, erhielt jedoch keinen weiteren Panzer, Kanonen um seine Streitmacht zu vergrößern, konnte er nur eine nichtmotorisierte Infanteriedivision (die zu Beginn Afrika-Division und später 90. leichte Division hieß) aus einigen zusätzlichen Artillerie- und Infanterieabteilungen behelfsmäßig aufstellen. Die drei italienischen Divisionen (eine davon war eine Panzerdivision) wurden um drei kleine Infanteriedivisionen vergrößert. Doch ihr Wert war wegen ihrer veralteten Ausrüstung und dem Mangel an Motorfahrzeugen gering, so daß sie nur als Statisten eingesetzt werden konnten und ein lästiges Hindernis für Rommels strategische Manövrierfreiheit bildeten.

Auch in der Luft waren die Briten jetzt weit überlegen. Sie verfügten über fast 700 Flugzeuge, die zur Unterstützung der Offensive bereit waren und denen insgesamt 120 deutsche und 200 italienische Flugzeuge gegenüberstanden.

Was die Panzer betraf, so war die britische Überlegenheit sogar noch größer. Als die Offensive angesetzt wurde, hatten die Briten mehr als 710 mit Kanonen bestückte Panzer (200 davon waren »I«-Panzer), während der Feind nur 174 deutsche Panzerkampfwagen und 146 italienische hatte, von denen die letzteren veraltet waren und wenig Wert hatten. Somit hatten die Briten im ganzen eine Überlegenheit von mehr als 2 zu 1, und mehr als 4 zu 1 gegenüber den Deutschen, deren zwei Panzerdivisionen mit je zwei Panzereinheiten von dem britischen Oberbefehlshaber als »das Rückgrat der Feindarmee« angesehen wurden. Außerdem hatte Rommel keine Reservepanzer, außer einigen, die repariert wurden, während 500 britische entweder in Reserve oder schon auf dem Seeweg waren, so daß sie für einen verlängerten Kampf viel besser gerüstet waren. Im Endergebnis gab schließlich jene Reserve den Ausschlag in der Schlacht[1].

Rommels Hauptvorteil gegenüber dieser großen Überlegenheit an Panzern lag darin, daß bis zum Herbst zwei Drittel seiner Panzerabwehrgeschütze vom neuen langläufigen 5-cm-Typ waren, die ungefähr 70 Prozent mehr Durchschlagskraft hatten als seine alten 3,7-cm-Geschütze und den britischen 4-cm-Geschützen überlegen waren. Nun hing seine Verteidigung nicht mehr von einer Handvoll 8,8-cm-Flakgeschützen ab wie im Sommer.

Churchill schickte nicht nur einen Großteil der britischen Rüstungsproduktion und große Verstärkungen nach Ägypten; er lieferte dem dortigen Angriffsverband auch eine Reihe neuer Befehlshaber. Vier Tage nach der mißlungenen »Operation Battleaxe« wurde Wavell von seinem Posten entfernt und durch Sir Claude Auchinleck, bis dahin Oberbefehlshaber in Indien, ersetzt, und die Befehlshaber der Infanterie und der Panzerdivision wurden kurz danach abgelöst. Churchill war in zunehmendem Maße der Vor-

1 Die Zahlen über die beiderseitigen Panzerkräfte und Hilfsquellen laut British Official History, S. 30-31. Die Zahlen über die britische Einsatzstärke – insgesamt 713 Panzer (darunter 201 »I«-Panzer) – konnten aus verschiedenen Unterlagen gefolgert werden. Nach einer anderen Berechnung auf Grund der Akten belief sich die Gesamtzahl auf 756 (darunter 225 »I«-Panzer.)

sicht Wavells überdrüssig geworden, und das enttäuschende Ergebnis von »Battleaxe« festigte seinen Entschluß, einen neuen Befehlshaber zu ernennen. Doch mußte er zu seinem neuerlichen Ärger entdecken, daß Auchinleck sich seinem Drängen, die Offensive bald zu wiederholen, widersetzte und darauf bestand zu warten, bis alles gründlich vorbereitet und er stark genug war, um ein entscheidendes Ergebnis zu erzielen. So wurde die nächste Offensive, »Operation Crusader«, erst für Mitte November angesetzt, fünf Monate nach »Battleaxe«. Inzwischen hatte die wesentlich verstärkte Streitmacht die Bezeichnung 8. Armee erhalten; ihr Kommando wurde Generalleutnant Sir Alan Cunningham übertragen, der Indisch-Somaliland erobert und den nachfolgenden Vorstoß aus dem Süden nach Äthiopien geleitet hatte, der zur Vertreibung der Italiener aus diesem Land geführt hatte. Die neue Armee bestand aus dem 13. Korps unter Generalleutnant A. R. Godwin-Austen und dem 30. (Panzer-)Korps unter Generalleutnant C. W. M. Norrie. Aber mit Ausnahme von Norrie, einem Kavalleristen, hatte keiner der neuen Befehlshaber Erfahrung mit Panzern und ihrem Einsatz gegen Panzer. Und Norrie wurde anstelle des Panzerexperten ernannt, der ursprünglich für die Führung des Panzerkorps vorgesehen war, aber bei einem Flugzeugabsturz ums Leben kam, kurz ehe die Offensive begann. Das 13. Korps umfaßte die neuseeländische und die 4. indische Division mit einer Brigade von Infanterietanks. Das 30. Korps bestand aus der 7. Panzerdivision mit zwei Panzerbrigaden (die 7. und 22.), der 4. Panzerbrigadegruppe, der 22. Guards (Motor) Brigade und der 1. südafrikanischen Division. Die 2. südafrikanische Division war in Reserve.

Der Grundgedanke des Angriffsplans bestand darin, daß das 13. Korps die Feindtruppen festnageln sollte, welche die Grenzstellungen hielten, während das 30. Korps die Flanke dieser befestigten Stellungen umgehen und Rommels Panzer »suchen und vernichten« sollte, um sich dann mit der Besatzung von Tobruk, die ausbrechen sollte, 110 Kilometer hinter der Grenze zu vereinigen. Somit würden die beiden Korps mit ihren jeweiligen Panzern in weit getrennten Gebieten operieren, nicht mit kombinierten Kräften. Der gefährlichste Teil der britischen Panzer, die Brigade mit den »Matildas« und Valentines, trug zur Panzerschlacht nicht viel bei, sondern wurde nur in kleinen Abteilungen zusammen mit der Infanterie eingesetzt. Und als sich der Vorstoß entfaltete, verwandelte sich die getrennte Aufteilung bald in Zersplitterung, woraus überall Schwäche folgte.

Dadurch verspielten die Briten ihren Anfangsvorteil, den sie durch die strategische Umgehungsbewegung erzielt hatten, mit der sie den Feind überrascht und vorübergehend verwirrt hatten. Der britische Angriff verlor den Zusammenhang und brachte sich zu einem großen Teil selbst in Unordnung. Rommel sagte sarkastisch: »Was macht es schon aus, daß zwei feindliche Panzer auf einen eigenen kommen, wenn sie sie auseinanderziehen und von mir einzeln zusammenschießen lassen? Sie haben mir nacheinander drei Brigaden präsentiert.«

Die Ursache des Übels lag in dem ehrwürdigen Grundsatz, der in jedem amtlichen militärischen Handbuch steht und an der Generalstabsakademie gelehrt wird, daß »die Vernichtung der Hauptstreitkräfte des Feindes auf dem Schlachtfeld« das oberste und einzig wahre Ziel für einen militärischen Befehlshaber sei. Zwischen den Kriegen wurde dieser Grundsatz sogar noch nachdrücklicher vertreten von Befehlshabern, die ganz auf Infanterie ausgerichtet waren, wenn davon die Rede war, wie sie die Panzer, die ihnen zur Verfügung standen, einsetzen sollten.

»Zuerst die Panzer des Feindes vernichten, dann können wir die Schlacht fortsetzen«, hieß es. Das Festhalten an dieser Denkgewohnheit wurde in den Befehlen, die der 8. Armee und ihren Panzerkorps zugingen, offenkundig: »Ihr unmittelbares Ziel ist die Vernichtung der feindlichen Panzerkräfte.« Doch eine Panzertruppe an sich taugt nicht als unmittelbares Kampfziel. Denn sie ist eine bewegliche Streitmacht, die nicht leicht festzuhalten ist, wie das bei Infanterieformationen der Fall sein kann. Ihre Vernichtung ist eher indirekt zu erreichen, indem man sie an einen strategisch wichtigen Punkt zieht, den sie entweder zu decken oder zurückzuerobern hat. Beim Versuch, Rommels schwer greifbare Panzerkräfte auf eine zu direkte Art zu »töten«, wurden die britischen Panzer nicht nur zu weit auseinandergezogen, sondern sie ließen sich selbst zu leicht in die Schußlinie seiner Panzerfallen ziehen.

Am frühen Morgen des 18. November überschritt das britische 30. Korps die Grenze und schwenkte nach rechts auf das 145 Kilometer entfernte Tobruk ein. Der Vorstoß wurde durch einen »Luftschirm« gedeckt, doch dieser Schutz gegen Entdeckung und Störmanöver wurde nicht unmittelbar gebraucht, da ein heftiges Unwetter in der Nacht die Flugplätze des Feindes überschwemmt hatte und seine Flugzeuge am Boden festlagen. Es machte auch nichts aus, daß sich der Vormarsch aus dem gleichen Grund verlangsamte. Rommel hatte keine Ahnung von dem »Stahlgewitter«, das über ihn hereinbrechen sollte. Seine Gedanken waren auf die Vorbereitung eines eigenen Sturmangriffes auf Tobruk gerichtet, und seine Kampftruppe hatte sich in Bereitschaft dorthin bewegt, während er starke Sicherungstruppen in die Wüste südlich davon als Schutz gegen Störungen verlegt hatte.

Am 18. standen bis zum Einbruch der Dunkelheit die britischen Panzerkolonnen auf dem Trigh el Abd und stießen am nächsten Morgen weiter nach Norden vor. Ihre 50 Kilometer breite Front hatte sich dabei auf 80 Kilometer verlängert. Die üblen Folgen dieser Überdehnung zeigten sich rasch.

In der Mitte erreichten und eroberten die beiden führenden Regimenter der 7. Panzerbrigade den Flugplatz des Feindes auf dem Höhenzug bei Sidi Rezegh, nur 19 Kilometer von den Außenbezirken Tobruks entfernt. Doch der Rest der Brigade und die Unterstützungsgruppe der Division kamen erst am Morgen des 20., und bis dahin hatte Rommel rasch einen Teil des Afrika-Korps mit vielen Panzerabwehrgeschützen herbeigeholt, um den höchsten Rand des Höhenzuges zu halten und den Weg zu blokkieren. Keine Verstärkungen trafen ein, um die britische Streitmacht dort aufzubauen. Denn die zwei anderen Panzerbrigaden waren auf Schwierigkeiten gestoßen, die eine weit im Westen und die andere weit im Süden, während die 1. südafrikanische Division ebenfalls nach Westen abgezweigt worden war.

An der westlichen Flanke war die 22. Panzerbrigade auf italienische Panzer gestoßen und hatte bei deren Abwehr die befestigte Stellung der Italiener bei Bir el Gubi angegriffen. Die 22. Brigade war aus berittenen Milizregimentern zusammengestellt worden, die noch nicht lange in Panzern saßen und außerdem im Wüstenkrieg unerfahren waren. Bei einem allzu heldenhaften Sturmangriff, ausgeführt im unsterblichen Geist der »Charge of the Light Brigade« bei Balaklawa im Krimkrieg – wurden sie von den eingegrabenen Geschützen der Italiener schwer unter Beschuß genommen und verloren über 40 ihrer 160 Panzer. Unter dem Eindruck, daß sich der Angriff gut entwickelte, ließ der Korpskommandeur die Südafrikaner einschwenken, um Bir el Gubi zu besetzen.

An der östlichen Flanke war die 4. Panzerbrigadegruppe, die sich über 40 Kilometer ausgedehnt hatte, um eine deutsche Aufklärungseinheit zu jagen, vom Auftauchen einer starken deutschen Panzerstreitmacht in ihrem Rücken überrascht worden, und ihre hinterste Einheit wurde schlimm mitgenommen, ehe eine der anderen zwei Einheiten umkehrte und die Gegner abweisen half. Dieser Schlag war eine Folge von Rommels erster Gegenbewegung und wurde von einer starken deutschen Kampfgruppe (einschließlich der zwei Panzereinheiten der 21. Panzerdivision) ausgeführt, die nach Süden geschickt worden war, um die Situation zu erkunden.

Es war ein Glück für die britischen Panzer auf dieser Flanke, daß sie nicht am nächsten Morgen einem konzentrierten Schlag durch das gesamte Afrika-Korps ausgesetzt waren. Diese Schonfrist verdankten sie einem irreführenden Bericht, den der Kommandeur des Korps, Crüwell, erhalten hatte und der ihn glauben ließ, daß der gefährlichste britische Vorstoß auf der nördlichen Route erfolgte, den Capuzzo-Graben entlang. Daher schickte er seine zwei Panzerdivisionen nach Capuzzo und fand das Gebiet verlassen. Wegen fehlender Luftaufklärung tappten die Deutschen noch im dunkeln. Noch schlimmer, der 21. Panzerdivision war auf dieser Erkundungsfahrt der Treibstoff ausgegangen, so daß sie vorübergehend festlag. Nur die 15. Panzerdivision konnte an diesem Tag zurückkehren und schlug am Nachmittag die noch immer isolierte 4. Panzerbrigade bei Gabr Saleh, so daß diese Brigade an zwei aufeinanderfolgenden Tagen die ganze Last des deutschen Gegenschlages trug und noch einmal übel zugerichtet wurde. Obwohl die britischen höheren Befehlshaber über die Bewegungen des Feindes gut informiert wurden, nutzten sie den Vorteil nicht rasch genug, den ihnen diese Atempause und das vorübergehende Verschwinden des Afrika-Korps vom Schauplatz lieferte. Man unternahm nicht sofort Schritte, um die drei weit verstreuten Panzerbrigaden zusammenzuziehen. Doch gegen Mittag, als die Gefahr für die 4. Panzerbrigade offenkundig war, wurde die 22. als Verstärkung nach Osten geschickt, statt weiterzurollen, um sich der 7. bei Sidi Rezegh, wie früher beabsichtigt, anzuschließen. Doch hatte die 22. durch diese Verlegung von einer Flanke zur anderen einen langen Weg und traf erst bei Einbruch der Dunkelheit ein, als es zu spät war, um in den Kampf einzugreifen.

Und doch hatten die ganze Zeit die neuseeländische Division und die »I«-Panzerbrigade des 13. Korps nur 12 Kilometer entfernt bei Bir Gibni gelegen, begierig darauf, vorzurücken und zu helfen. Doch man rief sie nicht herbei, und ihre Hilfsangebote wurden abgelehnt – dies ist ein erstaunlicher Beweis, wie weit das »Denken in zwei Abteilungen« bei dieser Panzerschlacht ging.

Als am 21. November der Morgen anbrach, stellten die britischen Panzerbrigaden bei Gabr Saleh fest, daß der Feind von ihrer Front verschwunden war. Dieses Mal aber nicht, um die Briten einen Schlag ins Wasser führen zu lassen – denn Rommel hatte inzwischen ein klares Bild vom britischen Plan gewonnen und Crüwell Befehl gegeben, mit den beiden Panzerbrigaden einen konzentrierten Schlag gegen die vorgedrungene britische Streitmacht bei Sidi Rezegh zu führen.

Norrie hatte diese Truppe eben angewiesen, weiter auf Tobruk vorzustoßen, und die Besatzung von Tobruk hatte Befehl, mit ihrem Ausbruchsversuch zu beginnen. Doch ehe der Vorstoß in Gang kam, geriet er schon in Unordnung. Um 8 Uhr morgens wurden zwei deutsche Panzerkolonnen gesichtet, die sich von

Süden und Osten näherten. Zwei der drei britischen Panzereinheiten bei Sidi Rezegh wurden rasch umgeleitet, um ihnen entgegenzutreten. Somit war für den Vorstoß auf Tobruk nur eine übriggeblieben (die 6. Royal Tanks), und sie wurde bald von den günstig aufgestellten Geschützen des Feindes zerschlagen, die sich auf diese einzige Einheit konzentrieren konnten. Das war wieder ein »Charge of the Light Brigade« – in diesem Falle einer zu leichten Brigade. Inzwischen wurden die beiden anderen Panzereinheiten vom gesamten Gewicht des Afrika-Korps angegriffen. Eine von ihnen, die 7. Hussars, wurde von der 21. Panzerdivision überrannt und beinahe ausgelöscht. Die andere, die 2. Royal Tanks, griff die 15. Panzerdivision so kühn und – dank ihrer Fähigkeit, auch im Fahren gezielt zu feuern – so erfolgreich an, daß der Feind abdrehte. Doch die Deutschen griffen am Nachmittag wieder an und wandten dieses Mal ihre neue Taktik an, die Panzerabwehrgeschütze unauffällig vor ihre Panzer und um des Gegners Flanke herum vorzuschieben. Auf diese Weise erzielten sie so hohe Verluste beim Gegner, daß der schnell dahinschwindende Rest der 7. Panzerbrigade der Vernichtung nur durch die langerwartete und verspätete Ankunft der 22. Panzerbrigade aus Gabr Saleh entging – die 4. traf erst am nächsten Tag ein. Was den Ausbruchsversuch aus Tobruk betraf, so stieß dieser sechs Kilometer tief in die deutsch-italienische Belagerungsstellung hinein, wurde dann jedoch in Anbetracht des Rückschlages, den das 30. Korps erlitten hatte, abgebrochen, so daß die Ausbruchsstreitmacht in einem unangenehm tiefen und engen Frontvorsprung blieb.

Als am fünften Tag der Morgen anbrach, war das Afrika-Korps wieder verschwunden – doch dieses Mal nur, um sich mit Treibstoff und Munition zu versorgen. Selbst diese kurze Pause war nicht nach Rommels Geschmack, und um die Mittagszeit kam er ins Hauptquartier der 21. Panzerdivision, die in der Nähe des Schlachtfeldes geblieben war, und setzte sie auf einen indirekten Angriff an. Das Panzerregiment rollte durch das Tal nördlich von Sidi Rezegh nach Westen und griff die westliche Flanke der britischen Stellung an. Es fegte den Abhang hinauf, überrannte den

Flugplatz und überwältigte einen Teil der Hilfstruppen, ehe die beiden überiggebliebenen britischen Panzerbrigaden sich einschalten konnten. Deren verspätete Gegenangriffe waren unzusammenhängend und endeten in Konfusion, als die Dunkelheit hereinbrach.

Doch dies war noch nicht das Ende eines schlechten Tages. Denn die deutsche 15. Panzerdivision, die in der Abenddämmerung nach ihrem »freien Tag« ins Kampfgebiet zurückkehrte, schlug im Rücken der 4. Panzerbrigade zu und umzingelte das Lager, in dem sich das Hauptquartier und die Reserve, die 8. Hussars, befanden. Durch diesen Überraschungsangriff fielen der größte Teil des Personals, der Panzer und der Funkausrüstung dem Feind in die Hände. Der Brigadekommandeur hatte den Gegenangriff bei Sidi Rezegh geleitet und entging so der Gefangennahme; doch als der Morgen des 23. heraufdämmerte, hatte er nur noch eine verstümmelte und verstreute Brigade und kaum die Mittel, ihre Überreste zu leiten und wieder zusammenzuholen. Diese Notlage lähmte seine Aktionen an dem noch kritischeren Tag, der nun anbrach.

Es war ein Ausgleich, wenn auch kein sofortiger, daß das Hauptquartier des Afrika-Korps am Morgen des 23. ein ähnliches Schicksal erlitt. Cunningham hatte endlich dem 13. Korps den Befehl gegeben, mit dem Vormarsch zu beginnen, obgleich nur in beschränktem Maße. Die Neuseeländer hatten am 22. Capuzzo eingenommen, und die 6. Brigade erhielt den Befehl, weiter auf Sidi Rezegh zu stoßen. Kurz nach der Morgendämmerung des 23. stieß sie auf das Hauptquartier des Afrika-Korps und überrannte es. Crüwell entging der Gefangennahme nur, weil er gerade weggefahren war, um die nächste Phase der Schlacht zu führen. Doch sein Verlust von Stabsoffizieren und Funksprechverbindungen wurde in den nächsten Tagen zu einem größeren Hindernis für die Deutschen, als die Briten erkannten, die mit ihren eigenen Sorgen und wachsenden Schwierigkeiten zu tun hatten.

Der 23. November war ein Sonntag, in England der »Sonntag vor Advent«, in Deutschland der »Totensonntag«. Angesichts dessen, was an jenem Tag in der Wüste geschah, war dieser Name, den die Schlacht von den Deutschen danach erhielt, grausam passend.

In der Nacht hatte sich die britische Streitmacht bei Sidi Rezegh ein Stück nach Süden zurückgezogen, um auf Verstärkung durch die 1. südafrikanische Division zu warten, die jetzt herangebracht wurde. Doch diese Verbindung kam nie zustande. Denn ein konzentrierter Vorstoß der beiden deutschen Panzerdivisionen, die aus dem Morgennebel auftauchten, überraschte die Briten und Südafrikaner und sprengte sie auseinander. Die Deutschen stürmten durch ihre Versorgungsstützpunkte und lösten eine wilde Flucht aus. Die Katastrophe wäre noch größer gewesen, wenn die Panzerdivisionen in diesem Moment nicht durch Funkbefehl von Crüwell umdirigiert worden wären, der kein klares Bild von der Lage hatte und sich mit der italienischen Ariete-Division zusammenschließen wollte, ehe er zum entscheidenden Schlag ausholte. Doch die Italiener rückten nur langsam vor, und erst am Nachmittag konnte Crüwell seinen Angriff von Süden aus gegen den größeren Teil von Norries vorgeschobenen Truppen ansetzen, die nun abgeschnittene 5. südafrikanische Brigade und 22. Panzerbrigade, von denen einige Teile inzwischen aus der Falle hatten entschlüpfen können. Als er zuschlug, war eine gute Verteidigungsstellung aufgebaut worden. Durch seinen konzentrierten Angriff gelang es ihm, in die Stellung einzudringen und die Verteidiger zu überwältigen, von denen ungefähr 3000 gefangen oder getötet wurden. Doch das Afrika-Korps verlor dabei über 70 seiner restlichen 160 Panzer.

Die bei diesem Direktangriff auf eine Verteidigungsstellung erlittenen Panzerverluste machten den Vorteil, den sie durch geschicktes Manövrieren während der vorangegangenen Tage gewonnen hatten, größtenteils wieder wett. Tatsächlich war der hohe Preis dieses taktischen Erfolgs für die Deutschen strategisch viel schädlicher als alles andere im Verlauf der »Operation Crusader«. Während das 30. Korps viel schwerere Verluste erlitten hatte und ihm von den 500 einsatzbereiten Panzern, mit denen es angefangen hatte, nur etwa 70 verblieben waren, verfügten die

Briten über große Reserven, mit denen sie ihre Panzertruppen auffüllen konnten, während Rommel nichts im Rückhalt hatte.

Am 24. November nahm die Schlacht eine weitere dramatische Wendung. Denn Rommel versuchte jetzt, durch einen tiefen Vorstoß mit seinen ganzen motorisierten Truppen über die Grenze in den Rücken der 8. Armee seinen Erfolg auszuwerten. Er verlor keine Zeit damit, sie zu sammeln, sondern fuhr mit der 21. Panzerdivision los, sobald diese bereit war, und übernahm selbst die Führung. Der 15. befahl er zu folgen, und er erhielt die Zusicherung, daß das italienische motorisierte Korps (die Ariete-Panzerdivision und die motorisierte Trieste-Division) die deutschen Panzerdivisionen unterstützen würden, um den Ring um die britischen Streitkräfte zu schließen.

Laut seinem Nachtbericht an Berlin und Rom beabsichtigte er zunächst, aus der Verwirrung der britischen Streitkräfte Vorteile zu ziehen und die deutsch-italienischen Grenzbesatzungen zu entlasten. Doch in der Nacht weitete sich nach dem Zeugnis seiner Stabsoffiziere sein Ziel aus, und ihre Angaben werden durch das Kriegstagebuch des Hauptquartiers bestätigt, in dem es heißt, der Oberbefehlshaber habe sich entschlossen, den Feind mit seinen Panzerdivisionen zu verfolgen, an der Sollum-Front den vorigen Zustand wiederherzustellen und gleichzeitig gegen die rückwärtigen Verbindungslinien der Briten im Gebiet von Sidi Omar vorzurücken. Man erwartete, daß sie dadurch bald gezwungen wären, den Kampf aufzugeben.

Rommel zielte sowohl auf die Nerven des feindlichen Befehlshabers wie auch auf den Rücken der gegnerischen Streitkräfte und ihrer rückwärtigen Verbindungen in die Tiefe. Zu diesem Zeitpunkt hatte ein solcher Schlag mehr Aussichten, als Rommel wußte. Denn am Tag zuvor, der auf die katastrophale Panzerschlacht folgte, hatte Cunningham erwogen, sich über die Grenze zurückzuziehen, und war nur durch die Ankunft von Auchinleck daran gehindert worden, der mit dem Flugzeug von Kairo kam und darauf bestand, den Kampf fortzusetzen. Rommels Ansturm auf die Grenze löste dann jedoch eine wilde Flucht unter denjenigen aus, auf die er auf seinem Weg stieß, und bewirkte natürlich im Hauptquartier der 8. Armee noch größeres Erschrecken.

Um vier Uhr nachmittags hatte Rommel die Grenze bei Bir Sheferzen erreicht. Er hatte in fünf Stunden Fahrt 100 Kilometer durch die Wüste zurückgelegt. Bei seiner Ankunft schickte er sofort eine Kampfgruppe über den Drahtverhau an der Grenze in nordöstlicher Richtung zum Halfaya-Paß, um den Küstenrückzug- und Nachschubweg der 8. Armee in die Hand zu bekommen, wodurch diese auch im Rücken bedroht wurde. Nachdem Rommel die Kampfgruppe eine Zeitlang selbst angeführt hatte, kehrte er um, blieb jedoch durch einen Maschinenschaden in der Wüste stecken. Zu seinem Glück fuhr Crüwell zufällig mit seinem eigenen Kommandofahrzeug vorbei und konnte ihn mitnehmen. Doch die Dunkelheit brach herein, und sie konnten keine Lücke im Drahtverhau finden. So verbrachten die beiden deutschen Befehlshaber zusammen mit ihren Stabschefs die Nacht mitten unter britischen und indischen Truppen, und ihre Sicherheit beruhte nur auf dem natürlichen Instinkt des einfachen Soldaten, »schlafende Generale in Ruhe zu lassen«; denn Crüwells Befehlsfahrzeug war von den Briten erbeutet worden und sah nach wie vor britisch aus. Das ermöglichte ihnen auch, in der Morgendämmerung unangefochten zu entkommen und sicher zum Hauptquartier der 21. Panzerdivision zurückzukehren.

Nach zwölfstündigem »Gewahrsam« stellte Rommel bei der Rückkehr fest, daß die 15. Panzerdivision noch nicht an der Grenze eingetroffen war, und die Ariete-Division war schon in einer frühen Phase zum Stehen gekommen, als sie die 1. südafrikanische Brigade in Stellung auf ihrem Weg fand. Die Transportkolonnen, die Treibstoffnachschub bringen sollten, waren ebenfalls noch nicht angekommen. Diese Verzögerungen behinderten nicht nur die Entfaltung von Rommels Gegenstoß, sondern schwächten diesen auch. Er konnte seinen Plan nicht durchführen, eine Kampfgruppe nach Osten in Richtung Habata, zur britischen Eisenbahn-Endstation, zu werfen und sowohl die Abhänge des Höhenzuges als auch die wichtige Binnenroute nach Ägypten, die auf seinem Kamm entlangführte, zu blockieren. Er mußte auch seinen anderen Gedanken fallenlassen, eine weitere Kampfgruppe nach Süden zur Oase Dscharabub in Marsch zu setzen, die hinter Fort Maddalena lag, wo sich das vorgeschobene Hauptquartier der 8. Armee befand – eine Bewegung, die dort die Verwirrung und Unruhe vervielfacht hätte. Selbst in der Grenzzone verstrich der Tag, ohne daß mehr geschah als ein erfolgloser und verlustreicher Angriff auf Sidi Omar durch das schon geschwächte Panzerregiment der 21. Panzerdivision. Als die stärkere 15. Panzerdivision verspätet auf dem Schauplatz erschien, bewirkte ihr nach Nordwesten gerichteter Vorstoß entlang der Grenze nur die Zerstörung einer Feldwerkstatt, wo 16 britische Panzer repariert wurden.

Diese nur unbedeutende Weiterentwicklung des Angriffs, der sich am Tag zuvor so gefährlich angelassen hatte, gab den Briten die Möglichkeit, Atem zu holen und ihr Gleichgewicht wiederzufinden. Außerdem wurde am dritten Tag, dem 26. November, Cunningham als Befehlshaber der 8. Armee durch Auchinlecks stellvertretenden Generalstabschef Neil Ritchie ersetzt, der in dieser Notlage dafür sorgen sollte, daß die Schlacht unter allen Umständen weiterging. Für die Briten war es ein großes Glück, daß der Vorstoß des Feindes ihre beiden großen Nachschublager südlich Trigh el Abd verfehlt hatte, von denen weitgehend die Möglichkeit abhing, den Kampf fortzusetzen und den Vorstoß wiederaufzunehmen. Der von Sidi Rezegh nach Südosten zielende Vorstoß der deutschen Panzerdivisionen ging weit von den Lagern entfernt vorbei. Die Vormarschlinie der Italiener hätte näher an die Lager herangeführt, wenn sie weiter vorgestoßen wären.

Aber obwohl Rommels Vorstoß an Schwung verloren hatte, blieb die britische Lage am Morgen des 26. sehr gefährlich. Das 30. Korps war so angeschlagen, daß es an diesem Tag nichts gegen die Bedrohung der rückwärtigen Teile des 13. Korps unternahm. Und diese Einheiten waren nicht nur vom Gros getrennt, sondern auch noch wegen defekter Funkgeräte isoliert. Doch auch die Deutschen litten durch das Versagen von Funkverbindungen unter Kommunikationsschwierigkeiten, was in ihrem Fall viel nachteiliger war. Denn ihre Aussichten, die Briten vom Rücken aus zu bedrohen, hingen von schnellen und koordinierten Aktionen ab, während die britischen Truppen bestenfalls ihre Grenzstellungen halten konnten, solange der vorgeschobene Teil des 13. Korps weiter nach Westen vorstieß und sich mit der Besatzung von Tobruk zu einer doppelten Bedrohung hinter Rommels Rükken zusammenschloß. Diese Bedrohung hatte nun eine Reihe von Hilferufen aus dem Hauptquartier der Panzergruppe in El Adem ausgelöst, das die Rückkehr der Panzerdivisionen verlangte, um den Druck zu vermindern.

Diese beunruhigenden Rufe von hinten, zusammen mit dem Versagen der Funkgeräte und der Treibstoffknappheit im Kampfgebiet vereitelten die Fortsetzung von Rommels Gegenstoß. Er hatte Crüwell an jenem 26. befohlen, rasch die Sollum-Front zu säubern, durch einen gleichzeitigen Angriff der 15. Panzerdivision auf der einen und der 21. auf der anderen Seite. Doch er mußte hören, daß die 15. am frühen Morgen nach Bardia zurückgekehrt war, um sich mit Treibstoff und Munition zu versorgen. Als sie zum Schlachtfeld zurückkehrte, stellte er fest, daß sich die 21. auf Grund eines falsch verstandenen Befehls von Halfaya zurückgezogen hatte und ebenfalls auf dem Weg zurück nach Bardia war, um Treibstoff und Munition aufzufüllen. So tat sich an diesem Tag nichts, und am Abend beschloß Rommel widerstrebend, die 21. Panzerdivision ihre Rückkehr nach Tobruk fortsetzen zu lassen. Am nächsten Tag befahl er der 15., ihrem Beispiel zu folgen, nachdem es ihr am frühen Morgen gelungen war, das Hauptquartier sowie Nachschubeinheiten der am weitesten zurückliegenden neuseeländischen Brigade zu überrumpeln. Dies war das Ende eines Gegenschlages, der so vielversprechend begonnen hatte.

Ein rückblickender Kommentar darüber ist natürlich von dem Wissen beeinflußt, daß der Vorstoß fehlschlug. Taktisch denkende Kritiker haben die Ansicht vertreten, Rommel hätte seinen Erfolg bei Sidi Rezegh im Rahmen örtlicher Aktionen ausnutzen sollen, und zwar hätte er die Reste des britischen 30. Korps oder die neuseeländische Division in ihrer vorgeschobenen Stellung zerschlagen sollen, oder er hätte Tobruk nehmen können, wodurch er seine Flanke und Nachschublinien frei gehabt hätte. Doch keiner dieser taktischen Vorschläge bot eine so große Chance für entscheidende strategische Ergebnisse, während sie das für ihn größere Risiko in sich bargen, daß er Zeit verlor und durch fruchtlosen Angriff geschwächt wurde. Das Kräfteverhältnis war für Rommel von Anfang an so ungünstig, daß er in einer längeren Abnutzungsschlacht geschlagen werden mußte. Wäre er den übriggebliebenen Panzern des 30. Korps gefolgt, so hätten sie eine Schlacht immer vermeiden können, weil sie schneller als seine waren. Die anderen Vorschläge hätten Angriffe auf Infanterie und Artillerie in Verteidigungsstellungen bedeutet. Da er sich eine Abnutzungsschlacht nicht leisten konnte, wäre es töricht gewesen, eines dieser taktischen Ziele zu verfolgen, wenn sich bessere Aussichten ergaben. Eine solche Aussicht bot an sich schon der Weg, den er wählte – ein tiefer strategischer Vorstoß mit seinen ganzen motorisierten Streitkräften. Die Chancen wurden dabei noch vergrößert, daß er endlich Mussolini dazu hatte bewegen können, ihm das italienische motorisierte Korps zu unterstellen.

Rommels Schlag ist nachträglich oft als überstürzt kritisiert worden. Doch die Kriegsgeschichte zeigt, daß Vorstöße dieser Art viele Male erfolgreich waren, vor allem durch ihre moralische Wirkung auf die gegnerischen Truppen und noch mehr auf die Befehlshaber. Auch Rommels eigene Erfahrung sprach dafür. Schon zweimal, im April und Juni, hatte er durch einen ähnlichen strategischen Vorstoß die Briten zum Rückzug gezwungen – und im ersten Fall sogar ihren Zusammenbruch bewirkt –, und zwar mit geringeren Kräften und ohne eine derart bedrohliche Lage herbeizuführen. Zwei Monate später, im Januar 1942, brachte er durch einen vierten tiefen Vorstoß einen weiteren Zusammenbruch zustande, obwohl er dabei die britischen Rückzugswege nicht so stark bedrohte wie im November. Und als er zu seinem November-Vorstoß ansetzte, wurden die gegnerischen Streitkräfte stärker zersplittert als in den anderen drei Fällen, als seine strategischen Gegenschläge Erfolg hatten.

Weshalb gerade dieser Schlag mißlang, geht schon aus dem Bericht über diese kritischen Tage hervor. Es lag an der Verspätung der 15. Panzerdivision und daran, daß das italienische motorisierte Korps den von Rommel geführten Vorstoß der 21. Panzerdivision nicht rechtzeitig unterstützte. Dadurch ging die Stoßkraft verloren, und die »Schockwelle« konnte nicht ausgenutzt werden. Die Aktion an der Grenze war ungeschickt und fruchtlos, was teilweise auf das Fehlen genauer Informationen, auf den Zusammenbruch der Funkverbindung und falsch ausgelegte Befehle zurückzuführen war. Außerdem bedrohten die Briten ihren Gegner im Rücken. Es lag ferner an Auchinlecks Entschluß, die Schlacht fortzusetzen und einen Gegenschlag zu führen, statt sich zurückzuziehen, und daran, daß der Befehlshaber der 8. Armee in einem kritischen Zeitpunkt abgelöst wurde. Sein Nachfolger mußte die Schlacht trotz aller Gefahren fortsetzen, und dies erwies sich als glückliche Entscheidung, obgleich es auch hätte verhängnisvoll ausgehen können. (Zwei Monate später reagierte der Nachfolger auf eine kleinere Bedrohung ähnlich wie sein Vorgänger im November).

Noch eine andere Tatsache verdient bei der militärischen Analyse der Episode Beachtung. Die Entscheidung, den Kampf fortzusetzen, hätte nichts genützt und sogar zu einer noch schlimmeren Katastrophe führen können, wenn die Panik, die Rommel auslöste, weiter um sich gegriffen hätte. Doch die meisten »Bruchstücke« des 30. Korps, die sich nicht auf seinem Weg befanden, blieben in oder bei ihren früheren Stellungen, wenn auch isoliert, und das gleiche galt auch für jene des 13. Korps. Allein die Tatsache, so aufgesplittert zu sein und — beim 30. Korps — so betäubt von den Schlägen, die man in vorangegangenen Tagen erhalten hatte, wirkte der sonst üblichen Neigung solcher zerstreuter Einheiten entgegen, zu ihrem Stützpunkt zurückzukehren. In diesem Fall hatte der Feind sie auf seinem östlichen Vorstoß so klar überholt, daß es ihnen sicherer erscheinen mußte, am Rand des Strudels zu verharren, auch wenn der Nachschub nicht gesichert war.

Als Rommels strategischer Gegenvorstoß seinen Zweck verfehlte, stellte sich die Frage, ob er sich von diesem Fehlschlag erholen konnte, und die nächste Frage war, ob er möglicherweise wieder die Oberhand gewinnen konnte. Erstaunlicherweise konnte er trotz seiner Schwäche beide Fragen positiv beantworten. Und doch konnte er von seinem wiedergewonnenen Vorteil nicht profitieren und mußte sich schließlich wegen der sich häufenden Abnutzungserscheinungen zurückziehen. Dieses Endergebnis zeigt, daß er recht hatte, diesen tiefen und scheinbar übereilten strategischen Gegenangriff vom 24. November zu versuchen; denn dies war der einzige Weg, der eine gute Chance bot, die Waage entscheidend zu seinen Gunsten ausschlagen zu lassen.

Als sich das Afrika-Korps mit seinen 60 übriggebliebenen Panzern (von denen ein Drittel leichte Panzer waren) nach Westen zurückzog, sahen die deutschen Chancen, die Lage in Tobruk durch einen direkten Angriff zu retten, düster aus, und auch seine eigene Situation erschien sehr prekär. Denn der nach Westen gerichtete Vorstoß der neuseeländischen Division, der von fast 90 Valentine- und »Matilda«-Kampfwagen unterstützt wurde, brach in der Nacht des 26. durch Rommels Abwehrschirm und vereinigte sich mit der britischen Streitmacht bei Tobruk, die mehr als 70 Panzer (darunter 20 leichte) umfaßte. Inzwischen hatte eine neue Lieferung die 7. Panzerdivision auf fast 130 Panzer verstärkt, so daß die Briten nun eine Überlegenheit an Panzern von 5 zu 1 hatten (und 7 zu 1 an Panzern, die mit Kanonen bestückt waren). Wären sie massiert eingesetzt worden, hätte es der 7. Panzerdivision schon allein gelingen sollen, das Afrika-Korps zu zerschlagen.

Das Afrika-Korps war in der ersten Phase seines Rückzuges in Gefahr, um so mehr, als die 21. Panzerdivision auf ihrem Weg durch eine blockierende Stellung aufgehalten wurde und der 15. Panzerdivision keine Hilfe leisten konnte, als sie am Nachmittag des 27. November von den zwei Panzerbrigaden der britischen 7. Panzerdivision, die über dreimal so viele Kampfwagen verfügte wie sie selbst, abgeschnitten und angegriffen wurde. Eine Brigade (die 22.) versperrte ihm den Weg, während die andere (die 4.) die Kolonne von der Flanke angriff und unter den Transportfahrzeugen große Zerstörungen anrichtete. Obwohl die Deutschen den Angriff nach einigen kritischen Stunden aufhalten konnten, kam ihr Marsch am Capuzzo-Graben entlang nach Westen zum Stehen. Doch als die Abenddämmerung hereinbrach, zogen sich die britischen Panzer nach Süden in die Wüste zurück, um wie üblich die Nacht in einem schützenden Lager zu verbringen. Das erlaubte den Deutschen, unter dem Schutz der Dunkelheit weiter nach Westen zu stoßen. Am nächsten Tag nahmen die britischen Panzerbrigaden ihren Angriff wieder auf, wurden jedoch durch den feindlichen Panzerabwehrschirm in Schach gehalten, und als die Nacht kam, konnten die Deutschen unbehindert vorgehen.

So vereinigte sich am Morgen des 29. das Afrika-Korps mit dem Rest von Rommels Streitkräften. Am nächsten Tag konzentrierte sich Rommel auf die isolierte 6. neuseeländische Brigade am Sidi-Rezegh-Kamm, während er die Ariete-Division einsetzte, seine Flanke gegen britische Panzertruppen, die im Süden lagen, zu decken. Seine Panzer schlugen, nachdem sie die Stellung umfahren hatten, von Westen zu, während seine Infanterie von Süden angriff. Bis zum Abend war die 6. neuseeländische Brigade vom Höhenzug vertrieben, doch eine Gruppe entkam und schloß sich wieder dem Hauptteil der Division im Tal bei Belhamed an. Die britischen Panzer bemühten sich kaum, durch Rommels »Schirm« zu brechen und zu Hilfe zu kommen, obgleich sie durch eine neue Lieferung von Kampfwagen ergänzt worden waren. Die Befehlshaber waren so oft in Fallen gelockt worden und hatten durch die geschickte Kombination von Panzern und Panzerabwehrgeschützen des Feindes solche Verluste hinnehmen müssen, daß sie nun übermäßig vorsichtig geworden waren.

Am 1. Dezember in der Frühe schlossen sich Rommels Streitkräfte um die Neuseeländer in Belhamed und zerschnitten den Korridor zwischen ihnen und den Truppen in Tobruk. Gegen halb fünf Uhr morgens erhielt die 4. Panzerbrigade Befehl, beim ersten Tageslicht so schnell wie möglich nach Norden zu stoßen und »um jeden Preis« die Panzer des Feindes anzugreifen. Sie trat gegen 7 Uhr morgens an, erreichte den Flugplatz von Sidi Rezegh um 9 Uhr und nahm, nachdem sie den Höhenzug verlassen hatte, mit den Neuseeländern Verbindung auf. Dann sollte ein Gegenangriff gegen die feindlichen Panzer stattfinden, deren Zahl auf ungefähr 40 geschätzt wurde. Doch bis zu diesem Zeitpunkt war ein Teil der Neuseeländer überrannt, und es war Befehl zum allgemeinen Rückzug gegeben worden. Die Reste der neuseeländischen Division zogen sich östlich nach Zaafran zurück (und in der Nacht bis zur Grenze), während die 4. Panzerbrigade sich 40 Kilometer südlich nach Bir Berraneb absetzte.

Das Ergebnis dieser dritten Schlachtenrunde war eine erstaunliche Leistung der feindlichen Streitmacht, die zu Beginn eine Übermacht von 7 zu 1 an Kampfwagen gegen sich hatte und am Ende immer noch in einem Verhältnis 4 zu 1 unterlegen war.

Jetzt flog Auchinleck wieder zum Hauptquartier der 8. Armee. Da er die Schwäche von Rommels Truppen richtig einschätzte, war er entschlossen, die Schlacht fortzusetzen, da er frische Truppen und Panzerreserven hatte, die er zu diesem Zweck heranschaffen konnte. Die 4. indische Division wurde an der Grenze durch die 2. südafrikanische abgelöst und nach vorn geschickt, um sich der 7. Panzerdivision in einer Umgehungsbewegung anzuschließen und Rommels Nachschub- und Rückzugsweg abzuschneiden.

Als Rommel von dieser neuen Bedrohung hörte, beschloß er, sich nach Westen zurückzuziehen und die ihm verbliebenen Panzer zu einem Schlag zu sammeln, um die britische Umgehungsbewegung zu verhindern. Daher setzte sich in der Nacht des 4. Dezember das Afrika-Korps nach Westen ab und gab die Belagerung Tobruks auf.

An diesem Morgen hatte die Spitzenbrigade der 4. indischen Division zu einem Angriff auf die italienische Stellung in Bir el Gubi (30 Kilometer südlich von Sidi Rezegh) angesetzt, doch brach der Sturm unter dem Feuer der Verteidiger zusammen. Der Angriff wurde am nächsten Morgen wiederholt und abermals abgeschlagen. Während dieser Operationen hatten die britischen Panzer die Nordflanke der Angriffstruppen gesichert, zogen sich aber leider am Nachmittag des 5. zum Feldlager zurück mit der Absicht, ein neues Lagersystem auszuprobieren. Um 17.30 Uhr tauchten plötzlich Rommels Panzertruppen am Schauplatz in Bir el Gubi auf und überrannten einen Teil der ungeschützten indischen Brigade. Der Rest konnte entkommen, als die Dunkelheit hereingebrochen war.

Auf diesen Rückschlag hin entschloß sich Norrie, der Befehlshaber des 30. Korps, seinen beabsichtigten Flankenvorstoß auf Acroma zu verschieben. Dadurch wurde die Chance verspielt, Rommels Rückzugslinie abzuschneiden. Die 4. Panzerbrigade erhielt Befehl, die Panzer des Feindes zu suchen und zu vernichten, ehe ein erneuter Vorstoß versucht wurde. Doch dies gelang nicht, und aus den Unterlagen geht hervor, daß wenig unternommen wurde, um dieses Ziel zu erreichen, obwohl eine neue Lieferung von 40 Panzern den Gesamtbestand der Brigade auf 136 gebracht hatte, beinahe dreimal so viele wie die restlichen Panzer des Afrika-Korps. Die Brigade verbrachte die nächsten zwei Tage in Stellung bei Bir el Gubi mit gelegentlichen kurzen Bewegungen, mit denen sie vergeblich hoffte, den Feind zu einem direkten Angriff auf die Artilleriestellungen der 4. indischen Division zu veranlassen.

Am 7. Dezember entschloß sich Rommel, bis zur Gazala-Linie zurückzugehen, nachdem man ihn unterrichtet hatte, daß Verstärkungen wahrscheinlich nicht vor Ende des Jahres zu erwarten waren. Noch in der Nacht begann das Afrika-Korps sich abzusetzen. Die Briten merkten nur langsam, was vor sich ging, und erst am 9. Dezember brachen ihre Panzer zu einem Vorstoß gegen »Knightsbridge«, die Straßenkreuzung südlich von Acroma, auf. 13 Kilometer vor Knightsbridge wurden sie von einer feindlichen Nachhut aufgehalten und waren mehr darauf bedacht, sich zu schützen, als den Feind zu stellen. Bis zum 11. hatten sich Rommels Streitkräfte sicher bis Gazala zurückgezogen, wo schon vorher eine Verteidigungsstellung vorbereitet worden war.

Am 13. Dezember führte Godwin-Austens 13. Korps, das jetzt die Verfolgung übernommen hatte, seinen Angriff auf die Gazala-Linie. Der Frontalangriff wurde abgewiesen, aber das italienische motorisierte Korps, das Rommels Inlandflanke deckte, gab dem Druck schnell nach, und der britische linke Flügel erreichte Sidi Breghisc, 25 Kilometer hinter der Gazala-Linie. Doch ein deutscher Panzergegenangriff verhinderte die Umklammerung.

Am 14., ehe der Angriff wiederaufgenommen wurde, setzte Godwin-Austen die 4. Panzerbrigade zu einer weiträumigeren Umfassungsbewegung an nach Halegh Eleba, halbwegs zwischen

Gazala und Mechili, wo sich viele Wege kreuzten. Dieses Manöver mit dem Ziel, von beiden Seiten in Rommels Rücken zu gelangen, begann um 14.30 Uhr. Die Brigade ruhte dann für die Nacht, nachdem sie 30 Kilometer nach Süden gefahren war. Sie brach um 7 Uhr morgens auf und wollte 100 Kilometer vorstoßen, erreichte Halegh Eleba jedoch erst um 15 Uhr nachmittags, laut Zeitplan vier Stunden verspätet und zu spät, um den Hauptangriff auf Rommel zu unterstützen, indem sie dessen Panzerreserve, wie geplant, ablenkte. Dann rührte sie sich nicht vom Fleck und unternahm nichts, sich bemerkbar zu machen, so daß der Feind ihre Abwesenheit erst am nächsten Morgen bemerkte.

Inzwischen war der Hauptangriff auf die 15. Division fehlgeschlagen. Ein Sturmangriff in Küstennähe hatte in der Gazala-Stellung Fuß fassen können; doch ein Umfassungsmanöver war durch einen feindlichen Panzerangriff gegen Mittag fehlgeschlagen, der einen vorgeschobenen Teil der Angreifer abschnitt.

Noch immer hoffte das britische Oberkommando, daß die starke Panzerbrigade, die bis in den Rücken des Feindes vorgedrungen war, bis zum nächsten Tag entscheidende Ergebnisse erzielen würde. Doch am Morgen des 16. zog die Brigade 30 Kilometer nach Süden, um in Sicherheit auftanken zu können, und als sie am Nachmittag zu einem Punkt näher der Front zurückkehrte, wurde sie durch einen Panzerabwehrschirm aufgehalten und zog sich abermals nach Süden zurück, um für die Nacht zu lagern. Sie meldete einen Feuerwechsel auf große Distanz, jedoch keine Verluste. Offenbar war es der vorherrschende Wunsch, den Feind gehen zu sehen – und dieser ging, auf dem offenen Weg, den man ihm gelassen hatte.

Auch wenn es bei dem erfolgreichen Panzergegenschlag am 15. nur kleine Verluste gegeben hatte, waren dem Afrika-Korps kaum 30 Panzer geblieben, während die Briten jetzt über fast 200 verfügten. Rommel prüfte die Lage und sah, daß es unmöglich war, die Gazala-Linie lange zu halten. Er beschloß, einen großen Schritt zurückzugehen und außer Reichweite zu gelangen, bis Verstärkung eintraf. Er wollte bis zum Engpaß von Mersa Brega an der tripolitanischen Grenze zurückgehen, eine ideale Verteidigungsposition. Es war auch das Sprungbrett für seine erste Offensive gewesen und würde demselben Zweck wieder dienen. So begann er in der Nacht des 16. Dezember den Rückzug, auf dem das Afrika-Korps und das italienische motorisierte Korps den Weg durch die Wüste einschlug, während die italienischen Infanteriedivisionen die Küstenstraße entlangmarschierten.

Die Verfolgung kam langsam in Gang. Die 4. Panzerbrigade brach erst am nächsten Tag um 13 Uhr auf und hielt zwei Stunden später für die Nacht an, 20 Kilometer von ihrer ehemaligen Position bei Halegh Eleba. Am 18. rückte sie durch die Wüste weiter vor auf einen Punkt südlich von Mechili zu, doch als sie nach Norden einbog, verfehlte sie knapp die Nachhut der sich zurückziehenden feindlichen Kolonnen.

Inzwischen rückte die 4. indische Division auf Kfz. verlastet und von Infanteriepanzern begleitet durch das felsige Hügelland von Djebel Akhdar näher auf die Küste zu vor. Derna wurde am Morgen des 19. genommen, doch die Masse der feindlichen Marschkolonnen war schon sicher durch den Engpaß marschiert. Ein Versuch, ihnen weiter westlich den Weg abzuschneiden, wurde durch das schwierige Gelände und Treibstoffmangel verhindert, und nur einige wenige wurden gefangen. Nun lag ein großer Teil der Verfolger wegen Treibstoffmangels fest.

Motorisierte Infanterie wurde eingesetzt, um die Jagd durch die Wüste an der großen Bengasi-Biegung anzuführen. Als sie am 22. Dezember Antelat erreichte, fand sie die feindliche Panzerstreitmacht (mit 30 Panzern) bei Beda Fomm in Stellung, um den Rückzug der italienischen Fußtruppen zu sichern, und wurde bis zum 26. in Schach gehalten, während Rommels Nachhut weitere 50 Kilometer bis Agedabia an der Grenze von Tripolis zurückging. Inzwischen war die neu ausgerüstete 22. Panzerbrigade als Verstärkung herangekommen. Der Nachhut des Feindes folgend, führte die Gardebrigade einen Frontalangriff gegen Agedabia, der fehlschlug, während die 22. Panzerbrigade ein Umgehungsmanöver 50 Kilometer tiefer in die Wüste hinein durch El Haseiat ausführte. Dabei erlitt sie einen unerwarteten Rückschlag. Denn am 27. wurde ihre eigene Flanke plötzlich von deutschen Panzertruppen angegriffen und drei Tage später in weiteren Kämpfen eingekreist. Ungefähr 30 britische Panzer konnten entkommen, aber 65 gingen verloren. Bei diesem Gegenschlag hatte Rommel die Ankunft von zwei neuen Panzerkompanien mit 30 Panzern geholfen, die am 19. in Bengasi gelandet waren, kurz ehe der Hafen geräumt wurde – das war die erste Verstärkung, die ihn seit Beginn der »Operation Crusader« erreichte.

Der britische Rückzug bei El Haseiat war das enttäuschende Ende einer langen Verfolgung, ein Dämpfer auf die Freude über den endlichen Sieg auf dem Schlachtfeld um Tobruk. Immerhin wurden durch Rommels erzwungenen Rückzug wesentliche Vorteile gewonnen, da die deutsch-italienischen Besatzungen an der Grenze hoffnungslos isoliert wurden. Bardia ergab sich am 2. Januar und die beiden anderen Grenzposten am 17. Dadurch stieg die Zahl der Gefangenen, die in den Grenzstellungen eingebracht wurden, auf 20 000 Mann, einschließlich derjenigen, die vorher bei Sidi Omar gefangengenommen worden waren. Die Gesamtverluste der Achse betrugen 33 000 Mann, während sie auf britischer Seit unter 18 000 lagen. Doch fast zwei Drittel der Verluste der Achse waren Italiener, und von den 13 000 Deutschen war ein großer Teil Verwaltungspersonal, während der Großteil der britischen Verluste in der sechs Wochen dauernden Schlacht Kampftruppen waren, unter denen sich viele Wüstenveteranen befanden, die schwer zu ersetzen waren.

Welchen Nachteil es bedeutete, sich auf unerfahrene Truppen verlassen zu müssen, zumal in der Wüste, sollte sich in der nächsten Schlacht noch einmal zeigen. Diese begann in der dritten Januarwoche 1942, als Rommel, angeblich geschlagen, wieder zu einem seiner unerwarteten Schläge ausholte, der ein überraschend ähnliches Ergebnis brachte wie sein Eröffnungsschlag von 1941.

KAPITEL 16

DIE FLUT IM FERNEN OSTEN

Seit 1931 waren die Japaner dabei, in aggressiver Weise ihre Stützpunkte auf dem asiatischen Festland zu erweitern – auf Kosten der Chinesen, die durch Bürgerkriege geschwächt waren, und zum Schaden der amerikanischen und britischen Interessen in diesem Raum. In jenem Jahr hatten sie die Mandschurei besetzt und in einen japanischen Satellitenstaat verwandelt. Im Jahr 1932 fielen sie in das eigentliche China ein, und von 1937 an bemühten sie sich konsequent, ihre Herrschaft in diesem riesigen Raum zu befestigen. Doch wurden sie dort in endlose Guerilla-Kriege verstrickt und suchten schließlich eine Lösung des Problems in Ausweitungsunternehmungen nach Süden, mit denen sie die Chinesen von jeder auswärtigen Hilfe abschneiden wollten.

Nach Hitlers Eroberung Frankreichs im Jahr 1940 nutzten die Japaner die Hilflosigkeit der Franzosen aus, um durch Drohungen ihr Einverständnis mit einer »protektiven« Besetzung Französisch-Indochinas zu erlangen.

Im Gegenzug forderte Präsident Roosevelt am 24. Juli 1941 den Abzug der japanischen Truppen aus Indochina – und um seiner Forderung Nachdruck zu verleihen, befahl er am 26. die Einfrierung aller japanischen Guthaben in den USA und ein Embargo für alle Öllieferungen an Japan. Churchill ergriff am selben Tag die gleichen Maßnahmen, und zwei Tage später wurde auch die niederländische Exilregierung in London zu dem gleichen Schritt veranlaßt – dies bedeutete, wie Churchill bemerkte, daß »Japan mit einem Schlage seiner lebenswichtigen Ölzufuhren beraubt wurde«.

In früheren Erörterungen, die bis in das Jahr 1931 zurückreichen, war stets angenommen worden, daß ein solcher lähmender Schlag Japan zum Krieg zwingen würde, als einziger Alternative zum Zusammenbruch oder zur Aufgabe seiner gesamten Politik. Es ist bemerkenswert, daß Japan, ehe es losschlug, noch vier Monate wartete, in denen es versuchte, durch Verhandlungen eine Aufhebung des Ölembargos zu erreichen. Die USA-Regierung lehnte aber eine Aufhebung ab, wenn nicht Japan sich nicht nur aus Indochina, sondern auch aus China zurückziehen würde. Von keiner Regierung, am wenigsten von einer japanischen, konnte man erwarten, daß sie so demütigende Bedingungen annehmen und sich mit einem solchen »Verlust des Gesichts« abfinden würde. Somit bestand jeder Grund, seit der letzten Juliwoche in jedem Augenblick den Ausbruch des Krieges im Pazifik zu erwarten. Unter diesen Umständen hatten die Amerikaner und Briten Glück, daß ihnen noch eine Gnadenfrist von vier Monaten gewährt wurde, bevor die Japaner losschlugen. Doch wurde dieser Zeitraum nur schlecht für defensive Vorbereitungen genutzt.

Am Morgen des 7. Dezember 1941 führte dann ein japanischer Flottenverband mit sechs Flugzeugträgern einen vernichtenden Luftangriff auf Pearl Harbor durch, den großen amerikanischen Flottenstützpunkt auf den Hawaii-Inseln. Dieser Angriff erfolgte vor einer Kriegserklärung, nach dem Vorbild des Angriffs auf Port Arthur im Jahr 1904, mit dem Japan den Krieg gegen Rußland eröffnet hatte.

Bis Anfang 1941 ging Japans Plan für den Fall eines Krieges gegen die USA dahin, das Gros der Flotte im südlichen Pazifik einzusetzen, in Verbindung mit einem Angriff auf die Philippinen, um jede amerikanische Aktion über den Ozean hinweg zur Unterstützung der dortigen Garnisonen zu verhindern. Eine solche Operation erwarteten auch die Amerikaner von den Japanern, und ihre Vermutungen wurden durch die japanische Besetzung Indochinas verstärkt.

Admiral Yamamoto hatte jedoch in der Zwischenzeit einen neuen Plan entwickelt – einen Überraschungsangriff auf Pearl Harbor. Der dafür eingesetzte Verband machte einen großen Umweg an den Kurilen entlang und stieß unentdeckt von Norden auf die Hawaii-Inseln vor; dann führte er kurz vor Sonnenaufgang mit 360 Flugzeugen seinen Angriff aus einer Position etwa 450 Kilometer von Pearl Harbor. Von den acht amerikanischen Schlachtschiffen wurden vier versenkt, eines lief auf Grund, und die anderen wurden schwer beschädigt. In wenig mehr als einer Stunde hatten die Japa-

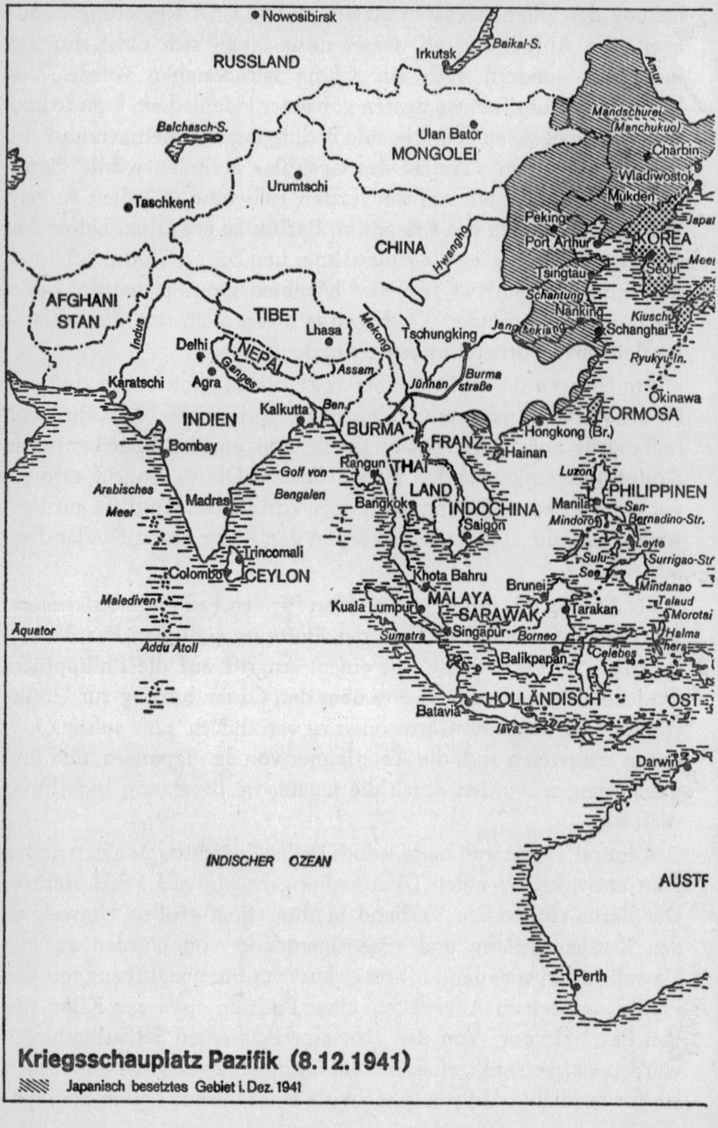

Kriegsschauplatz Pazifik (8.12.1941)

Japanisch besetztes Gebiet i. Dez. 1941

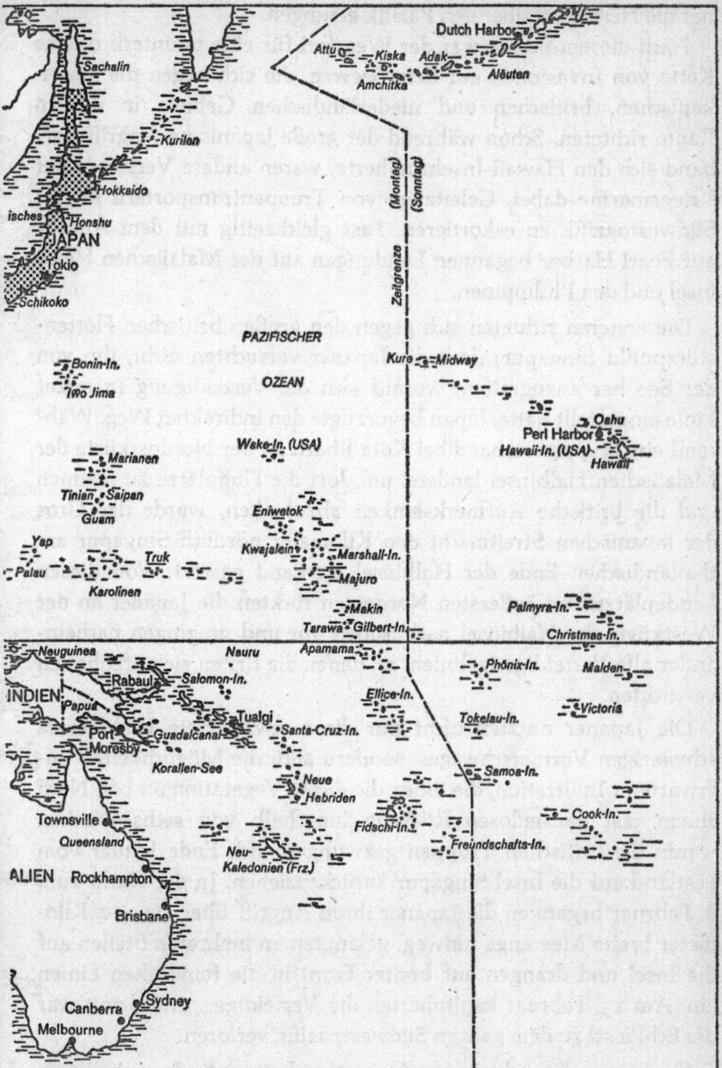
Sachalin
Kurilen
Hokkaido
isches
Honshu
JAPAN
Tokio
Schikoko
Dutch Harbor
Attu
Kiska
Adak
Amchitka
Aleuten
(Montag)
(Sonntag)
Zeitgrenze
PAZIFISCHER
OZEAN
Kure
Midway
Bonin-In.
Iwo Jima
Oahu
Perl Harbor
Hawaii-In. (USA)
Hawaii
Wake-In. (USA)
Marianen
Tinian
Saipan
Guam
Eniwetok
Kwajalein
Marshall-In.
Majuro
Yap
Truk
Palau
Karolinen
Makin
Tarawa
Gilbert-In.
Palmyra-In.
Christmas-In.
Neuguinea
Nauru
Apamama
Phönix-In.
Malden
Rabaul
Salomon-In.
INDIEN
Papua
Ellice-In.
Victoria
Port
Moresby
Tualgi
Guadalcanal
Santa-Cruz-In.
Tokelau-In.
Korallen-See
Samoa-In.
Neue
Hebriden
Townsville
Fidschi-In.
Cook-In.
Queensland
Neu-
Kaledonien (Frz.)
Freundschafts-In.
ALIEN
Rockhampton
Brisbane
Sydney
Canberra
Melbourne

ner die Herrschaft über den Pazifik errungen.

Nach diesem Schlag war der Weg frei für eine ununterbrochene Kette von Invasionen auf dem Seeweg, die sich gegen die amerikanischen, britischen und niederländischen Gebiete in diesem Raum richteten. Schon während der große japanische Angriffsverband sich den Hawaii-Inseln näherte, waren andere Verbände der Kriegsmarine dabei, Geleitzüge von Truppentransportern in den Südwestpazifik zu eskortieren. Fast gleichzeitig mit dem Angriff auf Pearl Harbor begannen Landungen auf der Malaiischen Halbinsel und den Philippinen.

Die ersteren richteten sich gegen den großen britischen Flottenstützpunkt Singapur; doch die Japaner versuchten nicht, ihn von der See her anzugreifen, worauf sich die Verteidigung in erster Linie eingestellt hatte. Japan bevorzugte den indirekten Weg. Während ein Truppenverband bei Kota Bharu an der Nordostküste der Malaiischen Halbinsel landete, um dort die Flugplätze zu nehmen und die britische Aufmerksamkeit abzulenken, wurde das Gros der japanischen Streitmacht 800 Kilometer nördlich Singapur am thailändischen Ende der Halbinsel an Land gesetzt. Von diesen Landeplätzen im äußersten Nordosten rückten die Japaner an der Westküste der Halbinsel nach Süden vor und umgingen nacheinander alle Verteidigungslinien, an denen die Briten sie aufzuhalten versuchten.

Die Japaner nutzten nicht nur diese unerwartete Wahl eines schwierigen Vormarschweges, sondern auch die Möglichkeiten unerwarteter Infiltration, die ihnen die dichte Vegetation oft bot. Nach einem fast pausenlosen Rückzug innerhalb von sechs Wochen waren die britischen Truppen gezwungen, sich Ende Januar vom Festland auf die Insel Singapur zurückzuziehen. In der Nacht zum 8. Februar begannen die Japaner ihren Angriff über die 1—2 Kilometer breite Meerenge hinweg, gelangten an mehreren Stellen auf die Insel und drangen auf breiter Front in die feindlichen Linien ein. Am 15. Februar kapitulierten die Verteidiger, und damit war der Schlüssel zu dem ganzen Südwestpazifik verloren.

In einer anderen kleineren Operation hatten die Japaner am 8. Dezember einen Angriff auf die britische Kronkolonie Hongkong begonnen, und am Weihnachtstag erzwangen sie die Kapitulation der Kolonie einschließlich ihrer Garnison.

Auf Luzon, der Hauptinsel der Philippinen, war den ersten Landungen nördlich von Manila bald eine Landung im Rücken der Hauptstadt gefolgt. Unter dem Druck dieser Hebelbewegung und der konzentrischen Drohung gaben die Amerikaner noch vor Ende Dezember den größten Teil der Insel auf und zogen sich auf die kleine Halbinsel Bataan zurück. Dort konnten sie nur frontal auf einer schmalen Front angegriffen werden, und es gelang ihnen, sich noch bis April 1942 zu halten.

Lange vorher, und auch noch vor dem Fall Singapurs, erfaßte die japanische Eroberungswelle die ganze Malaiische Halbinsel. Am 11. Januar landeten dann japanische Truppen in Borneo und Celebes, und größere Landungen erfolgten dort am 24. Fünf Wochen später, am 1. März, begannen die Japaner den Angriff auf Java, das Herzstück Niederländisch-Indiens, nach dem sie diese Insel durch ihre Flankenmanöver isoliert hatten. In knapp einer Woche fiel ganz Java wie eine reife Pflaume in ihre Hand.

Nur die scheinbar unmittelbar bevorstehende Bedrohung Australiens wurde nicht Wirklichkeit. Der japanische Hauptvorstoß ging jetzt in eine andere Richtung, nach Westen, und zielte auf die Eroberung Burmas. Der direkte Vormarsch auf breiter Front von Thailand auf Rangun war ein Umweg zu dem japanischen Hauptziel auf dem asiatischen Festland, der Lähmung des chinesischen Widerstandes; denn Rangun war der Eingangshafen für alle britischen und amerikanischen Nachschublieferungen dorthin, die dann über die Burma-Straße nordwärts nach China gelangten.

Gleichzeitig war diese Operation aber sehr geschickt dazu bestimmt, die Eroberung des westlichen Zugangs zum Pazifik zu vollenden und durch eine feste Schranke die Zugangswege zu sperren, auf denen eine spätere britisch-amerikanische Offensive hätte versucht werden können.

Am 8. März fiel Rangun, und zwei Monate später waren die britischen Streitkräfte aus Burma über die Berge nach Indien vertrieben worden.

Die Japaner hatten damit eine so starke Position erobert, daß jeder Versuch einer Gegenoffensive von vornherein schwer behindert war und nur ein sehr langsamer Prozeß sein konnte.

Es verging auch lange Zeit, ehe die Alliierten genügend Kräfte versammelt hatten, um eine Wiedereroberung der japanischen Eroberungen zu versuchen – am südöstlichen Ende beginnend. Hier kam ihnen zugute, daß Australien intakt geblieben war; dies bot ihnen eine große Ausgangsbasis, die nahe an der Kette der vorgeschobenen japanischen Positionen lag.

Japan war das einzige Land außerhalb Europas und Nordamerikas, das sich in einem fortgeschrittenen Stadium der Industrialisierung befand, dank des schnellen Modernisierungsprozesses, der im Jahr 1868 unter Kaiser Meiji begonnen hatte. Dennoch war die japanische Gesellschaft im Kern eine feudale geblieben; der Krieger nahm den ersten Platz ein, nicht der Fabrikant oder Kaufmann. Der Kaiser galt als gottähnlich, und die herrschende Klasse war allmächtig. Der Einfluß der Militärs auf die Politik war ungeheuer groß: leidenschaftlich patriotisch und oft stark fremdenfeindlich eingestellt, hofften sie, die Herrschaft ihres Landes über ganz Ostasien, insbesondere über China, auszubreiten. Seit den dreißiger Jahren hatten sie durch Drohungen und Gewaltakte praktisch die Leitung der japanischen Politik in ihrer Hand zu konzentrieren verstanden.

Japans Einstellung zu politischen und strategischen Problemen war stark dadurch beeinflußt, daß das Land seit dem Beginn seiner Modernisierung keine Niederlage erlebt hatte. Der Glaube des Volkes an seine Unbesiegbarkeit wurde fast allgemein nach dem Krieg mit Rußland von 1904/05, als Japans Streitkräfte sowohl zu Lande als auch zur See ihre Überlegenheit bewiesen hatten – und gezeigt hatten, daß die Herrschaft der Europäer über die anderen Völker der Welt gebrochen werden konnte.

Im August 1914 hatte Japan, seit 1902 Großbritanniens Verbündeter, Kiautschau, das deutsche Schutzgebiet in China, erobert, zusammen mit den Marshall-Inseln, den Karolinen und den Marianen, Inselgruppen im Pazifik, die ebenfalls deutsche Kolonien waren. Diese Eroberungen wurden 1919 am Schluß des Ersten Weltkrieges im Vertrag von Versailles bestätigt – damit wurde

Japan zur beherrschenden Macht auf der westlichen Hälfte des Pazifik. Trotzdem war das japanische Volk mit seinen Kriegsgewinnen nicht zufrieden und hatte das Gefühl, ein »Habenichts« zu sein wie Italien. So kamen die Japaner zu der Ansicht, sie hätten einiges mit Italien und mit Deutschland gemeinsam.

Dieses Gefühl der Frustration entwickelte sich wahrscheinlich aus dem Scheitern des japanischen Versuches vom Jahr 1915, China unter die Kontrolle Japans zu bringen, als die japanischen »21 Forderungen« wegen des amerikanischen Protestes zurückgezogen werden mußten. Bezeichnenderweise war China schon seit dem chinesisch-japanischen Krieg von 1895 für die japanische Armee das eigentliche Angriffsziel. Obwohl gegen Ende des Ersten Weltkrieges eine Studie über die Verteidigungspolitik des Kaiserreiches die USA als den ersten möglichen Feind nannte, im Einklang mit der Ansicht der Kriegsmarine, machte sich die Armee stets mehr Sorgen über Sowjetrußland, dessen große Landstreitkräfte im Fernen Osten als eine weit größere Gefahr für Japans kontinentale Pläne betrachtet wurden.

Dann kam in den Jahren 1921–1924 eine Reihe von Demütigungen für Japan. Zunächst lehnte Großbritannien höflich die Erneuerung des Bündnisses mit Japan ab. Dieser Bruch war bis zu einem gewissen Grade durch verschiedene Anzeichen für japanische Expansionspläne im Pazifik mit verursacht; doch der endgültige Entschluß erfolgte unter starkem amerikanischem Druck. Die Japaner betrachteten dies als Beleidigung und als ein Zeichen, daß die weißen Völker sich gegen sie verbündeten. Ihr Unwille wurde verstärkt durch mehrere amerikanische Gesetze zur Beschränkung der japanischen Einwanderung, die in einem Gesetz von 1924 gipfelten, das alle Asiaten als Einwanderer ausschloß. Dieser doppelte »Verlust des Gesichtes« wurde schmerzlich empfunden.

Unterdessen hatte Großbritannien Pläne für den Aufbau eines fernöstlichen Flottenstützpunktes in Singapur bekanntgegeben, der für eine ganze Schlachtflotte ausreichend sein sollte. Dies war offensichtlich als eine Warnung für Japan gedacht und wurde von den Japanern als Herausforderung aufgefaßt.

All dies wirkte sich zum Nachteil der politischen Führer Japans aus, die vor allem in zunehmendem Maße dafür angegriffen wurden, daß sie im Washingtoner Flottenabkommen von 1921 ein Kräfteverhältnis von 3 : 5 : 5 gegenüber der amerikanischen und der britischen Kriegsflotte akzeptiert hatten. Andere Vorwürfe waren, daß sie in die Rückgabe der Provinz Schantung an China eingewilligt und nachher den Neun-Mächte-Vertrag von 1922 unterzeichnet hatten, der die territoriale Integrität Chinas garantierte.

Es war eine Ironie der Geschichte, daß das Washingtoner Abkommen praktisch die späteren expansionistischen Aktionen Japans erleichterte, weil es die feindliche Gegenwehr im Pazifik geschwächt hatte – die geplanten amerikanischen und britischen Flottenstützpunkte in diesem Raum waren entweder in ihrem Aufbau stark verzögert worden oder nur schwach befestigt. Außerdem war es für Japan leicht, in den 13 Jahren, ehe es das Washingtoner Abkommen offen aufkündigte, dessen Bestimmungen über die Beschränkung von Feuerkraft und Tonnage der Kriegsschiffe zu umgehen.

Die liberaler eingestellten politischen Führer Japans litten auch unter der 1929 beginnenden Weltwirtschaftskrise, da Japan durch sie besonders stark betroffen wurde; die daraus entstandene Unzufriedenheit konnte von den Militaristen leicht für ihr Argument ausgebeutet werden, daß die Expansion die einzige Lösung für Japans Wirtschaftsprobleme sei.

Im September 1931 lieferte der »Zwischenfall von Mukden« den örtlichen japanischen Befehlshabern den Vorwand und die Gelegenheit, sich in der Mandschurei auszubreiten und dieses Land in den japanischen Satellitenstaat Mandschukuo zu verwandeln. Die japanischen Truppen, die auf Grund ihrer vertraglichen Rechte die südmandschurische Eisenbahn bewachten, griffen die chinesischen Garnisonen in Mukden und benachbarten Städten unter dem Vorwand der Verteidigung gegen einen drohenden Angriff an und entwaffneten sie. Die tatsächlichen Vorgänge waren unklar und wurden mit Absicht unklar gemacht; sie verhalfen jedenfalls den Japanern dazu, in den nächsten Monaten die ganze Mandschurei zu besetzen. Obwohl diese Besetzung weder vom Völkerbund noch von den USA anerkannt wurde, gaben die Proteste und die weitverbreitete Kritik Japan den Anlaß, im Jahr 1933 aus dem Völkerbund auszutreten. Drei Jahre später verband es sich mit dem nationalsozialistischen Deutschland und dem faschistischen Italien im Antikominternpakt.

Im Juli 1937 führte ein angeblicher Zusammenstoß an der Marco-Polo-Brücke, ein neuer höchst dubioser »Zwischenfall« dazu, daß die japanische Kwantung-Armee in das eigentliche Nordchina einrückte. Die Invasion wurde in den nächsten zwei Jahren fortgesetzt und weiter verstärkt; doch die Japaner wurden dadurch immer mehr in dem Kampf gegen die chinesischen Nationalstreitkräfte unter Tschiang Kai-schek festgenagelt, während sie bei dem Angriff auf Schanghai im Sommer 1937 einen Rückschlag erlitten. Dieser erwies sich jedoch auf lange Sicht als ein Vorteil, da er die Japaner anspornte, taktische Fehler zu korrigieren, und ihre Neigung zu übertriebenem Selbstvertrauen bremste, die bis auf den Russisch-Japanischen Krieg zurückging. Freilich mußten sie vorher noch einmal Lehrgeld bezahlen, und zwar bei einem Zusammenstoß mit der Roten Armee an der umstrittenen Westgrenze der Mandschurei. Hier, im Raum von Nomonhan, wurde im August 1939 eine japanische Truppe von etwa 15 000 Mann umzingelt und verlor über 11 000 Mann, als die Russen fünf motorisierte Brigaden und drei Infanteriedivisionen heranführten.

Im gleichen Monat bewirkte die unerwartete Nachricht von dem deutsch-russischen Pakt einen politischen Umschwung in Japan und die Rückkehr zu gemäßigten Regierungen. Aber diese Wirkung hielt nur bis zu Hitlers Eroberung Westeuropas im Jahr 1940 an, und im Juli 1940 wurde von der Armee eine achsenfreundliche Regierung unter Fürst Konoye in den Sattel gehoben. Die japanische Expansion in China wurde beschleunigt, und Ende September unterzeichnete Japan den Dreimächtepakt mit Deutschland und Italien, in dem diese drei Länder sich verpflichteten, auch jedes Land zu bekämpfen, das sich neu den Alliierten anschloß – dieser Pakt richtete sich somit in erster Linie gegen eine Intervention der USA.

Im April 1941 sicherten sich die Japaner noch weiter den Rücken durch einen Neutralitätspakt mit Sowjetrußland. Dieser ermöglichte eine Freigabe japanischer Truppen für expansionistische Unternehmungen im Süden — freilich war auch danach das Mißtrauen gegen Rußland noch so stark, daß Japan nur elf Divisionen für Operationen im Süden einsetzte, während 13 in der Mandschurei und 22 in China stehenblieben.

Am 24. Juli übernahm Japan dann mit widerwilliger Zustimmung der Vichy-Regierung die Kontrolle über Französisch-Indochina. Zwei Tage später ließ Präsident Roosevelt alle japanischen Guthaben einfrieren, ein Vorgehen, dem sich die britische und die niederländische Regierung bald anschlossen. So kam der Handel dieser Länder mit Japan zum Stillstand, insbesondere dank des gleichzeitigen Embargos die Ausfuhr von Öl.

Japan importierte im Frieden 88 Prozent seines Ölbedarfs. Zur Zeit des Embargos besaß es Vorräte, die für drei Jahre normalen oder für die halbe Zeit kriegsmäßigen Ölverbrauchs ausreichten. Eine Untersuchung des Kriegsministeriums hatte gezeigt, daß diese Vorräte noch vor Ablauf der drei Jahre erschöpft sein würden, die man zur Beendigung des Krieges mit China für notwendig hielt; daher war zunächst ein Sieg in China um so vordringlicher. Die einzigen erreichbaren Ölvorräte lagen in Niederländisch-Indien, und man rechnete in Tokio damit, daß die Holländer zwar die Anlagen vor der Eroberung zerstören würden, daß diese aber wieder instand gesetzt werden könnten, ehe die Vorräte in Japan zu sehr zusammengeschrumpft sein würden. Somit würde das Öl aus Java und Sumatra die Lage retten und den Abschluß der Eroberung Chinas ermöglichen.

Die Eroberung dieses Raumes einschließlich Malayas würde Japan auch den Besitz von vier Fünfteln der Kautschukerzeugung und zwei Dritteln der Zinnproduktion der ganzen Welt bringen. Dies wäre nicht nur für Japan ein äußerst wertvoller Gewinn, sondern würde auch seine Gegner schwerer treffen als der Verlust des Öls.

Dies waren die wichtigsten Faktoren, die Japans Führer erwägen mußten, als sie mit dem Embargo konfrontiert wurden. Wenn Amerika nicht dazu gebracht werden könnte, das Embargo aufzuheben, dann standen sie vor der Wahl, entweder ihre ehrgeizigen Ziele aufzugeben — und in diesem Fall würde ein Putsch der Armee die wahrscheinliche Folge sein –, oder sich mit Gewalt das Öl zu nehmen und die weißen Großmächte zu bekämpfen. Es war eine schreckliche Alternative. Wenn Japan zwar den Feldzug in China fortsetzen, aber sich aus Indochina zurückziehen und seine Expansion nach Süden einstellen würde, dann könnte es wohl eine gewisse Milderung des Embargos erreichen; aber Japan würde dadurch schwächer werden und weniger leicht in der Lage sein, weiteren Forderungen der USA Widerstand zu leisten.

Das natürliche Zögern vor einer solchen Wahl zwischen »alles oder nichts« dürfte die Erklärung für das Rätsel sein, weshalb die Japaner so lange zauderten, bis sie losschlugen, und ihre Entscheidung vier Monate lang aufschoben. Dazu kam der natürliche Wunsch aller militärischen Führer, reichlich Zeit für die Vollendung der Vorbereitungen zu gewinnen, und daneben langwierige Diskussionen über die beste Strategie. Es gab sogar die optimistische Hoffnung und Meinung, Amerika werde weiterhin beiseite stehen, wenn Japan sich darauf beschränkte, holländische und britische Territorien zu besetzen.

Am 6. August ersuchte Japan offiziell die USA um die Aufhebung des Embargos. Im gleichen Monat erfolgte die amerikanische Entscheidung, im Falle eines Krieges sämtliche Inseln der Philippinen zu verteidigen, und die japanische Forderung nach Einstellung der Entsendung amerikanischer Verstärkungen zu diesen Inseln. Diese Forderung erhielt eine feste Antwort, in der die Japaner vor weiteren Aggressionen gewarnt wurden.

Nach weiteren zwei Monaten interner Diskussionen wurde die Regierung des Fürsten Konoye durch eine neue unter General Hideki Tojo abgelöst – und dies bedeutete wahrscheinlich die Entscheidung. Dennoch gab es noch weitere längere Erörterungen, und der endgültige Entschluß zum Kriege wurde erst am 25. November gefaßt. Ein Faktor, der diese Entscheidung beschleunigte, war ein Bericht, der zeigte, daß die Ölvorräte vom April bis September um etwa ein Viertel zurückgegangen waren.

Immerhin erhielt der Oberbefehlshaber der japanischen Kriegsmarine, Admiral Yamamoto, am gleichen Tag den Befehl, daß der Angriff auf Pearl Harbor abzubrechen sei, falls die weitergehenden

Verhandlungen in Washington wider Erwarten doch erfolgreich verlaufen würden.

Die Stärke der beiderseitigen Kriegsflotten im Pazifik im Dezember 1941 ergeben sich aus der folgenden Tabelle[1]:

	Große Schiffe	Flugzeugträger	Schwere Kreuzer	Leichte Kreuzer	Zerstörer	U-Boote
Brit. Empire	2	–	1	7	13	–
USA	9	3	13	11	80	56
Niederlande	–	–	–	3	7	13
Freies Frankreich	–	–	–	1	–	–
Alliierte insges.	11	3	14	22	100	69
Japan	10	10	18	18	113	63

1 Zahlen aus Roskill: The War at Sea I, S. 560

Aus dieser Gegenüberstellung ergibt sich vor allem, daß die beiden Seiten zwar in fast jeder anderen Hinsicht einander ziemlich gleich waren, daß die Japaner aber einen großen Vorsprung in Flugzeugträgern hatten, der entscheidenden Waffe. Außerdem kann eine solche Tabelle nicht die qualitativen Unterschiede aufzeigen. Die japanische Seemacht war eine einheitliche und gut ausgebildete Waffe (vor allem für Nachtkämpfe), sie kannte nicht die Kommando- und Sprachschwierigkeiten der alliierten Seite. Wesentlich war auch, daß rund 10 000 Kilometer Ozean zwischen den beiden größten Stützpunkten der Alliierten lagen, Pearl Harbor und Singapur. Auch materialmäßig war die japanische Marine weit besser. Sie hatte viele neuere Schiffe, die meist besser bewaffnet und schneller waren als die entsprechenden alliierten. Von den großen Schiffen war nur die britische »Prince of Wales« in dieser Hinsicht den neueren japanischen Schlachtschiffen ebenbürtig.

Was die Heeresstärke betrifft, so hatten die Japaner nur elf Divisionen von ihrer Gesamtzahl von 51 für ihre Operationen im Südwestpazifik eingesetzt. Das war weniger als eine viertel Million Kampftruppen, mit Einschluß nichtkämpfender Einheiten insgesamt etwa 400 000 Mann. Die entsprechenden Zahlen für die Alliierten sich unsicher. Als sie sich zum Angriff entschlossen, schätzten die Japaner die britischen Kräfte auf 11 000 Mann in

Hongkong, 88 000 in Malaya und 35 000 in Burma, insgesamt 134 000, die Amerikaner auf 31 000 Mann in den Philippinen und dazu etwa 110 000 Filipinos, die Holländer auf 25 000 Mann reguläre Truppen und 40 000 Mann Miliz. Oberflächlich gesehen, erscheint der Beginn einer so weitreichenden Offensive mit so bescheidenen Kräften wie ein riskantes Glücksspiel. Aber in Wahrheit war es ein genau berechnetes Spiel, da die Beherrschung des Meeres und der Luft den Japanern in der Regel die Überlegenheit an Ort und Stelle garantieren würde; dazu kam ihre überlegene Erfahrung und Ausbildung, insbesondere auf dem Gebiet von amphibischen Landungen, Dschungelkämpfen und Nachtangriffen.

Was die Stärke der Luftwaffe betrifft, so setzten die Japaner nur 700 ihrer Gesamtzahl von 1500 Heeresflugzeugen der ersten Linie für diesen Feldzug ein; aber sie wurden verstärkt durch 480 Flugzeuge der Marine, und zwar der auf Formosa stationierten 11. Luftwaffe, und außerdem die 360 Flugzeuge, die für den Angriff auf Pearl Harbor abgestellt waren. Ursprünglich waren die Flugzeugträger dazu bestimmt worden, für die Operation im Süden Luftwaffenschutz zu stellen. Aber im November, knapp vier Wochen vor Kriegsausbruch, wurde die Reichweite der »Null«-Jäger, die den dort verfügbaren alliierten Jägern überlegen waren, so sehr erhöht, daß sie die 700 Kilometer von Formosa bis zu den Philippinen und wieder zurück fliegen konnten. Dadurch wurden die Flugzeugträger für den Pearl-Harbor-Angriff frei.

Diesen starken japanischen Luftwaffeneinheiten standen 307 einsatzfähige amerikanische Flugzeuge auf den Philippinen gegenüber, einschließlich 35 »B 17«-Langstreckenbombern, während die übrigen zweitrangiger Qualität waren; ferner 158 britische Flugzeuge der ersten Linie in Malaya, meist ältere Typen, und 144 holländische Flugzeuge in Niederländisch-Indien. In Burma besaßen die Briten damals nur 37 Jäger. Die japanische Überlegenheit an Zahl wurde ergänzt durch überlegene Qualität – insbesondere der »Null«-Jäger.

Die Japaner verdankten auch viel der Entwicklung von Methoden der amphibischen Kriegführung, die für ein so riesiges ozeanisches Gebiet mit vielen Inseln und Meerbusen entscheidend war.

Ihre einzige ernsthafte Schwäche war ihre relativ kleine Handelsmarine von wenig mehr als 6 Millionen t, aber dies wurde erst in einem späteren Stadium des Krieges ein entscheidendes Handicap.

Alles in allem begannen die Japaner den Krieg mit Vorteilen auf der ganzen Linie. In der ersten Phase war die einzige echte Gefahr für sie die Möglichkeit einer schnellen Intervention der amerikanischen Pazifik-Flotte; aber diese Gefahr schalteten sie durch ihren Angriff auf Pearl Harbor aus.

Ein weiterer Faktor, der bei einem Kräftevergleich selten genügend gewürdigt wird, ist der Nachrichtendienst. Im großen und ganzen waren die Japaner auf diesem Gebiet stark, dank ihres langen und sorgfältigen vorherigen Studiums der betreffenden Gebiete – aber die Alliierten besaßen einen riesigen Vorteil dadurch, daß die Amerikaner im Sommer 1940 den japanischen diplomatischen Kode entziffert hatten (eine Leistung von Oberst William F. Friedman). Von da an konnten alle geheimen Meldungen des japanischen Außenministeriums und des Oberkommandos von den Amerikanern mitgelesen werden, und während der Verhandlungen vor Kriegsausbruch kannten sie immer die letzten Vorschläge aus Tokio, noch ehe sie ihnen vorgelegt wurden. Obwohl die Amerikaner schließlich in Pearl Harbor überrascht wurden, war ihre Kenntnis der japanischen Kode ein großer grundlegender Vorteil und wurde immer wichtiger, je besser die Amerikaner ihn auszunutzen lernten.

Die japanische Strategie war auf ein doppeltes, sowohl defensives wie offensives, Ziel ausgerichtet: die Sicherung der Ölzufuhr, die ihnen gestatten würde, China zu besiegen, das gleichzeitig dadurch seinerseits von jeder Zufuhr abgeschnitten sein würde, die es zu weiterem Widerstand brauchte. Wenn sie dabei auch Gefahr liefen, Amerika herauszufordern, eine Weltmacht mit einem dem japanischen weit überlegenen Potential, so wurden die japanischen Führer ermutigt durch den Lauf der Ereignisse in Europa, wo die Achse jetzt fast das ganze Festland beherrschte und Sowjetrußland durch Hitlers Angriff so hart bedrängt wurde, daß es kaum im Fernen Osten intervenieren konnte. Wenn die Japaner ihren Traum verwirklichten, einen konzentrischen Verteidigungsring von den Alëuten im Norden bis Burma im Süden aufzubauen, dann, so hofften sie, würden die Vereinigten Staaten nach vergeblichen Versuchungen, den Ring zu durchbrechen, sich schließlich mit Japans Eroberungen und der Schaffung der sogenannten »Großen Ostasiatischen Wohlstandssphäre« abfinden. Dieser Plan hatte eine gewisse Ähnlichkeit mit Hitlers Konzeption der Schaffung eines großen Verteidigungsrings von Archangelsk bis Astrachan.

Der ursprüngliche japanische Plan war gewesen, zuerst die Philippinen zu erobern, dann den amerikanischen Versuch einer Rückeroberung abzuwarten, den man auf dem Wege über die Mandats-Inseln erwartete, und die eigenen Kräfte zur Abwehr dieses Versuches zu konzentrieren. Im Rahmen dieses Dreistufenplanes rechneten die Japaner mit der Eroberung der Philippinen in 50 Tagen, Malayas in 100 und des ganzen Niederländisch-Indien in 150 Tagen. Doch im August 1939 wurde Admiral Yamamoto, ein leidenschaftlicher Befürworter der Flugzeugträger, zum Oberbefehlshaber der Vereinigten Kriegsmarine ernannt; er erkannte scharfsinnig die Notwendigkeit eines sofortigen Überraschungsschlages zur Lähmung der amerikanischen Pazifik-Flotte – die er »einen gegen die Kehle Japans gerichteten Dolch« nannte – und zur Verzögerung amerikanischer Gegenaktionen. Widerwillig und zweifelnd akzeptierte der japanische Admiralstab seine Argumente.

Das Problem dieses Eröffnungsangriffes wurde kompliziert durch die Zeitdifferenz – Sonntag, der 7. Dezember, in Hawaii war Montag, der 8. Dezember in Malaya. Es wurde dann vereinbart, daß sämtliche großen Operationen zwischen 17.15 und 19 Uhr Greenwich Mean Time beginnen und alle Angriffe am frühen Morgen nach Ortszeit stattfinden sollten.

Auf amerikanischer Seite hatte man es lange für politisch mißlich angesehen, die Philippinen aufzugeben; doch das militärische Argument, daß es unmöglich sei, diese 8000 Kilometer von Pearl Harbor entfernten Inseln zu verteidigen, hatte die Oberhand gewonnen. So sah der Plan nur vor, einen Stützpunkt auf der stark befestigten Halbinsel Bataan in der Nähe der Hauptstadt Manila zu behaupten. Im August 1941 wurde jedoch der Plan geändert und der Beschluß gefaßt, die ganzen Philippinen zu verteidigen.

Ein wichtiger Faktor bei diesem Beschluß war der Druck von General Douglas MacArthur, der seit 1935 militärischer Berater der philippinischen Regierung gewesen war und Ende Juli 1941 als Oberbefehlshaber im Fernen Osten in den aktiven Dienst der US-Armee zurückkehrte; Präsident Roosevelts hohe Meinung von MacArthurs Urteil hatte sich schon früher darin gezeigt, daß er 1934 seine vierjährige Amtszeit als Stabschef der US-Armee um ein Jahr verlängerte. Ein weiterer Faktor war, daß Roosevelt zu der Überzeugung gekommen war, seit Deutschland so sehr in Rußland gebunden sei, könne er es sich leisten, gegenüber Japan einen härteren Kurs zu steuern – wie er es dann mit der Verhängung des Ölembargos tat. Ein dritter Faktor war der Optimismus, den die Indienststellung der neuen »B 17«-Langstreckenbomber erzeugt hatte – sie würden, so hoffte man, nicht nur Formosa, sondern auch Japan selbst entscheidend treffen können. Japan jedoch schlug zu, bevor eine nennenswerte Zahl von »B 17«-Bombern die amerikanische Luftwaffe auf den Philippinen verstärkt hatte. Schließlich wurde eines von den amerikanischen Stabschefs nie ernsthaft in Rechnung gestellt: ein japanischer Angriff auf Pearl Harbor.

KAPITEL 17

JAPANS EROBERUNGEN

Die Ausführung des Pearl-Harbor-Angriffsplanes verdankte dem Durchsetzungsvermögen Admiral Yamamotos ebensoviel wie schon seine Annahme. Viele Monate lang traf von den geschulten Abwehroffizieren der Kriegsmarine, die dem japanischen Konsulat in Honolulu zugeteilt waren, ein Strom von Informationen vor allem über die amerikanischen Schiffsbewegungen ein. In der japanischen Kriegsmarine selbst wurden die Besatzungen von Schiffen und Flugzeugen intensiv für die Operation und ihre Durchführung in verschiedenen Wetterverhältnissen geschult; die Bomberbesatzungen unternahmen mindestens 50 Übungsflüge.

Wie bereits erwähnt, kam dem Plan die vor kurzem erfolgte Vergrößerung der Reichweite der »Null«-Jäger sehr zugute; sie befreite den Flugzeugträgerverband von der Notwendigkeit, bei den Operationen im Südwestpazifik mitzuhelfen. Ferner profitierte der Plan von den Lehren des britischen Angriffs auf Tarent im November 1940, wo es der britischen Marineluftwaffe gelungen war, mit nur 21 Torpedobombern drei italienische Schlachtschiffe zu versenken, die in einem stark befestigten Hafen lagen. Doch auch damals war es nicht für möglich gehalten worden, aus der Luft abgeschossene Torpedos in Gewässer zu lenken, die weniger als etwa 23 Meter tief waren – etwa die Durchschnittstiefe des Hafens von Tarent –, und Pearl Harbor wurde daher als nicht durch solche Angriffe gefährdet angesehen, da der Hafen dort nur 10 bis 15 Meter tief war. Im Laufe des Jahres 1941 hatten aber die Briten auf Grund ihrer Erfahrungen bei Tarent gelernt, Lufttorpedos auch im Wasser abzuschießen, das nur knapp 12 Meter tief war, indem sie die Torpedos mit hölzernen Flossen versahen, die verhinderten, daß sie sich überschlugen und sich in dem seichten Meeresboden festsetzten. – Als die Japaner über ihre Botschaften in Rom und London von diesen Einzelheiten erfuhren, fühlten sie sich ermuntert, ähnliche Versuche zu unternehmen. Um den geplanten Angriff noch wirksamer zu machen, wurden außerdem ihre Bomber mit 37-cm- und 40-cm-Geschossen ausgerüstet, die Panzer brechen konnten und mit Flossen ausgestattet waren, so daß sie wie Bomben herunterfielen. Wenn man sie vertikal von oben abwarf, konnte keine Deckpanzerung ihnen widerstehen.

Die amerikanische Pazifikflotte hätte die Gefahr eines Angriffs im Stil von Tarent abwehren können, indem sie ihre größeren Schiffe mit Anti-Torpedo-Netzen ausrüstete; diese Möglichkeit machte den Japanern Sorge. Aber ihr Oberbefehlshaber, Admiral Husband E. Kimmel, war ebenso wie das Marineministerium der Meinung, die damals üblichen schwerfälligen Netze wären ein zu großes Hindernis für schnelle Bewegungen der Schiffe und für deren Bootsverkehr. Wie die Ereignisse zeigten, verurteilte diese Entscheidung die Flotte in Pearl Harbor zum Untergang.

Das Datum des Angriffes wurde durch eine Kombination verschiedener Faktoren bestimmt. Die Japaner wußten, daß Admiral Kimmel seine Flotte immer zum Wochenende nach Pearl Harbor zurückbrachte und daß die Schiffe dann nicht voll bemannt waren, was die Wirkung eines Überraschungsangriffes verstärken mußte. So lag ein Sonntag als Datum nahe.

Nach Mitte Dezember würde das Wetter für amphibische Landungen in Malaya und auf den Philippinen ungünstig sein, da dann der Monsun auf seinem Höhepunkt war; dies würde auch das Auftanken des Angriffsverbandes auf hoher See erschweren. Am 8. Dezember (Tokioer Zeit), einem Sonntag in Hawaii, würde es dort kein Mondlicht geben, und der schützende Mantel der Dunkelheit wäre für einen Überraschungangriff von Vorteil. Außerdem würden die Gezeiten dann für eine Landung in Hawaii günstig sein — ein Plan, der ursprünglich erwogen, aber dann fallengelassen wurde, weil es an Truppentransportern mangelte und das Herannahen einer großen Invasionsflotte vermutlich entdeckt worden wäre.

Bei der Auswahl des Weges für den Angriffsverband wurden drei Möglichkeiten erörtert. Die eine war die südliche Route über die Marshall-Inseln, die zweite war eine mittlere Route über die Midway-Inseln. Diese beiden Wege waren die kürzeren; aber sie

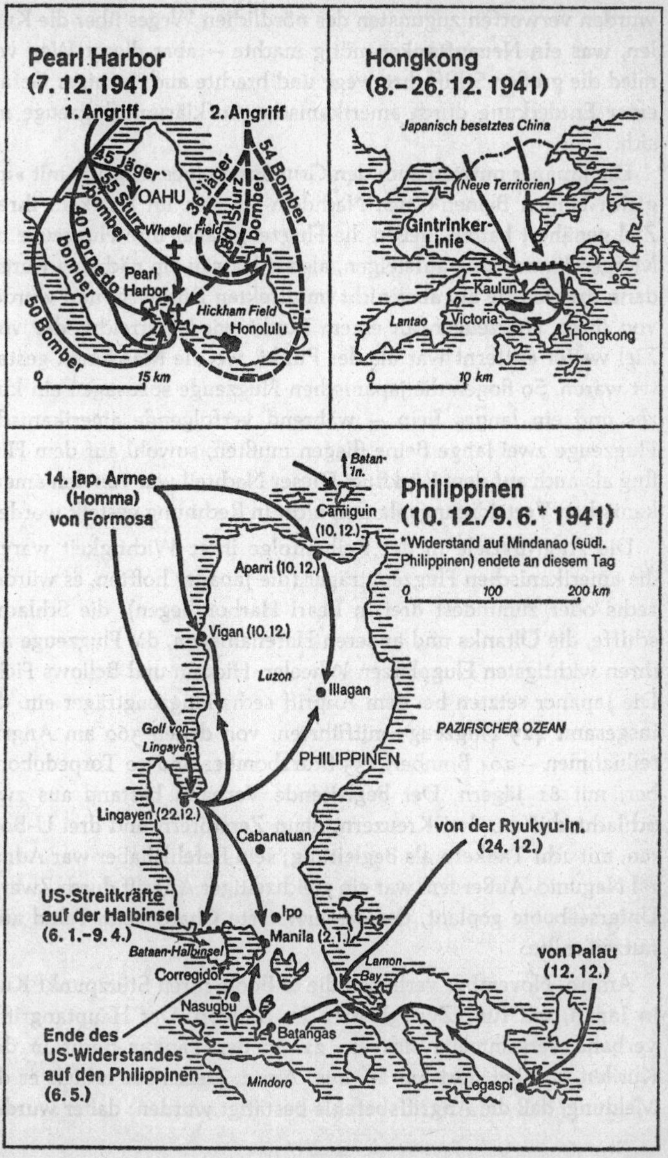

Pearl Harbor
(7. 12. 1941)
1. Angriff
2. Angriff
45 Jäger
55 Sturzbomber
40 Torpedobomber
50 Bomber
36 Jäger
80 Sturzbomber
54 Bomber
OAHU
Wheeler Field
Pearl Harbor
Hickham Field
Honolulu
0
15 km
Hongkong
(8.–26. 12. 1941)
Japanisch besetztes China
(Neue Territorien)
Gintrinker-Linie
Kaulun
Lantao
Victoria
Hongkong
0
10 km
14. jap. Armee
(Homma)
von Formosa
Batan-In.
Camiguin
(10. 12.)
Philippinen
(10. 12./9. 6.* 1941)
*Widerstand auf Mindanao (südl. Philippinen) endete an diesem Tag
Aparri (10. 12.)
0
100
200 km
Vigan (10. 12.)
Luzon
Illagan
Golf von Lingayen
PAZIFISCHER OZEAN
PHILIPPINEN
Lingayen (22. 12.)
Cabanatuan
von der Ryukyu-In.
(24. 12.)
US-Streitkräfte
auf der Halbinsel
(6. 1.–9. 4.)
Ipo
Manila (2. 1.)
Bataan-Halbinsel
Corregidor
Lamon Bay
von Palau
(12. 12.)
Nasugbu
Batangas
Ende des
US-Widerstandes
auf den Philippinen
(6. 5.)
Mindoro
Legaspi

wurden verworfen zugunsten des nördlichen Weges über die Kurilen, was ein Neuauftanken nötig machte — aber dieser Weg vermied die großen Schiffahrtswege und brachte auch weniger Gefahr einer Entdeckung durch amerikanische Aufklärungsflugzeuge mit sich.

Die Japaner nutzten auch den Grundsatz eines Angriffs mit »ungleich langen Beinen« aus. Nachdem sie sich im Dunkeln ihrem Ziel genähert hatten, ließen die Flugzeugträger ihre Flugzeuge bei Morgendämmerung aufsteigen, als sie Hawaii am nächsten waren; dann drehten sie ab, aber nicht im direkten Rückweg, und wurden von ihren Flugzeugen an einem Punkt wieder erreicht, der vom Ziel weiter entfernt war als der Punkt, wo die Maschinen gestartet waren. So flogen die japanischen Flugzeuge sozusagen ein kurzes und ein langes Bein — während verfolgende amerikanische Flugzeuge zwei lange Beine fliegen mußten, sowohl auf dem Hinflug als auch auf dem Rückflug. Dieser Nachteil war von den amerikanischen Verteidigungsplanern nicht in Rechnung gestellt worden.

Die Angriffsziele in der Reihenfolge ihrer Wichtigkeit waren: die amerikanischen Flugzeugträger (die Japaner hofften, es würden sechs oder zumindest drei in Pearl Harbor liegen), die Schlachtschiffe, die Öltanks und anderen Hafenanlagen, die Flugzeuge auf ihren wichtigsten Flugplätzen Wheeler, Hickam und Bellows Field. Die Japaner setzten bei dem Angriff sechs Flugzeugträger ein, die insgesamt 423 Flugzeuge mitführten, von denen 360 am Angriff teilnahmen — 104 Bomber, 135 Sturzbomber und 40 Torpedobomber, mit 81 Jägern. Der begleitende Verband bestand aus zwei Schlachtschiffen, drei Kreuzern, neun Zerstörern und drei U-Booten, mit acht Tankern als Begleitung; sein Befehlshaber war Admiral Nagumo. Außerdem war ein gleichzeitiger Angriff durch Zwerg-Unterseeboote geplant, der das erwartete Chaos beim Feind ausnutzen sollte.

Am 19. November verließen die U-Boote ihren Stützpunkt Kure in Japan, mit fünf Zwergbooten im Schlepp. Der Hauptangriffsverband versammelte sich am 22. in der Tankan-Bucht in den Kurilen und lief dort am 26. aus. Am 2. Dezember erhielt er die Meldung, daß die Angriffsbefehle bestätigt wurden; daher wurden die Schiffe jetzt verdunkelt. Doch auch danach blieb der Vorbehalt in Kraft, daß das ganze Unternehmen aufgegeben würde, falls der Flottenverband vor dem 6. Dezember entdeckt oder falls in Washington eine Einigung in letzter Minute erzielt werden sollte. Am 4. Dezember erfolgte das letzte Auftanken, und die Geschwindigkeit wurde von 13 auf 25 Seemeilen erhöht.

Auf dem Wege über Tokio erreichten den Verband ständig Nachrichten des japanischen Konsulats in Honolulu; daher waren die Befehlshaber enttäuscht, als am 6., am Vorabend des Angriffs, in Pearl Harbor keine Flugzeugträger gemeldet wurden. (Einer befand sich an der kalifornischen Küste, ein anderer überführte Bomber nach Midway, ein dritter hatte gerade Jäger nach Wake überführt, und drei befanden sich im Atlantik.) Jedoch wurden acht Schlachtschiffe in Pearl Harbor gemeldet, obendrein ohne Torpedonetze, und so beschloß Admiral Nagumo weiterzufahren. Am nächsten Morgen zwischen 6.00 und 7.15 Uhr Hawaii-Zeit stiegen die Flugzeuge auf, gut 400 Kilometer nördlich von Pearl Harbor.

Es gab zwei Warnungen in letzter Stunde, die den Ablauf der Dinge hätten ändern können. Die erste war, daß seit 3.55 Uhr mehrfach das Herannahen der japanischen U-Boote entdeckt wurde; ein U-Boot wurde gegen 7 Uhr morgens von amerikanischen Zerstörern, ein anderes von Marineflugzeugen versenkt. Dann entdeckte bald nach 7 Uhr die nördlichste der sechs amerikanischen Radar-Stationen auf Hawaii das Herannahen eines starken Verbands von Flugzeugen, offensichtlich über hundert. Aber diese wurden von der Auswertungszentrale als amerikanische »B 17«-Bomber gedeutet, die man aus Kalifornien erwartete – obwohl es sich bei den »B 17« nur um zwölf Maschinen handelte und sie von Osten und nicht von Norden kommen mußten.

Der japanische Angriff begann um 7.55 Uhr und dauerte bis 8.25 Uhr; dann griff um 8.40 Uhr eine zweite Welle von Sturzbombern und Bombern an. Aber die Torpedobomber der ersten Welle waren die entscheidenden gewesen.

Von den acht amerikanischen Schlachtschiffen wurden die »Arizona«, Oklahoma«, »West Virginia« und »California« versenkt;

die »Maryland«, »Nevada«, »Pennsylvania« und »Tennessee« wurden schwer beschädigt (die »Nevada« lief auf Grund, und die »California« wurde später gehoben). Ferner wurden drei Zerstörer und vier kleinere Schiffe versenkt, drei leichte Kreuzer und ein Versorgungsschiff für Marineflugzeuge schwer beschädigt. 188 amerikanische Flugzeuge wurden zerstört und 63 beschädigt. Von den japanischen Flugzeugen wurden nur 29 abgeschossen und 70 beschädigt – versenkt wurden die fünf Zwerg-Unterseeboote bei ihrem Angriff, der ein völliger Fehlschlag war. Die amerikanischen Verluste betrugen 3435 Tote und Verwundete; die japanischen Verlustzahlen sind ungewiß, aber die Zahl der Toten lag unter hundert.

Die zurückkehrenden Flugzeuge landeten zwischen 10.30 und 13.30 Uhr auf ihren Trägern. Am 23. Dezember kehrte der Hauptverband wieder nach Japan zurück.

Der große Angriff brachte Japan drei entscheidende Vorteile: Die amerikanische Pazifik-Flotte war praktisch außer Gefecht gesetzt, die Operationen im Südwestpazifik waren jetzt gegen amerikanische Einmischung abgesichert, und der Angriffsverband von Pearl Harbor konnte jetzt zur Unterstützung dieser Operationen eingesetzt werden. Die Japaner hatten dadurch Zeit gewonnen, ihren Verteidigungsring aufzubauen und zu erweitern.

Auf der Passivseite stand, daß der Schlag die amerikanischen Flugzeugträger, sein Hauptziel, verfehlt hatte – dies war für die Zukunft ein entscheidender Faktor. Er hatte ferner die Öltanks und andere wichtige Einrichtungen verfehlt, deren Zerstörung das amerikanische Comeback im Pazifik stark verzögert hätte, da Pearl Harbor die einzige voll ausgebaute Marinebasis war. Und da der Angriff als eine Überraschung erfolgt war, offenkundig ohne vorherige Kriegserklärung, erregte er in Amerika so große Empörung, daß sich die öffentliche Meinung geschlossen hinter Präsident Roosevelt und gegen Japan stellte.

Es war eine Ironie, daß die Japaner geplant hatten, sich in den Grenzen der Legalität zu halten und trotzdem den Überraschungseffekt auszunutzen – mit anderen Worten so nahe an die Grenze des Völkerrechtsbruches zu gehen, wie sie konnten, ohne diese

Grenze zu überschreiten. Ihre Antwort auf die amerikanischen Forderungen vom 26. November sollte am späten Abend des Samstag, 6. Dezember, dem japanischen Botschafter in Washington übermittelt und von diesem am Sonntag, 13 Uhr – 7.30 Uhr Hawaii-Zeit –, der US-Regierung übergeben werden. Dies würde den USA eine minimale Chance – etwa eine halbe Stunde – geben, ihre militärischen Dienststellen in Hawaii und anderswo zu benachrichtigen, daß der Krieg da sei; aber man könnte es noch gerade als völkerrechtlich korrekt bezeichnen. Jedoch infolge der Länge der japanischen Note (5000 Worte) und verzögerter Entschlüsselung in der japanischen Botschaft war sie nicht vor 14.20 Uhr Washingtoner Zeit zur Übergabe fertig – das heißt etwa 35 Minuten nach Beginn des Angriffs auf Pearl Harbor.

Trotzdem war das Ausmaß der amerikanischen Empörung über das barbarische Verhalten der Japaner und ihren Überraschungsangriff im Lichte der Geschichte erstaunlich. Denn der japanische Angriff hatte einen genauen Präzedenzfall in dem japanischen Angriff auf die russische Flotte bei Port Arthur. Im August 1903 hatten zwischen Japan und Rußland Verhandlungen über eine Regelung ihrer Differenzen im Fernen Osten begonnen; aber nach 5 1/2 Monaten kam die japanische Regierung zu dem Schluß, daß die russische Haltung keine Möglichkeit einer befriedigenden Regelung bot, und am 4. Februar 1904 beschloß sie, Gewalt anzuwenden. Am 6. wurden die Verhandlungen abgebrochen – aber ohne Kriegserklärung.

Die japanische Flotte unter Admiral Togo lief insgeheim in Richtung Port Arthur, der russischen Marinebasis, aus. In der Nacht zum 8. griffen Togos Torpedoboote das in Port Arthur vor Anker liegende russische Geschwader überraschend an. Sie versenkten zwei seiner besten Schlachtschiffe und einen Kreuzer – mit dem Erfolg, daß von da an die japanische Überlegenheit zur See im Fernen Osten hergestellt war. Erst am 10. erfolgte die japanische Kriegserklärung und gleichzeitig die russische.

Die damalige Haltung Großbritanniens, das zwei Jahre vorher ein Bündnis mit Japan abgeschlossen hatte, war ein seltsamer Gegensatz zu der Art und Weise, wie man 37 Jahre später die amerikanische Verdammung des japanischen Verhaltens nachbetete. Die »Times« schrieb im Februar 1904 in einem Leitartikel:

»Die japanische Kriegsmarine hat dank dem mannhaften Entschluß des Mikado und seiner Berater die Initiative ergriffen und den Krieg mit einem kühnen Akt eröffnet ... Dank seiner Lage an der äußeren Reede war das russische Geschwader einem Angriff ausgesetzt und lud direkt dazu ein. Diese Einladung wurde mit einer Promptheit und Pünktlichkeit angenommen, die der Kriegsmarine unserer tapferen Verbündeten alle Ehre macht ... Die moralische Wirkung verspricht gewaltig zu werden und wird wohl den ganzen weiteren Verlauf des Krieges bestimmen ... Durch diesen tapferen Akt hat die japanische Marine den Vorteil ausgenutzt, den kluge Staatskunst ihr geboten hat, und sich zum Herrn der Lage gemacht.«

Auch der Artikel über Japan in der »Encyclopaedia Britannica« lobt Japan dafür, daß es die Waffen gegen »eine militärische Diktatur und eine Politik eigennütziger Beschränkungen« ergriffen hat.

Am 21. Oktober 1904 wurde Admiral Sir John Fisher zum Ersten Seelord ernannt. Er begann sofort, König Eduard VII. und mehreren einflußreichen Politikern den Vorschlag zu machen, die wachsende Gefahr der ständig zunehmenden deutschen Flotte auszuschalten, indem man sie »kopenhagene«, d. h. durch einen plötzlichen Angriff ohne vorherige Kriegserklärung. Er ging sogar so weit, für diesen Plan Propaganda zu machen. Seine ständige Befürwortung solcher Absichten kam natürlich zu den Ohren der deutschen Regierung und wurde dort natürlich ernster genommen als in englischen politischen Kreisen.

Es ist nicht klar, ob Admiral Fishers Vorschläge schon vor dem Erfolg des japanischen Coups bei Port Arthur gemacht wurden. Aber auch der Gewaltschlag, mit dem Nelson ohne Kriegserklärung die dänische Flotte bei Kopenhagen vernichtete, war ein fester Bestandteil der britischen Seegeschichte und jedem Seemann vertraut. Togo hatte als junger Marineoffizier sieben Jahre zum Studium in England verbracht. Daher mag der Einfluß von Nelsons Coup bei Kopenhagen auf Togos Aktion von 1904 ebenso groß gewesen sein wie der Einfluß von Togos Aktion auf Fishers Vorschlag.

Für die Amerikaner aber war trotz der Lehren der Geschichte der Angriff auf Pearl Harbor eine so große Überraschung, daß der Schock nicht nur in weitesten Kreisen zu schärfster Kritik an der Regierung, vor allem an Präsident Roosevelt führte, sondern auch zu einem Verdacht, daß nicht nur Blindheit und momentane Verwirrung, sondern makabrere Faktoren für die Katastrophe verantwortlich seien. Ein solcher Verdacht entstand bei Roosevelts Kritikern und politischen Gegnern und hat sich lange gehalten.

Doch wenn es auch klar ist, daß der Präsident seit langem nach einem Weg suchte, um Amerika in den Krieg gegen Hitler hineinzuführen, so genügt die nachweisliche Selbstgefälligkeit und Fehlkalkulation bei den Stäben von Armee und Marine, um die Argumente amerikanischer »revisionistischer« Historiker zu widerlegen, Roosevelt habe zu diesem Zweck die Katastrophe von Pearl Harbor manipuliert, und sie überwiegt auch die dürftigen Beweise, auf die man einen solchen Verdacht zu stützen versucht hat.

Der Fall Hongkongs

Der schnelle Verlust dieses britischen Außenpostens im Fernen Osten war ein denkbar klares Beispiel dafür, wie strategische Erwägungen ebenso wie der gesunde Menschenverstand umsonst vermeidlichen Prestigerücksichten geopfert werden[1]. Selbst die Japaner haben niemals eine solche Torheit begangen, nur um »das Gesicht zu wahren«, wie Großbritannien in diesem Fall. Hongkong war offensichtlich der schwache Punkt der britischen Position und

1 Im März 1935 bat mich General Dill, der neue Leiter der Operations- und Nachrichtenabteilung, zum Kriegsministerium zu einer Besprechung über gegenwärtige und künftige Verteidigungsprobleme zu kommen. Die Diskussion drehte sich um den Fernen Osten und vor allem um die Frage, ob man versuchen solle, im Falle eines Krieges mit Japan, Hongkong zu verteidigen. Eine Tagebuchnotiz vom gleichen Abend lautete: »Ich erklärte, und er schien der gleichen Meinung zu sein, es sei besser, den Verlust Hongkongs zu riskieren, indem man es zu schwach verteidigt, als es so sehr zu verstärken, daß es zu einem moralischen Verdun oder Port Arthur wird, was im Fall seines Verlustes unser Prestige schwer schädigt.

seiner Lage nach weit schwerer zu verteidigen als Singapur. Dieser Inselhafen nahe der Küste Chinas war nur gut 600 Kilometer von den japanischen Luftwaffenstützpunkten auf Formosa entfernt, dagegen 2500 Kilometer von dem britischen Flottenstützpunkt Singapur.

In einer Studie über die strategische Gesamtsituation Anfang 1937 hatten die britischen Stabchefs Japan nach Deutschland an die zweite Stelle als potentiellen Feind gesetzt und Singapur nach Großbritannien selbst zur Schlüsselposition erklärt, von der das Überleben des britischen Commonwealth abhinge. Sie gaben deswegen die Meinung zu Protokoll, daß keine Rücksicht auf die britischen Interessen im Mittelmeer die Entsendung einer starken Flotte nach Singapur verhindern dürfe. Bei der Erörterung Hongkongs waren sie der Meinung, bis zu einer Entsetzung im Falle eines feindlichen Angriffs würden mindestens 90 Tage vergehen, und erklärten weiter, selbst wenn eine verstärkte Garnison die Kolonie halten könne, würde der Hafen durch die von Formosa aus operierende japanische Luftwaffe neutralisiert werden. Doch optimistischer und weniger realistisch, als es die Tatsachen erlaubten, lehnten sie die logische Schlußfolgerung ab mit der Begründung, eine Evakuierung der Garnison würde einen hohen Prestigeverlust bedeuten und China bei seinem Widerstand gegen die Japaner entmutigen. Die Schlußfolgerung der Stabschefs lautete: »Hongkong sollte als ein wichtiger, wenn auch nicht lebenswichtiger Außenposten betrachtet werden, der so lange wie möglich verteidigt werden muß.« Diese Schlußfolgerung war das Todesurteil für die Garnison.

Zwei Jahre später, Anfang 1939, führte ein neuer Überblick über die Lage zur gleichen Schlußfolgerung; doch wies sie eine sehr wichtige Änderung auf, indem sie der Sicherheit des Mittelmeeres vor der des Fernen Ostens den Vorrang gab. Dies machte die Verteidigung Hongkongs noch hoffnungsloser, um so mehr, als inzwischen eine japanische Expeditionstruppe nördlich und südlich von Hongkong auf dem chinesischen Festland fest etabliert war, dadurch die britische Besitzung isolierte und der Gefahr eines Landangriffes aussetzte.

Im August 1940 wurde nach dem Zusammenbruch Frankreichs

die Gesamtsituation erneut untersucht, und zwar von einem neuen Team von Stabschefs, in dem Dill, jetzt Chef des Empire-Generalstabes, die Armee vertrat. Diesmal erkannten sie die Tatsache, daß Hongkong nicht zu verteidigen war, und empfahlen den Abzug der Garnison – damals nur vier Bataillone. Ihre Ansicht wurde vor dem Kriegskabinett unter Vorsitz Churchills akzeptiert. Aber nichts geschah, um diese Empfehlung in die Tat umzusetzen. Im Gegenteil, ein Jahr später fielen die Stabschefs wieder um und rieten Churchill, das Angebot der kanadischen Regierung zur Verstärkung der Garnison um zwei Bataillone anzunehmen – ein Angebot, das durch die optimistische Ansicht von Generalmajor A. E. Grasett, eines Kanadiers, ausgelöst wurde, der nach Beendigung seines Kommandos in Hongkong auf dem Rückweg nach England dem Chef des kanadischen Generalstabes erklärt hatte, eine solche Verstärkung würde den Platz stark genug machen, einen längeren Angriff auszuhalten. Als sie die Annahme dieses Angebots empfahlen, äußerten die britischen Stabschefs die Meinung, selbst im schlimmsten Fall werde dies der Garnison erlauben, die Insel »in würdigerer Form« zu verteidigen. Dies war wieder ein reines Prestigeargument. Am 27. Oktober 1941 schifften sich dann die zwei kanadischen Bataillone nach Hongkong ein – und vergrößerten damit das nutzlose Opfer um fast die Hälfte.

Am 8. Dezember eröffneten die Japaner ihren Angriff vom Festland aus mit einer gut ausgerüsteten Streitmacht von fast einer Division (12 Bataillone) mit reichlicher Unterstützung durch Luftwaffe und Artillerie. Am nächsten Tag zogen sich die Briten auf die sogenannte »Gintrinker-Linie« auf der Halbinsel Kaulun zurück, und am Morgen des 10. wurde auf dieser Halbinsel eine entscheidende Stellung von den Japanern genommen. Dies führte zur baldigen Aufgabe der »Gintrinker-Linie« und zum Rückzug auf die Insel Hongkong, als die Japaner noch ihren Angriff auf diese Linie vorbereiteten.

Die ersten japanischen Versuche, die Meerenge zu überqueren, wurden abgewiesen; aber sie dienten dazu, die Kräfte der Verteidiger zu verzetteln. Dann landete in der Nacht vom 18. auf den 19. die japanische Hauptstreitmacht in der Nordostecke der Insel, und ihr konzentrierter Angriff stieß bald bis zur Deep Water Bay im Süden durch und spaltete die Verteidigung in zwei Hälften. Die eine Hälfte kapitulierte am Weihnachtsabend, die andere folgte am nächsten Vormittag. Trotz der Verstärkung hatte sich Hongkong nur knapp 18 Tage gehalten – ein Fünftel der erwarteten Zeit. Die Japaner hatten dabei weniger als 3000 Mann verloren, aber die gesamte verstärkte Garnison von fast 12 000 Mann gefangengenommen. Der Verlust Hongkongs erfolgte im hundertsten Jahr seiner Besetzung und im 99. Jahr seiner formellen Abtretung durch China.

Der Fall der Philippinen

Um 2.30 Uhr morgens des 8. Dezember 1941 erreichte und alarmierte die Nachricht von dem japanischen Angriff auf Pearl Harbor das amerikanische Oberkommando auf den Philippinen. Zwar verzögerte Morgennebel auf Formosa den geplanten japanischen Luftangriff auf die Inseln. Aber dies erwies sich als ein Vorteil für die Japaner. Denn auf amerikanischer Seite bestand Unklarheit – deren Ursachen noch heute umstritten sind –, ob die B-17-Bomber Formosa als sofortige Angriffsaktion bombardieren sollten. Infolgedessen erhielten sie den Befehl, über der großen Insel Luzon in der Luft zu bleiben, um nicht am Boden von einem Angriff getroffen zu werden. Um 11.30 Uhr landeten sie dann, um sich für ihren Angriffsflug zu rüsten – gerade als die verspäteten japanischen Bomber über ihren Köpfen erschienen. Wegen des mangelhaften amerikanischen Warnsystems wurden an diesem ersten Kriegstag die meisten amerikanischen Flugzeuge außer Gefecht gesetzt, vor allem die B-17-Bomber und die modernen P-40-E-Jäger. Die Waagschale der Luftwaffe schlug damit zugunsten der Japaner aus, die von da an mit ihren 190 Heeresflugzeugen und 300 Marineflugzeugen, die von Formosa aus operierten, die Luft beherrschten. Am 17. wurden die zehn übriggebliebenen B-17 nach Australien zurückgezogen. Auch von Admiral Harts Verband mit dem prätentiösen Namen »Asiatische Flotte« wurden die wenigen Überwasserschiffe abgezogen, und nur die 29 U-Boote blieben in dem Raum zurück.

Was die Landstreitkräfte betrifft, so hatte MacArthur im Gegensatz zu der auf sein eigenes Drängen zurückgehenden Entscheidung, die ganzen Philippinen zu verteidigen, klugerweise den größten Teil seiner 31 000 Mann regulärer Truppen (Amerikaner und Filipinos) in der Nähe von Manila zusammengezogen, so daß die ausgedehnten Küsten nur von Filipino-Truppen zweiter Ordnung, nominell insgesamt etwa 110 000 Mann, geschützt wurden. Diese Entscheidung war strategisch richtig, aber sie bedeutete natürlich, daß die Japaner wenig Schwierigkeiten hatten zu landen, wo immer sie wollten.

Die Operation war der japanischen 14. Armee unter General Homma anvertraut worden. Er setzte 57 000 Mann bei den Landungen und den ersten Landoperationen ein. Diese Zahl war relativ nicht allzu groß; um so mehr kam es auf die Überraschung und auf die Luftüberlegenheit an. Die Japaner mußten auch schnell einige entlegene Inseln und schwach verteidigte Küstenstriche besetzen, um dort Flugplätze für ihre Heeresflugzeuge geringerer Reichweite zu bauen.

Schon am ersten Tag besetzten sie die Hauptinsel der Batan-Gruppe, 190 Kilometer nördlich von Luzon, und am 10. machten sie einen Sprung auf die Insel Camigain, die nördlich an Luzon anschloß. Am gleichen Tag landeten zwei andere Einheiten an der Nordküste von Luzon selbst, und am 12. landete eine vierte, die von den Palau-Inseln kam, ohne Widerstand am Südostende der Insel. Dies ebnete den Weg für die Hauptlandung, die vom 22. Dezember an im Golf von Lingayen, 190 Kilometer nördlich Manilas, erfolgte. 85 Truppentransporter beförderten General Hommas 43 000 Mann. Am 24. landete eine andere Einheit von 7000 Mann, von den Ryukyu-Inseln kommend, in der Lamon Bay direkt gegenüber Manila. Keiner dieser Verbände stieß auf ernsthaften Widerstand, da die ungeschulte und schlecht ausgerüstete philippinische Armee schnell auseinanderlief, vor allem, wenn Panzer gegen sie vorrückten, und die Amerikaner ihr zu spät zu Hilfe kamen. Bisher hatten die Japaner nicht einmal 2000 Mann verloren.

MacArthur erkannte, daß er seinen Plan einer Vernichtung der Invasionsarmee vor ihrer Festsetzung an der Küste nicht mehr durchführen könne; er war daher bereits am 23. auf seinen ursprünglichen Plan zurückgekommen, sich mit den verbliebenen Streitkräften auf die Halbinsel Bataan zurückzuziehen. Sein Entschluß war durch Berichte mit veranlaßt worden, welche die Zahl der Japaner doppelt so hoch angaben, als sie wirklich war – und die den größten Teil seiner eigenen Filipinos nicht mitzählten. Am 26. wurde Manila zur offenen Stadt erklärt. Trotz der anfänglichen Verwirrung gelang es MacArthurs Truppen, sich unter feindlichem Druck Schritt für Schritt zurückzuziehen. Bis zum 6. Januar hatten sie feste Stellungen auf der Halbinsel bezogen – auch dank der Tatsache, daß die Japaner nur halb so stark waren wie sie selber.

Aber nach ihrem Rückzug auf diese Halbinsel, die etwa 40 Kilometer lang und gut 30 Kilometer breit war, litten die Amerikaner an der Notwendigkeit, über 100 000 Menschen einschließlich der Zivilisten zu ernähren statt der 43 000, mit denen sie nach ihrem ursprünglichen Plan gerechnet hatten. Außerdem war die Halbinsel schwer malariaverseucht, so daß schon sehr bald nur noch höchstens ein Viertel der amerikanischen Truppen kampfbereit war.

Die ersten japanischen Angriffe auf die Bataan-Stellung wurden zurückgeschlagen, ebenso die amphibischen Flankenangriffe, welche die Japaner versuchten. Am 8. Februar, nach einem Monat, stellten sie ihre Angriffe ein, da ihre Streitkräfte zu schwach geworden waren – auch 10 000 Japaner waren an Malaria erkrankt, und ihre 48. Division war zur Unterstützung der Operationen gegen Niederländisch-Indien abgezweigt worden. Anfang März waren die japanischen Stellungen nur von rund 3000 Mann besetzt; aber die Amerikaner waren davon nicht unterrichtet und machten daher keinen Versuch, die Offensive zu ergreifen. Außerdem war ihre eigene Kampfstärke jetzt auf ein Fünftel ihrer Gesamtzahl zusammengeschrumpft; ihr Kampfgeist litt durch MacArthurs Abreise nach Australien am 10. März und dadurch, daß offensichtlich keinerlei Versuch gemacht wurde, ihnen zu Hilfe zu kommen – auf Grund eines Anfang Januar in Washington gefaßten Beschlusses.

Ende März wurden dann die Japaner wieder durch über 22 000 Mann frische Truppen verstärkt, ebenso auch durch neue Flugzeuge und Artillerie. Am 3. April nahmen sie ihre Angriffe wieder auf; die Amerikaner wurden auf der Halbinsel zurückgedrängt, bis am 9. April ihr neuer Befehlshaber General King bedingungslos kapitulierte, um eine »Massenschlächterei« zu vermeiden.

Der Kampf verlagerte sich jetzt auf die befestigte Insel Corregidor, die einschließlich der Truppen auf drei benachbarten kleineren Inseln von fast 15 000 Mann besetzt war.

Doch nur drei Kilometer Wasserstraße trennten sie von der Halbinsel Bataan; das gestattete den Japanern, über die Meerenge hinweg die Insel unter schweren Artilleriebeschuß zu nehmen und ständig aus der Luft anzugreifen. Dies setzte sich Woche für Woche fort; allmählich wurde dadurch die Verteidigung aufgerieben, der größte Teil der Geschütze war außer Gefecht gesetzt und die Wasserversorgung der Insel beschädigt.

Am 4. Mai steigerte sich die Beschießung auf 16 000 Geschosse. Kurz vor Mitternacht überquerten dann 2000 Japaner die Meerenge und landeten auf der Insel. Sie stießen zwar auf harten Widerstand und verloren noch bei der Landung etwa die Hälfte ihrer Truppen; doch die Landung von Panzern wendete das Schicksal und verursachte einen schnellen Zusammenbruch der Verteidiger. Am nächsten Morgen, dem 6. Mai, bot General Wainwright, der nach dem Verlassen Bataans auf Corregidor befehligte, in einer Funkbotschaft die Kapitulation an, um nutzlose Verluste zu vermeiden.

General Homma lehnte zuerst eine solche lokale Kapitulation ab, solange noch amerikanische und philippinische Einheiten auf den südlichen Inseln eine Art Guerillakrieg weiterführten, ebenso wie einige Einheiten in den entlegeneren Teilen der Inseln Luzon. Wainwright erklärte sich dann bereit, eine allgemeine Waffenstreckung zu befehlen, aus Furcht, die inzwischen entwaffnete Garnison von Corregidor würde massakriert werden. Doch einige dieser Einheiten folgten seiner Anweisung nicht – in loyaler Befolgung der Befehle MacArthurs aus Australien, und erst am 9. Juni endete der letzte Widerstand.

Die Amerikaner hatten in diesem Feldzug etwa 30 000 Mann verloren, ihre philippinischen Verbündeten etwa 110 000 Mann. Zwar war ein großer Teil der letzteren durch Desertion ausgefallen; aber die Gesamtzahl der Kapitulierenden betrug dennoch 80 000 Mann in Bataan und 15 000 Mann auf Corregidor. Die japanischen Verluste sind schwieriger zu beziffern, scheinen aber, von den Kranken abgesehen, nur etwa 12 000 Mann betragen zu haben.

Immerhin hatten trotz des anfänglichen Zusammenbruchs die Verteidiger auf den Philippinen weit länger ausgehalten als irgendwo sonst – vier Monate in Bataan und sechs Monate insgesamt –, obwohl sie von außerhalb keine wirksame Unterstützung und keinen Nachschub erhielten.

Der Fall von Malaya und Singapur

Nach dem japanischen Plan wurde die Eroberung Malayas und Singapurs der 25. Armee General Yamaschitas übertragen; sie bestand aus drei Divisionen und zusätzlichen Versorgungseinheiten und hatte eine Kampfstärke von etwa 70 000, eine Gesamtstärke von etwa 110 000 Mann. Die verfügbaren Truppentransporter reichten nur für eine direkte Überführung eines Viertels der Armee – 17 000 Mann Kampftruppen und 26 000 Mann insgesamt – über den Golf von Siam. Diese Voraustruppen sollten die Flugplätze im Norden nehmen; das Gros der Armee sollte dann auf dem Landweg von Indochina durch Thailand und durch den Isthmus von Kra marschieren, um so bald wie möglich die auf dem Seeweg beförderte Streitmacht zu verstärken und dann weiter auf der Westküste der Malaiischen Halbinsel vorzurücken.

Äußerlich schien dies eine bemerkenswert kleine Streitmacht für ein so weit gestecktes Ziel – in der Tat war sie zahlenmäßig der britischen Armee von 88 000 Mann unter General Percival unterlegen, die Malaya verteidigte und aus 19 000 Briten, 15 000 Australiern, 37 000 Indern und 17 000 Malaien bestand. Aber dies war eine bunt zusammengewürfelte Gesellschaft, schlecht bewaffnet und geschult im Vergleich zu Yamaschitas drei Divisionen — der Kaiserlichen Garde, der 5. und der 18.—, die zu den besten Truppen der japanischen Armee überhaupt gehörten. Außerdem wurden diese von 211 Panzern unterstützt, während die Briten in Malaya keinen einzigen hatten, und von 560 Flugzeugen, viermal soviel wie die Briten hatten — und obendrein an Kampfkraft weit überlegen. Außerdem rechneten die Japaner, daß der Monsun vom November bis März die britischen Truppenbewegungen behindern würde, da in dieser Zeit nur die besseren Straßen passierbar waren. Sie rechneten auch damit, daß das gebirgige Rückgrat Malayas, über 2000 Meter hoch und mit dichtem Urwald bedeckt, die Stellungen der Verteidiger in zwei Hälften teilen und dadurch den japanischen Übergang von der Ost- auf die Westküste erleichtern würde.

Das Paradoxe an den britischen Dispositionen war, daß die Bodentruppen weit verzettelt waren, um Flugplätze zu schützen, auf denen keine ausreichende Luftwaffe lag, und daß diese Flugplätze einst angelegt worden waren, um einen Flottenstützpunkt zu schützen, in dem jetzt keine Flotte lag. Die Nutznießer sowohl der Flugplätze wie des Flottenstützpunktes wurden dann die Japaner.

Die zwei japanischen Hauptlandungen erfolgten bei Singora und bei Patani im thailändischen Teil der Malaiischen Halbinsel, mit vier Nebenlandungen weiter nördlich an der thailändischen Küste. Der Bedeutung nach an dritter Stelle stand die Landung bei Kota Bharu, dem ersten Ort südlich der Grenze zwischen Thailand und Malaya. Diese Landetruppe sollte zuerst den britischen Flugplatz dort besetzen und dann eine Ablenkungsoperation an der Ostküste durchführen, während der Hauptvorstoß entlang der Westküste erfolgte. Alle Landungen geschahen am frühen Morgen des 8. Dezember — die Landung von 5500 Mann bei Kota Bharu sogar eine Stunde vor dem Angriff auf Pearl Harbor. Der dortige Flugplatz wurde nach kurzem Kampf den Japanern überlassen, während die Flugplätze auf thailändischem Gebiet noch reibungsloser besetzt wurden. Der geplante britische Gegenstoß, die »Operation Matador«, kam zu spät in Gang, weil man sich scheute, die Grenze zu überschreiten, ehe die Neutralität Thailands von den Japanern verletzt wurde. Britische Aufklärungsflugzeuge hatten schon am 6. Dezember eine japanische Flotte im Golf von Siam entdeckt, aber schlechtes Wetter hatte dann deren weitere Bewegungen verhüllt. Das Anlaufen der »Operation Matador« warf lediglich die britischen Verteidigungsvorbereitungen über den Haufen. Am Vormittag des 10. Dezember hatte die japanische 5. Division bereits den Übergang von der Ost- zur Westküste vollzogen und die malaiische Grenze überschritten; sie marschierte auf zwei Straßen in die Provinz Kedah ein.

An diesem Tage erlitt die britische Kriegsmarine eine schwere Katastrophe.

Nach der Entscheidung vom Juli 1941, Japan die Ölzufuhr abzuschneiden, hatte Churchill verspätet »die furchtbaren Auswirkungen des Embargos erkannt«; einen Monat später, am 25. August, hatte er die Entsendung einer »abschreckenden« Seestreitmacht in den Fernen Osten vorgeschlagen. Die Admiralität plante, dort die »Nelson«, die »Rodney« und vier ältere Schlachtschiffe, außerdem einen Schlachtkreuzer und zwei oder drei Flugzeugträger zusammenzuziehen. Churchill wollte lieber »eine kleinere Zahl bester Schiffe« dafür einsetzen und schlug vor, eines der neuen Schlachtschiffe vom Typ »King Georg V.« zu entsenden, außerdem einen Schlachtkreuzer und einen Flugzeugträger. Am 29. August schrieb er der Admiralität:

> »Ich bin nicht der Überzeugung, daß Japan es mit der sich jetzt bildenden Kombination von USA, Großbritannien und Rußland aufnehmen wird ... Und nichts würde seine Bedenken mehr verstärken als das Auftauchen der von mir erwähnten Flotteneinheit, vor allem eines Schiffes vom Typ K. G. V. Dies könnte in der Tat eine entscheidende Abschreckung bilden.«

Dementsprechend liefen die »Prince of Wales« und der Schlachtkreuzer »Repulse« nach Singapur aus — aber ohne einen Flugzeugträger. Der einzige, der dafür bestimmt worden war, lief in Jamaica auf Grund und mußte zur Reparatur ins Dock. Es befand sich zwar ein anderer im Indischen Ozean in erreichbarer Nähe von Singapur; aber er erhielt keinen Befehl, sich dorthin zu begeben. So waren die beiden großen Schiffe auf Luftschutz durch Jäger von der Küste aus angewiesen, und deren gab es nicht viele – ganz abgesehen von dem schnellen Verlust der Flugplätze im Norden.

Die »Prince of Wales« und die »Repulse« erreichten Singapur am 2. Dezember; am nächsten Tag traf Admiral Sir Tom Phillips ein, um das Kommando der »Fernöstlichen Flotte« zu übernehmen. Am 6. wurde, wie erwähnt, ein großer japanischer Geleitzug von Transportschiffen auf der Fahrt von Indochina in die Richtung von Malaya gesichtet. Am Mittag des 8. erfuhr Phillips, daß dieser seine Truppen bei Singora und Kota Bharu absetzte, unter dem Schutz von mindestens einem Schlachtschiff der »Kongo«-Klasse, fünf Kreuzern und 20 Zerstörern. Am späten Nachmittag lief Phillips tapfer mit seinem sogenannten »Verband Z« aus – den zwei großen Schlachtschiffen und vier Zerstörern –, um die Transportschiffe anzugreifen, obwohl kein Luftschutz so weit nördlich gestellt werden konnte, nachdem die Flugplätze dort verlorengegangen waren.

Am Abend des 9. klärte sich das Wetter auf, und damit verschwand für Phillips der schützende Mantel. Sein Verband Z wurde von der Luft aus gesichtet; daher drehte er nach Süden bei und wollte wieder nach Singapur zurück. Doch noch in der Nacht kam von dort eine Meldung, die fälschlich von einer japanischen Landung bei Kuantan, etwa auf halbem Wege, berichtete; in der Überlegung, daß dort ein Überraschungsangriff möglich und das Risiko gerechtfertigt sei, änderte er den Kurs nach Kuantan.

Die Japaner waren aber auf jedes Störungsmanöver durch den Verband Z, dessen Ankunft in Singapur der ganzen Welt durch Rundfunk bekanntgegeben war, gut vorbereitet. Ihre 22. Flottille, ein Eliteverband mit den besten Piloten der Marineluftwaffe, war auf den Flugplätzen in der Nähe von Saigon in Indochina stationiert. Außerdem deckte eine Kette von 12 Vorposten-U-Booten den ganzen Weg von Singapur nach Kota Bharu und Singora ab. Schon am frühen Nachmittag des 9. war die Fahrt des Verbandes Z nach Norden von diesen U-Booten gesichtet und gemeldet worden. Als diese Meldung eintraf, wechselte die 22. Flottille, die sich gerade auf einen Angriff auf Singapur vorbereitete, schnell ihre Bomben gegen Torpedos aus und stieg zu einem Nachtangriff aus Verband Z auf; da Phillips nach Süden abgedreht war, fand sie ihn zunächst nicht. Kurz vor Morgendämmerung stieg sie noch einmal auf, und diesmal wurde Verband Z in der Nähe von Kuantan gesichtet. Die Japaner setzten bei dem Angriff 34 Bomber und 51 Torpedobomber ein; die ersteren eröffneten den Angriff bald nach 11 Uhr, und die letzteren folgten in verschiedenen Wellen. Beide Arten des Angriffs wiesen eine erstaunliche Zielgenauigkeit auf — obwohl sie gegen Schiffe gerichtet waren, die mit hoher Geschwindigkeit fuhren und nicht unbeweglich im Hafen lagen und überrascht wurden wie bei Pearl Harbor. Außerdem konnte die »Prince of Wales« mit ihren 175 Flak-Geschützen 60 000 Schüsse in der Minute abgeben. Doch beide Schiffe wurden versenkt, die »Repulse« um 12.30 Uhr und die »Prince of Wales« um 13.20 Uhr. Den begleitenden Zerstörern gelang es, von den 2800 Mann der beiden Schiffsbesatzungen über 2000 zu retten; unter den Ertrunkenen befand sich Admiral Phillips selbst.

Die Japaner störten die Rettungsarbeiten nicht. Sie hatten dabei nur drei Maschinen verloren.

Vor dem Krieg hatten die Chefs der Admiralität den Gedanken mitleidig belächelt, daß Schlachtschiffe durch Luftangriffe versenkt werden könnten, und Churchill hatte zu ihrer Ansicht geneigt. Diese Illusion hielt sich sogar bis zu dieser Katastrophe vom Dezember 1941. Wie Churchill schrieb:

> »Die japanische Kapazität in bezug auf den Luftkrieg wurde damals sowohl von uns wie von den Amerikanern stark unterschätzt.«

Dieser Schlag besiegelte das Schicksal Malayas und Singapurs. Die Japaner konnten jetzt ihre Landungen ungehindert fortsetzen und Flugplätze an der Küste anlegen. Die Überlegenheit ihrer Luftwaffe über die spärlichen britischen Flugzeuge in Malaya war der entscheidende Faktor beim Zusammenbruch des britischen Widerstandes; sie ermöglichte es den Landtruppen, die ganze Malaiische Halbinsel zu besetzen und Singapur durch die Hinterpforte anzugreifen. Singapurs Fall war somit die Folge früherer Versäumnisse und Fehlurteile — vor allem in London.

Vom 10. Dezember an wurde der britische Rückzug entlang der Westküste Malayas nahezu unaufhaltsam. Straßensperren wie beispielsweise eine große bei Jitra wurden entweder von japanischen Panzern und Artillerie überwunden oder durch Flankenbewegungen der japanischen Infantierie durch den angrenzenden Dschungel umgangen. Der Befehlshaber im nördlichen Malaya, General Heath, hoffte am Perak-Fluß eine Widerstandslinie aufzubauen; aber sie wurde von einer japanischen Einheit umgangen, die von Patani aus vorrückte. Eine starke Stellung weiter hinten, bei Kampar, wurde durch eine Flankenbewegung über das Meer hinweg umgangen, die von japanischen Truppen mit beim Vormarsch erbeuteten kleinen Landefahrzeugen ausgeführt wurde.

Am 27. Dezember wurde Air Chief Marshal Sir Robert Brooke-Popham als Oberbefehlshaber im Fernen Osten durch Generalleutnant Sir Henry Pownall abgelöst.

Anfang Januar zogen sich die Briten auf den Fluß Slim zurück, der die Provinz Selangor und den Weg zu den südlichen Flugplätzen bei Kuala Lumpur sperrte. Aber in der Nacht vom 7. zum 8. Januar durchbrach eine japanische Panzerkompanie die schlecht ausgerüstete Verteidigung und raste weiter, um die Brücke fast 30 Kilometer jenseits der Front zu nehmen. Die britischen Truppen an der Nordseite des Flusses, etwa 4000 Mann, wurden mit ihrer gesamten Ausrüstung abgeschnitten — die Japaner kostete dies nur sechs Panzer und einige wenige Infanteristen. Die 11. indische Division war damit zersprengt. Dieses Desaster führte zur baldigen Aufgabe des mittleren Malaya und gefährdete die Chance, die Provinz Johore im Südteil lange genug zu halten, bis Verstärkungen vom Nahen Osten auf dem Seeweg Singapur erreichten.

Gerade am Tage des Desasters traf General Wavell auf seinem Weg nach Java, wo er den neugeschaffenen Posten des Oberbefehlshabers des ABDA-(amerikanisch-britisch-niederländisch-australischen) Kommandos übernehmen wollte, in Singapur ein. Pownall wurde jetzt sein Stabschef, das bisherige Oberkommando Fernost wurde aufgelöst. Wavell entschied, die Verteidigung auf Johore zu stützen und die besten Truppen sowie sämtliche Verstärkungen dort zu belassen. Dies bedeutete einen schnelleren Rückzug statt des von General Percival geplanten schrittweisen Zurückweichens: Kuala Lumpur wurde am 11., die Engpaßstellung bei Tampin am 13. Januar aufgegeben. Dies verschaffte den Japanern den Zugang zu den besseren Straßen in Johore und gestattete ihnen, zwei Divisionen gleichzeitig statt abwechselnd einzusetzen; dadurch wurde auch die zähe Verteidigung von Gemas durch die Australier nutzlos. So wurde der Rückzug durch Johore noch schneller als geplant war.

Unterdessen hatte die gleichzeitige Zurücknahme der britischen Truppen an der Ostküste zur Räumung Kuantans und seines Flugplatzes am 6., Endaus am 21. geführt; am 30. Januar vereinigten sich die östliche und die westliche britische Truppe an der Südspitze der Malaiischen Halbinsel. In der folgenden Nacht überquerte die letzte Nachhut die Meerenge, die zur Insel Singapur führte. Die japanische Heeresluftwaffe, weniger tüchtig als die Marineluftwaffe, hatte wenig getan, um den britischen Rückzug zu stören, und sich nur im Einsatz gegen Flugplätze als wirksame Waffe erwiesen.

Somit hatten die Japaner ganz Malaya in 54 Tagen erobert. Ihre Verluste betrugen nur 4600 Mann, während die Briten etwa 25 000 Mann (die meisten davon Gefangene) und große Mengen von Kriegsmaterial verloren hatten.

In der Nacht zum Sonntag, 8. Februar 1942, überquerten dann die beiden Spitzendivisionen der japanischen Invasionsarmee, welche die ganze Malaiische Halbinsel in einer Länge von 800 Kilometern besetzt hatten, den schmalen Meeresarm, der die Insel Singapur vom Festland trennt. Die Überquerung geschah auf einem Abschnitt von 13 Kilometern Breite an einer Stelle, wo die Meerenge nur gut einen Kilometer breit ist. Dieser Abschnitt wurde von drei Bataillonen der 22. australischen Brigade gehalten.

Gepanzerte Landefahrzeuge brachten die ersten Angriffswellen an Land; die übrigen folgten in einer bunten Zusammenstellung aller möglichen Boote, und manche Japaner schwammen sogar herüber, mit ihren Gewehren und ihrer Munition. Einige Landefahrzeuge wurden versenkt; aber die meisten der Truppen landeten ungehindert, unterstützt durch Pannen auf britischer Seite, die nie befriedigend erklärt worden sind: Die Scheinwerfer an der Küste wurden nicht eingesetzt, Nachrichtenverbindungen funktionierten nicht, und die Artillerie begann nur sehr langsam mit dem geplanten Sperrfeuervorhang.

Bei Tagesanbruch waren 13 000 Japaner gelandet, und die Australier hatten sich auf Stellungen landeinwärts zurückgezogen. Bis Mittag waren es schon über 20 000 Japaner, und sie hatten sich im nordwestlichen Teil der Insel fest eingenistet. Später landete noch eine dritte Division, welche die Gesamtzahl auf über 30 000 erhöhte. Dicht dahinter standen noch zwei weitere Divisionen auf dem Festland; aber General Yamaschita glaubte, er könne sie beim Kampf auf der Insel nicht wirksam einsetzen. Er schickte jedoch in den folgenden Tagen umfangreiche Verstärkungen zum Ausgleich entstandener Lücken in den Kampf. Zahlenmäßig waren die Verteidiger auf der Insel mehr als stark genug, um die Invasion zurückzuschlagen, zumal sie in dem Abschnitt erfolgte, wo sie am ehesten erwartet worden war. General Percival hatte auch jetzt noch etwa 85 000 Mann unter seinem Befehl – Briten, Australier, Inder und einige aus dem Land selbst rekrutierte malaiische und chinesische Einheiten, aber die Mehrheit davon war zu schlecht ausgebildet, um der japanischen Angriffstruppe widerstehen zu können, die aus eigens für diese Operation ausgewählten Truppen bestand; die britischen Verbände waren auch schon wiederholt im dichten Urwald oder in den Gummiplantagen ausmanövriert worden. Ihre Führung war im allgemeinen mangelhaft.

Auch die britische Luftwaffe war vom Beginn des Feldzuges an den Japanern zahlenmäßig und qualitativ unterlegen; das wenige, was von ihr übriggeblieben war, wurde im Endstadium des Feldzuges zurückgezogen. Der mangelhafte Schutz gegen die heftigen und unablässigen feindlichen Luftangriffe war um so demoralisierender für die Truppe, als ihr Kampfgeist schon durch den langen Rückzug auf der Malaiischen Halbinsel gelitten hatte.

Das Versäumnis der Regierung in London, die entscheidend wichtige Luftunterstützung zu stellen, wurde auch nicht gutgemacht durch die flammenden Appelle Churchills und seiner militärischen Berater, in denen es hieß, die Schlacht »soll unter allen Umständen bis zum bitteren Ende ausgekämpft werden«, die Kommandeure sollten »zum höheren Ruhm des britischen Empire mit ihren Truppen sterben« sowie »eine Taktik der verbrannten Erde anwenden und alles zerstören, was für den Angreifer von Nutzen sein könnte, ohne Schonung der Truppen oder Rücksicht auf die Bevölkerung«. All dies bewies eine außerordentliche Unkenntnis der Psychologie bei den maßgebenden Männern in der Heimat. Der Kampfgeist von Soldaten in der Frontlinie wurde nicht gestärkt durch den Anblick schwarzer Rauchwolken aus brennenden Öltanks, die hinter ihnen aufstiegen. Es war auch keine Ermutigung für sie zu wissen, daß ihnen nur Tod oder Gefangenschaft blühen konnte. Ein Jahr später brach der Widerstand selbst der zähen deutschen Afrika-Veteranen schnell zusammen, als, nach Hitlers Befehl, Tunis um jeden Preis zu halten, ihre Front durchstoßen wurde und hinter ihnen nur das vom Feind beherrschte Meer lag. Truppen aufzufordern, mit »dem Rücken zur Wand zu kämpfen«, hat selten Erfolg, wenn diese Wand so beschaffen ist.

In Singapur kam das Ende am Sonntag, dem 15. Februar, genau eine Woche nach der japanischen Landung. Bis dahin waren die Verteidiger auf den Stadtrand von Singapur zurückgedrängt worden, das an der Südküste der Insel liegt. Die Lebensmittel wurden knapp, und die Wasserversorgung konnte jeden Augenblick abgeschnitten werden. Am Abend dieses Tages erschien General Percival mit einer weißen Fahne, um sich dem japanischen Befehlshaber zu ergeben. Für einen tapferen Soldaten war dies ein bitterer Schritt; aber die Kapitulation war unvermeidlich, und er beschloß selbst zu gehen, in der Hoffnung, damit eine bessere Behandlung seiner Truppen und der Bevölkerung zu erlangen.

Diese zwei schwarzen Sonntage in Singapur waren ein schwerer Schlag für das Prestige dessen, was man jahrelang stolz »das Empire, in dem die Sonne nie untergeht«, genannt hatte.

Das Unvermögen, den Angriff der japanischen Armee zurückzuschlagen, war jedoch nicht der Hauptgrund. Die Kapitulation Singapurs war die Folge der Niederlage zur See zwei Monate vorher. Sie war außerdem das Ende einer langen Kette von Irrtümern und Versäumnissen. Der Ausbau des neuen Stützpunktes und seiner Verteidigung war erbärmlich langsam gewesen. Ein politisches Widerstreben, dafür Geld auszugeben, war aber nicht die einzige Bremse. In den Jahren nach dem Beschluß, diesen Stützpunkt auszubauen, gab es in Whitehall einen ständigen Streit über die beste Form ihrer Verteidigung. Am heftigsten war der Streit innerhalb des Ausschusses der Stabschefs – die angeblich eine heilige Dreieinigkeit bildeten. Trenchard, der Chef des Luftwaffenstabes, betonte die überragende Bedeutung der Luftwaffe; Beatty, der Erste Seelord, befürwortete schwere Geschütze – und tat mit mitleidigem Lächeln den Gedanken ab, daß Flugzeuge für Schlachtschiffe eine schwere Gefahr sein könnten. Beides waren berühmte Männer und starke Persönlichkeiten.

Die Regierung zögerte, sich zwischen ihren beiden Ansichten zu entscheiden, und die Kontroverse setzte sich noch lange nach ihrem Ausscheiden fort. Im wesentlichen überwog dann die Ansicht der älteren Waffengattung: Die schweren Geschütze wurden gestellt, aber nicht die Flugzeuge. Doch leider kam der Angriff, als er schließlich erfolgte, nicht aus der Richtung, in welche die Geschütze zeigten, sondern von hinten.

In den dreißiger Jahren hatten verschiedene Militärexperten, die sich mit den Problemen befaßten, die Meinung vertreten, der Angriff könne durch die Hintertür auf dem Weg über die Malaiische Halbinsel erfolgen. Dies schien um so wahrscheinlicher, als der Flottenstützpunkt nördlich der Stadt Singapur in dem schmalen Meeresarm zwischen Insel und Festland angelegt worden war. Zu denen, die diese Meinung vertraten, gehörte Percival, im Jahr 1936/37 oberster Stabsoffizier in Malaya. Dieser Ansicht schloß sich der damalige Oberbefehlshaber General Dobbie an, der im Jahr 1938 mit dem Bau einer Verteidigungslinie im Süden Malayas begann.

Hore-Belisha, der damals Kriegsminister war, erkannte schnell die Notwendigkeit einer Verstärkung der kleinen Garnison; ein Hauptmerkmal des Verteidigungsprogrammes, das er bei seiner Amtsübernahme aufstellte, war der Vorrang der Verteidigung des Empire vor Operationen auf dem europäischen Festland. Zwar war die Gefahr eines Krieges mit Deutschland und Italien so akut geworden, daß die Verstärkung der Streitkräfte im Mittelmeer an erster Stelle stand; aber er veranlaßte die britisch-indische Regierung, zwei Brigaden nach Malaya zur Verstärkung der dortigen Truppe zu entsenden. Mehr war kaum möglich angesichts der beschränkten Kräfte in den Vorkriegsjahren.

Als dann im September 1939 der Krieg ausbrach, begannen sich Großbritanniens militärische Kräfte zu vervielfachen; aber da der Krieg auf Westeuropa beschränkt war, wurde natürlich das Gros der Kräfte für diesen Kriegsschauplatz bestimmt. Dann kamen die Katastrophen von Mai und Juni 1940: Frankreichs Zusammenbruch und Italiens Kriegseintritt. In dieser furchtbaren Krise war die vordringlichste Notwendigkeit die Stärkung der Verteidigung Großbritanniens, an zweiter Stelle kam die Verteidigung des Mittelmeeres. Es war schon schwierig, diese beiden Belange miteinander in Einklang zu bringen – ja, Churchills größte und kühnste Tat war, daß er das Risiko auf sich nahm, die Verteidigung Ägyptens zu verstärken, noch ehe Großbritannien selbst gegen eine Invasion gesichert war.

Es wäre daher ungerecht, die geringen Vorkehrungen zu tadeln, die in dieser Zeit für Malaya getroffen wurden. In Anbetracht der Umstände war es schon bemerkenswert, daß die dortige Truppe im Winter 1940/41 um sechs Brigaden verstärkt wurde. Leider erfolgte keine ähnliche Verstärkung der Luftwaffe, die noch wichtiger gewesen wäre.

Anfang 1940 hatte der neue Oberbefehlshaber General Bond die Ansicht geäußert, daß die Verteidigung Singapurs von der Verteidigung ganz Malayas abhänge. Er schätzte drei Divisionen als das Minimum, das dafür erforderlich sei, und schlug vor, die Royal Air Force solle die Hauptverantwortung für die Verteidigung Malayas übernehmen. In England wurde diese Ansicht grundsätzlich akzeptiert, aber mit einer wichtigen Änderung: Während die Befehlshaber in Malaya 500 moderne Flugzeuge für notwendig hielten, meinte der Ausschuß der Stabschefs, etwa 300 würden genügen, und selbst diese Zahl könne nicht vor Ende 1941 erreicht werden.

Als aber im Dezember 1941 die japanische Invasion kam,

besaß die Luftwaffe in Malaya nur 158 Flugzeuge erster Linie, und die meisten davon waren ältere Typen.

Im Laufe des Jahres 1941 war nämlich das Gros der verfügbaren modernen Jäger nach Deckung der Bedürfnisse der Verteidigung Großbritanniens in den Mittelmeerraum entsandt worden, um dort die erfolglosen Offensiven zu unterstützen. In der zweiten Jahreshälfte wurden ferner etwa 600 Jäger nach Rußland geschickt. Aber Malaya erhielt kaum welche. Ebenso wurden keine Langstreckenbomber dorthin geschickt; doch Hunderte wurden Nacht für Nacht für Bombenangriffe auf Deutschland eingesetzt, die in diesem Stadium des Krieges offensichtlich nutzlos waren. Es liegt auf der Hand, daß die Bedürfnisse der Verteidigung Malayas unzureichend berücksichtigt wurden.

Den Schlüssel zu diesem Rätsel liefert Churchill selbst in seinen Kriegserinnerungen. Anfang Mai 1941 hatte der Chef des Empire-Generalstabes, Sir John Dill, dem Premierminister eine Denkschrift vorgelegt, in der er gegen den weiteren Aufbau von Streitkräften in Nordafrika zu Lasten Großbritanniens selbst und Singapurs argumentierte:

> »Der Verlust Ägyptens wäre eine Kalamität, die ich nicht auf die leichte Schulter nehmen möchte ... Aber nur eine erfolgreiche Invasion Englands würde unsere endgültige Niederlage bedeuten. Daher ist Großbritannien und nicht Ägypten lebenswichtig, und die Verteidigung Großbritanniens muß den Vorrang haben. Ägypten kommt aber nicht einmal an zweiter Stelle; denn es ist ein anerkannter Grundsatz unserer Strategie, daß letztlich die Sicherheit Singapurs vor der Ägyptens kommt. Dennoch ist die Verteidigung Singapurs heute beträchtlich unter der Sollstärke.
>
> In einem Krieg muß man natürlich Risiken eingehen, aber es müssen kalkulierte Risiken sein. Wir dürfen nicht in den Irrtum verfallen, von der Sicherheit lebenswichtiger Plätze Abstriche zu machen.«

Churchill regte sich über diese Denkschrift auf; denn sie widersprach seiner Idee, gegen Rommel offensiv zu werden, und seinem Traum eines baldigen entscheidenden Sieges in Nordafrika. »Eine Billigung dieser Vorschläge würde eine völlige Umstellung auf die

Defensive bedeuten ... Wir hätten nichts mehr in der Hand, um die Initiative zu ergreifen.«

In einer scharfen Antwort erklärte er:

> »Ich schließe daraus, daß Sie eher bereit sind, den Verlust Ägyptens und des Niltales zusammen mit dem Ruin der dort konzentrierten Armee von einer halben Million Mann in Kauf zu nehmen, als Singapur zu verlieren. Ich bin nicht dieser Ansicht, und ich glaube auch nicht, daß sich die Alternative so darstellt ... Sollte Japan in den Krieg eintreten, dann werden höchstwahrscheinlich die Vereinigten Staaten auf unserer Seite mitmachen; auf jeden Fall würde Japan wahrscheinlich nicht Singapur gleich zu Anfang belagern, da dies für Japan gefährlicher und für uns ungefährlicher wäre als ein Einsatz seiner Kreuzer und Schlachtkreuzer gegen die Handelswege im Fernen Osten.«

Es ist offensichtlich, daß Churchill in seiner Erregung die Argumente des Chefs des Empire-Generalstabs entstellte. Es handelte sich nicht darum, die Verteidigung Ägyptens zu schwächen, sondern nur darum, diese Offensive zu verschieben, an die Churchill sein Herz gehängt hatte und auf die er übertriebene Hoffnungen setzte. Im Endergebnis erwies sich die Juni-Offensive in Nordafrika als ein Fiasko, und die neue mit frischen Kräften geführte Offensive im November führte zu keinem entscheidenden Erfolg. Churchills Antwort an Feldmarschall Dill beweist auch, wie schwer er die Gefahr für Singapur unterschätzte. Rückschauend ist es erstaunlich, daß er bemerken konnte:

> »Viele Regierungen, die ich erlebt habe, hätten gegenüber einer so ernsten Verlautbarung von höchster professioneller Autorität nachgegeben; aber ich hatte keine Schwierigkeiten, meine politischen Kollegen von meiner Ansicht zu überzeugen, und ich wurde natürlich von den Spitzen von Kriegsmarine und Luftwaffe unterstützt. Meine Ansicht hatte daher die Oberhand, und der Strom von Verstärkungen in den Nahen Osten ging unvermindert weiter.«

Im Juli sandte Präsident Roosevelt seinen persönlichen Berater Harry Hopkins nach London, um seine Bedenken gegen die Weisheit dieser Strategie und seine Warnung zum Ausdruck zu bringen, anderswo Gefahren auf sich zu nehmen, indem man im Nahen Osten »sich zuviel vornimmt«. Die amerikanischen Militär- und Marineexperten unterstützten diese Warnung und äußerten die Ansicht, Singapur solle den Vorrang vor Ägypten erhalten.

Keines dieser Argumente vermochte Churchills Ansicht zu ändern: »Ich wollte nicht dulden, daß der Kampf um Ägypten aufgegeben wird, und fand mich damit ab, dafür jeden möglichen Preis in Malaya zu zahlen.« Aber in Wirklichkeit erwartete er doch keine Gefahr. Er schreibt offen: »Ich bekenne, daß meiner Meinung nach die ganze japanische Gefahr, verglichen mit unseren anderen Bedürfnissen, in einem unklaren Zwielicht stand.« Es liegt also auf der Hand, daß die Verantwortung für die unzureichende Verteidigung Malayas in erster Linie bei Churchill selbst lag – und daß sie auf sein Drängen nach einer vorzeitigen Offensive in Nordafrika zurückzuführen ist.

Die unmittelbaren strategischen Folgen des Verlustes von Singapur waren katastrophal; denn ihm folgte schnell die Eroberung Burmas und Niederländisch-Indiens, ein Vorstoß auf zwei Linien, der die Japaner bedrohlich nahe an Indien auf der einen und Australien auf der anderen Seite heranführte. Fast vier Jahre harter Kämpfe und ungeheurer Verluste verstrichen, ehe Singapur im Zuge von Japans schließlichem Zusammenbruch infolge von Erschöpfung und Atombombenschock wiedergewonnen wurde.

Jedoch die langfristigen Auswirkungen von Singapurs schnellem Fall waren irreparabel. Singapur war ein Symbol gewesen, das herausragende Symbol westlicher Macht im Fernen Osten – einer Macht, die auf die britische Kriegsmarine gegründet war und lange Zeit von ihr aufrechterhalten wurde. Seit Ende des Ersten Weltkrieges war auf die Schaffung eines großen Flottenstützpunktes in Singapur so viel Nachdruck gelegt worden, daß dessen symbolische Bedeutung noch größer war als sein strategischer Wert. Die schnelle Eroberung des Stützpunktes im Februar 1942 erschütterte das britische und damit das europäische Prestige in Asien.

Kein verspäteter Wiedereinzug konnte diesen Eindruck wegwischen. Der weiße Mann hatte mit dem Verblassen seines Nimbus seine Vormachtstellung verloren. Die Erkenntnis seiner Verwundbarkeit förderte und ermutigte nach dem Kriege die asiatische Revolte gegen die europäische Herrschaft.

Der Fall Burmas

Der Verlust Burmas war für Großbritannien die erste Folge des Verlustes von Malaya und erlaubte den Japanern, ihre Besetzung der westlichen Eingangspforten nach China und in den Pazifik zu vervollständigen – damit wurde der große Verteidigungsring vollendet, der ihnen bei ihren strategischen Planungen vor Augen stand. Aber obwohl ein zweiter Akt, war der Burma-Feldzug doch eine in sich unabhängige Operation, die der 15. Armee unter Generalleutnant Iida anvertraut war.

Diese »Armee« enthielt nur zwei Divisionen und war einschließlich Nachschubeinheiten nur 35 000 Mann stark. Ihre Aufgabe war, Thailand zu besetzen, einschließlich des größten Teils des Isthmus von Kra, und der 25. Armee den Rücken zu decken, während diese weiter südlich nach Malaya vorrückte; anschließend sollte sie ihre unabhängige Aufgabe durchführen, Burma zu erobern, mit der Hauptstadt Rangun als erstem Ziel.

Eine so großangelegte Operation mit so schwachen Kräften war gerechtfertigt durch die zahlenmäßige und qualitative Dürftigkeit der Streitkräfte, die Burma verteidigten. Diese betrugen anfänglich nur wenig mehr als eine Division, die größtenteils aus frisch ausgehobenen Burmesen bestand, mit einem Rückgrat von nur zwei britischen Bataillonen und einer indischen Brigade – während eine zweite indische Brigade noch unterwegs war, um eine Reserve zu bilden. Als die große Krise da war, wurden die meisten verfügbaren Verstärkungen nach Malaya abgezweigt, zu spät, um Singapur zu retten, und erst Ende Januar begann die halbausgebildete und unvollständige 17. Division in Burma einzutreffen, als Vorläufer der versprochenen weiteren Verstärkungen. In bezug auf die Luftwaffe war die Lage noch schlimmer, da zunächst nur 37 Flugzeuge verfügbar waren, denen 100 japanische gegenüberstanden, die Anfang Januar nach dem Fall Manilas durch eine weitere Luftwaffenbrigade verdoppelt wurde.

Die japanische Invasion Burmas begann schon Mitte Dezember, als eine Einheit der 15. Armee Tenasserim an der westlichen, burmesischen Seite des Isthmus von Kra besetzte, dort die drei Flugplätze einnahm und damit den Weg für britische Luftwaffenverstärkungen nach Malaya versperrte. Am 23. und 25. Dezember folgten schwere japanische Luftangriffe auf Rangun; sie veranlaßten die indischen Arbeiter dort zu panikartiger Flucht, bei der sie die Straßen blockierten, und zur Aufgabe ihrer Arbeit an den Verteidigungsanlagen. Am 20. Januar begann der eigentliche Angriff mit einem Vorstoß von Thailand aus nach Moulmein, das am 31. nach zähem, aber regellosem Kampf besetzt wurde, wobei die Verteidiger, mit dem Delta des Salween-Flusses im Rücken, nur knapp der Gefangennahme entgingen.

Ende Dezember hatte Wavell seinen Stabschef in Indien, Generalleutnant T. J. Hutton, zur Übernahme des Kommandos in Burma bestimmt, und dieser hatte die zusammengewürfelten Truppen, die Moulmein und den Zugang nach Rangun verteidigten, Generalmajor J. E. Smyth unterstellt, dem Befehlshaber der neu eintreffenden 17. indischen Division.

Nach dem Fall Moulmeins rückten die Japaner weiter nach Nordwesten vor, in der ersten Hälfte Februar überquerten sie den Salween dort und etwa 40 Kilometer stromaufwärts. Smyth hatte einen strategischen Rückzug auf eine Position vorgeschlagen, wo er seine Kräfte konzentrieren könne; aber ihm war erst zu spät erlaubt worden, sich zurückzuziehen und eine solche Stellung am Bilin-Fluß aufzubauen, der freilich schmal und an mehreren Stellen leicht passierbar war. Diese Stellung wurde bald umgangen. Dann kam es zu einem Wettlauf, um die britischen Truppen rechtzeitig auf den 48 Kilometer dahinter liegenden und ein bis zwei Kilometer breiten Sittang zurückzuziehen. Infolge des verspäteten britischen Starts konnten die Japaner den Briten zuvorkommen, trotz des Handicaps, daß sie ihre Umgehungsmanöver durch Dschungelwege machen mußten; die wichtigste Brücke über den Sittang wurde am frühen Morgen des 23. Februar gesprengt, als der größte Teil von Smyth' Truppen noch am östlichen Ufer war. Knapp 3500 Mann kamen zurück, auf Schleichwegen und mehr als die Hälfte ohne Gewehre.

Am 4. März umzingelten die Japaner, ihren Erfolg ausnutzend, Pegu, einen Eisenbahn- und Straßenknotenpunkt, wo sich die Reste von Smyth' Truppen und einige Verstärkungen zu sammeln suchten.

Am nächsten Tag traf General Sir Harold Alexander ein, um General Hutton im Kommando der Burma-Armee abzulösen. Diese Blitzentscheidung Churchills war angesichts der Umstände ganz natürlich, um so mehr angesichts der Tatsache, daß der schnelle Zusammenbruch im Oberkommando nicht vorausgesehen worden war. Aber sie war ungerecht gegenüber »Tom« Hutton, der nicht nur selbst Zweifel an der Möglichkeit, Rangun zu halten, geäußert, sondern weise Voraussicht bewiesen hatte, indem er militärischen Nachschub in den Raum von Mandaley, 600 Kilometer nördlich von Rangun, geschickt und gleichzeitig den Bau einer Gebirgsstraße vom indischen Staat Manipur aus als Überlandverbindung nach Mandalay und der Burma-Straße nach Tschungking beschleunigt hatte. Während dieser Zeit waren die Ansichten in der Heimat immer noch stark beeinflußt durch Wavells Meinung, die japanische Kapazität werde stark überschätzt und sei ein Mythos, der durch energische Gegenaktion zum Platzen gebracht werden könne.

Bei seiner Ankunft bestand Alexander zunächst darauf, Rangun müsse gehalten werden, und befahl eine Offensive zur Wiederherstellung der Lage. Aber als diese Offensive begann, hatte sie nur geringe Erfolge, trotz energischen Vorgehens der neu eingetroffenen 7. Panzerbrigade. Daher schloß sich Alexander bald der Ansicht Huttons an und befahl am Nachmittag des 6. März die Räumung Ranguns nach der Durchführung von einigen Sprengungen am nächsten Tag. So betraten die Japaner am 8. zu ihrer eigenen Überraschung eine leere Stadt. Die britischen Streitkräfte hatten Glück, daß sie auf der Straße nach Norden durch Prome entkommen konnten, indem sie eine Lücke im japanischen Einschließungsring entdeckten.

Es kam jetzt zu einer zeitweiligen Kampfpause, während der die

Japaner durch zwei weitere Divisionen, die 18. und 56., sowie durch zwei Panzerregimenter verstärkt und ihre Luftwaffe auf über 400 Maschinen verdoppelt wurden. Die Briten erhielten weit weniger Verstärkungen an Landtruppen. In bezug auf die Luftwaffe hatten ihre drei unvollständigen Jäger-Squadrons und die beiden von Tschiang Kai-schek wieder ausgeliehenen amerikanischen freiwilligen Verbände mit (zu Beginn) insgesamt 54 Hurricanes und Tomahawks erfolgreich japanische Luftangriffe auf Rangun abgewehrt und dem Angreifer unverhältnismäßig schwere Verluste zugefügt. Aber nach der Aufgabe Ranguns wurden die meisten britischen Flugzeuge nach Indien zurückgezogen, wo bis Ende März eine Verstärkung von etwa 150 Bombern und Jägern aus dem Nahen Osten eintraf. Der Verlust von Rangun hatte ferner das Frühwarnsystem unterbrochen, so daß die verbleibenden britischen Flugzeuge, ebenso wie vorher in Malaya, zu einem wirksamen Widerstand gegen die Japaner nicht mehr in der Lage waren.

Anfang April rückte die verstärkte 15. japanische Armee den Irrawaddy entlang nach Norden in Richtung Mandalay vor, in Erfüllung ihres Auftrages, die Burma-Straße nach China abzuschneiden. Die britischen Truppen in Stärke von etwa 60 000 Mann hielten eine ostwestliche Linie 250 Kilometer südlich von Mandalay mit Hilfe chinesischer Truppen an ihrer Ostflanke. Aber die Japaner umgingen kühn ihre Westflanke und nahmen Mitte April die Ölfelder von Yenangyaung. General Joseph Stilwell, der amerikanische Offizier, der Tschiang Kai-scheks rechte Hand war, entwarf den Plan, die Japaner den Sittang entlang vorrücken zu lassen und dann durch eine Zangenbewegung einzuschließen; aber sein Plan wurde vereitelt durch eine größere japanische Flankenbewegung im Osten in Richtung auf Lashio an der Burma-Straße. An dieser Flanke kam es zu schnellen Truppenbewegungen, und bald wurde es klar, daß weder Lashio noch die Burma-Straße selbst gehalten werden könnte.

Daher entschloß sich Alexander klugerweise, nicht Mandalay zu halten, wie die Japaner gehofft hatten, sondern sich auf die indische Grenze zurückzuziehen. Der lange Rückzug von über 300 Kilometern begann am 26. April, gedeckt durch Nachhuten, und die Ava-Brücke über den Irrawaddy wurde am 30. gesprengt — am Tag bevor die Japaner Lashio erreichten.

Das Hauptproblem war jetzt, die indische Grenze und die Provinz Assam zu erreichen, ehe Mitte Mai der Monsun begann, die dazwischenliegenden Flüsse über die Ufer treten ließ und die Straßen überschwemmte. Die Japaner rückten eilig den Chindwin-Fluß entlang, um den britischen Rückzug abzuschneiden; aber den britischen Nachhuten gelang es, auf Umwegen durchzuschlüpfen und eine Woche vor Beginn des Monsun Tamu zu erreichen. Sie verloren bei diesem Endspurt den größten Teil ihrer Ausrüstung, darunter alle Panzer, aber der größte Teil der Soldaten wurde gerettet. Immerhin waren die britischen Verluste im Burma-Feldzug dreimal so hoch wie die japanischen — 13 500 gegenüber 4500 Mann. Daß die Truppen in Burma bei ihrem Rückzug von 1500 Kilometern überhaupt davonkamen, verdankten sie großenteils den wiederholten Gegenangriffen der Panzer der 7. Panzerbrigade — und der überlegenen Art, wie nach dem Entschluß zur Aufgabe Ranguns der Rückzug organisiert wurde.

Ceylon und der Indische Ozean

Während die japanische Armee in Burma scheinbar unwiderstehlich von Rangun auf Mandalay vorrückte, wurden die Briten auch durch das Auftauchen der japanischen Kriegsmarine im Indischen Ozean alarmiert. Denn die große Insel Ceylon im Süden Indiens wurde von ihnen als lebenswichtig betrachtet — als potentielles Sprungbrett für die japanische Kriegsmarine, von dem aus diese sowohl den britischen Seeweg in den Nahen Osten um Südafrika herum als auch die britischen Seeverbindungen nach Indien und Australien bedrohen könnte. Außerdem war seit dem Verlust Malayas der Kautschuk aus Ceylon für Großbritannien sehr wichtig geworden.

Wavell erhielt daher von den britischen Stabschefs die Richtlinie, daß der Schutz Ceylons noch wichtiger sei als der Kalkuttas. Aus diesem Grunde wurden nicht weniger als sechs Brigaden nach

Ceylon abgestellt, zu einer Zeit, als die britischen Streitkräfte in Burma offenkundig unzureichend und die in Indien gefährlich schwach waren. Außerdem wurde im März ein neuer Flottenverband in Ceylon aufgebaut, unter dem Kommando von Admiral Sir James Somerville – er umfaßte fünf Schlachtschiffe, davon freilich vier veraltete, und drei Flugzeugträger, von denen einer, die »Hermes«, alt und klein war.

Gleichzeitig bereiteten sich die Japaner auf eine Offensive von Celebes aus in den Indischen Ozean vor, mit einer beachtlichen Streitmacht von fünf Flugzeugträgern – den für den Angriff auf Pearl Harbor eingesetzten – und vier Schlachtschiffen. Als dies berichtet wurde, sahen die Aussichten für eine Verteidigung Ceylons düster aus. Aber die Gefahr war nicht so ernst, wie sie schien; denn diese japanische Offensive war nach ihrer Zielsetzung im Grunde defensiv. Die Japaner hatten nicht genug Truppen zur Verfügung, um eine Invasion Ceylons zu versuchen. Ihr Ziel war nur eine Einzelaktion – die Zerstreuung des in Ceylon aufgebauten britischen Flottenverbandes und der Schutz ihrer eigenen Truppentransporte nach Rangun auf dem Seeweg.

In der Erwartung eines Angriffs am 1. April war Admiral Somervilles Verband in zwei Hälften geteilt worden – die schnellere Hälfte, der Verband A, sollte im Ozean patrouillieren, bis er zum Auftanken nach Addu Atoll geschickt wurde, einem neuen geheimen Stützpunkt auf den Malediven etwa 900 Kilometer südwestlich Ceylon. Der japanische Angriff erfolgte dann am 5. April, als über 100 Flugzeuge den Hafen von Colombo angriffen, dort großen Schaden anrichteten und die Jäger-Gegenangriffe in die Flucht schlugen. In einem zweiten Angriff von 50 Bombern am gleichen Nachmittag wurden zwei britische Kreuzer versenkt. Somervilles Flottenverband, der zu spät eingreifen konnte, zog sich dann zurück – die älteren Schlachtschiffe nach Ostafrika und die schnelleren nach Bombay. Doch nach einem erfolgreichen Angriff auf Trincomali am 9. zog sich die japanische Flotte wieder zurück; der zu Angriffen auf die Handelsschiffahrt abgestellte Verband hatte freilich inzwischen im Golf von Bengalen 23 Schiffe mit 112 000 t versenkt.

Dies war eine neue demütigende Niederlage für die britische Seemacht, hatte aber glücklicherweise keine weiteren Folgen. Ja, wenn die Briten nicht einen solchen Angriff provoziert hätten, indem sie in Ceylon einen offenkundig antiquierten Flottenverband aufstellten, hätten die Japaner vermutlich gar nicht angegriffen, da dies jenseits ihrer abgesteckten Ziele lag.

Eine weitere Folge, die Großbritanniens Beziehungen zu den Franzosen ebenso belastete wie es seine Kräfte verzettelte, war die Entsendung einer kombinierten Heeres- und Marinestreitmacht zur Besetzung des Hafens von Diego Suarez im Norden der französischen Kolonie Madagaskar, um einer möglichen japanischen Besetzung zuvorzukommen. Dieser ziemlich aufwendigen Operation im Mai 1942 folgte im September eine noch größere Expedition zur Eroberung der ganzen Insel. Doch wie bei der Versenkung der französischen Flotte bei Mers-el-Kebir in Algerien 1940 erwies sich auch hier die Furcht auf lange Sicht als ein schlechter Ratgeber.

TEIL V

DIE GROSSE WENDE 1942

KAPITEL 18

GEZEITENWECHSEL IN RUSSLAND

Im Jahr 1940 hatten die Deutschen ihre Feldzüge am 9. April mit dem Sprung nach Norwegen und Dänemark eröffnet; die Feldzüge des Jahres 1941 hatten sie am 6. April mit der Balkan-Offensive eingeleitet. Im Jahr 1942 gab es keinen so frühen Beginn. Diese Tatsache zeigte die Erschöpfung der Deutschen infolge ihres vergeblichen Versuches vom Jahr 1941, einen schnellen Sieg über Rußland zu erringen, und sie zeigte, wie sehr ihre Offensivkraft dort absorbiert war. Zwar waren an der russischen Front die Wetterbedingungen für eine frühe Offensive ungünstig, aber es gab kein solches Hindernis für eine entsprechende Operation gegen das östliche oder das westliche Ende der prekären britischen Position im Mittelmeer. Dennoch erfolgte keine neue Bedrohung dieses für Großbritanniens Überseeverbindungen entscheidenden Raumes.

Auf dem russischen Kriegsschauplatz war die Winter-Gegenoffensive der Roten Armee nach ihrem Beginn im Dezember noch über drei Monate weitergegangen, wenn auch mit geringerem Erfolg. Bis zum März 1942 war sie auf einigen Abschnitten fast 250 Kilometer weitergekommen. Aber die Deutschen hielten nach wie vor die wichtigsten Bastionen ihrer Winterfront – die Städte Schlüsselburg, Nowgorod, Rschew, Wjasma, Brjansk, Orel, Kursk, Charkow und Taganrog –, obwohl die Russen in die Zwischenräume zwischen diesen Städten eingedrungen waren und oft viele Kilometer weit in ihrem Rücken standen.

Diese Städte waren, taktisch gesehen, entscheidende Hindernisse; strategisch gesehen konnte man mit ihnen die Situation beherrschen, weil es Schlüsselpunkte in einem dünnen Netz von Verkehrsverbindungen waren. Zwar konnten die deutschen Besatzungen nicht das russische Einsickern in die weiten Räume zwischen

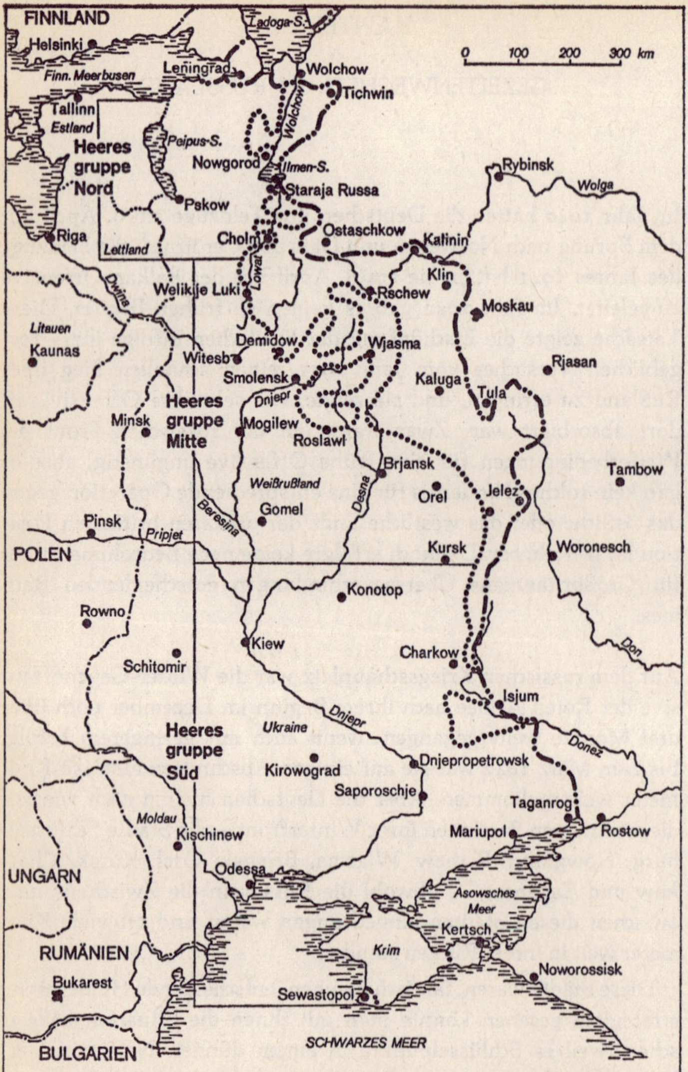

Die militärische Lage in Rußland · Dez. 1941–April 1942

Deutsche Front am 5.12.41 — Wiedereinnahme durch russische Streitkräfte (5.12.41 bis Ende April 42)

den Städten verhindern, aber diese Schlüsselpunkte hinderten wiederum die Ausweitung jedes Vordringens, solange sie intakt blieben. Somit erfüllten diese Stellungen in größerem Maßstab die Bremsfunktion, welche die französischen Forts in der Maginot-Linie hätten erfüllen sollen – und vielleicht erfüllt hätten, wenn die Kette von Forts entlang der französischen Grenze nicht auf halber Strecke aufgehört hätte, was den Deutschen Raum genug ließ, sie zu umgehen.

Da es der Roten Armee nicht gelang, diese Bastionen so weit zu unterlaufen, daß sie zusammenbrachen, stellten sich die tiefen russischen Einbrüche in den Räumen dazwischen später als ein Nachteil heraus. Denn diese Ausbuchtungen waren natürlich weniger leicht zu verteidigen als Städte, und ihre Verteidigung absorbierte daher eine übermäßige Menge von Truppen, während sie um so leichter durch deutsche Flankenbewegungen von den Städten aus abgeschnitten werden konnten.

Bis zum Frühjahr 1942 war die Front in Rußland so tief verzahnt, daß sie fast wie die norwegische Küste aussah, wo die Fjorde weit in das Binnenland einschneiden. Daß es den Deutschen gelang, ihre Stellungen in den Städten zu halten, war ein erstaunlicher Beweis für die Möglichkeiten einer modernen Verteidigung, wenn sie geschickt und zäh durchgeführt und von ausreichenden Waffen unterstützt wird. Dies war eine Lehre, die noch mehr als selbst die russische Verteidigung im Jahr 1941 die oberflächlichen Schlußfolgerungen widerlegte, die man aus den schnellen offensiven Erfolgen des Kriegsbeginns gegen schwache Verteidigung gezogen hatte – ohne zu bedenken, daß in allen diesen Fällen der Angreifer eine entscheidende waffenmäßige Überlegenheit besaß oder auf eine schwache und verstörte Verteidigung stieß. Diese Lehre bekräftigte in größerem Ausmaß die Erfahrungen des Bogens von St.-Mihiel im Ersten Weltkrieg und bewies die Möglichkeiten, die schon durch die vier Jahre dauernde Verteidigung dieser theoretisch unhaltbaren Stellung angedeutet wurden. Die Erfahrungen des Winterfeldzuges von 1941/42 bestätigten ferner die langfristige Lehre der Geschichte, daß die Auswirkungen eines Überraschungsangriffes in erster Linie psychologischer Natur sind und daß die Gefahr am größten im Anfang ist – und sich vermindert, wenn der plötzliche Schock nicht zu einem sofortigen Zusammenbruch führt.

Rückschauend ist es klar, daß Hitlers Verbot jedes größeren Rückzuges den Erfolg hatte, daß die Zuversicht der deutschen Truppen wiederhergestellt wurde und wahrscheinlich die deutsche Front vor einem größeren Zusammenbruch bewahrte; sein Beharren auf einem »Igelsystem« der Verteidigung brachte den Deutschen zu Beginn des Feldzuges von 1942 erhebliche Vorteile.

Indirekt aber zahlten die Deutschen einen hohen Preis für diese starre Verteidigung. Ihr Erfolg im Winter 1941/42 stärkte den Glauben, daß sie unter den ungünstigeren Bedingungen der folgenden Winter ebensogut wiederholt werden könnte. Ein unmittelbareres Handicap für die Deutschen war die Belastung ihrer Luftwaffe durch die langwierigen Bemühungen, unter schwierigen Winterbedingungen die Besatzungen der abgeschnittenen Städte aus der Luft zu versorgen. Wegen des schlechten Wetters war die Unfallquote hoch, und in den kurzen Zwischenzeiten guten Wetters mußte eine übermäßige Zahl von Flugzeugen eingesetzt werden, um Nachschublücken zu decken – manchmal mußten über 300 Transportmaschinen am Tag fliegen, um ein einziges Armeekorps zu versorgen. Die Notwendigkeit, Lufttransporte solchen Ausmaßes für eine ganze Kette isolierter vorgeschobener Stellungen zu stellen, überlastete die Lufttransportorganisation der Luftwaffe, und auch der Abzug flugerfahrener Einheiten auf andere Kriegsschauplätze beschränkte deren Kampfkraft an der russischen Front.

Die gewaltige Belastung dieses Winterfeldzuges für eine Armee, die darauf in keiner Weise vorbereitet war, hatte auch andere verspätete Auswirkungen. Am Ende des Winters waren viele Divisionen auf knapp ein Drittel ihrer ursprünglichen Stärke zusammengeschmolzen. Sie wurden niemals wieder voll aufgefüllt, und erst spät im Sommer erreichten sie eine ausreichende Stärke zu neuen aktiven Operationen. Die zusätzlichen Divisionen, die während des Winters in der Heimat aufgestellt wurden, führten zu einer Gesamtzahl von Divisionen, die im Grunde völlig fiktiv war. Auch später wurden Divisionen, die durch schwere Kämpfe fast aufgerieben worden waren, zur Tarnung beibehalten ohne Auffüllung der Rücken in ihren Reihen; diese nominellen Divisionen waren manchmal nur zwei oder drei Bataillone stark.

Hitler war von seinen Generalen gesagt worden, etwa 800 000 Mann müßten zusätzlich der Front zur Verfügung gestellt werden, wenn man im Jahr 1942 die Offensive wiederaufnehmen wolle. Doch Albert Speer, der neue Rüstungsminister, erklärte es für unmöglich, eine so große Zahl von Arbeitern aus den Fabriken freizugeben. Das Defizit wurde schließlich durch eine radikale Änderung der Heeresorganisation »gedeckt«. Die Infanteriedivisionen wurden auf der Grundlage von sieben Bataillonen statt wie bisher neun aufgebaut; die Kampfstärke einer Infanteriekompanie wurde auf höchstens 80 Mann, statt wie bisher 180 Mann, festgesetzt. Diese Reduzierung diente einem doppelten Zweck: Man hatte festgestellt, daß nach dem Verlust vieler geschulter Offiziere die jüngeren Offiziere, die diese als Kompaniechefs ersetzten, den Überblick verloren, wenn sie so große Kompanien befehligten, und man hatte festgestellt, daß bei den größeren Kompanien auch die Verluste größer waren, nicht aber entsprechend die Kampfkraft.

Diese doppelte Reduzierung der Zahl der Bataillone in einer Division und der Zahl der Männer in einem Bataillon führte in den folgenden Jahren zu einer unrealistischen Einschätzung der deutschen Stärke durch die alliierten Nachrichtendienste, da man weiterhin die deutschen Divisionen so zählte, als seien sie gleich stark wie die alliierten. Es wäre richtiger gewesen, zwei deutsche Divisionen als gleich stark mit einer britischen oder amerikanischen Division zu zählen. Aber auch dieses Verhältnis hätte etwa nach dem Sommer 1944 keinen richtigen Maßstab mehr abgegeben, da dann nur noch wenige deutsche Divisionen ihre reduzierte Sollstärke besaßen.

Bei dem Feldzug von 1942 gab es auch eine Verstärkung der deutschen Panzer, die mehr äußerlich als wirklich war. Im Laufe des Winters wurden zwei neue Panzerdivisionen aufgestellt – zum Teil durch die Umrüstung der einen Kavalleriedivision, der man bisher ihre Pferde gelassen hatte, ohne daß diese einen nennenswerten Zweck mehr erfüllten. Auch die Zahl der Panzer der motorisierten Infanteriedivisionen wurde erhöht; aber nur knapp die Hälfte der 20 bestehenden Panzerdivisionen erhielt ihre Sollstärke an Panzern.

Somit bot die deutsche Bilanz eine etwas prekäre Grundlage für die Fortsetzung der Offensive. Selbst durch noch so große Anstrengungen konnten die Deutschen kaum ihre frühere Truppenstärke wiederherstellen, und auch das nur durch vermehrtes Zurückgreifen auf die Truppen ihrer Verbündeten, die an Qualität geringer waren als ihre eigenen. Sie hatten keine Reserven mehr, die Verluste eines weiteren kostspieligen Feldzuges auszugleichen. Ein noch größeres Handicap war ihr Unvermögen, ihre zwei wichtigsten offensiven Trumpfkarten, die Luftwaffe und die Panzer, so auszuspielen, daß sie ihnen die Überlegenheit verschafften[1].

Die ungünstigen Seiten der Situation wurden vom deutschen Generalstab erkannt, aber dessen Chefs hatten nur noch schwindenden Einfluß auf Hitlers Entscheidungen. Hitlers Druck war für sie zu stark geworden, und der Druck der Ereignisse war für Hitler zu stark geworden – er mußte auf seinem Weg immer weiter und weiter gehen.

Die Frage einer Wiederaufnahme der Offensive im Jahr 1942 wurde auf deutscher Seite schon im November 1941 erörtert – noch vor dem letzten Versuch, Moskau zu nehmen. Rundstedt behauptete später, bei diesen Erörterungen nicht nur für einen Übergang zur Defensive eingetreten zu sein, sondern auch einen Rückzug bis auf die Ausgangslinie in Polen empfohlen zu haben. Auch Leeb soll dieser Ansicht gewesen sein. Wenn auch die anderen führenden Generale keine so radikale Änderung der Strategie befürworteten, so empfanden doch die meisten zunehmende Besorgnis darüber, wo der Rußland-Feldzug noch enden würde, und sie zeigten keinen Eifer für die Wiederaufnahme der Offensive. Das Scheitern des Dezember-Angriffs auf Moskau und die harte Prüfung des Winters verstärkten ihre Zweifel.

1 Diese Nachteile konnten auch von Beobachtern im Westen erraten werden. In einem Kommentar vom März 1942 äußerte ich die Schlußfolgerung: »Es wäre angebracht, in diesem Sommer nicht nur eine Wiederholung der deutschen Mißerfolge vom Herbst, sondern einen endgültigen Wechsel der Gezeiten zu erwarten.«

Aber das Gewicht dieser militärischen Opposition wurde geschwächt durch die Veränderungen im deutschen Oberkommando, die dem Mißerfolg des Feldzuges von 1941 folgten. Rundstedt hatte Ende November seine Ablösung erbeten und erhalten, als Hitler seinen Vorschlag ablehnte, den Vorstoß zum Kaukasus einzustellen und sich auf eine Winter-Verteidigungslinie am Mius-Fluß zurückzuziehen. Er hatte noch Glück mit dem Zeitpunkt und der Form seines Abschieds. Als dann der Mißerfolg des Feldzuges der ganzen Welt offenbar geworden war, wurde am 19. Dezember die Verabschiedung von Brauchitschs öffentlich in einer Form bekanntgegeben, die durchblicken ließ, daß er der Schuldige sei. Dies diente dem doppelten Zweck, Hitler einen Sündenbock zu liefern und ihm zu gestatten, den unmittelbaren Oberbefehl des Heeres zu übernehmen. Bock, der allzu eifrige Helfershelfer bei Hitlers letztem Vorstoß auf Moskau, hatte sich Mitte Dezember mit einem durch Ärger und Streß hervorgerufenen Magenleiden krank gemeldet, und sein Rücktritt wurde am 20. Dezember angenommen. Leeb blieb noch für den Augenblick; es war weniger leicht, ihn für die Nichteinnahme Leningrads verantwortlich zu machen, da sein Plan eines Angriffs auf die Stadt von Hitler selbst abgelehnt worden war, aus Furcht vor hohen Verlusten im Straßenkampf. Aber als Leeb sah, daß nichts Hitler bewegen konnte, den Rückzug aus dem Bogen von Demjansk zu genehmigen, bat auch er um seine Ablösung.

Das Verschwinden Brauchitschs und aller drei ursprünglichen Heeresgruppen-Befehlshaber schwächte den mäßigenden Einfluß des Generalstabschefs Halder. Diese Tendenz wurde verstärkt durch die natürliche Neigung der drei Nachfolger, ihre Zweifel zurückzustellen und den Wünschen des Führers gegenüber gefügiger zu sein. Hitler verstand sehr wohl die Wirkung von Beförderungen auf das Urteil und auf die Gefügigkeit hoher Offiziere – beruflicher Ehrgeiz ist sehr selten für eine solche Versuchung unempfänglich.

Rundstedt wurde durch Reichenau ersetzt, Bock durch Kluge und Leeb später durch Küchler. Da Bocks Ablösung vom Oberbefehl der Heeresgruppe Mitte auf eine zeitweilige Erkrankung zurückzuführen war, wurde er Reichenaus Nachfolger, als dieser im Januar plötzlich an einer Herzattacke starb. Aber er wurde endgültig im Juli 1942 abgelöst, nachdem während der Sommeroffensive der südliche Befehlsbereich neu geordnet worden war. Bei dieser Neuordnung wurde aus der Heeresgruppe Süd eine besondere Heeresgruppe A für den Vorstoß auf den Kaukasus herausgenommen und Feldmarschall List unterstellt; die restliche Heeresgruppe Süd erhielt den Namen Heeresgruppe B, zuerst unter Bock und dann unter Weichs.

Der Plan einer neuen großen Offensive konkretisierte sich in den ersten Monaten 1942. Hitlers Entscheidung wurde durch seine Wirtschaftsexperten beeinflußt, die ihm sagten, Deutschland könne ohne Öl aus dem Kaukasus und ohne Weizen und Eisenerz aus diesem Raum den Krieg nicht weiterführen – die Irrigkeit dieser Ansicht erwies sich dadurch, daß Deutschland zwar niemals das kaukasische Öl erhielt, aber den Krieg noch drei volle Jahre weiterführte. Aber Hitler war für solche wirtschaftlichen Argumente um so empfänglicher, als sie sich mit seinem instinktiven Bestreben deckten, etwas Konkretes zu tun und wieder offensiv zu werden. Der Gedanke eines Rückzuges war ihm widerwärtig, so viel Erleichterung und Vorteil ein solcher auch bringen mochte. Da er vor dem großen Rückzug zurückschreckte, sah er keine andere Möglichkeit, als wieder vorzurücken.

Dieser Instinkt machte ihn unempfänglich für unangenehme Tatsachen. Beispielsweise hatte der deutsche Nachrichtendienst die Information, daß in den russischen Fabriken im Ural und anderswo 600–700 Panzer im Monat gebaut wurden. Aber als Halder ihm dies mitteilte, schlug er auf den Tisch und erklärte, solche Produktionszahlen seien unmöglich. Er wollte nicht wahrhaben, was er nicht glauben wollte.

Immerhin brachte man ihn dazu, die Begrenzung der deutschen Reserven insoweit anzuerkennen, als das Ausmaß der neuen Offensive eingeschränkt wurde. Nach dem zu Beginn des Frühjahres aufgestellten Plan sollte sie an beiden Flanken, aber nicht an der gesamten Front erfolgen.

Der Hauptstoß sollte an der Südflanke am Schwarzen Meer vor sich gehen, in Form eines Vorstoßes in dem Korridor zwischen den Flüssen Donez und Don. Nach einer Überquerung des Unterlaufs des Don zwischen seinem großen Knie und dem Schwarzen Meer sollte die eine Stoßrichtung nach Süden auf den Kaukasus zielen, die andere nach Osten auf Stalingrad an der Wolga.

Bei der Aufstellung dieses doppelten Zieles hatte Hitler ursprünglich die Idee, daß die Einnahme von Stalingrad den Weg für eine Schwenkung nach Norden freigeben könnte, mit der er in den Rücken der russischen Armeen im Raum Moskau gelangen würde. In seiner Umgebung wurde sogar von einem Vorstoß bis zum Ural gesprochen. Aber nach langen Diskussionen überzeugte Halder ihn, daß dies ein praktisch unmögliches Projekt sei, und als tatsächliches Ziel wurde dann aufgestellt, den Vormarsch über Stalingrad hinaus nur so weit auszudehnen, daß diese strategische Schlüsselstellung taktisch gesichert war. Als Zweck der Einnahme Stalingrads wurde die strategische Flankendeckung für den Vorstoß in den Kaukasus bezeichnet; denn Stalingrad lag an der Wolga, beherrschte den Landweg zwischen Wolga und Don und bildete als großes Verkehrszentrum den Korken für den Flaschenhals, in den die Deutschen hineinstießen.

Zu Hitlers Plan für 1942 gehörte auch eine Offensive geringeren Ausmaßes zur Einnahme Leningrads im Sommer. Abgesehen von dem Prestigewert der Stadt wurde diese Operation im Norden für wichtig angesehen zur Sicherung der Landverbindung nach Finnland und zur Befreiung dieses Verbündeten aus seiner isolierten Lage.

An der übrigen Ostfront sollten die deutschen Armeen in der Defensive bleiben und lediglich ihre befestigten Stellungen hier und da verbessern. Die deutsche Offensive von 1942 war also auf die beiden Flügel beschränkt. Diese Beschränkung war ein Zeichen dafür, wie knapp die deutschen Reserven schon wurden. Zudem konnte die geplante Operation am Südflügel nur durchgeführt werden, indem man mehr als vorher Deutschlands Verbündete in Anspruch nahm und ihnen auferlegte, die Rückendeckung für den Vormarsch zu stellen, sobald er tiefer in das Land hineinstieß.

Der Gedanke eines solchen tiefen Vorstoßes auf eine Flanke ohne einen gleichzeitigen Druck auf das feindliche Zentrum widersprach den geheiligten Regeln der Strategie, die man die deutschen Generale von Jugend auf gelehrt hatte. Er sah um so gefährlicher aus, als der Vorstoß in dem Korridor zwischen den russischen Armeen und dem Schwarzen Meer erfolgen sollte. Die deutschen Generale hatten ungute Gefühle bei dem Gedanken, daß der Schutz ihrer Flanke landeinwärts weitgehend von rumänischen, ungarischen und italienischen Truppen abhängen würde. Hitler jedoch beantwortete alle ihre Bedenken mit der nachdrücklichen Erklärung, Deutschland könne sich in diesem Krieg nur mit Hilfe der Ölvorräte aus dem Kaukasus behaupten. Was die Abhängigkeit von verbündeten Truppen zum Schutz der Flanke betrifft, so erklärte er, diese würden nur dafür eingesetzt, den Don und die Wolga zwischen Stalingrad und dem Kaspischen Meer zu halten, wobei die breiten Flüsse selbst die Hauptfunktion haben würden. Die Einnahme von Stalingrad und die Behauptung dieser Schlüsselstellung würde aber deutschen Truppen anvertraut sein.

Zur Vorbereitung der Hauptoffensive begannen die deutschen Truppen auf der Krim am 8. Mai einen Angriff zur Einnahme des östlichen Teils, der Halbinsel Kertsch, wo es den Russen im Herbst gelungen war, sie zum Stehen zu bringen. Ein gut vorbereiteter Angriff, unterstützt durch eine Konzentration von Sturzbombern, erzielte einen Einbruch in die Verteidigung. Die Deutschen drangen durch diese Lücke hinein, schwenkten nach Norden und drängten einen großen Teil der Verteidiger an die Küste, wo die Sturzbomber bald zu ihrer Waffenstreckung führten. Nachdem der Weg damit freigelegt war, rückten die Deutschen die 80 Kilometer lange Halbinsel vor. Nach kurzem Aufenthalt an dem »Tataren-Graben«, einer historischen Verteidigungsstellung 20 Kilometer vom Ende der Halbinsel entfernt, nahmen sie am 16. Mai die Stadt Kertsch; damit waren die Russen aus der Krim herausgedrängt, abgesehen von der seit langem eingeschlossenen Festung Sewastopol im Südwesten.

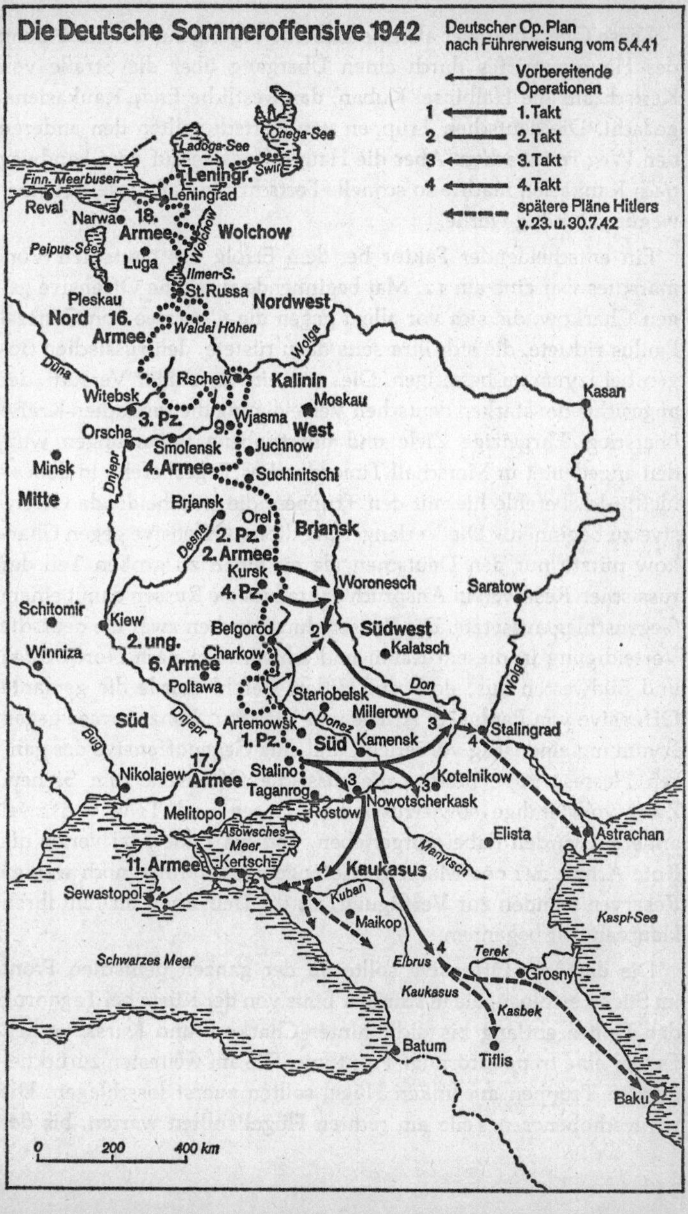
Die Deutsche Sommeroffensive 1942
Deutscher Op. Plan
nach Führerweisung vom 5.4.41
Vorbereitende Operationen
1 1. Takt
2 2. Takt
3 3. Takt
4 4. Takt
spätere Pläne Hitlers v. 23. u. 30.7.42
Onega-See
Ladoga-See
Swir
Finn. Meerbusen
Leningr.
Leningrad
Reval
Narwa
18. Armee
Wolchow
Peipus-See
Luga
Ilmen-S.
Pleskau
St. Russa
Nordwest
Nord
16. Armee
Waldai Höhen
Wolga
Düna
Rschew
Kalinin
Kasan
Witebsk
Moskau
3. Pz.
9.
Wjasma
West
Orscha
Smolensk
Juchnow
Minsk
4. Armee
Suchinitschi
Dnjepr
Mitte
Brjansk
Orel
Desna
2. Pz.
2. Armee
Kursk
Woronesch
4. Pz.
Saratow
Schitomir
Kiew
Belgorod
Südwest
2. ung.
Kalatsch
Winniza
Charkow
6. Armee
Poltawa
Don
Stariobelsk
Millerowo
Süd
Artemowsk
Donez
Stalingrad
1. Pz.
Kamensk
Bug
17. Armee
Stalino
Kotelnikow
Nikolajew
Taganrog
Rostow
Nowotscherkask
Melitopol
Asowsches Meer
Elista
Astrachan
Manytsch
11. Armee
Kertsch
Kaukasus
Sewastopol
Kuban
Maikop
Kaspi-See
Schwarzes Meer
Elbrus
Terek
Grosny
Kaukasus
Kasbek
Batum
Tiflis
Baku
0
200
400 km

Diese Operation war als eine Hebelbewegung zur Unterstützung des Hauptangriffes durch einen Übergang über die Straße von Kertsch auf die Halbinsel Kuban, das westliche Ende Kaukasiens, gedacht. Die deutschen Truppen von Kertsch sollten den anderen den Weg frei machen. Aber die Hauptoffensive auf dem Landweg nach Kaukasien machte so schnelle Fortschritte, daß diese Hebelbewegung unnötig wurde.

Ein entscheidender Faktor bei dem Erfolg des deutschen Vormarsches war eine am 12. Mai beginnende russische Offensive gegen Charkow, die sich vor allem gegen die 6. Armee von General Paulus richtete, die sich ihrerseits dazu rüstete, den russischen Bogen bei Izyum zu beseitigen. Dies war ein verfrühter Versuch, der angesichts der starken deutschen Verteidigung die russischen Kräfte überstieg. Ehrgeizige Ziele und übertriebene Erwartungen wurden angedeutet in Marschall Timoschenkos Tagesbefehl, in dem es hieß: »Ich befehle hiermit den Truppen, die entscheidende Offensive zu beginnen.« Die Verlängerung dieser Offensive gegen Charkow nützte nur den Deutschen, da sie einen zu großen Teil der russischen Reserven in Anspruch nahm und die Russen damit einem Gegenschlag aussetzte. Die Russen durchbrachen zwar die deutsche Verteidigung in diesem Raum und schwärmten nach Nordwesten und Südwesten aus; doch auf Hitlers Befehl wurde die geplante Offensive von Paulus' 6. Armee und Kleists 1. Panzerarmee gegen Izyum um einen Tag vorverlegt, und eine Gegenoffensive der ganzen Heeresgruppe brachte die russische Offensive zum Stehen. Zwei vollständige sowjetrussische Armeen und Teile von zwei anderen wurden dabei aufgerieben, und bis Ende Mai verlor die Rote Armee 241 000 Mann an Gefangenen. Und nur noch wenige Reserven standen zur Verfügung, als die Deutschen im Juni ihren Hauptangriff begannen.

Die deutsche Offensive sollte an der ganzen deutschen Front im Süden erfolgen, die in schräger Linie von der Küste bei Taganrog den Donez entlang bis dicht hinter Charkow und Kursk verlief. Es war eine treppenförmige Frontlinie. Die am weitesten zurückliegenden Truppen am linken Flügel sollten zuerst losschlagen. Die vorgeschobeneren Teile am rechten Flügel sollten warten, bis der linke Flügel vorgerückt war, ehe sie selbst vorrückten; aber sie sollten unterdessen durch Flankenbewegungen den feindlichen Widerstand am linken deutschen Flügel schwächen.

Am rechten Flügel stand die 17. deutsche Armee, abgesehen von der 11. Armee in der Krim; daneben, etwas weiter zurück, die 1. Panzerarmee. Nach dem 9. Juli bildeten diese beiden Armeen Lists Heeresgruppe A, die bis zum Kaukasus vorrücken sollte. Zu ihrer Linken stand Bocks Heeresgruppe B, welche die 4. Panzerarmee, die 6. Armee, die 2. Armee und die ungarische 2. Armee umfaßte. Die beiden Panzerarmeen sollten die entscheidenden Vorstöße gegen die vorgeschobenen Stellungen der Russen unternehmen – die 1. Panzerarmee aus dem Raum Charkow und die 4. aus dem Raum Kursk heraus. Dann sollten die »infanteristischen« Armeen nachfolgen.

Als unmittelbarer Auftakt für die Hauptoffensive begann am 7. Juni ein Angriff gegen die Festung Sewastopol. Er wurde von Mansteins 11. Armee ausgeführt. Trotz zähen Widerstandes behielten die Deutschen schließlich durch überlegene Stärke und Kampfkraft die Oberhand; doch erst am 4. Juli war die Festung und damit die ganze Krim vollständig in deutscher Hand. Die Russen verloren damit ihren wichtigsten Flottenstützpunkt im Schwarzen Meer. Aber ihre Flotte war immer noch intakt, wenn sie auch weiterhin passiv blieb.

Unterdessen war dem Eröffnungszug auf der Krim eine zweite wichtige Ablenkungsoperation gefolgt, näher an dem Raum, wo sich die Hauptoffensive vorbereitete. Am 10. Juni benutzten die Deutschen ihren Keil bei Izyum, um den Übergang über den Donez zu erzwingen und einen Brückenkopf an der Nordseite des Stromes zu gewinnen. Nachdem sie diesen schrittweise ausgeweitet hatten, führten sie am 22. einen kräftigen Panzerangriff nach Norden und erreichten zwei Tage später den Eisenbahnknotenpunkt Kupjansk, etwa 60 Kilometer nördlich des Flusses. Dies ermöglichte eine sehr nützliche Flankenbewegung zur Unterstützung der Hauptoffensive nach Osten, die am 28. Juni begann.

Auf dem linken Flügel der Hauptoffensive gab es mehrere Tage lang heftige Kämpfe, bevor die russischen Reserven erschöpft waren und die 4. Panzerarmee zwischen Kursk und Belgorod durchbrach. Danach ging der Vormarsch durch die 150 Kilometer breite Ebene bis nach Woronesch am Don zügig weiter. Dies schien auf einen Vorstoß über den oberen Don hinaus hinzudeuten, der die Bahnverbindung zwischen Moskau und Stalingrad und dem Kaukasus abgeschnitten hätte. Tatsächlich hatten die Deutschen aber nicht diese Absicht. Ihre Befehle lauteten, am Don haltzumachen und den Fluß zu einem defensiven Flankenschutz für den weiteren Vorstoß nach Südosten zu benutzen. Die 2. ungarische Armee löste jetzt die deutsche 4. Panzerarmee ab, die nach Südosten in den Korridor zwischen Don und Donez schwenkte, gefolgt von der 6. Armee, die Stalingrad einnehmen sollte.

Die ganzen Operationen auf diesem linken Flügel dienten dazu, die Hauptgefahr für die Russen zu verschleiern, die sich am rechten Flügel entwickelte. Denn während ihre Aufmerksamkeit auf den Vorstoß von Kursk nach Woronesch gelenkt wurde, führte Kleists 1. Panzerarmee einen noch gefährlicheren Angriff aus dem Raum Charkow heraus. Dieser nutzte die ungünstigen Positionen aus, welche die russischen Truppen nach dem Scheitern ihrer eigenen Offensive einnahmen, ebenso auch den Keil von Kupjansk in der russischen Flanke. Nach einem schnellen Durchbruch fuhren Kleists Panzerdivisionen in dem Korridor zwischen Don und Donez bis Tschertkowo an der Eisenbahn Moskau-Rostow. Dann schwenkten sie nach Süden an Millerowo und Kamensk vorbei bis zum Unterlauf des Don oberhalb von Rostow.

Dem linken deutschen Flügel glückte bei geringem Widerstand am 22. Juli eine Überquerung des Flusses, nach einem Vormarsch von fast 400 Kilometern vom Ausgangspunkt aus. Am nächsten Tag trieb der rechte Flügel, der am Rande der Verteidigung Rostows angelangt war, einen Keil in die russischen Stellungen. Da Rostow an der Westseite des Don liegt, war die Stadt durch solche Vorstöße gefährdet, und in der Eile des Rückzuges war ihre Verteidigung nicht richtig organisiert worden. Die deutschen Flankenmanöver vergrößerten die Verwirrung, und Rostow fiel schnell in deutsche Hand. Seine Einnahme schnitt die große Pipeline vom Kaukasus ab; die russischen Armeen waren bei ihrer Ölversorgung jetzt auf die Lieferungen durch Tanker auf dem Kaspischen Meer oder über die neue Bahnlinie angewiesen, die sie eilig in den Steppen Ostkaukasiens anlegten. Rußland hatte damit außerdem einen großen Teil seiner Weizenversorgung verloren.

Dieser spektakuläre Erfolg wurde dadurch geschmälert, daß zwar große russische Truppeneinheiten überrannt wurden, die Gesamtzahl der Gefangenen aber nicht annähernd so hoch war wie 1941. Das Tempo des deutschen Vormarsches war nicht schnell genug dazu. Dies lag nicht so sehr an stärkerem Widerstand als an dem Verlust so vieler bestens geschulter deutscher Panzereinheiten und der deutschen Neigung, vorsichtiger vorzugehen. Die Panzer-»Gruppen« von 1941 waren zu Panzer-»Armeen« ausgebaut worden, mit einem stärkeren Anteil von Infanterie und Artillerie; aber diese Verstärkung des Gewichts führte zu einer Verminderung des Tempos. Obwohl große Mengen russischer Soldaten durch den deutschen Vorstoß zeitweilig abgeschnitten waren, konnten viele von ihnen wieder zurückfinden, ehe die Deutschen sie gefangennahmen. Die südöstliche Richtung des deutschen Vorstoßes legte es nahe, daß diese russischen Einheiten sich in nordöstlicher Richtung zurückzogen; dies half dem russischen Oberkommando, sie im Raum Stalingrad zusammenzuziehen, wo sie eine latente Bedrohung der Flanke des deutschen Vorstoßes in den Kaukasus bildeten. Dies hatte entscheidende Auswirkungen auf die nächste Phase des Feldzuges, als sich die deutschen Armeen in zwei verschiedene Richtungen aufteilten – der eine Teil wollte die kaukasischen Ölfelder und der andere die Wolga bei Stalingrad erreichen.

Nach Überquerung des unteren Don schwenkte Kleists 1. Panzerarmee nach Südosten in das Tal des Manych-Flusses, der durch einen Kanal mit dem Kaspischen Meer verbunden ist. Durch die Sprengung des großen Staudammes und die Überflutung des Tales stoppten die Russen zeitweilig den Vormarsch der Panzer. Aber nach nur zwei Tagen Verzögerung gelang es den Deutschen, den Fluß zu überqueren und dann den Vorstoß zum Kaukasus fortzusetzen, sich in einer breiten Front auffächernd. Dank des geringen Widerstandes und der Flachheit des Geländes fuhr Kleists rechte Panzersäule fast genau nach Süden über Armavir bis zu den großen

Ölfeldern von Maikop, über 300 Kilometer südöstlich von Rostow; diese wurden am 9. August erreicht. Am gleichen Tag rückte das Gros seiner mittleren Panzersäule in Pjatigorsk ein, 240 Kilometer östlich von Maikop und schon am Fuße des Kaukasus. Die linke Säule schlug eine weiter östliche Richtung auf Budenowsk ein. Die Panzerspitzen waren schon vorausgeeilt, und das Tempo dieses Vorstoßes über den Don in der ersten Hälfte des August war erstaunlich.

Doch das Tempo verlangsamte sich fast ebenso plötzlich, wie es sich beschleunigt hatte. Die Hauptursachen waren Knappheit an Treibstoff und das Erreichen der Berge; diese doppelte Bremse wurde später noch verstärkt durch die Auswirkungen des entfernten Kampfes in Stalingrad, der einen großen Teil der Streitkräfte absorbierte, die sonst der Kaukasus-Offensive den entscheidenden Schwung hätten geben können.

Es war schwierig, den schnellen Nachschub an Treibstoff für eine so weitreichende Operation sicherzustellen, um so mehr, als der Treibstoff auf dem Schienenweg über Rostow kommen mußte und die Geleise zuerst von der breiten russischen auf die schmale mitteleuropäische Spurweite umgestellt werden mußten. Solange die russische Flotte im Schwarzen Meer lag, konnten die Deutschen nicht wagen, Nachschub auf dem Seeweg zu transportieren. Begrenzte Mengen wurden auf dem Luftweg transportiert; aber insgesamt war das auf dem Land- und Luftweg die Armeen Erreichende nicht genug, um den ersten Schwung der Offensive durchzuhalten.

Natürlich waren die Berge ein Hindernis für die Erreichung der deutschen Ziele; aber dieses Hindernis wurde verstärkt durch den immer zäheren Widerstand, den die Deutschen in diesem Raum vorfanden. Anfangs war es nicht schwer gewesen, die sich dem Vormarsch entgegenstellenden russischen Truppen zu umgehen, und diese hatten sich meist zurückgezogen, bevor sie abgeschnitten wurden, und nicht so hartnäckig gekämpft wie 1941. Dies mag auch auf eine elastischere Defensivstrategie der Russen zurückzuführen sein; doch das deutsche Oberkommando war auf Grund des Verhörs von Gefangenen überzeugt, daß jetzt abgeschnittene

Truppen, insbesondere die aus dem asiatischen Rußland, mehr als früher bestrebt waren, nach einem Rückweg in die Heimat zu suchen. Als dann der Kaukasus erreicht war, wurde der Widerstand noch zäher. Die russischen Truppen dort waren zum großen Teil aus Einheimischen zusammengesetzt, die das Gefühl hatten, ihre Heimat zu verteidigen, und die mit dem gebirgigen Gelände gut vertraut waren. Alle diese Faktoren kamen der Verteidigung zugute, während die Beschaffenheit des Landes die Angreifer im Platz beschränkte und die Flut ihrer Panzerverbände in enge Kanäle lenkte.

Während die 1. Panzerarmee ihre Flankenbewegung zum Kaukasus durchführte, folgte ihr die 17. Armee zu Fuß durch den Flaschenhals von Rostow und schwenkte von dort nach Süden auf die Küste des Schwarzen Meeres.

Nach der Einnahme der Ölfelder von Maikop wurde die deutsche Kaukasus-Front wieder geteilt, und neue Ziele wurden gesteckt. Die 1. Panzerarmee erhielt den Hauptabschnitt zwischen dem Fluß Laba und dem Kaspischen Meer; ihr erstes Ziel sollte der gebirgige Teil der großen Straße von Rostow nach Tiflis sein, ihr nächstes Ziel Baku am Kaspischen Meer. Die 17. Armee war für den schmaleren Abschnitt zwischen der Laba und der Straße von Kertsch zuständig. Ihre erste Aufgabe war der Vormarsch nach Süden von Krasnodar und Maikop aus über das westliche Ende des Kaukasus bis zu den Schwarzmeer-Häfen Noworossisk und Tuapse; ihr weiteres Ziel der Durchbruch auf der Küstenstraße über Tuapse hinaus bis nach Batumi dicht vor der türkischen Grenze.

Diese Küstenstraße südlich von Tuapse führte am Rand hoher Berge entlang; aber die erste Aufgabe der 17. Armee sah relativ einfach aus, da es nur noch 75 Kilometer bis zur Küste waren und das westliche Ende des großen Gebirges in sanften Hügeln ausläuft. Aber der Auftrag erwies sich dennoch als schwierig. Die Deutschen mußten den Kuban überqueren, der in der Nähe seiner Mündung breite sumpfige Ufer hat, und die Hügel weiter östlich waren immerhin unwegsam genug, um natürliche Hindernisse zu bilden. Erst Mitte September nahm die 17. Armee Noworossisk ein – Tuapse erreichte sie nie.

Die 1. Panzerarmee machte auf ihrem Abschnitt vergleichsweise bessere Fortschritte, aber auch mit vermindertem Tempo und immer größeren Pausen. Der Treibstoffmangel war das entscheidende Handicap bei dem Vormarsch zu den Bergen – die Panzerdivisionen mußten manchmal mehrere Tage hintereinander stehenbleiben und neuen Nachschub abwarten. Durch dieses Handicap verscherzten sich die Deutschen ihre beste Chance, die rasche Einnahme der Pässe, solange die Überraschung auf ihrer Seite und die Verteidigung noch schwach war. Als sie dann daranging, sich einen Weg in die Berge zu erkämpfen, war die 1. Panzerarmee auch dadurch behindert, daß die meisten ihrer Gebirgstruppen der 17. Armee zugeteilt worden waren.

Das erste ernste Hindernis bildete der Terek-Fluß, der den Zugang zu der Bergstraße nach Tiflis und zu den Ölfeldern von Grozny deckte. Der Terek hat zwar keineswegs die ehrfurchtgebietende Breite der Wolga, aber seine starke Strömung machte ihn zu einem ernsten Hindernis. Kleist versuchte dann weiter östlich auszuweichen und erzwang in der ersten Septemberwoche einen Übergang bei Mozdok. Aber dann wurden seine Truppen in den dichtbewaldeten Hügeln jenseits des Flusses wiederum aufgehalten. Grozny lag nur 80 Kilometer jenseits des Flusses bei Mozdok, aber trotz aller Bemühungen gelang es den Deutschen nicht, die Ölfelder in ihre Hand zu bringen.

Ein wichtiger Faktor bei diesem Mißerfolg war, daß die Russen mehrere hundert Bomber auf den Flugplätzen in der Nähe von Grozny stationiert hatten. Ihr plötzliches Auftauchen war eine um so wirksamere Bremse für Kleists Vormarsch, als ihm die meisten seiner Flak-Einheiten und ein großer Teil seiner Luftwaffe entzogen worden waren, um die deutsche Armee bei Stalingrad zu unterstützen. So konnten die russischen Bomber die Armee Kleists ungehindert belästigen, und sie vergrößerten seine Schwierigkeiten noch, indem sie große Teile des Waldes in Brand setzten, durch den er vorrücken wollte. Die Russen machten außerdem ein umfassendes Störmanöver, indem sie Kavalleriedivisionen an der Küste des Kaspischen Meeres gegen seine exponierte östliche Flanke einsetzten. Bei Angriffen über die Steppe hinweg gegen einen dünnen defensiven Schleier fand die russische Kavallerie ungewöhnlich gute Gelegenheit zur Entfaltung ihrer besonderen Qualitäten. In dieser weiten Ebene konnte sie in die deutschen Vorpostenstellungen eindringen, wo immer sie wollte, und deutsche Nachschubsendungen abfangen. Die Konzentration russischer Kräfte auf dieser Flanke wurde durch die Bahnlinie unterstützt, die sie von Astrachan nach Süden gebaut hatten. Sie wurde über die flache Steppe hinweg ohne jeden Unterbau angelegt, und weder Bohlen noch Erddämme waren notwendig. Die Deutschen stellten bald fest, daß es ihnen wenig half, die Bahnlinie abzuschneiden, da jedesmal, wenn ein Teil der Linie zerstört war, schnell neue Geleise gelegt wurden. Im übrigen war der Feind kaum faßbar, und seine Bedrohungen an der Flanke wurden immer intensiver. Zwar gelangten deutsche bewegliche Verbände bis zur Küste des Kaspischen Meeres, aber der Anblick dieses Meeres war für sie wie eine Fata Morgana in der Wüste.

Im September und Oktober setzte Kleist seine Versuche fort, von Mozdok aus durch Überraschungsangriffe an verschiedenen Stellen weiter südlich vorzudringen. Aber jedesmal wurde er zum Stehen gebracht. Dann beschloß er, das Schwergewicht vom linken Zentrum auf das rechte Zentrum zu verlegen und einen Zangenangriff auf Ordschonikidse zu unternehmen, das Eingangstor zum Daryal-Paß, durch den die große Bergstraße nach Tiflis führt. Dieser Angriff begann in der ersten Oktoberwoche, und Kleist erhielt dafür so viel Luftunterstützung, wie verfügbar gemacht werden konnte. Die rechte deutsche Zange nahm in einem westlichen Umfassungsmanöver Naltschik und Alagir, wo eine andere militärisch wichtige Straße über den Mamison-Paß beginnt. Von Alagir ging der Vorstoß weiter nach Ordschonikidse, im Zusammenwirken mit einem anderen Vorstoß, der das Terek-Tal aufwärts führte. Regen und Schnee hinderten Kleists Truppen in dieser letzten Phase; aber sie waren schon fast in Reichweite ihres Nahzieles, als die Russen plötzlich einen gut geführten Gegenangriff unternahmen. Dieser hatte den schnellen Zusammenbruch einer rumänischen Gebirgsjägerdivision zur Folge, die sich bei dem Vormarsch gut gehalten hatte, aber jetzt unter der Belastung der neuen Anstrengungen litt. Infolgedessen mußte sie Kleist zurückziehen und seinen Plan aufgeben. Die Front stabilisierte sich nun, und die Deutschen standen immer noch vor der Schranke des hohen Gebirges, die sie vergeblich zu durchbrechen versucht hatten.

Dieser endgültige Rückschlag im mittleren Kaukasus fiel mit dem Beginn der großen russischen Gegenoffensive bei Stalingrad zusammen.

Im westlichen Kaukasus war ebenfalls von den Deutschen eine letzte Anstrengung geplant worden, aber sie wurde nie unternommen. Hitler hatte sich verspätet entschlossen, dafür die Luftlande-Trumpfkarte auszuspielen, die er so sorgfältig zurückgehalten hatte: Die Fallschirmjägerdivision — die zur Tarnung immer noch 7. Fliegerdivision hieß — war in der Krim zu einem Angriff auf die Küstenstraße von Tuapse nach Batumi zusammengezogen worden, der mit einem erneuten Vorstoß der 17. Armee zusammenfallen sollte. Aber dann begann die russische Offensive bei Stalingrad, und ihr folgte ein neuer russischer Angriff bei Rschew, wo Schukows Armeen schon im August beinahe durchgebrochen wären, als sie dadurch die Lage Stalingrads zu erleichtern versuchten. Hitler war über diese doppelte Bedrohung so erschrocken, daß er seinen letzten Versuch, Batumi zu erreichen, absagte und befahl, die Fallschirmjäger mit der Bahn nach Norden zur Verstärkung der Mittelfront in den Raum Smolensk zu verlegen.

Alle diese Mißerfolge und neuen Gefahren waren die Folge des Fehlschlages bei Stalingrad, wo sich ein zweitrangiges Angriffsziel allmählich zu einem Hauptangriffsziel entwickelt hatte, das die Reserven des Heeres und der Luftwaffe absorbierte, die für das eigentliche Hauptziel eingesetzt werden sollten, und das schließlich ohne Sinn und Zweck die deutschen Kräfte verbrauchte.

Es war eine Ironie, daß die Deutschen in der ersten Phase des Feldzuges für die Befolgung der Regeln einer orthodoxen Strategie und in der zweiten Phase für die Mißachtung dieser Regeln bestraft wurden. Aus der ursprünglichen Konvergenz der beiden Ziele hatte sich eine fatale Divergenz entwickelt.

Der direkte Vorstoß auf Stalingrad war der 6. Armee unter

Generaloberst Paulus anvertraut. Sie rückte an der Nordseite des Korridors zwischen Don und Donez vor. Unterstützt durch den großen Panzervorstoß an ihrer südlichen Flanke, machte sie zuerst gute Fortschritte. Aber je weiter sie vorrückte, desto mehr schwand ihre Stärke, da immer mehr Divisionen zur Deckung der länger und länger werdenden Nordflanke am Don abgestellt werden mußten. Die Schrumpfung ihrer Kräfte wurde verstärkt durch die Ausfälle, die durch die langen und schnellen Märsche in großer Hitze ebenso wie durch Kampfhandlungen entstanden. Diese Schrumpfung erschwerte wiederum die Überwindung der verschiedenen Widerstandslinien, die von den Russen nacheinander bei ihrem Rückzug aufgebaut wurden. Schwerere Kämpfe führten zu schwereren Verlusten und verminderten die Fähigkeit, mit dem nächsten Hindernis fertig zu werden.

Dieser Prozeß wurde um so spürbarer, je mehr sich die 6. Armee dem großen östlichen Knie des Don näherte. Am 28. Juli erreichte eine ihrer motorisierten Vorhuten den Don bei Kalatsch, rund 550 Kilometer vom Ausgangspunkt und nur noch rund 60 Kilometer vom westlichen Knie der Wolga bei Stalingrad. Aber dies war ein Schlag ins Wasser, und der allgemeine Vormarsch wurde durch hartnäckigen russischen Widerstand im Don-Knie aufgehalten. Die verkürzte Front und der relativ geringe Anteil von motorisierten Truppen in der 6. Armee, verglichen mit den Panzerarmeen, beeinträchtigte deren Manövrierfähigkeit. Zwei Wochen vergingen, ehe die Deutschen die russischen Truppen im Knie zurückschlagen konnten. Doch auch dann vergingen wieder zehn Tage, ehe sie Brückenköpfe am anderen Flußufer errichten konnten.

Am 23. August waren die Deutschen schließlich soweit, daß sie das Schlußstadium ihres Angriffs auf Stalingrad eröffneten. Er erfolgte in der Form einer Zangenbewegung der 6. Armee vom Nordwesten und der 4. Panzerarmee vom Südwesten. Noch in der gleichen Nacht errreichten deutsche motorisierte Einheiten das Ufer der Wolga 45 Kilometer oberhalb von Stalingrad und näherten sich dem Wolga-Knie 25 Kilometer südlich der Stadt. Doch die beiden Zangen wurden von den Verteidigern noch klar auseinandergehalten. In der nächsten Phase führten die Deutschen einen

Angriff von Westen und bildeten damit einen kompletten Halbkreis; der Ernst der Lage zeigte sich in dem Ton des Aufrufes an die russischen Truppen, mit allen Kräften bis zum letzten Mann auszuhalten. Die Russen befolgten den Aufruf mit wundervoller Zähigkeit, obwohl sie unter nervenzermürbenden Bedingungen kämpften, die auch für ihre Versorgung und ihren Nachschub ungünstig waren. Aber der drei Kilometer breite Strom in ihrem Rücken war für sie nicht nur ein Nachteil – bei solchen Truppen erschwerte er nicht nur den Widerstand, sondern verstärkte ihn auch psychologisch.

An dem gesamten russischen Verteidigungsbogen folgte jetzt Angriff auf Angriff in scheinbar endloser Reihenfolge, mit häufigem Wechsel von Ort und Form; aber nur geringe Fortschritte entschädigten die Angreifer für ihre Verluste. Manchmal wurde die Verteidigung durchbrochen; aber der Durchbruch war niemals tief genug, um mehr als einen örtlichen Rückzug zur Folge zu haben. Häufiger mißlang der Versuch eines Durchbruchs. Je mehr Mißerfolg auf Mißerfolg folgte, desto größer wurde die psychologische Bedeutung dieser Stadt – wie es 1916 bei Verdun der Fall war. Diesmal war die psychologische Bedeutung durch den Namen verstärkt: Stalingrad war ein ermutigendes Symbol für die Russen und ein hypnotisierendes Symbol für die Deutschen, insbesondere für ihren Führer. Hitler war dadurch so behext, daß er alle strategischen Gesichtspunkte aus dem Auge verlor und keinen Gedanken mehr für die weitere Zukunft hatte. Stalingrad wurde schicksalsschwerer als Moskau – weil sein Name mehr bedeutete.

Dabei waren die Unwirtschaftlichkeit und die Gefahren einer so unablässigen Anstrengung jedem geschulten militärischen Fachmann mit kühlem Kopf klar. Solche wiederholten Angriffe zahlen sich selten aus, wenn nicht die Verteidiger von jeder Verstärkung abgeschnitten oder die Reserven ihres Landes erschöpft sind – aber in diesem Fall waren es gerade die Deutschen, die weniger in der Lage waren, einen solchen Abnutzungsprozeß durchzuhalten.

Denn trotz der ungeheuren Menschenverluste Rußlands waren seine Menschenreserven immer noch weit größer als die Deutschlands. Rußlands ernstester Mangel bestand auf dem Gebiet der

Ausrüstung; er ging noch auf die Verluste von 1941 zurück und war zum Teil für die neuen Niederlagen von 1942 verantwortlich. Es fehlte an Artillerie; doch wurde diese großenteils durch Mörser ersetzt, die auf Lastwagen herangefahren wurden. An Panzern und motorisierten Transportfahrzeugen jeder Art bestand ebenfalls ernster Mangel. Aber seit Ende des Sommers traf ein immer stärker werdender Strom neuer Ausrüstung aus den neuen Fabriken in den rückwärtigen Gebieten ein, ebenso auch dank der amerikanischen und britischen Lieferungen. Gleichzeitig trug jetzt die massenweise Einberufung von Männern, die nach Kriegsausbruch erfolgte, ihre Früchte, und die Zahl der neuen Divisionen aus Russisch-Asien wurde immer größer.

Das Schlachtfeld von Stalingrad lag so weit östlich, daß es für diesen Zustrom aus dem Osten leicht erreichbar war. Dies kam der Verteidigung der Stadt zugute; wenn auch die direkten Verstärkungen durch die ungünstige Lage der halbeingeschlossenen Stadt behindert wurden, so hatte die wachsende Stärke der russischen Armeen an der Nordflanke eine mittelbare Wirkung, die einer direkten Verstärkung gleichkam. Der russische Gegendruck an dieser Flanke hätte den Kampf schon weit früher entschieden, wenn er nicht durch die Mängel in den Waffen der modernen Kriegführung beeinträchtigt worden wäre. Aber seine Wirkung wurde immer stärker, je mehr die Deutschen dort in einen Abnutzungskampf verwickelt wurden und ihre begrenzten Reserven an Menschen und Maschinen verausgabten. Bei einem Kampf dieser Art hatten sie als die Angreifer relativ höhere Verluste — und sie konnten sich diese Verluste weniger leisten.

Die Gefahren dieses Prozesses wurden vom deutschen Generalstab bald erkannt. Bei der Rückkehr von seiner täglichen Besprechung mit Hitler pflegte Halder oft die Hände hochzuheben in einer Geste der Verzweiflung und Niedergeschlagenheit, die seinen Mitarbeitern andeutete, daß wieder einmal ein Versuch vergeblich gewesen war, Hitler zur Vernunft zu bringen. Seine Argumente gegen eine Fortsetzung der Offensive wurden um so eindringlicher, je näher der Winter kam; beides zusammen ging Hitler auf die Ner-

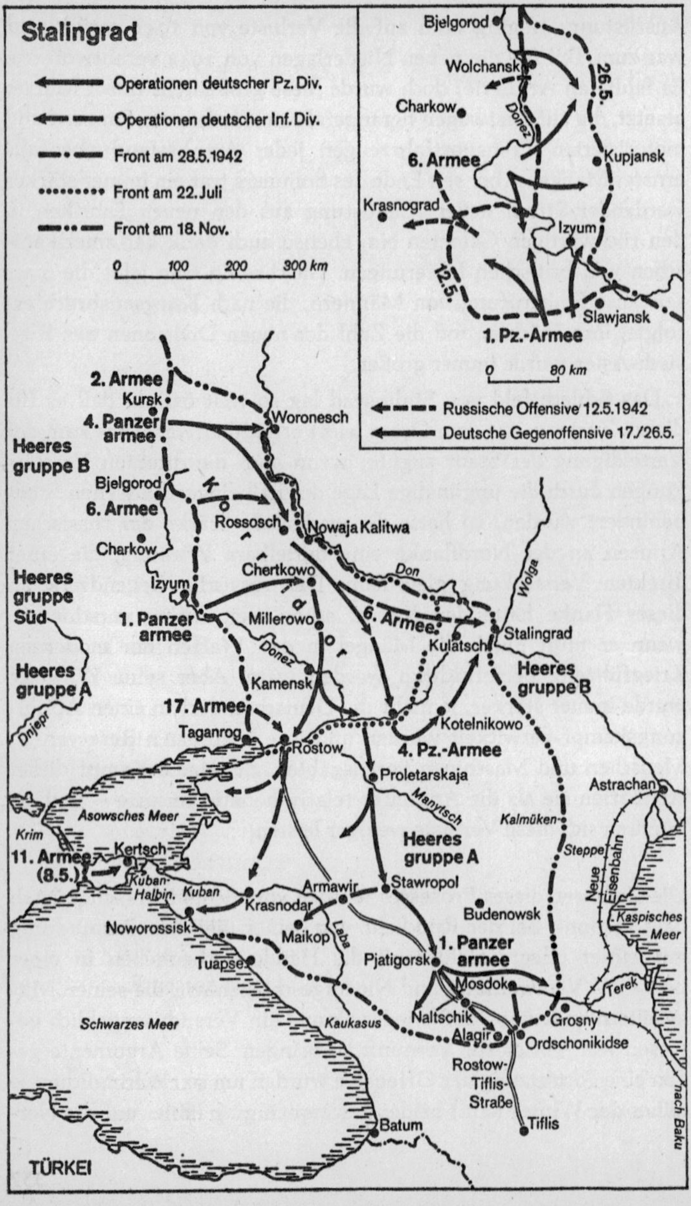

Stalingrad
Operationen deutscher Pz. Div.
Operationen deutscher Inf. Div.
Front am 28.5.1942
Front am 22. Juli
Front am 18. Nov.
0 100 200 300 km
Bjelgorod
Wolchansk
26.5.
Charkow
Donez
6. Armee
Kupjansk
Krasnograd
Izyum
12.5.
Slawjansk
1. Pz.-Armee
0 80 km
Russische Offensive 12.5.1942
Deutsche Gegenoffensive 17./26.5.
2. Armee
Kursk
4. Panzer armee
Woronesch
Heeres gruppe B
Bjelgorod
6. Armee
Korridor
Rossosch
Nowaja Kalitwa
Charkow
Chertkowo
Don
Wolga
Heeres gruppe Süd
Izyum
1. Panzer armee
Millerowo
6. Armee
Stalingrad
Kulatsch
Donez
Heeres gruppe A
Heeres gruppe B
Kamensk
17. Armee
Kotelnikowo
Dnjepr
Taganrog
Rostow
4. Pz.-Armee
Proletarskaja
Astrachan
Manytsch
Asowsches Meer
Kalmüken-
Krim
Heeres gruppe A
Steppe
11. Armee (8.5.)
Kertsch
Kuban-Halbin.
Kuban
Armawir
Stawropol
Neue Eisenbahn
Krasnodar
Budenowsk
Kaspisches Meer
Noworossisk
Maikop
Laba
1. Panzer armee
Tuapse
Pjatigorsk
Mosdok
Terek
Naltschik
Grosny
Schwarzes Meer
Kaukasus
Alagir
Ordschonikidse
Rostow-Tiflis-Straße
Tiflis
nach Baku
Batum
TÜRKEI

ven, so daß das gegenseitige Verhältnis für beide unerträglich wurde. Bei der Erörterung seiner Pläne hatte Hitler immer noch seine hochfahrende Gewohnheit, mit der Hand in weit ausladenden Bewegungen über die Landkarte zu streichen, obwohl der Vormarsch jetzt so gering war, daß er kaum noch auf der Karte in Erscheinung trat. Je weniger Hitler in der Lage war, die Russen wegzufegen, desto mehr neigte er dazu, widerspenstige Berater wegzufegen. Er war immer der Ansicht gewesen, die »alten Generale« folgten seinen Plänen nur mit halbem Herzen, und je weniger Fortschritte diese machten, desto mehr sah er im Generalstab eine Bremse.

So nahm Ende September Halder seinen Abschied, und mit ihm einige seiner Mitarbeiter. Sein Nachfolger wurde General Kurt Zeitzler, ein weit jüngerer Mann, der damals Stabschef von Rundstedt im Westen war. Im Jahr 1940 war Zeitzler Stabschef von Kleists Panzerkorps gewesen, und zum großen Teil hatte seine kühne Planung des Nachschubes den großen Panzervorstoß vom Rhein bis zum Ärmelkanal ermöglicht. Abgesehen von diesem bedeutsamen Verdienst glaubte Hitler, er würde bei dem großen Problem des Vorstoßes zum Kaspischen Meer und zur Wolga mit einem jüngeren Offizier weniger Schwierigkeiten haben – insbesondere, da dieser durch die plötzliche Beförderung auf einen der höchsten militärischen Posten angespornt wäre. Zeitzler rechtfertigte zunächst dieses Vertrauen; er belästigte Hitler nicht mit ständigem Widerspruch, wie es Halder getan hatte. Aber in kurzer Zeit bekam auch er Sorgen, und als die Aussicht auf eine Eroberung Stalingrads verblaßte, begann er auf Hitler einzureden, daß die Aufrechterhaltung einer so weit vorgeschobenen deutschen Front praktisch unmöglich sei. Als die Ereignisse diese Warnung bestätigten, war dies für Hitler kein Grund, seinen Rat höher einzuschätzen, und im Lauf des Jahres 1943 nahm er Zeitzler gegenüber eine immer kühlere Haltung ein, so daß auch dessen Rat mehr und mehr unwirksam wurde.

Dieselben grundlegenden Faktoren, die schon zur Vereitelung des deutschen Angriffs auf Stalingrad geführt hatten, verwandelten diesen in einen schicksalsschweren Rückschlag, weil sie der schließlich erfolgenden russischen Gegenoffensive zugute kamen.

Je näher die Deutschen an die Stadt herankamen, desto mehr wurden sie in ihrer Bewegungsfreiheit eingeengt, während die Verkürzung der Front den Verteidigern gestattete, ihre Reserven schneller zu jedem bedrohten Punkt des kleiner gewordenen Verteidigungsbogens zu werfen. Gleichzeitig verloren die Deutschen den Vorteil, den sie vorher durch die Möglichkeit von Ablenkungsangriffen gehabt hatten: Während der ersten Phase des Sommerfeldzuges bis zum Vorstoß auf den Don hatte die Ungewißheit über das eigentliche deutsche Ziel den Widerstand gelähmt; aber jetzt war das deutsche Ziel offenkundig geworden, und das russische Oberkommando konnte über seine Reserven mit absoluter Sicherheit verfügen. Somit verlor die zunehmende Konzentration deutscher Kräfte auf Stalingrad immer mehr ihre Wirkung – der konzentrierte Angriff stieß auf konzentrierte Verteidigung.

Die deutsche Konzentration auf Stalingrad zog aber gleichzeitig in zunehmendem Maße Reserven von dem deutschen Flankenschutz ab, der seinerseits durch zu weite Ausdehnung stark belastet war – er reichte rund 600 Kilometer von Woronesch den Don entlang bis zum »Isthmus« von Stalingrad und von dort wieder über die Kalmückensteppe bis zum Terek. Während hier die öde Steppe jeden russischen Gegenangriff gegen die deutschen Linien beeinträchtigte, galt dies nicht für den nördlichen Abschnitt am Don; dort war zwar die deutsche Stellung durch den Strom geschützt, aber sie mußte verwundbar werden, wenn er im Winter einfror oder wenn die Russen unbewachte Stellen für größere Überquerung fanden.

Außerdem war es den Russen gelungen, einen Brückenkopf an der anderen Don-Seite bei Serafimowitsch, 160 Kilometer westlich Stalingrad, zu halten.

Die Gefahren für diese weit gedehnte Flanke deuteten sich an durch eine Anzahl kleinerer Erkundungsangriffe, welche die Russen seit August führten. Diese zeigten, wie dünn die deutsche Flanke war und daß ihren Schutz größtenteils die Verbündeten übernommen hatten – Ungarn von Woronesch südwärts, Italiener im Abschnitt von Nowaja Kalitwa weiter südlich, Rumänen westlich und südlich von Stalingrad. Diese lange Flankenfront war nur durch wenige deutsche Regimenter oder hie und da Divisionen verstärkt, welche in die verbündeten Truppen eingesprengt waren. Der einer Division zugeteilte Abschnitt war manchmal bis 60 Kilometer lang, und es gab keinerlei wirklich befestigte Stellungen. Die Bahnlinien endeten oft 100 oder 150 Kilometer hinter der Front, und das Land war so öde, daß es wenig Holz zum Bau von Verteidigungsanlagen lieferte.

Die schmerzliche Erkenntnis dieser Handicaps veranlaßte den deutschen Generalstab schon im August, Hitler zu sagen, daß es unmöglich sei, die Don-Linie als Verteidigungsflanke den Winter hindurch zu halten. Aber seine Warnung wurde nicht beachtet. Alle defensiven Erwägungen wurden von Hitler dem Ziel der Einnahme Stalingrads untergeordnet.

Der verkrampfte Charakter dieser allzu direkten Offensive wurde noch deutlicher seit Mitte September, als die Deutschen in die ausgedehnten Vorstädte und dann in das Industriegelände von Stalingrad vorrückten. Eine Verwicklung in Straßenkämpfe ist immer ein Hindernis für eine Offensive, und sie war besonders nachteilig für eine Armee, deren Hauptvorteil in überlegener Manövrierfähigkeit bestand. Gleichzeitig konnte die Verteidigung auf Arbeitermilizen zurückgreifen, die mit der fanatischen Wildheit von Männern kämpften, deren Wohnungen unmittelbar bedroht sind. Unter den bestehenden Verhältnissen war eine Rekrutierung an Ort und Stelle eine beachtliche Verstärkung der Verteidiger – der 62. Armee unter General Tschuikow und eines Teils der 64. Armee unter General Schumilow – in den kritischen Wochen, bis Verstärkungen von außen das Blatt wendeten. Denn die 62. Armee war bei den Kämpfen westlich des Don schwer dezimiert worden, und wenig neue Reserven konnten ihr von General Jeremenko zur Verfügung gestellt werden, der auf dem ganzen Abschnitt befehligte.

Das Vordringen der Deutschen in das bebaute Gelände Stalingrads führte auch dazu, daß ihre Offensive sich in eine Reihe lokaler Angriffe auflöste, was ihren ursprünglichen Schwung verminderte. Dies führte ferner zu einem Wiederaufleben der – bei infanteristisch geschulten Kommandeuren ohnehin beliebten – Taktik, Panzer in kleinen Gruppen statt in großen Massen einzusetzen. Viele Angriffe wurden von nur 20 oder 30 Panzern geführt, und wenn auch für einige der größeren Operationen Rudel von etwa 100 Panzern zusammengefaßt wurden, so bedeutete auch diese Zahl nur einen Panzer auf je 300 Mann. Bei einer relativ so kleinen Zahl war es natürlich, daß die Panzerabwehrwaffen schließlich obsiegten. Wenn diese beschränkte Zahl zu unzweckmäßiger Taktik führte, so enthüllte sie auch einen zunehmenden materiellen Mangel. Dieser zeigte sich ebenso klar in der abnehmenden Luftunterstützung. Den Deutschen fehlte es also gerade an den beiden Waffen, denen sie in erster Linie ihre bisherigen Erfolge verdankten. Infolgedessen wurde die auf der Infanterie liegende Last schwerer, und die Verluste bei jedem Vormarsch wurden höher.

Oberflächlich gesehen schien die Lage der Verteidiger immer gefährlicher oder gar verzweifelt zu werden, je enger sich der Kreis zusammenzog und je näher der Feind dem Stadtzentrum kam. Der kritische Zeitpunkt war der 14. Oktober, aber der deutsche Angriff an diesem Tag wurde von General Rodimzews 13. Gardedivision zum Stehen gebracht. Doch auch nach Überwindung dieser Krise blieb die Lage ernst, da die Verteidiger jetzt mit dem Rükken so nahe an der Wolga standen, daß sie nur noch wenig Raum zur Praktizierung einer elastischen Verteidigung hatten. Sie konnten es sich nicht länger leisten, Gelände aufzugeben, um Zeit zu gewinnen.

Aber unter der Oberfläche wirkten sich grundlegende Faktoren zugunsten der Verteidiger aus. Der Kampfgeist der Angreifer wurde langsam erschüttert durch zunehmende Verluste, ein wachsendes Gefühl der Ohnmacht und das drohende Herannahen des Winters, während ihre Reserven so überbeansprucht waren, daß die allzu langen Flanken brüchig zu werden drohten. Die Situation wurde somit reif für den Gegenangriff, den das russische Oberkommando vorbereitete und für den es genügend Reserven zusammengezogen hatte.

Dieser Gegenangriff begann am 19. und 20. November und war zeitlich gut abgepaßt. Er begann in dem Zwischenraum zwischen den ersten Frostperioden, die den Boden verhärteten und für schnelle Bewegungen geeigneter machten, und den ersten großen Schneefällen, die das Manövrieren behindern. Der Angriff traf die Deutschen in einem Moment der Erschöpfung, als sie zum ersten Mal die natürliche Reaktion auf den Fehlschlag ihrer Offensive und das Ausbleiben des Sieges empfanden.

Der Gegenangriff war aber auch strategisch und psychologisch gut angelegt – er praktizierte das indirekte Vorgehen in doppeltem Sinne. Zwei Zangen, jede aus verschiedenen Zinken zusammengesetzt, bohrten sich in die Flanken der angreifenden Truppe, um die 6. Armee und die 4. Panzerarmee von der Heeresgruppe B abzuschneiden. Und sie wurden gerade dort angesetzt, wo der Flankenschutz meist von rumänischen Truppen gestellt wurde. Der Plan war von dem brillanten Triumvirat im russischen Generalstab ausgedacht worden, den Generalen Schukow, Wassilewskij und Woronow. Die Ausführung lag in den Händen von General Watutin, dem Befehlshaber der Südwestfront, General Rokossowskij, dem Befehlshaber der Don-Front, und General Jeremenko, dem Befehlshaber der Stalingrad-Front.

Hier ist es angebracht zu erwähnen, daß die ganze russische Front in zwölf »Fronten« eingeteilt war, die direkt dem Großen Hauptquartier in Moskau unterstanden. Statt ihre Truppen in ständige größere Armeen zu organisieren, pflegten die Russen jetzt einen höheren General mit dem dazugehörenden Stab aus dem Großen Hauptquartier abzustellen, um verschiedene »Fronten« für eine bestimmte Operation zu koordinieren. Die »Fronten« bestanden im Durchschnitt aus etwa vier Armeen, die freilich kleiner waren als die des Westens; jede Armee befehligte meist die ihr unterstellten Divisionen unmittelbar ohne Zwischenschaltung von Armeekorps. Die Panzer- und motorisierten Truppen waren in Verbände eingeteilt, die sich »Korps« nannten, aber nur einer größeren Division gleichkamen; diese »Korps« unterstanden direkt dem Befehlshaber der »Front«.

Im Sommer 1943 wurde jedoch das frühere System von Armee-

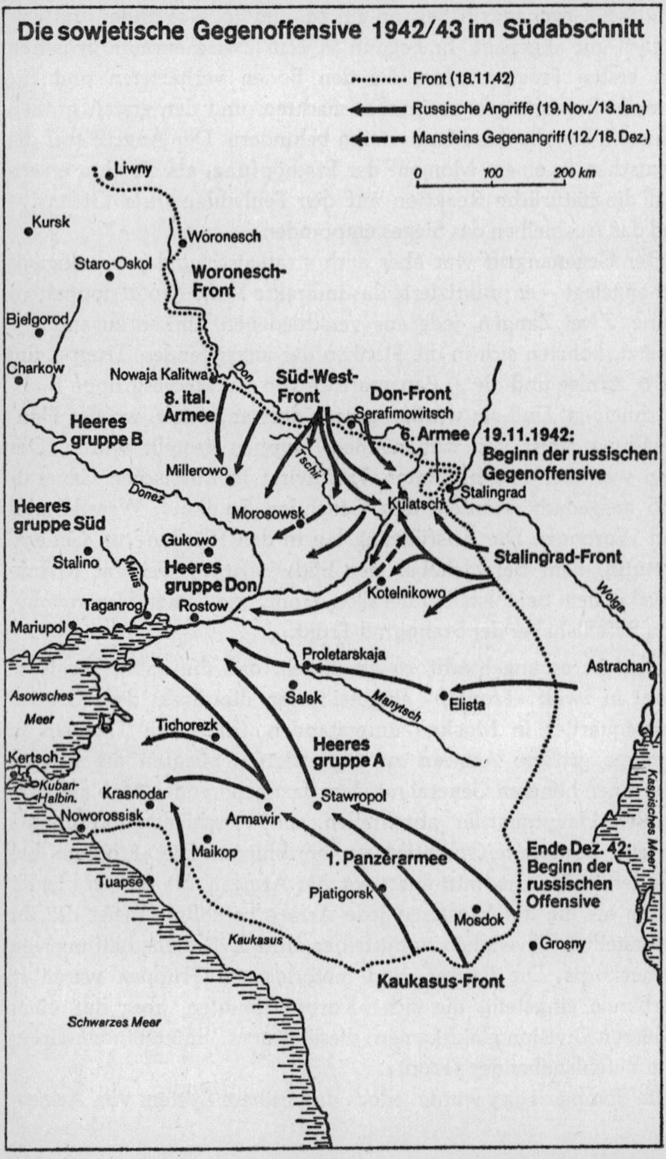
Die sowjetische Gegenoffensive 1942/43 im Südabschnitt
Front (18.11.42)
Russische Angriffe (19. Nov./13. Jan.)
Mansteins Gegenangriff (12./18. Dez.)
0
100
200 km
Liwny
Kursk
Woronesch
Staro-Oskol
Woronesch-Front
Bjelgorod
Charkow
Nowaja Kalitwa
Don
Süd-West-Front
Don-Front
8. ital. Armee
Serafimowitsch
Heeres gruppe B
6. Armee
19.11.1942: Beginn der russischen Gegenoffensive
Millerowo
Tschir
Stalingrad
Donez
Kulatsch
Heeres gruppe Süd
Morosowsk
Gukowo
Stalingrad-Front
Stalino
Heeres gruppe Don
Mius
Kotelnikowo
Wolga
Taganrog
Rostow
Mariupol
Proletarskaja
Astrachan
Asowsches Meer
Salsk
Elista
Manytsch
Tichorezk
Heeres gruppe A
Kertsch
Kuban-Halbin.
Krasnodar
Stawropol
Kaspisches Meer
Noworossisk
Armawir
Maikop
1. Panzerarmee
Ende Dez. 42: Beginn der russischen Offensive
Tuapse
Pjatigorsk
Mosdok
Kaukasus
Grosny
Kaukasus-Front
Schwarzes Meer

korps von den Russen wieder eingeführt, noch ehe das neue System voll erprobt worden war. Durch die Verkürzung des Kommandoweges und durch die Unterstellung einer größeren Zahl von Einheiten unter einen höheren Befehlshaber sollten nach dem neuen System die Operationen beschleunigt und die Manövrierfähigkeit erhöht werden. Denn jedes zusätzliche Glied in der Kommandokette ist ein Hindernis: Es führt zu Zeitverlust sowohl bei dem Weg, den Informationen bis zu dem höheren Befehlshaber zurücklegen, als auch bei dem Weg, den dessen Befehle bis zur Fronttruppe zu gehen haben. Ein zu langer Kommandoweg schwächt die Befehlsgewalt des höheren Kommandeurs, indem er einerseits ihm nur ein undeutlicheres Bild der Lage vermittelt und andererseits die Kraft seiner persönlichen Ausstrahlung auf die Fronttruppe vermindert. Je weniger zwischengeschaltete Kommandostäbe, desto dynamischer können die Operationen werden. Außerdem stärkt eine Vermehrung der einem Hauptquartier unterstellten Einheiten die Manövrierfähigkeit, indem sie zu größerer Beweglichkeit führt. Eine flexiblere Organisation kann größere Schlagkraft entwickeln, weil sie zu besserer Anpassung an wechselnde Umstände und stärkere Konzentration auf einen entscheidenden Punkt in der Lage ist. Wenn ein Mensch außer dem Daumen nur einen oder zwei Finger hätte, würde er es viel schwerer finden, ein bestimmtes Objekt zu greifen, als er es mit dem Daumen und vier Fingern kann; seine Hand wäre weniger beweglich und auch weniger zu festem Druck imstande. Diese unnötige Erschwerung zeigte sich bei den Armeen der Westmächte, bei denen die meisten Formationen nur aus zwei oder drei manövrierfähigen Teilen bestanden.

Nordwestlich von Stalingrad stießen die russischen Panzerspitzen am Ufer des Don bis Kalatsch und bis zur Eisenbahnlinie nach dem Donez-Becken vor. Südöstlich von Stalingrad stieß die linke Zange nach Westen auf die Bahnlinie vor, die von Stalingrad nach Süden bis zum Schwarzen Meer führt. Nachdem sie diese Linie abgeschnitten hatten, rückte auch dieser Verband auf Kalatsch vor, und am 23. November war die Einschließung der deutschen Streitkräfte vollendet. Der Ring wurde in den folgenden Tagen noch fester und umschloß die 6. Armee und ein Korps der 4. Panzerarmee. In wenigen Tagen hatte eine schnelle russische Operation strategisch das Blatt gewendet, obwohl der taktische Vorteil der Defensive erhalten blieb – ein doppelter Erfolg. Denn die Deutschen mußten weiterhin angreifen, nicht um einzubrechen, sondern um auszubrechen. Aber ihre Anstrengungen mit umgekehrtem Vorzeichen waren jetzt ebenso erfolglos wie ihre früheren Anstrengungen, vorzurücken.

Gleichzeitig hatte eine andere starke russische Einheit nach dem Ausbruch aus dem Brückenkopf von Serafimowitsch sich über das Gebiet westlich des Don-Knies ausgebreitet, in einem aus mehreren Keilen bestehenden Vorstoß nach Süden in den Korridor zwischen Don und Donez, um sich schließlich an dem Fluß Tschir mit der von Kalatsch aus vorstoßenden linken Zange zu vereinigen. Dieses äußere Umfassungsmanöver war entscheidend wichtig für den Erfolg des ganzen Planes; denn es beseitigte die feindliche Operationsbasis und ließ einen eisernen Vorhang über die Zugangswege niedergehen, auf denen deutsche Entsatztruppen Paulus zu Hilfe kommen könnten.

Der deutsche Gegenstoß Mitte Dezember wurde daher vom Südwesten aus geführt, östlich des Don an der Linie Kotelnikowo–Stalingrad. Die Truppen waren dazu unter dem Befehl von Mansteins 11. Armee eilig zusammengezogen worden; diese Armee war aus der Heeresgruppe Mitte herausgelöst und »Heeresgruppe Don« getauft worden. Ihre bescheidene Größe rechtfertigte kaum einen so anspruchsvollen Namen, und für den Versuch, Stalingrad zu entsetzen, mußte sie auf spärliche Reserven zurückgreifen, darunter die mit der Bahn von der Bretagne in Frankreich nach Osten transportierte 6. Panzerdivision.

Durch geschickte Taktik versuchte Manstein die geringe Zahl seiner Panzer auszugleichen, und es gelang ihm, einen tiefen Keil in die russischen Stellungen zu treiben. Aber dieser improvisierte Vorstoß wurde knapp 50 Kilometer vor der eingeschlossenen Armee zum Stehen gebracht und dann durch russischen Flankendruck allmählich zurückgedrängt. Mit dem Scheitern dieses Versuches schwand jede Hoffnung auf Entsetzung von Paulus und seiner Armee, denn das deutsche Oberkommando hatte keine Reserven mehr zu einem neuen Versuch. Manstein hielt an seiner exponierten Stellung fest, solange er konnte und länger, als es für ihn gefahrlos war, um die Luftlinie zu verkürzen, auf der ein dünner Strom von Nachschub die zum Untergang verurteilte Armee noch erreichte.

Unterdessen begannen die Russen am 16. Dezember ein neues äußeres Umfassungsmanöver weit im Westen. General Golikow, Befehlshaber der »Front« bei Woronesch, überschritt mit seinem linken Flügel den mittleren Don an mehreren Stellen auf einem 90 Kilometer langen Abschnitt zwischen Nowaja Kalitwa und Monastirschtschina, der von der 8. italienischen Armee gehalten wurde. Nach schwerem Artilleriebeschuß, der bereits viele Italiener in die Flucht jagte, überschritten in der ersten Morgendämmerung Panzer und Infanterie den festgeforenen Don. Schneestürme blendeten die feindliche Gegenwehr, aber hielten die Russen nicht auf, die rasch nach Süden in Richtung auf Millerowo und den Donez vorrückten. Gleichzeitig griffen Watutins Truppen vom Tschir aus nach Südwesten an, ebenfalls in Richtung Donez. Innerhalb einer Woche hatten die beiden konzentrischen Angriffe den Feind fast ganz aus dem Korridor zwischen Don und Donez vertrieben. Die Verteidigung war zwar zu dünn und das Tempo zu schnell gewesen, als daß im ersten Stadium viele Gefangene hätten gemacht werden können; aber im nächsten Stadium wurden größere Einheiten des zurückweichenden Feindes überrannt und eingeschlossen, so daß bis Ende der zweiten Woche – das auch das Ende des Jahres war – die Zahl derGefangenen 60 000 erreichte.

Diese Operation bedrohte alle deutschen Armeen am unteren Don und in Kaukasien im Rücken. Nur neue heftige Schneefälle und zäher Widerstand der deutschen Truppen bei Millerowo und anderen wichtigen Plätzen nördlich des Donez wendete die Gefahr für den Augenblick ab.

Dennoch war die Gefahr jetzt so offenkundig und ihre Vergrößerung so wahrscheinlich, daß Hitler endlich dazu gebracht wurde, die Unausweichlichkeit einer noch größeren Katastrophe als der Einschließung bei Stalingrad zu erkennen, wenn er an seinem

Traum der Eroberung des Kaukasus festhielt und seine Armeen zwang, dort stehenzubleiben, während tausend Kilometer weiter hinten ihr Rückweg bedroht war. So befahl er im Januar den Rückzug vom Kaukasus. Dieser Befehl kam gerade rechtzeitig, um die Abschneidung aller deutschen Armeen dort zu verhindern. Ihr erfolgreicher Rückzug verlängerte den Krieg; aber er machte noch von der Kapitulation der deutschen Truppen bei Stalingrad der ganzen Welt klar, daß für die Deutschen in Rußland die Ebbe angebrochen war.

Der ganze Verlauf der russischen Gegenoffensive war durch das taktische Geschick gekennzeichnet, mit dem General Schukow seine Angriffspunkte wählte, psychologisch wie topographisch. Er traf immer die weichen Stellen in der Position des Feindes. Außerdem zeigte er eine seltene Fähigkeit, jedesmal mit einer neuen Drohung aufzuwarten, sobald seine Angriffsverbände den ersten Schwung und damit die Chance, einen Zusammenbruch des Feindes herbeizuführen, verloren hatten. Da ein konzentrierter Angriff die feindliche Widerstandskraft immer in abnehmendem Maße belastet, erneuerte Schukow die anfängliche Wirkung, indem er eine weit gefächerte Reihe von Angriffen führte. Dies ist in der Regel eine zweckmäßigere und weniger erschöpfende Art der Strategie, wenn eine Gegenoffensive sich zu einer Offensive auswächst und damit nicht länger den ursprünglichen Vorteil besitzt, daß sie aus dem Rückzug zum Sprung übergehen kann.

Jedoch hinter allen anderen materiellen und moralischen Faktoren, die den Lauf der Dinge beeinflußten, lag der grundlegende Faktor des Verhältnisses zwischen Raum und Kraft. Der Raum war an der Ostfront so weit, daß ein Angreifer immer Platz für Flankenmanöver fand, wenn er sich nicht zu offenkundig auf einzelne Ziele konzentrierte – wie 1941 auf Moskau und 1942 auf Stalingrad. So hatten die Deutschen ihre offensiven Erfolge ohne zahlenmäßige Überlegenheit erringen können, solange sie qualitativ überlegen waren. Doch die Tatsache, daß an der Ostfront der Raum auch so tief war, wurde zur Rettung der Russen in der Zeit, als sie den Deutschen an Motorisierung und Manövrierfähigkeit noch nicht gewachsen waren.

Inzwischen aber hatten die Deutschen diesen technischen Vorsprung und taktischen Vorteil eingebüßt – und gleichzeitig einen großen Teil ihrer Menschenreserven aufgebraucht. Mit der Schrumpfung ihrer Kräfte wurden jetzt die weiten Räume Rußlands für sie zum Verhängnis, da sie es ihnen unmöglich machten, eine so weite Front zu halten. Die große Frage war jetzt, ob sie die Lage wiederherstellen konnten, indem sie ihre Front verkürzten, oder ob sie ihre Kräfte schon so verausgabt hatten, daß ihnen überhaupt keine Chance mehr blieb.

KAPITEL 19

ROMMEL AUF DEM HÖHEPUNKT

Der Afrika-Feldzug von 1942 erlebte noch heftigere und folgenschwerere Wendungen des Schicksals als der von 1941. Er begann damit, daß die feindlichen Armeen sich an der Westgrenze der Cyrenaica gegenüberstanden – genau dort, wo sie neun Monate vorher gestanden hatten. Aber schon drei Wochen nach Beginn des neuen Jahres führte Rommel wieder eine seiner großen strategischen Operationen, die ihn fast 400 Kilometer weiterbrachte, und trieb die Briten zwei Drittel des ganzen Weges bis zur ägyptischen Grenze zurück, bevor sie sich wieder sammeln konnten. Dort verhärtete sich die Front an der Gazala-Linie.

Ende Mai schlug Rommel wiederum zu und kam einer britischen Offensive zuvor – ebenso wie die Briten seiner eigenen im November 1941 zuvorgekommen waren. Auch diesemal wurden die Briten nach einer neuen wirbelwindartigen Schlacht mit atemberaubend schnellem Wechsel zum Rückzug gezwungen – zu einem so schnellen und so weiten Rückzug, daß sie sich erst an der Alamein-Linie, dem letzten Eingangstor zum Nil-Delta, wieder sammeln konnten. Diesmal hatte Rommel bei seinem Vormarsch nach gewonnener Schlacht in einer Woche fast 500 Kilometer zurückgelegt. Aber sein Schwung und seine Kraft waren damit nahezu erschöpft. Seine weiteren Versuche, bis nach Alexandria und Kairo vorzustoßen, scheiterten, und er entging nur knapp einer Niederlage, bevor der Kampf in gegenseitiger Erschöpfung endete.

Mit frischen Verstärkungen unternahm er Ende August einen neuen Anlauf zum endgültigen Sieg. Aber die Briten waren inzwischen noch mehr verstärkt worden; von einem neuen Team von Kommandeuren, an ihrer Spitze die Generale Sir Harold Alexander und Sir Bernard Montgomery, wurde sein Vorstoß pariert, und er mußte den größten Teil seiner geringen Anfangsgewinne wieder aufgeben.

Dann gingen Ende Oktober die Briten wieder zur Offensive über, mit stärkeren Kräften als je zuvor – und diesmal brachte es die Entscheidung. Nach 13tägigem Kampf waren Rommels Reserven erschöpft und seine Panzer fast vollständig aufgebraucht. Seine Front brach zusammen, und er hatte noch Glück, daß er mit den Überresten seiner Armee entkommen konnte. Doch diese waren zu schwach, um noch einmal ernsthaften Widerstand zu leisten, und bis zum Ende des Jahres, acht Wochen später, war Rommel bis Buerat in Tripolitanien zurückgejagt worden – über 1500 Kilometer von Alamein. Aber auch das war nur ein Zwischenaufenthalt bei einem Rückzug, der im Mai 1943 in Tunis mit der vollständigen Vernichtung der deutschen und italienischen Streitkräfte in Afrika endete.

Anfang Januar 1942 betrachteten die Briten ihren Rückschlag bei Agedabia nur als vorübergehende Unterbrechung ihres Vormarsches auf Tripolis. Sie waren eifrig mit den Plänen und der Vorbereitung dieser Operation beschäftigt, die den allzu passenden Namen »Acrobat« erhielt. Doch bevor der Monat endete, hatten sie eine Reihe von Purzelbäumen nach hinten machen müssen.

Am 5. Januar erreichte ein Geleitzug von sechs Schiffen, der die Sperre der britischen Kriegsmarine und Luftwaffe durchbrechen konnte, Tripolis mit einer neuen Ladung von Panzern, die Rommels Panzerstärke auf etwas über 100 erhöhten. Mit dieser Hilfe und angesichts von Meldungen auf die Schwäche der britischen vorgeschobenen Truppen plante er einen sofortigen Gegenschlag – doch er behielt seine Absicht für sich. Am 21. Januar begann der Angriff. Am 23. erschien der italienische Kriegsminister General Cavallero in Rommels Hauptquartier, um Einwände gegen die Offensive zu erheben; aber da waren seine Panzerspitzen schon über 150 Kilometer vorgerückt, und die Briten hatten sich fast noch schneller zurückgezogen.

Die britischen Fronttruppen zur Zeit des Rommelschen Angriffs bestanden in der Hauptsache aus einer neu eingetroffenen Panzerdivision, der 1., deren Panzerbrigade mit 150 Panzern aus drei umgerüsteten Kavallerieregimentern zusammengesetzt war, die nur wenig Erfahrung im Panzerkrieg und keinerlei Erfahrung im

Wüstenkrieg hatten. Dieses Handicap war um so größer, als Rommels neue »Panzer III« mit 50 mm dicken Platten besser gepanzert waren als seine älteren, während die deutschen Panzerabwehr-Einheiten eine neue Offensivtaktik in Verbindung mit ihren eigenen Panzern entwickelt hatten. Diese Taktik wird von Heinz Schmidt in seinem Buch »Mit Rommel in der Wüste« beschrieben:

> »Mit unseren zwölf Pak-Geschützen sprangen wir von einem vorteilhaften Punkt zum anderen, während unsere Panzer aus verdeckter Stellung uns, wenn möglich, Feuerschutz gaben. Dann bezogen wir eine neue Stellung, um ihnen Feuerschutz zu geben, während sie vorrückten. Diese Taktik bewährte sich, und trotz heftigem Feuer waren die feindlichen Panzer nicht imstande, unseren Vormarsch aufzuhalten. Der Feind hatte ständig schwere Verluste und mußte Gelände aufgeben. Wir konnten nicht umhin, das Gefühl zu haben, daß wir es nicht mehr mit den zähen und erfahrenen Gegnern zu tun hatten, die uns am Capuzzo-Graben so viel zu schaffen gemacht hatten.«

Noch schlimmer war, daß die drei britischen Panzerregimenter getrennt in den Kampf geschickt wurden. Sie verloren fast die Hälfte ihrer Panzer in den ersten Kampfhandlungen, als die Deutschen sie bei Antelat überraschend angriffen. Rommels Vormarsch wurde dann zeitweilig durch die Intervention des italienischen Kriegsministers gestoppt, der dem italienischen motorisierten Korps nicht erlauben wollte, dem Afrika-Korps zu folgen. Aber die Briten nutzten diese Kampfpause nicht aus, und das Ausbleiben eines starken britischen Gegenschlages ermutigte Rommel, am 25. weiter bis Msus vorzurücken, indem er die von der Gardebrigade und der 1. Panzerdivision gehaltene Linie durchbrach; letztere wich nach Norden aus und entfernte sich mit ihren verbliebenen 30 Panzern aus der Linie des deutschen Vorstoßes.

Rommels schneller und bedrohlicher Vorstoß auf Msus führte zu einem voreiligen Befehl, daß die 4. indische Division bei Bengasi diesen mit Vorräten angefüllten Hafen räumen und sich auf die Linie Derna-Mechili zurückziehen solle. Dieser Befehl wurde noch in der Nacht widerrufen und die Vorbereitung eines Gegenangriffes angeordnet, nachdem Auchinleck mit dem Flugzeug aus Kairo im Hauptquartier der 8. Armee Ritchies eingetroffen war. Aber sein Eingreifen war diesmal nicht so erfolgreich wie im November. Es führte dazu, daß die britischen Truppen sich verzettelten und unbeweglich blieben, während sie versuchten, den 220 Kilometer langen Abschnitt zwischen Bengasi und Mechili zu halten, während Rommel Zeit und Möglichkeit erhielt, aus seiner zentralen Stellung bei Msus heraus neue Aktionen zu entfalten und zwischen verschiedenen Zielen zu wählen.

Gerade diese variable Drohung Rommels führte in den nächsten Tagen zu »Order, Contreorder, Desorder« auf britischer Seite. Eine Folge war, daß der Korpskommandeur General Godwin-Austen um seine Ablösung bat, weil der Armeebefehlshaber direkte Befehle an seine ihm unterstellten Kommandeure ausgegeben hatte. Bald gab es noch schlimmere Folgen.

Da Rommels Kräfte begrenzt waren, beschloß er, zunächst nach Westen auf Bengasi zu schwenken, um jede Bedrohung seines Rückens auszuschalten, während er einen Vorstoß nach Osten auf Mechili simulierte. Diese Täuschung gelang so gut, daß das britische Oberkommando schnell Verstärkungen nach Mechili schickte, während die weit auseinandergezogene 4. indische Division keine Unterstützung erhielt. Rommels Blitzmarsch auf Bengasi war für sie ein Schock und führte zur überstürzten Räumung des Hafens mit allen dort angehäuften Vorräten. Die Schockwirkung ausnutzend, schickte Rommel zwei kleinere Kampfgruppen auf einen Vorstoß nach Osten. Durch kühne Kombination von Vorstoß und Drohung veranlaßten diese die Briten zur Aufgabe einer Reihe möglicher Verteidigungsstellungen und zum Rückzug auf die Gazala-Linie — obwohl das Gros des Afrika-Korps infolge Nachschubmangels noch nicht über Msus hinausgelangt war. Am 4. Februar zog sich die 8. Armee in den Schutz der Stellungen bei Gazala zurück; doch erst Anfang April konnte Rommel, nachdem er das zögernde italienische Oberkommando überzeugt hatte, seine Truppen bis nahe an die britische Stellung heranführen.

Bis dahin war die Stellung bei Gazala durch den Aufbau von Hindernissen und die Anlage breiter Minenfelder von einer bloß geographischen in eine befestigte Linie verwandelt worden. Doch die Vorkehrungen für ihre Verteidigung wurden bald überschattet durch die Planung einer neuen britischen Offensive. Zwar war diese Linie ein passendes Sprungbrett für einen Angriff, aber sie war weniger geeignet zur Verteidigung, da sie zu gerade verlief und nicht tief genug war. Außer im Küstenabschnitt waren die befestigten Punkte zu weit voneinander entfernt, um sich gegenseitig wirksamen Feuerschutz zu geben. Sie erstreckten sich 80 Kilometer von der Küste nach Süden, mit immer größeren Abständen. Die südlichste Stellung bei Bir Hacheim, die von der 1. freifranzösischen Brigade unter General Koenig gehalten wurde, war 25 Kilometer von der vorletzten bei Sidi Muftah entfernt. Eine weitere Erschwerung der Verteidigung war der vorgeschobene Stützpunkt, der im Hinblick auf eine neue Offensive bei Belhamed angelegt worden war. Dieser bot sich als Ziel für eine Umfassungsbewegung des Feindes an; die Notwendigkeit, die großen dort angehäuften Vorräte zu schützen, war für die britischen Kommandeure während der Kampfhandlungen eine ständige Sorge und engte ihre Bewegungsfreiheit ein.

Die Planung litt auch unter Meinungsverschiedenheiten auf britischer Seite über die Zweckmäßigkeit und Durchführbarkeit einer neuen Offensive. Schon seit Februar drängte Churchill auf ein baldiges Vorgehen; er wies darauf hin, daß 635 000 britische Soldaten auf dem nahöstlichen Kriegsschauplatz untätig herumstanden, während die Russen verzweifelt kämpften und während sich im Mittelmeer selbst Malta infolge von Kesselrings unablässigen Luftangriffen in höchster Not befand. Auchinleck aber, der die technischen und taktischen Mängel der britischen Streitkräfte gut erkannte, wollte warten, bis Ritchie seine Streitkräfte genügend verstärkt hatte, um Rommels qualitative Überlegenheit mit Sicherheit auszugleichen. Schließlich sandte Churchill, seine Argumente beiseite wischend, Auchinleck einen klaren Befehl zum Angriff, den er »befolgen oder sein Kommando abgeben müsse«. Aber Rommel schlug am 26. Mai wieder zu – noch einmal kam er den Briten zuvor, deren Offensive erst Mitte Juni beginnen sollte.

Durch Verstärkungen waren beide Seiten auf eine größere Zahl und Kampfkraft gebracht worden als zu Beginn der November-

Offensive, der »Operation Crusader«, obwohl die Zahl der Divisionen die gleiche blieb: drei deutsche (davon zwei Panzerdivisionen) und sechs italienische (davon eine Panzerdivision) gegen sechs britische (davon zwei Panzerdivisionen). Wenn man nur die Divisionen zählt, wie es sowohl Staatsmänner als auch Generale meist tun, griff Rommel mit einer Überlegenheit von 9 : 6 an – und diese militärische Arithmetik wurde zur Begründung der britischen Niederlage stets angeführt.

Aber das wahre Kräfteverhältnis sah sehr anders aus und zeigte, wie irreführend es sein kann, nur nach Divisionen zu rechnen. Vier der fünf nicht voll aufgefüllten italienischen Infanteriedivisionen waren nicht motorisiert, so daß sie nicht aktiv an einer beweglichen Schlacht teilnehmen konnten, wozu sich diese Schlacht von Gazala bald entwickelte. Die britische 8. Armee dagegen besaß nicht nur Motorfahrzeuge in überreicher Menge, sondern enthielt auch zwei unabhängige motorisierte Brigadegruppen und zwei unabhängige Panzerbrigaden außer ihren sechs Divisionen; dazu hatte eine (die 1.) ihrer zwei Panzerdivisionen zwei Panzerbrigaden statt einer, wie es jetzt die Regel war. Insgesamt hatte die 8. Armee 14 Panzerverbände in der Frontlinie, und drei weitere waren unterwegs; ihr gegenüber standen sieben Panzerverbände Rommels, von denen nur die vier deutschen mit kampfkräftigen Panzern ausgerüstet waren.

Die Panzerverbände der 8. Armee hatten zusammen 850 Panzer, und 420 weitere standen bereit, als Verstärkung an die Front geschickt zu werden. Ihre Gegner hatten zusammen nur 560 Panzer, davon aber 230 veraltete und unzuverlässige italienische, und auch 50 der 330 deutschen waren leichte Panzer. In einem Kampf zählten nur die 280 deutschen, mit Kanonen ausgerüsteten mittleren Panzer wirklich mit, und es standen keine weiteren in Reserve bereit, außer etwa 30, die in Reparatur waren, und einer neuen Sendung von etwa 20, die soeben in Tripolis gelandet waren. So hatten nach wirklichkeitsnaher Rechnung die Briten für den anfänglichen Panzerkampf eine zahlenmäßige Überlegenheit von 3 : 1 und von mehr als 4 : 1, wenn es zu einem Abnutzungskampf kam.

In bezug auf Artillerie hatten die Briten eine zahlenmäßige Überlegenheit von 3 : 2; aber diese wurde teilweise dadurch ausgeglichen, daß alle ihre Geschütze auf die einzelnen Divisionen verteilt waren, während Rommel eine bewegliche Reserve von 56 mittleren Geschützen, die seinem unmittelbaren Befehl unterstanden, sehr wirkungsvoll einsetzte.

Was die Luftwaffe betrifft, so waren beide Seiten in ihren Kräften ausgeglichener als bei jedem früheren Kampf. Die britische Desert Air Force hatte eine Stärke von etwa 600 Flugzeugen erster Linie (380 Jäger, 160 Bomber und 60 Aufklärungsflugzeuge) gegenüber einer deutsch-italienischen Zahl von 530 (350 Jäger, 140 Bomber, 40 Aufklärungsflugzeuge). Aber die 120 deutschen Me 109 waren den britischen Hurricanes und Kittyhawks qualitativ überlegen.

Eine schwierigere Frage ist das qualitative Gleichgewicht zwischen den Panzern beider Seiten. Nach der Niederlage der 8. Armee vertrat man auf britischer Seite natürlich die Ansicht, die eigenen Panzer wären den feindlichen unterlegen gewesen, und diese Ansicht wurde in Auchinlecks offiziellem Bericht als Tatsache wiedergegeben. Aber sie wird nicht durch eine Analyse der technischen Daten der beiderseitigen Kanonen und Panzerungen bestätigt. Die meisten deutschen mittleren Panzer waren mit den kurzen 50-mm-Geschützen ausgerüstet, deren Durchschlagskraft der des Zwei-Pfünder-Geschützes etwas unterlegen war, mit dem alle in Großbritannien gebauten Panzer bewaffnet waren. Die britischen Panzer konnten dafür mit höherer Anfangsgeschwindigkeit schießen. Im Jahr 1941 waren die meisten deutschen Panzer dünner gepanzert als die neueren britischen (30 mm als Maximum gegenüber 40 mm); aber jetzt waren sie besser geschützt, ausgenommen am Turm, da einige der neu eingetroffenen eine dickere Rumpfpanzerung von 50 mm und die übrigen zusätzlichen Platten an den exponiertesten Stellen des Rumpfes hatten. Sämtliche deutschen Panzer waren aber verwundbarer als die »Matildas« mit 78 mm und die »Valentines« mit 65 mm Panzerung.

In diesem Kampf wurde ein neuer deutscher mittlerer Panzer – der Panzer III (J) Spezial – erstmalig eingesetzt, der ein langes 50-mm-Geschütz besaß, das der deutschen Panzerabwehrkanone ähnlich war. Doch nur 19 dieser Panzer hatten die Front erreicht, wenn auch eine weitere Sendung mit der gleichen Zahl soeben in Tripolis gelandet war. Diese Verstärkung wurde weit ausgeglichen durch das Eintreffen von über 400 der neuen amerikanischen »Grant«-Panzer in Ägypten. Als die Schlacht begann, waren die zwei britischen Panzerdivisionen bei Gazala schon mit fast 170 »Grants« ausgerüstet – diese hatten ein 75-mm-Geschütz, dessen Durchschlagskraft noch besser war als das der langen 50-mm-Geschütze der deutschen Panzer III, und außerdem einen besseren Schutz (57 mm Panzerung gegenüber 50 mm). Es gibt daher keine Rechtfertigung für die oft wiederholte Behauptung, die Panzer auf britischer Seite wären den deutschen unterlegen gewesen. Im Gegenteil, die Briten besaßen einen qualitativen Vorteil ebenso wie eine große zahlenmäßige Überlegenheit[1].

Auch in bezug auf Panzerabwehr-Geschütze besaßen die Briten jetzt die qualitative Überlegenheit dank dem Eintreffen ihres 6-Pfünder-(57 mm)Geschützes, dessen Durchschlagskraft um 30 Prozent größer war als die des langen deutschen 50-mm-Pak-Geschützes. Von diesen Geschützen waren schon genügend zur Front gelangt, um sowohl die motorisierten Infanteriebrigaden als auch die motorisierten Bataillone der Panzerbrigaden mit ihnen auszurüsten. Zwar war das deutsche 88-mm-Geschütz immer noch der gefürchtetste »Panzerkiller«; aber Rommel hatte erst 48 davon, und sein hoher Aufbau machte es verwundbarer als jedes der bisherigen Pak-Geschütze auf beiden Seiten.

Eine Analyse der technischen Faktoren bietet also keine ausreichende Erklärung für die Niederlage der 8. Armee bei Gazala. Das Beweismaterial zeigt eindeutig, daß die Niederlage im wesentlichen auf die überlegene Taktik der Deutschen im allgemeinen und auf ihre taktische Kombination von Panzern mit Panzerabwehrwaffen im besonderen zurückzuführen ist.

Die befestigte Gazala-Linie wurde vom 13. Korps gehalten, das jetzt Generalleutnant »Strafer« Gott befehligte, mit zwei Infanterie-

1 Eine eingehende Untersuchung dieser Frage findet sich bei Liddell Hart: The Tanks Band II, S. 92–98 und 154–156.

divisionen in vorderer Linie – der 1. südafrikanischen an der rechten und der 50. an der linken Seite. Das 30. Korps unter Norrie, das die meisten Panzer enthielt, sollte die Südflanke decken und außerdem einen möglichen Panzervorstoß im Zentrum zurückschlagen – den die britischen Kommandeure seltsamerweise für wahrscheinlich hielten. Diese doppelte Aufgabe führte dazu, daß sich die britischen Panzer in ungünstiger Position befanden: Die 1. Panzerdivision stand in der Nähe des Capuzzo-Grabens, die 7. Panzerdivision, die nur eine Panzerbrigade hatte, war etwa 15 Kilometer weiter südlich postiert und weit auseinandergezogen, um die französische Brigade, die Bir Hacheim hielt, unterstützen zu können. Auchinleck hatte Ritchie eine stärkere Konzentration vorgeschlagen, aber leider wurden seine Anregungen von den Männern an der Front nicht durchgeführt.

In der mondhellen Nacht zum 26. Mai umging Rommel schnell die britische Flanke mit seinen drei deutschen Divisionen und den beiden des italienischen motorisierten Korps, während die vier nichtmotorisierten italienischen Divisionen einen Angriff auf die Gazala-Linie markierten. Obwohl dieses Flankenmanöver mit mehr als 10 000 Fahrzeugen noch vor Dunkelwerden gesichtet und berichtet worden war, und dann wieder in der Morgendämmerung, als Bir Hacheim umgangen wurde, glaubten die britischen Kommandeure immer noch, der deutsche Hauptangriff würde entsprechend ihrer Erwartung im Zentrum erfolgen. Die britischen Panzerbrigaden bewegten sich daher nur langsam und griffen nur nacheinander in den Kampf ein, während die zwei alleinstehenden motorisierten Brigaden an der Südflanke keine Unterstützung erhielten und einzeln zersprengt wurden. Das Hauptquartier der 7. Panzerdivision wurde überrannt und ihr Kommandeur, Generalmajor F. W. Messervy, gefangengenommen; freilich gelang es ihm nachher zu fliehen. Dies war sein zweites Mißgeschick innerhalb weniger Monate; denn er war Befehlshaber der 1. Panzerdivision gewesen, als diese im Januar von Rommel bei Antelat überrascht und zersprengt worden war.

Aber Rommel war es trotz seiner Anfangserfolge nicht gelungen, bis zum Meer durchzubrechen und damit die Divisionen in der

Gazala-Linie abzuschneiden, wie er gehofft hatte. Für seine Panzereinheiten war es ein Schock gewesen, als sie zum ersten Mal auf die »Grant«-Panzer mit ihren 75-mm-Geschützen stießen. Sie wurden unter mörderisches Feuer genommen aus Entfernungen, die zu groß waren, als daß sie zurückschießen konnten, und sie vermochten nur dann Fortschritte zu erzielen, wenn sie ihre Pak-Geschütze, darunter drei Batterien von 88 mm, in die vorderste Linie brachten, während die deutschen Panzer selbst die Flanken der britischen Panzereinheiten umgingen – diese waren oft weit voneinander entfernt und daher durch Flankenangriffe um so verwundbarer. Trotzdem waren bis zum Dunkelwerden die deutschen Panzerdivisionen nur fünf Kilometer nördlich vom Capuzzo-Graben vorgerückt, und das unter schweren Verlusten – sie waren jetzt noch fast 30 Kilometer vom Meer entfernt. Rommel selbst schrieb in seinem Tagebuch:

> »Unser Plan, die britischen Truppen hinter der Gazala-Linie zu überrollen, hat nicht funktioniert ... Das Auftreten der neuen amerikanischen Panzer hat große Lücken in unsere Reihen gerissen ... Allein an diesem Tag sind weit mehr als ein Drittel der deutschen Panzer verlorengegangen.«

Auch Rommels neuer Versuch am zweiten Tag, das Meer zu erreichen, brachte wenig Fortschritte und noch mehr Verluste. Als es Nacht wurde, war sein Versuch eines schnellen Sieges bereits gescheitert, obwohl die Briten nichts getan hatten, seine »Gleichgewichtsstörung« auszunutzen – sie verpaßten damit eine Chance, ihn zu Fall zu bringen. Rommels Lage war um so gefährlicher, als seine Nachschubkolonnen einen langen Umweg um Bir Hacheim machen mußten, unter ständiger Gefahr des Eingreifens britischer Panzer oder Flugzeuge. Er selbst entkam nur knapp der Gefangenschaft, als er in seinem Wagen an die vorderste Front fuhr – er hatte noch Glück, weil er bei der Rückkehr in sein Kampfhauptquartier feststellen mußte: »Während unserer Abwesenheit hatten die Briten meinen Stab überrollt.« Das Afrika-Korps hatte nur noch 150 einsatzfähige Panzer, die Italiener noch 90, die Briten aber 420.

Nach einem weiteren Tag vergeblicher Bemühungen befahl er

seinen Angriffsverbänden, eine Verteidigungsstellung zu beziehen. Dies war freilich eine sehr prekäre Stellung; denn sie lag jenseits der Gazala-Linie, und so war er von seinen übrigen Streitkräften durch die britischen Truppen dort und ihren ausgedehnten Ring von Minenfeldern getrennt. »Mit dem Rücken zur Wand zu kämpfen« ist schlimm genug, aber mit dem Rücken zu einem Minenfeld zu kämpfen ist schlimmer.

In den folgenden Tagen regneten britische Fliegerbomben auf diese Stellung, die den treffenden Namen »der Kessel« erhielt, und die britischen Panzer griffen sie zu Lande an. Die Zeitungen waren schon voll von triumphierenden Berichten, Rommel sei jetzt in der Falle, während im britischen Hauptquartier die selbstgewisse Zuversicht bestand, man könne jetzt bequem mit ihm fertig werden und er werde bald kapitulieren müssen.

Doch in der Nacht zum 13. Juni hatte sich die ganze Situation geändert. Am 14. gab Ritchie die Gazala-Linie auf und begann einen schnellen Rückzug bis zur ägyptischen Grenze, der die Truppen in Tobruk abgeschnitten zurückließ. Am 21. nahm Rommel diese Festung ein, mit ihrer Besatzung von 35 000 Mann und gewaltigen Vorratslagern. Es war das schlimmste britische Desaster in diesem Krieg nach dem Fall Singapurs. Am nächsten Tag gab die 8. Armee auch ihre Position an der Grenze bei Sollum auf und zog sich hastig nach Osten durch die Wüste zurück, mit Rommel dicht auf den Fersen.

Wie war es zu dieser dramatischen Wendung gekommen? Selten hatte es eine so verworrene Schlacht gegeben, und die einzelnen Fäden sind niemals vollständig entwirrt worden. »Das Geheimnis des Kessels« hat alle jene irritiert, welche die Vorgänge auf britischer Seite beschreiben wollten, und das Ganze wurde noch mehr zu einem Rätsel durch die Legenden, die bald entstanden.

Außer der Legende, Rommel habe die Überlegenheit an Panzern besessen, gibt es eine andere Legende, wonach an einem einzigen schicksalsschweren Tag, am 13. Juni, das Gros der britischen Panzer zerstört worden und damit der Kampf entschieden worden sei. In Wahrheit war dies aber nur der Gipfel einer Reihe von katastrophalen Tagen. Der eigentliche Schlüssel zu dem »Geheimnis des Kessels« findet sich in Rommels Tagebuchnotizen. Am Abend des 27. Mai schrieb er:

»Trotz der prekären Situation und der schwierigen Probleme war ich voller Hoffnung in bezug auf das, was die Schlacht bringen würde. Denn Ritchie hatte seine Panzer einzeln in den Kampf geschickt und uns damit die Chance gegeben, sie mit einer gerade ausreichenden Zahl unserer Panzer in einen Kampf zu verwickeln ... Die Briten hätten sich niemals dazu bringen lassen dürfen, ihre Kräfte so zu zersplittern.«

Rommel erwähnte dann, er habe seine gefährlich exponierte Verteidigungsstellung bezogen:

»In der sicheren Annahme, daß die Briten nicht wagen würden, einen größeren Teil ihrer Panzerverbände zum Angriff gegen die Italiener in der Gazala-Linie einzusetzen, solange starke deutsche Panzerverbände sie im Rücken bedrohen konnten ... Ich sah also voraus, daß die britischen motorisierten Brigaden sich weiterhin die Köpfe gegen unsere gut aufgebaute Verteidigungsstellung einrennen und ihre Kräfte dabei erschöpfen würden.«

Rommels Berechnung erwies sich als nur allzu richtig. Die Briten beharrten auf einer Reihe von Einzelangriffen auf seine Stellung, die schwere Verluste kosteten. Solche direkten Angriffe sind immer die falscheste Art der Vorsicht. Während er diese Angriffe abschlug, überrumpelte Rommel die isolierte Stellung bei Sidi Muftah hinter seinem Rücken, die von der 150. Infanteriebrigade gehalten wurde, und bahnte für seinen Nachschub einen Weg durch das Minenfeld.

Vier Tage später, am 5. Juni, führte Ritchie einen größeren Angriff auf Rommels Stellung. Aber auch dieser wurde nur bruchstückweise durchgeführt, während den Verteidigern die lange Pause zugute kam, in der sie ihre Stellung aufbauen und befestigen konnten. Der recht komplizierte Angriffsplan litt auch an einer Reihe von Pannen und wurde zu einer ungeregelten Aufeinanderfolge direkter Attacken, die eine nach der anderen abgeschlagen wurden. Am Abend des zweiten Tages waren die britischen Panzer durch Verluste im Kampf und technische Defekte von etwa

400 auf 170 zusammengeschmolzen. Außerdem hatte Rommel, die Verwirrung der Angreifer ausnutzend, am ersten Abend einen plötzlichen zangenförmigen Gegenangriff geführt, der eine der Brigaden der 5. indischen Division zersprengte; dann hatte er die andere im Rücken gefaßt, und sie wurde am nächsten Tag zusammen mit der gesamten Artillerie der Division vernichtet. Die Gefangennahme von vier Artillerieregimentern mit 4000 Mann war eine beachtliche »Beute«.

Während diese Operation ablief, wurden die britischen Panzerbrigaden in Schach gehalten. Ihre Versuche, die Inder zu entsetzen, waren ohne System und Koordination. Der Zusammenbruch der Kommandostruktur war um so schlimmer, als der Befehlshaber der 7. Panzerdivision, General Messervy, am Abend vorher mit dem Hauptquartier der 5. indischen Division von den deutschen Panzern überrollt worden war — sein zweites Verschwinden von der Bühne in dieser Schlacht.

Unterdessen war Rommel dabei, einen weiteren wichtigen Teil der Stellung der 8. Armee abzuschneiden. Am Abend des 1. Juni, sofort nach der Einnahme der Stellung bei Sidi Muftah, hatte er einer deutschen Kampfgruppe und der italienischen Trieste-Division befohlen, die völlig abgesetzte von der 1. französischen Brigade gehaltene Stellung bei Bir Hacheim anzugreifen. Doch sie verteidigte sich so zäh, daß Rommel sich genötigt sah, selbst dorthin zu fahren und den Angriff persönlich zu führen; er schreibt: »Noch nie hatte ich in Afrika einen hartnäckigeren Kampf.« Erst am zehnten Tag wurde die Verteidigung durchbrochen, und die meisten Franzosen entkamen unter dem Schutz der Nacht.

Rommel war nun frei, einen neuen weitergesteckten Angriff zu führen. Wenn auch die britischen Panzerbrigaden durch neue Verstärkungen auf insgesamt 330 Panzer gebracht worden waren — mehr als das Doppelte, als das Afrika-Korps noch hatte —, so war ihr Kampfgeist doch schwer erschüttert, und die Deutschen sahen schon den Sieg vor Augen. Am 11. Juni stieß Rommel nach Osten vor, und am nächsten Tag schloß er zwei der drei britischen Panzerbrigaden mit seinen Panzerdivisionen ein — er zwang die Briten zum Kampf in einem eingeengten Gelände, wo er sie mit konzentriertem Feuer bearbeiten konnte. Die Briten hätten mehr Anstrengungen gemacht, der Falle zu entgehen, wenn sie nicht ohne Führung gewesen wären, weil Messervy durch den Vormarsch des Feindes wiederum, zum dritten Mal in drei Wochen, von seinen Truppen abgeschnitten worden wäre, als er gerade den Armeebefehlshaber aufsuchte. Am Nachmittag des 12. saßen die beiden Panzerbrigaden fest in der Falle, und nur Teile von ihnen entkamen, während die dritte Brigade, die ihnen zu Hilfe kam, schwere Verluste erlitt. Am 13. schwenkte Rommel nach Norden und drängte die Briten aus der Knightsbridge-Stellung, während er weiterhin den restlichen britischen Panzern schwer zusetzte; bis zum Einbruch der Nacht waren es nur noch knapp 100 Panzer. Zum ersten Mal hatte Rommel eine zahlenmäßige Überlegenheit an Panzern – und da er im Besitz des Schlachtfeldes blieb, konnte er im Gegensatz zu den Briten viele seiner beschädigten Panzer wieder reparieren.

Die zwei britischen Divisionen in der Gazala-Linie waren nun in akuter Gefahr, ebenfalls abgeschnitten zu werden; denn am 14. Juni schickte Rommel das Afrika-Korps nach Norden an Acroma vorbei zur großen Küstenstraße. Doch die Deutschen wurden dort durch das Minenfeld aufgehalten, das sie erst am späten Nachmittag überqueren konnten, und die Panzerbesatzungen waren jetzt so übermüdet, daß sie einschliefen, wenn sie bei Dunkelheit haltmachten – ungeachtet Rommels Aufruf, immer weiterzufahren und die Küstenstraße abzuschneiden. Dies war ein Glück für die Südafrikaner, deren lange Geleitzüge von Fahrzeugen in der ganzen Nacht auf der Straße nach Osten zurückfuhren. Ein Teil ihrer Nachhut wurde freilich doch abgeschnitten, als am Morgen die deutschen Panzer bis zur Küste vorrückten.

Der anderen Division in der Gazala-Linie, der 50. britischen, gelang es zu entkommen, indem sie nach Westen die italienische Front durchbrach und dann einen langen Umweg nach Süden und zuletzt nach Osten bis zur ägyptischen Grenze machte. Auch die südafrikanische Division setzte, nachdem sie auf der Küstenstraße entkommen war, ihren Rückzug bis zur Grenze fort, über 160 Kilometer und 110 Kilometer östlich von Tobruk.

Ein so langer Rückzug widersprach den Absichten Auchinlecks, und seine Befehle an Ritchie lauteten, die 8. Armee solle sich wieder sammeln und auf einer Linie westlich von Tobruk Widerstand leisten. Aber Ritchie hatte seinem Oberbefehlshaber nicht mitgeteilt, daß die Divisionen von der Gazala-Linie schon bis zur Grenze zurückgingen, und als Auchinleck dies erfuhr, war es zu spät, diesen Rückzug zu stoppen.

Aber es kam noch schlimmer: Die britischen Truppen »fielen zwischen zwei Stühle«. Denn am 14. Juni, als die Briten sich zurückzogen, sandte Churchill ein pathetisches Telegramm, in dem es hieß: »Nehme an, daß eine Aufgabe Tobruks keinesfalls in Frage kommt.« Er wiederholte diese Mahnung in Telegrammen vom 15. und 16. Dieser Rat aus dem weit entfernten London führte zu dem Fehler, der allem die Krone aufsetzte: Der übereilte Beschluß, einen Teil der 8. Armee in Tobruk zu lassen, während sich die anderen Teile auf die Grenze zurückzogen, gab Rommel die Chance, die isolierte Besatzung von Tobruk zu überwältigen, ehe sie ihre Verteidigung richtig aufbauen konnte.

Nach ihrem Vorstoß zur Küste von Rommel schnell wieder nach Osten in Marsch gesetzt, umfuhren die deutschen Panzerverbände den Halbkreis von Tobruk, nahmen die im Rücken der 8. Armee aufgebauten festen Stellungen und besetzten schließlich den Flugplatz von Gambut, östlich von Tobruk. Bei dieser Fahrt fegten sie die Überreste der britischen Panzerbrigade beiseite, die sich dann auch bis zur Grenze zurückzogen. Rommel aber verfolgte sie nicht, sondern schwenkte, sobald er den Flugplatz Gambut besetzt hatte, seine Truppen wieder nach Westen und begann mit erstaunlicher Schnelligkeit einen Angriff auf Tobruk. Dessen vor kurzem verstärkte Besatzung bestand aus der 2. südafrikanischen Division (zu der die 11. indische Brigade gehörte) unter General Klopper, die Gardebrigade und die 32. Panzerbrigade mit 70 Panzern. Als diese starken Truppen Rommels Panzerverbände nach Osten weiterziehen sahen, erwarteten sie keinen sofortigen Angriff und waren darauf nicht vorbereitet. Um 5.20 Uhr des 20. Juni aber begann plötzlich ein schwerer Angriff deutscher Artillerie und Sturzbomber gegen einen Abschnitt im Südosten des Halbkreises, dem ein Infanterieangriff folgte. Um 8.30 Uhr begannen die deutschen Panzer durch eine Lücke in der Verteidigung hereinzuströmen, und Rommel war persönlich dabei, um der Operation mehr Schwung zu geben. Bis zum Nachmittag hatten die Panzer den Widerstand der verwirrten Verteidiger überwunden und rückten jetzt in Tobruk ein. Am nächsten Morgen kam der Kommandeur der Festung, General Klopper, zu der Ansicht, weiterer Widerstand sei aussichtslos und ein Rückzug unmöglich; so faßte er den schweren Entschluß, zu kapitulieren. Obwohl einige kleine Einheiten entweichen konnten, wurden 35 000 Mann gefangengenommen.

Die Folge dieses Desasters war ein überstürzter Rückzug von Ritchies verbliebenen Truppen nach Ägypten, mit Rommel dicht dahinter. Bei dieser Verfolgung kamen Rommel die gewaltigen Vorräte zugute, die er in Tobruk erbeutet hatte – nach Aussage von Bayerlein, dem Stabschef des Afrika-Korps, waren damals 80 Prozent von Rommels Fahrzeugen erbeutete britische. Diese große Beute verschaffte ihm die Transportmittel, den Treibstoff und die Verpflegung, um seine Beweglichkeit voll wiederherzustellen. Sie konnte freilich nicht seine Kampfstärke wiederherstellen: Als das Afrika-Korps am 23. Juni an der Grenze ankam, besaß es nur noch 44 einsatzfähige Panzer, und die Italiener hatten nur noch 14. Dennoch beschloß Rommel, weiterhin nach der Maxime zu verfahren, einem geschlagenen Feind dicht auf den Fersen zu bleiben.

Feldmarschall Kesselring flog am Tag nach Tobruks Fall von Sizilien nach Nordafrika, um gegen einen weiteren Vormarsch zu protestieren; er forderte die Rückgabe seiner Luftwaffeneinheiten für den geplanten Angriff auf Malta, wie es vorher vereinbart war. Auch das italienische Oberkommando in Afrika war gegen einen weiteren Vormarsch, und am 22. Juni gab Marschall Bastico Rommel tatsächlich den Befehl, stehenzubleiben – worauf Rommel erwiderte, er werde diesen »Rat« nicht annehmen, und scherzhaft seinen nominellen Vorgesetzten zum Abendessen in Kairo einlud. Nach einem solchen Sieg konnte er sich Freiheiten erlauben, um so mehr, als ein Funkspruch aus Hitlers Hauptquartier ihm die

Nachricht von seiner Beförderung zum Generalfeldmarschall gebracht hatte. Gleichzeitig appellierte Rommel direkt an Mussolini und an Hitler und bat um die Erlaubnis, weiter vorzurücken. Hitler und seine militärischen Berater hatten ihrerseits schwere Zweifel in bezug auf den geplanten Angriff auf Malta, weil sie fürchteten, die italienische Kriegsmarine würde die Deutschen nicht genügend gegen die britische Kriegsmarine unterstützen, und die auf Malta abgesetzten deutschen Fallschirmjäger würden ohne Nachschub und Verstärkungen allein gelassen werden. Schon einen Monat vorher, am 21. Mai, hatte Hitler beschlossen, wenn Rommel Tobruk eingenommen habe, sollte der Angriff auf Malta, die »Operation Herkules«, aufgegeben werden. Mussolini war ebenfalls erleichtert durch die Möglichkeit einer weniger gefährlichen Alternative zu »Herkules«, und schnell dabei, leichteren Ruhm zu verfolgen. So erhielt Rommel am Morgen des 24. den Funkspruch: »Duce billigt Absicht der Panzerarmee, den Feind nach Ägypten hinein zu verfolgen.« Einige Tage später flog Mussolini über das Meer nach Derna; in einem anderen Flugzeug folgte ein weißer Hengst, mit dem er als Triumphator in Kairo einziehen wollte. Selbst Kesselring scheint nach italienischen Berichten jetzt zugegeben zu haben, daß ein Feldzug nach Ägypten dem Angriff auf Malta vorzuziehen sei.

Der überstürzte britische Rückzug von der Grenze, noch bevor Rommel dort eintraf, war sowohl eine Rechtfertigung als auch ein Erfolg für dessen Kühnheit. Es war eine augenfällige Demonstration der Bedeutung des moralischen Faktors – und für die Richtigkeit von Napoleons oft zitiertem Ausspruch, daß sich im Krieg der Geist zur Materie wie 3 : 1 verhält. Denn als Ritchie beschloß, die Grenze aufzugeben – »um mit der Entfernung Zeit zu gewinnen«, wie er Auchinleck telegraphierte –, hatte er dort noch drei fast intakte Infanteriedivisionen und eine vierte ganz frische, die auf dem Weg dorthin war, sowie dreimal soviel einsatzfähige Panzer wie das Afrika-Korps. Aber der Schock der Nachricht aus Tobruk bewog ihn, jeden Versuch zu unterlassen, die Grenze zu halten – er faßte diesen Entschluß noch in der Nacht zum 20. Juni, sechs Stunden vor Kloppers Kapitulation!

Es war Ritchies Absicht, bei Mersa Matruh stehenzubleiben und dort mit den von der Grenze zurückgeführten Divisionen zu kämpfen, verstärkt durch die 2. neuseeländische Division, die soeben aus Syrien eintraf. Doch am Abend des 25. Juni löste Auchinleck Ritchie ab und übernahm selbst das Kommando der 8. Armee. Nachdem er das Problem mit seinem ersten Stabsoffizier Dorman-Smith durchgesprochen hatte, widerrief er den Befehl, die befestigte Stellung bei Mersa Matruh zu halten, und beschloß im Raum Alamein eine beweglichere Schlacht zu schlagen. Dies war ein harter Entschluß; denn er bedeutete nicht nur große Schwierigkeiten beim Abtransport der Truppen und Vorräte, sondern er mußte auch in London neue Bestürzung hervorrufen. Bei diesem Beschluß bewies Auchinleck einen kühnen Kopf und starke Nerven. Obwohl ein weiterer Rückzug durch das materielle Kräfteverhältnis nicht gerechtfertigt wurde, war er doch wahrscheinlich richtig angesichts der Schwäche der Stellung bei Mersa Matruh, die leicht umgangen werden konnte, und angesichts der schlechten moralischen Verfassung der Truppen. Denn obwohl die von der Grenze zurückgehenden Einheiten nicht demoralisiert waren, war immerhin ihre Siegeszuversicht erschüttert, und sie waren in einem Zustand höchster Unordnung. Generalmajor Sir Howard Kippenberger, der neuseeländische Befehlshaber und spätere Kriegshistoriker, sah sie im Raum Matruh ankommen, »so völlig durcheinandergewürfelt und desorganisiert«, daß man »keine einzige geschlossene Formation, sei es Infanterie, Panzer oder Artillerie, mehr erkennen konnte«. Rommel ließ ihnen keine Zeit, sich zu reorganisieren, und das Tempo seiner Verfolgung widerlegte Ritchies Begründung für die Aufgabe der Grenze: »mit der Entfernung Zeit zu gewinnen«.

Als Rommel in der Nacht vom 23. auf 24. Juni das grüne Licht aus Rom erhalten hatte, rückte er sogleich im Mondschein über die Grenze in die Wüste vor. Am Abend des 24. hatte er schon über 160 Kilometer zurückgelegt und die Küstenstraße östlich von Sidi Barrani erreicht, den Briten dicht auf den Fersen, wenn er auch nur einen kleinen Teil der Nachhuten gefangennehmen konnte. Am nächsten Abend waren seine Truppen schon nahe an den Stellungen, welche die Briten bei Mersa Matruh bezogen hatten, und bereits südlich davon.

Weil Mersa Matruh so leicht umgangen werden konnte, waren die motorisierten Einheiten des 13. Korps weiter südlich in der Wüste stationiert worden, unterstützt durch die neuseeländische Division, während die Stellung bei Matruh vom 10. Korps mit zwei Infanteriedivisionen gehalten wurde. Zwischen den beiden Korps bestand eine Lücke von fast 15 Kilometern, die durch ein Minenfeld ausgefüllt war.

Es war keine Zeit, einen sorgfältig vorbereiteten Angriff zu führen. Wegen seiner geringen Kräfte mußte sich Rommel auf Geschwindigkeit und Überraschung verlassen. Während die Briten wieder auf insgesamt 160 Panzer, davon fast die Hälfte »Grants«, verstärkt worden waren, hatte er knapp 60 deutsche, davon ein Viertel leichte Panzer II, und eine Handvoll italienische Panzer. An Infanterie waren seine drei deutschen Divisionen nur 2500 und die sechs italienischen Divisionen nur etwa 6000 Mann stark. Es war reine Tollkühnheit, mit so schwachen Kräften einen Angriff zu führen, aber die Tollkühnheit triumphierte mit Hilfe der moralischen Wirkung und der Geschwindigkeit.

Die drei stark zusammengeschmolzenen deutschen Divisionen, die den Vormarsch anführten, begannen den Angriff am Nachmittag des 26. Zwei von ihnen gelangten vor die bereits erwähnte Lücke. Die 90. leichte Panzerdivision hatte das Glück, an den schmalsten Teil des Minenfeldes zu gelangen, und bis Mitternacht war sie schon fast 20 Kilometer darüber hinaus; sie erreichte am nächsten Abend wieder die Küstenstraße und blockierte so die direkte Rückzugslinie von Mersa Matruh. Die 21. Panzerdivision brauchte mehr Zeit, durch den doppelten Minengürtel zu gelangen; doch bei Tageslicht konnte sie über 30 Kilometer durchstoßen und schwenkte dann in den Rücken der neuseeländischen Division bei Minquar Qaim; ehe sie zum Halten gebracht wurde, zerstörte sie einen Teil von deren Transportfahrzeugen. Die 15. Panzerdivision weiter südlich stieß auf britische Panzer und wurde fast den ganzen Tag aufgehalten. Doch der schnelle und tiefe Vorstoß der 21. Panzerdivision und ihre Bedrohung der britischen Rückzugslinie machte einen so starken Eindruck, daß am Nachmittag der

Korpskommandeur Gott den Rückzug befahl – der bald in einen sehr ungeregelten Rückzug ausartete. Die Neuseeländer waren dadurch isoliert; aber nach Dunkelwerden gelang ihnen der Durchbruch durch den dünnen feindlichen Ring. Das 10. Korps in Mersa Matruh erhielt erst am frühen Morgen des nächsten Tages die Meldung von dem Rückzug des 13. Korps – und da war seine eigene Rückzugsstraße schon seit neun Stunden blockiert. Zwei Drittel des Korps schafften zwar in der nächsten Nacht im Schutz der Dunkelheit den Durchbruch nach Süden in kleinen Gruppen. Aber 6000 Mann wurden gefangenommen – mehr als Rommels ganzer Angriffsverband –, und große Mengen Nachschub und Ausrüstung wurden zurückgelassen, die jetzt Rommel zugute kamen.

Unterdessen stießen seine Panzerspitzen schon weiter vor, so schnell, daß sie die britische Hoffnung vereitelten, zeitweilig bei Fuka Widerstand zu leisten. Durch ihren schnellen Vorstoß bis zur Küstenstraße, die sie am Abend des 28. erreichten, konnten sie die Überreste der indischen Brigade abschneiden und gefangennehmen, die bei dem ersten Angriff zerstreut worden war, und am nächsten Morgen fingen sie auch einige der Einheiten ab, die aus Mersa Matruh entkommen waren. Die 90. leichten Panzer, die bei Mytruh die Gegend vom Feind gesäubert hatten, nahmen am gleichen Nachmittag den Vormarsch an der Küstenstraße wieder auf; bis Mitternacht waren sie 150 Kilometer gefahren und hatten die Panzerspitzen überholt.

Am nächsten Morgen, dem 30. Juni, schrieb Rommel triumphierend an seine Frau: »Nur noch 150 Kilometer bis Alexandria!« Am gleichen Abend war er nur noch 90 Kilometer von seinem Ziel entfernt, und die Schlüssel Ägyptens schienen in seiner Reichweite zu liegen.

KAPITEL 20

GEZEITENWECHSEL IN AFRIKA

Am 30. Juni rückten die Deutschen bis nahe an die Alamein-Linie nach – ein ziemlich kurzer Vormarsch – und warteten dort auf die Italiener. Durch diese kurze Pause zur Sammlung von Kräften verscherzte sich Rommel seine besten Chancen. Denn an diesem Vormittag befanden sich die Reste der britischen Panzerbridagen noch in der Wüste südlich der Küstenstraße, ohne zu wissen, daß sie bei ihrem Rückzug von Rommels Panzern bereits überholt worden waren. Nur die geringe Zahl der Verfolger rettete sie davor, abgeschnitten und »einkassiert« zu werden, bevor sie in den Schutz der Alamein-Linie gelangten.

Rommels kurze Pause mag auch durch irrige Berichte seines Nachrichtendienstes über die Stärke dieser Verteidigungsstellung verursacht worden sein. In Wirklichkeit bestand die Alamein-Linie aus vier »Boxen«, die in dem 60 Kilometer breiten Abschnitt zwischen der Küste und dem steilen Abfall in die große Qattara-Senke angelegt worden waren – diese machte wegen ihrer Salzsümpfe und ihres weichen Sandes ein Umgehungsmanöver unmöglich. Die größte und stärkste »Box« lag an der Küste bei Alamein und war von der 1. südafrikanischen Division besetzt. Die nächste nach Süden zu, von ähnlicher Stärke, war eine neuangelegte bei Deir el Schein; dort stand die 18. indische Brigade. Die dritte, elf Kilometer weiter, war bei Bab el Qattara (das die Deutschen Qaret el Abd nannten) und wurde von der 6. neuseeländischen Brigade verteidigt. Dann kam nach einem Zwischenraum von 22 Kilometern die von der 5. indischen Division gehaltene Stellung bei Naqb el Dweis. Die Zwischenräume wurden von einer Kette kleiner beweglicher Verbände verteidigt, die aus diesen drei Divisionen und Resten der zwei, die Mersa Matruh gehalten hatten, zusammengestellt worden waren.

Als Rommel seinen Angriffsplan für den 1. Juli entwarf, wußte er noch nichts von der Existenz der neuen »Box« bei Deir el Schein.

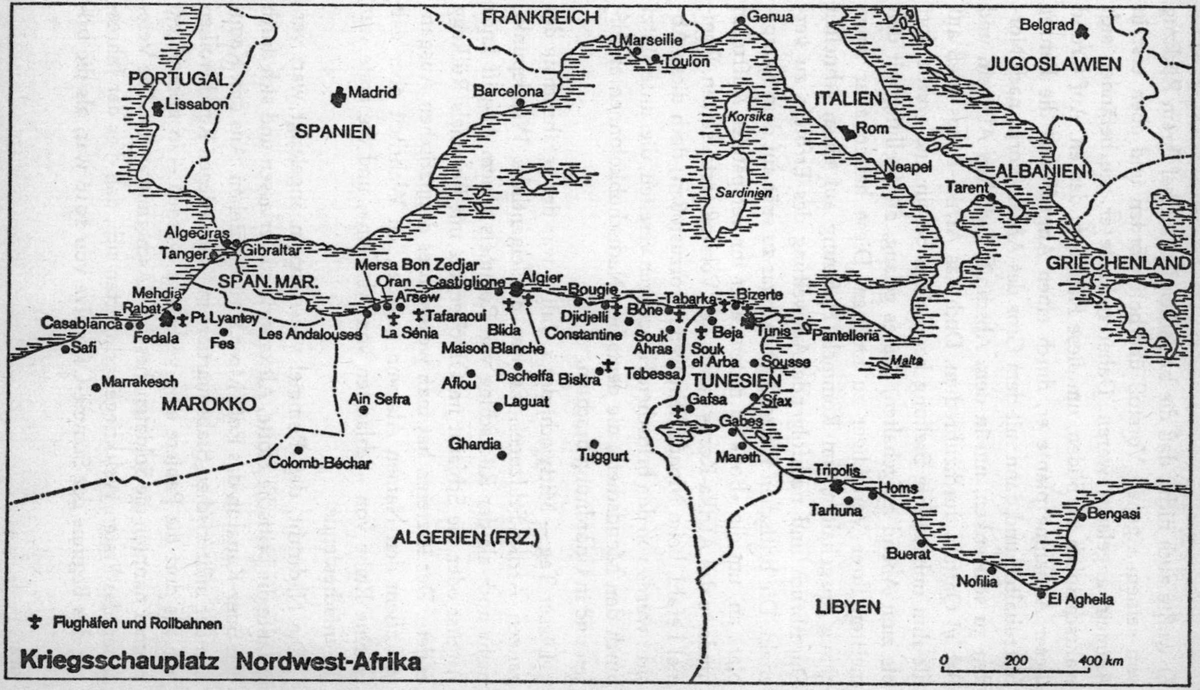

Kriegsschauplatz Nordwest-Afrika

Er wußte auch nicht, daß die britischen Panzer bei ihrem Rückzug von seinem eigenen Vorstoß überholt worden und eben erst in Alamein angelangt waren. Daher rechnete er, sie befänden sich wahrscheinlich im Süden, um diese Flanke zu decken. Auf Grund dieser Annahme plante er, durch einen Angriff dort die Panzer festzuhalten und dann mit dem Gros des Afrika-Korps nach Norden zu schwenken, um in dem Abschnitt zwischen Alamein und Bab el Qattara durchzubrechen. Doch das Afrika-Korps stieß auf die ihm unbekannte Stellung bei Deir el Schein und wurde dort bis zum Abend aufgehalten, ehe es gelang, die Stellung mit den meisten ihrer Verteidiger zu nehmen. Diese hatten aber lange genug ausgehalten, um Rommels Hoffnung auf einen schnellen Durchbruch und nachfolgende Ausweitung des Erfolges zu vereiteln. Die britischen Panzer kamen zwar zu spät auf dem Kampfplatz an, um die »Box« zu retten; aber ihr verspätetes Auftreten hinderte das Afrika-Korps daran, den Vorstoß fortzusetzen. Rommel befahl, beim Mondschein weiter vorzustoßen; doch diese Absicht wurde von den britischen Flugzeugen vereitelt, die, unterstützt durch den Mondschein, die deutschen Nachschubkolonnen angriffen und in Unordnung brachten.

Dieser Tag – Mittwoch, der 1. Juli – war der gefährlichste des ganzen Afrika-Feldzuges. Er war der eigentliche Wendepunkt, mehr noch als der Rückschlag von Rommels neuem Angriff Ende August oder die Schlacht im Oktober, die mit Rommels Rückzug endete. Der letzteren hat man wegen ihres dramatischen Ausganges allein den Namen Alamein gegeben; in Wahrheit aber gab es eine Reihe von »Schlachten von Alamein«, und die erste war die entscheidende.

Die Nachricht, daß Rommel vor Alamein angelangt war, veranlaßte die britische Flotte, Alexandria zu verlassen und sich durch den Suez-Kanal in das Rote Meer zurückzuziehen. Aus den Kaminen der militärischen Stabsquartiere in Kairo stiegen Rauchwolken auf, als dort die Papiere eilig verbrannt wurden – in grimmigem Humor nannten die Soldaten dies den »Aschermittwoch«. Die Veteranen des Ersten Weltkrieges erinnerten sich, daß dies der Jahrestag des Beginns der Somme-Offensive von 1916 war, als die britische Armee 60 000 Mann verlor – der höchste Verlust eines einzigen Tages in ihrer ganzen Geschichte. Als die Bewohner von Kairo die schwarzen Wolken verkohlten Papiers sahen, nahmen sie dies natürlich als ein Zeichen, daß die Briten aus Ägypten flohen, und Menschenmengen belagerten den Hauptbahnhof, um noch rechtzeitig abzureisen. Als die Außenwelt diese Nachrichten hörte, zog sie daraus den Schluß, daß Großbritannien den Krieg im Mittelmeer verloren habe.

Doch als es Abend wurde, war die Lage an der Front wieder hoffnungsvoll geworden, und die Verteidiger waren wieder optimistisch – im Gegensatz zu der Panik hinter der Front.

Rommel setzte am 2. Juni seinen Angriff fort; aber das Afrika-Korps hatte nur noch knapp 40 einsatzfähige Panzer, und die Truppen waren todmüde. Der neue Angriff kam erst am Nachmittag in Gang und gelangte bald zum Stehen, als man zwei große britische Panzerverbände sichtete, einen auf dem Weg der Deutschen und den anderen bei einer Bewegung um ihre Flanke herum. Auchinleck hatte nämlich die Situation kühl geprüft, die Schwäche von Rommels Angriffsverbänden erkannt und einen Gegenschlag geplant, der, wie er hoffte, entscheidend sein würde. Sein Plan wurde zwar nicht so durchgeführt, wie er wollte, und Fehler in der Ausführung vereitelten seine Hoffnungen; aber er diente doch dazu, Rommels Ziel zu vereiteln.

Am 3. Juli machte Rommel einen neuen Versuch; aber da hatte das Afrika-Korps nur noch 26 kampffähige Panzer, und sein Vorstoß nach Osten wurde am Vormittag von den britischen Panzern zum Stehen gebracht, wenn auch ein neuer Vorstoß am Nachmittag 15 Kilometer weit kam. Ein konzentrischer Vorstoß der italienischen Ariete-Division wurde ebenfalls zurückgeschlagen, und dabei erbeutete ein neuseeländisches Bataillon durch einen plötzlichen Gegenangriff an der Flanke fast die gesamte Artillerie der Italiener – und »die übrigen flohen panikartig«. Dieser plötzliche Zusammenbruch war ein klares Zeichen einer Überspannung der Kräfte.

Am nächsten Tag, dem 4. Juli, schrieb Rommel melancholisch nach Hause: »Die Dinge laufen leider nicht so, wie wir gerne möchten. Der Widerstand ist zu groß, und unsere Kräfte sind erschöpft.« Seine Vorstöße waren nicht nur pariert, sondern auch durch aufregende Gegenstöße beantwortet worden. Seine Truppen waren im Augenblick sowohl zu übermüdet als auch zahlenmäßig zu schwach zu neuen Anstrengungen. So war er gezwungen, den Angriff abzubrechen und ihnen eine Ruhepause zu gönnen, obwohl er dadurch Auchinleck Zeit ließ, neue Verstärkungen heranzuführen.

Auchinleck hatte die Initiative wiedergewonnen, und er war schon dicht davor, das Geschick zu wenden, noch ehe seine Verstärkungen eintrafen. Sein Plan für diesen Tag war im Kern der gleiche wie für den Vortag: den Angriff der Panzerarmee mit Norries 30. Korps aufzuhalten, während Gotts 13. Korps im Süden in den Rücken des Feindes gelangen sollte. Aber diesmal blieb das Gros der Panzer im Norden unter dem Befehl des 30. Korps, wenn auch zum 13. Korps die kürzlich umorganisierte 7. Panzerdivision gehörte, die sich jetzt »leichte Panzerdivision« nannte und aus einer motorisierten Brigade, leichten Panzerwagen und Stuart-Panzern bestand. Es fehlte ihr an Schlagkraft; aber sie war beweglich genug für eine schnelle und weite Umfassung des feindlichen Rückens, während die starke Neuseelanddivision seine Flanke angriff.

Unglücklicherweise konnte dank mangelhafter Sicherheitsvorkehrungen im Funkverkehr der deutsche Funkhorchdienst Auchinlecks Plan mithören und Rommel warnen. Die 21. Panzerdivision wurde daher zurückverlegt, um dem Umfassungsangriff zu begegnen, und diese Gegenbewegung mag zum Teil erklären, weshalb die unteren Befehlshaber Auchinlecks Absichten nur zögernd ausführten. Ein ähnliches Zögern zeigte sich am nördlichen Abschnitt. Als die 21. Panzerdivision dort abgezogen war, stießen einige »Stuarts« der 1. britischen Panzerdivision vor, und schon dieser geringfügige Vorstoß führte zu einer plötzlichen Panik unter den dünnen Einheiten der deutschen 15. Panzerdivision, die nur noch 15 Panzer und etwa 200 Mann Infanterie besaß. Eine solche Panik bei so zähen deutschen Kämpfern bewies, wie übermüdet sie waren. Aber es geschah nichts, diese goldene Gelegenheit zu einem Großangriff der ganzen Panzerdivision und des ganzen Korps auszunutzen, der vielleicht die Entscheidung gebracht hätte.

Am gleichen Abend befahl Auchinleck seinen Truppen noch nachdrücklicher als je zuvor, den Angriff durchzuführen, und schrieb in seinem Befehl: »Unsere Aufgabe ist es, den Feind so weit östlich wie möglich zu vernichten und nicht, ihn entkommen zu lassen... Der Feind darf keine Ruhepause erhalten... Die 8. Armee wird angreifen und den Feind in seiner jetzigen Position vernichten.« Aber es gelang ihm nicht, seinen eigenen Kampfgeist über den ganzen Kommandoweg bis nach unten hin zu übertragen. Er hatte zwar sein taktisches Hauptquartier nach vorne in die Nähe des Hauptquartiers des 30. Korps verlegt; doch auch dieses war noch fast 30 Kilometer hinter der Front und ebensoweit vom Hauptquartier des 13. Korps im Süden entfernt. Das Hauptquartier der deutschen Panzerarmee aber war nur 10 Kilometer hinter der Front, und Rommel selbst erschien oft bei den vordersten Truppen, die er durch sein persönliches Beispiel an Ort und Stelle aufmunterte. Rommel ist von orthodoxeren Militärs, deutschen ebenso wie britischen, kritisiert worden, weil er allzuoft sich von seinem Hauptquartier entfernte und allzu gern den unmittelbaren Befehl über einen Kampf übernahm. Aber diese Frontnähe, wenn sie ihm auch manchmal Schwierigkeiten bereitete, war ein Hauptgrund seiner großen Erfolge. Rommel erweckte unter den Bedingungen des modernen Krieges das Vorbild der großen Heerführer der Vergangenheit zu neuem Leben.

Am 5. Juli tat das 13. Korps wenig und das 30. Korps noch weniger, um Auchinlecks Befehl durchzuführen. Die Brigaden der Neuseeland-Division, die bei dem Angriff auf Rommels Rücken die Hauptrolle spielen sollten, wurden von den Absichten ihres Oberbefehlshabers und von dem, was man von ihnen erwartete, nicht unterrichtet. Man mag Auchinleck deswegen kritisieren, weil er das Gros seiner Panzer beim 30. Korps beließ, statt es zur Verstärkung des Umfassungsangriffs dem 13. Korps zur Verfügung zu stellen; aber man hat wenig Grund zu der Annahme, daß diese Panzer dort nachdrücklicher eingesetzt worden wären als im Zentrum, wo ein kräftiger Vorstoß angesichts der Schwäche des

Feindes leicht hätte gelingen können – die 1. Panzerdivision war jetzt auf eine Stärke von 99 Panzern aufgefüllt worden, während die ihnen gegenüberstehende 15. Panzerdivision nur noch 15 und das ganze Afrika-Korps nur noch 30 hatte.

Die beste Entschuldigung und wohl auch die zutreffendste Erklärung für dieses Versagen war reine Übermüdung infolge der allzu langen Anspannung. Dies war der Faktor, der in dieser ersten entscheidenden Phase des Kampfes den Ausgang im Sinne eines Unentschieden bestimmte.

In der Bilanz war dies vermutlich auf kurze Sicht zum Vorteil für die Deutschen und Italiener, wenn auch auf lange Sicht zu ihrem Nachteil. Denn die britische Situation war niemals so verzweifelt, wie sie äußerlich schien, während am 5. Juli die Truppen Rommels dem vollständigen Zusammenbruch näher waren als je zuvor dem vollständigen Sieg.

Während der jetzt folgenden kurzen Kampfpause kam die restliche italienische Infanterie nach vorne und übernahm die jetzt statisch gewordene Front im nördlichen Abschnitt; dadurch wurden die Deutschen für den von Rommel geplanten neuen Vorstoß im Südabschnitt freigesetzt. Doch am 8. Juli, als er diesen Vorstoß beginnen wollte, hatte sich die Kampfstärke seiner drei deutschen »Divisionen« auf nicht mehr als 50 Panzer und etwa 2000 Mann Infanterie erhöht, und die der sieben italienischen »Divisionen« (einschließlich der neu eingetroffenen Littorio-Panzerdivision) betrug nur 54 Panzer und etwa 4000 Mann Infanterie. Die Gegenseite war durch das Eintreffen der 9. australischen Division, die im Jahr 1941 Tobruk so tapfer verteidigt hatte, und durch zwei neue Regimenter verstärkt worden, wodurch sie jetzt über 200 Panzer besaß. Die australische Division wurde dem 30. Korps unterstellt, das jetzt einen neuen Kommandeur erhielt, Generalleutnant W. H. Ramsden, der bisher die 50. Division befehligte.

Rommels Absicht, den Schwerpunkt nach Süden zu verlegen, entsprach dem Wunsch und dem neuen Plan Auchinlecks, die Australier zu einem Angriff nach Westen entlang der Küstenstraße einzusetzen. Als daher die Deutschen nach Süden schwenkten, zogen sich die Neuseeländer nach Osten zurück und räumten die

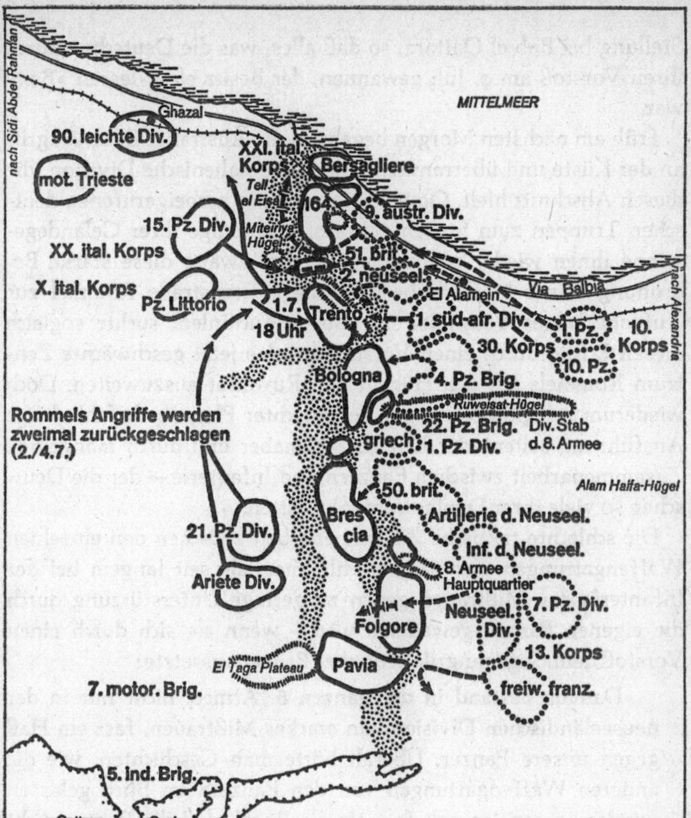

El Alamein: 1. Phase (23.–30. Okt. 1942)

Stellungen der deutsch-ital. Divisionen am 23.10.42

Minenfelder

Ausgangsstellungen der alliierten Divisionen

Gewinne am 23./24.10.42

Gewinne bis 30.10.42

Stellung bei Bab el Qattara, so daß alles, was die Deutschen durch ihren Vorstoß am 9. Juli gewannen, der Besitz einer leeren »Box« war.

Früh am nächsten Morgen begannen die Australier ihren Angriff an der Küste und überrannten schnell die italienische Division, die diesen Abschnitt hielt. Obwohl sie von eilig herbeigerufenen deutschen Truppen zum Stehen gebracht und einige ihrer Geländegewinne ihnen wieder genommen wurden, zwang diese starke Bedrohung seines Nachschubs über die Küstenstraße Rommel zur Aufgabe seines Vorstoßes im Süden. Auchinleck suchte sogleich diesen Erfolg durch einen Vorstoß auf das jetzt geschwächte Zentrum Rommels bei den Hügeln von Ruweisat auszuweiten. Doch wiederum mißglückte ein gut durchdachter Plan durch fehlerhafte Ausführung seitens der Unterbefehlshaber und durch mangelnde Zusammenarbeit zwischen Panzern und Infanterie – der die Deutschen so viele ihrer Erfolge verdankt hatten.

Die schlechte taktische Zusammenarbeit zwischen den einzelnen Waffengattungen war um so schlimmer, als seit langem bei der Infanterie das Mißtrauen gegen zu geringe Unterstützung durch die eigenen Panzer gewachsen war – wenn sie sich durch einen Vorstoß dem Gegenangriff deutscher Panzer aussetzte:

»Damals bestand in der ganzen 8. Armee, nicht nur in der neuseeländischen Division, ein starkes Mißtrauen, fast ein Haß gegen unsere Panzer. Überall hörte man Geschichten, wie die anderen Waffengattungen von den Panzern im Stich gelassen worden waren; es galt fast als die Regel, daß die Panzer nicht rechtzeitig da sein würden, wo sie gebraucht wurden.«

Immerhin beanspruchte dieser Vorstoß und diese Drohung Rommels magere Reserven, während ein von ihm geführter Gegenangriff im Norden nur wenig Erfolg hatte. Obwohl die britischen Panzer nur langsam deutsche Panzer-Gegenstöße gegen die eigene Infanterie parierten, so erschreckten sie doch die italienische Infanterie so sehr, daß sie sich in großer Zahl ergab. In einem Brief nach Hause vom 17. Juni schrieb Rommel:

»Die Dinge stehen gegenwärtig schlecht für mich, jedenfalls im militärischen Sinn. Der Feind benutzt seine Überlegenheit, insbesondere an Infanterie, um die italienischen Einheiten eine nach der anderen zu vernichten, und die deutschen Einheiten sind viel zu schwach, um alleine zu kämpfen. Es ist wirklich zum Weinen.«

Am nächsten Tag bedrohte die 7. Panzerdivision Rommels südliche Flanke, während Auchinleck mit neuen, soeben eingetroffenen Verstärkungen einen neuen Großangriff vorbereitete. Er wollte wiederum einen Durchbruch im Zentrum erreichen, aber diesmal auf der Südseite der Hügel von Ruweisat. Eine soeben eingetroffene neue Panzerbrigade, die 23. mit 150 Valentine-Panzern, sollte bei diesem Angriff eingesetzt werden; aber eines ihrer drei Regimenter wurde dann zur Unterstützung der Australier bei einem kleineren Angriff im Norden abkommandiert.

Die Chancen sahen um so besser aus, als die 8. Armee mit der neuen Brigade und neuen Verstärkungen für die anderen Brigaden jetzt fast 400 Panzer an der Front hatte. Rommels Panzerstärke war noch geringer, als seine Gegner wußten – das Afrika-Korps hatte nur noch knapp 30. Jedoch dank einer Kombination von Glück und guter Lagebeurteilung standen sie immer gerade dort, wo der britische Hauptvorstoß drohte – und meist wurde nur ein kleiner Teil der britischen Panzer dort wirklich zum Einsatz gebracht.

Auchinleck plante jetzt, durch einen Nachtangriff der Infanterie – der 5. indischen Division – auf breiter Front das Zentrum des Feindes zu durchbrechen und dann entlang den Hügeln von Ruweisat und dem Tal weiter südlich davon weiter vorzustoßen, nachdem der deutsche Widerstand durch eine nördliche Flankenbewegung der Neuseeländer vermindert worden wäre. Dann sollte bei Tageslicht die 23. Panzerbrigade bis zum Ende des Tales bei El Mireir durchbrechen; anschließend sollte die 2. Panzerbrigade dort durchgezogen werden und die Ausweitung des Durchbruchs übernehmen. Es war ein gut durchdachter Plan; aber er erforderte eine gründliche Ausarbeitung aller Details durch die Unterbefehlshaber, die nicht erfolgte. Die einzelnen Aktionen waren auf einer Stabsbesprechung des Korps nicht ausreichend aufeinander abgestimmt worden, und Gotts Unterführer hatten nur vage Kenntnis von den Aufgaben ihrer Nachbarn.

Der Angriff begann in der Nacht zum 21. Juli, und die Neuseeländer erreichten ihr Ziel. Aber dann kamen deutsche Panzer und stifteten durch einen nächtlichen Gegenangriff Verwirrung. Nach Tagesanbruch überrannten sie die am weitesten vorgerückte Neuseeland-Brigade, während die 22. Panzerbrigade, welche die Flanke der Neuseeländer decken sollte, nicht aufgetaucht war – ihr Kommandeur hatte, im Gegensatz zu den Deutschen, erklärt, die Panzer könnten nachts nicht fahren.

Auch der Nachtangriff der indischen Division hatte sein Ziel nicht erreicht. Schlimmer noch war, daß es ihm nicht gelungen war, in dem Minenfeld eine Lücke für den darauffolgenden Vormarsch der 23. Panzerbrigade zu schaffen. Als am Morgen zwei von deren Regimentern zum Angriff antraten, trafen sie auf die zurückweichenden Inder, aber konnten nicht klar erfahren, ob die Minen auf ihrem Weg schon beseitigt waren. So fuhren sie tapfer weiter und führten aus, was die Neuseeländer voll Bewunderung, aber leider allzu treffend »einen Angriff im Stil von Balaklawa«[1] nannten. Sie fanden bald heraus, daß kein Weg durch das Minenfeld gebahnt worden war und daß sie in eine dreifache Falle geraten waren: heftiges Feuer der deutschen Panzer und der deutschen Pak, während sie selbst in einem Minenfeld festsaßen. Nur elf Panzer kehrten zurück. Der einzige versöhnliche Aspekt dieses unglückseligen Angriffes war, daß diese beiden neuen Panzerregimenter das Vertrauen der Infanterie, insbesondere der Neuseeländer, wiederherstellten, nicht durch übermäßige Vorsicht der eigenen Panzertruppe im Stich gelassen zu werden.

Das andere Regiment der Brigade hatte bei dem Angriff im Norden ebensoviel Energie bewiesen. Aber der Preis war hoch – insgesamt gingen 118 Panzer an diesem Tag verloren, während die Deutschen nur drei verloren. Trotzdem hatten die Briten immer noch zehnmal soviel Panzer wie Rommel. Aber das Scheitern des

1 Bei Balaklawa auf der Krim unternahm die britische Kavallerie im Krimkrieg 1855 einen todesmutigen Angriff auf die russischen Stellungen, bei dem die Angreifer größtenteils niedergemäht wurden. – Anm. d. Übers.

ersten Angriffes wirkte so deprimierend, daß wenig neue Anstrengungen unternommen wurden, den Angriff wiederaufzunehmen und das überwältigende Übergewicht der britischen Seite zum Tragen zu bringen.

Nach einer Pause von vier Tagen zur Reorganisation und Umgruppierung wurde ein neuer Versuch gemacht, Rommels Front zu durchbrechen, diesmal im Norden. Er begann mit der Einnahme der Miteiriya-Hügel durch die Australier in einer mondhellen Nacht, und die 50. Division südlich von ihnen hatte auch einen guten Start. Doch der Kommandeur der 1. Panzerdivision, die anschließend durchfahren sollte, war nicht überzeugt, daß ein genügend breiter Weg durch das Minenfeld freigelegt worden war, und sein Zaudern verdarb die Chancen des ganzen Angriffs. Erst am späten Vormittag begannen die ersten Panzer durch das Minenfeld zu fahren und wurden dann von nach Norden geeilten deutschen Panzern zum Stehen gebracht. Die Infanterie auf der anderen Seite des Minenfeldes wurde abgeschnitten und durch einen Gegenangriff aufgerieben. Auch die Australier waren inzwischen von den Hügeln wieder vertrieben worden.

Auchinleck beschloß jetzt widerstrebend, den Angriff aufzugeben. Viele seiner Soldaten zeigten nach einem so langen Kampf Anzeichen physischer Erschöpfung und eine zunehmende Neigung, sich zu ergeben, wenn sie abgeschnitten wurden. Es war auch klar, daß die Verteidiger auf einer so schmalen Front im Vorteil waren und daß dieser Vorteil mit den Verstärkungen, die gerade jetzt endlich Rommel erreichten, größer werden würde — bis Anfang August hatten sich seine Panzer gegenüber dem Stand vom 22. Juli verfünffacht.

Doch wenn auch die Schlacht für die Briten enttäuschend endete, so war ihre Lage doch weit besser als zu Beginn. Der Schlußsatz von Rommels Bericht über die Schlacht spricht das Urteil:

»Obwohl die britischen Verluste in diesem Kampf bei Alamein höher waren als unsere, war dieser Preis für Auchinleck nicht übermäßig hoch; denn das einzige, worauf es ihm ankam, war, unseren Vormarsch zum Stehen zu bringen, und das ist ihm leider gelungen.«

Obwohl die 8. Armee in der Juli-Schlacht bei Alamein Verluste von über 13 000 Mann hatte, konnte sie über 7000 Gefangene machen, darunter über 1000 Deutsche. Die Verluste wären geringer und die Erfolge weit größer gewesen, wenn die Pläne energischer und exakter durchgeführt worden wären. Immerhin war der Unterschied in den Gesamtverlusten beider Seiten nicht sehr groß, und Rommel konnte sich diese Verluste weit weniger leisten. Sein Mißerfolg mußte sich angesichts des gewaltigen Stroms von Verstärkungen, der sich jetzt nach Ägypten ergoß, schließlich verhängnisvoll auswirken.

Sein eigener Bericht schildert, wie gefährlich nahe einer Niederlage er Mitte Juli gekommen war. Noch eindeutiger ist sein eigenes Geständnis in einem Brief an seine Frau vom 18. Juli:

> »Gestern war ein besonders harter und kritischer Tag. Wir sind wieder einmal durchgekommen. Aber es kann so nicht lange weitergehen, sonst wird die Front bald brechen. Militärisch ist dies die schwierigste Zeit, die ich je durchgemacht habe. Natürlich ist Hilfe in Aussicht; aber ob wir sie noch erleben werden, ist die Frage.«

Rommels Bericht über die Schlacht zollt auch dem britischen Oberbefehlshaber hohes Lob:

> »General Auchinleck, der persönlich das Kommando bei El Alamein übernommen hatte, dirigierte seine Truppen mit beachtlichem Geschick... Er schien die Situation mit ausgesprochen kühlem Kopf zu beurteilen, denn er ließ sich durch keine unserer Bewegungen dazu bewegen, eine zweitbeste Lösung zu akzeptieren.«

Doch jede der »erstbesten« Lösungen, die Auchinleck nacheinander mit Hilfe seines ideenreichen ersten Stabsoffiziers Dorman-Smith ausarbeitete, verlor sich auf dem Kommandoweg zu den drittklassigen ausführenden Organen. Auch der Kommandoweg selbst wurde blockiert; ein wesentlicher Grund dafür war die bnute Mischung von Kontingenten aus verschiedenen Ländern des britischen Commonwealth unter so harten Bedingungen. Die Kommandeure der Einheiten wurden immer wieder durch besorgte Anfragen und Mahnungen ihrer Regierungen von ihrer Aufgabe abgelenkt; wenn auch solche Besorgnisse nach den unglücklichen Erfahrungen der letzten Monate sehr natürlich waren, so vergrößerten sie doch die bei jeder Kriegführung ohnehin üblichen Reibungen.

Es war ferner natürlich, daß die Enttäuschung am Ende der Juli-Schlacht den Eindruck schlechter Führung verstärkte und zu dem instinktiven Wunsch führte, drastische Veränderungen im höheren Kommando vorzunehmen. Wie üblich konzentrierte sich die Kritik auf die oberste Sprosse der Leiter und nicht auf die unteren Sprossen, wo die Irrtümer und Fehler wirklich begangen worden waren. Ein besserer Grund war freilich der Wunsch, das Selbstvertrauen der Truppen wiederherzustellen, das durch den Fehlschlag von Auchinlecks Gegenoffensive von neuem erschüttert worden war. Unter diesen Umständen ist ein Wechsel im Oberkommando das bequemste Aufputschmittel und mag als solches notwendig sein – so ungerecht dies auch gegenüber dem Befehlshaber sein mag, der abgelöst wird.

Churchill beschloß, selbst nach Ägypten zu fliegen, um die Lage in Augenschein zu nehmen, und kam am 4. August in Kairo an – dem Jahrestag von Großbritanniens Eintritt in den Ersten Weltkrieg. Obwohl Auchinleck »die gegnerische Flut zum Stehen gebracht hatte«, wie Churchill erkannte und auch anerkannte, so war es doch nicht gleichermaßen offenkundig, daß die Gezeiten schon gewechselt hatten, wie man es heute rückschauend weiß. Rommel stand nach wie vor nur 90 Kilometer von Alexandria und dem Nil-Delta – beunruhigend nahe. Churchill hatte schon vorher daran gedacht, einen Wechsel im Oberkommando vorzunehmen, und seine Absicht verhärtete sich zu einem Entschluß, als er feststellen mußte, daß Auchinleck sich seinem Drängen auf baldige Wiederaufnahme der Offensive entschieden widersetzte und darauf bestand, diese müsse bis September aufgeschoben werden, damit die neu eingetroffenen Truppen sich erst akklimatisieren und in den Bedingungen des Wüstenkrieges geschult werden könnten.

Churchills Entschluß wurde auch durch eine Besprechung mit dem südafrikanischen Premierminister Feldmarschall Smuts bestärkt, der auf seine Bitten nach Ägypten geflogen war. Churchills erster Gedanke war, das Oberkommando dem sehr fähigen Chef des Empire-Generalstabes, General Sir Alan Brooke, anzubieten. Aber Brooke wollte, aus Gründen persönlichen Takts ebenso wie aus vorsichtiger Berechnung, nicht seinen Posten aufgeben und Auchinlecks Platz einnehmen. Daher schlug nach weiteren Besprechungen Churchill telegraphisch den anderen Mitgliedern des Kriegskabinetts in London vor, Alexander zum Oberbefehlshaber im Nahen Osten und Gott zum Befehlshaber der 8. Armee zu ernennen – das letztere war eine erstaunliche Wahl angesichts der Mißgriffe dieses tapferen Soldaten als Korpskommandeur in den letzten Schlachten. Aber Gott wurde am nächsten Tag auf seinem Flug nach Kairo durch den Absturz seines Flugzeuges getötet. Daher wurde jetzt glücklicherweise Sir Bernard Montgomery von England nach Ägypten geflogen, um den Posten zu übernehmen. Auch zwei neue Korpskommandeure kamen aus England: Generalleutnant Sir Oliver Leese für das 30. und Generalleutnant Brian Horrocks für das 13. Korps.

Paradoxerweise war es eine Folge dieser Veränderungen, daß die Wiederaufnahme der britischen Offensive auf ein späteres Datum verschoben wurde, als Auchinleck vorgeschlagen hatte. Aber der ungeduldige Premierminister mußte der festen Entschlossenheit Montgomerys weichen, mit der Offensive zu warten, bis die Vorbereitungen und die Schulung der neuen Truppen abgeschlossen war. Dies bedeutete, daß man Rommel wieder die Initiative überließ und ihm eine neue Siegeschance gab, und zwar in der sogenannten »Schlacht von Alam Halfa«. Doch in Wahrheit gab man ihm damit »nur genug Strick, um sich aufzuhängen«.

Im Laufe des August wurde Rommel nur durch zwei neue Einheiten verstärkt – eine deutsche Fallschirmjägerbrigade und eine italienische Fallschirmjägerdivision. Beide kamen nach Afrika ohne ihre eigentlichen Waffen, zum infanteristischen Einsatz. Jedoch die Ausfälle in den schon vorher in Nordafrika stehenden Divisionen wurden jetzt in erheblichem Maß durch neu eingezogene Soldaten und neu gelieferte Waffen wettgemacht – wenn auch die italienischen Divisionen viel mehr erhielten als die deutschen. Am Vorabend des Angriffs, den Rommel für Ende August plante, verfügte er über etwa 200 mit Kanonen bestückte Panzer in seinen beiden Panzerdivisionen und über 240 Panzer in den italienischen. Während die italienischen Panzer noch von dem älteren Typ waren, besaßen von den deutschen »Panzer III« 74 die lange 50-mm-Kanone und 27 der »Panzer IV« die neue lange 75-mm-Kanone. Dies war ein bedeutender qualitativer Zuwachs.

Auch die britische Frontpanzerstärke war jedoch auf insgesamt über 700, davon etwa 160 »Grants«, aufgefüllt worden. Freilich wurden nur etwa 500 in der Panzerschlacht eingesetzt, die diesmal nur kurz war.

Die befestigte Frontlinie wurde immer noch von den gleichen vier Infanteriedivisionen gehalten wie im Juli, doch mit vermehrter Truppenstärke; von den Panzerdivisionen blieb die 7. in der Stellung, während die 1. zur Auffrischung aus der Front gezogen und durch die 10. unter Generalmajor Gatehouse ersetzt worden war; diese bestand aus zwei Panzerbrigaden, der 22. und der neu eingetroffenen 8., und nach Beginn des Kampfes wurde auch die neuausgerüstete 23. seinem Kommando unterstellt. Eine neue Infanteriedivision war ebenfalls an die Front gekommen, um die rückwärtige Stellung bei den Alam-Halfa-Hügeln zu halten.

An dem Verteidigungsplan, den Dorman-Smith entworfen und Auchinleck noch als Oberbefehlshaber gebilligt hatte, wurde keine radikale Veränderung vorgenommen. Nach gewonnener Schlacht wurde vielfach erzählt, der Plan sei nach dem Kommandowechsel völlig umgestaltet worden. Daher ist es erwähnenswert, daß Alexander in seinem Bericht die Tatsachen mit einer Ehrlichkeit feststellt, die allen solchen Legenden den Boden entzieht. Er berichtet, als er das Oberkommando übernommen habe,

> »bestand der Plan, den Abschnitt zwischen dem Meer und den Ruweisat-Hügeln so hartnäckig wie möglich zu verteidigen und jeden feindlichen Vorstoß südlich der Hügel von einer stark verteidigten vorbereiteten Stellung auf der Alam-Halfa-Hügelkette aus der Flanke zu bedrohen. General Montgomery, der jetzt die 8. Armee befehligte, übernahm den Plan grundsätzlich, womit

ich einverstanden war, und hoffte, wenn der Feind uns genug Zeit ließe, würde er unsere Stellung durch Verstärkung der linken, südlichen Flanke verbessern können.«

Die Alam-Halfa-Stellung wurde verstärkt, bevor Rommel angriff, aber sie wurde nicht ernsthaft bedroht; denn die Schlacht wurde entschieden durch die gut ausgedachte Stationierung der britischen Panzer und ihre sehr wirksame defensive Aktion.

Der nördliche und der mittlere Abschnitt der Front waren so stark befestigt worden, daß der südliche Abschnitt von 25 Kilometern zwischen der neuseeländischen »Box« an den Hügeln von Alam Nayil und der Qattara-Senke der einzige Teil der Front war, wo ein schneller Durchbruch möglich erschien. Wenn Rommel einen Durchbruch erzielen wollte, mußte er diesen Weg einschlagen – das war offenkundig, und das war auch von dem noch zu Zeiten Auchinlecks aufgestellten Plan beabsichtigt.

Eine Überraschung in bezug auf das Ziel des Vorstoßes war daher unmöglich, und Rommel konnte nur in bezug auf Zeitpunkt und Tempo einen Überraschungseffekt erzielen. Er hoffte, wenn er schnell durch den Südabschnitt durchgebrochen wäre und die Verbindungswege der 8. Armee abgeschnitten hätte, dann würde diese aus dem Gleichgewicht geraten. Sein Plan war, in einem Nachtangriff das Minenfeld zu überwinden; danach sollte das Afrika-Korps mit einem Teil des italienischen motorisierten Korps noch vor Tagesanbruch etwa 45 Kilometer nach Osten vorstoßen, anschließend nach Nordosten zu der Küste schwenken und das Versorgungszentrum der 8. Armee bedrohen. Dies würde, hoffte er, die britischen Panzer zu einer Verfolgungsjagd verleiten und ihm die Chance geben, sie in einer Falle zu fangen. Die 90. leichte Panzerdivision und der Rest des italienischen motorisierten Korps sollten unterdessen einen schützenden Korridor bilden, stark genug, um Gegenangriffe aus dem Norden abzuwehren, bis er im Rücken der Briten die Panzerschlacht gewonnen habe. In seinem Bericht schreibt er, er habe »sich besonders auf die langsame Reaktion des britischen Oberkommandos verlassen; denn die Erfahrung hatte uns gezeigt, daß dieses immer ziemlich viel Zeit brauchte, Entschlüsse zu fassen und auszuführen«.

Doch als der Angriff in der Nacht zum 30. August begann, stellte sich heraus, daß der Minengürtel viel tiefer war als erwartet. Bei Tagesanbruch waren Rommels Panzerspitzen daher nur 13 Kilometer darüber hinausgelangt, und das Gros des Afrika-Korps konnte seinen Vormarsch erst um 10 Uhr vormittags beginnen. Bis dahin wurde diese große Masse von Fahrzeugen von der britischen Luftwaffe schwer bombardiert. Gleich zu Beginn wurde der Kommandeur des Korps, General Walter Nehring, verwundet, und das Afrika-Korps wurde im weiteren Verlauf von seinem Stabschef, Generalleutnant Fritz Bayerlein, kommandiert.

Als es klar wurde, daß der Überraschungseffekt verfehlt worden war und das Tempo des Vormarsches sehr hinter dem Zeitplan zurückblieb, dachte Rommel an einen Abbruch des Angriffs. Doch nach Besprechung mit Bayerlein folgte er seiner eigenen natürlichen Neigung und entschloß sich zur Fortsetzung, wenn auch mit veränderten Zielen und in begrenzter Form. Da die britischen Panzer Zeit genug gehabt hatten, ihre Positionen für die Schlacht einzunehmen und somit jeden tiefen Vorstoß von der Flanke bedrohen konnten, sah er sich genötigt, früher als erwartet nach Norden zu schwenken. Er befahl daher dem Afrika-Korps eine sofortige Kehrtwendung zur Höhe 132, einem dominierenden Punkt der Alam-Halfa-Hügelkette. Diese Kehrtwendung brachte die Deutschen in den Raum, wo die 22. Panzerbrigade postiert war, und auch in einen Raum, wo der weiche Sand das Manövrieren behinderte.

Die Kampfpositionen der 8. Panzerbrigade lagen etwa 16 Kilometer südöstlich von denen der 22. Wenn Montgomery riskiert hatte, die beiden Brigaden so weit voneinander aufzustellen, dann hatte er sich darauf verlassen, daß jede von ihnen fast ebenso viele Panzer hatte wie das ganze Afrika-Korps und daher imstande sein müßte, sich solange zu verteidigen, bis die andere Brigade ihr zu Hilfe kam.

Die 8. Brigade erreichte jedoch ihre Position erst um 4.30 Uhr morgens — sie hatte Glück, daß der Feind sich so stark verspätete, denn nach Rommels ursprünglichem Plan sollte das Afrika-Korps ebenfalls noch in der Dunkelheit im gleichen Raum eintreffen. Ein

Zusammenstoß im Dunkeln oder auch ein Angriff am frühen Morgen, ehe die 8. Division ihre Position bezogen hätte, wäre sehr mißlich gewesen, insbesondere für Truppen, die zum ersten Mal im Kampfeinsatz waren. Weil aber Rommel früher als geplant nach Norden schwenkte, traf sein Angriff nur die 22. Brigade, aber erst spät am Nachmittag. Denn ständige Luftangriffe und das verspätete Eintreffen der Geleitzüge mit Treibstoff und Munition hatten den Vormarsch des Afrika-Korps so verzögert, daß es auch die verkürzte Schwenkung nach Norden erst am Nachmittag vornahm. Als sich die deutschen Panzer Alam Halfa und den Positionen der 22. Brigade näherten, gerieten sie in das Feuer der geschickt aufgestellten britischen Panzer und anschließend unter den Beschuß der Artillerie dieser Brigade, die von ihrem neuen und jungen Befehlshaber General Roberts geschickt befehligt wurde. Verschiedene Vorstöße und örtliche Flankenbewegungen scheiterten, bis die Nacht dem Kampf ein Ende machte, den Verteidigern eine wohlverdiente Ruhepause brachte und bei den Angreifern Niedergeschlagenheit verursachte.

Der Mißerfolg des Angriffes ging jedoch nicht nur auf diese feindlichen Gegenschläge zurück; der Treibstoff war beim Afrika-Korps so knapp, daß Rommel am Nachmittag seine Befehle für eine große Anstrengung zur Einnahme von Höhe 132 widerrufen mußte. Selbst am Morgen des 1. September bestand immer noch eine so große Treibstoffknappheit, daß Rommel für den ganzen Tag jeden Gedanken an größere Operationen aufgeben mußte. Das einzige, was er noch versuchen konnte, war ein örtlicher Angriff allein mit der 15. Panzerdivision zur Einnahme der Hügel von Alam Halfa. Das Afrika-Korps befand sich jetzt in sehr mißlicher Lage und erlitt zunehmende Verluste durch die Angriffe britischer Bomber und der Artillerie des 13. Korps, die in der Nacht begonnen hatten und den ganzen Tag über dauerten. Die immer schwächer werdenden Angriffe der deutschen Panzer wurden durch eine starke Verteidigung einer nach dem andern zum Stehen gebracht; denn in der Frühe des gleichen Tages hatte Montgomery, der jetzt sicher war, daß der Feind nicht im Osten in seinen Rücken gelangen würde, den anderen zwei Panzerbrigaden befohlen, sich mit der von Roberts zu vereinigen.

Am gleichen Nachmittag befahl Montgomery, mit der Ausarbeitung von Plänen für eine Gegenoffensive zu beginnen, »die uns die Initiative zurückgeben würde«. Sein Gedanke war, durch einen Flankenangriff nach Süden aus der Stellung der Neuseeländer heraus den Hals der Flasche zu verschließen, in die Rommel hineingestoßen war. Er traf auch Vorkehrungen, um beim 10. Korps eine »Verfolgungsgruppe« zu bilden, die mit allen verfügbaren Reserven bis Daba durchbrechen sollte.

Die deutsche Panzerarmee hatte jetzt nur noch Treibstoff für einen Tag zur Verfügung – genauer gesagt, eine Menge, die nur für knapp 100 Kilometer Fahrt ausreichte. Daher beschloß Rommel nach einer zweiten Nacht fast ständiger britischer Bombenangriffe die Offensive abzubrechen und einen schrittweisen Rückzug einzuleiten. Im Laufe des Tages sah man, wie die deutschen Einheiten, die vor Alam Halfa lagen, immer dünner wurden und sich nach Westen zurückzuziehen begannen. Doch die Erlaubnis, ihnen zu folgen, wurde den britischen Kommandeuren verweigert; denn es war Montgomerys Grundsatz, jedes Risiko zu vermeiden, daß seine Panzer von Rommel in die Falle gelockt wurden wie schon so oft. Gleichzeitig gab Montgomery Befehl, den Angriff der Neuseeländer, unterstützt durch andere Einheiten, in südlicher Richtung in der übernächsten Nacht, der vom 3. auf 4. September, zu beginnen.

Doch am 3. September begannen die deutschen Truppen einen allgemeinen Rückzug, und nur einzelne Patrouillen folgten ihnen. Der britische Angriff gegen die rückwärtige Flanke Rommels, die von der 90. leichten Panzerdivision und der italienischen Trieste-Division gehalten wurde, mußte nach ziemlich hohen Verlusten abgebrochen werden.

In den nächsten zwei Tagen, dem 4. und 5. September, setzte das Afrika-Korps seinen schrittweisen Rückzug fort; kein weiterer Versuch wurde unternommen, es abzuschneiden, und nur schwache Vorhuten folgten ihm sehr vorsichtig. Am 6. hielten die Deutschen auf einer hügeligen Linie zehn Kilometer östlich von ihrer Ausgangsstellung und hatten offenbar die Absicht, dort harten Widerstand zu leisten. Am nächsten Tag beschloß Montgomery, mit Alexanders Billigung, die Schlacht abzubrechen. Daher blieb Rommel im Besitz dieses bescheidenen Geländegewinns im Süden — er war eine dürftige Entschädigung für seine Verluste und für den endgültigen Fehlschlag seiner ursprünglichen Pläne.

Für die Soldaten der 8. Armee überwog der Anblick, den Feind beim Rückzug zu sehen, selbst wenn es nur ein paar kurze Schritte zurück waren, bei weitem die Enttäuschung, daß man ihn nicht hatte abschneiden können. Es war ein klarer Beweis, daß sich das Blatt gewendet hatte. Montgomery hatte es bereits geschafft, bei seinen Truppen neue Zuversicht zu erwecken, und ihr Vertrauen in ihn wurde jetzt bestätigt.

Die Frage bleibt freilich, ob hier eine große Gelegenheit versäumt wurde, die Widerstandskraft des Feindes ein für allemal zu brechen, während das Afrika-Korps in der »Flasche« steckte. Dies hätte alle späteren Anstrengungen und die schweren Verluste beim Angriff auf seine vorbereiteten Stellungen unnötig gemacht. Aber auch so, wie sie verlief, war die Schlacht von Alam Halfa ein großer britischer Erfolg. Als sie endete, hatte Rommel endgültig die Initiative verloren, und angesichts des immer breiter werdenden Stroms von Verstärkungen für die britische Seite mußte die nächste Schlacht für Rommel eine »Schlacht ohne Hoffnung« werden — wie er sie selbst genannt hat.

Im klaren Licht unserer jetzigen Kenntnisse der beiderseitigen Kräfte und Reserven kann man sehen, daß Rommels endgültige Niederlage in dem Augenblick wahrscheinlich war, als sein Vorstoß nach Ägypten in der ersten Schlacht von Alamein im Juli zum Stehen gebracht wurde, und dies kann als der eigentliche Wendepunkt angesehen werden. Dennoch erschien Rommel immer noch als eine große Gefahr, als er Ende August seinen neuen Angriff begann. Da das Kräfteverhältnis beider Seiten ausgeglichener war als jemals zuvor oder jemals später, hatte er noch eine Möglichkeit des Sieges — und er hätte ihn vielleicht errungen, wenn seine Gegner ebenso versagt hätten wie bei mehreren früheren Gelegenheiten, als ihre Chancen noch sicherer erschienen. Aber jetzt war die Möglichkeit des Sieges ohne Wiederkehr entschwunden. Die entscheidende Bedeutung der »Schlacht von Alam Halfa« zeigt sich darin, daß sie einen eigenen Namen erhielt, obwohl sie im gleichen Raum ausgekämpft wurde wie die anderen Schlachten von Alamein.

Auch vom taktischen Gesichtspunkt verdient diese Schlacht besonderes Interesse. Denn sie wurde nicht nur von den Verteidigern gewonnen, sondern auch durch reine Verteidigung entschieden, ohne jeden Gegenangriff oder auch nur jeden ernsthaften Versuch zu einem solchen. Sie bildet daher einen Kontrast zu den meisten »Wendepunkt«-Schlachten des Zweiten Weltkrieges und früherer Kriege. Zwar verscherzte sich Montgomery durch seinen Beschluß, auf eine offensive Ausnutzung seines defensiven Erfolges zu verzichten, die zeitweilig sehr gute Chance, Rommels Truppen insgesamt einzukesseln und zu vernichten. Aber dies schmälert nicht die Bedeutung der Schlacht als eines Wendepunktes des ganzen Feldzuges. Von da an waren die britischen Truppen des endgültigen Erfolges sicher, und dies stärkte ihren Kampfgeist, während ihre Gegner unter dem Gefühl litten, daß sie trotz aller Anstrengungen und Opfern nicht mehr erreichen könnten als eine Hinauszögerung des Endes.

Auch von der Taktik im einzelnen kann man einiges lernen. Die Stationierung der britischen Truppen und die Wahl des Kampfplatzes hatte großen Einfluß auf das Endergebnis, ebenso auch die Flexibilität der britischen Dispositionen. Am entscheidendsten war aber die gutdurchdachte Kombination der Einsatzpläne für die Luftwaffe und für das Heer: Das Heer »hielt den Ring«, während die Luftwaffe ständig den Kampfplatz bombardierte, der zu einer Falle für Rommels Truppen geworden war. In dieser Schlacht konnte die Luftwaffe um so wirksamer und ungehinderter eingesetzt werden, weil sie damit rechnen konnte, daß alle Truppen in diesem »Ring« Feinde und damit Ziele waren – im Gegensatz zu der Behinderung des Einsatzes der Luftwaffe in einer mehr fluktuierenden Schlacht.

Sieben Wochen vergingen, bis die britische Offensive begann. Ein ungeduldiger Premierminister tobte über diese Verzögerung;

aber Montgomery war entschlossen zu warten, bis seine Vorbereitungen abgeschlossen waren und er des Erfolges einigermaßen sicher sein konnte, und Alexander unterstützte ihn.

So mußte Churchill, dessen Stellung damals nach der Reihe britischer Nackenschläge seit Beginn des Jahres recht schwach war, ihren Argumenten für eine Verschiebung der Offensive bis Ende Oktober nachgeben.

Das genaue Datum wurde durch die Phasen des Mondes bestimmt; denn die Offensive sollte mit einem Nachtangriff beginnen, um das Abwehrfeuer des Feindes zu behindern, und ausreichendes Mondlicht war für die Freilegung von Lücken in den Minenfeldern nötig. So wurde der Beginn der Offensive für die Nacht zum 23. Oktober festgelegt – am 24. war Vollmond.

Ein wichtiger Faktor bei Churchills Wunsch nach einem früheren Datum war das große Projekt einer gemeinsamen amerikanisch-britischen Landung in Französisch-Nordafrika – die »Operation Torch«, die für Anfang November geplant war. Ein entscheidender Sieg über Rommel bei Alamein würde die Franzosen dazu bewegen, die Alliierten als Fackelträger der Befreiung von der Achsenherrschaft zu begrüßen, und würde General Franco die Lust nehmen, den Einmarsch deutscher Truppen nach Spanien und Spanisch-Marokko zu billigen – ein Gegenzug, der für die alliierten Landungen sehr gefährlich werden könnte.

Alexander jedoch war der Meinung, wenn seine Offensive, die »Operation Lightfoot«, zwei Wochen vor »Torch« begänne, dann würde »diese Zeitspanne ausreichen, den größeren Teil der uns gegenüberstehenden Achsenarmee zu vernichten, und andererseits wäre sie nicht lang genug, als daß der Feind seine Truppen in Afrika nennenswert verstärken könnte«. Auf jeden Fall, so sagte er, sei es notwendig, sich den Erfolg an diesem Ende Nordafrikas zu sichern, wenn man von den neuen Landungen am anderen Ende gute Ergebnisse haben wolle: »Der entscheidende Faktor war meine Überzeugung, durch einen Angriff, ehe ich dazu bereit war, würde ich einen Fehlschlag, wenn nicht sogar eine Katastrophe riskieren.« Diese Argumente setzten sich durch, und obwohl das jetzt vorgeschlagene Datum fast einen Monat später war als das von Churchill früher vorgeschlagene, wurde die Verschiebung auf den 23. Oktober von ihm schließlich gebilligt.

An diesem Datum war die Überlegenheit der britischen Kräfte – sowohl nach Zahl wie nach Qualität – größer als je zuvor. Nach der üblichen Rechnung mit Divisionen schienen die beiden Seiten annähernd gleich zu sein – jede hatte zwölf »Divisionen«, davon vier Panzerdivisionen. Aber nach der tatsächlichen Truppenstärke war das Verhältnis sehr viel anders: Die Kampfstärke der 8. Armee betrug 230 000 Mann, die Rommels weniger als 80 000 und davon waren nur 27 000 Deutsche. Außerdem hatte die 8. Armee sieben Panzerbrigaden und insgesamt 23 Panzerregimenter, Rommel dagegen nur vier deutsche und sieben italienische Panzerbataillone. Noch krasser war der Unterschied in der Zahl der Panzer. Bei Beginn der Schlacht hatte die 8. Armee insgesamt 1440 mit Kanonen bestückte Panzer, von denen 1229 einsatzbereit waren – und in einer längeren Schlacht konnte sie auf einen Teil der weiteren rund 1000 Panzer zurückgreifen, die sich jetzt in den Nachschubdepots und Werkstätten in Ägypten befanden. Rommel aber hatte nur 260 deutsche Panzer (davon waren 20 in Reparatur, und 30 waren leichte Panzer II) und 280 italienische, alles veraltete Typen. In einer Panzerschlacht zählten nur die 210 mit Kanonen bestückten deutschen mittleren Panzer – so daß in Wahrheit die britische Seite mit einer zahlenmäßigen Überlegenheit von 6 : 1 begann und dazu noch weit bessere Möglichkeiten hatte, ihre Verluste auszugleichen.

An Kampfkraft, bei einem Kampf Panzer gegen Panzer, war die britische Überlegenheit noch größer, da die »Grants« jetzt durch die noch neueren und größeren »Sherman«-Panzer ergänzt wurden, die in großer Zahl aus Amerika eintrafen. Beim Beginn der Schlacht besaß die 8. Armee über 500 »Shermans« und »Grants«, und noch mehr waren unterwegs, während Rommel nur 30 der neuen »Panzer IV« mit dem 75-mm-Schnellfeuergeschütz hatte, die es mit den neuen amerikanischen Panzern aufnehmen konnten. Außerdem hatte Rommel seinen früheren Vorsprung an Pak-Geschützen verloren; seine »88er« Pak-Geschütze waren zwar auf 86 Stück aufgefüllt und durch 68 erbeutete russische »76er« ergänzt worden;

aber die üblichen deutschen 50-mm-Geschütze konnten nur auf ganz nahe Entfernung die Panzerung der »Shermans« und »Grants« oder auch der »Valentines« durchschlagen. Dies war um so schlimmer, als die neuen amerikanischen Panzer Geschosse von besonders hoher Sprengwirkung besaßen, die auch auf große Entfernung feindliche Pak-Geschütze außer Gefecht setzen konnten.

In bezug auf die Luftwaffe besaßen die Briten eine größere Überlegenheit als je zuvor. Sir Arthur Tedder, Oberbefehlshaber der Luftwaffe im Nahen Osten, hatte jetzt 96 einsatzfähige Squadrons zur Verfügung, darunter 13 amerikanische, 13 südafrikanische und eine rhodesische, fünf australische, zwei griechische, eine französische und eine jugoslawische. Insgesamt waren es über 1500 Flugzeuge erster Linie. Davon standen 1200 Maschinen, die in Ägypten oder Palästina stationiert waren, bereit, die Offensive der 8. Armee zu unterstützen, während Deutsche und Italiener zusammen nur etwa 350 einsatzfähige Flugfahrzeuge in Afrika hatten.

Diese Überlegenheit in der Luft war von großem Wert bei der Störung der Bewegungen der Panzerarmee und des Nachschubs, ebenso wie für den Schutz des Nachschubs der 8. Armee vor ähnlichen Störungen. Aber noch wichtiger für den Ausgang des Kampfes war der strategische Einsatz der Luftwaffe, zusammen mit den britischen U-Booten, gegen die Nachschubwege der deutschen Panzerarmee über das Meer. Im Lauf des September wurde fast ein Drittel des für sie bestimmten Nachschubs bei der Überquerung des Mittelmeers versenkt, und außerdem wurden viele Schiffe zur Umkehr gezwungen. Im Oktober wurde die Störung des Nachschubs noch intensiver, und weniger als die Hälfte der verschifften Mengen kam in Afrika an. Artilleriemunition wurde so knapp, daß nur noch wenig vorhanden war, um britisches Geschützfeuer zu beantworten. Der empfindlichste Verlust aber war die Versenkung der Öltanker: kein einziger erreichte Afrika in den Wochen vor Beginn der britischen Offensive, so daß jeder Panzer zu Beginn der Schlacht nur noch drei Tankfüllungen zur Verfügung hatte statt der 30, die als Mindestreserve angesehen wurden. Diese Knappheit behinderte Rommels Bewegungen in jeder Weise. Sie zwang zu einer übervorsichtigen Verteilung der motorisierten Einheiten, verhinderte ihre schnelle Konzentration an den Stellen, wo der Feind angriff, und machte sie immer unbeweglicher, je länger der Kampf dauerte.

Der mangelhafte Nachschub von Lebensmitteln hatte auch die Ausbreitung von Krankheiten bei der Truppe zur Folge. Diese wurde gefördert durch die schlechten sanitären Verhältnisse in den Schützengräben, insbesondere den von den Italienern besetzten. In der Juli-Schlacht waren die Briten oft durch den Schmutz und Gestank der eroberten italienischen Gräben bewogen worden, diese schnell wieder zu räumen, und waren dabei manchmal von deutschen Panzern in offenem Gelände angegriffen worden, ehe sie neue Gräben ausheben konnten. Doch die unzureichenden sanitären Einrichtungen wurden schließlich zu einem Bumerang, indem sie Ruhr und infektiöse Gelbsucht nicht nur bei den italienischen Truppen, sondern auch bei ihren deutschen Verbündeten verbreiteten; zu den Opfern gehörten einige der führenden Offiziere der Panzerarmee.

Der wichtigste Krankheitsfall war Rommel selbst. Er war schon im August vor dem Angriff bei Alam Halfa zeitweise wegen Krankheit ausgefallen. Er erholte sich soweit, daß er während der Schlacht das Kommando ausüben konnte; aber danach wurde der Rat der Ärzte dringlicher, und im September flog er nach Europa zur Behandlung und Genesung. Er wurde zeitweilig ersetzt durch General Stumme, während der vakante Posten des Kommandeurs des Afrika-Korps von General von Thoma eingenommen wurde – beide kamen von der russischen Front. Ihre Unerfahrenheit in den Bedingungen des Wüstenkrieges war ein zusätzliches Hindernis für die Planung der Abwehr der bevorstehenden britischen Offensive. Am Tag nachdem diese begann, fuhr Stumme zur Front, geriet in einen schweren Feuerüberfall, fiel aus seinem Wagen und starb an einer Herzattacke. Noch am gleichen Abend brach Rommel seinen Erholungsurlaub in Österreich ab, nach einem Telefonanruf Hitlers, der ihn fragte, ob er sofort nach Afrika zurückkehren könne. Er flog am nächsten Tag, dem 25. Oktober, zurück und kam abends an der Front an – um

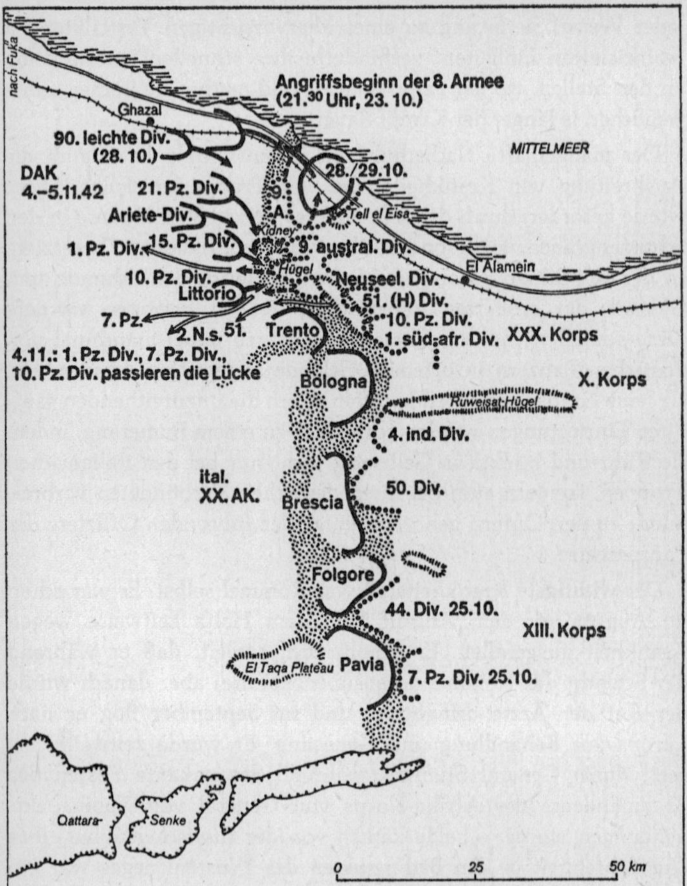

El Alamein: 2. Phase (31.10.–4.11.1942)

die Leitung einer Verteidigung zu übernehmen, die bereits tief eingebeult war und bei der in erfolglosen Gegenangriffen fast die Hälfte der einsatzfähigen Panzer ausgefallen war.

Montgomerys ursprünglicher Plan war gewesen, gleichzeitig an der rechten und an der linken Flanke anzugreifen — mit Leeses 30. Korps im Norden und Horrocks' 13. Korps im Süden — und dann mit der Masse seiner Panzer, die unter dem Befehl von General Lumsden im 10. Korps zusammengefaßt waren, durchzubrechen und die rückwärtigen Verbindungen des Feindes abzuschneiden. Doch Anfang Oktober war er zu dem Schluß gekommen, dieser Plan sei zu anspruchsvoll »angesichts der Mängel im Ausbildungsstand der Armee«, und hatte ihn durch einen bescheideneren Plan ersetzt. Nach diesem, der »Operation Lightfoot«, sollte der Angriff im Norden in der Nähe der Küste konzentriert werden, in dem sechs Kilometer breiten Abschnitt zwischen den Höhenzügen von Tell el Eisa und Miteiriya — während das 13. Korps einen Ablenkungsangriff im Süden machen, diesen aber nicht allzu weit durchführen sollte, es sei denn, die feindliche Verteidigung bräche ganz zusammen. Dieser vorsichtige Plan führte zu einem längeren und verlustreichen Kampf, der durch den kühneren ursprünglichen Plan angesichts der ungeheuren Überlegenheit der 8. Armee wohl hätte vermieden werden können. Die Schlacht wurde so zu einem zähen Abnutzungskampf statt zu einem zügigen Manöver — und zeitweilig schien sich die Operation am Rande des Mißerfolgs zu bewegen. Doch die Ungleichheit der Kräfte beider Seiten war so groß, daß selbst ein ungünstiges Verhältnis der Abnutzung sich zugunsten Montgomerys auswirkte, der sein Vorhaben mit der für ihn charakteristischen unbeugsamen Entschlossenheit durchführte. Innerhalb der selbstgewählten Grenzen seiner Planung bewies er auch hervorragendes Geschick bei dem Wechsel der Angriffsrichtungen und bei der Entwicklung taktischer Hebelbewegungen, die den Feind aus dem Gleichgewicht bringen sollten.

Nach 15 Minuten massivsten Feuers aus über tausend Geschützen begann der Infanterieangriff am Freitag, dem 23. Oktober, 10 Uhr abends. Er hatte einen guten Start, unterstützt durch die Munitionsknappheit des Feindes, die Stumme genötigt hatte, seiner Artillerie die Einstellung des Feuers auf die britischen Versammlungsräume zu befehlen. Doch die Tiefe und Dichte der Minenfelder erwies sich als ein größeres Hindernis, und deren Säuberung dauerte länger als erwartet, so daß sich bei Tagesanbruch die britischen Panzer immer noch in den Schneisen befanden oder nur ganz knapp darüber hinaus. Erst am zweiten Vormittag, nach weiteren Nachtangriffen der Infanterie, gelang es den vier Panzerbrigaden, sich zehn Kilometer hinter der ursprünglichen Front zu entfalten; aber sie hatten beim Durchbruch durch die engen Korridore schwere Verluste erlitten. Auch der Ablenkungsangriff des 13. Korps im Süden stieß auf ähnliche Schwierigkeiten und wurde am zweiten Tag, dem 25., abgebrochen.

Jedoch der Keil, der am Nordabschnitt in die Verteidigung hineingetrieben worden war, sah so bedrohlich aus, daß die deutschen Kommandeure ihre Panzereinheiten eine nach der anderen in die Schlacht schickten, um eine Ausweitung des Keils zu verhindern. Dieses Vorgehen entsprach der Berechnung Montgomerys und erlaubte seinen jetzt in günstigen Stellungen befindlichen Panzern, dem Feind bei diesen vereinzelten Gegenangriffen schwere Verluste zuzufügen. Am Abend hatte die 15. Panzerdivision nur noch ein Viertel ihrer einsatzfähigen Panzer – und die 21. Panzerdivision befand sich noch im Südabschnitt.

Am nächsten Tag, dem 26. Oktober, nahmen die Briten den Angriff wieder auf; aber ihre Versuche, weiter vorzustoßen, wurden zum Stehen gebracht, und ihre Panzer zahlten einen hohen Preis für diese vergeblichen Bemühungen. Die Chance, den Einbruch zu einem Durchbruch auszuweiten, war versäumt, und der massive britische Panzerkeil war in einem starken Ring deutscher Pak-Geschütze festgefahren. Lumsden und seine Divisionskommandeure hatten bereits in der zweiten Nacht Einwände gegen diese Art des Panzereinsatzes erhoben – mit Gewalt den Durchbruch durch so enge Korridore zu erzwingen –, und das Gefühl, »verheizt« zu werden, verbreitete sich bei Offizieren und Mannschaften, je höher die Verluste bei diesen Durchbrüchen wurden.

Obwohl er sich weiterhin den Anschein unerschütterten Selbstvertrauens gab, erkannte Montgomery, daß der eigentliche Durchbruch gescheitert und der Einbruch abgeriegelt war, daß er einen neuen Plan entwerfen und unterdessen seinen Angriffsverbänden eine Ruhepause gönnen mußte. Seine bei dieser und bei anderen Gelegenheiten bewiesene Bereitschaft, das taktische Ziel je nach den Umständen zu ändern, war eine bessere Aufmunterung für seine Truppe und ein größerer Beweis für seine Führungsqualitäten als seine Gewohnheit, hinterher so zu tun, als sei alles genau nach Plan verlaufen. Paradoxerweise hat gerade diese Gewohnheit dazu beigetragen, die Anerkennung zu beeinträchtigen, die ihm für seine Beweglichkeit und Anpassungsfähigkeit gebührt.

Der neue Plan wurde »Operation Supercharge« getauft. Die 7. Panzerdivision wurde jetzt zur Verstärkung nach Norden befohlen. Auch Rommel benutzte die Kampfpause, seine Truppen umzugruppieren, und die 21. Panzerdivision war bereits auf ihrem Weg nach Norden, in ihrem Gefolge die italienische Ariete. Der Ablenkungsangriff des britischen 13. Korps im Süden hatte also seinen Zweck nicht erfüllt, die Aufmerksamkeit des Feindes abzulenken und ihn zu veranlassen, einen Teil seiner Panzer im Süden zu halten. Die beiderseitige Konzentration der Streitkräfte im Norden war taktisch ein Vorteil für Rommel: Sie machte die Briten abhängiger von der reinen langsamen Abnutzung. Aber zu ihrem Glück war ihre zahlenmäßige Überlegenheit so groß, daß selbst bei einem ungünstigen Zahlenverhältnis der Verluste die gegenseitige Abnutzung sich zu ihren Gunsten auswirken mußte, wenn sie unbeirrbar durchgeführt wurde.

Montgomerys neuer Angriff begann in der Nacht zum 28. Oktober mit einem Vorstoß nach Norden zur Küste aus dem breiten Keil heraus, der in die Front des Feindes hineingetrieben worden war. Seine Absicht war, die feindliche »Tasche« an der Küste abzukneifen und dann entlang der Küstenstraße nach Westen bis Daba und Fuka vorzustoßen. Doch die Operation lief sich im Minenfeld fest, und ihre Chancen entschwanden mit Rommels schnellem Gegenzug, die 90. leichte Panzerdivision an diese Flanke zu werfen. Immerhin konnte Rommel dankbar sein, als der britische Angriff zum Stehen kam; denn seine Reserven waren jetzt fast erschöpft. Das Afrika-Korps hatte nur noch 90 Panzer, während die 8. Armee über 800 an der Front hatte – so daß, obwohl sie Verluste von vier britischen auf einen deutschen Panzer erlitten hatte, ihre Überlegenheit größer geworden war und jetzt 11 : 1 betrug.

In einem Brief an seine Frau vom 29. schrieb Rommel:

> »Ich habe nicht mehr viel Hoffnung. Nachts liege ich mit offenen Augen und kann nicht schlafen, wenn ich an die Last denke, die auf meinen Schultern liegt. Tags bin ich dann todmüde. Was wird geschehen, wenn die Dinge hier schief gehen? Dieser Gedanke quält mich Tag und Nacht. Wenn es so kommt, sehe ich keinen Ausweg mehr.«

Man sieht aus diesem Brief, daß die Belastung nicht nur die Truppen, sondern auch ihren Kommandeur, der immer noch ein kranker Mann war, zu Boden drückte. Am Morgen dieses Tages hatte er daran gedacht, einen Rückzug auf die Stellung bei Fuka knapp 100 Kilometer westlich zu befehlen; aber er hatte gezögert, dies zu tun, weil es die Aufopferung eines großen Teiles seiner weniger beweglichen Infanterie bedeutet hätte. Daher verschob er diese schicksalsschwere Entscheidung in der Hoffnung, ein neuer Widerstand würde Montgomery dazu bringen, die Offensive abzubrechen. Im Endeffekt wirkte sich aber das Steckenbleiben ihres Angriffs an der Küste zum Vorteil der Briten aus; denn wenn Rommel jetzt entkommen wäre, dann wäre die ganze britische Planung über den Haufen geworfen worden.

Sobald Montgomery sah, daß sein Vorstoß an die Küste gescheitert war, kehrte er zu seinem ursprünglichen Angriffsplan zurück, in der Hoffnung, von der Verschiebung der spärlichen Reserven des Feindes nach Norden zu profitieren. Es war eine kluge Entscheidung und ein neuer Beweis seiner Beweglichkeit. Doch seine Truppen waren nicht so beweglich, und die Zeit, die sie für die Umgruppierung brauchten, gestattete einen neuen Angriff nicht vor dem 2. November.

Diese neue Kampfpause, die auf die verschiedenen früheren folgte, vertiefte die Besorgnis und die Niedergeschlagenheit in London. Churchill war schwer enttäuscht über den langsamen Fortschritt der Offensive und wurde nur mit Mühe davon abgehalten, Alexander ein eisiges Telegramm zu schicken. Das Unwetter ergoß sich über den Chef des Empire-Generalstabes, General Sir Alan Brooke, der sich bemühte, das Kabinett zu beruhigen, aber im Innern selbst wachsende Zweifel hatte und sich besorgt fragte, ob »ich Unrecht hatte und Monty schon geschlagen war«. Auch Montgomery selbst war nicht mehr so zuversichtlich, wie er sich nach außen den Anschein gab, und bekannte im vertraulichen Gespräch seine Besorgnis.

Auch der Beginn des neuen Angriffs am frühen Morgen des 2. November war enttäuschend und verstärkte den Eindruck, daß die ganze Offensive abgebrochen werden müsse. Wiederum verursachten die Minenfelder eine große Verzögerung, und der Widerstand war zäher als erwartet. Bei Tagesanbruch fand sich die vordere Panzerbrigade »vor den Mündungen eines gewaltigen Schirms von Pak-Geschützen auf der Rahman-Höhenstraße, statt darüber über diese hinaus, wie es geplant war«. In dieser beengten Position wurde sie von den restlichen Panzern Rommels angegriffen und verlor in den Kämpfen dieses Tages drei Viertel ihrer eigenen Panzer. Die übrigen hielten tapfer aus und ermöglichten es damit den nachfolgenden Brigaden, durch die Lücke vorzustoßen, aber auch diese wurden ihrerseits kurz hinter der Straße aufgehalten. Als die Nacht dem Kampf ein Ende machte, hatten die Briten fast 200 Panzer im Kampf oder durch technische Defekte verloren.

Doch so trübe die Situation nach diesem neuen Mißerfolg aussah — insbesondere wenn man sie von der Ferne betrachtete —, so bald sollte sich die Wolke verziehen. Denn am Ende des Tages war Rommel auch am Ende seiner Kräfte. Es ist erstaunlich, daß die deutsche Verteidigung so lange gehalten hatte; denn ihr harter Kern waren nur die zwei Panzerdivisionen des Afrika-Korps, deren Kampfstärke beim Beginn der Schlacht nur 9000 Mann betragen und im feindlichen Feuer auf nicht viel über 2000 Mann zusammengeschmolzen war. Schlimmer noch war, daß das Afrika-Korps nur noch knapp 30 einsatzfähige Panzer hatte, die Briten aber immer noch mehr als 600 — so daß ihre Überlegenheit jetzt 20 : 1 betrug. Die dünner gepanzerten italienischen Tanks waren unter dem britischen Feuer völlig aufgerieben worden, und viele der überlebenden Besatzungen waren in wilder Flucht nach Westen verschwunden.

In dieser Nacht entschloß sich Rommel, in zwei Etappen auf die Fuka-Stellung zurückzugehen. Dieser Rückzug war schon im Gang, als bald nach Mitternacht ein Gegenbefehl von Hitler kam, der darauf bestand, die Stellung bei Alamein unter allen Umständen zu halten. Daher stoppte Rommel, der bisher noch nicht unter Hitlers Einmischung zu leiden gehabt und daher die Notwendigkeit des Ungehorsams nicht gelernt hatte, den Rückzug und rief seine schon auf dem Weg befindlichen Einheiten zurück.

Diese Kehrtwendung zerstörte die Chance, weiter hinten wirksamen Widerstand zu leisten, während der Versuch, bei Alamein stehenzubleiben, völlig nutzlos war. Der Rückzug nach Westen war in den ersten Stunden des 3. November von der britischen Luftaufklärung festgestellt worden und bewog natürgemäß Montgomery, seine Bemühungen fortzusetzen und zu verstärken. Obwohl zwei Angriffe, den Feind seitlich zu umfassen, im Lauf des Tages scheiterten, gelang es einem neuen Infanterieangriff der 51. Highland- und der 4. indischen Division in der nächsten Nacht, die Verbindung zwischen dem Afrika-Korps und den Italienern zu zerschneiden. Bald nach Tagesanbruch drangen am 4. die drei Panzerdivisionen durch die Lücke hindurch und entfalteten sich dann, mit dem Befehl, nach Norden zu schwenken und den Rückzug des Feindes an der Küstenstraße abzuschneiden. Die motorisierte Neuseeland-Division und eine 4. Panzerbrigade verstärkten den Vorstoß.

Jetzt war eine einzigartige Gelegenheit da, Rommels ganze Armee abzuschneiden und zu vernichten. Die Gelegenheit war um so besser, als der Kommandeur des Afrika-Korps, General Thoma, in der Verwirrung des Vormittages gefangengenommen worden war und der Rückzugsbefehl erst am Nachmittag gegeben wurde — während Hitlers verspätete Zustimmung erst am nächsten Tag eintraf. Doch sobald Rommel den Rückzugsbefehl gegeben hatte, bewegten sich die deutschen Truppen sehr schnell, verstaut in alle möglichen übriggebliebenen Kraftfahrzeuge, während das Nachstoßen der Briten wieder an den alten Fehlern übergroßer Vorsicht, ängstlichen Zauderns und zu langsamer Bewegung litt.

Nachdem sie die Lücke passiert und sich dann voll entfaltet hatten, wurden die drei Panzerdivisionen nach Norden an die Küstenstraße bei Ghazal befohlen, nur 16 Kilometer hinter der zerbrochenen Front. Diese zu enge Schwenkung gab den Überresten des Afrika-Korps die Möglichkeit, sie nach wenigen Kilometern durch einen dünnen Schleier bis zum Nachmittag aufzuhalten, bis die Panzerkräfte ihren Rückzug begannen. Nach Dunkelwerden blieben die britischen Panzer vorsichtig stehen – dies war um so bedauerlicher, als sie sich schon weit hinter dem Gros der deutschen Panzerkräfte befanden.

Auch am nächsten Tag, dem 5. November, waren die Bewegungen zum Abschneiden des deutschen Rückzuges zu langsam und zu eng angesetzt. Die 1. und die 7. Panzerdivision sollten zuerst auf Daba vorgehen, nur 16 Kilometer jenseits von Ghazal, und die Vorhuten kamen erst am Mittag dort an – um festzustellen, daß der zurückweichende Feind schon durch war. Die 10. Division sollte nach Galal vorstoßen, 25 Kilometer weiter westlich; dort erwischte sie noch die Nachhut des Feindes und erbeutete etwa 40 Panzer – aber meist italienische Panzer, denen das Benzin ausgegangen war. Erst am Abend versuchte man, das Gros des zurückweichenden Feindes zu verfolgen; aber die britischen Panzer blieben wieder wie üblich die Nacht über stehen, nach einem kurzen Vormarsch von 17 Kilometern, noch 10 Kilometer vor ihrem neuen Ziel, der Geländestufe bei Fuka.

Die neuseeländische Division und die ihr zugeteilten Panzer hatten Befehl erhalten, nach dem Durchbruch bis Fuka vorzustoßen; aber sie wurden bei der Verfolgung der deutschen Panzer aufgehalten, teils durch schlechte Verkehrsregelung und dann durch die Gefangennahme der Italiener, die sie auf ihrem Weg vorfanden. So war sie erst auf halbem Weg nach Fuka, als sie am Abend des 4. stehenblieb. Sie gelangte gegen Mittag des 5. in die Nähe ihres Zieles, wurde aber dann durch ein angebliches Minenfeld aufgehalten – das in Wahrheit nur eine Tarnung war, welche die Briten selbst seinerzeit bei ihrem Rückzug nach Alamein angelegt hatten. Die Neuseeländer passierten erst am späten Abend.

Unterdessen war die 7. Panzerdivision nach ihrer zu frühen Schwenkung auf Daba in die Wüste zurückbefohlen worden, um nach Baqqusch, 24 Kilometer westlich von Fuka, zu fahren. Aber sie wurde aufgehalten, als die letzten Kolonnen der Neuseeländer quer zu ihrer Vormarschrichtung den Weg versperrten, und blieb dann auch die Nacht über stehen. Am nächsten Morgen vereinigten sich die drei verfolgenden Divisionen im Raum von Fuka und Baqqusch, aber der zurückweichende Feind war schon nach Westen entkommen. Sie nahmen nur ein paar hundert Versprengte gefangen und erbeuteten ein paar Panzer, die keinen Treibstoff mehr hatten.

Alle Hoffnung, Rommels Verbände noch abzufangen, ruhte jetzt auf der 1. Panzerdivision, die, nachdem sie bei Daba den Feind verfehlt hatte, den Befehl erhielt, weit durch die Wüste auszuholen und dann die Küstenstraße westlich von Mersa Matruh abzuschneiden. Aber ihr Marsch mußte zweimal wegen Treibstoffknappheit unterbrochen werden, das zweite Mal nur wenige Kilometer von der Küstenstraße. Dies konnte den Kommandeur der Division um so mehr zur Verzweiflung bringen, als er und andere vorgeschlagen hatten, wenigstens eine der Panzerdivisionen sollte zu einer lang ausgedehnten Verfolgung bis Sollum dadurch in die Lage versetzt werden, indem man einen Teil der Munition durch Treibstoff ersetzte.

Am Nachmittag des 6. November setzte im Küstenstrich Regen ein, der in der Nacht stark zunahm. Das verzögerte die ganze Verfolgung und ermöglichte Rommels Entweichen. Hinterher bildete der Regen die Hauptentschuldigung dafür, daß man ihm den Rückzug nicht abgeschnitten hätte. Aber bei sachlicher Beurteilung ergibt sich, daß schon vor dem Regen die besten Chancen verpaßt worden waren – durch zu enge Flankenbewegungen, zu viel Vorsicht, zu wenig Gefühl für den Zeitfaktor, durch die Weigerung, im Dunkeln weiterzufahren, und durch eine zu große Konzentration auf den jeweiligen Kampf unter Vernachlässigung der Möglichkeiten späterer Ausnutzung des Erfolges. Wenn die Verfolgung tiefer in die Wüste hineingeführt und einen entfernteren Punkt an der Küste angesteuert hätte, etwa die steilen Abhänge bei Sollum, dann hätte man die Gefahr vermieden, daß feindlicher Widerstand oder das Wetter den Zweck der Operation vereitelten — denn Regen ist zwar häufig im Küstengebiet, aber selten in der Wüste im Landesinnern.

In der Nacht zum 7. zog sich Rommel von Mersa Matruh nach Sidi Barrani zurück und leistete dort noch einmal kurzen Widerstand, während seine Transportkolonnen durch die von der britischen Luftwaffe heftig bombardierten Pässe bei Sollum und Halfaya hindurch langsam über die Grenze kamen. Zeitweise gab es eine riesige Verkehrsstauung an der Küstenstraße mit einer fast 40 Kilometer langen Schlange; aber dank gut organisierter Verkehrsregelung kamen trotz britischer Bombenangriffe die meisten Fahrzeuge in der folgenden Nacht durch. So befahl Rommel am 9. seinen Nachhuten den Rückzug auf die Grenze, obwohl noch etwa 1000 Fahrzeuge den engen Flaschenhals durchfahren mußten.

Montgomery hatte inzwischen eine besondere Streitmacht zur Verfolgung zusammengestellt, die aus der 7. Panzer- und der neuseeländischen Division bestand, und den anderen zwei Panzerdivisionen Befehl gegeben, anzuhalten, um zu vermeiden, daß ihnen der Treibstoff ausging und Rommel dadurch Gelegenheit zu einem Gegenangriff gegen unbewegliche Panzereinheiten erhielt. Diese weitere Verfolgungsoperation begann am 8.; aber die Neuseeländer erreichten die Grenze erst am 11., und obwohl die beiden Brigaden der 7. Panzerdivision bei ihrer Fahrt durch die Wüste südlich der Küstenstraße die Grenze schon am Nachmittag vorher überschritten hatten, entging ihnen gerade eben die Nachhut des Feindes, als diese am 11. den Graben von Capuzzo durchfuhr.

Doch wenn auch Rommel den Klauen Montgomerys entkommen war und erfolgreich alle Versuche vereitelt hatte, seinen Rückzug abzuschneiden, so war er doch zu schwach, eine neue Verteidigungslinie an der Grenze oder weiter westlich in der Cyrenaica zu bilden. Seine Kampfstärke betrug im Augenblick nur 5000 Deutsche und 2500 Italiener, mit elf deutschen und zehn italienischen Panzern, 35 deutschen Pak-Geschützen, 65 deutschen Feldgeschützen und einigen wenigen italienischen Geschützen. Obwohl etwa 15 000

Mann deutscher Kampftruppen nach Westen entkommen waren, so hatten zwei Drittel von ihnen alle Waffen verloren, ebenso hatte auch ein noch größerer Teil der Italiener, die entkommen waren, die ihren zurückgelassen. Außer einigen tausend feindlichen Toten hatte die 8. Armee etwa 10 000 Deutsche und über 20 000 Italiener – einschließlich nichtkämpfender Einheiten – gefangengenommen sowie etwa 450 Panzer und über 1000 Geschütze erbeutet. Dies war eine reiche Entschädigung für ihre eigenen Verluste in Höhe von 13 500 Mann und für die Enttäuschung, daß Rommel entwichen war, um »eines Tages wieder zu kämpfen«.

Nach einer kurzen Pause zur Heranführung des Nachschubs wurde der britische Vormarsch wiederaufgenommen. Aber es war mehr ein Nachrücken als eine Verfolgung, und Rommels frühere Gegenangriffe hatten einen so tiefen Eindruck hinterlassen, daß der Vormarsch vorsichtig im Küstengebiet vor sich ging, statt die Wüste zu durchqueren und den Bogen von Bengasi ganz abzuschneiden. Die britischen Panzerspitzen erreichten erst am 26. November Mersa Brega, über zwei Wochen nach Überschreitung der Grenze zur Cyrenaica und lange nachdem Rommel den Schutz dieser Engpaßstellung gewonnen hatte. Die einzige ernsthafte Schwierigkeit während seines Rückzuges durch die Cyrenaica war Treibstoffmangel gewesen. Bei Mersa Brega wurde er durch eine neue italienische Panzerdivision, die Centauro, verstärkt, sowie durch Teile von drei italienischen Infanteriedivisionen – obwohl diese, da nicht motorisiert, für ihn mehr eine Belastung als ein Gewinn waren.

Es kam jetzt zu einer weiteren Pause von zwei Wochen, in der die Briten Verstärkungen und Nachschub für einen Angriff auf die Stellung bei Mersa Brega heranführten. Montgomery arbeitete wieder einen Plan aus, »um den Feind in dieser Stellung zu vernichten« – indem er Rommel durch einen starken Frontalangriff festnagelte und gleichzeitig andere starke Verbände zu einem weiten Umfassungsmanöver ausschickte, das seine Rückzugslinie blockieren sollte. Der Frontalangriff sollte am 14. Dezember beginnen, nachdem in der Nacht vom 11. zum 12. starke Luftangriffe die Aufmerksamkeit des Feindes von dem in dieser Nacht beginnenden

Umfassungsmanöver ablenken sollten. Jedoch Rommel war in der Nacht zum 12. plötzlich verschwunden und vereitelte so den britischen Plan. Er zog sich in einer schnellen Absetzbewegung auf eine Stellung in der Nähe von Buerat zurück, rund 400 Kilometer westlich Mersa Brega und doppelt so weit von der vorgeschobenen Basis der 8. Armee bei Bengasi entfernt.

Als das Jahr zu Ende ging, hielt Rommel immer noch diese Stellung bei Buerat; denn diesmal gab es einen Monat Pause zum Nachrücken, ehe Montgomery bereit war, seinen Angriff wiederaufzunehmen. Aber trotz allem war es klar, daß sich das Blatt in Afrika endgültig gewendet hatte. Es bestand kaum noch eine Chance, daß Rommels Armee wieder genügend verstärkt werden konnte, um es mit dem erhöhten Potential der 8. Armee aufzunehmen – und sein rückwärtiges Gebiet, möglicherweise seine Rückzugsstellungen, war jetzt bedroht durch den britisch-amerikanischen Vormarsch von Algerien nach Tunesien hinein.

Aber Hitlers Illusionen erwachten bald zu neuem Leben, und Mussolini klammerte sich verzweifelt an die seinen, weil er es nicht ertragen konnte, Italiens afrikanisches Imperium zerbröckeln zu sehen. Ja, ihre Illusionen waren schon wieder lebendig geworden, als es noch gar nicht sicher war, ob es Rommel gelingen würde, seinen Verfolgern zu entkommen und die Reste seiner geschlagenen Armee zu retten. Als er die Stellung von Mersa Brega erreichte, fand er dort den Befehl vor, diese Linie »unter allen Umständen« zu halten und einen britischen Vormarsch nach Tripolitanien zu verhindern. Um dieser utopischen Forderung mehr Nachdruck zu verleihen, wurde Rommel wieder dem italienischen Marschall Bastico unterstellt, wie er es schon vor dem Vorstoß nach Ägypten gewesen war. Als er am 22. November mit Bastico zusammentraf, sagte er ihm unverblümt, der Befehl »Widerstand bis zum letzten« in diesem Wüstenkrieg bedeute den sicheren Untergang der verbliebenen Truppen: »Entweder wir verlieren die Stellung vier Tage früher und retten die Armee, oder wir verlieren sowohl die Stellung wie die Armee vier Tage später.«

Dann suchten am 24. Marschall Cavallero und Feldmarschall Kesselring Rommel auf; er erklärte ihnen, da kaum 5000 Mann seiner deutschen Truppen noch Waffen hätten, brauche er, um die Stellung bei Mersa Brega zu halten, noch vor Beginn von Montgomerys Angriff 50 »Panzer IV« mit den langen 75-mm-Geschützen und 50 Pak-Geschütze gleicher Art sowie einen ausreichenden Nachschub von Treibstoff und Munition. Dies war eine bescheidene Schätzung seiner Bedürfnisse; aber es war nur allzu offensichtlich, daß auch diese Anforderung keine Chance hatte, da jetzt der größte Teil der verfügbaren Verstärkungen und Ausrüstungen nach Tunesien ging. Dennoch beharrten beide Marschälle auf dem Befehl, bei Mersa Brega stehenzubleiben. Daher flog Rommel in das Führerhauptquartier bei Rastenburg in Ostpreußen, in der Hoffnung, Hitler zur Erkenntnis der wahren Lage bringen zu können. Er hatte einen kühlen Empfang, und als er meinte, das Klügste wäre, ganz Nordafrika zu räumen, hatte Hitler einen Wutanfall und wollte kein weiteres Argument mehr hören. Diese Explosion erschütterte mehr als alles andere Rommels Glauben an seinen Führer. In sein Tagebuch schrieb er:

> »Ich begann zu erkennen, daß Adolf Hitler die Lage einfach nicht so sehen wollte, wie sie war, und daß er emotional auf das reagierte, was, wie sein Nachrichtendienst ihm ja gemeldet haben muß, richtig war ... Hitler bestand darauf, es sei eine politische Notwendigkeit, einen größeren Brückenkopf in Afrika zu halten, und es dürfe daher keinen Rückzug von der Stellung bei Mersa el Brega geben.«

Doch auf seinem Rückweg fand Rommel in Rom Mussolini Vernunftgründen zugänglicher und besser informiert über die Schwierigkeit, ausreichenden Nachschub nach Tripolis zu verschiffen und von dort nach Mersa Brega zu bringen. So erhielt er Mussolinis Zustimmung zur Vorbereitung einer vorläufigen Stellung bei Buerat, zum rechtzeitigen Rückzug der nicht motorisierten italienischen Infanterie dorthin und zum Rückzug seiner übrigen schwachen Kräfte, sobald die Briten angriffen. Rommel handelte prompt auf Grund dieser Ermächtigung und räumte heimlich im Dunkeln die Stellung, sobald die Briten mit der Vorbereitung eines Angriffs zu beginnen schienen. Darüber hinaus hatte er sich entschlossen, nicht bei Buerat und auch nicht vor Tripolis stehenzubleiben und Montgomery so eine Chance zu geben, ihn einzukesseln. Sein neuer Plan war vielmehr, sich direkt bis zur tunesischen Grenze und bis zum Engpaß von Gabes zurückzuziehen, wo er nicht mehr leicht von der Flanke umfaßt werden und von wo er mit den dort vorhandenen Verstärkungen eher einen wirksamen Gegenschlag führen könnte.

KAPITEL 21

»FACKEL« – DIE NEUE FLUT AUS DEM ATLANTIK

Die alliierten Landungen in Französisch-Nordafrika erfolgten am 8. November 1942, zwei Wochen nach dem Beginn der britischen Offensive gegen Rommels Stellungen bei Alamein im Nordosten Afrikas und vier Tage nach dem Zusammenbruch dieser Stellungen.

Auf der »Arcadia«-Konferenz in Washington zu Weihnachten 1941 – der ersten alliierten Konferenz nach dem japanischen Angriff auf Pearl Harbor, der die Vereinigten Staaten in den Krieg hineinzog – hatte Churchill das »Nordwestafrika-Projekt« als einen Schritt zur Schließung und Einengung des Ringes um Deutschland empfohlen. Er erzählte den Amerikanern, es bestehe bereits unter dem Namen »Gymnast« ein Plan für eine Landung in Algerien für den Fall, daß die 8. Armee in der Cyrenaika einen so entscheidenden Erfolg erringe, daß sie nach Westen bis zur tunesischen Grenze vorstoßen könne. Er schlug weiter vor: »Gleichzeitig sollten amerikanische Streitkräfte in der Annahme französischer Zustimmung ohne Widerstand an der marokkanischen Küste landen.« Präsident Roosevelt, der stets rasch die politischen Vorteile einer großräumigen Strategie erkannte, sprach sich für das Projekt aus; aber seine militärischen Berater hatten Zweifel an seiner praktischen Durchführbarkeit und hatten Bedenken, daß es die Chancen eines baldigen direkten Angriffs auf die deutsche Stellung in Europa stören könnte. Das äußerste, zu dem sie sich bereit erklärten, war eine Fortsetzung der Planung dieser Operation, die jetzt den neuen Namen »Super-Gymnast« erhielt.

In den nächsten Monaten konzentrierte sich die militärische Planung auf das Projekt einer Offensive über den Kanal hinweg, die im August oder September 1942 geführt werden sollte, um Stalins Forderung nach einer »Zweiten Front« zu erfüllen. Die Halbinsel Cotentin mit dem Hafen Cherbourg wurde als der günstigste Landeplatz angesehen, so wie General Marshall, der Generalstabschef des Heeres, und Generalmajor Eisenhower es vorgeschlagen hatten, den Marshall als Befehlshaber der amerikanischen Truppen auf dem europäischen Kriegsschauplatz ausgewählt und nach England entsandt hatte. Die Briten betonten aber die Gefahren einer vorzeitigen Landung in Europa mit ungenügenden Kräften und wiesen auf das Risiko hin, daß ein solcher Brückenkopf abgeriegelt oder gar vom Feind überwältigt werden könnte, ohne den Russen nennenswerte Erleichterungen zu bringen. Doch Präsident Roosevelt unterstützte das Projekt und legte sich, als Molotow Ende Mai Washington besuchte, auf die Zusicherung fest, er »hoffe und erwarte«, noch im Jahr 1942 eine Zweite Front in Europa zu schaffen.

Dann aber kam es zu einem Rückgriff auf den Plan einer Landung in Nordwestafrika infolge des unerwarteten britischen Zusammenbruchs in Nordostafrika durch Rommels Angriff auf die Gazala-Linie im Juni.

Die Schlacht von Gazala hatte schon einen ungünstigen Verlauf genommen, als Churchill mit seinen Stabschefs am 17. Juni zu einer neuen Konferenz nach Washington flog. Nach der Ankunft flog er im Hubschrauber nach Hyde Park, Roosevelts Landsitz am Hudson, zu einer vertraulichen Besprechung unter vier Augen. Hier betonte er wieder die Nachteile und Gefahren einer vorzeitigen Landung in Frankreich und schlug die Wiederbelebung von »Gymnast« als bessere Alternative vor. Die britischen und amerikanischen Stabschefs, die am 21. Juni in Washington zusammentraten, waren aber bei allen Meinungsverschiedenheiten über den Cotentin-Landeplan darin einig, daß das nordafrikanische Projekt unvernünftig sei.

Ihr gemeinsames negatives Urteil über das Projekt wurde aber bald durch den Druck der Ereignisse überholt, verbunden mit Roosevelts dringendem Wunsch nach irgendeiner konkreten Aktion im Jahr 1942, mit der er, wenn auch nicht so unmittelbar wie zuerst gedacht, sein Versprechen an die Russen einlösen könnte.

Am 21. Juni kam die Nachricht, daß die Festung Tobruk in Rommels Hand gefallen war und die Überreste der britischen 8. Armee sich nach Ägypten zurückzogen. In den folgenden Wochen verschlechterte sich die britische Situation in Afrika noch mehr, und die Argumente für eine direkte oder indirekte amerikanische Intervention wurden entsprechend stärker. Ende Juni erreichte Rommel, den zurückweichenden Briten auf den Fersen, die Alamein-Linie und begann sie anzugreifen. Am 8. Juli telegrafierte Churchill an Roosevelt, die »Operation Sledgehammer« (Schmiedehammer), die Landung in Frankreich noch in diesem Jahr, müsse ausfallen, und nochmals befürwortete er die Operation »Gymnast«. Seinem Kabel folgte eine Denkschrift auf dem amtlichen Wege über Feldmarschall Sir John Dill, Chef der britischen Militärmission in Washington, in der es hieß: »Gymnast ist der einzige Weg, wie die USA im Jahr 1942 Hitler treffen können«, andernfalls müßten beide Westmächte in diesem Jahr stillsitzen.

Die amerikanischen Stabschefs reagierten darauf mit neuen Einwendungen gegen »Gymnast«. Marshalls Verdammung des Plans als »aufwendig und unwirksam« wurde unterstützt von Admiral King, der meinte, es sei »unmöglich, die Verpflichtungen der Kriegsmarine auf anderen Kriegsschauplätzen zu erfüllen und gleichzeitig genügend Schiffsraum und Begleitschutz für eine solche Operation zu stellen«. Beide betrachteten außerdem die britische Weigerung, noch in diesem Jahr eine Landung in Frankreich zu versuchen, als klaren Beweis, daß die Briten auch im Jahr 1943 keine Landung riskieren wollten. Daher schlug Marshall, bereitwillig unterstützt von King, eine radikale Änderung der amerikanischen Strategie vor: wenn die Briten nicht den amerikanischen Plan einer baldigen Offensive über den Kanal hinweg annähmen, sollten die USA sich dem Pazifik zuwenden und den entscheidenden Schlag gegen Japan führen, mit anderen Worten gegen Deutschland eine defensive Haltung einnehmen, von Luftangriffen abgesehen, und alle verfügbaren Kräfte im Pazifik einsetzen.

Der Präsident jedoch war dagegen, seinen britischen Verbündeten ein solches Ultimatum zu stellen; er mißbilligte die vorgeschlagene strategische Schwenkung und wies seine Stabschefs an, wenn sie nicht doch noch die Briten zu einer Operation im Kanal in diesem Jahr überreden könnten, entweder eine eigene Operation in Französisch-Nordafrika zu unternehmen oder den britischen Kräften im Mittleren Osten Verstärkungen zukommen zu lassen. Er betonte, es sei politisch notwendig, noch vor Jahresende eine spektakuläre Aktion zu beginnen.

Angesichts dieser Entscheidung des Präsidenten hätte man erwarten können, die Stabschefs würden eine vorübergehende Verstärkung der britischen Kräfte im Nahen Osten dem »Gymnast«-Plan vorziehen, den sie so heftig und hartnäckig verdammt hatten. Auch Marshalls Planungsstab kam zu dem Schluß, die erste Alternative sei das kleinere Übel. Aber völlig unerwartet bekehrten sich nun Marshall und King zu »Gymnast«. Sie entschieden sich für diese Alternative, als sie Mitte Juli zusammen mit Harry Hopkins als Vertreter des Präsidenten nach London flogen und feststellten, daß die britischen Stabschefs nach wie vor entschieden gegen Eisenhowers Plan einer baldigen Landung bei Cherbourg waren.

Bei der Entscheidung für die Alternative Nordwestafrika war, laut Hopkins, Marshalls Hauptgrund »die Schwierigkeit, unsere Truppen mit den britischen in Ägypten zu vermischen«. Zwar würde eine solche Mischung auch bei einer gemeinsamen Operation in Nordwestafrika eintreten; aber es war offenkundig, daß amerikanische Verstärkungen für den Nahen Osten einem britischen Oberbefehlshaber unterstellt werden müßten.

Die Annahme von »Super-Gymnast« wurde auf zwei weiteren Sitzungen der amerikanischen und britischen Stabschefs in London am 24. und 25. Juli aktenkundig gemacht und sofort von Roosevelt gebilligt. Der Präsident betonte in seinem Telegramm sogar, die geplante Landung solle spätestens am 30. Oktober stattfinden — was schon Hopkins empfohlen hatte, »um lange Verzögerungen und Zeitverluste zu vermeiden«. Auf Churchills Vorschlag erhielt die Operation den feurigeren Namen »Torch« (Fackel). Man kam ferner überein, daß ein Amerikaner den Oberbefehl führen solle — eine Besänftigung der sauren Gefühle der amerikanischen Stabschefs, zu der Churchill gern bereit war. Am 26. Juli wurde Eisenhower von Marshall mitgeteilt, daß er diesen Posten haben solle.

Die Entscheidung war nun für »Torch« gefallen; aber die Frage des Zeitpunktes und des Landeplatzes war noch nicht geregelt und nicht einmal eingehend erörtert worden. So entstanden neue Meinungsverschiedenheiten über beide Fragen.

In der Frage des Zeitpunktes schlugen die britischen Stabschefs auf Anraten Churchills den 7. Oktober als Datum vor. Die amerikanischen Stabschefs jedoch empfahlen den 7. November als »frühestes mögliches Datum für eine Landung von Truppen auf Grund der Verfügbarkeit militärischer Transportfahrzeuge«.

In der Frage des Landeplatzes gingen die Ansichten noch mehr auseinander. Die Briten schlugen Landungen an der Nordküste Afrikas im Mittelmeerraum vor, damit man von dort schnell bis Tunesien vorstoßen könne. Aber die amerikanischen Stabschefs hielten an dem begrenzten Ziel des ursprünglichen »Gymnast«-Planes fest, als man nur eine rein amerikanische Operation ins Auge gefaßt hatte, und wollten die Landung auf den Raum Casablanca an der atlantischen Westküste Marokkos beschränken. Sie fürchteten nicht nur einen französischen Widerstand, sondern auch eine feindliche Reaktion Spaniens und einen deutschen Gegenschlag, der durch die Einnahme Gibraltars den Zugang zum Mittelmeer überhaupt blockieren könnte. Die Briten waren ungehalten über eine so vorsichtige Betrachtung des strategischen Problems; sie argumentierten, dies würde den Deutschen Zeit lassen, Tunesien zu besetzen, außerdem den französischen Widerstand in Algerien und Marokko zu versteifen und so die ganze Zielsetzung der Operation zunichte machen[1].

Eisenhower und sein Stab neigten zu der britischen Ansicht; seine erste Planskizze, die am 9. August entworfen wurde, war als ein Kompromiß gedacht. Sie sah gleichzeitige Landungen im Mittelmeer und im Atlantik vor, aber nicht weiter östlich als Algier

1 Ich selbst wurde am 28. Juni unmittelbar nach der Washingtoner Konferenz über meine Ansicht zum Nordwestafrika-Projekt befragt. Als mir gesagt wurde, die Hauptlandung solle bei Casablanca an der Atlantikküste stattfinden, wies ich darauf hin, daß dieser Ort noch 1700 Kilometer von Bizerta und Tunis, den strategisch wichtigsten Orten, entfernt sei, und daß die beste Chance eines schnellen Erfolges in der möglichst schnellen Einnahme dieser beiden Städte bestehe – dies bedeute, daß die Landung so nahe wie möglich bei Tunis und Bizerta erfolgen müsse. Ich wies auch darauf hin, wie wichtig es sei, in Algerien »auf dem Rücken der Franzosen« zu landen, um deren Widerstand zu vermeiden, der bei einem Frontalangriff und langsamen Vormarsch von Casablanca aus zu erwarten sei.

– wegen der Gefahr feindlicher Luftangriffe aus Sizilien und Sardinien –, mit Ausnahme einer kleinen Landung bei Bône (420 Kilometer östlich von Algier und 200 Kilometer westlich von Bizerta) zur Einnahme des dortigen Flugplatzes. Dieser Kompromiß befriedigte die britischen Planer nicht, da er nicht die wichtigste Vorbedingung des Erfolges zu erfüllen schien, die sie so formulierten: »Wir müssen die wichtigsten Orte Tunesiens 26 Tage nach der Durchfahrt durch Gibraltar besetzt haben, nach Möglichkeit schon 14 Tage danach.« Nach britischer Ansicht war eine größere Landung bei Bône oder gar noch weiter östlich notwendig für einen raschen Vormarsch nach Tunesien.

Diese Argumente beeindruckten den Präsidenten, der Marshall und King anwies, die Planung zu überprüfen. Sie hatten auch Eisenhower beeindruckt, der nach Washington berichtete, die amerikanischen Angehörigen seines Stabes seien jetzt von der Richtigkeit der britischen Argumente überzeugt, und er sei dabei, einen neuen Plan auszuarbeiten, bei dem die Landung in Casablanca wegfallen und das Datum der anderen Landungen vorverlegt werden würde.

Sein Stab legte in der Tat am 21. August eine zweite Planskizze vor, die weitgehend den britischen Vorstellungen folgte. Statt der Landung in Casablanca sah sie eine amerikanische Landung bei Oran (400 Kilometer östlich von Gibraltar) und britische Landungen bei Algier und bei Bône vor. Doch Eisenhowers eigene Begutachtung dieses Planes war nur lauwarm, und er betonte wieder, eine solche Expedition ausschließlich im Mittelmeerraum wäre durch Flankenangriffe stark gefährdet. Diese Schlußfolgerung entsprach der Meinung Marshalls. Diese zweite Planskizze war für die amerikanischen Stabschefs so unannehmbar wie die erste für die britischen. Marshall erklärte dem Präsidenten: »Eine einzige Verbindungslinie durch die Meerenge ist viel zu riskant«, er sei gegen jede Landung im Mittelmeerraum östlicher als Oran.

Churchill erhielt die Nachricht von dieser neuesten Wendung, als er zusammen mit General Brooke von seiner Reise nach Ägypten und Moskau zurückkehrte – wo Stalin ihn wegen der Nichteröffnung einer Zweiten Front mit provozierenden Fragen angezapft hatte wie: »Wollt ihr uns die ganze Arbeit machen lassen, während ihr nur zuschaut? Wollt ihr niemals wieder anfangen zu kämpfen? Ihr werdet sehen, es wird schon gutgehen, wenn ihr einmal anfangt!« Das war natürlich ein Stachel für Churchill; aber es war ihm gelungen, Stalins Interesse für die Möglichkeiten von »Torch« zu erwecken, und er hatte lebhaft ausgemalt, wie diese Operation indirekt den deutschen Druck auf Rußland mildern könnte. Daher war er schockiert, jetzt zu hören, daß die Amerikaner den Plan wieder verwässern wollten.

Am 27. August sandte er ein langes Telegramm an Roosevelt, in dem er erklärte, die von den amerikanischen Stabschefs vorgeschlagenen Änderungen könnten verhängnisvoll für den ganzen Plan sein, und »die ganze Operation verliert ihren eigentlichen Zweck, wenn wir nicht am ersten Tag schon Algier und Oran nehmen«. Er wies auch auf den schlechten Eindruck hin, den eine bescheidenere Zielsetzung auf Stalin machen würde.

Roosevelt bestand in seiner Antwort am 30. darauf, daß »eine unserer Landungen unter allen Umständen am Atlantik erfolgen müsse«. Daher schlug er vor, die Amerikaner sollten die Landungen bei Casablanca und Oran, die Briten die weiter östlich durchführen. Außerdem warf er, an das militärische Vorgehen der Briten gegen die Vichy-Franzosen in Nordafrika, Syrien und anderswo erinnernd, ein neues Problem auf:

> »Ich bin entschieden der Meinung, daß die ersten Angriffe ausschließlich von amerikanischen Bodentruppen geführt werden müssen ... Ich möchte sogar soweit gehen zu sagen, daß eine gleichzeitige Landung von Briten und Amerikanern den Widerstand aller Franzosen in Afrika zur Folge haben wird, während eine anfangs rein amerikanische Landung ohne britische Truppen die echte Chance bietet, daß es zu keinem oder nur zu einem symbolischen französischen Widerstand kommen wird ... Wir glauben, daß die deutsche Luftwaffe oder deutsche Fallschirmjäger in größerer Zahl nicht vor zwei Wochen nach Beginn des Angriffes nach Algier oder Tunis gelangen können.«

Die Briten waren entsetzt über die Absicht, vor den Landungen im Osten eine Woche verstreichen zu lassen, da sie diese Landungen für wichtiger und dringlicher hielten als die weiter westlichen, und waren keineswegs überzeugt von der optimistischen Annahme der Amerikaner, daß die Deutschen erst nach zwei Wochen wirksam eingreifen könnten.

Churchill war gern bereit, sich zur politischen und psychologischen Ebnung des Weges des vermittelnden Einflusses des amerikanischen Botschafters bei der Vichy-Regierung, Admiral Leahy, zu bedienen. Zwar war er »bereit, den vorwiegend amerikanischen Charakter der Expedition beizubehalten« und daher die britischen Streitkräfte »so sehr im Hintergrund zu halten wie irgend möglich«; aber er hielt es nicht für möglich, die Tatsache zu verschleiern, daß der größere Teil des Schiffsraums, der Kriegsmarine und der Luftunterstützung von den Briten gestellt und daß diese Elemente noch vor den Bodentruppen zuerst sichtbar werden würden. Er berührte diese Punkte in einer taktvollen Antwort an Roosevelt vom 1. September und betonte, wenn »der unblutige politische Sieg nicht errungen wird, für den – da bin ich Ihrer Meinung – gute Aussicht besteht, dann wird es zu einer militärischen Katastrophe mit weitreichenden Folgen kommen«. Er fuhr fort:

> »Schließlich scheint es uns entscheidend wichtig, daß trotz aller Schwierigkeiten Algier gleichzeitig mit Casablanca und Oran besetzt wird. Hier ist der Ort, wo sich die politische Reaktion ganz Nordafrikas für uns hoffnungsvoll entscheiden kann. Algier aufzugeben zugunsten einer Landung in Casablanca mit zweifelhafter praktischer Durchführbarkeit, scheint uns ein sehr schwerwiegender Entschluß. Wenn dies dazu führt, daß die Deutschen uns nicht nur in Tunesien, sondern auch in Algerien zuvorkommen, dann werden die Ergebnisse für den ganzen Mittelmeerraum beklagenswert sein.«

Dieses richtige Argument für eine Landung bei Algier im Rahmen des ganzen Planes ließ die Bedeutung der Landungen weiter östlich außer acht – ein Zugeständnis, das für die Aussicht auf einen schnellen strategischen Erfolg verhängnisvoll werden sollte.

In seiner Antwort an Churchill stimmte Roosevelt am 3. September zu, daß eine Landung bei Algier in den Plan aufgenommen werden solle, und er schlug vor, zuerst sollten amerikanische Truppen landen »innerhalb einer Stunde von britischen Truppen gefolgt.« Churchill akzeptierte dies sofort unter der Voraussetzung, die für Casablanca bestimmten Kräfte so zu reduzieren, daß die Landung bei Algier militärisch durchschlagend wäre. Roosevelt war in etwas eingeschränkter Form damit einverstanden und schlug die Reduzierung der Landetruppen bei Casablanca und bei Oran um je ein kampfstarkes Regiment vor, um 10 000 Mann für den Einsatz bei Algier bereitzustellen. Churchill telegrafierte am 5. September zurück: »Wir sind mit der von Ihnen vorgeschlagenen Kräfteplanung einverstanden. Wir haben genügend Truppen, die für Landungen gut ausgebildet sind. Wenn es Ihnen recht ist, können sie Ihre Uniform tragen; sie werden darauf stolz sein. Der Schiffsraum geht in Ordnung.« Noch am gleichen Tag kabelte Roosevelt ein einziges Wort zurück: »Hurra!«

So wurde die Frage endlich durch diesen Austausch von Telegrammen zwischen Roosevelt und Churchill entschieden. Drei Tage später setzte Eisenhower den 8. November als Datum der Landungen fest; er lehnte Churchills Angebot ab, die britischen Truppen in amerikanische Uniform zu stecken, da er bestrebt war, den ersten Landungen einen rein amerikanischen Anstrich zu geben. Churchill fand sich mit der Verzögerung und mit der Abänderung des Plans ab. In einem späteren Telegramm an Roosevelt vom 15. September sagte er sogar unterwürfig:

> »Bei der ganzen Torch-Operation, der militärischen wie der politischen, betrachte ich mich als Ihren Untergebenen, der nur verlangt, seine Ansicht Ihnen klar vortragen zu dürfen.«

Roosevelts »Hurra«-Telegramm vom 5. September entschied das, was man treffend »den transatlantischen Wettstreit militärischer Essays« genannt hat – freilich sprach Marshall weiterhin seine Zweifel aus, und sein politischer Vorgesetzter, der Heeresminister Stimson, beklagte sich bitter beim Präsidenten über die Entscheidung, in Nordafrika zu landen. Die Entscheidung des Präsidenten machte es jetzt aber möglich, die Planung im Eiltempo voranzutreiben, um die frühere Verzögerung wettzumachen. Der Plan litt jedoch an den Folgen des Kompromisses: Indem er die Chancen eines schnellen durchschlagenden Erfolges in Nordafrika verminderte, machte er für längere Zeit die Abzweigung alliierter Kräfte im Mittelmeerraum notwendig – wie die amerikanischen amtlichen Kriegshistoriker erkannt und betont haben[1].

Nach dem endgültigen Plan sollte jetzt die Landung an der Atlantik-Küste zur Einnahme Casablancas von einer rein amerikanischen Streitmacht unter Generalmajor George S. Patton mit 24 500 Mann erfolgen, die von der westlichen Einsatzgruppe der Kriegsmarine unter Admiral Hewitt dorthin gebracht werden sollte. Sie startete aus den USA selbst – der größte Teil vom Hafen Hampton Roads in Virginia – und bestand aus 102 Schiffen, davon 29 Truppentransportern.

Die Einnahme Orans wurde einer zentralen Einsatzgruppe übertragen, die aus 18 500 Mann amerikanischer Truppen unter Generalmajor Fredendall bestand, aber von einem britischen Marineverband unter Kommodore Troubridge begleitet wurde. Sie fuhr von der Clyde-Bucht in Schottland ab, da sie aus amerikanischen Truppen bestand, die schon im August nach Schottland und Nordirland überführt worden waren.

Für die Operation gegen Algier war die ebenfalls rein britische östliche Einsatzgruppe der Kriegsmarine zuständig, unter dem Befehl von Konteradmiral Sir Harold Burroughs; aber die Angriffstruppe bestand aus 9000 Briten und 9000 Amerikanern, und ihr Befehlshaber Generalmajor Ryder war Amerikaner. Amerikanische Einheiten wurden auch in die etwa 2000 Mann starken britischen Kommandotrupps eingegliedert. Diese seltsam gemischte Zusammensetzung ging auf die Hoffnung zurück, wenn man die Amerikaner vorn ins Schaufenster stellte, würden die Franzosen annehmen, die gesamte Landetruppe sei amerikanisch. Am 9. November, dem Tag nach der Landung, übernahm aber der Befehlshaber der neugebildeten britischen 1. Armee, Generalleutnant Kenneth Anderson, den Befehl über sämtliche alliierten Truppen in Algerien.

1 Siehe insbesondere die tiefschürfende Analyse in Maurice Marloff und Edwin M. Snell: Strategie Planning for Coalition Warfar 1941–42

Die Landetruppen für Oran und Algier kamen aus Großbritannien in zwei großen Geleitzügen, einem langsamen, der am 22. Oktober, und einem schnelleren, der vier Tage später abfuhr. Dieser Zeitplan war so arrangiert, daß beide Geleitzüge in der Nacht zum 5. November zusammen die Straße von Gibraltar passieren konnten, und von dort aus wurden sie von einem Verband der britischen Mittelmeerflotte unter Admiral Sir Andrew Cunningham geschützt. Dessen Anwesenheit genügte, die italienische Kriegsmarine vom Eingreifen abzuhalten, selbst nach der Landung – so daß, wie Cunningham mit Bedauern bemerkte, sein großer Verband »untätig hin und her fahren mußte«. Cunningham selbst hatte aber viel zu tun, da er Befehlshaber der alliierten Kriegsmarine unter Eisenhower und somit für die gesamte maritime Seite von »Torch« verantwortlich war. Einschließlich der Versorgungsschiffe, die schon Anfang Oktober in früheren Geleitzügen abgefahren waren, kamen über 250 Handelsschiffe aus Großbritannien, davon 40 Truppentransporter (einschließlich drei amerikanischer), während die britische Kriegsmarine mit 160 Kriegsschiffen verschiedener Typen am Geleitschutz für die Operation beteiligt war.

Das diplomatische Vorspiel zu den Landungen war eine Mischung von Spionageroman und »Western«, mit einigen komischen Zwischenspielen. Robert Murphy, der oberste diplomatische Vertreter der USA in Nordafrika, hatte aktiv den Weg für die Landungen geebnet durch diskrete Sondierungen bei den hohen französischen Offizieren, bei denen er Sympathien für den Plan und mögliche Hilfsbereitschaft vermutete. Er zählte vor allem auf General Mast, den Befehlshaber der Truppen im Raum Algier (vorher Stabschef des Oberbefehlshabers General Juin) und auf General Béthouart, der die Truppen im Raum Casablanca befehligte – wenn auch dieser Raum mit allen seinen Streitkräften unter dem Befehl von Admiral Michelier stand, was die Amerikaner leider nicht erkannten.

Mast hatte vorgeschlagen, ein höherer militärischer Vertreter der Alliierten solle insgeheim zu vertraulichen Gesprächen mit Juin und anderen nach Algier kommen. Dementsprechend flog

General Mark Clark, der soeben zum stellvertretenden Oberbefehlshaber von »Torch« ernannt worden war, mit vier Stabsoffizieren nach Gibraltar; von dort wurde die Gruppe in einem britischen U-Boot zu einem Treffen in einer Villa an der Küste 100 Kilometer westlich von Algier gefahren. Das U-Boot kam am Morgen des 21. Oktober an der Küste an, aber zu spät, um noch bei Dunkelheit Mark Clark und seine Gruppe an Land zu setzen; daher mußte es den ganzen Tag getaucht bleiben, während die enttäuschten und verwirrten Franzosen wieder nach Hause gingen. Auf Grund einer Meldung des U-Boots nach Gibraltar, die auf einem geheimen Funkkanal nach Algier weitergegeben wurde, erschienen Murphy und einige Franzosen am nächsten Abend wieder in der Villa, als Clark und seine Leute in vier Schlauchbooten an Land kamen – von denen eines bei der Landung kenterte. Sie wurden zum Treffpunkt gewiesen durch ein abgeblendetes Licht, das aus einem Fenster schien.

Mark Clark erzählte Mast ziemlich allgemein, eine große amerikanische Streitmacht werde für den Einsatz in Nordafrika vorbereitet und werde von britischen Luft- und Seestreitkräften unterstützt werden – eine Mitteilung, die nicht sehr aufrichtig war. Außerdem zog er es im Interesse der Geheimhaltung vor, Mast keinen klaren Hinweis über Zeit und Ort der alliierten Landungen zu geben. Diese übertriebene Vorsicht beim Umgang mit einem Mann, dessen Hilfe von entscheidender Bedeutung sein könnte, war unklug, da sie ihm und seinen Freunden die nötigen Informationen und die nötige Zeit vorenthielt, um eine praktische Zusammenarbeit in die Wege zu leiten. Clark ermächtigte zwar Murphy, Mast unmittelbar vor den Landungen von dem Datum, aber immer noch nicht von den Landeplätzen zu unterrichten. Dies war aber zu spät für Mast, um seine Mitverschworenen in Marokko zu benachrichtigen.

Die Besprechung wurde zeitweilig in dramatischer Form durch das Auftauchen mißtrauischer französischer Polizeibeamter unterbrochen. Clark und seine Gefährten wurden eilig in einem leeren Weinkeller versteckt, während die Polizei die Villa durchsuchte. Nachdem sie sich endlich entfernt hatte, immer noch mißtrauisch und mit der Drohung, bald zurückzukommen, hatten die Amerikaner neue Schwierigkeiten, als sie sich in der Abenddämmerung wieder einschiffen wollten; denn die Brandung war sehr heftig geworden, und Clark ertrank beinahe, als sein Schlauchboot kenterte. Bei einem neuen Versuch kurz vor Sonnenaufgang kenterten die anderen; aber schließlich gelangte die ganze Gruppe doch heil durch die schweren Brecher und erreichte das U-Boot völlig durchnäßt.

Am nächsten Tag stiegen sie auf ein Wasserflugzeug um, das sie nach Gibraltar zurückbrachte.

Eine wichtige Frage bei den Erörterungen auf dieser Konferenz war die Wahl des französischen Führers, der am ehesten geeignet wäre, die französischen Streitkräfte in Nordafrika der alliierten Seite zuzuführen. Der Oberkommandierende General Juin hatte zwar vertraulich seine Bereitschaft ausgesprochen; aber er neigte offenbar dazu, so lange wie möglich »auf dem Zaun zu sitzen« und keine eigene Initiative zu ergreifen. Seine wichtigsten Unterbefehlshaber hatten nicht genügend Ansehen und zögerten nicht weniger, einen endgültigen Schritt in Mißachtung der Befehle der Vichy-Regierung zu tun. Admiral Darlan, der Oberbefehlshaber der gesamten französischen Streitkräfte und designierte Nachfolger des greisen Marschalls Pétain als Staatschef, hatte schon 1941 im Gespräch mit Leahy und noch jüngst im Gespräch mit Murphy angedeutet, er sei unter Umständen bereit, die Politik der Kollaboration mit Deutschland zu verlassen und die Franzosen wieder auf die alliierte Seite zu führen, wenn ihm ausreichende militärische Hilfe der USA zugesichert würde. Aber er hatte so lange mit Hitler zusammengespielt, daß seine Andeutungen kein großes Vertrauen erweckten. Außerdem hatte er antibritische Ressentiments, die natürlich durch das britische Vorgehen gegen die französische Flotte bei Oran im Jahr 1940 noch verstärkt worden waren. Dies machte seine Haltung noch zweifelhafter angesichts der Schwierigkeit, die Tatsache zu verschleiern, daß die Briten bei der Operation einen großen Anteil hatten.

General de Gaulle wurde aus dem entgegengesetzten Grund ausgeschlossen: weil seine Auflehnung gegen Pétain im Jahr 1940 und sein späterer Anteil an Churchills Aktionen gegen Dakar Syrien und Madagaskar alle der Vichy-Regierung treu gebliebenen Offiziere unwillig machte, sich seiner Führung zu unterstellen, selbst jene, die am leidenschaftlichsten das deutsche Joch abschütteln wollten. Dieser Gesichtspunkt wurde von Murphy stark unterstrichen und bereitwillig von Roosevelt akzeptiert, der ein tiefes Mißtrauen gegen de Gaulles Urteil und eine tiefe Abneigung gegen seine Arroganz entwickelt hatte. Churchill, der sich ja kürzlich als »Ihr Untergebener« bezeichnet hatte, beugte sich der Stimme seines Herrn, und de Gaulle erhielt keinerlei Information über den Plan, bevor die Landung stattfand.

Unter diesen Umständen stimmten alle Amerikaner, vom Präsidenten abwärts, der Ansicht General Masts und seiner Freunde bereitwillig zu, daß General Giraud der geeignetste Kandidat für die Führung der Franzosen in Nordafrika sei – wie Murphy schon vor der Konferenz vorgeschlagen hatte. Giraud, ein Armeebefehlshaber im Mai 1940, war in deutsche Kriegsgefangenschaft geraten, aber hatte im April 1942 fliehen und das unbesetzte Frankreich erreichen können, wo er auf Grund des Versprechens, die Autorität Pétains anzuerkennen, in Freiheit leben durfte. Er nahm seinen Wohnsitz in der Nähe von Lyon; von dort, obwohl unter Polizeiaufsicht, nahm er mit vielen Offizieren in Frankreich selbst und in Nordafrika Kontakt auf, die seinen Wunsch teilten, mit amerikanischer Hilfe eine Revolte gegen die deutsche Herrschaft zu organisieren. Girauds Grundgedanke zeigte sich in einem Brief an einen seiner Freunde, General Odic: »Wir wollen nicht, daß die Amerikaner uns befreien; aber wir wollen, daß sie uns helfen, uns zu befreien – was nicht ganz das gleiche ist.« In seinen vertraulichen Unterhandlungen mit amerikanischen Vertretern hatte er zur Bedingung gemacht, daß er Oberbefehlshaber aller alliierten Truppen auf französischem Gebiet sein müsse, wo immer französische Truppen am Kampf teilnahmen. Aus einer Botschaft, die er erhielt, schloß er, seine Bedingungen seien von Roosevelt angenommen worden; aber sie waren eine völlige Überraschung für Eisenhower, als Giraud am 7. November, dem Vorabend der Landungen, in Gibraltar ankam und mit ihm zusammentraf.

Giraud war an einem geheimen Treffpunkt an der Südküste Frankreichs von demselben britischen U-Boot »Seraph«[1] aufgenommen worden, das Mark Clark bei seiner geheimen Mission an die algerische Küste gebracht hatte. Er stieg dann auf ein Wasserflugzeug um und wurde nach Gibraltar gebracht. Als er dort eintraf, war er erschreckt über die Nachricht, daß die alliierten Landungen schon am nächsten Morgen stattfinden sollten – man hatte ihnen gesagt, sie seien für den nächsten Monat geplant –, und erschreckt über die Feststellung, daß nicht er, sondern Eisenhower den Oberbefehl über die Landeoperationen haben sollte. Dies führte zu einem heftigen Streit, bei dem er sich auf seinen höheren Dienstgrad und auf die ihm gegebenen Zusicherungen berief und ständig wiederholte, sich mit weniger als dem Oberbefehl zufriedenzugeben, wäre eine Preisgabe seines persönlichen Prestiges und des Prestiges seines Landes. Aber als die Besprechungen am nächsten Morgen, dem 8., wiederaufgenommen wurden, fand er sich mit der Lage ab nach ausdrücklichen Zusicherungen, daß er der Chef der französischen Streitkräfte und der französischen Verwaltung in Nordafrika sein solle – ein Versprechen, das bald beiseitegewischt wurde aus Gründen der Zweckmäßigkeit und der größeren taktischen Vorteile, die Admiral Darlan bot.

Als sie die »Fackel« der Freiheit nach Französisch-Nordafrika brachten, gelang den Amerikanern die Überraschung allzugut – dies stiftete bei ihren Freunden und Helfern mehr Verwirrung als beim Feind. Ihre französischen Kollaborateure waren zu wenig darauf vorbereitet, ihnen wirksam zu helfen, und unter dem Schock der plötzlichen Invasion reagierten die meisten französischen Befehlshaber so, wie es unter solchen Umständen natürlich war, nämlich loyal zu der legitimen Autorität, die von Marschall Pétain in Vichy verkörpert wurde. So stießen die Landungen anfänglich

1 Giraud hatte verlangt, aus politischen Gründen solle ein amerikanisches Schiff ihn abholen, und seine Forderung wurde erfüllt, indem man die »Seraph« nominell unter den Befehl eines amerikanischen Offiziers, Captain Wright, stellte und eine amerikanische Flagge mitführen ließ, die notfalls gezeigt werden sollte. Giraud wurde von seinem Sohn und zwei jungen Stabsoffizieren begleitet, von denen einer, Captain Beaufre, maßgebend Anteil an der Planung der ganzen Operation gehabt hatte. Sowohl Wright wie Beaufre machten nach dem Krieg eine hervorragende Karriere.

auf Widerstand – bei Oran und Casablanca mehr als bei Algier.

Bei Casablanca hatte der französische Divisionskommandeur General Béthouart am späten Abend des 7. die Meldung erhalten, die Landung würde am 8. um 2 Uhr morgens stattfinden. Er befahl sogleich, die deutsche Waffenstillstandskommission zu verhaften, und schickte einige Offiziere zur Begrüßung der Amerikaner an die Küste bei Rabat, 80 Kilometer weiter nördlich, da er annahm, die Landungen würden dort erfolgen, weil es der Sitz der französischen Verwaltung in Marokko war und weil dort keine Küstenbatterien standen.

Danach machte sich Béthouart selbst auf, mit einem Bataillon das Armeehauptquartier in Rabat zu besetzen, und ließ den Armeebefehlshaber unter Bewachung abführen. Gleichzeitig schrieb er Briefe an General Noguès, den Generalresidenten und Oberkommandierenden in Marokko, und an Admiral Michelier, in denen er sie informierte, die Amerikaner seien im Begriff zu landen, General Giraud werde den Oberbefehl in ganz Französisch-Nordafrika übernehmen, und er selbst sei von Giraud zum Befehlshaber der Truppen in Marokko ernannt worden. Er forderte Noguès und Michelier auf, den von ihm erteilten Befehl, die Amerikaner ohne Widerstand landen zu lassen, zu sanktionieren – oder aber beiseite zu stehen, bis es für sie leichter sei, die vollendete Tatsache zu akzeptieren.

Als Noguès den Brief erhielt, versuchte er, zunächst »auf dem Zaun zu sitzen«, bis die Lage klarer war. Aber während Noguès zögerte, handelte Michelier sofort. Seine Luft- und U-Bootaufklärung hatte die herannahende Armada erst am späten Abend entdeckt, und daher kam er zu dem Schluß, daß Béthouart auf einen Bluff hereingefallen sei. Micheliers Versicherung, an der Küste sei keine starke Streitmacht gesichtet worden, überzeugte Noguès so sehr, daß er auch nach den ersten Berichten über die Landung, die er gegen 5 Uhr morgens erhielt, noch annahm, es seien nur kleine Kommando-Angriffe. Er sprang daher auf der antiamerikanischen Seite vom Zaun herunter, befahl den französischen Truppen, der Landung Widerstand zu leisten, und ließ Béthouart unter Anklage des Hochverrats verhaften.

General Pattons Hauptlandung erfolgte bei Fedda, 25 Kilometer nördlich von Casablanca; kleinere Landungen erfolgten bei Mehdia, 90 Kilometer weiter nördlich, und bei Safi, 220 Kilometer südlich Casablanca. Fedala bot die der Stadt und ihrem Hafen am nächsten liegende geeignete Küste, und Casablanca war der einzige große und gut ausgerüstete Hafen an der atlantischen Küste Marokkos. Mehdia wurde ausgewählt wegen seiner Nähe am Flugplatz von Port Lyautey, dem einzigen Flugplatz in Marokko mit einer Betonpiste. Safi wurde gewählt, weil von dort die starke französische Garnison in Marrakesch im Landesinnern am besten am Eingreifen bei Casablanca gehindert werden konnte und weil es einen Hafen hatte, groß genug, um mittlere Panzer auszuladen.

Als die große amerikanische Armada nach einer ruhigen Fahrt über den Ozean sich am 6. November der Küste Marokkos näherte, wurde dort schwere See gemeldet, und für den 8. wurde eine so schwere Brandung vorausgesagt, daß die Landung unmöglich wäre. Aber Admiral Hewitts eigener Meteorologe sagte voraus, der Sturm würde sich legen, und so beschloß der Admiral, die Landung plangemäß zu riskieren. Am 7. begann sich das Meer wirklich zu beruhigen, und am 8. war es ziemlich ruhig; die Brandung war sogar geringer als an jedem anderen Morgen des Monats. Dennoch kam es wegen der mangelnden Erfahrung mit Landeoperationen zu zahlreichen Unfällen und Verzögerungen.

Freilich verlief die Operation besser, als Patton vor der Einschiffung in einer der für ihn typischen bombastischen Reden vorausgesagt hatte, als er den Marineoffizieren erklärte, ihre ausgetüftelten Landepläne würden in den ersten fünf Minuten zusammenbrechen, und renommierte: »Noch nie in der Geschichte hat die Marine eine Armee zur richtigen Zeit und am richtigen Ort an Land gesetzt. Aber wenn ihr uns irgendwo im Umkreis von 50 Meilen von Fedala und innerhalb einer Woche nach dem Tag X an Land setzt, dann schaffe ich die Sache.«

Zum Glück war die Verwirrung bei den Franzosen so groß, daß die ersten Landewellen schon heil an der Küste gelandet waren, ehe das Feuer der Verteidiger ernst wurde, und dann war das Tageslicht schon hell genug, daß die amerikanischen Schiffsgeschütze die Küstenbatterien zum Schweigen bringen konnten. Aber neue Schwierigkeiten entstanden in dem Landekopf selbst aus dem Durcheinander bei den unerfahrenen Landeeinheiten, so daß Patton jetzt seine explosive Kritik auf seine eigenen Leute richtete. Sowohl die Soldaten selbst wie die Landeboote waren überladen; und obwohl der Vormarsch auf Casablanca am zweiten Tag ohne nennenswerten Widerstand in Gang kam, mußte er plötzlich gestoppt werden, weil die gesamte Ausrüstung sich an der Küste stapelte, aber nicht nach vorne zu den marschierenden Truppen kam. Auch am dritten Tag waren die Fortschritte gering, und der Widerstand wurde stärker, so daß die Lage kritisch wurde.

Sie wäre noch ernster geworden, wenn nicht die französische Kriegsmarine schon am ersten Tag außer Gefecht gesetzt worden wäre. Dies geschah in einem Seegefecht bei Casablanca, das noch im Stil früherer Seekämpfe stattfand. Es begann um 7 Uhr morgens, als die Küstenbatterie von Cap El Hank und die Geschütze der »Jean Bart« im Hafen – des neuesten französischen Schlachtschiffes, das noch nicht fertiggestellt war und sich nicht von seinem Liegeplatz entfernen konnte – das Feuer auf den Verband Konteradmiral Giffens eröffnete, der aus dem Schlachtschiff »Massachusetts«, zwei schweren Kreuzern und vier Zerstörern bestand. Die Schiffe erhielten keinen Treffer, und ihre Antwort war so gründlich, daß zeitweise sowohl die Küstenbatterie wie die »Jean Bart« zum Schweigen gebracht wurden. Aber sie waren von diesem lebhaften Schußwechsel so in Anspruch genommen, daß sie die Aufgabe vernachlässigten, die anderen französischen Schiffe in Schach zu halten. Um 9 Uhr vormittags waren ein leichter Kreuzer, sieben Zerstörer und acht U-Boote ausgelaufen; sie fuhren in Richtung Fedala, wo die amerikanischen Transporter unbeweglich lagen. Freilich wurden sie aufgehalten und zum Rückzug gezwungen durch zwei Kreuzer und zwei Zerstörer, die Admiral Hewitt ihnen entgegengesandt hatte. Dann tauchte die gesamte amerikanische Begleitgruppe auf, um den Rückzug der französischen Schiffe abzuschneiden. Durch geschicktes Manövrieren, die Verwendung von Nebelwänden und einen Ablenkungsangriff der U-Boote gelang es den Franzosen, dieser Konzentration überlegener Feuerkraft bei Verlust von nur einem Zerstörer zu entgehen. Doch dann machten sie einen neuen tapferen Versuch, den Landeraum zu erreichen; bei diesem zweiten Einsatz wurde ein weiterer Zerstörer versenkt, und nur eines der acht Schiffe kam unbeschädigt in den Hafen zurück, wo dann zwei weitere durch Bombenangriffe versenkt und andere schwer beschädigt wurden.

Doch dieser Erfolg war noch nicht entscheidend, da die Batterien von El Hank und die 38-cm-Geschütze der »Jean Bart« wieder zum Leben erwachten, während die amerikanischen Schiffe soviel Munition verbraucht hatten, daß sie die in Dakar stationierten französischen Kriegsschiffe nicht hätten zurückschlagen können, wenn sie am Landeort erschienen wären, wie man befürchtete.

Glücklicherweise wurde aber die Lage in Casablanca und an der Atlantikküste überhaupt grundlegend geändert durch die politische Entwicklung in Algier. Am späten Nachmittag hörte General Noguès, daß die französischen Autoritäten dort, an ihrer Spitze Admiral Darlan, den Befehl zur Einstellung der Kämpfe gegeben hatten. Noguès handelte prompt auf Grund dieser unbestätigten Nachricht und befahl am 10. seinen Unterbefehlshabern, bis zu einem Waffenstillstand den aktiven Widerstand einzustellen.

Unterdessen war die amerikanische Landung bei Oran auf etwas härteren Widerstand gestoßen als die bei Casablanca. Doch es gab hier eine bemerkenswert gute gemeinsame Planung und praktische Zusammenarbeit zwischen der amerikanischen Truppe und dem britischen Flottenverband, der diese an der Küste absetzte. Außerdem war die Spitze der Landetruppen, die erste US-Infanteriedivision unter Generalmajor Allen, eine sehr gut ausgebildete Einheit, und sie wurde durch etwa die Hälfte der 1. Panzerdivision unterstützt.

Die Operation lief gut an. Am Abend des 7. November hatte der Geleitzug zur Täuschung Oran in östlicher Richtung passiert, aber bei Dunkelheit war er wieder zurückgefahren. Die Landung begann planmäßig um 1 Uhr nachts im Golf von Arzen, 38 Kilometer östlich der Stadt, und eine halbe Stunde später am Strand von Les Andalouses, 22 Kilometer westlich, und bei Mersa Bou Zedjar,

48 Kilometer westlich von Oran. Die Überraschung war vollständig, und an der Küste stieß man auf keinerlei Widerstand. Obwohl dieser Abschnitt von 13 Küstenbatterien abgedeckt wurde, gab es erst nach Tagesanbruch störendes Feuer, und auch dann richtete es sehr wenig Schaden an, dank der wirksamen Unterstützung durch die Kriegsschiffe und der Tarnung durch Nebelwände. Die Ausschiffung und Ausladung klappte im großen und ganzen gut, obwohl behindert durch die Überlastung der Soldaten, die jeder fast 90 Pfund an Ausrüstung tragen mußten. Die mittelschweren Panzer waren auf den Transportschiffen verladen und wurden nach Einnahme des Hafens von Arzeu auf dem Kai ausgeladen.

Der einzige schwere Rückschlag erfolgte bei dem Versuch, den Hafen von Oran in direktem Angriff zu nehmen, um einer eventuellen Sabotage an den Hafenanlagen und den Schiffen zuvorzukommen. Zwei kleine britische Schlepper mit je 400 amerikanischen Soldaten an Bord und von zwei Motorbooten begleitet, führten diesen kühnen Plan aus, den die amerikanischen Marineoffiziere als zu kühn bezeichnet hatten. Das Ergebnis bestätigte deren Ansicht, daß dies ein »Himmelfahrtskommando« war. Unklugerweise begann die Aktion zwei Stunden nach den Landungen, als die Franzosen durch die Landeoperationen schon aufgeweckt worden waren.

Auch die groß entfaltete amerikanische Flagge hielt die Franzosen nicht von nachhaltigem Feuer ab, das beide Schiffe schwer beschädigte, die Hälfte der Besatzung und der an Bord befindlichen Truppen tötete, während die übrigen, meist verwundet, gefangengenommen wurden.

Der Vormarsch von den Landeköpfen kam zwischen 8 und 9 Uhr morgens in Gang, und bald nach 11 Uhr erreichte Oberst Waters' Kolonne leichter Panzer von Arzeu aus den Flugplatz Tafaraoui, der schon eine Stunde später zur Aufnahme von Flugzeugen aus Gibraltar bereit war. Als aber die Panzerkolonne nach Norden schwenkte, wurde sie kurz vor dem Flugplatz La Sénia aufgehalten, und ebenso erging es der Kolonne von Oberst Robinett aus Mersa Bou Zedjar. Auch der koordinierte Vormarsch der

Infanterie aus Arzeu und aus Les Andalouses rannte sich fest, als man in der Nähe von Oran auf Widerstand stieß.

Am zweiten Tag wurden nur wenige Fortschritte gemacht, da sich der französische Widerstand versteifte und ein Gegenangriff gegen die Flanke des Landekopfes von Arzeu den ganzen Plan durcheinanderbrachte. Zwar wurde am Nachmittag der Flugplatz La Sénia genommen; aber die meisten französischen Flugzeuge waren schon abgeflogen, und wegen ständigem Artilleriebeschuß konnte er noch nicht benutzt werden. Am dritten Vormittag wurde ein konzentrischer Angriff auf Oran unternommen, nachdem einige Widerstandsnester in der Nacht umgangen worden waren. Infanterieangriffe von Osten und Westen lenkten die Aufmerksamkeit der Verteidiger auf sich, so daß Panzerspitzen von beiden Kolonnen ohne Widerstand aus südlicher Richtung in die Stadt eindringen und noch vor Mittag das französische Hauptquartier erreichen konnten. Die französischen Kommandeure ergaben sich daraufhin.

Die amerikanischen Verluste bei den dreitägigen Kämpfen betrugen weniger als 400 Mann, die französischen waren noch geringer. Das Nachlassen des Widerstandes am letzten Tag war schon stark davon beeinflußt, daß die französischen Kommandeure wußten, daß in Algier Verhandlungen im Gange waren.

Die Landung bei Algier war noch glatter verlaufen, in erster Linie dank dem örtlichen Befehlshaber General Mast und seinen zur Kollaboration bereiten Vertrauten. Nirgends gab es ernsthaften Widerstand, außer bei dem Versuch, sich wie in Oran die Einfahrt in den Hafen zu erzwingen.

Ein amerikanischer Truppentransporter war am 7. noch 240 Kilometer vor Algier durch ein U-Boot-Torpedo beschädigt worden, aber danach war die weitere Fahrt im Mittelmeer ohne Zwischenfall verlaufen. Obwohl von einigen Aufklärungsflugzeugen gesichtet, erreichte der Konvoi die Landeplätze ohne Störung durch Luftangriffe. Eine Gruppe landete bei Cap Matifou, 25 Kilometer östlich Algier, eine zweite bei Cap Sidi Ferruch und eine dritte bei Castiglione, beide westlich der Stadt. Die beiden Landungen in der Nähe von Algier wurden der politischen Tarnung zuliebe von den Amerikanern, die bei Castiglione in erster Linie von den Briten durchgeführt.

Hier begann die Landung planmäßig um 1 Uhr nachts und ging trotz der schroffen und gefährlichen Küste ohne Mißgeschick vonstatten. Französische Truppen, auf die man stieß, berichteten, sie hätten Befehl erhalten, keinen Widerstand zu leisten. Schon um 9 Uhr morgens wurde der Flugplatz Blida erreicht. Auf der östlichen Seite von Algier erfolgte die Landung etwas später und nicht ganz so glatt, aber auch hier gab es keinen Widerstand. Der wichtige Flugplatz Maison Blanche wurde bald nach 6 Uhr morgens erreicht und nach einem symbolischen Widerstand von einigen wenigen Schüssen besetzt. Der Vormarsch auf Algier selbst freilich kam zum Stehen, als eine befestigte Stellung in einem Dorf die Durchfahrt verweigerte; auch die Küstenbatterie von Cap Matifou lehnte eine Übergabe ab, bis sie am Nachmittag zweimal von Kriegsschiffen beschossen und von Sturzbombern angegriffen worden war. Der Versuch, den Hafen von Algier im Handstreich zu nehmen, glückte noch weniger. Zwei britische Zerstörer mit großen amerikanischen Flaggen und einem amerikanischen Infanteriebataillon an Bord wurden dafür eingesetzt – es war geplant, drei Stunden nach der Landung in den Hafen einzufahren, in der Hoffnung, die Verteidiger würden dann anderswohin abgelenkt sein, selbst wenn sie nicht mit der Landung einverstanden wären. Statt dessen wurden die Zerstörer schwer beschossen, sobald sie an der Hafeneinfahrt auftauchten. Der eine wurde schwer getroffen und drehte ab; dem anderen gelang es beim vierten Versuch, das Feuer zu unterlaufen und am Kai festzumachen, wo er seine Truppen an Land setzte. Zuerst gelang die Besetzung der Hafenanlage ohne Widerstand; aber gegen 8 Uhr morgens zwang plötzliches Geschützfeuer den Zerstörer zur Flucht aus dem Hafen. Die Landetruppe wurde von afrikanischen Truppen der Franzosen eingeschlossen und ergab sich am Nachmittag, da ihr die Munition ausging und es keine Anzeichen eines Entsatzes gab. Immerhin war das französische Feuer so angelegt gewesen, daß es die Landetruppe weniger vernichtete als nur in Schach hielt.

Bei der Landung bei Cap Sidi Ferruch gab es weit mehr Verzögerung und Durcheinander; einige Landefahrzeuge verirrten sich sogar und landeten an dem britischen Landekopf weiter westlich. Viele Landefahrzeuge wurden in der Brandung zerstört, und die Bataillone verstreuten sich über 25 Kilometer Küste. Zum Glück fanden gerade diese Truppen anfangs eine freundliche Aufnahme: Mast erschien mit einigen seiner Offiziere, um sie zu begrüßen und ihnen den Weg zu weisen – anderenfalls wäre diese Landung ein verlustreiches Fiasko geworden. Aber als die Kolonnen nach eiliger Neuformation auf Algier vorrückten, stießen sie an mehreren Stellen auf Widerstand. Denn inzwischen war Mast seines Kommandos enthoben, seine Befehle zur Kooperation mit den Alliierten waren widerrufen und seine Truppen angewiesen worden, sich dem alliierten Vormarsch entgegenzustellen.

Die Kollaborateure der Alliierten in Algier hatten ihre Rolle bemerkenswert gut gespielt – in Anbetracht der sehr kurzfristigen Vorankündigung, die sie von der Landung erhalten hatten, und ihrer sehr dürftigen Information über deren Zielsetzung. Ihre Pläne zur Unterstützung der Landung wurden prompt durchgeführt: Offiziere wurden an die Küste geschickt, um die Amerikaner zu begrüßen und ihnen den Weg zu zeigen, wichtige Kontrollpunkte wurden von speziell ausgesuchten Einheiten besetzt, die Telefonverbindungen weitgehend blockiert, Polizeidienststellen besetzt und andersdenkende hohe Beamte eingesperrt; der Rundfunksender wurde von ihnen übernommen in Erwartung einer Sendung von General Giraud selbst oder in seinem Namen, die, wie man hoffte, entscheidende Wirkung haben würde. Alles in allem gelang es den Kollaborateuren, jeden Widerstand hinreichend zu lähmen, als die Landungen erfolgten, und sie hatten die Stadt bis 7 Uhr morgens fest in ihrer Hand – länger als sie es erwartet oder für notwendig gehalten hatten.

Doch der amerikanische Vormarsch von den Landeplätzen aus war dann zu langsam, um mit ihren Plänen übereinzustimmen. Als die Amerikaner bis 7 Uhr morgens noch nicht in der Stadt waren, zeigten sich die Grenzen des politischen Einflusses der Kollaborateure. Und als sie im Rundfunk einen Appell im Namen Girauds verlasen, der ebenfalls nicht wie erwartet aufgekreuzt war,

war die Wirkung so gering, daß sich herausstellte, wie sehr sie das Gewicht seines Namens überschätzt hatten. Bald begannen die Verschworenen die Herrschaft über die Lage zu verlieren, und sie wurden beiseite geschoben oder sogar verhaftet.

Unterdessen fanden aber auf höherer Ebene entscheidende Verhandlungen statt. Eine halbe Stunde nach Mitternacht hatte Robert Murphy General Juin aufgesucht, ihm die Nachricht überbracht, daß überwältigend starke Streitkräfte im Begriff ständen, zu landen, und ihn aufgefordert, zu kooperieren und sogleich Befehle zu geben, der Landung keinen Widerstand entgegenzusetzen; Murphy erklärte, die Amerikaner kämen auf Einladung Girauds, um Frankreich zu helfen, sich zu befreien. Juin war in keiner Weise bereit, Girauds Führung anzuerkennen oder seine Autorität ausreichend zu betrachten, und erklärte, diese Forderung müsse Admiral Darlan vorgelegt werden — der zufällig gerade zu diesem Zeitpunkt in Algier war, um seinen schwerkranken Sohn zu besuchen. Darlan wurde durch einen Telefonanruf geweckt und aufgefordert, zu Juins Villa zu kommen und dort eine dringliche Botschaft Murphys entgegenzunehmen. Als er dann von der bevorstehenden Aktion unterrichtet wurde, war seine erste Reaktion ein ärgerlicher Ausruf:

»Ich wußte schon lange, daß die Briten dumm sind; aber ich glaubte immer, die Amerikaner seien intelligenter. Ich fange an zu glauben, daß ihr ebenso viele Fehler macht wie sie.«

Nach kurzem Wortwechsel erklärte Darlan sich bereit, einen Funkspruch an Marschall Pétain abzuschicken, in dem er die Situation erläuterte und um Genehmigung nachsuchte, im Namen des Marschalls nach eigenem Ermessen zu handeln. Zeitweilig war die Villa Juins von einer bewaffneten Gruppe von Anti-Vichy-Franzosen umstellt, so daß Darlan praktisch ein Gefangener war; aber etwas später wurden sie von einer Abteilung Gardes Mobiles vertrieben, die jetzt Murphy in Haft nahmen. Dann begaben sich Darlan und Juin, die sich gegenseitig wie mißtrauische Katzen beäugten, in das Hauptquartier von Algier. Von dort aus ergriff Juin Maßnahmen, um die Kontrolle über seine Truppen wiederzugewinnen; er ließ General Koeltz und andere Offiziere, die von

Mast verhaftet worden waren, freilassen und dafür General Mast verhaften. Darlan jedoch sandte kurz vor 8 Uhr einen zweiten Funkspruch an Pétain, in dem er betonte: »Die Lage verschlechtert sich, und unsere Verteidigung wird bald überwältigt werden« — ein erkennbarer Wink, daß es klug wäre, sich der »force majeure« zu beugen.

Pétain erteilte in seiner Antwort die erbetene Vollmacht. Denn kurz nach 9 Uhr hatte der amerikanische Geschäftsträger in Vichy, Pinkney Tuck, ihn aufgesucht und ihm einen Brief Roosevelts übergeben, in dem dieser Pétain um seine Mitwirkung bat. Pétain übergab ihm eine vorbereitete Antwort, die »Bestürzung und Trauer« über die amerikanische »Aggression« aussprach und erklärte, Frankreich werde einem Angriff auf sein Empire auch durch alte Freunde Widerstand leisten: »Dies ist der Befehl, den ich gebe.« Aber die persönliche Haltung des Marschalls gegenüber Tuck war sehr freundlich, und er schien keineswegs traurig zu sein. Sein Verhalten machte vielmehr den Eindruck, daß die formelle Antwort nur dazu diente, das deutsche Mißtrauen zu besänftigen und eine deutsche Intervention zu verhindern. Einige Stunden später jedoch nahm sein Ministerpräsident Laval unter deutschem Druck ein Angebot deutscher Luftunterstützung an — und noch am gleichen Abend bereiteten die Achsenmächte die Entsendung von Streitkräften nach Tunesien vor.

Unterdessen hatte Darlan auf eigene Verantwortung den französischen Truppen und Schiffen im Raum Algier den Befehl erteilt, das Feuer einzustellen. Obwohl dieser Befehl nicht für den Raum Oran und den Raum Casablanca galt, ermächtigte Darlan Juin, eine Abmachung für ganz Nordafrika mit den Alliierten zu treffen. Am frühen Abend kam man ferner überein, daß die Kontrolle über die Stadt Algier um 8 Uhr abends in die Hand der Amerikaner übergehen und der Hafen vom Tagesanbruch des nächsten Tages, des 9., den Alliierten zur Verfügung stehen solle.

Am Nachmittag des 9. erschien Mark Clark, um weitere Verhandlungen zu führen, und der britische General Anderson übernahm das Kommando der alliierten Truppen für den Vormarsch nach Tunesien. Auch Giraud war kurz vorher erschienen; mußte aber feststellen, daß er bei seinen führenden Landsleuten in Algier keineswegs willkommen war, und er nahm seinen Wohnsitz bei einer Familie, die sehr abgelegen wohnte – Clark bemerkte dazu: »Er tauchte praktisch unter.« Freilich erschien er am nächsten Vormittag bei Clarks erster Besprechung mit Darlan, Juin und ihrem wichtigsten Unterbefehlshaber.

Hier drängte Clark Darlan, eine sofortige Feuereinstellung für ganz Französisch-Nordafrika zu befehlen; als dieser zögerte und meinte, er habe eine Zusammenfassung der alliierten Bedingungen nach Vichy geschickt und müsse die Antwort abwarten, schlug Clark auf den Tisch und erklärte, dann würde eben Giraud den Befehl an Darlans Stelle erteilen. Darlan wies auf Girauds mangelnde Legitimation und sein ungenügendes persönliches Gewicht hin und meinte ferner, ein solcher Befehl würde die sofortige Besetzung ganz Südfrankreichs durch die Deutschen zur Folge haben – eine Voraussage, die sich bald erfüllte. Nach weiteren hitzigen Erörterungen erklärte Clark schroff, wenn Darlan nicht sofort den verlangten Befehl erteile, würde er in Haft genommen werden – Clark hatte bereits vorsichtshalber das Gebäude mit seinen Truppen umstellt. Nach kurzer Besprechung mit seinem Stab nahm Darlan darauf das Ultimatum an, und um 11.20 Uhr ging der entsprechende Befehl heraus.

Als dies in Vichy bekannt wurde, war Pétains erste Reaktion, den Befehl zu billigen; aber als Laval auf der Fahrt nach München, wo er in brüsker Form zu Hitler zitiert worden war, davon erfuhr, rief er Pétain an und veranlaßte ihn, das Verhalten Darlans zu mißbilligen. Am frühen Nachmittag erhielt Clark die Nachricht, daß Vichy den Waffenstillstand abgelehnt habe. Als Darlan davon erfuhr, sagte er niedergeschlagen zu Clark: »Ich kann nichts anderes tun als den Befehl widerrufen, den ich heute vormittag unterzeichnet habe.« Darauf erwiderte Clark: »Sie werden nichts dergleichen tun. Der Befehl wird nicht widerrufen werden. Und um dessen sicher zu sein, nehme ich Sie hiermit gefangen.« Darlan, der diese Lösung schon angedeutet hatte, zeigte sich gern dazu bereit und sandte an Pétain die Antwort: »Ich annulliere meine Befehle und betrachte mich als Gefangenen« – wobei die Annullierung nur für deutsche und Vichy-Ohren bestimmt war. Am nächsten Tag gab Pétain – auf Grund neuen Drucks von Hitler auf dem Wege über Laval – offiziell bekannt, die gesamte Befehlsgewalt über Nordafrika sei Darlan entzogen und Noguès übertragen worden; aber er hatte bereits Darlan eine geheime Botschaft geschickt des Inhalts, dieser Schritt geschehe nur unter deutschem Druck und widerspreche seinen eigenen Wünschen. Eine solche Doppelzüngigkeit war wegen der prekären Situation in Frankreich notwendig; aber sie trug wenig zur Klärung der Situation und der Haltung der französischen Befehlshaber in Nordafrika bei.

Zum Glück klärte Hitler bald die Lage und beseitigte die Skrupel der Franzosen, indem er seinen Truppen befahl, den unbesetzten Teil Frankreichs, der nach dem Waffenstillstand von 1940 unter der Kontrolle der Vichy-Regierung war, nunmehr auch zu besetzen. Am 8. und 9. November hatte Vichy auf das Angebot bewaffneter Unterstützung, die Hitler Frankreich aufdrängen wollte, ausweichend geantwortet und Vorbehalte gemacht, die sein Mißtrauen erweckten. Am 10. kam Laval in München an, wo er vor Hitler und Mussolini erscheinen mußte, und am gleichen Nachmittag forderte Hitler, die Häfen und Flugplätze Tunesiens müßten den Achsenmächten zur Verfügung gestellt werden. Laval versuchte noch Zeit zu gewinnen und erklärte, Frankreich könne einem Einmarsch der Italiener nicht zustimmen, und auf jeden Fall könne allein Pétain darüber entscheiden. Hitler verlor darauf die Geduld und gab gleich nach Beendigung der Gespräche seinen Truppen den Befehl, um Mitternacht in den unbesetzten Teil Frankreichs einzumarschieren – eine bereits genau vorbereitete Operation – und zusammen mit den Italienern die Flugplätze und Flottenstützpunkte in Tunesien zu besetzen.

Südfrankreich wurde von den deutschen motorisierten Verbänden schnell besetzt, während sechs italienische Divisionen von Osten her einmarschierten. Schon am Nachmittag des 9. waren deutsche Flugzeuge auf einen Flugplatz in der Nähe von Tunis geflogen, zusammen mit einer Einheit des Heeres, die sie dort schützen sollte; aber sie waren durch einen Ring französischer

Truppen auf dem Flugplatz eingeschlossen worden. Vom 11. November an wurde jetzt die Luftbrücke vervielfacht, und die französischen Truppen in der Nähe wurden entwaffnet, während Panzer, Geschütze, Transportfahrzeuge und Vorräte auf dem Seeweg nach Bizerta verschifft wurden. Bis Ende November waren 15 000 Mann mit etwa 100 Panzern in Tunesien angelangt, zu einem großen Teil freilich Versorgungseinheiten, die den neuen Stützpunkt aufbauen sollten. Etwa 9000 Italiener waren dazugekommen, hauptsächlich auf dem Landweg von Tripolis aus, und wurden vor allem zur Deckung der südlichen Flanke eingesetzt. Für eine so eilig improvisierte Aktion zu einer Zeit, als die Achsenmächte an allen Fronten hart bedrängt wurden, war dies eine gute Leistung. Jedoch war eine Streitmacht dieser Größenordnung sehr klein im Vergleich zu dem, was die Alliierten nach Französisch-Nordafrika geworfen hatten, und hätte wenig Aussicht gehabt, den Alliierten Widerstand zu leisten, wenn die Planung von »Torch« einen größeren Teil der alliierten Expeditionstruppen für den Vormarsch nach Tunesien bestimmt oder wenn das alliierte Oberkommando diesen Vormarsch schneller aufgenommen hätte.

Die deutsche Invasion Südfrankreichs trug mehr als alles andere dazu bei, den Alliierten in Nordafrika zu helfen, und zwar durch den Schock, den sie den französischen Befehlshabern versetzte. Am Vormittag des 11. November, bevor die Nachricht von der Invasion Südfrankreichs eintraf, hatte es in Algier ein neues Hin und Her gegeben. Clark suchte Darlan auf und drängte ihn, zwei dringende Schritte zu unternehmen: der französischen Kriegsflotte in Toulon den Befehl zum Auslaufen nach Nordafrika und dem Gouverneur von Tunesien, Admiral Estéva, den Befehl zum Widerstand gegen die Deutschen zu geben. Darlan wich zuerst aus und wandte ein, seine Befehle würden möglicherweise nicht befolgt werden angesichts der Rundfunkmeldung, daß er des Oberbefehls über die gesamten französischen Streitkräfte enthoben worden sei — und als er weiter bedrängt wurde, lehnte er die Forderungen Clarks ab. Clark verließ wütend das Zimmer Darlans; aber am Nachmittag erhielt er einen Anruf, er möchte Darlan nochmals aufsuchen, und Darlan war jetzt, angesichts der Entwicklung in

Frankreich, mit Clarks Wünschen einverstanden – wenn auch seine Mitteilung an den Befehlshaber der Flotte in Toulon eher als dringender Rat und weniger als Befehl formuliert war. Eine andere günstige Wendung war, daß General Noguès, von Vichy zum Nachfolger Darlans ernannt, sich bereit erklärte, am nächsten Tag zu einer Besprechung nach Algier zu kommen.

Doch am Morgen des 12. hatte Clark einen neuen Wutanfall, als er hörte, Darlans Befehl zum Widerstand in Tunesien sei widerrufen worden. Nachdem er Darlan und Juin in sein Hotel zitiert hatte, wurde es bald klar, daß dies auf Juin zurückging, der argumentierte, es sei kein Widerruf, sondern nur eine Suspendierung des Befehls bis zum Eintreffen von Noguès, der jetzt sein legitimer Vorgesetzter sei. Solche Skrupel, obwohl sie für den französischen militärischen Kodex charakteristisch waren, erschienen Clark als bloße formaljuristische Spitzfindigkeiten. Wenn auch die beiden Franzosen sich schließlich einverstanden erklärten, den Befehl für Tunis sofort neu zu erlassen, ohne auf Noguès zu warten, so wurde sein Mißtrauen wieder verstärkt durch ihr Widerstreben, Giraud an der Besprechung teilnehmen zu lassen. Clark war so wütend über dieses ewige Zaudern, daß er davon sprach, alle französischen Führer zu verhaften und auf einem Schiff im Hafen einzusperren, wenn sie nicht innerhalb 24 Stunden zu einem befriedigenden Entschluß kämen.

Dann aber wurde Darlans Position bei den anderen französischen Führern in Afrika gestärkt durch eine zweite geheime Botschaft Pétains, in der er sein Vertrauen zu Darlan bekräftigte und erklärte, er selbst befinde sich in engem Akkord mit Präsident Roosevelt, wenn er auch wegen der Anwesenheit der Deutschen nicht offen sprechen könne. Dies half Darlan, der mehr Wirklichkeitssinn hatte als viele seiner Landsleute, die Zustimmung von Noguès und anderen zu einer Übereinkunft mit den Alliierten einschließlich der Anerkennung Girauds zu erhalten. Die französischen Diskussionen bei einer neuen Konferenz am 13. wurden beflügelt durch eine neue Drohung Clarks, er würde sie allesamt einsperren, und am Nachmittag kam es zu einer Einigung, die sogleich die Zustimmung Eisenhowers fand, der von Gibraltar herübergeflogen war. Danach sollte Darlan Hoher Kommissar und Oberbefehlshaber der Kriegsmarine sein, Giraud Oberbefehlshaber des Heeres und der Luftwaffe, Juin Befehlshaber des östlichen Abschnitts und Noguès Befehlshaber des westlichen Abschnittes sowie Generalresident von Marokko. Die aktive Zusammenarbeit mit den Alliierten bei der Befreiung Tunesiens solle sofort beginnen.

Eisenhower stimmte der Abmachung um so bereitwilliger zu, als er ebenso wie Clark erkannt hatte, daß Darlan der einzige war, der die Franzosen auf die alliierte Seite führen konnte; er erinnerte sich an das, was Churchill ihm vor kurzem in London gesagt hatte: »Wenn ich Darlan treffe, dann würde ich, so sehr ich ihn hasse, gern eine Meile auf Händen und Knien kriechen, wenn ich ihn dadurch dazu bringen könnte, seine Flotte den Alliierten zuzuführen.« Eisenhowers Entscheidung wurde ebenso prompt von Roosevelt und Churchill sanktioniert.

Jedoch dieser »Kuhhandel mit Darlan«, der in der Öffentlichkeit so lange als eine üble Nazi-freundliche Figur dargestellt worden war, erregte in Großbritannien und Amerika einen ärgeren Proteststurm, als Churchill oder Roosevelt vorausgesetzt hatten. In Großbritannien war er noch größer, da de Gaulle dort saß und seine Anhänger alles taten, die Entrüstung in der Öffentlichkeit anzufachen. Roosevelt suchte den Sturm zu besänftigen durch eine öffentliche Erklärung, in der er einen Satz aus einem vertraulichen Telegramm Churchills übernahm, daß das Abkommen mit Darlan »nur ein zeitweiliger Notbehelf und nur gerechtfertigt durch den Druck der militärischen Lage« sei. In einer Pressekonferenz beschrieb er das Abkommen als die Befolgung eines alten Sprichworts der orthodoxen Kirche: »Meine Kinder, bei schwerer Gefahr ist es euch erlaubt, mit dem Teufel zusammenzugehen, bis ihr die Brücke überschritten habt.«

Roosevelts Erläuterungen des Abkommens als eines »zeitweiligen Notbehelfs« war natürlich ein Schock für Darlan, der meinte, er sei betrogen worden. In einem Protestschreiben an Mark Clark bemerkte er bitter, sowohl diese öffentliche Erklärung wie private Mitteilungen zeigten, daß er für die Amerikaner »nur eine Zitrone sei, die weggeworfen wird, nachdem man sie ausgepreßt hat«.

Roosevelts Erklärung wurde mindestens ebensosehr von den französischen Befehlshabern übelgenommen, die Darlan bei dem Abkommen bei den Alliierten unterstützt hatten. Eisenhower kabelte konsterniert nach Washington: »Die wirklichen Gefühle der Franzosen gleichen nicht im entferntesten unseren vorherigen Berechnungen, und es ist von höchster Wichtigkeit, daß nichts Voreiliges unternommen wird, was das von uns hergestellte Gleichgewicht über den Haufen wirft.« General Smuts, der auf seinem Weg von London nach Südafrika in Algier Station machte, kabelte an Churchill:

»Was Darlan betrifft, so hatten die veröffentlichten Erklärungen eine beunruhigende Wirkung auf die französischen Führer, und es wäre gefährlich, in dieser Richtung weiterzugehen. Noguès hat bereits mit dem Rücktritt gedroht, und da er die marokkanische Bevölkerung in der Hand hat, hätte dies weitreichende Folgen.«

Unterdessen hatte Darlan ein klares und detailliertes Abkommen mit Clark für eine praktische Zusammenarbeit getroffen. Er bewog ferner die französischen Befehlshaber in Westafrika, seinem Beispiel zu folgen und den wichtigen Hafen Dakar, zugleich mit den dortigen Flugplätzen, den Alliierten zur Verfügung zu stellen. Doch am Weihnachtsabend wurde er von einem fanatischen jungen Mann ermordet; er hieß Bonnier de la Chapelle und gehörte zu den royalistischen und gaullistischen Gruppen, die auf Darlans Beseitigung drängten. Sein Verschwinden löste das mißliche politische Problem der Alliierten und ebnete später den Weg für de Gaulle, während die Alliierten bereits den Nutzen ihres »Kuhhandels mit Darlan« geerntet hatten. Churchill schreibt in seinen Erinnerungen: »Darlans Ermordung, so verbrecherisch sie war, befreite die Alliierten aus ihrer Verlegenheit, mit ihm zusammenarbeiten zu müssen, und ließ ihnen dabei alle Vorteile, die er ihnen in den entscheidenden Stunden der alliierten Landung verschafft hatte.« Darlans Mörder wurde auf Befehl Girauds sofort von einem Kriegsgericht abgeurteilt und erschossen. Am folgenden Tag wählten die französischen Befehlshaber Giraud als Nachfolger Darlans zum Hohen Kommissar. Giraud »füllte die Lücke« — aber auch nur für kurze Zeit.

Wenn es den Alliierten nicht gelungen wäre, Darlans Unterstützung zu gewinnen, wären ihre Schwierigkeiten viel größer gewesen. Denn es standen fast 120 000 Mann französischer Truppen in Nordafrika: etwa 55 000 in Marokko, 50 000 in Algier und 15 000 in Tunesien. Obwohl über einen weiten Raum verstreut, hätten sie gefährlichen Widerstand leisten können, wenn sie sich weiterhin gegen die Alliierten gestellt hätten.

Der einzige wichtige Punkt, in dem Darlans Unterstützung und Autorität nicht den gewünschten Erfolg hatte, war die Überführung des Gros der französischen Flotte von Toulon nach Nordafrika. Ihr Befehlshaber, Admiral de Laborde, zögerte, der Aufforderung Darlans zu entsprechen ohne eine Bestätigung von Pétain, und ein Abgesandter Darlans, der ihn persönlich überzeugen sollte, wurde von den Deutschen abgefangen. Laborde wurde in seinem Zögern noch bestärkt und sein Mißtrauen eingeschläfert dadurch, daß die Deutschen so schlau waren, am Rande des Kriegshafens haltzumachen und den Hafen weiterhin von französischen Truppen besetzt zu lassen. Unterdessen bereiteten sie einen Handstreich vor, um die Flotte intakt in ihre Hand zu bekommen, und führten ihn am 27. November aus, nachdem sie die Ausfahrt aus dem Hafen vermint hatten. Aber obwohl ihr langes Zaudern die Franzosen um die Möglichkeit gebracht hatte, auszubrechen, konnten sie doch den vorbereiteten Plan durchführen, ihre Flotte schnell genug zu versenken, ehe die Deutschen sie in ihre Hand bekamen. So erfüllten sie die Zusicherung, die Darlan in seiner ersten Besprechung mit Clark in Algier am 10. November gegeben hatte: »Unter keinen Umständen wird unsere Flotte in deutsche Hand fallen.« Die Alliierten waren enttäuscht, daß die Flotte nicht nach Nordafrika gekommen war; aber noch größer war ihre Erleichterung darüber, daß die Gefahr, die Flotte könnte gegen sie eingesetzt werden, mit ihrer Versenkung vorüber war.

Ein weiterer Grund zur Erleichterung vor allem in den ersten kritischen Tagen war, daß Spanien sich jeder Einmischung enthalten und daß auch Hitler nicht versucht hatte, durch Spanien hindurch das westliche Tor des Mittelmeers anzugreifen. Die spanische Armee hätte durch Geschützfeuer aus Algeciras den Hafen und den Flugplatz von Gibraltar unbenutzbar machen können; sie hätte auch die Verbindung zwischen Pattons Truppe und den alliierten Streitkräften in Algerien abschneiden können, da die Bahnverbindung von Casablanca nach Oran dicht an der Grenze Spanisch-Marokkos entlangführt. Als »Torch« geplant wurde, hatten die Briten erklärt, wenn Franco interveniere, würde Gibraltar unbenutzbar werden[1], und Eisenhowers Planungsstab rechnete, daß fünf Divisionen und über drei Monate zur Besetzung Spanisch-Marokkos notwendig sein würden. Zum Glück verhielt sich Franco ruhig als »nichtkriegführender« Verbündeter der Achse – um so bereitwilliger, als die Amerikaner spanische Produkte abnahmen und ihn mit Öl aus dem karibischen Raum versorgten. Außerdem zeigen die später geöffneten diplomatischen Archive der Achsenmächte, daß Hitler, nach seinen früheren Erfahrungen mit Francos geschicktem Ausweichen vor seinem Wunsch nach einem Durchmarsch durch Spanien gegen Gibraltar, im November 1942 nicht mehr im Ernst eine solche Operation plante. Erst im April 1943 wurde dieser Gedanke wieder aufs Tapet gebracht, und zwar von Mussolini – als die Truppen der Achse in Tunesien hart bedrängt wurden und man eine alliierte Invasion Italiens fürchtete. Doch auch dann lehnte Hitler Mussolinis Vorschlag ab, einmal weil er fürchtete, ein Marsch durch Spanien würde auf hartnäckigen Widerstand seines »nichtkriegführenden Verbündeten« stoßen, und außerdem weil er damit rechnete, die Achse könnte ihre Stellung in Tunesien auch so behaupten. Dieser Optimismus Hitlers beruhte auf dem beachtlichen Erfolg der schwachen Streitkräfte der Achse, die Ende November nach Tunesien geschickt worden waren, um dem alliierten Vormarsch entgegenzutreten.

1 Dies war keine neue Schlußfolgerung. Nach Ausbruch des spanischen Bürgerkrieges im Jahr 1936 hatte ich diesen Punkt in zahlreichen Artikeln, Vorträgen und privaten Unterhaltungen betont, wenn ich auf die Gefahren hinwies, die entstehen könnten, falls Spanien von einem faschistischen Regime beherrscht würde, das aktiv mit den Achsenmächten zusammenarbeite.

KAPITEL 22

WETTLAUF NACH TUNIS

Der alliierte Vorstoß nach Tunis und Bizerta begann mit einer maritimen Landeoperation, freilich nur sehr geringer Reichweite – einem Angriff auf den Hafen Bougie, gut 150 Kilometer östlich von Algier und nur ein Viertel der Strecke von Algier nach Bizerta. Dies war eine Kleinausgabe des ursprünglichen Planes, nach dem unter der Annahme sofortiger voller französischer Mitarbeit Fallschirmjäger und vom Meer aus an Land gesetzte Kommandotruppen an drei Tagen hintereinander – dem 11., 12. und 13. November – die Flugplätze von Bône, Bizerta und Tunis nehmen sollten, während eine schwimmende Reserve der in Algier gelandeten Streitmacht den Hafen von Bougie und den Flugplatz Djidjelli, 60 Kilometer weiter östlich, nehmen sollte. Doch in der unsicheren Situation nach der Landung bei Algier erschien dieser Plan zu riskant, und die entfernteren Operationen wurden daher fallengelassen. Statt dessen beschloß man am 9. November, nur Bougie und den Flugplatz zu besetzen und dann mit einer Vorausabteilung bis zum Eisenbahnknotenpunkt Souk Ahras nahe der tunesischen Grenze vorzustoßen, während gleichzeitig eine zur See und zur Luft beförderte Truppe Bône besetzte.

Am Abend des 10. fuhren zwei Geleitzüge unter starker Bedeckung von Kriegsschiffen von Algier ab; sie hatten an Bord die zur 78. britischen Division unter Generalmajor Evelegh gehörende 36. Brigadegruppe und die gesamten für die Expedition benötigten Materialien. Sie kamen am frühen Morgen des 11. auf der Höhe von Bougie an, aber verloren bei der Landung an den nahe gelegenen Küsten bei schwerer Brandung viel Zeit aus Furcht vor feindlichem Widerstand – doch stellte sich schließlich die Aufnahme durch die Franzosen als freundlich heraus. Wegen der Brandung wurde die geplante Landung in der Nähe von Djidjelli nicht versucht, und der Flugplatz wurde erst zwei Tage später besetzt – nicht rechtzeitig, um wirksamen Jägerschutz für die Operation bieten zu können, so daß mehrere Schiffe durch Luftangriffe versenkt wurden. Am frühen Morgen des 12. jedoch fuhr ein Kommandotrupp in den Hafen von Bône ein, und eine Fallschirmjägereinheit wurde auf dem Flugplatz abgesetzt; beide wurden von den Franzosen freundlich aufgenommen.

Am 13. begann die Brigadegruppe von Bougie aus weiterzufahren, während andere Teile der Division auf dem Landweg von Algier dazukamen; dahinter folgte die »Blade Force«, eine soeben gelandete Panzerkolonne, die aus den 17. und 21. Lancer-Regimentern unter Oberst Hull bestand – es war die Vorausabteilung der 6. britischen Panzerdivision[1]. Um diesen Truppen den Weg zu bahnen, sollte am 15. ein britisches Fallschirmjägerbataillon bei Souk el Arba, jenseits der tunesischen Grenze, und ein amerikanisches Fallschirmjägerbataillon bei Tebessa abgesetzt werden; dieses sollte die Südflanke decken und einen Feldflugplatz in der Nähe besetzen. Die Amerikaner landeten planmäßig und stießen zwei Tage später 120 Kilometer weiter südöstlich vor, wo sie den Flugplatz von Gafsa besetzten, gut 100 Kilometer vom Golf von Gabes und der Grenze zwischen Libyen und Tunesien entfernt. Die britischen Fallschirmjäger sprangen wegen schlechten Wetters erst einen Tag später ab, und die Spitze der Bodentruppen kam auch so schnell voran, daß sie ebenfalls am 16. Souk el Arba erreichte. Am gleichen Tage erreichte ein anderer Verband, der an der Küste vorrückte, den kleinen tunesischen Hafen Tabarka.

Am nächsten Tag, dem 17., gab General Anderson der 78. Division den Befehl, »nach Tunis vorzustoßen und die Streitkräfte der Achse zu vernichten«, sobald sie ihre Konzentration abgeschlossen habe. Diese Pause zur Konzentration der Kräfte, so wünschenswert sie auch schien, war ein Fehler angesichts der Geringfügigkeit der feindlichen Kräfte, die bis dahin nach Tunesien gelangt waren: ein Fallschirmjägerregiment von nur zwei Batail-

1 Bei den 17./21. Lancers und anderen Panzerregimentern dieser Division hatten zwei Gruppen jeder Squadron den neuen schnellen »Crusader III«-Panzer mit dem mächtigen 6-Pfünder-Geschütz; die anderen beiden Gruppen waren mit dem »Valentine« ausgerüstet, der nur ein 2-Pfünder-Geschütz besaß und langsamer, aber zuverlässiger und besser gepanzert war.

lonen bei Tunis, die am 11. von Italien herübergeflogen worden waren, und zwei weitere Bataillone bei Bizerta. Am 16. traf General Nehring — der frühere Befehlshaber des Afrikakorps, der von seiner schweren Verwundung in dem Kampf bei Alam Halfa soeben wiederhergestellt worden war — mit einem einzigen Stabsoffizier in Tunis ein, um den Befehl über diese rund 3000 Mann zu übernehmen, die sich »90. Korps« nannten. Selbst Ende November hatten die deutschen Truppen erst die Stärke einer Division erreicht.

Doch ohne sich mit einer ordnungsgemäßen Konzentration abzugeben, begaben sie sich sofort an die westliche Front und verschleierten durch diese Kühnheit ihre Schwäche. Die französischen Truppen in Tunesien, obwohl weit zahlreicher, zogen sich vor ihnen zurück, um einen vorzeitigen Zusammenstoß vor Ankunft alliierter Verstärkungen zu vermeiden. Am 17. stieß ein deutsches Fallschirmjägerbataillon von nur 300 Mann unter Hauptmann Knoche auf der Straße Tunis—Algier nach Westen vor, und die dort postierten französischen Einheiten zogen sich bis Medjez el Bab, 60 Kilometer westlich Tunis, und bis zu der dortigen strategisch wichtigen Brücke über den Medjerda zurück. Hier wurden die Franzosen in der Nacht zum 18. durch die ersten Abteilungen der »Blade Force« verstärkt.

Um 4 Uhr morgens wurde der französische Befehlshaber in Tunesien, General Barré, dorthin gebeten, um mit einem deutschen Abgesandten zusammenzutreffen; dieser überreichte ein Ultimatum Nehrings, daß die französischen Truppen sich auf eine Linie in der Nähe der tunesischen Westgrenze zurückziehen müßten. Barré versuchte zu parlamentieren; aber die Deutschen erkannten, daß dies nur ein Versuch war, Zeit zu gewinnen, und ihre Aufklärung entdeckte am frühen Morgen die Nähe der allierten Truppen. So brachen sie um 9 Uhr morgens die Verhandlungen ab und eröffneten eine Viertelstunde später das Feuer. Anderthalb Stunden später tauchten auch deutsche Sturzbomber auf und verliehen dem Bluff noch mehr Nachdruck. Nach ihren Angriffen, welche die Verteidiger stark mitnahmen, griffen auch die Fallschirmjäger an, und diese ganze Vortäuschung von Kraft vermittelte dem Gegner einen übertriebenen Eindruck der deutschen Stärke. Die alliierten

Befehlshaber glaubten, nicht aushalten zu können, wenn nicht weitere Verstärkungen herankämen – und General Andersons Befehl schloß eine solche Unterstützung aus, bis die alliierte Konzentration zum Vormarsch auf Tunis abgeschlossen war.

Nach Dunkelwerden ließ Hauptmann Knoche mehrere kleinere Gruppen den Fluß durchschwimmen, und diese täuschten sehr wirkungsvoll einen Angriff mit größerer Stärke vor. Die Alliierten zogen sich zurück und ließen die Brücke intakt; um Mitternacht forderte der britische Befehlshaber den französischen Kommandeur auf, sich sofort auf eine sichere Stellung auf einem Hügel 12 Kilometer weiter zurückzuziehen. Dies geschah, und die Deutschen besetzten Medjez el Bab. Es war ein schlagendes Beispiel eines gelungenen Bluffs dank der Kühnheit einer kleinen Einheit, die nicht einmal ein Zehntel so stark war wie die Verteidiger.

Weiter nördlich war Major Witzigs Bataillon mit einigen Panzern von Bizerta entlang der Küste westlich vorgerückt und war auf das Spitzenbataillon der britischen 36. Infanteriebrigade gestoßen. Obwohl die Deutschen einen Teil des Bataillons überrannten, hielt es aus, bis die übrige Brigade ihm zu Hilfe kam.

Unterdessen hatten kleinere deutsche Einheiten im Süden die wichtigen Städte Sousse, Sfax und Gabes auf dem Weg nach Tripolis besetzt. Etwa 50 aus der Luft abgesetzte Fallschirmjäger blufften die französische Garnison so erfolgreich, daß sie Gabes räumte. Die Deutschen wurden am 20. verstärkt durch zwei italienische Bataillone aus Tripolis, die gerade rechtzeitig kamen, um einen Handstreich der amerikanischen Fallschirmjäger auf Gabes zu verhindern. Am 22. vertrieb ein kleiner deutscher Panzerverband die Franzosen aus dem Straßenkreuzungspunkt Sbeitla und ließ dort eine italienische Einheit zurück, als er selbst nach Tunis zurückkehrte – aber diese wurde schnell durch eine andere Einheit von Oberst Raffs amerikanischen Fallschirmjägern vertrieben. Alles in allem hatte General Nehrings Gerippe einer Streitmacht nicht nur die Brückenköpfe Tunis und Bizerta halten, sondern sie auch zu einem großen Brückenkopf, der fast die ganze nördliche Hälfte Tunesiens umfaßte, erweitern können.

Andersons geplante Offensive zur Einnahme von Tunis begann erst am 25. November. Bis dahin aber waren die schwachen deutschen Kräfte verdreifacht worden, obwohl die deutschen Kampftruppen immer noch nur zwei kleinere Fallschirmjägerregimenter, ein Bataillon Fallschirmpioniere, drei Infanteriebataillone und zwei Kompanien eines Panzerbataillons mit 30 Panzern umfaßten — zu diesen Panzern gehörten einige der neuen »Panzer IV« mit langen 7,5-cm-Geschützen. So war die extreme Ungleichheit zwischen den Kräften der Achse und den Alliierten wegen Andersons langer Pause an der tunesischen Grenze erheblich vermindert worden.

Anderson selbst zweifelte jetzt, ob seine Kräfte ausreichten, das Ziel Tunis zu erreichen. Daher wurde er auf Befehl Eisenhowers durch weitere amerikanische Einheiten verstärkt, insbesondere das Kampfkommando B der ersten Panzerdivision, welche über 1000 Kilometer weit von Oran gekommen war — die Fahrzeuge auf Rädern auf der Straße und die Panzer mit der Eisenbahn[1].

Die alliierte Offensive hatte drei Stoßrichtungen: links an der Küste stand die 36. Infanteriebrigade, im Zentrum die weit größere »Blade Force« und rechts an der Hauptstraße die 11. Infanteriebrigade — alle drei verstärkt durch amerikanische Panzer- und Artillerieeinheiten.

Der linke Vorstoß auf der hügeligen Küstenstraße begann einen Tag zu spät und kam dann in den ersten zwei Tagen nur je 10 Kilometer vorwärts — Witzigs kleines Bataillon von Fallschirmpionieren zog sich vor ihm zurück. Am 28. kam man doppelt so viel vorwärts, geriet aber dann in einen Hinterhalt, den Witzig in einem Paß in der Nähe von Djefna gelegt hatte, und das Spitzenbataillon erlitt schwere Verluste. Am 30. scheiterte ein größerer Angriff gegen eine inzwischen stärker gewordene Verteidigung und mußte aufgegeben werden. Dieser Rückschlag führte wiederum zum Scheitern einer amphibischen Operation eines gemisch-

1 Die amerikanischen Panzerdivisionen in dieser Periode des Krieges bestanden aus zwei Panzerregimentern von je einem leichten und vier mittleren Bataillonen, einem Panzerinfanterieregiment von drei Bataillonen und drei gepanzerten Feldartilleriebataillonen. Sie hatten eine Sollstärke von 390 Panzern — 158 leichten und 232 mittleren. für die Kampfhandlungen wurde die Division in die beiden Kampfkommandos A und B aufgeteilt, später kam noch eine dritte dazu.

ten britisch-amerikanischen Kommandos, das an der Küste nördlich von Djefna landete und die Straße hinter der deutschen Front blockierte, aber drei Tage später wieder eingeschifft werden mußte, als von einem Entsatz nichts zu sehen war.

Der mittlere Vorstoß wurde von der »Blade Force« durchgeführt, die von einem amerikanischen Bataillon leichter Panzer verstärkt war, so daß sie nun gut über 100 Panzer hatte. Sie rückte am 25. fast 50 Kilometer bis zum Chouigui-Paß vor, nachdem sie eine schwache deutsche Vorpostenlinie durchbrochen hatte. Am nächsten Tag stellte sich ihr eine deutsche Panzerkompanie mit zehn Panzern und zwei Infanteriekompanien entgegen, die von Mateur südwärts vorgerückt waren; acht der Panzer wurden außer Gefecht gesetzt, meist durch die amerikanischen 3,7-cm-Panzerabwehrgeschütze; aber die Aktion führte doch dazu, daß das britische Oberkommando den Vorstoß der Blade Force abbrach und sie zur Deckung der Flanke des rechten Vorstoßes einsetzte.

Beide Seiten betasteten sich nur in diesem »Nebelkrieg«; aber die alliierte Vorsicht in einem entscheidenden Augenblick bildete einen Gegensatz zu der Kühnheit der Deutschen – um so mehr, als am Tag vorher eine kleine Abteilung der Blade Force durch einen glücklichen Zufall dem deutschen Oberkommando einen Schrecken eingejagt hatte. Hull hatte Oberstleutnant Waters, dem Kommandeur des Bataillons leichter Panzer, befohlen, die Brücken über den Medjerda zu erkunden; eine Kompanie, die diesen Auftrag ausführte, gelangte dabei zufällig an den Rand des Flugplatzes Djedeida, der erst kürzlich in Benutzung genommen war. Ihr Kommandeur, Major Barlow, erkannte und ergriff die gute Gelegenheit, fegte mit seinen 17 Panzern über den Flugplatz und zerstörte etwa 20 deutsche Flugzeuge – in den Berichten wurde die Zahl bis auf 40 vergrößert. Dieser tiefe Durchbruch, der ebenfalls in den Berichten aufgebauscht wurde, die Nehring erreichten, war für ihn ein solcher Schock, daß er seine Truppen zur Verteidigung näher auf Tunis zurückzog.

Der rechte Vorstoß der Alliierten entlang der Hauptstraße war bei einem ersten Angriff auf Medjez el Bab zurückgeworfen worden; aber am Abend des 25. befahl Nehring unter dem Eindruck des Handstreichs auf dem Flugplatz Djedeida den Rückzug, in der Besorgnis, die Verteidiger könnten durch einen neuen Angriff überwältigt werden. Auf ihren Fersen folgend, besetzten die alliierten Panzerspitzen am frühen Morgen des 27. Tebourba, 30 Kilometer weiter östlich. Aber ein kurzer Vormarsch am nächsten Tag wurde bei Djedeida, 20 Kilometer vor Tunis, zum Stehen gebracht; ebenso wurde am 29. ein neuer Angriff zurückgeschlagen. Der Kommandeur, General Evelegh, riet dann zu einer Pause, bis weitere Verstärkungen herangekommen und besserer Jägerschutz gegen die deutschen Sturzbomber organisiert worden wäre, welche die Alliierten zunehmend belästigten und ihnen auf die Nerven fielen.

Dieser Vorschlag wurde von Anderson und von Eisenhower genehmigt. Dieser besuchte in diesen Tagen das Frontgebiet und wurde von den amerikanischen Offizieren mit der ständigen Beschwerde begrüßt: »Wo bleibt unsere verdammte Luftwaffe? Warum sehen wir nur Heinis in der Luft?« In seinen Erinnerungen bemerkt Eisenhower: »Alle Unterhaltungen am Straßenrand zeugten von einer erstaunlichen Übertreibung des angerichteten Schadens; aber es war dennoch bedenklich, solche Kommentare zu hören wie ›wir werden uns sicher zurückziehen müssen, unter diesen Umständen können keine Menschen existieren‹.«

Unterdessen warf Feldmarschall Kesselring, der zu gleicher Zeit Tunis besuchte, Nehring vor, er sei zu vorsichtig und defensiv. Er wischte alle Argumente über die weit größere Stärke der Alliierten und über die Behinderung des Einfluges von Verstärkungen durch alliierte Bombenangriffe auf die Flugplätze brüsk beiseite. Er kritisierte den Befehl zum Rückzug bei Medjez el Bab und ordnete an, das verlorene Gelände wiederzugewinnen, zum mindesten bis Tebourba. So erfolgte am 1. Dezember ein Gegenangriff von drei Panzerkompanien[1] mit etwa 40 Panzern, einer Feldbatterie von drei Geschützen und zwei Kompanien mit Pak-Geschützen. Der Gegenangriff richtete sich nicht direkt gegen die alliierte

1 Die wichtigsten Teile der 10. deutschen Panzerdivision waren soeben in Tunesien eingetroffen; darunter zwei Kompanien mit 32 »Panzer III« und zwei der neuen »Panzer IV«.

Truppe, die Djedeida angegriffen hatte, sondern gegen den Chougui-Paß an der Flanke, mit der Absicht, dann die alliierte Truppe bei Tebourba im Rücken zu fassen. Die Deutschen stießen zuerst auf die Blade Force, die sie zum Teil überrennen und zersprengen konnten; dann aber wurden sie beim Vorstoß auf Tebourba durch Artillerie und Bombenangriffe zum Stehen gebracht, ehe sie ihr Ziel erreichten und die Hauptstraße blockieren konnten.

Doch der ständige Druck der Deutschen bedeutete eine solche Gefahr für diese Hauptverbindungslinie, daß die alliierte Panzerspitze bei Djedeida in die Nähe von Tebourba zurückgezogen wurde. Am 3. Dezember verstärkte sich der deutsche Druck, da Nehring alle verfügbaren deutschen Einheiten in den Kampf warf und nur eine Handvoll Truppen in der Stadt Tunis zurückließ. In der Nacht wurde die alliierte Panzerspitze auch aus Tebourba herausgedrängt und entkam nur unter Zurücklassung von viel Material und vielen Fahrzeugen. Die Deutschen machten dabei mehr als 1000 Gefangene, und zu ihrer Beute gehörten auch über 50 Panzer.

Es verdient Erwähnung, daß sich bei den jüngst eingetroffenen deutschen Verstärkungen auch fünf der neuen 56-Tonnen-»Tiger«-Panzer befanden, die ein langes 8,8-cm-Geschütz hatten. Diese Ungetüme waren eine Art »Geheimwaffe«; aber Hitler hatte beschlossen, einige zur Kampferprobung nach Tunis zu schicken, und zwei von ihnen wurden der Kampfgruppe zugeteilt, die bei Djedeida und Tebourba kämpfte.

In den darauffolgenden Tagen planten die alliierten Kommandeure eine Wiederaufnahme ihrer Offensive mit verstärkter Kraft. Doch deren Aussichten wurden bald vermindert durch Nehrings Aktion zur Ausweitung seiner Geländegewinne. Nehring plante jetzt, mit einem kleinen Panzerverband durch ein großes südliches Umfassungsmanöver Medjez el Bab wiederzunehmen. Hier war das Kampfkommando B der ersten US-Panzerdivision aufgestellt worden, in der Absicht, für den neuen Vormarsch bereitzustehen. Eine Vorausabteilung wurde bei Dschebel el Guessa stationiert, einem Hügel südwestlich von Tebourba, der das flache Land weiter südlich überblickte. Zur Vorbereitung ihres eigenen Umfassungsmanövers griffen die Deutschen am 6. Dezember diesen Beobachtungspunkt an und überrannten die Verteidiger.

Dieser neue deutsche Streich veranlaßte den soeben eingetroffenen neuen Befehlshaber des britischen 5. Korps, Generalleutnant Allfrey, einen Rückzug seiner Truppen nördlich des Medjerda-Flusses aus ihren Stellungen bei Tebourba auf eine neue Stellung bei dem Hügel 290 (den die Briten »Longstop Hill« genannt hatten) zu befehlen, die Medjez el Bab näher lag. Er befürwortete sogar einen weiteren Rückzug auf eine Linie westlich dieses Ortes; dieser Vorschlag wurde von Anderson angenommen, aber von Eisenhower abgelehnt. Der »Longstop Hill« wurde jedoch geräumt.

In einem Brief an einen Freund, General Handy, schrieb Eisenhower am 7. Dezember: »Ich glaube, unsere jetzigen Operationen kann man am besten so beschreiben, daß sie jeden anerkannten Grundsatz der Kriegführung verletzt haben, daß sie allen in militärischen Lehrbüchern niedergelegten operativen und logistischen Methoden widersprechen und insgesamt in den nächsten 25 Jahren von allen Lehrgängen der Kriegsakademie verdammt werden.«

Nachdem sie am 10. Dezember ihre Flankenbewegung wiederaufgenommen hatten, mit etwa 30 mittleren und zwei »Tiger«-Panzern, wurden die Deutschen kurz vor Medjez el Bab durch eine geschickt aufgebaute französische Batterie zum Stehen gebracht und dann durch eine Abteilung des amerikanischen Kampfkommandos B, die sie im Rücken bedrohte, zum Rückzug veranlaßt. Aber die Deutschen errangen dann einen indirekten unerwarteten Erfolg, als das Kampfkommando B nach Dunkelwerden sich aus seiner exponierten Position zurückzog, seinen Weg auf Grund einer falschen Meldung über neue deutsche Bewegungen änderte und auf einen schlammigen Weg in der Nähe des Flusses geriet, wo viele seiner Panzer und andere Fahrzeuge festsaßen und aufgegeben werden mußten. Dieses Mißgeschick beeinträchtigte zeitweise erheblich die Aussicht auf Wiederaufnahme des alliierten Vorstoßes in Richtung Tunis. Im Augenblick hatte das Kampfkommando B nur noch 44 einsatzbereite Panzer — knapp ein Viertel seiner Sollstärke. Die beiden deutschen Gegenangriffe hatten die alliierten Pläne allzusehr durcheinandergebracht.

Inzwischen war Generaloberst Jürgen von Arnim von Hitler zum Oberbefehlshaber der Achsenstreitkräfte in Tunesien ernannt worden, die jetzt den Namen 5. Panzerarmee erhielten. Am 9. Dezember übernahm er das Kommando von Nehring, und nach Ankunft weiterer Verstärkungen ging er daran, die beiden Umkreise um Tunis und Bizerta zu einem großen Brückenkopf zu erweitern, der von einer 150 Kilometer langen Kette von Verteidigungsstellungen geschützt wurde und sich von der Küste 30 Kilometer westlich Bizerta bis Enfidaville an der Ostküste erstreckte. Er war in drei Abschnitte eingeteilt: der nördliche wurde von der improvisierten Division von Broich (die nach ihrem Befehlshaber benannt wurde) gehalten, der mittlere von der 10. Panzerdivision, die tropfenweise angekommen war, und der südliche von der italienischen Superga-Division. Der alliierte Nachrichtendienst schätzte die Achsenstreitkräfte in Tunesien Mitte Dezember auf etwa 25 000 Kampftruppen und 10 000 Mann Verwaltungs- und Versorgungseinheiten, mit zusammen 80 Panzern — eine etwas übertriebene Schätzung. Die Kampftruppen der Alliierten zählten knapp 40 000 Mann — rund 20 000 Briten, 12 000 Amerikaner und 7000 Franzosen —, aber ihre Gesamtzahl war weit höher, da der administrative Aufbau bei den Alliierten üppiger war.

Verzögerungen beim Aufbau seiner Kräfte, zum Teil durch schlechtes Wetter verschuldet, veranlaßten Anderson, die Wiederaufnahme der Offensive zu verschieben. Am 16. Dezember beschloß er sie am 24. zu beginnen, um den Vollmond für einen Nachtangriff der Infanterie auszunutzen. Die Offensive sollte von der britischen 78. Division und 6. Panzerdivision zusammen mit Teilen der 1. US-Infanteriedivision ausgeführt werden.

Erste Angriffe wurden gemacht, um den »Longstop Hill« und ebenso den Hügel 466 an der nördlichen Straße nach Tebourba wiederzugewinnen. Beide Angriffe litten an schlechtem Wetter und entwickelten sich zu längeren hin und her gehenden Kämpfen, so daß der Hauptangriff verschoben werden mußte. Am 25. hatten die Deutschen ihre ursprünglichen Stellungen wiedergewonnen und gaben jetzt dem »Longstop Hill« den Namen »Weihnachtshügel«.

Aber bereits am Weihnachtsabend hatten Eisenhower und Anderson widerstrebend beschlossen, angesichts dieser Rückschläge und der furchtbaren Wolkenbrüche, die das Kampffeld in einen Morast verwandelten, die Offensive aufzugeben. Die Alliierten hatten den »Wettlauf nach Tunis« verloren.

Jedoch dank einer Ironie des Schicksals erwies sich dieser Fehlschlag als einer der größten verkappten Segnungen, die man sich vorstellen konnte. Denn ohne diesen alliierten Fehlschlag hätten Hitler und Mussolini nicht die Zeit und nicht den Mut gehabt, weiterhin sehr große Verstärkungen nach Tunis zu schicken und diesen Brückenkopf bis zu einer Stärke von über 250 000 Mann auszubauen – die mit dem Rücken zu dem vom Feind beherrschten Meer kämpfen mußten und im Falle einer Niederlage keinen Ausweg hatten. Als dann im Mai 1943 die Streitkräfte der Achse schließlich überwältigt wurden, war der ganze Süden Europas unverteidigt, so daß die anschließende alliierte Invasion Siziliens im Juli leichtes Spiel hatte. Ohne den alliierten Mißerfolg im Dezember, der zu einer so großen Ausbeute an feindlichen Gefangenen im Mai führte, wäre mit großer Wahrscheinlichkeit der Wiedereintritt der Alliierten nach Europa zurückgeschlagen worden. Denn was Churchill gern den »weichen Unterleib Europas« nannte, war in Wirklichkeit ein bergiges und für jede Invasionsstreitmacht sehr schwieriges und hartes Gelände – es war nur »weich«, wenn nicht genug Verteidiger da waren.

KAPITEL 23

GEZEITENWECHSEL IM PAZIFIK

Japans offensives Ziel im Pazifik, die Schaffung der sogenannten »Großen Ostasiatischen Wohlstandssphäre«, war praktisch innerhalb von vier Monaten erreicht worden. In dieser Zeit waren Malaya und Niederländisch-Indien ebenso wie Hongkong vollständig erobert worden, dazu fast die ganzen Philippinen und der südliche Teil von Burma. Innerhalb eines weiteren Monats brachte die Kapitulation der Inselfestung Corregidor den Fall von Amerikas letztem Stützpunkt auf den Philippinen. Eine Woche später wurden die Briten aus Burma vertrieben und nach Indien zurückgeworfen, und China war dadurch von seinen Verbündeten abgeschnitten. Diese gewaltigen Eroberungen hatten die Japaner nur etwa 15 000 Mann, 380 Flugzeuge und vier Zerstörer gekostet.

Nach einer solchen Serie leichter Triumphe waren die Japaner natürlich wenig dazu bereit, zur Defensive überzugehen — wie es ihr strategischer Plan eigentlich vorsah. Sie fürchteten, ein solcher Übergang würde ihren Kampfgeist langsam einschläfern und ihren wirtschaftlich so viel stärkeren westlichen Gegnern die Chance geben, sich wieder zu erholen. Insbesondere die japanische Kriegsmarine war bestrebt, die beiden möglichen Ausgangspunkte für ein amerikanisches Comeback, Hawaii und Australien, auszuschalten. Sie wiesen darauf hin, die amerikanischen Flugzeugträger könnten nach wie vor von Hawaii aus operieren, und Australien werde offensichtlich zu einem Sprungbrett ebenso wie zu einer sicheren Basis für die Alliierten ausgebaut.

Die japanische Armee, die ihre Augen immer noch mehr auf China und die Mandschurei gerichtet hatte, war nicht gewillt, die für solche Unternehmungen erforderlichen Truppen freizugeben — für eine Invasion Australiens waren selbstverständlich große Truppenzahlen notwendig. Ebenso hatte die Armee bereits abgelehnt, an einem Plan des Vereinigten Flottenstabes zur Eroberung Ceylons mitzuwirken.

Die Kriegsmarine hoffte jedoch, durch einen neuen erfolgreichen Streich in einer der beiden Richtungen die Einwände der Armee zu überwinden und sie zu veranlassen, die für die eine oder die andere der beiden Unternehmungen erforderlichen Truppen zur Verfügung zu stellen. Die Marine war sich aber selbst nicht klar, welches die beste Stoßrichtung sei. Admiral Yamamoto und der Flottenstab befürworten einen Plan zur Einnahme der Midway-Inseln — 1700 Kilometer westlich von Hawaii — als Köder, um die amerikanische Pazifikflotte zur Aktion zu verleiten und sie dann zu vernichten. Der Admiralstab zog jedoch einen Vorstoß über die Salomon-Inseln zur Einnahme Neu-Kaledoniens, der Fidschi-Inseln und Samoas vor — durch die Einnahme dieser Inselkette wollte er die Seeverbindung zwischen Amerika und Australien abschneiden. Ein gewichtiges Argument für diesen zweiten Plan, die Isolierung Australiens, war, daß die Japaner bereits ein gutes Stück Weges bis zur Schließung des Ringes zurückgelegt hatten; denn bis Ende März 1942 waren sie bereits von Rabaul zu den Salomon-Inseln ebenso wie zur Nordküste Neu-Guineas vorgestoßen.

Die Diskussion zwischen den Vertretern der beiden Pläne wurde dann unterbrochen durch den amerikanischen Luftangriff auf Tokio vom 18. April 1942.

Der Angriff auf Tokio

Der Luftangriff auf die japanische Hauptstadt, das Herz des japanischen Mutterlandes, ging auf den Wunsch nach einer Vergeltung für Pearl Harbor zurück, und die Planung hatte schon im Januar begonnen. Da die Entfernung von jedem den Amerikanern noch verbliebenen Stützpunkt zu groß war, mußte der Angriff von Flugzeugträgern aus gestartet werden.

Da man wußte, daß die Japaner eine Kette von Vorpostenbooten besaßen, die etwa 800 Kilometer östlich Japans operierten, mußten die Flugzeuge aus einer Entfernung von etwa 850 Kilometern aufsteigen, was einen Hin- und Rückflug von zusammen 1700 Kilometern bedeutete; zu viel für Flugzeuge, die auf Flugzeugträgern befördert wurden. Außerdem würden die wenigen kostbaren Flugzeugträger der US-Kriegsmarine gefährdet sein, wenn sie in dem Raum warten müßten, bis die Flugzeuge vom Angriff zurückkehrten. So beschloß man, Flugzeuge der Heeresluftwaffe mit größerer Reichweite einzusetzen, und diese sollten nach der Bombardierung Tokios weiterfliegen und auf chinesischen Flugplätzen landen.

Dies bedeutete einen Flug von über 3000 Kilometern und setzte die Fähigkeit voraus, von Flugzeugträgern aus zu starten. Daher wurden die B 25 »Mitchell« für diese Aufgabe ausgewählt. Diese Bomber, mit Reservebenzintanks ausgestattet, konnten eine Bombenlast von über 1000 Kilogramm etwa 3800 Kilometer weit befördern. Die Piloten unter dem Kommando von Oberstleutnant James H. Doolittle übten sich in kurzen Starts und langen Überwasserflügen. Nur 16 Maschinen wurden eingesetzt, da sie zu groß waren, um unter Deck verstaut zu werden, und genügend Platz für den Start haben mußten.

Am 2. April lief der dafür ausgewählte Flugzeugträger »Hornet« mit einem Geleitschutz von Kreuzern und Zerstörern aus San Francisco aus. Am 13. vereinigte er sich mit der auf dem Flugzeugträger »Enterprise« stationierten 16. Task Force, die ihm Luftunterstützung geben sollte, da die eigenen Flugzeuge der »Hornet« unter Deck verstaut waren. Am Morgen des 18. wurde der Verband von einem japanischen Vorpostenboot entdeckt, als er noch gut 1000 Kilometer von Tokio entfernt war. Der Marinebefehlshaber, Vizeadmiral Halsey, beriet sich mit Doolittle, und sie kamen überein, es sei besser, trotz der zusätzlichen Entfernung die Bomber sofort aufsteigen zu lassen. Dies erwies sich als ein richtiger und glücklicher Entschluß.

In schwerer See zwischen 8.15 und 9.24 Uhr aufsteigend, erreichten die Bomber Japan in vier Stunden, überraschten die Luftabwehr völlig und warfen ihre Bomben, darunter Brandbomben, auf Tokio, Nagoya und Kobe ab. Sie flogen dann nach China weiter, von Rückenwind unterstützt. Unglücklicherweise war infolge eines Mißverständnisses der Flugplatz Tschutschau nicht zu ihrem Empfang vorbereitet, so daß die Mannschaften eine Bruchlandung machen oder mit dem Fallschirm abspringen mußten. Von den beteiligten 82 Mann kehrten 70 zurück – drei von den anderen waren von den Japanern gefangengenommen und wegen Bombardierung nichtmilitärischer Ziele hingerichtet worden. Die beiden Flugzeugträger entkamen unverletzt und erreichten Pearl Harbor am 25. April.

Es war ein glücklicher Umstand, daß trotz der Warnung des Vorpostenboots die Japaner den Angriff erst einen Tag später erwartet hatten, am 19., wenn, wie sie berechnet hatten, die Flugzeugträger nahe genug herangekommen wären. Bis dahin wäre die Luftwaffe zur Abwehr bereit gewesen, und Admiral Nagumos Flugzeugträger hätten ihre für einen Gegenangriff vorgesehene Position erreicht.

Das primäre Ergebnis des Angriffs war ein Auftrieb für die amerikanische Stimmung, die durch Pearl Habor schwer erschüttert worden war. Aber er zwang auch die Japaner, jetzt ständig vier Gruppen von Heeresjägern für die Verteidigung Tokios und anderer Städte in Japan festzuhalten; ein anderes Ergebnis war die Entsendung einer Strafexpedition von 53 Bataillonen in die chinesische Provinz Tschekiang, wo die Bomber gelandet waren. Eine noch bedeutsamere Auswirkung war der Beschluß, künftigen Angriffen zuvorzukommen, indem man sowohl die Aktion gegen die Midway-Inseln als auch die Aktion zur Isolierung Australiens von Amerika durchführte. Diese doppelte Anstrengung beeinträchtigte die Konzentration der japanischen Kräfte.

Nach dem jetzt revidierten japanischen Plan sollte die erste Aktion, die selbst wieder aus zwei Teilen bestand, in einem Vorstoß zu den Salomon-Inseln bestehen, mit dem Hauptziel der Einnahme von Tulagi als einer Basis für Wasserflugzeuge, die den weiteren Sprung nach Südosten decken könnten. Gleichzeitig sollte Port Moresby an der Südküste Neuguineas genommen werden, wodurch der australische Staat Queensland in Reichweite japanischer Bomber kam.

Dann sollte die Vereinigte Flotte unter Yamamoto die Midway-Inseln und einige Schlüsselstellungen in den westlichen Aleuten besetzen. Nach der erhofften Vernichtung der amerikanischen Pazifikflotte sollte dann der dritte Schritt die Wiederaufnahme des Vorstoßes nach Südosten zur Blockierung der Seeverbindung zwischen Amerika und Australien sein.

Die erste Aktion führte zur Schlacht im Korallenmeer, die zweite zu der Schlacht von Midway und die dritte zu dem langen Kampf um Guadalcanal, die große Insel in der Nähe von Tulagi.

Eine paradoxe indirekte Auswirkung dieses vielseitigen japanischen Plans war ein interner Konflikt in der amerikanischen Kommandostruktur. Anfang April hatten die USA die Zuständigkeit für den ganzen pazifischen Raum mit Ausnahme Sumatras übernommen, während Sumatra und der Raum des Indischen Ozeans in britischer Zuständigkeit blieben. Diese amerikanische Sphäre war in zwei Teile geteilt: den südwestpazifischen Raum unter General MacArthur, der sein Hauptquartier jetzt in Australien hatte, und den pazifischen Raum unter Admiral Nimitz. Beide waren starke und energische Persönlichkeiten, die daher leicht zusammenstießen. Der japanische Offensivplan bot aber beiden ein großes Tätigkeitsfeld; außerdem lag die Grenze zwischen ihren Räumen bei den Salomon-Inseln, wo die amphibische Drohung der Japaner die Zusammenarbeit von MacArthurs Landtruppen und Nimitz' Seestreitkräften erforderte. So mußten beide wohl oder übel zu einer praktischen Verständigung kommen.

Die Schlacht im Korallenmeer

Die japanischen Land- und Luftstreitkräfte für die erste Aktion wurden bei Rabaul auf New Britain zusammengezogen, die Seestreitkräfte bei Truk auf den Karolinen, 1500 Kilometer weiter nördlich. Hinter den amphibischen Verbänden, die für die beiden Invasionen abgestellt waren, stand ein Flugzeugträgerverband bereit, um jede amerikanische Intervention abzuwehren. Er bestand aus den Flugzeugträgern »Zuikaku« und »Schokaku« mit einem Geleitschutz von Kreuzern und Zerstörern und verfügte über 125 Marineflugzeuge, 42 Jäger und 83 Bomber. Weitere 150 Flugzeuge bei Rabaul konnten sie verstärken.

Der amerikanische Nachrichtendienst, die große Stärke der Alliierten, hatte den japanischen Plan in seinen Grundzügen erfahren, und Admiral Nimitz sandte alle verfügbaren Kräfte nach Süden: die Flugzeugträger »Yorktown« und »Lexington« aus Pearl Harbor mit 141 Maschinen, 42 Jägern und 99 Bombern sowie zwei Gruppen von Kreuzern als Begleitschutz. Die beiden anderen amerikanischen Flugzeugträger, »Enterprise« und »Hornet«, die von ihrer Aufgabe beim Angriff auf Tokio zurückkehrten, wurden ebenfalls in das Korallenmeer beordert, aber kamen für die Schlacht zu spät.

Am 3. Mai landeten die Japaner auf Tulagi und nahmen diese Insel ohne Widerstand, da die vorher gewarnte kleine australische Garnison zurückgezogen worden war. Zu diesem Zeitpunkt tankte die »Lexington« auf hoher See auf, während die »Yorktown« unter Konteradmiral Fletcher noch weiter entfernt war. Doch am nächsten Tag, noch 150 Kilometer von Tulagi, flogen ihre Maschinen eine Reihe von Einsätzen, bei denen ein japanischer Zerstörer versenkt wurde. Die »Yorktown« entkam durch einen glücklichen Zufall der japanischen Vergeltung: Die beiden japanischen Flugzeugträger mußten gerade eine Handvoll Jäger nach Rabaul bringen und hatten den Kampfplatz verlassen müssen, nur um eine eigene Überführung einzusparen. Dies war der Anfang einer Serie von Fehlern und Mißverständnissen auf beiden Seiten, von denen in der Bilanz die Amerikaner mehr Nutzen hatten.

Admiral Takagis Flugzeugträgerverband fuhr jetzt nach Süden in das Korallenmeer, östlich an den Salomonen vorbei, in der Hoffnung, den amerikanischen Trägerverband im Rücken zu fassen. Unterdessen hatte die »Lexington« sich zur »Yorktown« gesellt, und beide Schiffe steuerten jetzt nach Norden, um die japanische Invasionsflotte auf ihrem Weg nach Port Moresby abzufangen. Am 6. Mai – dem schwarzen Tag, an dem Corregidor kapitulierte – suchten sich die beiden Flugzeugträgerverbände gegenseitig, ohne Kontakt aufzunehmen, obwohl sie zeitweise nur 100 Kilometer voneinander entfernt waren.

Am Morgen des 7. berichteten dann japanische Aufklärungsflugzeuge, sie hätten einen Flugzeugträger und einen Kreuzer gesichtet, worauf Takagi prompt einen großen Bombenangriff auf die Schiffe befahl, die beide rasch versenkt wurden – doch in Wahrheit waren es nur ein Tanker und ein ihn begleitender Zerstörer, so daß sich die Mühe kaum lohnte. Am Abend führte Takagi einen zweiten kleineren Angriff, bei dem 20 der 27 eingesetzten Flugzeuge verlorengingen. Unterdessen verschwendeten auch Fletchers Trägerflugzeuge, ebenfalls durch einen falschen Bericht irregeführt, ihre Mühe auf einen Angriff auf die Geleitfahrzeuge der Invasion von Port Moresby. Dabei versenkten sie immerhin den leichten Flugzeugträger »Schoho« in zehn Minuten – eine der schnellsten Versenkungen des ganzen Krieges. Wichtiger war noch, daß die Japaner dadurch veranlaßt wurden, ihre Flotte umkehren zu lassen und die Invasion zu verschieben – es war ein paradoxer Nutzen des irrtümlichen Angriffs auf das falsche Schiff.

Am Morgen des 8. Mai hatten die beiden Flugzeugträgerverbände endlich gegenseitige Feindberührung. Beide Seiten waren ziemlich gleich stark: Die Japaner hatten 121 und die Amerikaner 122 Flugzeuge, die Japaner hatten vier schwere Kreuzer und sechs Zerstörer, die Amerikaner fünf schwere Kreuzer und sieben Zerstörer. Die Japaner konnten sich jedoch in einem Dunstgürtel bewegen, während die Amerikaner bei klarem Himmel kämpfen mußten. Eine Folge davon war, daß die »Zuikaku« von ihnen nicht gesichtet wurde. Die »Schokaku« jedoch erhielt drei Bombentreffer und mußte den Kampfplatz verlassen. Auf der anderen Seite erhielt die »Lexington« zwei Torpedo- und zwei Bombentreffer, und die darauffolgenden inneren Explosionen machten die Aufgabe dieses vielgefeierten Schiffes notwendig, das von seinen Matrosen »Lady Lex« genannt wurde. Die flinkere »Yorktown« entkam mit nur einem Bombentreffer.

Am Nachmittag befahl Nimitz seinem Trägerverband den Rückzug aus dem Korallenmeer – mit um so weniger Bedenken, als die Gefahr für Port Moresby inzwischen vorüber war. Auch die Japaner zogen sich von dem Schauplatz zurück in der irrigen Annahme, sie hätten beide amerikanische Flugzeugträger versenkt.

An absoluten Verlusten schnitten die Amerikaner in bezug auf Flugzeuge etwas besser ab – 74 gegenüber mehr als 80 –, und ihre Verluste an Menschenleben betrugen nur 543 gegenüber mehr als 1000 der Japaner. Aber sie hatten einen großen Flugzeugträger der Marine verloren, die Japaner dagegen nur einen leichten Flugzeugträger. Doch wichtiger war, daß die Amerikaner das strategische Ziel des Feindes, die Einnahme von Port Moresby auf Neuguinea, vereitelt hatten. Und dank einer überlegenen Technik gelang es ihnen, die »Yorktown« rechtzeitig für den nächsten Akt des pazifischen Krieges zu reparieren, während keiner der beiden am Kampf beteiligten japanischen Flugzeugträger für die zweite entscheidendere Schlacht instand gesetzt werden konnte.

Die Schlacht im Korallenmeer war die erste Seeschlacht der Geschichte, die zwischen Flotten ausgekämpft wurde, die sich niemals gegenseitig zu Gesicht bekamen – auf Entfernungen, welche die äußerste Reichweite der Schlachtschiffe, etwa 30 Kilometer, weit hinter sich ließen und 150 Kilometer oder noch mehr betrugen. Eine Wiederholung im größeren Stil erfolgte bald.

Die Schlacht von Midway

Das Kaiserliche Hauptquartier in Japan hatte bereits durch seinen Befehl vom 5. Mai den nächsten Akt eingeleitet. Der vom Vereinigten Flottenstab ausgearbeitete Plan war außerordentlich umfassend und gut ausgedacht, aber es fehlte ihm an Beweglichkeit. Fast die ganze Kriegsmarine sollte bei der Operation eingesetzt werden, insgesamt 200 Schiffe; dazu gehörten acht Flugzeugträger, elf Schlachtschiffe, 22 Kreuzer, 65 Zerstörer und 21 U-Boote. Ihnen standen über 600 Flugzeuge zur Seite. Admiral Nimitz konnte dagegen nur 76 Schiffe aufbringen, und von diesen griff ein Drittel, nämlich die zur Nordpazifischen Flotte gehörenden, niemals in den Kampf ein.

Für die Hauptoperation, die gegen Midway, setzten die Japaner ein: 1. eine vorgeschobene U-Boot-Flottille, die in drei Reihen patrouillierte und Gegenangriffe der amerikanischen Kriegsmarine behindern sollte; 2. eine Invasionsstreitmacht unter Admiral Kondo von zwölf Truppentransportern, die 5000 Mann mitführten, mit

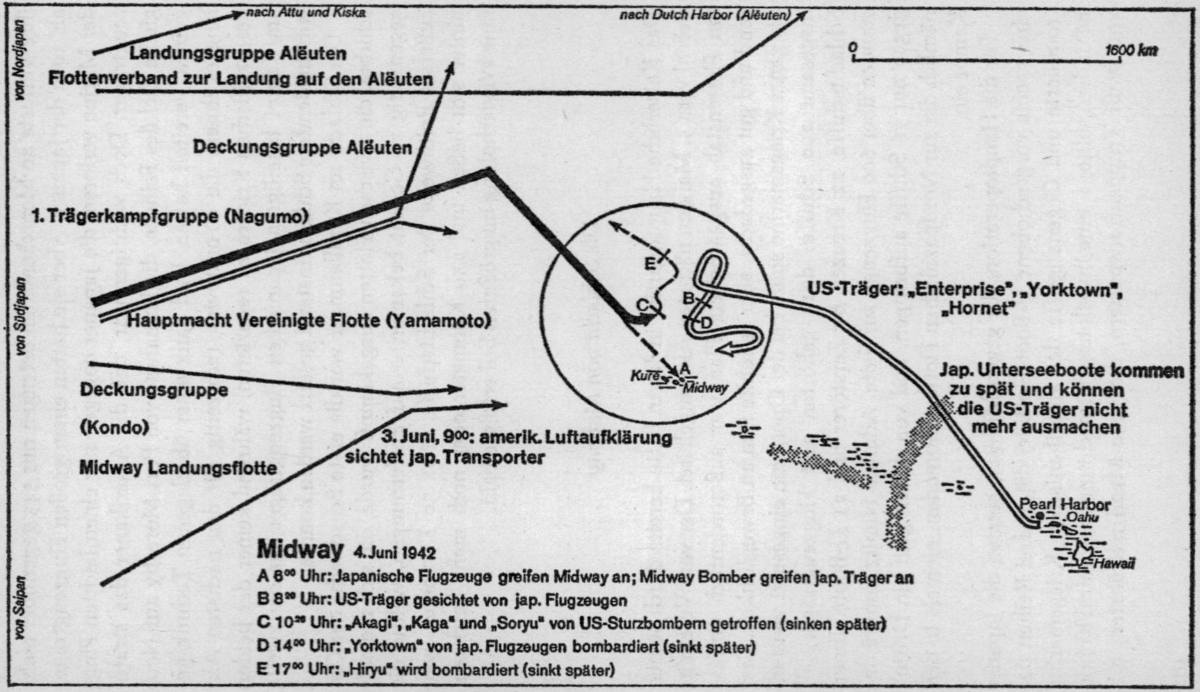

von Nordjapan
nach Attu und Kiska
Landungsgruppe Alëuten
Flottenverband zur Landung auf den Alëuten
nach Dutch Harbor (Alëuten)
0
1600 km
Deckungsgruppe Alëuten
1. Trägerkampfgruppe (Nagumo)
von Südjapan
Hauptmacht Vereinigte Flotte (Yamamoto)
Deckungsgruppe
(Kondo)
Midway Landungsflotte
von Saipan
3. Juni, 9⁰⁰: amerik. Luftaufklärung sichtet jap. Transporter
E
C
B
D
A
Kure
Midway
US-Träger: „Enterprise", „Yorktown", „Hornet"
Jap. Unterseeboote kommen zu spät und können die US-Träger nicht mehr ausmachen
Pearl Harbor
Oahu
Hawaii
Midway 4. Juni 1942
A 6⁰⁰ Uhr: Japanische Flugzeuge greifen Midway an; Midway Bomber greifen jap. Träger an
B 8²⁰ Uhr: US-Träger gesichtet von jap. Flugzeugen
C 10²⁰ Uhr: „Akagi", „Kaga" und „Soryu" von US-Sturzbombern getroffen (sinken später)
D 14⁰⁰ Uhr: „Yorktown" von jap. Flugzeugen bombardiert (sinkt später)
E 17⁰⁰ Uhr: „Hiryu" wird bombardiert (sinkt später)

unmittelbarer Unterstützung vier schwerer Kreuzer und entfernterem Schutz durch einen aus zwei Schlachtschiffen, einem leichten Flugzeugträger und vier schweren Kreuzern bestehenden Flottenverband; 3. Nagumos Ersten Flugzeugträgerverband von vier Trägern, mit über 250 Flugzeugen an Bord, geschützt von zwei Schlachtschiffen, zwei schweren Kreuzern und einem Rudel von Zerstörern; 4. das Gros der Schlachtflotte unter Yamamoto, bestehend aus drei Schlachtschiffen mit einem Gefolge von Zerstörern und einem leichten Kreuzer. Eines dieser Schlachtschiffe war der erst kürzlich fertiggestellte Riese, die »Yamato«, mit 70 000 t und neun 45-cm-Geschützen.

Für die Alëuten-Operation bestimmten die Japaner: 1. eine Invasionsstreitmacht von drei Transportschiffen mit 2400 Mann an Bord und Begleitschiffen, mit Unterstützung zweier schwerer Kreuzer; 2. einen Flugzeugträgerverband von zwei leichten Trägern; 3. einen Verband von vier älteren Schlachtschiffen zur Deckung.

Die Schlacht sollte am 3. Juni in den Alëuten mit Luftangriffen auf Dutch Harbor beginnen, denen am 6. Landungen an drei Stellen folgen sollten. In der Zwischenzeit, am 4., sollten Nagumos Trägerflugzeuge den Flugplatz von Midway angreifen, und am nächsten Tag sollte das Kure-Atoll, 95 Kilometer weiter westlich, als Basis für Wasserflugzeuge besetzt werden. Am 6. sollten dann die Kreuzer Midway beschießen und Truppen dort gelandet werden, wobei die Schlachtschiffe Kondos die Invasion absichern sollten.

Die Japaner erwarteten, vor der Landung würden sich noch keine amerikanischen Schiffe im Raum Midway befinden, und sie hofften, die amerikanische Pazifik-Flotte würde mit Volldampf nordwärts fahren, sobald die Nachricht von den ersten Luftangriffen auf den Alëuten eintraf. Dies würde den Japanern ermöglichen, die US-Flotte zwischen ihren beiden Flugzeugträgerverbänden einzuschließen. Aber bei der Verfolgung dieses strategischen Zieles, der Vernichtung der amerikanischen Flugzeugträger, behinderten sich die Japaner selbst durch ihre taktischen Vorkehrungen. Wegen der günstigen Mondverhältnisse in den ersten Junitagen wollte Yamamoto nicht warten, bis die »Zuikaku« die im Korallenmeer verlorenen Flugzeuge ersetzt hatte und die anderen Träger verstärken konnte. Von den acht verfügbaren Flugzeugträgern wurden zwei zu den Aléuten entsandt, zwei weitere wurden den Schlachtschiffen zum Begleitschutz zugeteilt. Gleichzeitig wurden die Bewegungen aller Flottenverbände dem Tempo der langsamen Transportschiffe angepaßt. Außerdem ist es schwer, den Sinn eines Ablenkungsmanövers zu den Aléuten zu erkennen, wenn das Hauptziel der Japaner die Vernichtung der amerikanischen Flugzeugträger und nicht nur die Einnahme von Midway war. Am schlimmsten aber war, daß die Japaner keinerlei strategische Beweglichkeit mehr behielten, weil sie sich auf die Einnahme eines bestimmten Punktes zu einem bestimmten Zeitpunkt festgelegt hatten.

Auf amerikanischer Seite war die Hauptsorge von Admiral Nimitz die Überlegenheit der japanischen Kräfte. Seit der Katastrophe von Pearl Harbor hatte er keine Schlachtschiffe mehr, und nach der Schlacht im Korallenmeer hatte er nur noch zwei einsatzfähige Flugzeugträger – die »Enterprise« und die »Hornet«. Doch dank einer erstaunlichen technischen Leistung vermehrten sich seine Träger auf drei, da die »Yorktown« in zwei Tagen statt den geschätzten 90 Tagen repariert werden konnte.

Nimitz' großer und seine Schwäche ausgleichender Vorteil war die Überlegenheit seiner Informationsquellen. Die drei amerikanischen Flugzeugträger mit ihren zusammen 233 Flugzeugen waren weit nördlich von Midway stationiert, um außer Sicht der japanischen Aufklärungsflugzeuge zu sein, während sie selbst damit rechnen konnten, jede Einzelheit der japanischen Bewegungen durch ihre auf Midway stationierten »Catalina«-Langstrecken-Aufklärungsflugzeuge zu erfahren. So hofften sie, die japanischen Verbände in der Flanke angreifen zu können. Am 3. Juni sichtete die amerikanische Luftaufklärung die langsam fahrenden japanischen Transporter 1000 Kilometer westlich von Midway. Mängel in den Suchanlagen der japanischen Flugzeuge erlaubten es den amerikanischen Flugzeugträgern, sich ungesehen von Nordosten zu nähern. Es kam ihnen dabei zustatten, daß Yamamoto und

Nagumo glaubten, die amerikanische Pazifik-Flotte befände sich gar nicht auf hoher See.

Am Morgen des 4. Juni ließ Nagumo 108 seiner Flugzeuge Midway angreifen, während eine zweite Welle ähnlicher Größe bereitstand, jedes eventuell gesichtete feindliche Kriegsschiff anzugreifen. Die erste Welle richtete auf Midway großen Schaden an, bei nur geringen eigenen Verlusten; aber sie berichtete Nagumo, es sei noch ein zweiter Angriff nötig. Da seine eigenen Flugzeugträger jetzt von Flugzeugen aus Midway bombardiert wurden, glaubte der Admiral, es sei nötig, die Flugplätze der Insel noch stärker auszuschalten, und befahl daher seiner zweiten Angriffswelle, statt Torpedos für diesen Zweck Bomben mitzuführen, da von den amerikanischen Flugzeugträgern noch nichts zu sehen war.

Kurz darauf wurde gemeldet, eine Gruppe amerikanischer Schiffe nähere sich in einer Entfernung von etwa 300 Kilometern. Zuerst glaubte man, es seien nur Kreuzer und Zerstörer; aber um 8.20 Uhr kam eine genauere Meldung, daß zu dieser Gruppe auch ein Flugzeugträger gehöre. Dies war ein unangenehmer Augenblick für Nagumo, da die meisten seiner Torpedo-Bomber inzwischen mit Bomben ausgerüstet und die meisten seiner Jäger auf Erkundungsflügen waren. Er mußte auch abwarten, bis die letzten seiner Flugzeuge von dem ersten Angriff auf Midway zurückkehrten.

Nach Erhalt dieser Meldung schlug Nagumo einen nordöstlichen Kurs ein, und dies half ihm, der ersten Welle von Sturzbombern zu entgehen, die von den amerikanischen Trägern aufgestiegen waren. Und als dann drei Wellen von relativ langsamen Torpedo-Bombern zwischen 9.30 und 10.24 Uhr die japanischen Flugzeugträger angriffen, wurden 35 der 41 amerikanischen Maschinen von japanischen Jägern oder Fla-Geschützen abgeschossen. In diesem Augenblick glaubten die Japaner, sie hätten die Schlacht schon gewonnen.

Aber zwei Minuten später stürzten 37 amerikanische Sturzbomber von der »Enterprise« aus 6000 Meter Höhe so unerwartet auf sie herab, daß keine Abwehr möglich war; die japanischen Jäger, die soeben die dritte Welle der Torpedo-Bomber erfolgreich abgewehrt hatten, hatten keine Gelegenheit, noch aufzusteigen. Der Träger »Akagi«, Nagumos Flaggschiff, wurde, gerade als seine Flugzeuge die Torpedos gegen Bomben auswechselten, von Bomben getroffen, die viele der Torpedos zur Explosion brachten und die Aufgabe des Schiffes notwendig machten. Der Träger »Kaga« hatte Bombentreffer, die seine Kommandobrücke zerstörten und das Schiff vom Bug bis zum Heck in Brand setzten; es sank schließlich am Abend. Der Träger »Soryu« hatte drei Treffer durch 500-kg-Bomben von den Sturzbombern der »Yorktown«, die jetzt auf dem Kampfplatz eintraf, und mußte innerhalb von 20 Minuten aufgegeben werden.

Der einzige noch intakte japanische Träger, die »Hiryu«, führte einen Gegenangriff gegen die »Yorktown«, der sie am Nachmittag so schwer beschädigte, daß sie aufgegeben werden mußte — die bei der Schlacht im Korallenmeer erlittenen Schäden waren offenbar allzu eilig repariert worden. Aber dafür attackierten 24 amerikanische Sturzbomber, darunter zehn von der »Yorktown«, am späten Nachmittag die »Hiryu« und trafen sie so schwer, daß sie am frühen Morgen des 5. Juni aufgegeben werden mußte und sank.

Diese Schlacht vom 4. Juni erlebte somit den schnellsten Wechsel des Schlachtenglücks, den man in der Seekriegsgeschichte je erlebt hatte, und zeigte, wie zufallsbedingt diese Schlachten sind, die in dem neuen Stil kombinierter See- und Luftkämpfe auf weite Entfernungen ausgefochten werden.

Admiral Yamamotos erste Reaktion auf die Nachricht von diesem Desaster seiner Flugzeugträger war, seine Schlachtschiffe in den Kampf zu werfen und seine zwei leichten Träger von den Aléuten zurückzuholen — immer noch in der Hoffnung, durch eine Seeschlacht alten Stils das Geschick zu wenden. Aber die spätere Nachricht von dem Verlust der »Hiryu« und die düsteren Berichte Nagumos stimmten ihn um, und am Morgen des 5. entschied er, den Angriff auf Midway aufzugeben. Er hoffte immer noch, die Amerikaner in eine Falle zu locken, indem er sich westwärts zurückzog; aber dies wurde verhindert durch die vorbildliche Kombination von Kühnheit und Vorsicht, die Admiral Spruance, der Befehlshaber der amerikanischen Flugzeugträger, bei dieser Aktion bewies.

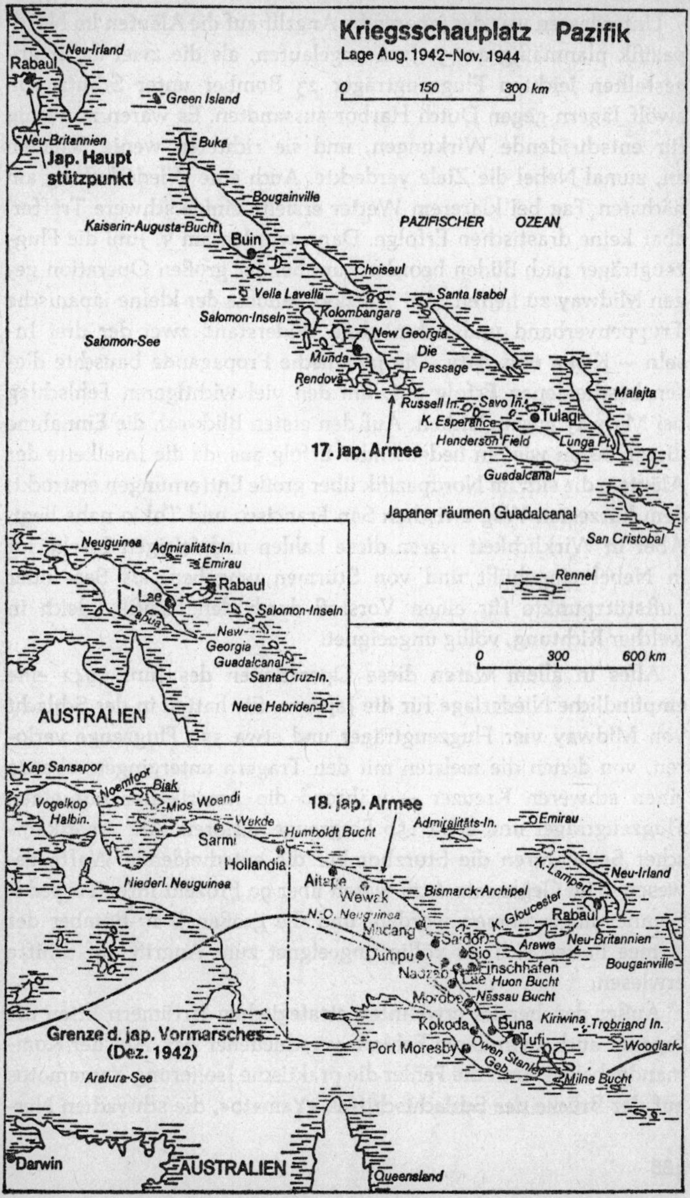
Kriegsschauplatz Pazifik
Lage Aug. 1942–Nov. 1944
0
150
300 km
Neu-Irland
Rabaul
Green Island
Neu-Britannien
Jap. Haupt stützpunkt
Buka
Bougainville
Kaiserin-Augusta-Bucht
Buin
PAZIFISCHER OZEAN
Choiseul
Vella Lavella
Santa Isabel
Salomon-Inseln
Kolombangara
New Georgia
Salomon-See
Munda
Die Passage
Rendova
Malajta
Russell In.
Savo In.
Tulagi
K. Esperance
Henderson Field
Lunga Pt.
17. jap. Armee
Guadalcanal
Japaner räumen Guadalcanal
San Cristobal
Rennel
Neuguinea
Admiralitäts-In.
Emirau
Rabaul
Lae
Papua
Salomon-Inseln
New-Georgia
Guadalcanal
Santa-Cruz-In.
Neue Hebriden
AUSTRALIEN
0
300
600 km
Kap Sansapor
Noemfoor
Biak
Vogelkop Halbin.
Mios Woendi
Wakde
Sarmi
Humboldt Bucht
Hollandia
18. jap. Armee
Admiralitäts-In.
Emirau
Aitape
Wewak
Niederl. Neuguinea
Bismarck-Archipel
K. Lampert
Neu-Irland
N.-O. Neuguinea
Madang
K. Gloucester
Rabaul
Saidor
Arawe
Neu-Britannien
Dumpu
Sio
Nadzab
Finschhafen
Bougainville
Lae
Huon Bucht
Morobe
Nassau Bucht
Kokoda
Buna
Kiriwina
Trobriand In.
Tufi
Port Moresby
Woodlark
Owen Stanley Geb.
Milne Bucht
Grenze d. jap. Vormarsches (Dez. 1942)
Arafura-See
Darwin
AUSTRALIEN
Queensland

Unterdessen war der japanische Angriff auf die Alëuten im Nordpazifik planmäßig am 3. Juni angelaufen, als die zwei dafür abgestellten leichten Flugzeugträger 23 Bomber unter Schutz von zwölf Jägern gegen Dutch Harbor aussandten. Es waren zu wenig für entscheidende Wirkungen, und sie richteten wenig Schaden an, zumal Nebel die Ziele verdeckte. Auch eine Wiederholung am nächsten Tag bei klarerem Wetter erzielte einige schwere Treffer, aber keine drastischen Erfolge. Dann wurden am 5. Juni die Flugzeugträger nach Süden beordert, um bei der großen Operation gegen Midway zu helfen. Am 7. jedoch landete der kleine japanische Truppenverband und nahm ohne Widerstand zwei der drei Inseln – Kiska und Attu. Die japanische Propaganda bauschte diesen bescheidenen Erfolg auf, um den viel wichtigeren Fehlschlag bei Midway auszugleichen. Auf den ersten Blick sah die Einnahme dieser Inseln wie ein bedeutender Erfolg aus, da die Inselkette der Alëuten, die sich im Nordpazifik über große Entfernungen erstreckt, dem kürzesten Weg zwischen San Francisco und Tokio nahe liegt. Aber in Wirklichkeit waren diese kahlen und felsigen Inseln, oft in Nebel eingehüllt und von Stürmen umgeben, als See- oder Luftstützpunkte für einen Vorstoß durch den Pazifik, gleich in welcher Richtung, völlig ungeeignet.

Alles in allem waren diese Operationen des Juni 1942 eine empfindliche Niederlage für die Japaner. Sie hatten in der Schlacht von Midway vier Flugzeugträger und etwa 330 Flugzeuge verloren, von denen die meisten mit den Trägern untergingen, ebenso einen schweren Kreuzer – während die Amerikaner nur einen Flugzeugträger und etwa 150 Flugzeuge verloren. Auf amerikanischer Seite waren die Sturzbomber die entscheidende Waffe gewesen – im Gegensatz dazu waren über 90 Prozent ihrer Torpedo-Bomber abgeschossen worden, und die großen B-17-Bomber der Armee hatten sich als völlig ungeeignet zum Angriff auf Schiffe erwiesen.

Außer den bereits erwähnten strategischen Irrtümern litten die Japaner auch an anderen Fehlern verschiedener Art. Auf der Kommandoebene waren die Fehler die praktische Isolierung Yamamotos auf der Brücke des Schlachtschiffes »Yamato«, die schwachen Nerven Nagumos und die alte Marinetradition, die Admiral Yamaguchi und andere Kommandeure veranlaßte, mit ihren Schiffen unterzugehen, statt zu versuchen, wieder die Initiative zu gewinnen. Admiral Nimitz war an Land geblieben und hatte dadurch den Gesamtüberblick über die strategische Lage behalten, im Gegensatz zu Yamamoto.

Das Mißgeschick der Japaner wurde vergrößert durch eine Reihe taktischer Fehler: die Unterlassung, genügend Aufklärungsflugzeuge zur Suche nach den amerikanischen Flugzeugträgern auszuschicken; der mangelnde Jägerschutz in großen Höhen, unzureichende Vorkehrungen zum Löschen von Feuer; der gleichzeitige Angriff mit den Flugzeugen aller vier Träger — was bedeutete, daß sie alle ihre Flugzeuge zur gleichen Zeit wieder aufnehmen und wieder ausrüsten mußten, so daß zeitweilig der ganze Trägerverband keine Schlagkraft hatte; die Fortsetzung des Kurses auf den Feind zu, während die Umrüstung der Flugzeuge erfolgte — was den amerikanischen Maschinen ermöglichte, Nagumos Verband leichter zu entdecken und zu treffen, bevor er zurückschlagen oder auch nur sich mit seinen Jägern verteidigen konnte. Die meisten dieser Fehler gingen letzten Endes auf ein übertriebenes Selbstvertrauen zurück.

Nachdem die Japaner diese vier Flugzeugträger mit ihren gut ausgebildeten Flugzeugbesatzungen verloren hatten, spielte ihre immer noch bestehende Überlegenheit an Schlachtschiffen und Kreuzern keine große Rolle mehr. Diese Schiffe konnten sich nur noch in Räume wagen, die von ihren auf dem Land stationierten Flugzeugen abgedeckt waren — und die japanische Niederlage bei dem langen Kampf um Guadalcanal war dann in erster Linie durch die fehlende Luftherrschaft verschuldet. Die Schlacht von Midway verschaffte den Amerikanern eine unschätzbar wertvolle Atempause, bis Ende des Jahres ihre neuen Flugzeugträger der »Essex«-Klasse einsatzbereit waren. So kann man mit Recht sagen, daß Midway der Wendepunkt war, der die schließliche Niederlage Japans einleitete.

Doch obwohl der Ausgang der Schlacht von Midway den japanischen Vorstoß im Südwestpazifik erheblich erschwerte, brachte er ihn nicht völlig zum Stehen. Zwar konnten die Japaner nicht mehr ihre Flotte zur Beschleunigung ihres Vorstoßes einsetzen; aber sie setzten den Vorstoß in einer zweiteiligen Operation fort — in Neuguinea durch einen Landangriff über die Papua-Halbinsel im Osten der großen Insel hinweg und auf den Salomon-Inseln durch ein Hüpfen von Insel zu Insel, bei dem jedesmal die ganze Kette entlang neue Flugplätze angelegt wurden, um den nächsten kurzen Sprung abzudecken.

Neuguinea und Papua

Als die Japaner im Dezember 1941 den Krieg begannen, kämpfte der größte Teil der australischen Operationsstreitkräfte im Rahmen der britischen 8. Armee in Nordafrika. Zwar wurden sie sofort zurückgerufen, als die neue Gefahr für Australien in so naher Entfernung auftauchte; aber die einzige Landtruppe von nennenswerter Stärke war bis dahin eine Brigade, die bei Port Moresby, der Hauptstadt Papuas, an der Südküste der Insel stationiert war. Die sehr kleinen australischen Garnisonen an der Nordküste ebenso wie im Bismarck-Archipel und auf den Salomonen wurden zurückgezogen, sobald sich die Japaner näherten. Doch man hielt es für notwendig, Port Moresby zu halten, weil japanische Luftangriffe von dort den australischen Staat Queensland treffen konnten. Die australische Bevölkerung war natürlich nervös bei dem Gedanken an eine solche Bedrohung.

Anfang März 1942 waren die Japaner von Rabaul aus bei Lae an der Nordküste Neuguineas gelandet, ziemlich nahe an der Halbinsel Papua. Jedoch, wie bereits berichtet, ihre über das Meer beförderte Expedition zur Einnahme von Port Moresby kehrte infolge der ansonsten unentschiedenen Schlacht im Korallenmeer wieder um. Unterdessen war General Douglas MacArthur zum alliierten Oberbefehlshaber im Südwestpazifik ernannt worden. Nach der Schlacht von Midway Anfang Juni wurde die alliierte Position auf Neuguinea wesentlich gestärkt, sowohl direkt als auch indirekt, da inzwischen die meisten australischen Truppen aus Nordafrika zurückgekehrt waren und neue Divisionen aufgestellt wurden, während die USA zwei Divisionen und acht Gruppen der Luftwaffe in Australien stationierten. Auch in Papua selbst waren die australischen Truppen auf über eine Division verstärkt worden: zwei Brigaden bei Port Moresby und eine dritte bei der Milne-Bucht am östlichen Ende der Halbinsel, während zwei Bataillone nach Buna an der Nordküste vorrückten, in der Absicht, dort einen Luftwaffenstützpunkt zur Deckung des geplanten alliierten Vormarsches in westlicher Richtung an der Nordküste Neuguineas zu bilden.

Am 21. Juli kamen die Japaner jedoch diesem Vorstoß zuvor, und die scheinbar schon entschwindende japanische Drohung erschien aufs neue, als 2000 Japaner in der Nähe von Buna landeten – um diesmal auf dem Landweg die Einnahme von Port Moresby zu versuchen. Für die Alliierten war es ein weiterer Schock, als die Japaner am 29. Kokoda nahmen, fast auf halbem Weg zwischen Buna und Port Moresby; Mitte August, als sie inzwischen über 13 000 Mann gelandet hatten, begannen sie die Australier durch den Dschungel zurückzudrängen. Zwar ist die Halbinsel dort nur gut 150 Kilometer breit; aber ihr Weg führte über die Owen-Stanley-Berge, die bis zu 3000 Meter hoch sind, und die großen Schwierigkeiten des Nachschubs über so schwieriges Gelände, die natürlich für den Angreifer noch größer sind, wurden durch alliierte Luftangriffe noch verstärkt. Innerhalb eines Monats wurde der japanische Vormarsch etwa 50 Kilometer vor Port Moresby zum Stehen gebracht. Unterdessen war eine kleinere japanische Einheit von 1200, später auf 2000 Mann verstärkt, am 25. August in der Milne-Bucht gelandet; sie hatte nach fünf Tagen schwerer Kämpfe den Rand des dortigen Flugfeldes erreicht, wurde aber durch einen australischen Gegenangriff gezwungen, sich wieder einzuschiffen.

Bis Mitte September 1942 hatte MacArthur in Papua das Gros

der 6. und 7. australischen Division sowie ein amerikanisches Regiment konzentriert und war bereit, zur Offensive überzugehen. Am 23. September kam General Sir Thomas Blamey, der australische Oberbefehlshaber der alliierten Landstreitkräfte im Südwestpazifik, in Port Moresby an, um die Leitung der Operationen zu übernehmen. Auch seine Truppen stießen auf harten Widerstand, als sie sich bemühten, den Weg nach Kokoda und von dort nach Buna zurückzukämpfen; aber ihre Nachschubschwierigkeiten wurden durch zunehmende Verwendung von Lufttransporten erleichtert. Bis Ende Oktober waren die Japaner aus der letzten von drei Positionen vertrieben, die sie nacheinander auf dem Rücken der Bergkette angelegt hatten, und am 2. November eroberten die Australier Kokoda zurück, wo sie sogleich den Flugplatz wieder in Betrieb nahmen. Die Japaner versuchten, sich am Kumusi-Fluß zu halten; aber ihr Widerstand wurde überwunden mit Hilfe von Brückenbaumaterial, das aus der Luft abgeworfen wurde, und durch die Flankendrohung neuer australischer und amerikanischer Truppen, die an die Nordküste geflogen wurden.

Immerhin gelang es ihnen, sich den ganzen Dezember hindurch in der Nähe von Buna zu halten, und erst nach Ankunft weiterer alliierter Verstärkungen auf dem See- und dem Luftweg wurde am 21. Januar 1943 dieses letzte japanische Widerstandsnest in Papua liquidiert. In diesem sechsmonatigen Feldzug hatten sie über 12 000 Mann verloren; die australischen Verluste im Kampf betrugen 5700 und die amerikanischen 2800 Mann. Aber die Alliierten hatten dreimal soviel Leute in dieser tropischen feuchten Hitze und in dem malariaverseuchten Dschungel durch Krankheiten verloren. Immerhin hatten sie bewiesen, daß sie selbst unter so schrecklichen Dschungel-Kampfbedingungen erfolgreich gegen die Japaner kämpfen konnten und daß die Luftherrschaft in all ihren Formen für sie ein entscheidender Vorteil war.

Der Kampf um Guadalcanal entstand aus dem beiderseitigen natürlichen Wunsch von General MacArthur und Admiral Nimitz, den Sieg bei Midway durch einen schnellen Übergang von der Defensive zur Gegenoffensive im ganzen Pazifik auszunutzen. Ihr Wunsch wurde unterstützt durch ihre Chefs in Washington, General Marshall und Admiral King, insoweit als eine solche Offensive mit dem zwischen den beiden Alliierten abgesprochenen strategischen Grundgedanken vereinbar war, zuerst Deutschland zu schlagen. Für eine baldige Gegenoffensive war – worüber sich alle einig waren – der Südwestpazifik der einzige geeignete Raum. Meinungsverschiedenheiten entstanden jedoch – ganz selbstverständlich – darüber, wer die Gegenoffensive leiten sollte. Jetzt, da die feindliche Drohung für die Hawaii-Inseln im Zentralpazifik beseitigt war, wollte die Marine die führende Rolle bei einer Operation spielen, die im Kern eine amphibische sein mußte. Nur widerstrebend hatte Admiral King den Grundsatz akzeptiert, sich zuerst Deutschland vorzunehmen und zu diesem Zweck eine amerikanische Armee in Großbritannien aufzubauen. Als dann die britischen Argumente gegen eine Offensive über den Kanal hinweg schon im Jahr 1942 Marshall veranlaßten, sich mit dem Gedanken zu befreunden, dem Pazfik Vorrang einzuräumen, war King erfreut über einen solchen Meinungswandel, selbst wenn er nur vorübergehend war – und wenig Aussicht hatte, von Präsident Roosevelt als endgültige neue Strategie akzeptiert zu werden.

Doch der allseitig gebilligte Übergang zur Offensive im Südwestpazifik verschärfte sofort den Streit darüber, wer deren Gesamtleitung in der Hand haben solle, und in der zweiten Hälfte Juni wurde daraus eine hitzige Diskussion. Das Ergebnis war ein Kompromiß, der in der Direktive der Vereinigten Stabschefs vom 2. Juli zum Ausdruck kam und von Marshall inspiriert wurde. Die Offensive sollte in drei Phasen vor sich gehen: Die erste war die Besetzung der Santa-Cruz-Inseln und der östlichen Salomonen, insbesondere Tulagis und Guadalcanals; zu diesem Zweck wurde die Grenze zwischen den beiden Kommandosphären abgeändert, so daß dieser Raum unter den Befehl von Nimitz kam, der daher die erste Phase lenken sollte. Die zweite Phase sollte die Einnahme der übrigen Salomon-Inseln und der Küste von Neuguinea bis zur Halbinsel Huon sein. Als dritte Phase war die Einnahme von Rabaul, des wichtigsten japanischen Stützpunktes im Südwestpazifik, und des übrigen Bismarck-Archipels gedacht — diese beiden Phasen fielen auf Grund der Neueinteilung der Kommandozonen unter die Leitung MacArthurs.

Dieser Kompromißplan gefiel MacArthur nicht, der sogleich nach dem Sieg bei Midway einen baldigen großen Angriff auf Rabaul befürwortete und zuversichtlich voraussagte, er könne Rabaul mit dem Rest des Bismarck-Archipels bald nehmen und die Japaner bis nach Truk (auf den 1000 Kilometer entfernten Karolinen) zurückwerfen. Aber er mußte erkennen, daß keine Hoffnung bestand, die von ihm als notwendig bezeichneten Kräfte zu erhalten: eine Marineinfanteriedivision und zwei Flugzeugträger zusätzlich zu den drei Infanteriedivisionen, die er schon hatte. So wurde der dreistufige Kompromißplan angenommen — und brauchte dann weit länger zu seiner Durchführung, als irgendeiner der amerikanischen Befehlshaber gedacht hatte.

Denn dem alliierten Plan einer Einnahme der östlichen Salomonen kamen die Japaner zuvor, wie sie es schon in Papua getan hatten. Am 5. Juli meldeten Aufklärungsflugzeuge, daß die Japaner einige Truppen von Tulagi zu der größeren benachbarten Insel Guadalcanal (150 Kilometer lang und knapp 40 Kilometer breit) verlegt hatten und dort bei Lunga Point einen Flugplatz anlegten (dieser wurde später »Henderson Field« genannt). Die offenkundige Gefahr, daß japanische Bomber von dort operieren könnten, veranlaßte eine sofortige Überprüfung der amerikanischen Strategie, und Guadalcanal wurde das erste Ziel. Mit seinem harten Rückgrat bewaldeter Berge und seinem ungesunden Klima mit häufigen tropischen Regenfällen war die Insel für einen militärischen Feldzug denkbar ungeeignet.

Die strategische Leitung dieser Operation unter der Oberaufsicht von Nimitz wurde Vizeadmiral Robert L. Ghormley, dem Oberbefehlshaber in diesem Raum, anvertraut, während Konteradmiral Fletcher die taktische Leitung hatte – er befehligte auch die drei zur Deckung bestimmten Flugzeugträgergruppen, die jeweils um die großen Träger »Enterprise«, »Saratoga« und »Wasp« herum aufgebaut worden waren. Die Luftunterstützung von Landflugplätzen aus kam aus Port Moresby, aus Queensland und aus verschiedenen kleinen Flugplätzen auf den Inseln. Die Landetruppe unter dem Befehl von Generalmajor Alexander A. Vandegrift umfaßte die 1. Marineinfanteriedivision und ein Regiment der 2., insgesamt 19 000 Marinesoldaten, die in 19 Transportschiffen unter Geleitschutz dorthin gebracht wurden.

Als sich die Armada näherte, war vom Feind nichts zu sehen; am Morgen des 7. August begann der Angriff von der See und aus der Luft und um 9 Uhr vormittags die Landung. Bis zum Abend waren 11 000 Marinesoldaten an Land; am nächsten Morgen wurde der Flugplatz besetzt, der, wie man feststellte, fast fertiggestellt war. Die 2200 Japaner auf der Insel, meist Angehörige von Bautrupps, waren in den Dschungel geflohen. Auf Tulagi leistete die japanische Besatzung von 1500 Mann härteren Widerstand; erst am zweiten Abend wurde sie von den dort gelandeten 6000 Marinesoldaten überwunden.

Die Japaner reagierten prompt – paradoxerweise um so schneller, als sie annahmen, die amerikanische Landetruppe sei nur ein Bruchteil so stark, wie sie wirklich war. Daher warteten sie nicht, bis sie eine angemessene Gegenaktion unternehmen konnten, sondern sandten eine Reihe tröpfchenweiser Verstärkungen auf die Insel, so daß sich ein längerer Feldzug aus dem entwickelte, was sich beide Seiten als eine schnelle Aktion bzw. Gegenaktion vorgestellt hatten.

Die Geleitzüge der japanischen Kriegsmarine waren jedoch größer, und ihre Fahrten führten zu einer Reihe beachtlicher Seekämpfe. Der erste und der für die Amerikaner am ungünstigsten verlaufende war die Schlacht von Savo, einer Insel nahe der Nordwestküste Guadalcanals. Am Abend des 7. August zog der japanische Oberbefehlshaber in Rabaul, Vizeadmiral Mikawa, einen Verband von fünf schweren und zwei leichten Kreuzern zusammen und lief nach Guadalcanal aus. Am nächsten Tag unerkannt durch die enge Passage zwischen den beiden Ketten der Salomon-Inseln fahrend, näherte er sich am Abend der Insel Savo – gerade als Fletcher die amerikanischen Flugzeugträger zurückgezogen hatte, weil ihr Treibstoff knapp geworden war. Die Vorsichtsmaßnahmen der Amerikaner waren unzureichend; so konnte Mikawa am frühen Morgen die südliche und die nördliche Gruppe des amerikanischen Verbandes überraschend angreifen. Eine Stunde später dampfte er durch die Passage wieder zurück und ließ vier versenkte oder sinkende amerikanische Kreuzer zurück, während der fünfte US-Kreuzer schwer beschädigt war und seine eigenen Schiffe kaum etwas abbekommen hatten.

Den Japanern kam dabei ihre überlegene Fähigkeit zu Nachtkämpfen sehr zugute, die auf ihre besseren optischen Instrumente und auf ihre 60-cm-Torpedos zurückging. Es war eine der schwersten Niederlagen der amerikanischen Kriegsmarine in diesem Krieg. Zum Glück vollendete Mikawa seinen Auftrag nicht durch die Versenkung der schutzlos im Hafen liegenden Transport- und Versorgungsschiffe – er wußte nicht, daß die amerikanischen Flugzeugträger abgezogen woren waren, und erwartete daher einen baldigen Gegenangriff aus der Luft, wenn er nicht schnell in die relative Sicherheit der schmalen Passage zurückgekehrt sei.

Jedoch die verbleibenden amerikanischen Schiffe wurden noch am gleichen Nachmittag nach Süden zurückgezogen, um weitere Angriffe zu vermeiden, obwohl erst die Hälfte der Lebensmittel und des Nachschubs an Munition für die Marineinfanterie ausgeladen worden war. Deren Verpflegung wurde auf zwei Mahlzeiten am Tag reduziert, und zwei Wochen lang waren sie von jeder Versorgung abgeschnitten – ohne Unterstützung durch die Kriegsmarine und ohne Unterstützung aus der Luft, bis am 20. nach der Ankunft von fünf Squadrons der Marineinfanterie-Luftwaffe Henderson Field in Benutzung genommen wurde. Doch auch dann war die Luftunterstützung noch dürftig.

Die Japaner verpaßten aber die gute Gelegenheit, hauptsächlich weil sie immer noch die Stärke der auf Guadalcanal gelandeten Marineinfanterie erheblich unterschätzten – sie nahmen etwa 2000 Mann an und glaubten, eine Truppe von 6000 Mann würde ausreichen, die Insel zurückzuerobern. Sie schickten daher zwei Vorausabteilungen von insgesamt 1500 Mann auf Zerstörern auf die Insel, die am 18. August landeten; diese griffen an, ohne auf den folgenden Geleitzug zu warten, und wurden sofort von den Marinesoldaten zersprengt. Der darauffolgende Geleitzug mit etwa 2000 Mann lief am 19. von Rabaul aus; er erhielt starken Geleitschutz der Kriegsmarine und war als ein Köder gedacht, um die amerikanische Flotte in eine Falle zu locken, wie man es schon bei Midway versucht hatte. An der Spitze fuhr der leichte Flugzeugträger »Ryujo«, dahinter kamen zwei Schlachtschiffe und drei Kreuzer unter Admiral Kondo, am Schluß die Flugzeugträger »Zuikaku« und »Schokaku« unter Admiral Nagumo.

Dieser Köderplan führte zu der Schlacht in den östlichen Salomonen, aber die von den Japanern beabsichtigte Falle funktionierte nicht. Denn Admiral Ghormley hatte rechtzeitig Meldung vom Herannahen des Verbandes durch »Küstenwächter« erhalten — eine Organisation, die aus Nachrichtenoffizieren der australischen Marine und einigen Pflanzern auf den Inseln bestand. Er zog südöstlich Guadalcanals drei Verbände zusammen, deren Kern jeweils die Flugzeugträger »Enterprise«, »Saratoga« und »Wasp« bildeten. Die »Ryujo« wurde am Morgen des 24. gesichtet und am Nachmittag von amerikanischen Trägerflugzeugen versenkt. Inzwischen waren auch die beiden japanischen Flugzeugträger gesichtet worden, so daß, als die erwarteten Angriffe von ihnen aus erfolgten, die amerikanischen Träger alle ihre Jäger an Bord hatten und dem Feind schwere Verluste zufügen konnten. Sie schossen über 70 der eingesetzten 80 Feindflugzeuge ab und verloren nur 17 eigene. Von den Schiffen erlitt nur die »Enterprise« ernsthafte Schäden. Nach diesem unentschiedenen Kampf zogen sich beide Flotten in der Nacht zurück.

Nach diesem Treffen gab es zur See eine längere Kampfpause; zu Lande versuchten die schwachen japanischen Truppen ohne Erfolg, das Henderson Field zu erreichen, und wurden von den Marinesoldaten zurückgeschlagen, wobei fast alle getötet wurden. Sie wurden ersetzt durch eine Reihe kleinerer Einheiten, die von Zerstörern so regelmäßig hintereinander abgesetzt wurden, daß die

Marinesoldaten vom »Tokio-Expreß« sprachen. Dadurch verstärkten sich die japanischen Bodentruppen auf Guadalcanal stetig; bis Anfang September waren weitere 6000 Mann gelandet worden. In der Nacht vom 13. auf den 14. September erfolgte ein neuer heftiger Angriff auf die Stellungen der Marineinfanterie, der unter hohen Verlusten abgewiesen wurde.

Die amerikanische Kriegsmarine in diesem Raum wurde jedoch erheblich geschwächt durch den Verlust der Flugzeugträger »Saratoga« und »Wasp«, von denen der erste durch japanische U-Boote schwer beschädigt und der zweite versenkt wurde. Da die »Enterprise« noch in Reparatur war, blieb nur die »Hornet« übrig, um den Bodentruppen Luftunterstützung zu geben.

Nach dem Mißerfolg der ersten japanischen Versuche zur Wiedereroberung Guadalcanals erließ das Kaiserliche Hauptquartier am 18. September eine neue Direktive, die diesem Feldzug den Vorrang vor dem in Neuguinea einräumte. Aber die Japaner unterschätzten immer noch die Stärke der dortigen Marineinfanterie; sie rechneten mit nur 7500 Mann und kalkulierten, eine Division in Zusammenarbeit mit Einheiten der Vereinigten Flotte würde genügen, mit ihnen fertig zu werden. Der Transport der ersten verstärkenden Einheit auf dem Seeweg führte zu einem neuen Seekampf nahe der Küste von Guadalcanal am 11./12. Oktober. Bei dieser sogenannten Schlacht von Cap Esperance waren die beiderseitigen Verluste nicht hoch, aber im Vergleich bei den Amerikanern geringer. Während des Kampfes gelang es jedoch den Japanern, neue Truppen zu landen, die ihre Gesamtzahl auf 22 000 Mann verstärkten. Gleichzeitig verstärkten auch die Amerikaner ihre Truppen auf 23 000 Mann, dazu 4500 Mann auf Tulagi.

Dennoch war Mitte Oktober für sie die kritischste Zeit des ganzen Feldzuges, zumal als der Beschuß durch zwei japanische Schlachtschiffe den Flugplatz Henderson Field umpflügte, die Treibstoffvorräte in Brand setzte, 48 der 90 US-Flugzeuge vernichtete und die schweren Bomber der Armee zum Rückzug auf die Neuen Hebriden zwang. Wiederholte japanische Bombenangriffe waren eine weitere Belastung, während die feuchte Hitze und die dem

Klima nicht angepaßte Verpflegung die Marinesoldaten schwer mitnahm.

Am 24. Oktober begann die durch schwere Wolkenbrüche verzögerte japanische Offensive. Der Hauptangriff kam aus dem Süden; doch wurden die Japaner an den gut ausgebauten Stellungen der Marineinfanterie abgeschlagen, und ihre Verluste beliefen sich auf Tausende, während die Amerikaner nur einige hundert Mann verloren. Am 26. mußten sie sich unter Zurücklassung von 2000 Toten wieder zurückziehen.

Unterdessen kreuzte die Vereinigte Flotte unter Yamamoto mit zwei Flugzeugträgern, zwei leichten Flugzeugträgern, vier Schlachtschiffen, 14 Kreuzern und 44 Zerstörern nordöstlich der Salomon-Inseln auf und erwartete die Nachricht, daß Henderson Field von der Armee genommen sei. Der amerikanische Flottenverband war nur halb so stark, obwohl das neue Schlachtschiff »South Dakota« und mehrere Kreuzer neu hinzugekommen waren. Bei den Schlachtschiffen war das Verhältnis 1 : 4. Doch der Flugzeugträger »Hornet« war jetzt wieder durch die reparierte »Enterprise« verstärkt, und dies war im modernen Seekrieg entscheidender. Auch die Ablösung des physisch erschöpften Admirals Ghormley durch Admiral Halsey war eine Verstärkung der Amerikaner. Am 26. Oktober stießen die beiden Flotten in der sogenannten Schlacht bei den Santa-Cruz-Inseln zusammen – eine Schlacht, die wieder durch die Flugzeuge auf beiden Seiten entschieden wurde. Die »Hornet« wurde versenkt und die »Enterprise« beschädigt, während auf der anderen Seite die »Schokaku« und der leichte Flugzeugträger »Zuiho« schwer beschädigt wurden, ehe sich beide Flotten am 27. vom Schauplatz zurückzogen. Aber an Flugzeugen verloren die Japaner weit mehr: 70 kehrten nicht zurück, und in der zehntägigen Periode, deren Höhepunkt diese Schlacht war, verloren sie insgesamt 200 – zusätzlich zu den 300, die sie seit Ende August verloren hatten. Außerdem erhielten die Amerikaner bald neue Verstärkung durch über 200 Flugzeuge sowie durch den Rest der 2. Marineinfanteriedivision.

Dennoch wurden auch die Japaner von neuem verstärkt, um ihre Angriffe wiederaufzunehmen – getrieben von kriegerischem

Stolz und irregeführt durch absurd übertriebene Berichte über den Schaden, den sie beim Feind angerichtet hätten. Diese Angriffe führten zu den beiden Seekämpfen, die man die Seeschlacht von Guadalcanal genannt hat. Der erste fand am frühen Morgen des 13. November statt, und obwohl er nur knapp eine halbe Stunde dauerte, wurden zwei amerikanische Kreuzer versenkt, während das japanische Schlachtschiff »Hiei« so schwer beschädigt wurde, daß es am nächsten Tag versenkt werden mußte – das erste japanische Schlachtschiff, das in diesem Krieg verlorenging. Der zweite Teil der Seeschlacht fand in der Nacht vom 14. auf 15. November statt, und zwar mit verteilten Rollen: Die Japaner versuchten, 11 000 Mann in einem Geleitzug mit starkem Zerstörerschutz auf der Insel zu landen, und der Geleitzug wurde von Admiral Kondos schweren Schiffen abgedeckt. Sieben der Truppentransporter wurden dabei versenkt, und obwohl die anderen vier Guadalcanal erreichten, wurden sie am Morgen durch Luftangriffe schwer behindert, so daß nur 4000 Mann und sehr wenig des dringend benötigten Nachschubs gelandet werden konnten.

Bei dem diese Aktion begleitenden Seekampf wurden die amerikanischen Zerstörer schwer mitgenommen; aber dann wurde Kondos noch übriggebliebenes Schlachtschiff, die »Kirischima«, so schwer beschädigt, als gegen Mitternacht die radargelenkten Geschütze des amerikanischen Schlachtschiffs »Washington« auf eine Entfernung von 7,5 Kilometern das Feuer eröffneten, daß es in sieben Minuten außer Gefecht gesetzt wurde und bald versenkt werden mußte.

Unterdessen waren an Land die Marinesoldaten und andere amerikanische Truppen, die jetzt besser mit Nachschub versorgt waren als der Feind, zur Offensive übergegangen. Bis Ende des Monats wurde die Zahl der amerikanischen Flugzeuge auf der Insel auf 188 verstärkt, und die Japaner wagten nicht mehr, Verstärkungen oder Nachschub mit Geleitzügen auf die Insel zu bringen – im Dezember schickten sie von beidem nur winzige Mengen auf U-Booten.

Die japanische Kriegsmarine hatte so schwere Verluste erlitten, daß ihre Chefs die Aufgabe Guadalcanals vorschlugen; aber die

Chefs der Armee, die jetzt bei Rabaul 50 000 Mann zusammengezogen hatten, hofften immer noch, mit ihnen die 25 000 Mann auf Guadalcanal verstärken zu können. Bis zum Jahreswechsel hatten aber die Amerikaner ihre Truppen auf der Insel auf über 50 000 Mann verstärkt, und sie waren jetzt mit allem gut versorgt, während die Japaner, die nur noch ein Drittel ihrer normalen Rationen erhielten, durch Hunger und Malaria so geschwächt waren, daß sie nicht mehr an eine Offensive denken konnten – so hartnäckig sie noch in der Defensive kämpften. Daher trug das Kaiserliche Hauptquartier widerstrebend den Realitäten Rechnung und gab am 4. Januar 1943 den Befehl zur allmählichen Räumung der Insel. In Unkenntnis dieser Entscheidung stießen die Amerikaner nur vorsichtig vor, so daß die Japaner alle ihre Truppen in drei Aktionen wieder einschiffen konnten, die in der Nacht zum 1. Februar begannen und in der Nacht zum 7. Februar endeten, wobei sie nur einen Zerstörer verloren.

In der Bilanz war der lange Kampf um Guadalcanal eine schwere Niederlage für Japan. Die Japaner hatten 25 000 Mann verloren, davon 9000 durch Hunger und Krankheit, während die amerikanischen Verluste weit geringer waren. Schlimmer war, daß sie mindestens 600 Flugzeuge mit ihren ausgebildeten Besatzungen eingebüßt hatten.

Und gleichzeitig nahmen die Kräfte Amerikas in jeder Hinsicht immer mehr zu, sobald die Mobilisierung seines Menschenpotentials und seiner Industrie in Schwung gekommen war.

Burma – die Gegenaktion schlägt fehl

Im Mai 1942, als sich die Briten aus Burma nach Indien zurückzogen, hatten die Japaner die vorgesehene Grenze ihrer Expansion in Südostasien erreicht, und daher gingen sie in die Defensive über, um ihre Eroberungen zu konsolidieren. Unterdessen machten die Briten Pläne für ein Comeback in der nächsten trockenen Jahreszeit, die im November 1942 anfing. Aber wegen der logistischen Schwierigkeiten erwies sich keiner dieser Pläne als durchführbar. Und der einzige, der praktisch erprobt wurde, die sehr begrenzte Offensive in Arakan, endete mit einem katastrophalen Fehlschlag.

Das logistisch entscheidende rückwärtige Gebiet, Assam und Bengalen, war niemals als ein großer militärischer Stützpunkt betrachtet oder ausgebaut worden. Flugplätze, Treibstofflager, Straßen, Eisenbahnen und Pipelines – alles mußte erst aufgebaut, und die wenigen Häfen mußten vergrößert werden.

Die erste große Schwierigkeit, vor der das Oberkommando Indiens stand, war der Schiffsraum, da der größte Teil des Nachschubs über das Meer kommen mußte. Aber da alle anderen Kriegsschauplätze Vorrang hatten, blieb für Indien, selbst als es von einer Invasion bedroht wurde, wenig Schiffsraum übrig, nachdem man für die Geleitzüge im Atlantik und in der Arktis, für die Kriegsschauplätze im Mittelmeer und im Pazifik Vorsorge getroffen hatte. Der für Indien abgezweigte Schiffsraum war nur rund ein Drittel dessen, was für den Ausbau des Raumes als Sprungbrett für eine Offensive nötig gewesen wäre.

Auch der Transport im Landesinnern bot große Schwierigkeiten. Das Straßen- und Eisenbahnnetz Nordostindiens war veraltet und unzuverlässig. Es mußte erheblich verbessert werden, ehe die von Kalkutta und anderen Häfen kommenden Transporte bis zur Front gelangen konnten. Mängel aller Art hinderten den Fortschritt der Arbeit, ebenso die Monsune, die häufig Erdrutsche verursachten und Brücken wegschwemmten. Japanische Luftangriffe wirkten ebenfalls störend; Schwierigkeiten mit den einheimischen Arbeitskräften und politische Unruhen waren noch schlimmere Handicaps – zumal die ausgedehnten Unruhen nach dem Fehlschlag der Cripps-Mission im Spätsommer 1942, als die indische Kongreßpartei zu einem Feldzug des zivilen Ungehorsams aufrief. Die Unruhe wurde von projapanischen Elementen noch angestachelt, die in der schlechten wirtschaftlichen Lage Indiens einen günstigen Nährboden fanden. Der schlimmste Mangel von allen aber war der an Lokomotiven: Wavell hatte mindestens 185 verlangt und erhielt ganze vier!

Das logistische Problem war erheblich verschärft worden durch die Entscheidung, Indien zu einem Stützpunkt für 34 Divisionen und 100 Squadrons der Luftwaffe auszubauen. Über eine Million Menschen waren beim Bau der 220 neuen Flugplätze beschäftigt; dadurch wurde die Zahl der für andere Vorhaben, von denen der Straßenbau das vordringlichste war, verfügbaren Arbeitskräfte vermindert. Das Versorgungsproblem wurde zudem durch die Notwendigkeit verschärft, 400 000 zivile Flüchtlinge aus Burma zu ernähren.

Das Oberkonmmando Indien besaß zwar eine große Zahl von Divisionen; aber die meisten davon waren im Zuge der Vergrößerung der indischen Armee zu Kriegszwecken neu gebildet worden, und es fehlte ihnen an Ausrüstung und Ausbildung, an erfahrenen Offizieren und Unteroffizieren. Die wenigen Einheiten, die Kampferfahrung hatten, waren nicht nur durch den Burma-Feldzug, sondern auch durch die Unbilden der Malaria dezimiert und hatten beim Rückzug den größten Teil ihrer Ausrüstung verloren. Nur drei der etwa 15 auf dem Papier verfügbaren Divisionen waren für Operationen in naher Zukunft wirklich einsatzbereit.

Die administrativen Probleme wurden durch die Kommando-Probleme noch verschärft, insbesondere bei den chinesischen Truppen, die sich nach Indien zurückgezogen hatten, bei der 10. US-Heeresluftflotte – und bei dem schwierigen General Stilwell.

Ein anderer entscheidender Faktor war die Notwendigkeit einer Luftüberlegenheit – um Indien selbst zu schützen, den ständigen Fluß von Nachschub nach China sicherzustellen und um die für einen Versuch zur Wiedereroberung Burmas notwendige Luftunterstützung zu beschaffen. Zum Glück hatten die Japaner, sobald im Mai 1942 der Monsun begann, einen großen Teil ihrer Luftwaffe für die Feldzüge im Süwestpazifik abgezweigt, und sie gaben dem Rest eine Ruhepause. Dies ermöglichte den Alliierten, verhältnismäßig ungestört ihre Luftwaffe in diesem Raum aufzubauen. Im September 1942 standen schon 31 britische und indische Squadrons in Indien. Davon waren freilich sechs noch nicht für Operationen tauglich, neun wurden für eine eventuelle Verteidigung Ceylons zurückgehalten, und fünf wurden für Transport- und Aufklärungszwecke eingesetzt – womit nur sieben Jäger- und vier Bomber-Squadrons für militärische Operationen in Nordostindien übrigblieben. Aber der Strom von Flugzeugen aus Großbritannien und den USA wurde mit jedem Monat stärker, und im Februar 1943 weren es schon 52 Squadrons. Zudem wurden die Flugzeuge selbst durch neuere Typen ersetzt – durch Mitchells, Hurricanes, Liberators und Beaufighters. Die meisten konnten direkt zu den neuen Flugplätzen in Assam und Bengalen geflogen werden, nachdem die Gefahr einer Invasion Indiens auf dem Seeweg sich nach den Seeschlachten im Korallenmeer und bei Midway verflüchtigt hatte.

Im April 1942 hatte Wavell das Oberkommando Indien neu geordnet: Das Zentrale Oberkommando, das sich jetzt in Agra befand, war für Ausbildung und Versorgung zuständig, während die drei regionalen Armeekommandos – das nordwestliche, das südliche und das östliche – die Verantwortung für die Operationen hatten.

Die Planung für die Rückeroberung Burmas setzte eine Zusammenarbeit mit den chinesischen Armeen voraus, sowohl den jetzt in Assam stehenden wie mit denen in der chinesischen Provinz Yunnan. Der chinesische Plan vom Oktober 1942 sah einen konzentrierten Vormarsch von 15 chinesischen sogenannten Divisionen aus Yunnan und drei aus Assam vor, zusammen mit etwa zehn britischen und indischen Divisionen. Die letzteren sollten nicht nur in Nordburma einmarschieren, sondern auch einen Angriff von See her auf Rangun führen. Wavell stimmte dem Plan grundsätzlich zu, hatte aber Zweifel, ob die nach seiner Ansicht notwendigen Voraussetzungen vorhanden waren: die Luftherrschaft über dem burmesischen Raum und eine starke britische Flotte mit vier oder fünf Flugzeugträgern zur Beherrschung des Indischen Ozeans und Sicherung des Angriffs auf Rangun. Die zweite Voraussetzung war in der Tat nicht gegeben – angesichts der umfangreichen Verpflichtungen der britischen Kriegsmarine in anderen Räumen. Daher zog Tschiang Kai-schek, der diese Voraussetzungen nur als Ausflüchte Wavells und als Beweis ansah, daß die Briten nicht zu einer ernsthaften Anstrengung gewillt waren, Ende 1942 grollend seine Mitwirkung bei der Operation zurück.

Wavell beschloß, trotzdem eine begrenzte Offensive zu unternehmen, zur Rückeroberung des Küstengebiets von Arakan durch einen Vormarsch von 150 Kilometern entlang der Halbinsel Mayu – zusammen mit einer Invasion der Insel Akyab von See her, um die dortigen Flugplätze zurückzuerobern, von denen aus japanische Bomber den größten Teil Nordostindiens angreifen konnten. Wenn die alliierte Luftwaffe dort wieder fest installiert wäre, könnte sie von dort aus das ganze nördliche und mittlere Burma abdecken. Dieser wichtige Bestandteil des Planes wurde jedoch wegen Mangels an Landefahrzeugen aufgegeben.

Dennoch bestand Wavell auf dem Landfeldzug nach Arakan – er erschien ihm besser als gar nichts. Die 14. indische Division begann im Dezember 1944 ihren Vormarsch, aber bewegte sich so langsam, daß der Befehlshaber der japanischen 15. Armee, General Iida, Verstärkungen dorthin schicken und bis Ende Januar den Vormarsch zum Stehen bringen konnte. Obwohl die Japaner im Februar noch mehr Truppen dorthin entsandten, bestand Wavell auf der Wiederaufnahme des Vormarsches, trotz der Proteste von General Irwin, Befehlshaber der östlichen Armee, der ihn warnte, die Truppen seien durch Malaria arg dezimiert und in ihrem Kampfgeist unterhöhlt. Daher konnten die Japaner jetzt die 14. Division im Rücken angreifen, und als sie Mitte März Htizwe am Mayu-Fluß erreicht hatten, zwangen sie sie zum Rückzug. Die 14. Division wurde dann durch die 26. ersetzt; aber der japanische Gegenangriff über den Mayu hinweg ging weiter und erreichte Anfang April bei Indin die Küste. Dann schwenkten die Japaner nach Norden, mit dem Ziel, noch vor Beginn des Monsuns im Mai die Linie Maungdaw-Buthidaung zu erreichen und dadurch britische Pläne für einen Vorstoß nach Burma in der nächsten trockenen Jahreszeit zu verhindern.

Am 14. April übernahm Generalleutnant W. J. Slim, Kommandeur des 15. indischen Korps, den Befehl über die Truppen in Arakan und war erschrocken festzustellen, wie sehr sie physisch und moralisch durch die Malaria und durch die schweren Verluste bei Frontangriffen auf japanische Stellungen gelitten hatten. Er hoffte zwar, die Linie Maungdaw–Buthidaung zwischen dem Meer und dem Mayu zu halten; aber er plante notfalls einen weiteren Rückzug auf eine Linie 80 Kilometer weiter nördlich, auf der Höhe von Cox's Bazar. Hier war das Gelände ziemlich flach und daher für die britische Überlegenheit an Artillerie und Panzern geeigneter als die Urwälder und Sümpfe des Mayu-Gebiets, während die japanischen Nachschublinien an der Küste verwundbarer sein würden.

Aber beides glückte nicht. Die Japaner vertrieben am 6. Mai die Briten aus Buthidaung, und diese Flankenbedrohung führte auch zur Aufgabe von Maungdaw an der Küste. An dieser neuen Linie blieben die Japaner stehen, da der Monsun bevorstand. Alles in allem war der britische Versuch, Akyab und seine Flugplätze auf dem Landwege ohne Hilfe einer maritimen Operation zurückzuerobern, ein völliger Fehlschlag. Die Japaner hatten ihre Geschicklichkeit bei Flankenbewegungen und langsamem Einsickern durch den Urwald bewiesen, während die Briten den Kampfgeist ihrer Truppen durch verlustreiche Frontalangriffe und dilettantische Mißachtung jedes indirekten Vorgehens beeinträchtigt hatten. Im Mai 1943 standen sie wieder dort, wo sie im Herbst 1942 gestanden hatten.

Die Chindits

Den einzigen Lichtblick in dieser trüben Periode des Krieges bot am nördlichen Ende des burmesischen Kriegsschauplatzes die erste »Chindit«-Operation. Diesen Namen hatte ihr Urheber, Orde Wingate, erfunden nach einem Fabeltier, dem Chinthe, halb Löwe und halb Adler, von dem zahlreiche Standbilder in burmesischen Pagoden stehen. Seine Phantasie war durch dieses greifähnliche Tier angeregt worden, das die enge Zusammenarbeit von Luftwaffe und Bodentruppen symbolisieren sollte. Daß die ersten derartigen Operationen in der Nähe des Chindwin-Flusses in Nordburma ausgeführt wurden, mag diesen Namen der Öffentlichkeit eingeprägt haben.

Im Herbst 1938 war Orde Wingate, damals als Hauptmann auf Urlaub von Palästina, mit einigen militärisch einflußreichen Leuten zusammengetroffen und hatte großen Eindruck auf sie gemacht, wie vorher schon auf General Wavell, der damals Befehlshaber in Palästina war[1]. Doch bei der Rückkehr nach Palästina im Dezember stellte er fest, daß seine zionistischen Sympathien ihn in amtlichen britischen Kreisen so verdächtig gemacht hatten, daß Wavells Nachfolger, General Haining, der ursprünglich seinen Plan der SNS-Organisation gebilligt hatte, ihn von der Durchführung ausschloß und auf einen nebensächlichen Posten in seinen eigenen Stab abschob; später wurde er auf Hainings Betreiben in die Heimat zurückversetzt.

Doch im Herbst 1940 wurde er von diesem toten Geleise erlöst und nach Afrika geschickt, um einen Guerilla-Feldzug gegen die Italiener in Äthiopien zu organisieren. Nach dem erfolgreichen Abschluß des Ostafrika-Feldzuges im Mai 1941 machte er während eines Malariaanfalls in einem Moment psychischer Depression einen Selbstmordversuch; von seiner Genesung in der Heimat wurde er in den Fernen Osten abberufen und erhielt dort eine neue große Chance. Wieder wurde sie ihm von Wavell gegeben, der nach dem Fehlschlag seiner Sommeroffensive im Nahen Osten abgelöst und nach Indien geschickt worden war. Als Ende 1941 Wavell sich wegen der japanischen Invasion Malayas und Burmas wieder in einer kritischen Lage befand, bat er um die Entsendung Wingates in der Absicht, dort Guerillaoperationen zu führen.

Nach seiner Ankunft veranlaßte Wingate die Schaffung von sogenannten »Long Range Penetration Groups«, die dazu ausgebildet wurden, im burmesischen Urwald zu operieren sowie japa-

1 Er suchte mich mehrmals auf und besprach mit mir die Ausbildung der SNS (Special Night Squads), die er aus Angehörigen der jüdischen Untergrundorganisation Hagana zusammengestellt hatte, um die bewaffneten arabischen Banden zu bekämpfen. Er erzählte mir, wie er meine taktischen Ideen für solche Guerilla-Operationen angewandt habe. Auf Wingates Bitten schrieb ich für ihn einen Einführungsbrief an Winston Churchill.

nische Nachschubverbindungen und Vorposten anzugreifen. Seine Idee war, diese Kräfte müßten stark genug sein, um wirksam zuschlagen zu können, aber klein genug, um der Aufmerksamkeit des Feindes zu entgehen. Die Größe einer Brigade wurde als angemessen angesehen, und die 77. indische Brigade wurde für diesen Zweck reorganisiert. Diese »Chindits« mußten bessere Dschungelkämpfer sein als die Japaner, und sie brauchten Experten für Kämpfe dieser Art, vor allem Experten für Sabotageakte und für den Funkverkehr. Sie mußten ferner eine enge Zusammenarbeit mit der Luftwaffe entwickeln, da sie auf Nachschub aus der Luft angewiesen waren; zu diesem Zweck wurde jedem Verband eine kleine Luftwaffeneinheit zugeteilt. Innerhalb des Verbandes sollten Lasttiere den Transport bewerkstelligen.

Wingate drängte auf eine baldige Operation, sowohl zur Wiederherstellung des britischen Kampfgeistes als auch zur praktischen Erprobung seiner LRPG. Wavell hätte vorgezogen, daß diese Verbände unmittelbar vor und während einer großen britischen Offensive in Aktion treten sollten; aber er entschied auf Wingates Wunsch, daß ein vorheriger Versuch gewagt werden solle, wegen der Erfahrungen, die dabei gemacht, und der Informationen, die dabei gewonnen werden könnten.

Die Brigade bestand aus sieben Verbänden und war für die geplante Operation in zwei Gruppen eingeteilt: eine nördliche Gruppe von fünf Verbänden mit insgesamt 2200 Mann und 850 Mauleseln und eine südliche Gruppe von zwei Verbänden mit insgesamt 1000 Mann und 250 Mauleseln. Beide Gruppen überquerten in der Nacht zum 14. Februar 1943 den Chindwin, unterstützt durch Ablenkungsmanöver der regulären Truppen.

Als sie weiter nach Osten zogen, teilten sich die Gruppen in ihre vorher bestimmten Verbände und führten zahlreiche Angriffe auf japanische Vorposten aus; ebenso unterbrachen sie Bahnlinien, sprengten sie Brücken und legten Hinterhalte an den Straßen an. Mitte März überquerten sie den Irrawaddy, 150 Kilometer östlich des Chindwin. Doch dann hatten die Japaner die Gefahr erkannt und setzten einen großen Teil von zwei Divisionen gegen die Chindits ein. Daraufhin mußten diese sich zurückziehen, und Mitte

April waren sie wieder in Indien, nach Verlust von einem Drittel ihrer Zahl und des größten Teils ihrer Ausrüstung.

Die Operation hatte wenig strategischen Effekt; immerhin zeigte sie, daß auch britische und indische Truppen im Dschungel operieren konnten, und wertvolle Erfahrungen in der Nachschubversorgung aus der Luft wurden gewonnen.

Die Operation brachte auch General Mutaguchi, den Kommandeur der japanischen 15. Armee, zu der Erkenntnis, daß er den Chindwin nicht als sichere Barriere ansehen könne und daß er seinen eigenen Vormarsch wiederaufnehmen müsse, um einer britischen Gegenoffensive zuvorzukommen. Dadurch kam es zu dem japanischen Vorstoß über die indische Grenze im Jahr 1944 und zu der entscheidenden Schlacht von Imphal.

Künftige Planungen

Eine ernsthafte britische Offensive in der trockenen Jahreszeit 1942/43 war durch die Kombination von administrativen Schwierigkeiten und mangelnden Kräften unmöglich gemacht worden. Die Planung für die nächste trockene Jahreszeit 1943/44, so wie sie auf der Casablanca-Konferenz vom Januar 1943 beschlossen wurde, sah in der Hauptsache einen Angriff auf Rangun von See her vor, unter dem Namen »Operation Anakim«; ihm sollten britische und chinesische Offensiven im Norden Burmas und die Einnahme der wichtigsten Plätze an der Küste vorausgehen. Diese Zielsetzung setzte voraus, daß die Überlegenheit in der Luft gewonnen und starke Kräfte der Kriegsmarine mit genügend Landefahrzeugen zusammengezogen wurden — ebenso wie die Lösung der administrativen Probleme und der Probleme des Überlandtransports.

Die Schwierigkeit der Schaffung aller dieser Voraussetzungen war offenkundig so groß, daß Wavell im Frühjahr 1943 dazu neigte, sich von Burma abzuwenden und eine Operation gegen Sumatra zu bevorzugen. Seine Besprechungen mit Churchill und den Stabschefs bei einem Besuch in London im April überzeugten diese, daß die »Operation Anakim« aufgegeben oder verschoben werden müsse, und statt dessen wurde die Operation gegen Sumatra unter dem Namen »Culverin« beschlossen. Dieser Umweg leuchtete Churchill ein; aber auch er mußte aus den gleichen Gründen aufgegeben werden wie »Anakim« – und außerdem weil die Amerikaner darauf bestanden, den Landweg für den militärischen Nachschub nach China so bald wie möglich wieder zu öffnen. Daher wurde die Operation im Süden verschoben, wenn auch die Planung dafür weiterging. Wenn auf diesem Kriegsschauplatz überhaupt etwas geschehen sollte, dann müßte es im Norden von Burma geschehen.

KAPITEL 24

DIE SCHLACHT IM ATLANTIK

Die kritische Periode der Schlacht im Atlantik war die zweite Hälfte 1942 und die erste Hälfte 1943, aber ihre langfristige Fluktuation ging mit dem Gesamtverlauf des Krieges in diesen sechs Jahren parallel. Man kann sogar sagen, daß die Schlacht schon vor dem Krieg begann, da die ersten ozeangehenden deutschen U-Boote schon am 19. August 1939 zu ihren Kriegsstandorten im Atlantik ausliefen. Bis zum Ende des Monats, am Vorabend der deutschen Invasion Polens, fuhren schon 17 im Atlantik, während etwa 14 U-Boote kleineren Typs sich in der Nordsee befanden.

Trotz ihrem späten Start beim Bau von U-Booten hatten die Deutschen bei Kriegsausbruch insgesamt 56 Boote (davon freilich zehn nicht voll einsatzfähig), nur eines weniger als die britische Kriegsmarine. Von diesen waren 30 »Nordsee-Enten«, die für den Atlantik nicht geeignet waren.

Der erste Schlag war die Versenkung des Passagierschiffs »Athenia« am Abend des 3. September, noch am Tag der britischen Kriegserklärung. Sie wurde ohne Vorwarnung torpediert, im Gegensatz zu Hitlers ausdrücklichem Befehl, daß der U-Boot-Krieg im Einklang mit der Haager Konvention geführt werden solle; der U-Boot-Kommandant rechtfertigte später sein Verhalten mit der Behauptung, er habe das Schiff für einen bewaffneten Hilfskreuzer gehalten. In den nächsten Tagen wurden noch mehrere andere Schiffe versenkt.

Dann errangen die Deutschen am 17. September einen wichtigeren Erfolg, als der britische Flugzeugträger »Courageous« von »U 29« in der Nähe der britischen Westküste versenkt wurde. Drei Tage vorher hatte der Flugzeugträger »Ark Royal« nur mit knapper Not dem »U 39« entkommen können, das darauf von den begleitenden Zerstörern prompt angegriffen und versenkt wurde. Diese offenkundigen Gefahren führten dazu, daß die großen Flugzeugträger aus der U-Boot-Jagd zurückgezogen wurden.

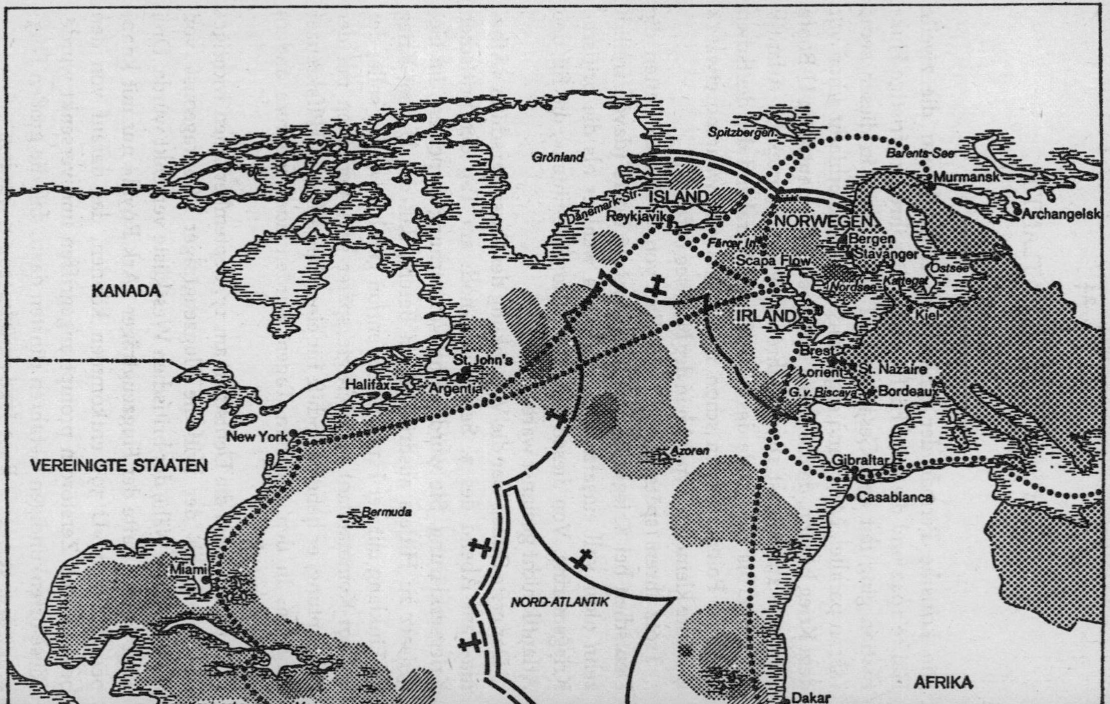
Spitzbergen
Barents-See
Murmansk
Archangelsk
Grönland
ISLAND
Dänemark-Str.
Reykjavik
NORWEGEN
Bergen
Stavanger
Färöer In.
Scapa Flow
Ostsee
Nordsee
Kattegat
Kiel
KANADA
IRLAND
Brest
St. John's
St. Nazaire
Lorient
Halifax
Argentia
G. v. Biscaya
Bordeaux
New York
Azoren
VEREINIGTE STAATEN
Gibraltar
Casablanca
Bermuda
Miami
NORD-ATLANTIK
AFRIKA
Dakar

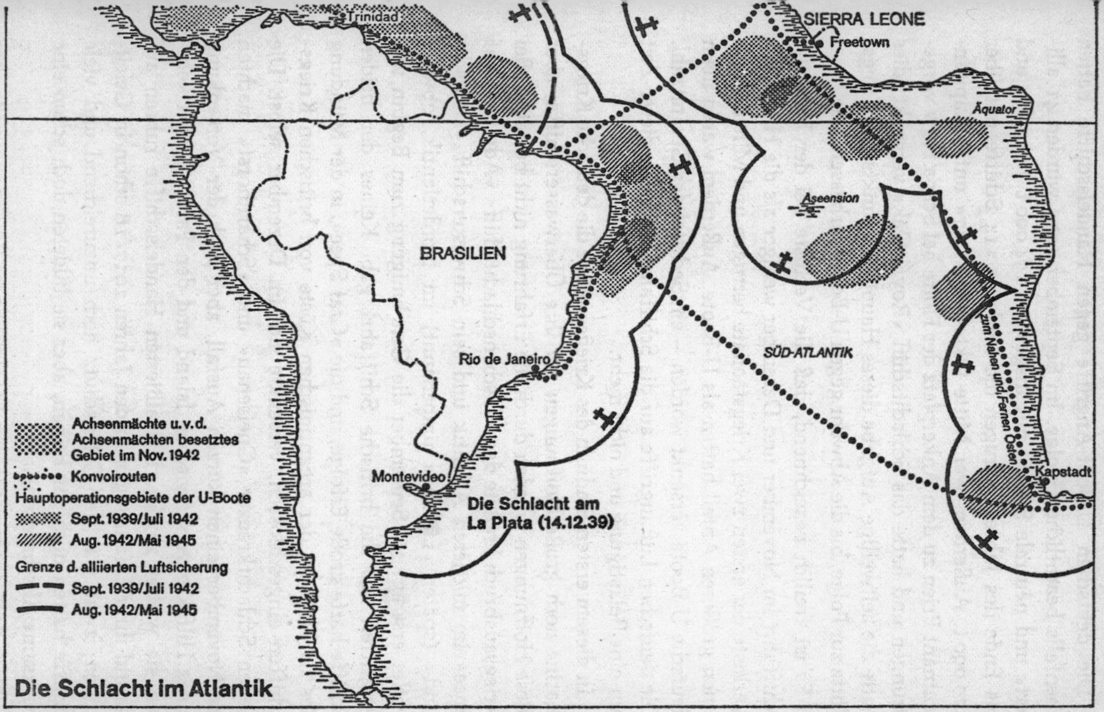
Trinidad
SIERRA LEONE
Freetown
Äquator
Ascension
BRASILIEN
SÜD-ATLANTIK
zum Nahen und Fernen Osten
Rio de Janeiro
Kapstadt
Montevideo
Die Schlacht am
La Plata (14.12.39)
Achsenmächte u.v.d.
Achsenmächten besetztes
Gebiet im Nov. 1942
Konvoirouten
Hauptoperationsgebiete der U-Boote
Sept. 1939/Juli 1942
Aug. 1942/Mai 1945
Grenze d. alliierten Luftsicherung
Sept. 1939/Juli 1942
Aug. 1942/Mai 1945
Die Schlacht im Atlantik

Die deutschen U-Boot-Angriffe gegen Handelsschiffe hatten ebenfalls beachtliche Erfolge. Im September 1939 wurden 41 alliierte und neutrale Schiffe mit insgesamt 154 000 t versenkt, und bis Ende des Jahres betrugen die Verluste 114 Schiffe mit über 420 000 t. Außerdem war Mitte Oktober »U 47« unter Kapitänleutnant Prien zu dem Ankerplatz der Flotte bei Scapa Flow vorgedrungen und hatte das Schlachtschiff »Royal Oak« versenkt; dies hatte die zeitweilige Aufgabe dieses Hauptstützpunkts der Kriegsflotte zur Folge, bis die Abwehr gegen U-Boote verbessert war.

Es ist freilich bezeichnend, daß die Verluste bei der Handelsschiffahrt im November und Dezember weniger als die Hälfte der Verluste der ersten zwei Kriegsmonate betrugen und Minen daran einen größeren Anteil hatten als U-Boote. Außerdem waren neun deutsche U-Boote versenkt worden – ein Sechstel der Gesamtzahl. Die deutschen Luftangriffe auf die Schiffahrt waren in dieser Zeit nur eine Belästigung und nicht mehr.

In diesem ersten Stadium des Krieges setzte die deutsche Kriegsmarine noch große Hoffnungen auf ihre Überwasserschiffe; aber diese Hoffnungen wurden durch die Erfahrung nicht bestätigt. Bei Kriegsausbruch kreuzte das »Taschenschlachtschiff« »Admiral Graf Spee« im mittleren Atlantik und sein Schwesterschiff »Deutschland« (später »Lützow« umbenannt) im Nordatlantik, obwohl Hitler erst am 26. September die Genehmigung zum Beginn von Angriffen auf die britische Schiffahrt gab. Keines der beiden Schiffe hatte große Erfolge, und die »Graf Spee«, in der Mündung des La Plata an der argentinischen Küste von britischen Kriegsschiffen eingeschlossen, versenkte sich im Dezember selbst. Die neuen Schlachtkreuzer »Gneisenau« und »Scharnhorst« machten im November einen kurzen Ausfall, aber nach der Versenkung eines Hilfskreuzers zwischen Island und den Faröer Inseln kehrten sie wieder zurück. Die alliierten Handelsschiffe fuhren auf Grund ihrer Erfahrungen in den Jahren 1917/18 schon in Geleitzügen; zwar war der Geleitschutz noch unzureichend und viele Schiffe hatten noch gar keinen, aber sie bildeten doch schon eine wirksame Abschreckung.

Nach dem Zusammenbruch Frankreichs im Juni 1940 wurde aber

die Gefahr für die britischen Schiffahrtslinien viel ernster. Alle Schiffe, die südlich von Irland fuhren, waren jetzt deutschen U-Boot-, Überwasser- und Luftangriffen aus nächster Nähe ausgesetzt. Wenn man nicht große Risiken laufen wollte, war der einzige Schiffahrtsweg jetzt die nordwestliche Route nördlich an Irland vorbei. Doch auch diese Route konnte von den neuen deutschen Langstreckenflugzeugen, den viermotorigen Focke-Wulf »Kondor« (den FW 200), die von Starvanger in Norwegen und Merignac bei Bordeaux aus operierten, beobachtet und angegriffen werden. Im November 1940 versenkten diese Langstreckenbomber 18 Schiffe mit 66 000 t. Außerdem waren auch die Versenkungszahlen der U-Boote stark angestiegen.

Die Gefahr war so ernst geworden, daß zahlreiche britische Kriegsschiffe aus der Abwehr gegen die Invasion herausgezogen und zum Schutz der Nordwestroute abgestellt wurden. Dennoch war der Geleitschutz durch Kriegsschiffe und Flugzeuge noch zu schwach. Schon im Juni, dem ersten Monat der veränderten strategischen Situation, waren die Versenkungen durch U-Boote auf 58 Schiffe mit 284 000 t gestiegen, und obwohl sie im Juli etwas zurückgingen, betrugen sie in den folgenden Monaten durchschnittlich über 250 000 t — und im Oktober waren es 63 Schiffe mit über 350 000 t.

An der britischen Ostküste hatten durch Flugzeuge gelegte Minen in den letzten Monaten 1939 mehr Schaden angerichtet als U-Boote, und nach der deutschen Invasion Norwegens und der Niederlande im Frühjahr 1940 verstärkte sich diese Gefahr.

Außerdem lief im Herbst 1940 die »Admiral Scheer« unentdeckt in den Nordatlantik aus; am 5. November griff sie einen heimwärts fahrenden Geleitzug an und versenkte fünf Handelsschiffe und das einzige Geleitschiff, den Hilfskreuzer »Jervis Bay« — der sich selbst aufopferte, um dem Geleitzug Zeit zum Entkommen zu geben. Das plötzliche Auftauchen der »Scheer« auf dieser lebenswichtigen Geleitzugsstraße brachte vorübergehend die gesamte britische Atlantikschiffahrt in Verwirrung und veranlaßte, daß andere Geleitzüge bis zu zwei Wochen verschoben wurden, bis man wußte, daß die »Scheer« in den Südatlantik gefahren war.

Hier fand sie weniger Ziele; aber immerhin erhöhte sie ihre Versenkungszahlen auf 16 Schiffe mit 99 000 t, bis sie nach einer Fahrt von 46 000 Seemeilen am 1. April 1941 heil nach Kiel zurückkehrte. Auch der Kreuzer »Admiral Hipper« lief Ende November 1940 in den Atlantik aus, mußte aber am Weihnachtstag zu seiner Überraschung feststellen, daß ein von ihm angegriffener Geleitzug starken Geleitschutz hatte, da es sich um einen Truppentransport für den Nahen Osten handelte. Die begleitenden Kreuzer vertrieben die »Hipper«, und ein Maschinenschaden veranlaßte sie, Brest anzulaufen. Von dort machte sie im Februar 1941 einen zweiten Ausfall und war etwas erfolgreicher, indem sie sieben Schiffe aus einer nicht geschützten Gruppe von Schiffen versenkte, die an der afrikanischen Küste fuhren; aber ihr Treibstoff wurde knapp, und der Kapitän beschloß, wieder nach Brest zurückzukehren. Mitte März befahl der deutsche Admiralstab eine gründliche Überholung in einem deutschen Hafen, und sie kehrte vor der »Scheer« nach Kiel zurück. Die geringe technische Leistungsfähigkeit der »Hipper« zeigte, daß, abgesehen von ihren Maschinendefekten, ihr Typ für Angriffe auf die Schiffahrt nicht geeignet war.

Nach den U-Booten und den Minen waren die wirksamste deutsche Waffe im Seekrieg die getarnten Handelsschiffe, die zu Kaperzwecken umgebaut waren und seit April 1940 auf lange Fahrten ausgeschickt wurden. Bis Ende 1940 hatte die erste Welle von sechs solcher Schiffe 54 Handelsschiffe mit insgesamt 366 000 t versenkt – meist in weit entfernten Gewässern. Der Gedanke an ihre mögliche Anwesenheit in der Nähe verursachte mindestens ebensoviel Nervosität und Störung des Schiffsverkehrs wie ihre tatsächlichen Versenkungen, und ihre Wirksamkeit wurde erhöht durch die meisterhafte Art, in der die Deutschen sie an geheimen Treffpunkten auftankten und versorgten. Diese Kaperschiffe wurden geschickt eingesetzt, und ihre Ziele waren gut ausgewählt – nur eines von ihnen wurde in eine Kampfhandlung verwickelt und kam dabei ziemlich ungeschoren davon. Ihre Kapitäne, mit einer einzigen Ausnahme, verhielten sich menschlich, ließen den Besatzungen der versenkten Schiffe Zeit, in die Boote zu gehen, und behandelten ihre Gefangenen anständig.

Angesichts dieser vielfältigen Gefahren, vor allem der U-Boot-Gefahr auf den atlantischen Schiffsrouten, wurde das Geleitschutzpotential der britischen Kriegsmarine überbeansprucht. Von den französischen Atlantikhäfen Brest, Lorient und La Pallice bei La Rochelle aus konnten die U-Boote bis 25° West in den Atlantik hinausfahren, während die Briten im Sommer 1940 nur Geleitschutz bis 15° West, etwa 300 Kilometer westlich von Irland, stellen konnten; Geleitzüge in Richtung Amerika mußten sich dann auflösen oder ungeschützt weiterfahren. Selbst im Oktober wurde der volle Geleitschutz nur auf etwa 19° West ausgedehnt, etwa 600 Kilometer westlich von Irland. Der übliche Geleitschutz bestand nur aus einem Hilfskreuzer, und erst Ende des Jahres konnte er in der Regel auf zwei Schiffe verstärkt werden. Nur Geleitzüge in den Nahen Osten erhielten stärkeren Schutz.

Halifax in Nova Scotia (Kanada) war die wichtigste westliche Endstation für die Atlantik-Geleitzüge. Geleitzüge in Richtung England – meist mit Lebensmitteln, Öl und Munition an Bord – wurden in den ersten 300–400 Seemeilen von kanadischen Zerstörern eskortiert; danach übernahm der Ozean-Geleitschutz den Konvoi, bis dieser den besser geschützten Raum nahe der europäischen Küsten erreichte.

Wirksame Hilfe bei der Lösung des Geleitschutzproblems bildete dann die Inbetriebnahme der Korvetten seit Frühjahr 1940. Diese kleinen Schiffe von nur 925 t waren für die Mannschaften sehr unangenehm bei rauhem Wetter und hatten das Handicap, langsamer zu sein als ein U-Boot im aufgetauchten Zustand; aber sie leisteten im Schutz von Geleitzügen bei jedem Wetter eine sehr mutige Arbeit.

Eine größere Hilfe bedeutete das Abkommen, das Churchill nach zweimonatigen Verhandlungen im September 1940 mit Roosevelt schloß; danach wurden 50 alte und überzählige amerikanische Zerstörer noch aus dem Ersten Weltkrieg den Briten zur Verfügung gestellt, im Austausch gegen eine Verpachtung von acht britischen Stützpunkten auf der amerikanischen Seite des Atlantik für die Zeit von 99 Jahren. Obwohl diese Zerstörer veraltet waren und vor ihrem Einsatz mit »Asdic«, der neuen Vorrichtung zur Entdekkung von U-Booten, ausgerüstet werden mußten, leisteten sie bald einen wichtigen Beitrag zum Geleitschutz und zur Abwehr der U-Boote. Die andere Seite der Abmachung ermöglichte es den USA, Stützpunkte für den Schutz ihrer eigenen Schiffahrt aufzubauen — gleichzeitig war dies der erste der Schritte, die jenes große neutrale Land in die Schlacht im Atlantik hineinzogen.

Der herannahende Winter 1940/41 mit seinem schlechten Wetter bedeutete natürlich erhöhte Schwierigkeiten für die Geleitzüge und ihren Schutz, aber auch eine Verminderung der Tätigkeit der deutschen U-Boote. Deutsche Zahlen zeigen, daß bis zum Juli 1940 die Zahl der deutschen U-Boote seit Kriegsbeginn um die Hälfte gestiegen war, daß 27 versenkt worden und 51 übriggeblieben waren. Bis zum Februar 1941 sank die Zahl der einsatzfähigen Boote auf 21. Doch mit ihren französischen Stützpunkten konnten die Deutschen jetzt auch bei geringerer Gesamtzahl mehr U-Boote gleichzeitig einsetzen und außerdem auch ihre kleineren Boote in den Ozean hinausschicken.

Der Beitrag der italienischen Kriegsmarine zu diesem Kampf war verschwindend gering. Obwohl italienische U-Boote seit August 1940 im Atlantik operierten und im November immerhin 26 ausgelaufen waren, erreichten sie praktisch nichts.

Zwar verminderte sich die U-Boot-Gefahr im Lauf des Winters, hauptsächlich wegen des schlechten Wetters; doch bald nach Beginn des Jahres 1941 lebte sie von neuem auf und wurde gleichzeitig vervielfacht durch die neue »Wolfsrudel«-Taktik des Admirals Dönitz — mehrere U-Boote arbeiteten zusammen, statt wie bisher einzeln. Diese neue Taktik war im Oktober 1940 eingeführt und in den folgenden Monaten weiterentwickelt worden.

Sie funktionierte so, daß, wenn die Annäherung eines Geleitzuges festgestellt worden war, das U-Boot-Kommando an Land die nächste Gruppe von Booten informierte, die dann ein Boot aussandten, um den Konvoi zu entdecken und die anderen Boote durch Funk auf seine Spur zu lenken. Wenn alle Boote versammelt waren, begannen sie Nachtangriffe über Wasser, vorzugsweise vor dem Kurs des Konvois, und wiederholten diese mehrere Nächte lang; bei Tageslicht entfernten sich die Boote aus der Reichweite des Konvois und seines Geleitschutzes. Bei Angriffen über Wasser hatten sie den Vorteil größerer Geschwindigkeit als die meisten Geleitschiffe. Nachtangriffe über Wasser waren bereits im Ersten Weltkrieg geführt worden. Dönitz selbst hatte vor dem Zweiten Krieg in einem Buch geschildert, wie man so etwas macht.

Diese neue Taktik traf die Briten unvorbereitet, da sie sich in erster Linie auf Angriffe getauchter Boote eingerichtet und sich auf »Asdic«, die Vorrichtung zur Entdeckung von Booten unter Wasser, verlassen hatten. »Asdic« hatte eine Reichweite von 1400 Metern; aber es konnte keine U-Boote entdecken, die über Wasser wie Torpedoboote operierten, und wenn die U-Boote nachts über Wasser angriffen, waren die Geleitschiffe praktisch blind. Diese deutsche Taktik der Nachtangriffe über Wasser machte die britischen Vorbereitungen auf den U-Boot-Krieg praktisch wertlos.

Die beste Chance, der neuen Taktik zu begegnen, war die frühzeitige Ortung und Vertreibung des beschattenden U-Boots, des »Kontakthalters«. Wenn die Geleitschiffe die U-Boote zum Tauchen zwingen konnten, dann waren diese behindert, und ihre Periskope waren bei Nacht nutzlos. Eine sehr wichtige Gegenmaßnahme gegen Nachtangriffe war daher die Beleuchtung des Meeres. Anfangs gebrauchte man dazu Sternschnuppen- und Raketen-Leuchtschirme; aber diese wurden später ersetzt durch ein wirksameres Mittel mit dem Namen »Snowflake« (Schneeflocke), das die Dunkelheit fast in hellen Tag verwandelte. Zugleich wurden die zum Geleitschutz und zum Patrouillendienst gegen U-Boote eingesetzten Flugzeuge mit einem mächtigen Scheinwerfer ausgerüstet, der nach seinem Erfinder »Leigh Light« genannt wurde. Wichtiger war die Entwicklung von Radar zur Ergänzung der Sichtung durch Augenschein. Hand in Hand mit den neuen technischen Vorrichtungen ging eine gründlichere Ausbildung der Besatzungen der Geleitschiffe und eine beachtliche Verbesserung in der Organisation des Nachrichtendienstes.

Aber alle diese Verbesserungen brauchten Zeit, und es war ein Glück, daß die kleine Zahl der damals verfügbaren U-Boote die Tätigkeit der neuen »Wolfsrudel« begrenzte. Vor dem Krieg hatte

Admiral Dönitz geschätzt, wenn die Briten ein weiltweites Geleitzugsystem aufbauten, werde Deutschland 300 U-Boote brauchen, um entscheidende Ergebnisse zu erzielen — aber im Frühjahr 1941 hatte es eine operative Stärke von nur einem Zehntel dieser Zahl.

Dies war um so mehr ein Glück, als die Angriffe auf die Schiffahrt durch andere Kriegsschiffe und Flugzeuge im März 1941 einen neuen Höhepunkt erreichten. In diesem Monat versenkten oder kaperten das »Taschenschlachtschiff« »Admiral Scheer« und die Schlachtkreuzer »Scharnhorst« und »Gneisenau« 17 Schiffe, die Langstreckenbomber versenkten 41 und die U-Boote die gleiche Zahl — alles in allem ein Verlust von 139 Schiffen und über einer halben Million t Schiffsraum.

Die beiden Schlachtkreuzer wurden freilich, nachdem sie am 22. März in Brest eingelaufen waren, durch heftige britische Luftangriffe auf den Hafen im ganzen Monat April zur Unbeweglichkeit verurteilt.

Mitte Mai aber lief das neue deutsche Schlachtschiff »Bismarck«, begleitet von dem neuen Kreuzer »Prinz Eugen«, in den Atlantik aus, um den Seekrieg zu intensivieren. Der britische Nachrichtendienst arbeitete gut, und die Meldung von ihrer Anwesenheit im Kattegat erreichte London am Morgen des 21. Mai, während noch am gleichen Tag die beiden Schiffe von Flugzeugen des Küstenkommandos in der Nähe von Bergen in Norwegen gesichtet wurden. Der Schlachtkreuzer »Hood« und das Schlachtschiff »Prince of Wales« lief unter dem Kommando von Vizeadmiral Holland sogleich von Scapa Flow aus, um sie auf ihrer erwarteten Fahrt nördlich an Irland vorbei abzufangen; am nächsten Abend, nachdem die Luftaufklärung ergeben hatte, daß sie sich nicht mehr im Raum Bergen befanden, lief das Gros der Kriegsflotte unter Admiral Tovey ebenfalls aus Scapa Flow in der gleichen Richtung aus. Am Abend des 23. wurden die zwei deutschen Schiffe von den Kreuzern »Norfolk« und »Suffolk« in der Dänemark-Straße zwischen Island und Grönland gesichtet. Zu diesem Zeitpunkt war Admiral Hollands Verband schon nahe am südlichen Ausgang der Straße.

Auf dem Papier war dieser Verband an Stärke überlegen, da die »Hood« mit 42 000 t das größte Schiff beider Kriegsmarinen war und acht 38-cm-Geschütze besaß, und es wurde von dem neuen Schlachtschiff »Prince of Wales« mit 35 000 t und zehn 35-cm-Geschützen begleitet. Doch die »Hood«, 1920 fertiggestellt, war nie gründlich modernisiert worden — der Kriegsausbruch war dem Beschluß der Admiralität zuvorgekommen, ihr besseren Panzerschutz zu geben — und die »Prince of Wales« war noch so neu, daß ihre Bewaffnung noch nicht richtig erprobt war[1]. Die deutschen Schiffe, obwohl angeblich den Begrenzungen des deutsch-britischen Flottenvertrages von 1935 entsprechend — 35 000 t für Schlachtschiffe und 10 000 t für schwere Kreuzer —, waren in Wahrheit 42 000 t zw. 15 000 t groß; dies gestattete ihnen einen schwereren Panzerschutz, als es äußerlich den Anschein hatte. Außerdem war ihre Unterlegenheit in der Bewaffnung — acht 38-cm-Geschütze der »Bismarck« und acht 20-cm-Geschütze der »Prinz Eugen« — nicht nur durch Defekte bei den Geschützen der »Prince of Wales« und die besseren deutschen Entfernungsmesser ausgeglichen, sondern auch durch die taktische Anordnung der britischen Schiffe zu Beginn des Kampfes.

Die Deutschen wurden in der Morgendämmerung um 5.35 Uhr gesichtet, und um 5.52 Uhr eröffneten alle vier Schiffe des Feuer auf eine Entfernung von 23 Kilometern. Auf britischer Seite führte die »Hood«, und beide deutsche Schiffe konzentrierten ihr Feuer auf sie. Sie war nicht nur das Flaggschiff, sondern auch das verwundbarste, insbesondere für Schüsse von oben — ein Grund, um zu versuchen, die Entfernung so weit wie möglich zu verringern. Die Annäherung an den Feind erfolgte aber fast frontal, so daß das britische Schiff seine Heckgeschütze nicht gebrauchen konnte, während die Deutschen mit voller Breitseite schossen. Ihre zweite oder dritte Geschützsalve hatte solche Wirkung, daß um 6 Uhr die »Hood« explodierte und in wenigen Minuten sank — nur drei von den 1400 Mann der Besatzung überlebten. Dies erinnerte nur allzusehr an das Schicksal der britischen Schlachtkreuzer in der

1 Es befanden sich sogar noch einige Werftarbeiter von der Clydeside an Bord.

Schlacht von Jütland (Skagerrak) ein Vierteljahrhundert vorher.

Die »Prince of Wales«, auf die sich beide deutsche Schiffe jetzt konzentrierten, erlitt ebenfalls in wenigen Minuten schwere Treffer von der »Bismarck« und auch drei von der »Prinz Eugen«. So beschloß ihr Kapitän um 6.13 Uhr klugerweise, den Kampf abzubrechen, und entfernte sich unter dem Schutz einer künstlichen Nebelwand. Die Entfernung betrug jetzt nur noch 13,5 Kilometer. Konteradmiral Wake-Walker, der nach Hollands Tod den Verband befehligte, bestätigte diese Entscheidung und beschloß, mit dem Feind nur noch in Tuchfühlung zu bleiben, bis die große Flotte unter Tovey herangekommen war. Diese war aber noch über 400 Kilometer entfernt, und die Aussicht, die deutschen Schiffe zu erwischen, war nicht gut, da im Lauf des Vormittags die Sichtverhältnisse schlechter wurden. Es war daher eine Erleichterung, als am Nachmittag festgestellt wurde, daß die »Bismarck« ihren Kurs geändert und ihre Geschwindigkeit auf 24 Knoten gedrosselt hatte.

Denn bei dem kurzen Kampf am Morgen hatte auch die »Prince of Wales« zwei Treffer auf der »Bismarck« erzielt; einer davon hatte ein Leck im Benzintank geschlagen, das ihre Fahrkapazität beeinträchtigte und den deutschen Admiral Lütjens bewog, einen westfranzösischen Hafen anzulaufen – unter Aufgabe der Kaperfahrt im Atlantik.

Noch am gleichen Nachmittag entsandte Admiral Tovey das zweite Kreuzergeschwader unter Admiral Curteis und den Flugzeugträger »Victorious« – der im Begriff gewesen war, mit einer Ladung von Jägern in das Mittelmeer auszulaufen – in eine Position, wo sie nur 100 Kilometer von der »Bismarck« entfernt waren, nahe genug, um die neun Topedobomber der »Victorious« aufsteigen zu lassen. Diese stiegen bald nach 10 Uhr abends bei schlechtem Wetter auf und hatten Schwierigkeiten, die »Bismarck« zu finden; aber schließlich flogen sie mehrere Angriffe auf das Schiff kurz nach Mitternacht. Ein Treffer richtete bei dem schwergepanzerten Schiff keinen ernsten Schaden an; es gelang ihm, in den ersten Stunden des 25. Mai seinen Verfolgern zu entkommen, und der Rest dieses Tages wurde mit ergebnislosem Suchen verbracht.

Erst um 10.30 Uhr am 26. wurde es wieder durch ein »Catalina«-Flugzeug des Küstenkommandos entdeckt, noch etwa 1000 Kilometer von Brest entfernt. Toveys weit auseinandergezogene Flotte war zu der Zeit in schlechter Position, um die »Bismarck« noch rechtzeitig abzufangen, und war außerdem knapp an Treibstoff. Aber Admiral Somervilles Flottenverband H, der von Gibraltar herankam, war jetzt nahe genug; zu diesem Verband gehörte auch der große Flugzeugträger »Ark Royal«. Der erste Angriff scheiterte, aber ein zweiter gegen 9 Uhr abends hatte mehr Erfolg. Zwei der 13 abgeschossenen Torpedos trafen ins Ziel. Wenn auch ein Treffer auf den Panzergürtel der »Bismarck« traf und wenig anrichtete, so zerstörte der andere, der direkt am Heck traf, ihre Schiffsschraube und ihre Steuervorrichtung und blockierte die Ruder. Dies entschied den Kampf.

Während Kapitän Vians Zerstörer in der Nacht »den Ring hielten« und auch weitere Torpedoangriffe unternahmen, kamen die Schlachtschiffe »King George V.« und »Rodney« heran und bearbeiteten eineinhalb Stunden lang das gelähmte Schiff mit panzerbrechenden Geschossen. Um 10.15 Uhr des 27. war sie nur noch ein brennendes Wrack. Auf Toveys Befehl zogen sich die Schlachtschiffe jetzt zurück, bevor sie durch U-Boote oder schwere Bomber gefährdet werden konnten, und überließen es den Kreuzern, dem sinkenden Schiff den Rest zu geben. Dies tat die »Dorsetshire« mit drei Torpedos. Um 10.36 Uhr versank die »Bismarck« in den Wellen.

Bevor das Ende kam, hatte sie mindestens acht, vielleicht sogar zwölf Torpedotreffer und noch mehr Geschoßtreffer überlebt. Dies war ein bemerkenswert gutes Zeichen für die technische Leistung ihrer Erbauer.

Die »Prinz Eugen« hatte sich schon am 24. von der »Bismarck« getrennt, um irgendwo im Mittelatlantik aufgetankt zu werden; aber danach hatte sie einen Maschinendefekt festgestellt, und daher beschloß der Kapitän, die Fahrt abzubrechen und Brest anzulaufen. Obwohl ihre Rückfahrt entdeckt wurde, erreichte sie am 1. Juni ungestört den Hafen.

Diese dramatischen Ereignisse des Mai 1941 bedeuteten den Höhepunkt und das schließliche Scheitern der deutschen Pläne und

Bemühungen, die Schlacht im Atlantik mit Überwasserschiffen zu gewinnen.

Der U-Boot-Krieg ging noch sehr lange weiter und wurde zu einer schweren Gefahr, obwohl er ein häufiges Auf und Ab aufwies.

Im Mai 1941 stiegen die Versenkungen durch U-Boote stark an, und im Juni erreichten sie wieder eine Rekordzahl von 61 Schiffen mit 310 000 t — ebenso viele Schiffe, wie sich in einem großen Geleitzug befanden. Es war aber bemerkenswert, daß die Seeleute dadurch nicht abgeschreckt wurden, und es gab niemals Schwierigkeiten mit Rekrutierung der Besatzungen.

In diesem Frühjahr kam jedoch eine Reihe von Gegenfaktoren ins Spiel. Am 11. März trat das amerikanische Leih- und Pachtgesetz in Kraft, und im gleichen Monat wurde eine amerikanische »Atlantische Flottenhilfgruppe« von Zerstörern und Wasserflugzeugen gebildet. Im April wurde dann die amerikanische »Sicherheitszone«, die von amerikanischen Kriegsschiffen bewacht wurde, nach Osten erweitert, von 60° auf 26° West. Im März wurden ferner amerikanische Luftwaffenstützpunkte an der Ostküste Grönlands eröffnet, und im Mai übernahm die US-Kriegsmarine den verpachteten Stützpunkt Argentia auf Neufundland. Anfang Juli löste amerikanische Marineinfanterie die britische Garnison von Rejkjavik in Island ab, und von da an schützten amerikanische Marinestreitkräfte die amerikanische Schiffahrt im Raum Island. Die amerikanische »Neutralität« im Atlantik wurde offenkundig immer weniger neutral. Schon im April war ferner die Instandsetzung britischer Schiffe in amerikanischen Werften genehmigt worden, und der Bau von Kriegsschiffen und Handelsschiffen auf Grund des Leih- und Pachtabkommens hatte begonnen.

Unterdessen wurde auch Kanada eine stärkere Hilfe für Großbritannien beim Kampf im Atlantik. Im Juni 1941 wurde ein kanadischer Geleitschutzverband gebildet, mit der Basis St. John's auf Neufundland. Die kanadische Kriegsmarine übernahm die Verantwortung für Anti-U-Boot-Geleitschutz im Ozean in östlicher Richtung bis südlich von Island. Dadurch wurde die Verwirklichung der britischen Pläne eines lückenlosen Geleitschutzes möglich.

Im Sommer 1941 wurde die Regelung eingeführt, daß kanadische und britische Geleitschiffe ihre Geleitzüge an einem Treffpunkt etwa 35° West in der Mitte des Ozeans voneinander übernahmen. Der Geleitschutz von Island aus und der Geleitschutz in den europäischen Gewässern trafen sich zur Übergabe im östlichen Atlantik etwa auf der Höhe 18° West.

Von Juli an begleitete eine Gruppe von Geleitschiffen die Konvois in Richtung Gibraltar auf dem ganzen Weg, und auch den Geleitzügen nach Sierra Leone wurde an der ganzen westafrikanischen Küste ständiger Geleitschutz geboten. Die Konvois hatten jetzt im Durchschnitt fünf Geleitschiffe. Ein Konvoi von 45 Schiffen hatte einen Umkreis von über 45 Kilometer, der geschützt werden mußte. Aber die Asdic-Anlage jedes Geleitschiffes konnte nur einen Umkreis von 1,5 Kilometern erfassen, so daß es immer noch breite Lücken gab, durch die ein U-Boot unerkannt hindurchschlüpfen konnte.

Bei dem Geleitschutz aus der Luft ermöglichte der Einsatz von »Catalina«-Wasserflugzeugen (ebenfalls auf Grund des Leih- und Pachtabkommens) seit Frühjahr 1941 die Ausdehnung dieses Schutzes auf etwa 1000 Kilometer von den Britischen Inseln — dies zwang die U-Boote, die nordwestliche Route zu meiden —, 900 Kilometer von Kanada und 650 Kilometer südlich von Island. Dadurch blieb im mittleren Atlantik eine Lücke von etwa 450 Kilometern Breite; die amerikanischen »Liberator«-Langstreckenflugzeuge, die diese Lücke hätten schließen können, waren erst seit dem März 1943 im Einsatz, und im April 1943 waren erst 41 in Dienst gestellt.

Unterdessen nahm auch die Zahl der deutschen U-Boote zu. Im Juli 1941 waren 65 einsatzbereit, im Oktober 80. Die Gesamtstärke der U-Boote betrug am 1. September 1941 198, und 47 waren bis dahin verlorengegangen. Insgesamt wurden viel schneller neue U-Boote in Dienst gestellt als alte versenkt wurden. Außerdem wurden jetzt stärkere U-Boote gebaut. Ihre geschweißten druckfesten Rümpfe erwiesen sich haltbarer als die der britischen Boote mit vernieteten Platten; eine Wasserbombe mußte viel näher am Boot explodieren, wenn sie eine Wirkung haben sollte.

Im September 1941 wurden vier Geleitzüge durch U-Boote schwer mitgenommen, jedesmal wegen Mangel an ausreichendem Schutz aus der Luft. Doch in diesem Monat wurde, auf Grund eines neuen Abkommens zwischen Roosevelt und Churchill, die Zusammenarbeit zwischen beiden Kriegsmarinen noch enger durch Roosevelts Billigung des amerikanischen »Verteidigungsplans Nr. 4 für die westliche Hemisphäre«. Auf Grund dieses Plans durften amerikanische Kriegsschiffe auch Geleitzüge nichtamerikanischer Schiffe schützen, und sie begannen den Geleitschutz für Atlantik-Konvois bis zu dem Treffpunkt in der Mitte des Ozeans zu stellen – der Treffpunkt selbst wurde nach Osten auf die Höhe von 22° West verlegt.

Dies erleichterte das britische Problem, zwischen den Britischen Inseln und dem Treffpunkt in der Mitte des Ozeans ausreichenden Geleitschutz zu beschaffen. Bis Ende 1941 war der Geleitschutz auf acht Gruppen von je drei Zerstörern und sechs Korvetten verstärkt worden. Weitere elf Gruppen von je fünf Zerstörern sollten eigentlich in Reserve bleiben, um den Schutz eines angegriffenen Konvois zu verstärken oder im Fall besonders starker Zusammenziehungen von U-Booten; aber auch sie wurden weitgehend mit Routineaufgaben befaßt.

Im Oktober gingen die Versenkungen durch U-Boote auf 32 Schiffe mit 156 000 t zurück; bezeichnenderweise wurde kein Schiff im Umkreis von 600 Kilometern eines Stützpunkts der Küstenflugzeuge versenkt. Dies zeigte das Widerstreben der U-Boote, sich in Zonen zu begeben, die durch Aufklärungs- und Bomberflugzeuge großer Reichweite abgedeckt wurden; freilich war der Rückgang auch auf die Entsendung von U-Booten ins Mittelmeer zur Unterstützung von Rommels Operationen in Nordafrika zurückzuführen.

Im November gingen die Versenkungen weiter zurück – auf wenig mehr als ein Drittel der Oktober-Zahl –, und im Dezember waren sie im Nordatlantik noch geringer. Aber die schweren Verluste im Fernen Osten nach dem Kriegseintritt Japans erhöhten die Gesamtversenkungszahlen auf 282 Schiffe mit fast 600 000 t.

Im Westen waren im Lauf der zweiten Hälfte 1941 die deutschen Langstreckenbomber zu einer größeren Gefahr geworden, zumal für die Konvois in Richtung Gibraltar, als die U-Boote. Dies führte dazu, daß man die Notwendigkeit erkannte, jeden Konvoi auch durch Jäger zu schützen, und daß man den ersten Geleitschutz-Flugzeugträger einsetzte, die »Audacity« mit Jägern, die mit Hilfe von Katapulten starteten. Die »Audacity« bewährte sich bei der erfolgreichen Verteidigung eines nach England fahrenden Geleitzuges bei Gibraltar im Dezember, wurde aber bei dem neuntägigen Kampf selbst versenkt.

Ende 1941 betrug die Gesamtzahl der einsatzfähigen deutschen U-Boote 86, und etwa 150 weitere waren in der Erprobung und Ausbildung. Aber da jetzt 50 im Mittelmeer oder auf dem Seeweg zum Mittelmeer operierten, blieben nur 36 für den Nordatlantik übrig. Die Jagd nach deutschen Versorgungsschiffen im Juni hatte dazu geführt, daß neun abgefangen und die U-Boote aus dem Südatlantik zurückgezogen wurden. In den neun Monaten April bis Dezember 1941 hatten die Gesamtversenkungen durch deutsche und italienische U-Boote 328 Schiffe mit 1 576 000 t betragen — aber nur ein Drittel davon waren Schiffe gewesen, die im Geleitzug fuhren, und 20 der 30 versenkten U-Boote waren durch Geleitschutzschiffe erledigt worden. So war es klar, daß stärkerer Geleitschutz und Ausweichstraßen für die Schiffahrt zeitweilig die Oberhand über die U-Boote gewonnen hatten.

Es mag nützlich sein, einen näheren Überblick über das Geleitschutzsystem zu Beginn des Jahres 1942 zu geben. Die drei großen Operationsbasen des Oberkommandos westliche Gewässer unter Admiral Sir Percy Noble waren Liverpool, Greenock und Londonderry; ihm unterstanden 25 Geleitschutzgruppen mit insgesamt 70 Zerstörern und 95 kleineren Fahrzeugen.

Die Fahrzeuge bestanden aus vier Kategorien: 1. Zerstörer kürzerer Reichweite für Geleitzüge in den Nahen Osten und in die Arktis auf dem ersten Teil ihrer Fahrt und für Truppentransporter nach Beginn der Überführung amerikanischer Truppen, 2. Zerstörer größerer Reichweite und Korvetten für nordatlantische Geleitzüge vom Treffpunkt im westlichen Ozean bis Großbritannien und für Geleitzüge in Richtung Gibraltar, 3. Korvetten, Zerstörer größerer Reichweite für Geleitzüge nach Sierra Leone auf dem größten Teil ihrer Fahrt, 4. Flak-Gruppen zum Schutz von Geleitzügen im Bereich deutscher Bomber und von Geleitzügen in der Arktis und Richtung Gibraltar. Außerdem gab es etwa zwei Gruppen in Gibraltar für örtlich begrenzten Geleitschutz und den Geleitschutzverband in Freetown (Sierra Leone) mit einer Zerstörerflotille und etwa zwei Dutzend Korvetten. Der Neufundland-Geleitschutzverband, hauptsächlich von der kanadischen Kriegsmarine gestellt, bestand aus 14 Zerstörern und etwa 40 Korvetten sowie einer Anzahl anderer Schiffe für örtlich begrenzten Geleitschutz.

Doch dieser Verbesserung standen zu Beginn des Jahres 1942 schwere Handicaps gegenüber. Das eine war der Mangel an Flugzeugen. Bei der Übernahme des Küstenkommandos im Sommer 1941 hatte Sir Philip Joubert de la Ferté dessen Bedarf auf ungefähr 800 Flugzeuge verschiedener Art geschätzt und vor allem die Wichtigkeit von Langstreckenbombern betont. Aber zu Jahresbeginn wurden die Bomber des Küstenkommandos dem Bomberkommando für den Luftkrieg gegen Deutschland zur Verfügung gestellt, und diesem wurden auch alle neuen Bomber zugeteilt. Der Streit um die Prioritäten wurde sehr bitter. Auch die Marineluftwaffe hatte Schwierigkeiten, Jäger für die 31 neuen Geleitschutz-Flugzeugträger zu bekommen, die sich in Auftrag befanden.

Ein anderes Handicap war, daß die neuen Fregatten, die in Amerika für britische Rechnung gebaut wurden, nicht so schnell kamen wie gehofft – in erster Linie, weil der Vorrang den Landefahrzeugen eingeräumt wurde, die für eine Operation über den Kanal hinweg benötigt wurden, auf die man in Amerika immer noch für das Jahr 1943 hoffte, wenn nicht sogar für 1942. Diese Prioritäten trugen erheblich zu der anhaltenden Schwäche der britischen Kriegführung im Atlantik und zu den schweren Verlusten der Schiffahrt bei.

Ein drittes Handicap waren Amerikas eigene maritime Schwierigkeiten – die nicht nur im Pazifik durch die Katastrophe von Pearl Harbor entstanden waren, sondern auch im Atlantik durch die Ausdehnung des U-Boot-Krieges und die eigenen Schiffsverluste der USA.

Admiral Dönitz und sein Stab stellten im Mai 1942 die Berechnung auf, daß monatlich im Durchschnitt 700 000 t versenkt werden müßten, um England zu besiegen. Die Deutschen wußten, daß sie im Jahr 1941 diese Zahl nicht erreicht hatten – freilich wußten sie nicht, daß der Monatsdurchschnitt nicht mehr als 180 000 t betragen hatte. Sie dachten, Amerikas Kriegseintritt werde ihnen jetzt mehr Handlungsfreiheit im westlichen Atlantik und mehr Gelegenheit zur Auffindung ungeschützter Angriffsziele bieten.

Zwar konnten nur wenige U-Boote ausgesandt werden, um an der amerikanischen Küste zu operieren; aber diese erzielten unverhältnismäßig gute Ergebnisse. Denn die amerikanischen Admirale gingen nur langsam und widerstrebend zur Organisation von Geleitzügen über – wie die britischen Admirale im Ersten Weltkrieg. Die Amerikaner ergriffen auch nur zögernd andere Vorsichtsmaßnahmen. Beleuchtete Fahrbahnmarkierungen und unbeschränkter Funkverkehr gaben den U-Booten jeden gewünschten Hinweis. Große Küstenorte wie Miami beleuchteten weiterhin ihre Seefronten kilometerlang mit Neonlampen – und die Schiffe auf See hoben sich klar dagegen ab. Die U-Boote lagen am Tage getaucht in der Nähe der Küste und griffen nachts über Wasser mit Geschützen oder Torpedos an. Obwohl niemals mehr als etwa ein Dutzend U-Boote an der amerikanischen Küste operierten, versenkten sie von Amerikas Kriegseintritt bis 1. April 1942 fast eine halbe Million t Schiffsraum, davon 57 Prozent Tanker.

Die Auswirkungen auf die Situation Großbritanniens war ernst. Die amerikanische Kriegsmarine mußte ihre Begleitschiffe und -flugzeuge in ihre eigenen Küstengewässer zurückziehen, und britische Handelsschiffe, die den Atlantik heil überquert hatten, wurden so in den amerikanischen Gewässern zu einer leichten Beute.

Admiral Dönitz war durch diese Ergebnisse so ermutigt, daß er jedes verfügbare U-Boot an die amerikanische Küste schicken wollte. Zum Glück für die Alliierten kam ihnen Hitlers »Intuition« in diesem kritischen Moment zu Hilfe. Bei einer Besprechung am 22. Januar hatte er die Überzeugung ausgesprochen, Norwegen sei »der Raum des Schicksals«, und gefordert, jedes verfügbare Überwasserkriegsschiff und U-Boot sollte dorthin geschickt werden, um eine alliierte Invasion abzuwehren. Drei Tage später erhielt Dönitz den völlig unerwarteten Befehl, eine erste Gruppe von acht U-Booten dorthin zu kommandieren, um den Seeweg zu diesem Land abzudecken. Auch das neue Schlachtschiff »Tirpitz« wurde im Januar nach Norwegen verlegt; ihm folgten die »Scheer«, »Prinz Eugen«, »Hipper« und »Lützow«. Es steckte ein richtiger Kern in dieser Voraussicht, da im April Churchill die britischen Stabschefs anwies, die Möglichkeit einer Landung in Norwegen zwecks Beseitigung der deutschen Gefahr für die Arktis-Geleitzüge zu prüfen — aber die Bedenken der Stabschefs wurden von den Amerikanern geteilt, und das Projekt wurde niemals ausgereift. Ein anderer glücklicher Umstand für die Alliierten war, daß der strenge Winter 1941/42 die Ausbildung der U-Boote in der Ostsee behinderte, mit dem Ergebnis, daß in der ersten Hälfte 1942 nur 69 neue U-Boote einsatzbereit wurden. Von diesen wurden dann 26 nach Nordnorwegen kommandiert, zwei ins Mittelmeer, und zwölf ersetzten verlorene Boote, so daß der Nettozuwachs im Atlantik nur 29 Boote betrug.

Dennoch stiegen die Versenkungen durch U-Boote der Achse insgesamt von Monat zu Monat. Im Februar waren es fast 500 000 t, im März über 500 000 t, im April ging die Zahl auf 430 000 t zurück; aber im Mai stieg sie auf 600 000 und im Juni erreichte sie die ominöse Zahl von 700 000 t. Die Gesamtzahl versenkter Schiffe in allen Weltmeeren und durch alle Waffen betrug im ersten Halbjahr 1942 4 147 406 t — davon entfielen über 3 Millionen t auf U-Boote und fast 90 Prozent auf den Atlantik und die Arktis. Erst im Juli ging die Versenkung durch U-Boote wieder auf etwas unter 500 000 t zurück, dank den Verbesserungen sämtlicher Methoden der U-Boot-Bekämpfung und dank der Übernahme des Geleitzugsystems durch die Amerikaner.

Die Besserung der Lage im Sommer 1942 erwies sich aber als illusorisch. Bis Ende August hatte die Einstellung neugebauter U-Boote die Gesamtstärke auf über 300 erhöht, und davon waren etwa die Hälfte einsatzbereit. Dazu gehörten Gruppen, die in der Nähe von Grönland, an der kanadischen Küste, im Raum der

Azoren, an der Küste Nordwestafrikas, im Karibischen Meer und an der brasilianischen Küste operierten. Die Versenkungen durch U-Boote im August überschritten wieder die 500 000-t-Grenze. In den nächsten Monaten hatten sie besonders große Erfolge in der Nähe von Trinidad im Karibischen Meer, wo viele Schiffe noch einzeln fuhren. Politisch und strategisch unzweckmäßiger war die Versenkung von fünf brasilianischen Schiffen Mitte August, die prompt zu einer Kriegserklärung Brasiliens an Deutschland führte. Die Benutzung brasilianischer Stützpunkte ermöglichte dann den Alliierten, den ganzen Südatlantik besser zu kontrollieren und Überwasserkaperschiffe aus diesem Raum zu vertreiben.

Dies war jedoch weniger entscheidend, als es früher gewesen wäre, da der Platz der deutschen Hilfskreuzer bei Kaperfahrten in entfernten Meeren jetzt von neuen und größeren U-Booten eingenommen wurde — den sogenannten »U-Kreuzern« von 1600 t und einem Aktionsradius von fast 50 000 Kilometern.

Die U-Boote konnten jetzt im Notfall auch weit tiefer tauchen, bis 200 Meter oder noch mehr — ein Vorteil, der jedoch dadurch ausgeglichen wurde, daß auch die Wasserbomben jetzt in größerer Tiefe zur Explosion gebracht werden konnten. Die U-Boote profitierten auch davon, daß ein neuer Typ von Untersee-Tankern sie mitten im Ozean auftanken konnte; auch ihr Funkhorchdienst funktionierte immer besser. Außerdem konnten die Deutschen jetzt wieder die meisten verschlüsselten Geleitzug-Funkmeldungen der Briten entziffern, wie sie es schon bis zum August 1940 gekonnt hatten.

Auf der anderen Seite war die neue 10-Zentimeter-Radaranlage, die von den U-Booten nicht aufgefangen werden konnte, die wichtigste aller neuen technischen Leistungen britischer Wissenschaftler im Seekrieg. Als sie ab Anfang 1943 für Flugzeuge voll einsatzfähig war, in Verbindung mit dem »Leigh Light«, konnten die Alliierten wieder bei Nacht oder bei schlechter Sicht operieren und die auf einer Länge von 1,5 Metern arbeitenden Radar-Suchanlagen der U-Boote überspielen. Das Kriegstagebuch von Admiral Dönitz in dieser Periode zeigt, wie beunruhigt er über die Wirkung dieses neuen britischen Ortungsgeräts war, ebenso wie über die zunehmende Zahl britischer Flugzeuge im östlichen Atlantik.

Während des ganzen U-Boot-Krieges erwies sich Dönitz als ein sehr fähiger Stratege, der immer nach weichen Stellen beim Gegner Ausschau hielt und seine Schlagkraft dort konzentrierte, wo die Abwehr am schwächsten war. Von Anfang an hatte er die Initiative behalten, und die alliierte U-Boot-Abwehr war immer einen Schritt hinter ihm zurück. In der zweiten Hälfte 1942 richtete sich seine Aufmerksamkeit vor allem auf die Lücke im Geleitzugsystem im Raum südlich von Grönland; es war sein Ziel, Geleitzüge festzustellen, bevor sie diesen Raum erreichten, sie anzugreifen, während sie ihn durchquerten, und sich dann zurückzuziehen, wenn wieder Schutz aus der Luft vorhanden war. Bis zum Herbst besaß Dönitz auch genügend U-Boote, um den »Rudeln« zu erlauben, auf eigene Initiative anzugreifen, wo immer sich eine Gelegenheit bot.

So erhöhte sich die U-Boot-Gefahr wieder, und im November stiegen die Versenkungszahlen auf 119 Schiffe mit 729 000 t. Ein großer Teil der Verluste entfiel jedoch auf Schiffe, die einzeln ohne Geleitzug in der Nähe der Küsten Südafrikas oder Südamerikas fuhren.

Der Bedarf an Geleitschutz wurde noch verstärkt durch die Anforderungen der »Operation Torch«, der britisch-amerikanischen Landung in Nordwestafrika im Herbst dieses Jahres. Die Geleitzüge in Richtung Gibraltar und Sierra Leone sowie die in der Arktis mußten zeitweilig eingestellt werden. Es gab auch neue Anforderungen an Geleitschutz für die Konvois von Truppentransportern, die amerikanische Truppen von Island nach Großbritannien überführten. Diese schnellen Konvois brauchten mindestens vier Zerstörer zum Schutz für drei Transporter.

Eine Ausnahme waren dabei die beiden riesigen 80 000-t-Passagierschiffe »Queen Mary« und »Queen Elizabeth«, die zu Truppentransportern umgebaut worden waren und mindestens 15 000 Mann, fast eine ganze Division, befördern konnten. Ihre Geschwindigkeit von über 28 Knoten war zu groß für begleitende Zerstörer, außer zu Beginn und zum Ende ihrer Fahrten; so mußten sie sich allein auf ihre Geschwindigkeit verlassen, zusammen mit einem

Zick-Zack-Kurs und ständig wechselnden Routen. Es war ein großes Risiko; aber es gelang keinem U-Boot, sie jemals auf ihren vielen Transatlantikfahrten seit August 1942 abzufangen.

Ganz allgemein aber konnte die Stellung von Geleitschutz durch Schiffe oder Flugzeuge nicht mit der wachsenden Gefahr durch die steigende Produktion deutscher U-Boote Schritt halten. Im Durchschnitt wurden jetzt 17 im Monat neu in Dienst gestellt, und Ende 1942 hatte Deutschland 212 einsatzfähige und insgesamt 393 U-Boote – verglichen mit 91 einsatzfähigen und insgesamt 249 zu Beginn des Jahres. Im Laufe des Jahres waren 87 deutsche und 22 italienische U-Boote versenkt worden – zu wenig, um mit dem Tempo der Neubauten Schritt zu halten. Im Lauf des Jahres 1942 hatten die U-Boote der drei Achsenmächte insgesamt 1160 Schiffe mit insgesamt 6 266 000 t versenkt, und die anderen Waffen des Feindes erhöhten die Gesamtverluste auf 1664 Schiffe mit über 7 790 000 t. Obwohl etwa 7 Millionen t neuen Schiffsraums von den Alliierten in Dienst gestellt wurden, blieb immer noch ein Defizit von fast 1 Million t übrig, das zu dem Verlustsaldo der früheren Kriegsjahre dazukam. Die britische Einfuhr sank in diesem Jahr auf knapp 34 Millionen t – ein Drittel weniger als im Jahr 1939! Insbesondere die Vorräte an Brennstoff für den zivilen Verbrauch in Großbritannien waren gefährlich knapp geworden – nur 300 000 t bei einem Monatsverbrauch von 130 000 t. Wenn auch die Vorräte aus den Reservebeständen der Kriegsmarine ergänzt werden konnten, war dies doch eine Sache, die nur bei schwerster Notlage zu vertreten gewesen wäre.

Als daher die alliierte Gipfelkonferenz im Sommer 1943 in Casablanca zusammentrat, um die künftige alliierte Strategie zu besprechen, stand sie vor einer sehr beunruhigenden Bilanz in bezug auf den Schiffsraum. Ehe die U-Boot-Gefahr nicht überwunden und die Schlacht im Atlantik nicht gewonnen war, konnte an eine erfolgreiche Invasion Europas nicht gedacht werden. Die Schlacht im Atlantik war so entscheidend geworden wie die Schlacht von England im Jahr 1940. Und ihr Ausgang hing im wesentlichen davon ab, welche Seite materiell und psychologisch länger aushalten konnte.

Der Verlauf des Kampfes wurde durch einen Wechsel im Oberkommando beeinflußt. Im November 1942 wurde Admiral Sir Percy Noble zum Chef der britischen Marinemission in Washington ernannt; er wurde damit der Vertreter des britischen Ersten Seelords bei den amerikanischen Vereinigten Stabschefs. Während der 20 Monate seiner Amtszeit als Oberbefehlshaber in den westlichen Gewässern hatte er viel dazu getan, die U-Boot-Abwehr zu verbessern und den Kampfgeist der Geleitschiff- ebenso wie der Flugzeugbesatzungen hochzuhalten, dank seines Verständnisses für ihre Sorgen und des persönlichen Kontakts, den er mit ihnen hielt. Die Wahl seines Nachfolgers war ein sehr guter Griff: Es war Admiral Sir Max Horton, ein hervorragender U-Boot-Kommandant im Ersten Weltkrieg, der seit Anfang 1940 die britischen U-Boote in der Heimat befehligt hatte. Er brachte für den Feldzug eine genaue Kenntnis der U-Boote und ihrer Besatzungen mit, verbunden mit Energie, Tatkraft und Phantasie. Alle diese Qualitäten machten ihn zu einem ebenbürtigen Gegner für Dönitz.

Hortons Plan war, einen stärkeren und konzentrierteren Angriff auf die U-Boote vorzubereiten. Die Korvetten und die anderen kleinen Fahrzeuge waren nicht schnell genug, um bei Kämpfen mit U-Booten mitzuhalten; denn wenn sie die Boote zu weit verfolgten, konnten sie die Geleitzüge, die sie beschützen sollten, nicht mehr einholen. Neue Zerstörer und Fregatten wurden also gebraucht, die einzeln operierten und, wenn sie ein U-Boot gesichtet hatten, dies zu Tode jagen konnten. Bereits seit September waren solche Gruppen zur Unterstützung der normalen Geleitschiffe aufgebaut worden; aber Horton baute sie jetzt energischer aus und verminderte sogar die Stärke des eigentlichen Geleitschutzes zugunsten solcher Gegenangriffe. Sein Ziel war, den Feind im mittleren Atlantik durch einen koordinierten Gegenangriff dieser neuen Gruppen und der Flugzeuge auf Trägerbasis zu überraschen, in Zusammenarbeit mit den eigentlichen Geleitschiffen und Flugzeugen großer Reichweiten. Er betonte, diese neuen Gruppen sollten keine Zeit damit verlieren, weit und breit nach U-Booten zu suchen — ein Fehler, den man früher gemacht habe. Man solle sie in der Nähe des Konvois finden, und die neuen

Unterstützungsgruppen sollten eng mit den eigentlichen Geleitschiffen zusammenarbeiten. Jeder Geleitzug sollte in der für Flugzeuge unerreichbaren Lücke bei Grönland durch eine solche Gruppe verstärkt werden. Er rechnete damit, daß die U-Boote, gewohnt, nur aus der Richtung des Konvois attackiert zu werden, aus ihrem Konzept gebracht werden würden, wenn die Angriffe aus sämtlichen Richtungen kämen.

Auf der deutschen Seite war Hitler wütend über das magere Ergebnis des Angriffs auf einen Arktis-Geleitzug, den die »Hipper«, die »Lützow« und sechs Zerstörer am Silvesterabend von ihrem Stützpunkt Altenfjord in Norwegen ausgeführt hatten; dies hatte gewichtige Folgen. In seinem Ärger sprach er seinen »festen und unabänderlichen Entschluß« aus, mit den großen Schiffen aufzuhören. Dies führte zum Rücktritt des Oberbefehlshabers der Kriegsmarine, Großadmiral Raeder, einen Monat später; an seine Stelle trat Dönitz, der gleichzeitig sein Amt als Befehlshaber der U-Boote beibehielt. Dönitz verstand es besser, Hitler zu behandeln, und am Ende erhielt er Hitlers Zustimmung dafür, die »Tirpitz«, die »Lützow« und die »Scharnhorst« als »ziemlich starke Einsatzgruppe« in Norwegen zu belassen.

Im Dezember 1942 und im Januar 1943 gab es eine ruhigere Zeit im Atlantik, und die Versenkungen durch U-Boote fielen auf knapp 200 000 t im Monat. Dies war hauptsächlich auf das stürmische Wetter zurückzuführen – das aber auch bei den Handelsschiffen und ihren Geleitzügen viele Störungen anrichtete.

Im Februar verdoppelte sich die Versenkungszahl nahezu, und im März betrug sie sogar 108 Schiffe mit 627 000 t – sie näherte sich also wieder den Rekordzahlen von Juni und November 1942. Noch beunruhigender war, daß fast zwei Drittel davon aus Geleitzügen heraus versenkt wurden. Mitte März konzentrierten sich nicht weniger als 38 U-Boote auf zwei heimwärts fahrende Geleitzüge, die zufällig nahe beieinander fuhren, und versenkten daraus 21 Schiffe mit 141 000 t bei einem Verlust von nur einem U-Boot – bis schließlich nach einigen Tagen Geleitschutz aus der Luft gestellt werden konnte. Dies war eine der größten Geleitzugsschlachten des Krieges.

Rückschauend meint die britische Admiralität: »Die Deutschen kamen ihrem Ziel, den Seeweg zwischen der Neuen und der Alten Welt abzuschneiden, niemals so nahe wie in den ersten zwanzig Tagen des März 1943.« Der Admiralstab begann sich sogar zu überlegen, ob das Geleitzugsystem weiterhin als eine wirksame Abwehr angesehen und beibehalten werden könne.

Doch in den letzten elf Tagen des März erfolgte plötzlich ein großer Umschwung: im Atlantik wurden nur 15 Schiffe versenkt im Vergleich zu 107 in den ersten 20 Tagen des Monats. Im April war die Verlustzahl nur halb so groß wie im März, und im Mai war sie noch geringer. Admiral Hortons koordinierte Gegenoffensive begann wirksam zu werden und zeitigte die erwarteten Erfolge in bemerkenswert kurzer Zeit.

Die Amerikaner hatten in der kritischsten Zeit des März darum ersucht, aus dem Geleitschutz im Nordatlantik entlassen zu werden, und wollten dafür die Verantwortung für die Schiffahrt im Südatlantik und im Mittelmeer übernehmen. Auch der Pazifik machte ihnen große Sorgen. Die praktische Auswirkung dieser Änderung war aber nicht groß: Die US-Regierung unterstellte den ersten Flugzeugträger der Unterstützungsgruppen britischem Kommando und stellte weiterhin die sehr wichtigen »Liberator«-Langstreckenbomber. So waren vom 1. April ab Großbritannien und Kanada allein für alle Geleitzüge zwischen dem amerikanischen Kontinent und Großbritannien zuständig.

Im Frühjahr 1943 erlitten die U-Boote in einer Reihe von Geleitzugsschlachten Niederlagen und schwere Verluste. Mitte Mai berichtete Dönitz besorgt seinem Führer: »Wir stehen vor der größten Krise des U-Boot-Krieges, da der Feind durch neue Vorrichtungen zur Ortung ... einen Kampf unmöglich macht und uns schwere Verluste zufügt.« Denn die U-Boot-Verluste im Mai hatten sich gegenüber dem Vormonat mehr als verdoppelt und betrugen 30 Prozent der auf See befindlichen Boote — eine Verlustzahl, die nicht lange ertragen werden konnte. Daher zog am 23. Mai Dönitz seine U-Boote aus dem Nordatlantik zurück, bis er sie durch neue Waffen verstärken konnte.

Im Juli wurden zum ersten Mal mehr alliierte Handelsschiffe neu gebaut als versenkt. Dies war der entscheidende Faktor und der Beweis, daß die deutsche U-Boot-Offensive abgeschlagen worden war.

Rückblickend sieht man aber, daß Großbritannien im März 1943 nur knapp der Niederlage entgangen ist. Und man sieht, daß der Hauptgrund dafür der Mangel an Langstreckenflugzeugen für den Geleitschutz war; in der Zeit von Januar bis Mai 1943 wurden im Atlantik nur zwei Schiffe aus Geleitzügen versenkt, die Schutz durch Flugzeuge hatten. Sobald ausreichender Geleitschutz aus der Luft für die Konvois bestand, insbesondere durch die »Liberators«, wurde es für die U-Boote immer schwerer, in »Wolfsrudeln« zu operieren. Sie riskierten jetzt jeden Augenblick, ein Flugzeug über sich zu finden, das die ganze Unterstützungsgruppe zu ihrer Position lenkte.

Aber auch Radar auf der neuen 10-cm-Wellenlänge, welche die U-Boote nicht abfangen konnten, war ein sehr wichtiger Faktor, wie Dönitz erkannte. Neue Waffen wie »Hedgehog« (Igel), eine spezielle Anti-U-Boot-Rakete, und schwerere Wasserbomben leisteten ebenfalls einen wichtigen Beitrag. Zu erwähnen ist auch die Forschungsarbeit der Anfang 1942 gebildeten Gruppe unter dem Namen »Western Approaches Tactical Unit«, die das beste taktische System zur Bekämpfung der U-Boote entwickeln sollte, und Professor P. M. S. Blacketts Analyse des besten Aufbaus von Geleitzügen. Schließlich war Ende Mai 1943 ein neuer Code für den Funkverkehr in der Schiffahrt eingeführt worden und beraubte die Deutschen ihrer wertvollsten Informationsquelle.

Die wichtigsten Faktoren bei dem Sieg waren jedoch die Verbesserung des Ausbildungsstandes bei den Geleitschiffen und den Flugzeugen sowie die zunehmende Zusammenarbeit zwischen Seeleuten und Fliegern.

Von allen Einzelpersonen hat, wie bereits betont, den größten Anteil an der Niederlage der U-Boote Admiral Sir Max Horton. Ein großes Verdienst gebührt auch Air Marshal Sir John Slessor, der im Februar 1943 Befehlshaber des Küstenkommandos wurde. Aus der Reihe tüchtiger Kommandeure von Geleitschutzgruppen verdienen zwei besondere Anerkennung: Captain F. J. Walker und Commander P. W. Gretton (später Vizeadmiral Sir Peter Gretton).

Im Juni 1943 wurden im Nordatlantik keine Geleitzüge angegriffen, und der Juli war sehr verlustreich für die U-Boote, insbesondere in der Biscaya, wo die Patrouillenflugzeuge des Küstenkommandos eine reiche Ernte hielten: Von 86 U-Booten, die in diesem Monat die Biscaya zu durchqueren suchten, wurden 55 gesichtet und davon 17 versenkt (mit einer Ausnahme durch Flugzeuge) und sechs zur Umkehr gezwungen. Der Weg nach draußen für die Boote war jetzt eine enge Fahrstraße in der Biscaya, die an der spanischen Küste entlangführte. Doch auch die Flugzeuge mußten für ihre Erfolge einen hohen Preis zahlen, und 14 wurden in diesem Monat dort abgeschossen.

In den drei Monaten Juni bis August 1943 versenkten die deutschen U-Boote nicht mehr als 58 alliierte Handelsschiffe auf allen Meeren mit Ausnahme des Mittelmeers, die Hälfte davon waren Schiffe in der Nähe von Südafrika und im Indischen Ozean. Dieser bescheidene Erfolg wurde mit dem Verlust von 79 Booten erkauft — von denen 58 durch Flugzeuge versenkt wurden.

In der Hoffnung, wieder die Oberhand zu gewinnen, drängte Dönitz bei Hitler auf stärkere Langstrecken-Luftaufklärung im Atlantik und stärkeren Luftwaffenschutz für die Anmarschwege der Boote — und er fand ein wohlwollenderes Gehör als Raeder seinerzeit für seinen Versuch, Görings mangelnde Bereitschaft zur Zusammenarbeit von U-Booten und Luftwaffe zu überwinden. Dönitz erhielt auch die Zusicherung, daß der Bau von U-Booten von 30 auf 40 im Monat erhöht wurde und neue Typen den Vorrang erhielten, die auch getaucht schneller fahren konnten. Doch der vielversprechende »Walter«-Typ — ein Boot, das durch ein Gemisch von Dieselöl und Wasserstoffsuperoxyd angetrieben wurde — hatte noch so viele Kinderkrankheiten, daß kein Boot vor Kriegsende einsatzbereit war. Eine wichtige Neuentwicklung war aber die »Schnorchel«-Belüftungsanlage und der Diesel-Austauschmast — eine holländische Vorkriegserfindung, die den Booten erlaubte, ihre Batterien aufzuladen, während sie in Seerohrtiefe getaucht waren. 30 Boote wurden bis Mitte 1944 damit ausgerüstet.

Zwei andere neue deutsche Vorrichtungen dieser Jahre waren das Torpedo, das akustisch zu den Propellern eines Schiffes gelenkt wurde, und die Gleitbombe. Aber trotz allem verloren die Alliierten im September und Oktober, den ersten zwei Monaten des wiederaufgenommenen U-Boot-Krieges, nur neun Handelsschiffe von den 2468 Schiffen, die in 64 Geleitzügen den Nordatlantik überquerten – während 25 U-Boote versenkt wurden. Nach dieser neuen schweren Niederlage gab Dönitz die Operationen in großen Gruppen auf.

Am 8. Oktober 1943 übernahm dann Großbritannien im Einvernehmen mit Portugal zwei Luftwaffenstützpunkte auf den Azoren, und von da an konnte im ganzen Nordatlantik den Geleitzügen Luftunterstützung gestellt werden.

In den ersten drei Monaten 1944 erlitten die U-Boote noch schwerere Verluste: Nur drei Handelsschiffe von 3360, die in 105 Geleitzügen den Nordatlantik überquerten, wurden versenkt, dagegen 36 U-Boote. Dönitz stellte nun alle Operationen gegen Geleitzüge ein und erklärte Hitler, sie könnten nicht wiederaufgenommen werden, ehe die neuen Typen von U-Booten fertiggestellt, neue Abwehrvorrichtungen einsatzbereit und bessere Luftaufklärung garantiert wären.

Ende März 1944 erhielt Dönitz den Befehl, eine Gruppe von 40 U-Booten zu Operationen in Küstengewässern für den Fall einer alliierten Invasion Westeuropas zu bilden. Bis Ende Mai hatte er 70 Boote in Biscaya-Häfen konzentriert; nur drei blieben im Nordatlantik, wurden aber nur noch mit Wetterbeobachtung beschäftigt.

Die Aufgabe des deutschen U-Boot-Krieges im Nordatlantik war eine große Erleichterung für das Küstenkommando – dessen Flugzeuge, die Gruppe Nr. 19, hatten bis Ende Mai 1944 im Lauf von 41 Monaten der U-Boot-Bekämpfung 50 Boote versenkt und 56 schwer beschädigt. Die Gruppe hatte dabei 350 Flugzeuge verloren; die Verluste wären vermutlich geringer und die Erfolge noch größer gewesen, wenn dem Küstenkommando mehr Flugzeuge zur Verfügung gestellt worden wären, entsprechend der vordringlichen Wichtigkeit seiner Aufgabe.

Zu den anderen Ereignissen dieser Periode gehörten zwei Angriffe auf die »Tirpitz« an ihrem Ankerplatz in Nordnorwegen, der eine durch drei Zwerg-Unterseeboote im September 1943, der andere durch Marineflugzeuge im März 1944. Beide Angriffe beschädigten das Schiff, und ihnen folgte seine Versenkung durch schwere Bomber der R.A.F. im November 1944. Das Schlachtschiff hatte nur ein einziges Mal bei einem Angriff auf Spitzbergen seine schweren Geschütze im Kampf abgefeuert; aber daß es so viele Beschädigungen überlebte, war ein gutes Zeichen für den deutschen Kriegsschiffbau. Außerdem hatte seine bloße Existenz als »ship in being« und als potentielle Gefahr die maritime Strategie Großbritanniens erheblich beeinflußt und einen großen Teil der britischen Seestreitkräfte absorbiert.

Die von der »Scharnhorst« ausgehende Gefahr war schon im Dezember 1943 beseitigt worden, als der Schlachtkreuzer bei einem Versuch, einen Arktis-Geleitzug abzufangen, von einem starken britischen Flottenverband gestellt und versenkt wurde.

Im ersten Halbjahr 1944 waren die größte Gefahr in den britischen Heimatgewässern die neuen deutschen kleinen Motor-Torpedoboote, die sogenannten E-Boote. Es waren zwar niemals mehr als etwa drei Dutzend, aber sie konnten schnell von einer Geleitzugstraße auf die andere dirigiert werden und sich die besten Möglichkeiten aussuchen; so wurden sie zu einer sehr unangenehmen Störung des Schiffsverkehrs.

Die deutschen U-Boote, die in den französischen Häfen konzentriert worden waren, um einer alliierten Invasion entgegenzutreten, erwiesen sich als wenig wirkungsvoll, obwohl sie bis zur Invasion im Juni 1944 mit dem »Schnorchel« ausgerüstet und dadurch weniger verwundbar waren.

Als die amerikanische 3. Armee nach ihrem Ausbruch aus dem Brückenkopf in der Normandie sich Mitte August diesen Häfen – Brest, Lorient und St-Nazaire – näherte, wurden die meisten U-Boote nach Norwegen verlegt. Von da an konnten die Schiffe von und nach Großbritannien wieder die alte normale Route südlich von Irland benutzen.

Seit Ende August begann eine große Zahl von U-Booten von Norwegen und von Deutschland aus neue Angriffe; sie fuhren nördlich an Schottland und Irland vorbei und legten sich dann nahe der Küste an verkehrsreichen Stellen auf die Lauer — bis hinunter nach Portland Bill an der englischen Südküste. Aber mit dieser neuen Kampagne erreichten sie wenig; in den vier Monaten September bis Dezember 1944 versenkten sie in britischen Küstengewässern nur 14 Schiffe. Sie hatten dank ständigen Untertauchens und Benutzung ihrer Schnorchel weniger Verluste als früher.

Die Arktis-Geleitzüge

Die britischen Geleitzüge zu den nordrussischen Häfen begannen Ende September 1941. Da Archangelsk im Winter vereist war, wurde dann Murmansk benutzt, der einzige große eisfreie Hafen Rußlands. Daß es den Deutschen nicht gelang, diesen Hafen auf dem Landweg zu nehmen, war ein folgenschweres Versäumnis, da es sie der Chance beraubte, diesen nördlichen Nachschubweg der Russen abzuschneiden.

Als die Deutschen erkannten, in wie großem Umfang die Briten und dann auch die Amerikaner den Russen auf diesem Schiffahrtsweg zu Hilfe kamen, verstärkten sie eilig ihre Marine- und Luftstreitkräfte in Nordnorwegen und führten im März, April und Mai 1942 mehrere gewaltige Angriffe auf die arktischen Geleitzüge. Am schwersten wurde dann Ende Juni der Geleitzug PQ 17 auf seiner Fahrt nach Osten getroffen. Die Admiralität nahm an, der Konvoi und sein Geleitschutz wären im Begriff, von den deutschen Kriegsschiffen zusammengeschossen zu werden, und befahl am 4. Juli dem Konvoi, sich im Barents-Meer aufzulösen. Die hilflosen Handelsschiffe wurden von Flugzeugen und U-Booten angegriffen, und nur 13 von 36 Schiffen entkamen. Von den Flugzeugen, die der Konvoi beförderte, erreichten nur 87 Rußland, 210 gingen unter; von den Panzern wurden 164 abgeliefert, 430 versenkt; von anderen Fahrzeugen wurden 896 abgeliefert, 3350 versenkt — zugleich mit zwei Dritteln der übrigen Fracht, insgesamt 99 316 t.

Nach diesem Desaster wurde der nächste Geleitzug nach Rußland erst im September abgeschickt. Er erhielt weit stärkeren Geleitschutz, und Admiral Raeder, der durch den Funkhorchdienst davon erfahren hatte, hielt vorsichtigerweise seine größeren Kriegsschiffe zurück, die andernfalls die Geleitschiffe vielleicht überwältigt hätten. 27 der 40 Frachtschiffe von PQ 18 gelangten heil nach Archangelsk, während die deutschen Flugzeuge und U-Boote ziemlich schwere Verluste hatten. Nie wieder haben die Deutschen im hohen Norden soviel Luftstreitkräfte eingesetzt.

Danach wurden im Winter 1942/43 einige kleinere Geleitzüge abgeschickt. Die Russen drängten zwar wiederholt auf mehr Geleitzüge, aber sie trugen in keiner Weise zu ihrem Schutz auf der langen Fahrt über den Ozean und nur wenig zu ihrem Schutz in den Küstengewässern bei. Von März 1943 ab war der Oberbefehlshaber der Heimatflotte, Admiral Tovey, nicht mehr gewillt, die Entsendung weiterer Geleitzüge zu riskieren, da die Tage im hohen Norden zu lang wurden. Die kritische Situation im Atlantik war ein anderes entscheidendes Argument für diesen Beschluß, und die arktischen Geleitzüge wurden auf den Atlantik umgelenkt, wo sie zur Niederlage der deutschen U-Boote wesentlich beitrugen.

Als sie im November 1943 wiederaufgenommen wurden, stand ein weit stärkerer Geleitschutz zur Verfügung, darunter die neuen Geleit-Flugzeugträger. Diese fügten sowohl der geschwächten deutschen Luftwaffe als auch den U-Booten schwere Verluste zu, und große Mengen Fracht wurden jetzt heil nach Rußland verschifft.

Insgesamt fuhren in den 40 von Großbritannien ausgehenden arktischen Geleitzügen seit 1941 811 Schiffe; davon wurden 58 versenkt, 33 mußten aus irgendwelchen Gründen umkehren, 720 gelangten ans Ziel und lieferten insgesamt 4 Millionen t Fracht in Rußland ab. Zu dieser Fracht gehörten 5000 Panzer und über 7000 Flugzeuge. Bei diesen gewaltigen Lieferungen an Rußland verloren die Alliierten 18 Kriegsschiffe und 98 Frachtschiffe, einschließlich der bei Geleitzügen auf ihrem Rückweg versenkten. Die Deutschen verloren bei Operationen gegen diese Geleitzüge den Schlachtkreuzer »Scharnhorst«, drei Zerstörer und 38 U-Boote.

In den ersten Monaten 1945 vergrößerte sich die deutsche U-Boot-Flotte immer noch – durch Neubauten und geringere Verluste dank dem Schnorchel und der Einstellung der weiträumigen Operationen im Atlantik. Im Januar wurden allein 30 neue Boote in Dienst gestellt, gegenüber 18 im Monatsdurchschnitt von 1944. Einige davon gehörten zu den neuen verbesserten Typen mit größerem Aktionsradius und höherer Geschwindigkeit im getauchten Zustand: Typ XXI, der für den Ozean geeignet war, mit 1600 t und Typ XXIII, ein Küstenboot mit 230 t. Im März 1945 erreichte die deutsche U-Boot-Flotte sogar ihre Rekordzahl von 463 Booten.

Erst im März begann dann der alliierte Bombenfeldzug ernste Auswirkungen auf die Produktion der Boote zu haben. Zum Glück für die Alliierten hatte das Minenlegen in der Ostsee von Flugzeugen aus zwar wenig direkte Wirkungen, aber eine sehr wichtige und von den Marinestäben kaum erkannte indirekte Auswirkung insofern, als es die Versuchs- und Ausbildungsfahrten der neuen deutschen U-Boote hinderte und dadurch ihre Indienststellung verzögerte. Wenn die neuen Typen in großer Zahl zum Einsatz gekommen wären, hätten sie vielleicht die U-Boot-Gefahr wieder so bedrohlich verstärkt wie im Jahr 1943.

Sobald aber die alliierten Armeen im März den Rhein überschritten hatten und, zugleich mit dem russischen Vormarsch von Osten, auf Berlin vorrückten, wurden auch die deutschen U-Boote in ihrer Tätigkeit gelähmt. In den letzten Wochen des Krieges beschränkte sich diese fast ganz auf die Ostküste Großbritanniens. Zwar erreichten sie dort nicht viel; aber es ist bezeichnend, daß keines der Boote neuen Typs in diesen Gewässern versenkt wurde.

Nach Deutschlands Kapitulation im Mai ergaben sich 159 U-Boote. Aber 203 wurden von ihren Besatzungen versenkt – das war kennzeichnend für den hartnäckigen Stolz und den ungebrochenen Kampfgeist der U-Boot-Besatzungen.

In den 5½ Jahren des Krieges hatten die Deutschen 1157 U-Boote gebaut und in Dienst gestellt und 15 ausländische U-Boote übernommen; davon sanken 789, darunter drei ehemals ausländische. Außerdem hatten sie etwa 700 Zwerg-U-Boote gebaut. Bei weitem den größten Anteil an den Versenkungen von U-Booten auf dem Meer – 500 von 632 – hatten britische See- und Luftstreitkräfte. Auf der anderen Seite der Bilanz hatten deutsche, italienische und japanische U-Boote zusammen 2828 Schiffe mit insgesamt fast 15 Millionen t versenkt; bei weitem den größten Anteil daran hatten die Deutschen. Deutsche U-Boote versenkten ferner 175 alliierte Kriegsschiffe, zum größten Teil britische. Von den durch U-Boote versenkten alliierten Schiffen entfielen 61 Prozent auf Schiffe, die nicht im Geleitzug fuhren, 9 Prozent auf Schiffe, die sich vom Geleitzug entfernt hatten, und nur 30 Prozent auf Schiffe im Geleitzug – noch viel weniger auf Schiffe in Geleitzügen, die von Flugzeugen geschützt wurden.

Die Besetzung der französischen Kriegshäfen an der Atlantikküste für die Dauer von vier Jahren und die Weigerung der Republik Irland, den Alliierten die Benutzung ihrer westlichen und südlichen Küstengewässer zu gestatten – obwohl Irland selbst weitgehend auf die von Übersee kommenden Einfuhren angewiesen war –, waren zwei Faktoren, welche die alliierten Schiffsverluste im Atlantik wesentlich vergrößerten. Und der einzige verbliebene Schiffahrtsweg nach Großbritannien konnte nur dadurch offengehalten werden, daß die Alliierten Nordirland und Island in ihrer Hand hatten.

Band II der *Geschichte des Zweiten Weltkriegs* schildert die Zeitspanne von Rommels Krieg in Afrika bis zum Zusammenbruch Japans.